马克思主义基本原理研究报告

（2006—2009）

李昆明 主编

人民出版社

主　　编：李昆明

副主编：徐　军　许恒兵

撰写人（按字母排序）：

丁雪枫　高　宁　黄　娟　李昆明　孙　峰

苏　玉　谈际尊　王远龙　吴兆章　许恒兵

徐　军　习裕军　朱青青　赵英杰

马克思的整个世界观不是教义，而是方法。它提供的不是现成的教条，而是进一步研究的出发点和供这种研究使用的方法。

　　　　　　　　　　　　　　　——恩格斯

目 录

第三编　国内学术动态评介

第四编　研究资料索引

前　言

　　2005 年年底,我国设立马克思主义理论一级学科,确立了马克思主义基本原理在马克思主义理论学科中的基础和核心地位。2006—2009 年间,马克思主义基本原理的研究十分活跃,成果丰富。《马克思主义基本原理研究报告(2006—2009)》既是阶段性研究状况和研究成果的分析总结,也是马克思主义基本原理研究的前沿报告。

　　马克思主义是我们党指导思想的理论基础,马克思主义基本原理与中国实际和时代特征相结合是我国社会主义事业建设发展的根本经验。新中国成立后,我们党和国家一直重视马克思主义基本原理的学习和研究,设立马克思主义理论研究和教学机构,设置马克思主义理论学科,把马克思主义理论教育纳入全国高等教育的基础内容,坚持从社会主义事业发展的战略高度不断推进马克思主义基本原理研究。1952 年,教育部发出《关于全国高等学校马克思列宁主义、毛泽东思想课程的指示》,要求高等学校开设"新民主主义理论"、"政治经济学"、"辩证唯物论和历史唯物论"。1954年,全国高校普遍开设了"马克思主义哲学"、"政治经济学"、"联共(布)党史"(后改为"国际共运史")、"中国革命史"(后改为"中共党史")四门课程。与此相应,全国高校相继设立马列主义教研室,负责马克思主义理论课程教学。1956 年,中国人民大学成立马列主义基础系,为高等学校培养师资和研究人员。1961 年,新中国第一本马克思主义哲学教科书——艾思奇主编的《辩证唯物主义　历史唯物主义》和新中国第一本政治经济学教科书——于光远、苏星主编的《政治经济学(资本主义部分)》出版,其划时代意义是我们用自己编写的教材取代了苏联教科书。1964 年,中国人民大学成立了马列主义思想史研究所。1979 年,中国社会科学院成立马克思列宁主义毛泽东思想研究所。1980年,北京大学、中央党校、国防大学等相继成立马克思列宁主义毛泽东思想教学和研究机构。1981年我国恢复学位制度,一些高校和研究机构陆续设立了马克思主义哲学、政治经济学、科学社会主义、国际共运史等学科博士、硕士学位授予点。1985年,国家教委确定《马克思主义原理》为高等学校政治理论基础课之一。1990年,我国在法学门类政治学一级学科下设马克思主义理论教育(含马克思主义原理、中国革命史、中国社会主义建设、世界政治经济和国际关系)和思想政治教育两个二级学科硕士学位授予点。1995年,将马克思主义理论教育和思想政治教育两个学科整合为"马克思主义理论教育与思想政治教育"一个二级学科。1996年,武汉大学、中国人民大学、清华大学成为首批"马克思主义理论教育与思想政治教育"学科博士授予点。2005年12月23日,国务院学位委员会和教育部颁布《关于调整增设马克思主义理论一级学科及所属二级学科的通知》,暂在法学门类增设"马克思主义理论"一级学科,下设"马克思主义基本原理"、"马克思主义发展史"、"马克思主义中国化研究"、"国外马克思主义研究"、"思想政治教育"5个二级学科(2008年又增设"中国近现代史基本问题研究"1个二级学科)。2005年12月26日,中国社会科学院成立马克思主义研究院,随后全国高等院校纷纷成立马克思主义学院或马克思主义教研部。马克思主义理论研究队伍得到有效整合并不断扩大,马克思主义基本原理的研究领域、研究主题不断拓展和深化。

　　"风景这边独好",但学术理论研究的任务十分繁重。长期以来,由于受苏联模式的影响,我国的马克思主义基本原理研究是按照马克思主义哲学、政治经济学和科学社会主义三个组成部分分别进行研究。虽然分学科的研究取得了许多有重要影响的成果,但系统性的、总体性的马克思主义基本原理研究成果还不多,因而"马克思主义基本原理"学科设立以来,关于"什么是马克思主义基本原理、怎样研究马克思主义基本原理"的问题,成为学科建设和学术研究面临的首要问题。学术理论界对马克思主义基本原理的学科内涵和定位、学科领域、概念体系、学科建设思路以及马克思主义基本原理的文献研究、体系研究等学科建设问题进行了深入的研究。人们普遍认为,从学科分化的角度将马克思主义分为马克思主义哲学、马克思主义政治经济学和科学社会主义有利于对马克思主义进行分门别类的研究,但是并不符合马克思主义的精神实质和科学内涵。只有坚持马克思主义的整体性原则,从整体上研究马克思主义基本原理,才能对马克思主义基本原理有正确的认识和把握。

马克思主义基本原理,是马克思主义学说的概念、范畴体系,是马克思主义理论体系的核心内容,是马克思主义世界观、方法论及其基本立场、观点、方法的理论表达。马克思主义基本原理,把马克思主义的观点、学说和整个思想理论体系作为自己的研究对象,是对马克思主义整个思想理论体系的研究。恩格斯在《在马克思墓前的讲话》中,对马克思的思想及其贡献作出了两个方面的概括:其一,马克思一生有"两大发现",即创立了唯物史观、"发现了人类历史的发展规律",创立了剩余价值学说、"发现了现代资本主义生产方式和它所产生的资产阶级社会的特殊的运动规律";其二,"马克思在他所研究的每一个领域,甚至在数学领域,都有独到的发现","而且其中任何一个领域他都不是浅尝辄止"。因此,就马克思主义的根本内容来说,马克思主义就是关于"人类历史的发展规律",特别是关于"资产阶级社会的特殊的运动规律"的理论;而这个理论的宗旨则是"使无产阶级意识到自身的地位和需要,意识到自身解放的条件"①,是无产阶级的意识形态和科学理论,是在揭示人类社会历史规律的基础上建立起来的一种社会主义学说和实践指导理论。

标志马克思主义创立的唯物史观和剩余价值学说,并不单纯是哲学和经济学的理论,而是马克思主义理论的两大基石,是科学社会主义的理论基础。可以说,在马克思和恩格斯的著作中,没有单纯的哲学和政治经济学及科学社会主义的著作,作为马克思主义新世界观萌芽标志的《关于费尔巴哈的提纲》,以科学的实践观批判旧哲学,表明马克思主义哲学不仅要解释世界,而且更重要的是要改变世界。在《德意志意识形态》中,马克思恩格斯通过揭示生产力决定生产关系、经济基础决定上层建筑这一人类社会的基本规律,得出资本主义社会只是人类社会的一个历史阶段的结论。揭示"资本主义生产方式和它所产生的资产阶级社会的特殊的运动规律"的《资本论》这部经济学著作,理论主题和逻辑结论仍然是资本主义必然灭亡,社会主义、共产主义必然胜利。恩格斯虽然在《反杜林论》中提出了马克思主义的三大组成部分,但恩格斯是在将马克思主义作为一个有机整体的基础

---

① 《马克思恩格斯文集》第4卷,北京:人民出版社2009年版,第601—602页。

上提出这一问题的。

列宁说:马克思主义"理论对世界各国社会主义者所具有的不可遏止的吸引力,就在于它把严格的和高度的科学性(它是社会科学的最新成就)同革命性结合起来"①。马克思主义具有科学性和革命性高度统一的理论品格,但由于马克思主义是在批判唯心主义世界观、批判资本主义制度的论战中创立的,具有"改造世界"的鲜明特征,马克思主义诞生后,一直遭到资产阶级思想家的诘难和一些人的曲解。一些人以"革命性"反对"科学性",一些人则以"科学性"否定"革命性"。第二国际的分化、苏联等国家社会主义建设的严重失败,资本主义国家制度上的改良和建设成就,使得一些人对马克思主义的科学性产生怀疑。过去,我们对马克思主义理论研究和阐释在世界观、方法论层面比较多,而对马克思主义的真理观、价值观的研究和阐释比较少。马克思主义是科学的世界观和方法论,但同时又是科学的真理观和价值观。

对马克思主义的真理观和价值观研究,是从科学本质、认知方式、知识价值论的视野对马克思主义基本原理的研究。马克思主义是对人与自然、人与社会关系,对客观世界、社会实践、社会历史发展的科学认识,"马克思在他所研究的每一个领域,甚至在数学领域,都有独到的发现",马克思主义理论构成了一个完整的认知系统和知识体系。马克思主义经典作家无论是对传统哲学的批判、对资本主义经济制度的批判、对资本主义思想文化的批判,还是对人类思想文化成果的总结、对人类社会历史进步的构想,都以理论和历史的逻辑为依据,都包含着以人的自由和全面发展为目标的价值追求、科学精神和历史眼光。马克思主义经典作家研究领域的广泛性、理论视野的广阔性、研究成果的丰富性、思维逻辑的深刻性,为人们提供的是宝藏丰富的理论大厦。正如当代美国著名的马克思主义研究者诺曼·莱文在《辩证法内部对话》一书中写道:"马克思是一位历史学家、哲学家、政治科学家、经济学家、人类学家、社会学家和美学家。马克思涉猎了如此众多的学科,这是他的理论事业的内在要求,因为他希望建立一种新的世界观。他要向资产阶级观念的前提挑战,这就使马克思不可避免地要在这些不同领

---

① 《列宁专题文集:论辩证唯物主义和历史唯物主义》,北京:人民出版社 2009 年版,第213—214 页。

域展开论述,而使他在这些不同学科的探索中保持井然一致的统一概念和中心观点。"①马克思主义理论大厦中的"统一概念和中心观点",就是马克思主义的基本立场、观点和方法。这一立场、观点和方法,是马克思主义基本原理的主线,是马克思主义理论体系的精髓,是马克思主义理论跨越时空具有强大生命力和当代价值的根本所在。

马克思主义的基本立场、观点和方法,是马克思主义基本原理的理论表达,也是马克思主义科学理论与社会理想、真理观与价值观相统一的理论表达。它体现了马克思主义基本原理是马克思主义理论逻辑与历史逻辑相统一的科学体系,也是马克思主义学说理论本质和理论特征的集中体现。但是,对于什么是马克思主义的立场、观点和方法,理论界的认识并不完全一致,可谓众说纷纭。这与对于马克思主义基本原理的认识基本一致。当然,这一问题,不仅是一个理论问题,也是一个实践问题;在对这个问题的回答上,实际上也存在着立场、观点和方法的选择问题。因为,马克思主义的立场,既是世界观问题,又是价值观问题。对现实人的关注、对人民大众生存状态的关注、对人的自由和全面发展的理想追求,是马克思主义的理论动因和价值追求。马克思和恩格斯穷其一生的精力和智慧,探求无产阶级和全人类的解放道路。马克思在探索和追求真理的过程中,以辩证唯物主义和历史唯物主义的眼光观察认识问题,把现实的社会实践与人类对自身的自由解放和全面发展的追求统一起来,通过对资本主义生产方式制约社会生产力发展和人的自由而全面发展的深刻剖析,揭示了社会历史的发展规律,进而形成了马克思主义的政治立场、科学立场以及一系列观点、方法。马克思主义观点属于真理观问题的范畴。唯物史观和剩余价值学说这两大理论发现作为恩格斯对马克思独特理论贡献的经典概括,应当是我们研究什么是马克思主义观点的基础。关于马克思主义的方法,恩格斯曾经说过:"马克思的整个世界观不是教义,而是方法。它提供的不是现成的教条,而是进一步研究的出发点和供这种研究使用的方法。"②马克思主义的方法是一个方法论体系,在唯物辩证法、历史与逻辑相统一的方法、理论与实践相统一的方法和阶级分析方法等诸多马克思主义基本方法中,最核心的当属辩证

---

①　诺曼·莱文:《辩证法内部对话》,昆明:云南人民出版社1997年版,第1页。
②　《马克思恩格斯文集》第10卷,北京:人民出版社2009年版,第691页。

法这个被恩格斯称为是"一个其意义不亚于唯物主义基本观点的成果"。当然，马克思主义的立场、观点和方法是一个相互联系、不可分割的高度统一的总体性范畴。在马克思那里，立场问题并不仅仅是世界观、价值观问题，观点问题也不仅仅是真理观的问题，辩证法更不仅仅只具有方法论的意义。从马克思主义理论的发展和运用，从现实实践的理论需要来看，只有从世界观和方法论、真理观和价值观相统一的高度，才能正确解读马克思主义的立场、观点和方法，从而真正形成关于这一概念的科学阐释，并准确把握蕴涵其中的精神实质，完整揭示马克思主义基本原理。

　　这些年里，马克思主义基本原理的研究呈现的是"分学科"研究与"超学科"即整体性研究共同发展的局面。许多成果是从各自的学科专业领域出发揭示马克思主义的基本原理，注重从马克思主义哲学、马克思主义政治经济学和科学社会主义理论原则层面揭示反映马克思主义理论逻辑、科学内涵和精神实质的理论体系。也有越来越多的成果从马克思主义基本原理入手研究马克思主义的整体性存在，打破对马克思主义哲学、马克思主义政治经济学和科学社会主义的分学科式的理解，对马克思主义产生和发展历程中的经典原著进行重新解读，挖掘马克思主义的精神实质，构建马克思主义基本原理的概念、范畴体系，揭示马克思主义立场、观点、方法的理论逻辑体系。正是从这一现状出发，我们编写的这部《马克思主义基本原理研究报告（2006—2009）》，采取总报告与分报告相结合的方式，突出分析总结四年间国内学界对马克思主义基本原理研究的总体情况，重点梳理学者们从不同学科视野、不同思维向度、不同研究领域对马克思主义基本原理的研究成果，目的在于呈现国内学界马克思主义基本原理研究阶段性成果的全貌。

李昆明

2010 年 8 月

第一编　研究报告

马克思主义基本原理研究总报告

马克思主义基本原理,是马克思主义学说的概念、范畴体系,是马克思主义理论体系的核心内容,是马克思主义立场、观点、方法的理论表达。马克思主义基本原理在整个马克思主义理论学科体系中处于基础性、主导性地位,其学术理论研究成果,不仅引领、促进整个马克思主义理论学科发展,而且为破解和回答当今世界经济社会发展中的矛盾与问题、推进现实实践提供理论支持和方法论指导。近年来,随着马克思主义理论研究与建设工程的启动特别是马克思主义理论一级学科的设立,国内学术理论界的马克思主义理论研究特别是马克思主义基本原理研究,呈现出蓬勃发展、欣欣向荣的良好态势。2006 年以来,以教育部统编教材《马克思主义基本原理概论》和《马克思主义基本原理专题研究》、《马克思主义研究的基本问题》(十卷本)①等相关著作为代表,马克思主义基本原理的研究视域有所拓展、研究内容不断深化、研究方式进一步精细。为全面反映马克思主义基本原理的研究状况、系统总结马克思主义基本原理的研究成果、科学把握马克思主义基本原理的研究趋势,推进马克思主义基本原理的学科发展和学术繁荣,我们对自 2006 年到 2009 年间马克思主义基本原理学科的学科建设、学术研讨、著作出版、文献研究等诸多问题作一个较为全面的反映和研究

---

① 参见赵甲明:《马克思主义基本原理专题研究》,北京:社会科学文献出版社 2009 年版;赖以明、汪荣有:《马克思主义基本原理专题研究》,合肥:安徽人民出版社 2009 年版;李惠斌、叶汝贤:《马克思主义研究的基本问题》,北京:社会科学文献出版社 2006 年版。

分析。

一、基本状况

　　马克思主义是我们党和社会主义建设事业指导思想的理论基础。马克思主义基本原理与中国具体实际和时代特征相结合,是马克思主义中国化理论创新及其中国特色社会主义实践发展的根本所在。"十月革命一声炮响给中国送来了马克思主义"后,我们党就积极学习、研究和传播马克思主义理论。1941 年,毛泽东同志在《改造我们的学习》这篇延安整风运动的文献中,明确提出了学习和运用马克思主义的立场、观点和方法问题。新中国成立后,为适应马克思主义理论的学习、研究、教育和宣传的需要,马克思主义理论研究和教学机构陆续设立,马克思主义理论研究队伍不断扩大,马克思主义学科体系逐步完善。[①] 2005 年 12 月 23 日,国务院学位委员会和教育部颁布《关于调整增设马克思主义理论一级学科及所属二级学科的通知》,增设"马克思主义理论"一级学科及所属"马克思主义基本原理"、"马克思主义发展史"、"马克思主义中国化研究"、"国外马克思主义研究"、"思想政治教育"5 个二级学科,马克思主义基本原理在马克思主义学科体系中独立了出来,马克思主义基本原理的研究日趋繁荣。从国内学术界近几年的研究状况看,主要有以下五个特点。

(一)研究队伍不断壮大

　　长期以来,国内马克思主义基本原理研究是从马克思主义哲学、政治经济学和科学社会主义等多学科专业领域展开的,研究队伍以分散的状态存在于多学科之中。马克思主义基本原理学科设立之后,各高校和研究机构的研究力量及其他学科资源得以整合,研究队伍不断扩大。到 2009 年年底,全国设有马克思主义基本原理学科博士学位授予点 51 个(21 个一级学科博士点和 30 个独立的二级学科博士点);学科研究队伍既有专门研究马克思主义哲学、政治经济学、科学社会主义的学术骨干,又有能够将三者有机结合起来,揭示它们的内在逻辑联系,从整体上研究马克思主义科学体系

---

　　① 　参见程恩富、胡乐明:《中国马克思主义理论研究六十年》,载程恩富、蒋乾麟主编:《马克思主义与新中国六十年》,北京:中国社会科学出版社 2010 年版。

的理论专家。2005 年 12 月 26 日,中国社会科学院在全国率先成立马克思主义研究院(内设马克思主义原理研究部)后,绝大多数拥有马克思主义理论一级学科博士学位授予点(首批 21 家)①和拥有二级学科马克思主义基本原理博士学位授予点的单位纷纷成立马克思主义学院、马克思主义研究院。据不完全统计,现有马克忌主义学院、马克思主义研究院 60 多家。2006 年 8 月,中国社会科学院正式确定"马克思主义基本原理"学科为重点学科建设工程项目;2007 年,国家确定中国人民大学、武汉大学、华中师范大学、南京师范大学、解放军南京政治学院拥有的马克思主义基本原理学科为国家重点学科,复旦大学、中山大学拥有的马克思主义基本原理学科为国家重点(培育)学科。各省、市、自治区和各高等院校也确立了一批马克思主义基本原理重点建设学科,形成了较强的学科建设和理论研究实力,一大批中青年马克思主义研究工作者在老一辈学者的培养、带动下迅速成长,各学科点的人才队伍结构日趋合理。2008 年 6 月,北京大学、中国人民大学、南开大学、复旦大学、武汉大学、中山大学等联合发起成立的"全国高校马克思主义理论学科研究会",积极组织马克思主义理论学科专家集体攻关和研讨、交流活动,进一步提升和扩大了马克思主义基本原理的学科地位和学术影响。

(二)学术活动十分活跃

自马克思主义理论研究与建设工程启动特别是党的十七大以来,马克思主义理论研究特别是马克思主义基本原理的学术研究得到了更加广泛深入的展开,形成了马克思主义理论研究的学术热潮。全国范围的学术论坛、主题研讨等学术研讨交流活动,除中国社会科学杂志社与多家高校已连续主办 10 余年的"马克思哲学论坛"、"国外马克思主义论坛"外,2006 年以来,国家级学术团体和中央党校、中国社会科学院、中央编译局、高等院校主办的大型学术活动有马克思主义论坛、马克思主义院长论坛、马克思主义理论学科博导论坛、马克思主义中国化论坛、中国化马克思主义论坛、全国马克思主义青年论坛、当代中国马克思主义论坛、马克思学论坛、马克思主义

---

① 所在单位分别是:北京大学、北京师范大学、东北师范大学、复旦大学、华东师范大学、华南师范大学、华中师范大学、吉林大学、南京大学、南京师范大学、南京政治学院、南开大学、清华大学、山东大学、陕西师范大学、武汉大学、西安交通大学、浙江大学、中国人民大学、中山大学和中央党校(按字母排序)。

哲学创新论坛、马克思主义理论学科建设与发展论坛等。此外,围绕重大理论主题和现实问题展开的学术研讨活动也非常活跃,比如纪念《共产党宣言》发表160周年、纪念改革开放和党的十一届三中全会30周年、纪念新中国成立60周年等学术活动;针对民主社会主义讨论展开的学术研讨活动,围绕"普世价值"问题展开的学术活动等。这些学术活动的广泛开展,不仅广泛交流了国内学术界的学术探讨和学术成果,而且进一步展现了马克思主义基本原理的当代视野和价值。

(三)基础性研究得到加强

马克思主义基本原理研究一般基于两个基本维度:一是在中国化时代化层面围绕重大现实问题展开,目的是分析解决中国特色社会主义实践问题,积极拓展马克思主义基本理论的时代价值和现代性;二是从理论源头上深化思想理论体系研究,也就是重新整理、理解、探究马克思恩格斯和列宁的文本,以文本研究深化对经典作家的理解。在中国特色社会主义理论体系的研究中,对马克思主义的社会历史规律和科学社会主义基本原则的研究有所加强,结合当代资本主义发展、世界社会主义运动和变化趋势,深化马克思主义的理论原则和创新性品质研究。在文献研究中,马克思主义经典文本研究一直是近年来学术界关注的热点领域之一。由于《马克思恩格斯全集》历史考证版的编辑出版,以及《德意志意识形态》手稿自身的不完整性和编排整理的不确定性,使得这一著作引起诸多纷争,尤其是各种版本的编排顺序问题,研究范围则辐射到该文本所涉及的市民社会、自然、意识形态、交往等概念。由于《德意志意识形态》在马克思主义发展史上占有重要地位,对于完整准确地理解马克思主义基本原理的精神实质具有重大意义,因此对于《德意志意识形态》的文本研究仍将是今后一段时间马克思主义经典文本研究的一个热点领域。此外,对《1844年经济学哲学手稿》、《家庭、私有制和国家起源》等经典文本也有深入的研究。《1844年经济学哲学手稿》中的"穆勒评注"部分得到学者的重新认识和评价。马克思主义经典文本研究有助于澄清马克思主义的本真意义,对于正确理解马克思主义基本原理有着不可替代的独特价值,同时也展现了马克思主义基本原理研究的一种新路向。2009年年底由人民出版社出版的《马克思恩格斯文集》(十卷本)和《列宁专题文集》(五卷本)两部文集,在一定意义上填补了中国马克思主义研究界在此类基础性研究资料上独立编辑成册的空白,为国内学术界的马克思主义基本原理研究提供了一个文本基础。仅仅半年多的时间,两部文集销售量已经超过1万余套,这不仅反映了全国各地学者的热情,也从另外一个侧面说明,马克思主义基本理论研究中回归经典、回到经典作家的学术走向。

(四)研究成果大量涌现

2006年以来,国内学者关于马克思主义基本理论方面的研究成果大量涌现。从刊发文章方面看,据我们从中国期刊全文数据库(CNKI)搜集到的资料看,仅在"马克思主义"的篇名检索项目下各类期刊发表的此类文章达到了14219篇。其中,《马克思主义研究》4年来发表此类文章达到331篇,平均每期刊发6.9篇;《马克思主义与现实》刊发159篇,平均每期6.6篇;《中国社会科学》刊发49篇,《哲学研究》刊发72篇,《教学与研究》刊发86篇,《高校理论战线》刊发83篇,《学术月刊》刊发75篇;《中国特色社会主义研究》刊发54篇,《学术研究》刊发53篇,《江海学刊》刊发20篇。各专业期刊、综合性期刊和各高校学报一般都设有"马克思主义研究"或相关栏目,可以说,各期刊为马克思主义研究的广泛深入展开提供了良好的平台,并不断推出一些精品力作,推动国内马克思主义和马克思主义基本原理研究的良性发展。从出版著作、专著和研究作品的情况来看,除前面我们已经提到的两部文集的出版之外,还有《通俗资本论》、《画说〈资本论〉》、《资本主义理解史》、《回到列宁》、《马克思主义研究的基本问题》(十卷本)、《当代学者视野中马克思主义哲学》、《马克思主义发展史话》、《马克思学新奠基》、《马克思主义哲学中国化:历史与反思》、《马克思主义基本原理教学新体系》等。总体上讲,国内学术界有的学者从自身的学科视角出发,探索专业视域中马克思主义基本原理的新认识、新理论和新发展,有的学者注重从学科整合、马克思主义整体性的角度出发探索马克思主义基本理论的当代视野,注重从理论与实践结合的角度凸显马克思主义理论的实践品格及其当代价值。

(五)重大理论与重大实践问题紧密结合

以科学的理论影响、引导和指导实践,以实践的发展推进理论的深化和创新,这种理论与实践密切结合的品格已成为学术界对马克思主义基本原理研究的共同追求。2006年以来,国内马克思主义基本理论研究围绕一些具有重大学术价值和较为凸显的重大现实问题,积极展开学术研究。一方面,围绕《共产党宣言》发表 160 周年、《资本论》出版 140 周年、《1857—1858 年经济学手稿》等马克思主义经典文献积极展开学术研讨,不仅在深入挖掘经典文献的基本视野、基本理论、基本方法方面成果显著,而且注重现时代条件下经典文献的重大指导意义和价值研究。另一方面,积极回应国内重大学术热点问题,不断凸显马克思主义的理论声音,特别是在国内 2007 年的"民主社会主义"讨论中,学者们坚持从马克思主义发展史的实际出发,坚持马克思主义基本原理,旗帜鲜明地反对民主社会主义的错误认识,高举中国特色社会主义旗帜;在 2008 年开始的"普世价值"问题讨论中,学者们能够从马克思主义基本原理出发,既全面系统地阐发马克思主义关于价值问题的基本认识,又能区别对待学术研究与意识形态斗争的性质差别,很好地起到了引导和影响的积极作用,对于大力弘扬社会主义核心价值体系发挥了较好的学术支撑作用。此外,在 2008 年开始的国际金融危机中,以经济学研究为主,国内学者在重新认识阐发马克思主义政治经济学、马克思主义危机理论、马克思主义当代价值等诸多方面作出了很多努力,很好地抓住了这样一次现实契机,从理论与现实结合的角度全面系统地再次客观、求实地展示了马克思主义基本理论的当代价值,并在国内掀起了一场重新学经典、学习基本理论的热潮,对马克思主义基本理论研究有着重大的推动作用。

二、问题与方法

这些年来,国内学术界关于马克思主义基本原理研究总的特点,是由过去主要从分学科的研究转向注重整体性的研究。马克思主义基本原理学科设立以后,面临的首要任务是对学科进行定位。学科定位是关系到学科属性、发展方向和建设规范的重要问题。大家普遍认为,马克思主义基本原理是马克思主义理论学科的基础和核心,只有对马克思主义基本原理有一个正确的认识和把握,才能更准确地理解马克思主义发展的历史,才能对马克思主义中国化的过程、经验、规律有正确的认识和把握,才能对国外马克思主义的发展有正确的认识和评价。因此,必须从整体上把握和研究马克思主义基本原理理论体系。学者们认为,伯恩斯坦的马克思主义基本理论和应用理论两大部分的划分,列宁的马克思主义"三个组成部分"的划分,一些学者的马克思主义最普遍原理、普遍原理和应用理论的划分,一些学者的"革命的马克思主义"与"建设的马克思主义"的划分等,都存在一定的局限性,未能体现马克思主义基本原理理论体系的整体性特征。

整体性研究既是理论体系的研究,也是方法论的研究,并且是方法论重于实体论、认知追求重于知识追求。什么是马克思主义的基本原理,马克思主义经典作家的哪些观点、论断构成马克思主义的基本原理,马克思主义的理论主题、学术目的、理论主线、概念体系、逻辑范畴、理论视野、学术方法等构成基本原理的要素具有什么样的特征,马克思主义基本原理的理论形态和当代性问题等,都是基本原理研究的基本问题。因此,我们在对马克思主义基本原理研究内容梳理、分析之前,先对国内马克思主义基本原理的方法论探讨加以简要分析。

（一）马克思主义基本原理研究的方法论探讨

马克思主义基本原理研究离不开方法论层面的理论反思与自觉。这些年来,这一问题的讨论主要在两个方面展开:马克思主义研究范式的当代反思和马克思主义文本文献研究的兴起。

1. 马克思主义研究范式的当代反思

众所周知,"研究范式"一语已成为人文社会科学界多年来从学科视野自我反思的重要切入口。在马克思主义基本原理研究领域,马克思主义研究范式的理论反思,既有马克思主义的学科视野,也有整体性视野,其探讨的核心问题是如何科学地理解马克思主义,如何从文本(文献)阅读、文本研究视野探究理论的科学本质和当代性。

关于马克思主义的研究范式问题,有学者细致介绍了日本学者柄古行人在其专著《马克思,其可能性的中心》中对马克思哲学范式的重要观点,指出柄古行人主要关注三个问题,即我们在阅读理解马克思时应该"读什么、怎样读和为什么读"。在"读什么"这个问题上,柄古行人批判的是"从猿猴到人类"的历史主义的叙述方式,即以往从马克思学位论文到《资本论》的思想发展溯源式方式是一种"历史主义的虚构"①,而马克思对此是有过很多批判的。马克思的阅读理解是从《资本论》这种"从后思索"开始的,

---

① 王虎学:《"马克思式的阅读":马克思主义哲学研究范式探析——兼评柄古行人〈马克思,其可能性的中心〉》,《社会科学研究》2009 年第 6 期,第 114 页。

这就是"马克思式阅读"。概括地讲,马克思的这种阅读方法就是"视点的移动",即"马克思从来都没有把自己的研究固定在一个狭隘的视点上,而是通过视点的移动和转换实现了解释学意义上的'视域融合',从而将问题置于一个更为宽广的研究视域之中,增强了理论的空间感并激发出了理论自身的生机与活力"①。这种独特的阅读方式主要表现在五个方面:一是在自柏拉图以来的西方形而上学的"意义的整体"中彻底实现对前者的批判和消解,从而彻底地实现这一古老思想史体系的转向。二是重申"外部立场"与他者眼光,从外部立场上讲,马克思既将自己置于德国思想界之外,更将自己逐渐地置身于以往思想传统和立场之外,并始终保持以一种他者的身份来审视黑格尔思想传统和自身的思想创造,不断实现自己的思想突破和视点的"移动"。三是采取"细微差异"式阅读,即马克思始终在对黑格尔的"略微的变更"中蕴涵最终实现对后者的"根本性颠倒",这种从量变到质变的思想革命进程有时要求后面的阅读者也必须采取马克思的"细微差异"阅读的方法才能发现并理解马克思与黑格尔之间的关系,同时也才能理解马克思与其他众多思想家之间的关系。四是"自然史"式的认识。柄古行人列举了三种类型的认识方式并指出,不管是采取"发生论"式的视点、"现象学"式追溯方法,还是"自然史"式的认识,三者可谓殊途同归,即"马克思、尼采和弗洛伊德,他们的共同点就在于,他们从'肉体组织'所感知的缺乏和无力性出发,并且从那里发现了表象、欲望以及语言的生成"②。五是隐喻地阅读,即"把既成的、被'磨平'而固定的关系,重新放在任意性和差异性上去看"③,也就是说,阅读马克思,就是要读出新东西,特别是其言外之意、弦外之音。从上述这位日本学者提出的"马克思的阅读"来看,实际上我们发现当代解释学的基本视野,看到法国思想家阿尔都塞等人的身影,更为重要的是,透过上述阅读我们看到的马克思因为在本真的意义上否认了马克思真实面目、历史原像的存在。这种历史相对主义的解读方式确实难以让人接受,此种方法和思路值得我们警惕和反思。

在学科视野中,马克思主义研究界向来对研究范式问题非常关注。这

---

① 王虎学:《"马克思式的阅读":马克思主义哲学研究范式探析——兼评柄古行人〈马克思,其可能性的中心〉》,《社会科学研究》2009 年第 6 期,第 115 页。

② 同上文,第 117 页。

③ 同上文,第 118 页。

样的讨论自 20 世纪 90 年代以来，一直是学术界新理论、新观点、新方法的重要发生地。2007 年 10 月，由中国社会科学杂志社和苏州大学政治与公共管理学院共同举办的第七届马克思哲学论坛，其主题就是"马克思主义哲学研究范式：创新与转换"。这次论坛对马克思主义的研究范式问题进行了深入的探讨，众多学者提出了自己的理解和认识。孙正聿将"理论思维的前提批判"视为哲学思想的"研究范式"和"解释原则"。他认为，其中最为重要的是对哲学本身的前提批判，亦即哲学的自我前提批判，其基本内容可以归结为本体论的前提批判。衣俊卿始终坚持一种基于实践哲学和文化哲学的批判和开放视野的实践哲学范式。他主张建立马克思主义哲学研究的阐释结构中不同坐标点之间的内在的有机联系，使之成为富有张力和理论穿透力的动态的理论范式，恢复马克思主义哲学研究深层的历史丰富性和文化丰富性，使马克思主义成为我们时代内在的、活生生的文化批判精神。郭湛认为，中国马克思主义哲学的范式转换是多元发生的，存在多种路径，其中最根本性的范式转换在于：前主体性—主体性—主体间性—公共（共同主体）性。侯惠勤则认为，马克思主义哲学史研究今天所面临的问题并不是一般学科所遇到的主题转换、视域拓展、范畴更新等共性问题，而是这一学科的根本定向问题，是其灵魂和立脚点何在的问题。在辩证（历史）唯物主义的框架下进行拓展和更新，可能比目前为止的任何新框架更能体现马克思主义哲学的特质，更能沿着马克思开辟的哲学道路前进。汪信砚进一步提出，坚持和发展马克思主义哲学必须以马克思主义哲学中国化为研究范式。然而 20 世纪 90 年代以来的中国马克思主义哲学研究并没有形成统一的研究范式，它们都这样那样地偏离了马克思主义哲学中国化这一应有的研究范式。当代中国马克思主义哲学研究正处于这样一个旧的范式已失去约束力，新的范式尚未形成的"危机时期"。① 除此之外，其他学者也提出了不少关于研究范式的观点：任平的"出场学"范式、马俊峰的"总体精神的马克思主义"哲学范式、张奎良的"辩证法的实践范式"、王东的"以马解马"的解读模式、董德刚的"以新解马"范式、沈湘平的"整体的历史科学"解读模式等。值得一提的是，李德顺提出了"打井"与马克思主义研究范式

---

① 参见柯锦华：《新时期中国马克思主义哲学研究范式：反思与前瞻——第七届马克思哲学论坛述评》，《社会科学战线》2007 年第 6 期。

的当下理解问题，也就是如何更好地推进马克思主义研究及其创新的问题，引发了学者们的热议，也是我们思考马克思主义理论当代创新的重要价值维度。

从整体上关注马克思主义的研究范式，涉及马克思主义的一些基本方法、基本理论和思维方法论原则问题。张一兵提出，当前国内学术界在积极评介国外文献学研究特别是西方马克思学的文献学研究方面成果非常丰富，但是前者与马克思主义的文本学研究之间存在的复杂关系是我们必须认真谨慎处理的。原因是，这个关系"既是学术关系也是重要的政治立场关系。西方马克思学的文献专家们不了解的是，他们所关心的文字辨识、版本细节、字母后缀和版本差别，固然是十分重要的东西，但对马克思主义研究者解读文本来说并不是至关重要的内容"①。而我们关心的是影响到马克思主义思想史发展和整个马克思主义科学理论本质的思想内容。在当代要发展马克思主义基本理论，除去新的文献信息，更重要的是深化对马克思主义内在理论逻辑的认识，以及用当代中国改革的新现实、自然科学实践的新进展以及社会实践新发展中最重要的实践成果推进这一科学思想运动。由此我们可以发现，在国内学术界与西方学者研究方法的对话中，我们实际上首先要注意到的是，透过马克思主义研究范式和方法的探讨，最终的核心问题是价值立场问题，是我们在什么样的意义上认识和对待马克思主义的问题，即为什么我们还需要马克思主义基本理论的科学指导问题，而在此层面下我们才能进而谈论马克思主义自身的理论创新。因此，如果我们在价值立场的坚持及其实际运用上没有问题的话，那么马克思主义的科学理论本质才是我们进一步需要认识和探讨的问题。对此，何怀远提出，必须根据时代变化和实践需求不断深化我们对马克思主义本质的认识，切实完整系统地把握马克思主义。他提出，我们不能再像以往那样对待马克思主义，把它当做一个"中药铺"，而应该从问题出发把握马克思主义的理论总问题、理论本质、理论逻辑层级等。马克思主义的理论总问题是"探索改造旧社会、建立理想社会，实现无产阶级和全人类的解放与发展"，它具体展开为三大问题域：资本主义社会病在何处？理想社会路在何方？认识和改造现

---

① 张一兵：《文献学研究与马克思主义基本理论研究的科学立场》，《学术月刊》2007 年第 1 期，第 34 页。

实世界应当具有怎样的世界观、方法论？依据对问题的回答，马克思主义理论可以进而划分成相对独立又相互关联的三大主体内容：马克思主义世界观方法论、马克思主义资本主义批判论、马克思主义理想社会实现论；其深层逻辑有四个层面：马克思主义世界观、价值理想、社会制度和实践策略，而一个马克思主义者的理论水平、政治智慧和实践能力集中体现在对这四个层面的定位与实践权变方法论二。①

　　从思维方法论角度看，有的学者提出，当代中国马克思主义研究体现出三大范式的转化和更新：从矛盾思维转向和谐思维，从文本诠释转向解决问题，从封闭独白转向开放对话。从总体性上看，马克思主义的内涵非常丰富，它没有穷尽知识和真理，在新的历史条件和时代背景之下，面对新的社会现实和行动目标，不能执著于传统的研究范式和解读模式，必须以"我们正在做的事情为中心"，在阐释和发展马克思主义的过程中为新的社会实践提供理论支撑，这就提出了马克思主义研究范式的转变问题，这是一个使马克思主义理论不断发挥实践功效的基础性问题。② 具体来讲，一是从矛盾思维转向和谐思维。在过去相当长一段时期，我们把马克思主义解读成斗争哲学，把阶级斗争作为马克思主义的代名词。但是，从时代特征、现实要求和理论自身发展等方面看这种斗争思维特别是将其作为马克思主义的根本范式显然是不再能适应当今时代理论和实践发展需求的，而应该把以往的矛盾斗争思维与和谐思维有机地结合起来，这也体现了马克思主义辩证法的基本要求。二是从文本诠释转向解决问题以及独白转向开放对话。近年来的马克思主义研究范式、研究方法的讨论中，学者们普遍强调，在总体方法上应该坚持科学原则，不要简单地放弃传统范式，而要在继承、吸纳的基础上辩证地创新发展，从而更新我们对马克思主义的认识。还有学者从马克思恩格斯创立科学世界观的方法论层面提出，仅仅强调唯物论、辩证法及历史辩证法是不够的，在一般的意义上经典作家创立科学理论的方法应该而且必然是一个体系，这个体系从现在的马克思主义理论出发至少应该包括：①批判的方法，这是马克思恩格斯创立世界观的主要方法，他们的

---

① 参见何怀远：《马克思主义理论的深层逻辑及其实践权变方法论》，《马克思主义研究》2009 年第 11 期。

② 参见糜海波：《马克思主义研究范式的三大转变》，《理论探索》2010 年第 1 期。

全部理论研究都是在批判性分析中完成的,后者构成了马克思主义理论的灵魂和终生使命。马克思在《资本论》中把唯物的方法称为研究社会历史问题的唯一科学的方法,这种方法早在马克思恩格斯合著的《德意志意识形态》中有过明确的阐述,即"不是意识决定生活而是生活决定意识",理解这种方法的核心是要把马克思主义科学唯物论在与德国古典哲学、旧唯物论区别的基础上,深刻理解和把握辩证唯物论是"解释世界和改造世界"的科学统一。②抽象的方法,它是创立理论体系尤其是社会科学理论的必备方法。从具体到抽象再到思维具体的科学思维过程中,马克思主义在其涉及诸多问题上表现出深刻的透视力和展现的理论层面,而这种方法被看做是马克思主义理论科学性的重要保证;③辩证的方法,用马克思的概括来说就是,"在对现存事物的肯定的理解中同时包含对现存事物的否定的理解,即对现存事物的必然灭亡的理解;辩证法对每一种既成的形式都是从不断的运动中,因而也是从它的暂时性方面去理解;辩证法不崇拜任何东西,按其本质来说,它是批判的和革命的"①。这种辩证方法必须与马克思主义其他方法紧密地关联起来,在理解世界一般和人类社会的现实运动变化发展中展现其理论的透视力和本质。④实证的方法。必须指出的是,正确理解马克思主义实证方法的科学本质既要与西方实证主义科学区分开,这个标准和界限就在于"实践和经验"差别。同时也要看到,马克思主义理论在对实证方法的运用上始于对"现实生活"的理论关注、分析和提升,终于对实证科学重大理论成果的批判和吸收上,也就是说,马克思主义理论的创立和发展始终是建立在对现代自然和人文社会科学成果的基础上的。② 上述方法作为马克思主义科学方法论体系中的重要环节,不仅在思维和逻辑层面体现了马克思主义理论的重大特征,同时也与科学世界观理论、与理论内核和范式系统地关联在一起,共同构架和反映着马克思主义的科学本质,这也就是我们始终一贯强调的世界观与方法论的辩证统一。

2. 马克思主义文本文献学的兴起和发展

这些年来,在党的创新理论成果和国外马克思主义研究积极引介的双

---

① 《马克思恩格斯选集》第2卷,北京:人民出版社1995年版,第112页。

② 参见雷弯山:《马克思恩格斯创立科学理论的方法》,《中共福建省委党校学报》2009年第11期。

重作用下,国内学者对马克思主义文本文献的研究出现热潮。这一研究热潮兴起的重要标志,是 20 世纪 90 年代末张一兵出版的《回到马克思》一书。

在 20 世纪,西方学者特别是西方马克思主义理论家,比如卢卡奇、葛兰西等都提出过"回到经典作家"的理论主张。然而,国内学术界由于受各种因素的影响这种文本研究始终处于"引经据典"的层面,方法论层面的反思、文本的细致研读以及马克思主义本真精神的追溯,往往在"本本主义"的张力下受到一定的抑制,长期未能在学术界达成共识。因此,张一兵"回到马克思"的学术研究主张,首先是对苏东学术界马克思主义研究"模式"问题进行了较为全面地梳理、总结和点评,并且对马克思恩格斯的理论文本进行了细致、系统地分类。进入 21 世纪以来,文本学研究在马克思主义理论研究界的不同学科、不同理论层面广泛展开,尤其是在马克思主义发展史、马克思主义哲学史和国外(西方)马克思主义研究之中。2004 年,中央启动马克思主义理论研究与建设工程后,大量引介国外学者研究成果,积极开展马克思主义经典文本的国际合作,国内研究对 MEGA2 也从最初的陌生到现在的熟悉和深入研究,并且取得了一些独立的研究成果。从 2006 年以来的理论状况看,最需要关注的是国内马克思学的兴起与讨论。

"马克思学"这一术语及其基本学术倾向,在国内学术界并不是一个全新的内容,向前追溯我们至少可以在 20 世纪的五六十年代的马克思主义文献研究中发现零星的论述。2006 年以来的"马克思学"探讨,从总体上来看是国内马克思主义理论研究界在广泛吸收国内外文本文献研究成果、国外马克思主义研究成果以及中国自身社会发展实践基础上马克思主义理论创新需求等诸多因素作用下,在马克思主义理论研究范式自我反思的基础上的新探索。这场讨论的逻辑展开,一种思路是在分析批判西方马克思学成果的基础上,从创新理论研究范式、研究方法和路径的层面提出"中国马克思学"这一新理念,区别于西方马克思学、苏联马克思学,表明中国马克思主义研究界的学术自觉;另一种思路则与前者相对,从总体上注重对"马克思学"研究的批判,强调这种研究存在的诸多问题和错误倾向,特别从价值立场、理论方法自觉、文献文本与现实需求的统一等角度强调这种学术热潮的问题所在,形成了一定的理论交锋。

(1)中国马克思学的建构性思考

2006年以来,许多学者明确提出并积极倡导建构中国马克思学。王东的《马克思学的新奠基》一书,是这一理论主张的代表作。持此种理论观点的学者还有曾枝盛、梁树发、张新、杨金海、鲁克俭、魏小萍等。

王东提出,国内外学界通常认为"马克思学"一词是吕贝尔首创、西方所特有的,这个观点是根本错误的。实际上,"马克思学"这个概念的首倡者是梁赞诺夫,他发起了苏联马克思学的创建大业。在苏联马克思学、西方马克思学相继兴起之后,我们呼吁中国马克思主义理论界共同努力,借鉴与超越苏联马克思主义和西方马克思学,创建中国马克思学。① 对于苏联的马克思学,我们要看到他们的学术贡献,即它是由列宁所倡导,在开展建立马克思主义研究中心、网罗文献研究资料、组织系统出版马克思恩格斯全集和选集特别是开展历史考证版的出版和研究等方面作出了重要的历史贡献。当然,苏联马克思学在历史发展中也存在六个方面的理论局限性:①马克思新唯物主义与费尔巴哈旧唯物主义的关系问题;②马克思和恩格斯关系问题;③马克思成熟著作与不成熟著作的关系问题;④辩证唯物主义和历史唯物主义关系问题;⑤"资本论"逻辑与马克思哲学创新关系问题;⑥马克思晚年笔记与马克思哲学创新关系问题。② 对于西方马克思学,他们的学术传统对当代马克思主义研究的启迪性意义在于:①必须几十年如一日,努力用科学精神、科学方法构建马克思学;②"以苏解马"解读模式的历史局限性;③要更加深入地探索马克思主义哲学的理论来源问题;④要注意马克思哲学在现代西方世界哲学中引起的深刻反响;⑤要注意探求马克思主义哲学在当代与未来发展的生长点。当然,他们也存在着五个方面的理论缺陷:①简单化的历史还原方法;②井蛙观天式的理论归结;③抹平马克思哲学独特个性与独特逻辑;④制造了"马克思与马克思"、"马克思与恩格斯"、"马克思与马克思主义"三大对立;⑤根本抹杀马克思划时代的重大哲学创新等。③

---

① 参见王东、赵玉兰:《"马克思学"一词源流的新发现》,《吉林大学社会科学学报》2007年第6期。

② 参见王东:《苏联马克思学、西方马克思学的历史贡献与历史局限》(上),《北京行政学院学报》2007年第4期。

③ 参见王东:《苏联马克思学、西方马克思学的历史贡献与历史局限》(下),《北京行政学院学报》2007年第5期。

　　所谓"马克思学",就是专门研究马克思的一门学问、一门科学。更具体地说,就是专门研究马克思主义创始人马克思生平事业、文本思想、理论体系及其实践发展的一门分支学科。王东指出,在新世纪、新千年的起点上,曾提出要反思"以恩解马"、"以苏解马"、"以西解马"三种解读模式,倡导"以马解马"的崭新解读模式问题,进而提出一个新问题、新概念、新思想,必须超越"西方马克思学"、"苏联马克思学",开创"中国特色马克思学"或"中国式的马克思学"(简称"中国马克思学"),作为马克思主义中国化和中国特色社会主义的铺路石与学术奠基。创建中国马克思学是深化马克思主义理论研究的需要,也是繁荣发展我国学术理论的需要。曾枝盛提出,重建马克思学是基于六个方面的考虑:原因之一是,"马克思学"这个概念并非吕贝尔的专利;原因之二是,把马克思的研究作为一个专门的学科,这并不损害对马克思主义整体的研究,相反会加深人们对整体马克思主义的了解与研究;原因之三是,凡对某一学科门类进行专门深入的研究,就必然形成某一学科门类"学",所以马克思学也就是在对马克思及其思想进行专门深入的研究基础上必然形成的学科,我们是完全有理由开展这方面的研究工作的;原因之四是,马克思学在过去曾经被一些资产阶级学者所使用,在这一领域曾经出现过一些歪曲、攻击马克思及其生平思想的作品,但不能以此为由抛弃马克思学这一研究领域;原因之五是,在这方面我们应当积极地与国际接轨;原因之六是,自改革开放以来,我们已经改变了过去那种"左"的意识形态。21 世纪我们希望建立的马克思学,应当是能够包容各种有关马克思及其思想理论的严肃认真科学的研究。我们反对那种靠哗众取宠、捏造事实、捕风捉影去歪曲事实而随意制造所谓"新闻"的做法,反对那种任意污蔑、攻击马克思个人人格及其家庭成员和战友的不负责任的轻率做法,也反对那种为了某种政治利益而任意贬低马克思及其思想价值的做法。我们所要做的首先是翻译、整理和出版马克思恩格斯的著作;其次是开展马克思学相关内容的研究,例如,开展对马克思(以及恩格斯)著作、笔记手稿的辨识和翻译,对马克思恩格斯著作的版本、出版史的研究,对马克思恩格斯著作概念、思想范畴的历史考证。做这些工作的目的是为我们深入研究马克思主义服务,为马克思主义中国化服务。①

---

　　①　参见曾枝盛:《重建马克思学》,《马克思主义与现实》2007 年第 1 期。

　　王东指出,创建"中国马克思学",包括五层独特含义:一是强调这是我们中国人独立进行的马克思研究,既学习借鉴"西方马克思学"、"苏联马克思学"的一切有益成果,又不拘泥于他们的理论框架与基本思路,而是力图独立研究,在世界历史范围内成一家之言;二是强调我们必须超越"以恩解马"、"以苏解马"、"以西解马"三种流行的解读模式,采取"以马解马"的全新解读模式,这就要求我们不是通过其他人的理论框架,而是直接面对马克思,把马克思本人文本与思想,作为坚持与发展马克思主义哲学的首要思想源头;三是强调我们将努力发掘中国古典解释学的思想宝藏与方法宝藏,并把它与近现代西方解释学、马克思主义解释学熔为一炉,在解释方法上凸显时代精神与中国特色;四是强调我们今天对马克思的解读,不能亦步亦趋地追随"西方马克思学"、"苏联马克思学"的思想足迹,而是要独树一帜,独辟蹊径,在马克思哲学解读方面提出一系列新观点、新思想;五是强调我们所作的解读,是和我们所处的时代特点与民族特点相结合的,是为马克思主义中国化和建设中国特色社会主义作理论铺垫的基础工程。①

　　创建中国马克思学是马克思主义理论研究的基础性、综合性工程,应当遵循科学原则和学术发展的规律。王东指出,应该用"以马解马"的解读模式,创建中国马克思学。这需要三大阶段、九个环节。一是初步奠基阶段,基本环节是:反思历史、清理地基;借鉴国外、力图超越;锤炼方法、奠定基石。二是深入研究阶段,基本环节是:分门别类、系统研究;专题研究,个个突破;总结升华、构成体系。三是普及推广阶段,基本环节是:重新审视、各个学科;通俗生动、普及大众;面对当代、新鲜实践。曾枝盛认为,要建立能够包容各种有关马克思及其思想理论的严肃认真的科学,首先是翻译、整理和出版马克思恩格斯的著作,这是基础性、开端性的工作;其次是开展马克思学相关内容的研究。梁树发认为,中国马克思学研究,一要坚持学术性和方法上的实证性;二要从总体出发,着眼马克思思想的研究和马克思主义研究的结合问题;三要重视方法论上的研究。他还特别指出,我们应注意区分马克思学、马克思主义和马克思主义学。叶险明指出,构建中国马克思学存在相互联系、相互推动的三个层次的结构:一是技术层面,以实证方法为基

---

　　①　参见王东:《苏联马克思学、西方马克思学的历史贡献与历史局限》(下),《北京行政学院学报》2007年第5期。

础;二是不同解释层次,要求理清各个文本之间的关系,文本背后的情感、心理、取向、性格等;三是重大现实问题的分析层次。他还指出,马克思学的创建过程中必然面临语境问题、知识结构超越问题、中国目前学术界对话难问题,以及中国传统文化的潜移默化的影响问题。杨金海从我国马克思主义发展史研究的回顾与展望的角度提出了自己的看法。他认为,要创立中国马克思学,甚至是马克思主义学,突破口在于立足当代,转变研究方法,由革命的立场转变为理论的立场,借鉴物理学研究的微观方法。同时要深化文本、版本的研究,重视概念的翻译与演变,加强国际学术交流,开展比较研究。鲁克俭、鲁路等学者认为,要构建"中国马克思学",深化马克思文本解读研究,研究者至少应有以下四个方面的方法论自觉:基于 MEGA2;充分了解国外马克思学相关研究成果;以版本研究的新成果为基础;善于参照主要语种的马克思著作版本。魏小萍指出,我们首先要理清马克思学与马克思主义的关系。其次,马克思学的研究必须整合,要注意学术语言多元化的培养,这样才能与国际平等地对话与沟通。同时,还要注意 MEGA2 对中国马克思文本和思想解读产生的影响以及形成的新认识。① 沈其新、田旭明提出,坚持科学维度与价值维度的统一是创建"中国特色马克思学"必须具备的理论自觉意识。从科学维度来说,"中国特色马克思学"的创建不仅要坚持马克思主义哲学的指导,遵循"解读"而非"解构"的学术主旨,而且要坚持"文本解读"与"时代解读"模式的统一,实现与国外马克思学的学术对话。从价值维度来说,"中国特色马克思学"的创建要有利于中国现实实践。②

此外,张新还提出与马克思学相近似的"马克思主义学"研究,其基本观点是:"马克思主义学"就是专门以马克思主义的整体为研究对象,研究马克思主义的本质、根本属性、基本特征、基本规律、基本功能、体系结构等基本而重大的理论问题,研究马克思主义面临的时代性课题和马克思主义历史命运,科学回答"什么是马克思主义,如何对待马克思主义"的问题。简言之,"马克思主义学"就是关于马克思主义观的学问,关于马克思主义根本看法的观点体系。"马克思主义学"的基本特点是:首先,研究对象的

---

① 参见王晓红:《创建中国马克思学——"首届马克思学论坛暨〈马克思学新奠基〉出版座谈会"综述》,《高校社科动态》2007 年第 3 期。

② 参见沈其新、田旭明:《"中国特色马克思学"的双重解读与哲学对话》,《社会科学辑刊》2009 年第 5 期。

总体性。其次,研究方法的整体性。以往对马克思主义分门别类研究的传统,同时也形成了从各组成部分的角度出发研究马克思主义的方法,这也是长期以来备受人们诟病的一个问题。再次,研究问题的综合性和全局性。与其他马克思主义学科和研究领域相比,"马克思主义学"所研究的问题更具有综合性和全局性的特点。从意义价值上来看,开展"马克思主义学"研究有助于推进马克思主义观的深入研究,树立科学的马克思主义观;有助于推动马克思主义理论的科学研究;有助于马克思主义理论学科学理基础的建立,因此是一个亟待开展研究的新领域。[①]

　　(2)建构中国马克思学的理论反思

　　针对上述建构性思考,有些学者还是从诸多方面提出了一些不同的意见和分析。张亮指出,进入新世纪后,随着国内马克思恩格斯研究的复兴及持续深入发展,该研究日益具有一种强烈而自觉的国际意识、国际眼光。作为这种变化的一个结果,沉寂多年的西方"马克思学"再一次回到国内学术界的视野中,并得到一定程度的关注。对于西方"马克思学"的这次重返,他给予积极的评价。之所以如此,是因为只有充分吸收、借鉴、扬弃包括"西方马克思学"在内的各种流派(阵营)的马克思恩格斯研究成果,我国的马克思恩格斯研究才能超越过去的朴素性,成为一门科学,进而后来居上,达到当代世界社会主义运动期待中国马克思主义理论界应当达到的那种世界领先水平。不过,目睹当前国内"西方马克思学"研究中的某些热闹景象,却让人有些忧虑。因为在某些国内学者那里,具有确定的历史性和意识形态内涵的"马克思学"成为一个可以肆意界定、挪用的抽象术语,他们根本没有意识到,正确对待这个术语本身就是一个涉及马克思主义基本理论研究科学基础的原则问题。一方面,我们不能加以认同的一些正名方法:首先是名实相分的"正名"策略。尽管迄今为止国际国内学术界都没有就"马克思学"这个术语的内涵式定义达成一致,不过,作为一个已经被广泛使用了许多年的术语,不管是否加引号以及"资产阶级"或"西方"这种前缀,"马克思学"的外在所指还是基本确定的,即部分西方国家学者对马克思恩格斯的生平、著作和思想的专门研究。其次是"借壳上市"式的潜在用心。即便没有太多专业知识,明眼人都看得出来,脱离"马克思学"的实,仅就术语

　　① 参见张新:《亟待开展"马克思主义学"的研究》,《教学与研究》2009 年第 11 期。

本身来为"马克思学"正名根本解决不了问题,因为只有"实至"才能"名归",而实绝不会随名迁。国内学者漂白"马克思学"术语的最终目的并不是为了正确认识、评价"马克思学"潮流,而在于"借壳上市",即包装、推出他们所认为是科学、先进的马克思恩格斯研究。最后是非意识形态化的危险倾向。作为中国的马克思主义研究者,时代赋予我们的使命就是不断推进我国马克思恩格斯研究的科学化水平,使之达到当代世界社会主义运动期待中国马克思主义理论界能够具有或者说达到的那种世界领先水平。不过,在推进马克思恩格斯研究的科学化问题上,他们显然过于急切,因而变得有些盲目,以致产生这样一种幻觉:马克思恩格斯研究是可以像自然科学那样,超越意识形态纷争,达到绝对的客观中立。正是基于这种幻觉,他们反复强调"马克思学"是中立的科学,因此,我们可以放心地甚至是全盘地接受它。这是与过去苏联学术界的过度意识形态化倾向同样危险的非意识形态化倾向!另一方面,从把握这一问题的基本前提即必须拓清学术史事实来说,第一,"马克思学"术语的现实源头是吕贝尔;第二,"马克思学"术语具有鲜明的意识形态立场;第三,吕贝尔的"马克思学"术语具有强烈的个人色彩和某种排他性;第四,在流传过程中,"马克思学"术语逐渐脱离吕贝尔的狭义理解,成为特定的马克思恩格斯研究模式或范式的非正式称谓,即西方"马克思学"的核心是否定马克思主义的科学性和当代性,而把它仅仅看做一种曾在19世纪西欧某些工人团体流行过的、以乌托邦伦理批判为中心的激进主义理论体系。由此可以形成三点基本认识:第一,"马克思学"术语并不像某些国内学者以为的那样,是一个确定的、客观中立的科学概念,而是一个滑动的、具有明确意识形态内涵的能指;第二,我们必须对"马克思学"术语保持足够的警惕性和批判性,既不应像过去那样视之为洪水猛兽,也不应像现在有些国内学者那样因为其"科学"外观而无条件地拥护、套用;第三,"马克思学"术语在国内学术界已经得到比较合理的理解、对待,在这种情况下,我们与其继续纠缠这种枝节问题,不如把精力投入到对西方"马克思学"的历史逻辑的深入研究中去,充分理解、学习西方"马克思学"家们已经取得的学术成果,并在批判地吸收、借鉴、扬弃的基础上,形成属于我们自己的真正科学的认识成果。①

---

① 参见张亮:《应当如何正确对待"马克思学"这个术语?》,《现代哲学》2009年第5期。

　　也有学者提出，国内马克思学讨论的出现不是偶然的，它与中国化马克思主义理论的创新发展关系密切，具体来讲：首先，就"马克思学"所标榜的去意识形态"纯学术"性而言，它迎合了20世纪90年代以来学术界对苏联教科书体系所持的批判性立场；其次，文本（献）研究的确可以在"马克思学"那里获得某些有益的启发，同时，斯大林主义在马克思文本编辑研究中的粗暴态度从反面强化了"马克思学"的"正面形象"；再次，"马克思学"学者从不同于传统苏联理解模式的角度提出了不少新颖且具有一定理论价值的观点，客观上增加了这一学术思潮的吸引力。因此，必须坚持对"马克思学"的批判性吸收，尤其是面对中国马克思主义研究在新世纪的社会历史条件下所遭遇的理论挑战，这一科学的批判任重而道远：首先，"马克思学"的意识形态本质决定了它与马克思主义研究的根本区别。其次，"马克思学"本身能否成立？换言之，马克思的思想能否简单僵化为一门学问？答案是否定的，原因在于马克思主义并不是一种可以对象化为一种囿于学科体制之中的狭义的"学问"，而是一种"改变世界"的立场、观点和方法。再次，对话还是解剖，这是马克思主义与"马克思学"对待马克思思想的根本区别。"马克思学"研究中的主体和客体之间的关系是外在的、僵化的，即如果依照"马克思学"的研究方法，那么主体与对象之间就成了一种冷冰冰的直观，马克思的思想不但被阉割了革命性精神，而且被当做一种丧失了生命力的等待解剖的对象。"马克思学"不是面对马克思活的精神和思想，而是力图把马克思著作和手稿僵化。反观马克思主义研究，则力图揭示一个与当下的社会历史情境紧密相关的马克思形象。针对马克思文本的研究也不仅仅是一种拿着放大镜、手术刀的文本考据，而更是一种立足现实的研究者与马克思理论的对话。在这场对话中，获得一个怎样的马克思形象，则不仅取决于遗留下来的马克思文本，还依赖于研究者自身的理论方法和学术旨趣。[1] 我们发现，在针锋相对的理论讨论中，其中一个非常核心的问题就是理论方法的出发点和价值立场问题，这是无法回避的一个方法论"原问题"：在马克思恩格斯的文本（包括其他任何思想家的文本）研究中，研究主体都是理论在场的。这样，对于马克思恩格斯文本的任何一种解读都不可

---

　　① 参见周嘉昕：《"马克思学"与中国化马克思主义哲学新形态建设》，《哲学研究》2007年第8期。

避免地带上了研究者自身的解释前件。当然,这是在更高一个层次上来理解文本研究的问题了,这种文本研究中主体的在场性并不能被庸俗地等同于不顾文本事实的任意阐释,而就是文本研究的存在方式本身。因此,马克思主义的文本学研究不仅需要对马克思恩格斯乃至马克思主义发展史上出现的重要文本的认真研读,而且需要在把捉现实社会历史的存在中自觉反思研究者自身所持有的理论方法。相反,如果把文本考据作为研究的核心或唯一形式,理论就有可能被扼杀在考证之中,马克思主义的意义就可能流失在繁琐的解读之中。①

还有学者从另外的角度对上述两种对立的观点作出分析和评价。有学者提出,从研究方法视角来看,当前中国马克思学的研究主要体现为"文本重读"、"学术对话"和"现实反思"三种范式。这三种研究范式对于创建和发展中国马克思学都有着不可替代的积极作用,但它们都不是完美无缺的,有着自身的局限和困境。在中国马克思学领域,这三种研究范式不是水火不容的关系,而是优势互补、相生发展的关系。中国马克思学要在这三种范式的文明交流与对话下才能不断发展。中国马克思学研究者不仅对"改造世界"的认识度不够,而且对如何用中国马克思学来"改造世界"的路径和方法茫然不知。这是中国马克思学研究者在遵循"现实反思"研究范式过程中面临的最大困境。而我们这个时代的哲学,就是要对现实问题作出正确的回答,能够更好地认识现实世界和改造现实世界,如果"文本重读"和"学术对话"范式所得出的思想理论缺乏这个理论自觉意识,那么这个"重读"和"对话"就变得毫无价值,生命力也不会长久。② 也有学者提出,近些年来,随着对马克思恩格斯文本关注的持续升温,国内学术界对待 MEGA版及西方"马克思学"的态度出现了一些新的变化,并逐渐形成了三种较为典型的倾向:第一种是仍旧漠视西方"马克思学"和 MEGA 的研究成果,闭门造车。第二种态度和倾向是携洋自重,以文本考察取代理论研究。比如,有学者一味以 MEGA 特别是陶伯特的"新"成果为标准,甚至把陶伯特的观点无批判性地当做了教条;把文献学研究不恰当地放大,忽视思想考察,甚

① 参见周嘉昕、刘力永:《如何正确处理"马克思学"与马克思文本研究的关系》,《现代哲学》2009 年第 5 期。

② 参见沈其新、田旭明:《马克思学研究:文本重读、学术对话还是现实反思》,《中州学刊》2009 年第 5 期。

至把无聊当做有趣的情况。一些学者无视或没有意识到 MEGA2 研究和西方"马克思学"研究及其相关成果可能具有的意识形态性,而不加思考、不加分析地照抄照搬。第三种则是学术界在对待 MEGA 版及西方"马克思学"问题上的正确立场、态度。在马克思研究中,文献学考证是前提和基础,文本学解读是中介和核心,思想史诠释则是结果和目的。不能全盘否定"马克思学"及其"文献学"的研究,而是要批判地吸收其研究成果,不能陷入西方"马克思学"的"零度化的意识形态"的陷阱,即在充分吸收"马克思学"、MEGA2 研究成果的同时,对其范式和结论中可能带有的意识形态偏见保持应有的警惕和审慎的批判态度。为此,我们必须把思想史的研究与创建具有当代水平和中国特色的马克思主义、充分发挥马克思主义对当代资本主义现实的批判功能和对中国社会主义实践的指导作用结合起来。①

(二)马克思主义基本原理研究的主要内容和基本问题

马克思主义基本原理的研究对象、研究领域、研究范围和概念范畴体系等关于学科的基本问题,目前仍然是清楚而不清晰的问题。说"清楚",是指马克思主义基本原理就是马克思主义的基本理论,是马克思主义经典作家在其著述中贯彻始终的立场、观点、方法;说"不清晰",是指马克思主义的基本理论究竟有哪些内容、哪些观点、哪些概念范畴,什么是马克思主义的观点、什么不是马克思主义的观点,我们还不清晰,理论逻辑上界限还不清晰。

关于马克思主义基本原理研究,有两种方式:其一是分学科研究的方式,即按照马克思主义三个组成部分的内容分别研究马克思主义基本原理;其二是整体性的研究方式,即按照整体性的原则以马克思主义为研究对象来研究基本原理。由于马克思主义基本原理的学科设立晚,由于学术界过去一直分学科研究马克思主义,近年来国内学术界在马克思主义基本原理研究方面,主要还是以分学科研究的方式。2006 年至 2009 年研究的主要内容和问题,综合起来,我们挑选以下九个方面逐一加以介绍和分析。

1. 马克思主义经典作家研究

在马克思主义发展史研究中,一直以来我们都是将对"马克思恩格斯

---

① 参见汤建龙:《如何正确对待西方"马克思学"?——以西方"马克思学"文本学成果在中国的接受为例》,《现代哲学》2009 年第 5 期。

和列宁"作为理论研究的核心内容。近年来,随着时代发展和社会实践的变迁,我们对经典作家的认识、理解也有所变化:更加注重对理论研究方法论的反思,注重结合现时代发展将经典作家与各思想家进行横纵向比较,同时列宁思想受到了更多的关注。

(1)马克思恩格斯的思想史研究

马克思恩格斯思想史研究需要思想史料、文献的进一步丰富和挖掘,更需要在研究方法上有进一步的自觉和创新。张一兵在其《回到列宁》、《马克思哲学的历史原像》等两部新近出版的著作中,更多地探讨了马克思主义经典作家思想史研究的方法论问题。在《回到列宁》中他提出"思想构境论"的新主张,其核心是在客观、真实、全面地呈现一个作为一个理论家的列宁如何在哲学思维逻辑中一步步成为一个真正的马克思主义者的过程。在思想史讨论的一般意义上,他指出,作为读者和说者应该放弃的一种虚妄,即我们应该放弃那种将"自我的言说"硬要打上"作者原意"的标签,这种情况无论是在纯粹的客观化解读或是解释学的"视域融合"中都是不可避免地会发生的。在这个意义上,思想构境论是在理论方法上对思想者本人"生发、产生"原创思想的一种"再现"的尝试和努力,而且必须将这种努力明确地标识为读者的行为和结果。何萍的《马克思主义哲学史教程》一书,则从反对苏东的马克思主义哲学史模式出发,提出从文化哲学视角出发重新审视马克思主义思想史的时代和地域性的进程及理论成果。这一新视角既突出"问题中心"的出发点,又以民族文化为背景凸显不同国家、地域和民族中马克思主义理论的发展全貌,是对传统马哲史模式的突破,值得关注。同时,学者们高度关注青年马克思恩格斯的思想,对经典作家早期思想的出发点、内在逻辑结构、转向历史唯物主义的标志等问题进行了较为广泛的探讨。

(2)马克思恩格斯与其他思想家的比较性研究

马克思与恩格斯的思想学术关系问题,是近年来的重大热点问题之一。国内学术界在这个问题的认识上,一方面,从总体上肯定恩格斯对马克思主义理论发展的重大历史作用,反对西方马克思学制造的"马克思与恩格斯对立"的错误倾向;另一方面,国内学者也在文本依据、理论内涵和基本理论意向等方面,深入探讨"马恩思想学术关系"的当代意义和价值,在吸收当代文本文献学研究成果的基础上,国内学者已经在作出自己的理论认识、基本判断方面有了更多的独立话语。国外学者如英国的特雷尔·卡弗、日本学者广松涉的研究视野和成果,在国内学术界引起了很大的争论。

马克思恩格斯与费尔巴哈、黑格尔之间的思想关系问题,一直是国内学术界关注的基本问题。在马克思恩格斯与费尔巴哈的关系问题上,前者是如何突破费尔巴哈哲学自身局限而走向科学世界观的呢? 这个问题研究的新进展必须在基本认识上突破费尔巴哈的"唯物主义"外观,切实在具体的理论链接点上和马克思恩格斯实现思想转变的复杂理论语境中才能得到更加真实的指认与界化。其内在根本的问题是我们是否能走出"唯物主义和唯心主义"的传统区分,真正地以思想史本身为标准,放弃一般唯物主义与马克思主义科学世界观的"天然亲和力"。相反,马克思恩格斯与黑格尔的思想关系问题,在马克思主义发展史上特别是在国外马克思主义研究者那里,无论是高度重视黑格尔的思想影响抑或努力排除黑格尔与马克思主义思想关联的思想家那里,马克思与黑格尔对现代社会的深刻把握都成为一个共同的理论连接点,而且在理论方法、理论质点等诸多方面都有着极大的相似性,这使得国内学者近年来更多地开始关注马克思主义社会理论中的"黑格尔影响",关注二者之间的整体性关系,而不是纯粹局限在辩证法、认识论等具体问题的研究上。此外,在马克思主义思想来源的视野中,施蒂纳、费希特、康德、卢格和斯密等人都更多地受到国内学术界的关注。

(3)列宁思想研究

近年来,国内外学术界先后兴起了一场列宁思想研究的热潮,比较重要的基本文献和研究性著作不断出现,比如中央编译局主持编译的《列宁专题文集》(五卷本)和张一兵专著的《回到列宁》等;关于列宁思想研究的学术论文较为丰富,比较重要的有200篇左右。从理论关注点来看,列宁的马克思主义思想、哲学理论、东方社会理论、资本主义和帝国主义理论、社会主义建设(特别是新经济政策)、社会文化思想、全球化思想以及革命和政党思想等内容受到广泛关注。从研究特点上来看,注重挖掘列宁的社会建设思想、党建思想、文化建设思想及新经济政策,注重列宁哲学思想史研究,注重列宁晚年思想特别是其中的社会主义建设思想。这些理论质点既与国内外学术思想发展的动态相关,更与我国社会主义建设发展的重大实践问题密切关联,凸显了理论与实践的内在张力。

2. 马克思主义经典著作研究

近年来,国内学术界在经典著作的解读方面借助重要文本文献研究成果,同时结合纪念《共产党宣言》发表 160 周年、《1857—1858 年经济学手稿》发表 150 周年以及 2008 年以来《资本论》在西方世界兴起热潮等,提出了不少具有创见性的观点和见解。

(1)马克思主义形成发展阶段的著作研究

在马克思早年《博士论文》的研究方面,有的学者提出,在传统的理解框架中,《关于费尔巴哈的提纲》、《德意志意识形态》的发表标志着马克思主义科学世界观的诞生,而这种理解实际是在马克思主义"三分法"以及"唯心主义向唯物主义过渡"框架下产生出来的。如果抛开这种成见,马克思的《博士论文》无论从其理论主旨、思想主题以及对后续思想的持续影响等诸多方面看,都可以看做是马克恩哲学的真正诞生地和思想理论秘密之所在。① 无疑,这一观点相比于以往的这一文献的研究来讲是一创见,值得深思。同时,国内学者还在马克思的自由观、政治哲学理念以及人学思想等方面深入挖掘了马克思《博士论文》中的思想资源。除关注马克思早年在《莱茵报》时期政论文、《黑格尔法哲学批判》以及《论犹太人问题》等篇章之外,《1844 年经济学哲学手稿》依然是马克思早期文献关注的重点,其文献研究数量在 3 年内达到了 100 篇。从研究内容上看,既有从思想史定位的角度关注这一手稿的唯物史观视角、现代性批判视角以及马克思与黑格尔、费尔巴哈的思想学术关系等内容,也有对异化劳动概念的重点解读,更有从人类中心主义的当代问题出发对这一手稿的现时代解读。在对《神圣家族》的解读中,多数学者注意到从理论主旨、文本细节以及思想模式等方面进一步研究这一文本中的复杂理论语境,进一步提升这一著作在理解马克思主义发展史中的地位和价值。

(2)马克思主义成熟阶段的著作研究

在理解马克思主义科学世界观基本建立方面,《关于费尔巴哈的提纲》的理论价值和地位历来受到高度重视。有的学者侧重于分析评价近年来国内外文献学研究的成果,意在维护这一文本的基本地位以及与《德意志意

① 参见张广照、李敬革:《〈博士论文〉是马克思哲学的"真正诞生地和秘密"》,《宝鸡文理学院学报》2009 年第 3 期。

识形态》之间的密切内在关联,进而对其在认识论、实践观以及整个世界观根本特征方面的理论价值作出深入的评估。因而,学者们对《德意志意识形态》的研究不仅有对关乎马克思主义科学世界观建立重要理论原则的再审视,也有对思想史上唯物史观理论体系建立和完善的纵向比较性研究,更有对自然观、自由观、世界历史问题以及市民社会理论等具体理论质点的深入解读,这些都充分凸显了这一文本在理解马克思主义方面的基础性地位和价值。围绕着《共产党宣言》发表160周年的纪念主题,这一著作在文献学研究方面有了一些理论发现,比如在《共产党宣言》的主要创立者方面有一些重要理论探讨和交锋;在对理论内涵的具体解读上,《共产党宣言》与马克思经济学研究中具体问题的内在关联性得到展现,它的总体理论性质、存在论意蕴以及政治哲学视角等问题都得到了较为深入的探讨,特别是其中对资本主义的基本批判指向、基本判断和对未来社会发展的基本理论视野等,其时代价值至今仍然是不可置疑的。再有,马克思的《资本论》及其经济学手稿研究。近年来,国内学者对马克思《政治经济学批判大纲》进行了开放而多元的研究。不管是从哲学维度,还是从政治经济学维度阐释,也无论是从人类学切入或者从现象学入手,还是把《政治经济学批判大纲》视为本质上自成一体或者视作只是为《资本论》铺平道路,越来越多的解读者和阐释者认同《政治经济学批判大纲》是一部未竟的、博大精深的、先知式的著作,认同《政治经济学批判大纲》体现了马克思最为丰富的思想,认同《政治经济学批判大纲》蕴涵着有助于人们解释和改变21世纪生活世界的深刻思想。在时下资本主义世界金融危机过程中,回溯马克思《政治经济学批判大纲》研究50年,对马克思这位经典思想家的在场及对"回归马克思"或对马克思兴趣的回归,都可作出合理的解说。①

　　(3)恩格斯的重要著作研究

　　在能够直接划归到恩格斯本人的理论著作中,除早年的《政治经济学批判大纲》具有重要影响力之外,国内学术界结合马克思恩格斯思想学术关系探讨,重点关注的是恩格斯在19世纪70年代以后的著作,主要包括了《反杜林论》、《社会主义从空想到科学》、《路德维希·费尔巴哈和德国古典哲学的终结》、《家庭私有制和国家的起源》以及《卡尔·马克思〈1848年至

---

① 　参见朱进东:《马克思〈大纲〉研究50年》,《南京航空航天大学学报》2008年第4期。

1850 年的法兰西阶级斗争〉一书导言》等文本的研究。在《反杜林论》一书的研究上,学者们进一步肯定了这一著作在吸收马克思恩格斯多年自然辩证法研究成果、论证马克思主义的哲学基础,以及全面阐述唯物主义和辩证法、辩证唯物主义和历史唯物主义的有机联系等方面的重大理论贡献。在《路德维希·费尔巴哈和德国古典哲学的终结》这一著作的研究上,学者们关注到以下方面:恩格斯对马克思主义哲学自诞生以来 40 年发展成果的科学总结;恩格斯在唯物辩证法的基础上进行人类社会历史发展的研究,体现出唯物史观具有革命性变革的实质;马克思主义哲学所体现出的历史性思维为理解以往哲学,进而解决以往哲学的内在矛盾提供了正确的视角;恩格斯强调了实证科学在哲学发展中的重要作用,提供了新的方法论等。① 值得一提的是,在 2007 年以来国内关于“民主社会主义”的讨论中,针对有人将恩格斯关于社会主义革命的相关思想进行不准确的比较和解读的倾向,国内学术界从恩格斯晚年的社会主义革命道路、革命方式以及恩格斯与考茨基、伯恩斯坦等人的理论比较等方面,对上述观点进行了有力的辨析和反驳,切实通过文本研究回应了个别人对恩格斯的歪曲理解。

　　3. 马克思主义整体性问题研究

　　近年来,国内学术界在对马克思主义基本原理的理论认识和研究中非常重视整体性的方法论前提,关于马克思主义的整体性问题研究已经成为基本原理研究中的重点和热点问题之一。从理论原因上看,这一问题的兴起直接导引于对马克思主义的“三分法”的理解模式存在根本缺陷的当代反思,而对“三分法”的批判和反思则直接促使了马克思主义整体性研究的兴起。所谓马克思主义理论的传统“三分法”,主要是指以教科书为典型代表的对马克思主义理论的理解模式,即将马克思主义理论机械地划分为哲学、政治经济学和科学社会主义。随着马克思主义理论研究的深入,人们逐渐认识到这种理解模式的缺陷,并对其作出了深刻的反思。反思直接推动着马克思主义整体性研究在国内的兴起,大家普遍认同从整体性视角出发把握马克思主义理论,是一个关涉其实质、根本和发展的重大问题。

---

　　① 参见黄基秉、袁力:《马克思主义哲学体系的重要理论价值与时代创新——读〈路德维希·费尔巴哈和德国古典哲学的终结〉》,《成都大学学报》2007 年第 10 期。

（1）马克思主义整体性问题的兴起

从原因上讲,国内学术界普遍认为,传统的"三分法"不仅不能全面系统地涵盖马克思主义理论的整体,不符合马克思恩格斯等经典作家的理论创建的本意,从根本上讲也不利于在当代对马克思主义的创新发展。因此,马克思主义整体性研究的当代价值就进一步体现为:一方面,它是总结理论发展和社会主义国家实践发展经验教训的结果,是对以往片面、主观地理解马克思主义的反思和新思考;另一方面,它又是为满足现实理论需求发展、充分发挥马克思主义整体指导作用的现实需要,更是结合现时代发展在整体理论内容、理论框架和价值指向等诸多方面切实创新发展马克思主义的必然要求。

（2）马克思主义整体性的多视角探讨

从马克思主义形成发展过程来看,马克思主义的思想理论来源是一个对整体性思想资源吸收借鉴的过程,是多元思想元素、理论方法、理论质点综合聚变的过程;而马克思主义科学世界观方法论的产生和不断演进过程,更是一个整体性的发展过程,其中任何一个新的思想元素的吸收、借鉴以及批判、超越,都带有阶段性的、质变的整体性跃迁的性质,这也就使得马克思主义理论本身的理论架构和理论逻辑形成了一个不可分割、相互紧密关联的理论整体。再有,从马克思主义的传播和地域化的过程来看,包括马克思主义中国化进程在内,大凡马克思主义在某一地域、国家或民族传播发展比较成功的地方,往往都是在马克思主义基本原理、马克思主义基本精神实质以及马克思主义的整体性质特征和根本价值观得到较好地继承与发展的地方,这种创新发展的过程也必然是带有整体性特征的,绝不是局部地、片面地或个别地接受了马克思主义某一个或某一方面原理的结果。

从马克思主义的理论本质来看,我们对马克思主义的深入理解、对马克思主义本质的深刻把握,一刻也离不开对从整体性、系统性方面理解其理论本质。对于"什么是马克思主义、怎样对待马克思主义"这样的根本问题,必须以整体性作为基本视野和出发点,而目前我们无论从"世界观方法论体系"、"立场观点方法"、"普遍规律说",还是从"人的全面发展学说"、"社会发展理论"等诸多角度来界定马克思主义,都是遵循整体性理解这一基本前提的。

从马克思主义的内在结构来看,马克思主义的整体性就是要超越以往

"三分法"为我们设置的学科界限,更多从立场、观点和方法的角度,进而把马克思主义区分为内在理论关联、逻辑一致的几个层次,即世界观方法论或基本原理层面、重要观点和结论层面以及个别观点结论等三个层次。其中,坚持马克思主义基本原理也就是在根本上坚持了马克思主义,它是马克思主义基本立场、观点和方法的整体性体现。以外,还要从马克思主义的根本特征出发,努力在坚持理论与实践的结合中坚持马克思主义的整体性。

(3)中国化马克思主义的整体性研究

中国化马克思主义是马克思主义基本原理与中国实际和时代特征相结合的产物,是中国共产党在中国革命、建设和改革的历史进程中,运用马克思主义基本原理,坚持解放思想、实事求是、与时俱进,不断进行理论创新的理论成果。作为马克思主义在当代的最新发展,中国化马克思主义也呈现出了内在的整体性特征,正如有的学者所说:"中国化马克思主义是一个完整的科学体系,正确认识中国化马克思主义的整体性和内在联系,对于研究马克思主义中国化的发展规律和基本经验具有特别重要的意义。"①这其中,既要重视中国化马克思主义发展进程中各个历史阶段中产生的重大理论成果的具体分析,更要从整体上把握毛泽东思想与中国特色社会主义理论体系之间的内在紧密联系,切实从"问题中心"和实践需求出发,准确把握二者的整体性关系。特别是在对待 20 世纪 80 年代以来建立在改革开放实践基础上的中国特色社会主义理论体系的理论结构的区分和把握上,更要坚持整体性视角,切实在理论主题、理论方法、理论内容等方面发现这一理论体系的整体性、系统性和科学性。

4. 当代视野中的历史唯物主义研究

2006 年以来,历史唯物主义研究一直是马克思主义基本原理研究的重大热点问题,这其中既有理论上的原因,也有改革开放 30 多年系统总结实践成果的因素。总的来看,学者们围绕历史唯物主义的性质即世界观抑或历史观,历史唯物主义的方法论意蕴,恩格斯与历史唯物主义的关系,立足于经典文本,从经济学语境、思想史路径、人学视角出发进行了广泛而深入的探讨。

---

① 肖贵清:《中国化马克思主义的整体性及其内在联系》,《思想理论教育》2007 年第 1 期,第 39 页。

（1）历史唯物主义研究兴起的原因分析

对传统理解模式的当代反思是历史唯物主义研究再度热兴的首要原因。在传统的辩证唯物主义和历史唯物主义理论框架中，历史唯物主义是辩证唯物主义在社会历史领域的推广和运用，这种辩证唯物主义一元论早就在"历史决定论"、"经济决定论"的指责中失去了应有的理论规范力，因而也受到了更多的反思和批判。改革开放以来，虽然上述理解一直受到关注，但并未从根基上得到撼动，这是令人不解的。再者，当今时代的变化发展特别是中国改革开放实践的深入发展，为历史唯物主义理论的深入探讨提供了根本的实践动力和指向。在改革开放 30 年、新中国成立 60 周年的理论总结语境下，历史唯物主义在当今时代的新机遇、新挑战以及新近发展得到了进一步的展现。改革开放实践的历史性成就，要求深入探讨历史唯物主义的社会发展动力、发展模式、发展代价、实践主体、价值取向理论和社会主义经济发展理论；全球化背景下世界经济政治文化发展的新动向、新趋势等问题迫使历史唯物主义作出更为富有时代特色和实践要求的回答。这是时代发展的必然，同时也关系到马克思主义的生命力之所在。面对西方或国外马克思主义者在资本主义问题、帝国主义问题、经济文化全球化问题、社会发展问题、环境生态问题等诸多新视野中涌现的新近研究成果和对历史唯物主义的新思考，国内历史唯物主义研究热潮的出现在一定程度上也是对它的回应。

（2）历史唯物主义的世界观、方法论意蕴

早在 20 世纪 90 年代，国内学者就已经对历史唯物主义与辩证唯物主义的不对等地位提出了质疑。在新近的讨论中，不少学者提出，历史唯物主义理论才是马克思主义的世界观理论的核心内容，它最能体现马克思主义世界观的根本价值指向、根本理论视野和根本方法论特色；在这个意义上，辩证唯物主义中"物质本体论"是传统唯物主义的理论地平，辩证方法是马克思恩格斯创建科学世界观的方法论支撑，并非根本的理论质点。当然，也还有一部分学者认同历史唯物主义的社会历史观的地位。可见，这一问题的争论已经关系到马克思主义整体性的重大问题了。

关于方法论问题的讨论，学者们集中在两个问题上，即唯物主义方法和历史科学的方法。在传统的"推广论"理解模式中，由于历史唯物主义被视作一般性的"辩证唯物主义"在社会历史领域运用的结果，其本身的方法论意蕴遭到彻底的掩盖。换句话说,在这种理解当中,历史唯物主义的形成是采用外在于它的方法的结果。随着学术界对"推广论"理解模式反思的深入,学者们普遍意识到这种理解的根本缺陷。颇具说服力的证明是:当法国唯物主义者和费尔巴哈采用这种"推广论"时,都无一例外地陷入了历史唯心主义。正如马克思恩格斯在论及费尔巴哈时所说:"当费尔巴哈是一个唯物主义者的时候,历史在他的视野之外;当他去探讨历史的时候,他不是一个唯物主义者。在他那里,唯物主义和历史是彼此完全脱离的。"①因此,历史唯物主义作为马克思哲学革命性变革的结果,其自身必然潜藏着独特的方法论意蕴,它构成了马克思能够"唯物主义"地把握社会历史的根本前提。因此,深入挖掘历史科学的方法意蕴和原则成为拓展这一思考的基本路径,并逐渐为学者们所认可。

(3)恩格斯与历史唯物主义

这一问题在本质上反映的是马克思恩格斯的学术关系问题。这个问题在传统的理解当中并没有凸显出来,在"一体论"的理解模式下,马克思和恩格斯被视为历史唯物主义的"共同"创始人。在历史唯物主义的具体理解中,人们既可以引用马克思的话语,也可以引用恩格斯的话语,两者不作区分地被视为历史唯物主义的共同性阐发。但是,近年来,这种"一体论"的理解模式遭到了挑战。总体上而言,学术界在反思"一体论"模式的基础上普遍认识到马克思和恩格斯在历史唯物主义理论方面的"差异",但是,大家对具体应该如何理解"差异"的性质却存在着分歧。这种分歧同时也导致了对恩格斯在创造历史唯物主义上有何贡献的不同理解。

(4)历史唯物主义的多种研究路径分析

自历史唯物主义创立以来 它就一直处于不断地被理解当中,由此形成的是一部丰富的历史唯物主义的理解史。究其原因,它乃是历史唯物主义精神的本质要求。历史唯物主义变革旧哲学的关键在于要求理论从天上回到人间,即要求始终面向现实,始终随着现实的不断变化而丰富和发展它的内容。正是鉴于历史唯物主义的这种内在要求,国内学术界普遍提出了重新理解历史唯物主义的要求,并提出了多种理解的路径:立足于经典文本展开历史唯物主义研究的文本文献学路径,这一视野更多依赖于文本文献研

---

① 《马克思恩格斯选集》第 1 卷,北京:人民出版社 1995 年版,第 78 页。

究成果的新进展,近年来更是在"回到马克思"以及"以马解马"等诸多解读模式的凸显中不断展现新的理论成果;在经济学语境中的历史唯物主义研究路径中,学者们更加关注马克思主义基本理论之间的内在关联,更加确认马克思主义科学世界观对经济学实证研究理论支撑作用和二者的具体理论关系,关注到在经济学批判视野中呈现的资本主义现实批判、现代性文化批判和社会批判理论的具体理论环节,历史唯物主义的理论整体性质、理论框架、重要观点和命题等也有了新的解读路径和内涵,这是学科交叉性研究取得的整体性成果,也更加符合马克思中后期理论实践的真实情景。此外,还有学者从传统的思想史路径关注历史唯物主义的新内涵,注意解读人学视野中历史唯物主义的主体向度等问题,这些都为历史唯物主义的当代解读提供了多元化的视角和方法论支撑。

5.马克思主义视域中的当代资本主义研究

从马克思主义基本原理学科出发,评述国内学者关于当代资本主义的研究成果,面对的两大难题是,其一,文献涉及的问题域几乎涵盖了资本主义经济社会的全部。其二,探讨的问题尽管有着不同的研究视角,但几乎都存在分歧乃至争论。

(1)如何对待马克思主义的立场、观点和方法的问题

这一问题的讨论,涉及"马克思是否持有资本主义社会内部能够孕育和形成社会主义因素的观点"、"马克思所说的新社会因素是否指社会主义因素"、"马克思恩格斯是否有和平夺取政权的思想"三个问题。有的学者在综述学术界理论纷争的基础上,指出了分歧产生的原因:为经典作家预设了结论,忽略了其具体论断的语境、前提和范畴。有学者认为,在当代资本主义研究中,正确对待和运用马克思主义的立场、观点、方法,需要创立新的根植于历史唯物主义的研究方法。这一问题研究的代表性成果,如张一兵的专著《马克思恩格斯资本主义科学批判架构的历史生成》、林德山的论文《从马克思的"社会革命"观看20世纪资本主义的社会变革》、刘凤义的论文《资本主义多样性研究的方法论探讨——新古典经济学、演化经济学与马克思经济学的比较》等。

(2)如何定位当代资本主义的新变化和最新发展阶段的问题

国内学者普遍认为,当代资本主义发生的新变化可以归结为以下几个方面:在生产力层面,随着以信息技术为代表的新科技革命的发展和新兴技

术群的出现,生产力诸要素发生了质的飞跃,更具社会化的特点;在生产方式层面,资本大规模跨国运动与资本国际循环的建立,以及全球一体化的贸易、金融、生产体系的迅速发展,使"资本主义生产方式成为真正意义上的世界性的生产方式"①;在生产关系层面,与马克思所处的时代相比,当代资本主义在新科技革命和经济全球化浪潮推动下呈现出新的特点,总的来说,通过采用妥协退让的灵活策略,使基本矛盾得到较大程度的缓和;在上层建筑层面,当代资本主义在政权组织形式、民主法制、经济体制、社会管理、文化发展等方面都有显著变化;在阶级结构和阶级关系层面,与经典作家所处的历史阶段相比,表现得更为复杂。有的学者将当代资本主义概括为"资本的私人占有与资本的社会占有同时并存,社会经济运行的无序化与有序性同时并存,收入分配两极化与收入分配公平化同时并存,宏观经济制度的工具理性与微观层面的科学理性同时并存"②。胡连生在其江苏省社会科学基金项目"当代资本主义双重发展趋向研究"成果中,将其定位于双重发展趋向,即资本主义旧制度继续发展的趋向与新社会因素逐步生长的趋向并存。具体表现为:"资本主义社会生产力继续快速发展的趋向与资本主义生产关系束缚生产力发展的趋向并存;财产私人占有制继续发展的趋向与资本占有形式社会化趋向并存;社会经济矛盾和危机继续加深的趋向与经济运行有计划、可调控的趋向并存;阶级剥削和压迫继续加深的趋向与工人阶级的地位不断提高的趋向并存;贫富两极分化不断拉大的趋向与收入分配均等化的趋向并存。"③

关于如何定位当代资本主义最新发展阶段的问题,学术界的主要做法是:借鉴西方学者的研究成果;将具体的经验事实和既有的理论框架相结合,推进传统研究的成果;从马克思主义分析范式入手,结合当代资本主义的新变化,质疑西方学者关于资本主义当代形态的性质判断。

(3)理解当代资本主义发展的内在逻辑、本质与历史趋势问题

---

① 王翠芳:《对资本主义及其发展的多维度审视》,《鲁东大学学报》(哲学社会科学版)2008年第1期,第24页。

② 毛英:《论当代资本主义的新变化与中国特色社会主义在21世纪的创新》,《西南民族大学学报》(人文社科版)2007年第12期,第182—183页。

③ 杨玲、胡连生:《在探索中借鉴,在借鉴中创新——如何认识当代资本主义的发展进程》,《云南社会科学》2009年第3期,第53页。

当代资本主义发展的内在逻辑问题,学术界的探讨归结起来主要有生产力、经济、制度、意识形态与政治、军事等多个层面。有学者认为,当代资本主义展现出的新特点,是源于对生产方式的推陈出新,以及生产力、生产方式和生产关系三者间的相互联系与交互作用。许光伟的博士论文《资本主义生产组织演变的整体性解读与反思》认为,上述诸多分析视角中,对生产方式变迁的探讨,由于遵循了马克思研究资本主义的基本着眼点与根本方法,因而真正揭示了当代资本主义发展的内在逻辑。对于如何判定当代资本主义本质问题的探讨,学术界从不同角度进行了剖析并达成了普遍共识,认为当代资本主义本质并未发生根本性变化。在涉及"如何看待当代资本主义是否出现社会主义因素"问题上,一些学者在当代资本主义本质并未发生根本变化这一判断下,认为其部分质变是社会主义因素,有的学者则持相反的观点,认为不是社会主义因素;而有的学者在判定社会主义因素出现的基础上进一步得出结论,认为一些资本主义国家已经进入了民主社会主义,部分学者则对这一观点提出了反对意见。有的学者提出了判定当代资本主义本质的两条根本标准:是否已经建立起社会主义的生产方式以及与之相适应的生产关系和交换关系;资本的"分配关系"。关于如何看待当代资本主义发展趋势问题,一部分学者认为是"活力四射、生机盎然",并从金融危机、社会主义与资本主义的力量对比、全球化等角度进行了论证;另一部分学者则继续坚持"垂而不死,腐而不朽"的观点,并从国际金融、剥削、金融危机、阶级结构等层面进行了分析。还有学者提出,当代资本主义是在两种趋势的交替运行中波浪式发展。

6. 马克思主义意识形态问题研究

意识形态问题一直是国内马克思主义理论界讨论的热点问题。近年来,国内刊物刊发了关于意识形态问题的研究文章近200篇。就研究内容来看,包括了经典作家意识形态理论研究、国外学者意识形态理论研究、社会主义意识形态建设问题研究和创新视野下的意识形态研究四个方面。

(1)经典作家意识形态思想研究

从经典作家关于意识形态的界定来看,有的学者关注意识形态的历史唯物主义视野,将前者作为社会意识的核心内容;有的学者则从认识论、方法论和时间进程等方面将经典作家的意识形态划分为负面和中性两种性质,从类型上区分为哲学批判、政治经济学批判、政治法律思想批判以及文化批判四个维度。在经典作家意识形态思想发展过程的研究上,有的学者提出三阶段和两阶段说,并且对其理论进程进行了细致的梳理。还有的学者细致探讨了恩格斯关于意识形态的六个基本观点,分析了普列汉诺夫对恩格斯意识形态理论的继承和发展。

（2）国外学者意识形态理论研究

近年来,随着国外马克思主义研究的广泛展开,西方学者的意识形态理论受到了国内学术界的高度关注。从阿尔都塞、盖斯以及阿多诺的思想,到齐泽克的意识形态理论,再到专题性、比较性研究都得到广泛展开。比如,俞吾金对意识形态与科学技术关系的再探讨,阳海音对哈贝马斯与马克思意识形态理论分歧的比较性研究,王凤才对葛兰西与阿尔都塞意识形态理论的区分,张凤琴对马克思与齐泽克意识形态理论的比较性研究,这些都在更广的视野中展现了马克思主义意识形态理论的当代价值。

（3）社会主义意识形态建设问题研究

在理论方面,社会主义意识形态与思想政治教育、改革开放以来我国意识形态建设的基本经验以及变化调整等问题都是非常值得关注的;在实践方面,我们既要不断加强主流意识形态的建设和宣传教育,不断调整和优化意识形态教育战略和手段方法,不断增强社会主义核心价值观的凝聚力和吸引力,更要积极主动地强化这一建设,以中国共产党执政意识形态的不断发展为核心来指导我国社会主义意识形态建设,以社会主义核心价值体系为灵魂来统领我国社会主义意识形态建设,以构建社会主义和谐社会为基础来促进我国社会主义意识形态建设,以改进意识形态教育的宣传手段和方法为突破口来强化我国社会主义意识形态建设。

（4）创新视角下的意识形态研究

有的学者提出要关注意识形态的经济功能,有的学者提出要在超越"真—假"二元模式之后实现社会学转向,有的学者提出要区分意识形态的"社会学和知识学"两个层面,还有的学者提出应该努力实现意识形态从世界观向社会主体的实践模式和日常生活方式的转变等。

7.民主社会主义问题研究

民主社会主义问题本身并非马克思主义基本原理的题中应有之义。然而,从科学社会主义和马克思主义基本原理视野分析、审视民主社会主义的理论和实践,既有重大的理论价值,更有重大的社会价值。众所周知,2007

年谢韬发表《民主社会主义模式与中国前途》,一股关于民主社会主义的研究热潮风行一时,民主社会主义已然从单纯的学术观念转化为了一种对思想界产生较大影响的社会思潮。就近年国内新一轮的民主社会主义研究情况来看,心气平和的学术探究已经让步于沸沸扬扬的争论,而且这种争论还是建立在多少有些不对等的对话基础上的。对民主社会主义持有肯定态度的一方,多强调其社会实践意义,间或由于要说明采取社会行动的原因需要在一些方面特别加以申述之外,一般对纯粹理论阐发保持缄默;而持否定态度的一方,往往从理论取向上加以驳斥,即便是为了阐明实践上的不可行性,也多半引经据典,力求从理论和实践的双向维度打压住对方。但吊诡的是,虽然双方有可能是站在两条平行线上甚或自说自话,理论界还是掀起了一股有关民主社会主义的研究热潮,许多理论工作者也因此不由自主地卷入其间。因此,在中国特色社会主义理论研究和实践创新不断发展的过程中,客观评介国内民主社会主义研究的基本情况,科学分析和把握其发展趋势,检视其理论上的得失,对于厘清这一社会思潮与科学社会主义尤其是中国特色社会主义之间的关系,确立马克思主义的指导地位,探索用社会主义核心价值体系引领社会思潮的有效途径,主动做好意识形态工作,有力抵制错误思想的消极影响等,具有重要的理论价值和现实意义。

(1)民主社会主义研究的问题域

客观来说,民主社会主义思潮确实在争论中得以传播,同时也在传播中得到了澄清。因此,近年来关于这一问题争论的主要焦点集中在民主社会主义的意识形态性质、马克思主义与民主社会主义的关系、民主社会主义与中国的前途、中国特色社会主义与民主社会主义的本质区别、民主社会主义的双重性等方面,围绕上述问题确实在国内学术界引发了很多讨论。

(2)民主社会主义的研究展望

从方法论上看,国内民主社会主义的研究总体上坚持"批判的知识学"和"实证的政治学"相结合的路径,其间透露出鲜明的意识形态批判和明确的政治诉求。从下一步的研究内容上看,首先,民主社会主义作为一种社会思潮,而非仅仅作为理论体系或者知识传统被广泛传播的原因方面,需要作出深层次的研究;其次,民主社会主义作为一种"社会模式"与"中国模式"的比照与透析,除了宏观上的定性分析之外,尚需要有较为中观和微观的研究;再次,关于"第三条道路"的理论申述和历史评价等方面的研究成果可谓斐然,但对于民主社会主义的理论主张如何随着"第三条道路"的现实走向发生修正、转向或变革等方面的问题,需要理论界及时跟进分析;最后,关于民主社会主义性质的政党发展史和执政情况已经引起了一些学术界的关注,但依然缺乏深入的研究,尤其对于不同地区和不同文化传统背景下民主社会主义性质政党的比较研究鲜有亮色。

总的来看,在新的历史时期评估新一轮民主社会主义的研究情况,需要我们运用马克思主义的基本原理重新认识和认真梳理其理论主张、现实政策和实践经验,既不能用传统的"左"的思维方式压制民主社会主义,更不能因为其在实践领域取得一些成绩就对之顶礼膜拜。不断创新研究方法,从深层次多角度开辟出新的研究论域,必将使得未来的民主社会主义探索呈现出新的景象,也期望能够为我们的社会理论研究提供更多的理论参考和思想资源。

8. 中国特色社会主义理论体系问题研究

在马克思主义基本原理的当代理解和把握上,我们既要深挖其理论源头和基本内涵,更要把握基本原理的当代形态。在中国语境中这一当代形态的集中体现就是中国特色社会主义理论体系。因此,对中国特色社会主义理论体系的解读也是马克思主义基本原理研究的题中应有之义。学术界主要关注到以下四个方面的内容。

(1)中国特色社会主义理论体系内涵的理解

近年来,众多研究者尝试从不同角度揭示中国特色社会主义理论体系的本质内涵,从不同方面对这一理论体系作出了概括说明。总的来说,学术界揭示中国特色社会主义理论体系概念内涵的视角有三:其一,从这一理论体系对马克思主义基本原理与科学社会主义基本原则的坚持与发展角度;其二,从这一理论体系产生的时代背景和产生过程角度;其三,从马克思主义基本原理与中国特色相结合的角度。从上述不同视角出发,学者们就这一理论体系的理论本源、特色内容以及内涵外延等展开研究,最终在"中国特色社会主义理论体系是马克思主义中国化的最新理论成果"这一理论定位上达成了基本共识。鉴于"毛泽东思想是中国化的马克思主义"这一既有认知的存在,"中国特色社会主义理论体系从属于中国化马克思主义理论体系"这一认知的形成,必然产生"如何认识毛泽东思想与中国特色社会主义理论体系之间关系"的疑问,这也就成为了学术界争鸣的一个焦点问题。

（2）中国特色社会主义理论体系的发展演进

在这一理论体系的时间和逻辑起点问题上，伴随着它与毛泽东思想关系问题的争论，虽然在最初还有过一些不同意见，但最终学术界的意见逐渐归于统一，即逐渐把1978年我们党确立"解放思想、实事求是"的思想路线作为这一理论体系的起点。在形成发展阶段的划分问题上，既有两阶段、三阶段说，也有多阶段说，其中的重点则是探讨邓小平理论、"三个代表"重要思想及其科学发展观等重大战略思想之间的关系问题。

（3）中国特色社会主义理论体系的内容架构

对中国特色社会主义理论体系内容结构的研究是学术界研究的一个热点问题。目前学术界主要从两方面进行归纳：一方面，从纵向与横向两个时空维度归纳中国特色社会主义理论体系的基本内容。从纵向看，中国特色社会主义理论体系包括邓小平理论、"三个代表"重要思想和科学发展观等重大战略思想。从横向看，中国特色社会主义理论体系包括三大板块、十二个方面。另一方面，从理论逻辑层次维度探讨中国特色社会主义理论体系的内容架构。总的来看，把中国特色社会主义理论体系的基本内容概括为十四个方面是规范合理的，它对于我们完整全面地掌握这一体系的理论知识点很有帮助，而从理论逻辑层次维度出发，则深化了我们对这一体系的认识。在此基础上，很多学者还深入探讨了中国特色社会主义理论体系提出的理论和实践价值，并且进一步提出了今后值得关注的问题和领域：从中国化马克思主义理论体系高度进行深入系统的研究；重点加强对中国特色社会主义理论体系的整体性研究；拓宽对中国特色社会主义理论体系研究的视角。

9. 马克思主义中国化、时代化、大众化问题研究

近年来，马克思主义中国化、时代化、大众化的研究可以说是理论界研究的热点，学者们从不同立场、向度对马克思主义进行了解读。从总体上看，马克思主义研究主要集中在马克思主义中国化的研究上，时代化研究基本包含在中国化的研究之中，而大众化近两年开始成为理论热点。学者们的研究覆盖了马克思主义理论的诸多领域：马克思主义中国化与经典马克思主义的关系、马克思主义中国化与苏联模式的关系、马克思主义与中国实践的关系、马克思主义与中国传统文化的互动关系研究等。

马克思主义中国化,就是把马克思主义基本原理同中国具体实际相结合,运用马克思主义的立场、观点、方法研究和解决中国革命、建设、改革不同历史时期的实际问题,总结中国的独特经验,揭示中国革命、建设、改革的规律,以中国的文化形式和表达方式来阐述马克思主义理论,使之成为具有中国风格、中国气派的马克思主义。马克思主义中国化的研究现状,国内和国外有别。国外学者研究马克思主义中国化主要表现为三种论调:新权威主义、中国式联邦主义、新保守主义。认为中国从毛泽东的"实事求是"到胡锦涛的"解放思想、实事求是、与时俱进、以人为本"的转变过程,实际上是马克思主义逐渐被淡化的过程,当代中国共产党的指导思想、执政理念等已经远离了马克思主义,马克思主义中国化的过程也是中国远离马克思主义的过程。关于国内马克思主义中国化研究现状,孙成民指出存在着"五多"、"五少"的现象,即对马克思主义中国化的历史进程、三大理论成果阐述性的研究较多,对其理论的特点、规律研究不够;讲马克思主义在中国的应用较多,论述中国经验马克思主义化较少;讲三大理论成果的联系和一脉相承的关系较多,讲它们与马克思列宁主义的联系较少,而且不深;讲马克思主义在中国的情况较多,分析马克思主义如何中国化较少,而且在"化"的问题上研究不深;讲一般过程和表层联系较多,探讨马克思主义中国化理论发展的轨迹、趋势和内在规律较少。

从实践层面出发,有学者研究指出,我国马克思主义的研究局限于本国范围内,只是从我国的不同时期的经验来实现马克思主义的理论创新,对其他社会主义国家建设社会主义事业兴衰成败的经验教训的研究不足。必须在取得辉煌成就的同时保持清醒的头脑,从他国的成功经验和挫折教训中探索马克思主义理论发展的三途;对于马克思主义理论的内涵和外延缺乏透彻的研究,这就有可能导致理论和实践的严重脱节,走一些弯路。①

马克思主义时代化,就是把马克思主义同当前时代的发展、同当前时代的特征结合起来,使之能够适应时代需要、把握时代脉搏、回答时代课题。马克思主义之所以要时代化,是因为马克思学说中的一些具体的、个别的见解可能已经过时了,但马克思学说的基本精神并没有过时。目前关于马克

---

① 参见康月磊:《近年来关于马克思主义中国化基本经验研究综述》,《长江师范学院学报》2008 年第 2 期。

思主义时代化的独立研究基本没有,学者们主要是将其与马克思主义中国化结合进行研究。

马克思主义大众化,就是把马克思主义科学理论同人民群众的实践活动结合起来,通过多种形式进行宣传、普及和推广,把深邃的理论用简单质朴的语言讲清楚,把深刻的道理用群众喜闻乐见的方式说明白,使抽象的理论逻辑转变为形象的生活逻辑,让科学理论从书斋走向生动的社会实践,成为广大党员普遍信仰、人民大众普遍认同的强大思想武器。马克思主义大众化的研究,学术界主要从马克思主义大众化的时代背景、理论内涵、实现途径以及马克思主义大众化与中国化的关系等方面进行探讨,取得了很多阶段性的成果,而由于大众化研究尚未深入,这方面的研究成果主要还停留在理论研究阶段,实证研究较少。

三、研究趋势

2006—2009 年间,国内的马克思主义基本原理研究由于学科建设的牵引日益升温,从研究范围、研究内容、研究方法再到研究的广度和深度都有重大进展,对重大社会实践问题的思考有多方面的成果,比较充分地体现了马克思主义理论的当代生机和活力。从今后的研究趋势来看,我们认为以下几个方面值得关注。

（一）文本文献学研究将为马克思主义基本原理的深化拓展提供重要平台

马克思主义基本原理与中国具体国情相结合是马克思主义中国化的基本遵循,更是 30 多年改革开放伟大实践取得丰硕成果的根本经验。在这个意义上,对马克思主义基本原理的甄别、继承、运用和发展,成为理论与实践的双向需求。从理论发展的视角上看,马克思主义基本原理的当代解读最基本的途径,就是对马克思主义经典作家的文本文献资料作出符合理论本身、符合科学规范、符合时代发展、符合实践需求的当代理解和运用。由于历史和文化传统的原因,长期以来,马克思主义经典文献与中国学者的"近距离"接触存在中介环节和借用性理解模式,这是客观历史条件所造成的既定前提。可喜的是,改革开放以来,特别是进入新世纪以后,国内学术界启动新一轮马克思主义理论研究热潮,学者们已经意识到我们在理论研究方面特别在一手文献研究资料方面的历史前提和差距,在文本文献学研究方面正在不断提高自身的研究水平,努力在研究第一手文献资料基础上提出自己独立的见解和主张。2009年年底中央编译局出版的《马克思恩格斯文集》和《列宁专题文集》,可以说是近年来国内学术界在经典作家文献整理和文本研究方面的重大理论成果,必将对国内马克思主义理论研究界的相关研究、对中国学术界的马克思主义文本文献学研究起到重大的推动和促进作用。同时,我们也欣喜地发现,国内众多知名大学和研究机构在文本文献学的研究方面,一些具有前沿性的重要成果也不断涌现,内容编排、版本考据、重要理论溯源以及关键学术概念的考察等工作正在向着更大的深度和广度拓展。更为重要的是,在当前学术界关于马克思主义基本原理的重大研讨和争论中,文本文献学研究的成果已经成为此类探讨的基本前提、基本依据和判别学术前沿与否的重要标准,这种研讨路径和模式必将对整个学术界的学术研讨取向产生更为积极的影响,同时也为国内外学术交流对话提供更为坚实的理论平台。因此,更加深入持久地注意挖掘文本文献学研究成果,必将对今后的马克思主义基本原理研究产生深远的影响。

(二)马克思主义整体性研究日益成为深化马克思主义基本原理的重要途径

马克思主义整体性研究是近年来国内马克思主义基本原理研究中的重点热点问题,引发了国内学者从诸如实践性、科学性、开放性等众多角度来重新理解马克思主义的整体特征、整体性质等重大问题。从更为宏观的视角看,整体性是马克思主义理论的根本理论性质,是马克思主义基本原理的基本整合方式,更是我们从宏观视野积极推进马克思主义基本原理研究深化发展的重要视角。一方面,从整体性视角有助于我们重新理解马克思主义的理论发展史。从马克思主义的理论来源、马克思恩格斯等经典作家吸收人类优秀文明成果基础上实现的理论革命,到新世界观、方法论的建构性和不断丰富发展,马克思主义理论发展进程在经典作家那里都是以理论整体的形式不断推进和最终实现的,辩证唯物主义和历史唯物主义的科学世界观与资本主义政治经济学研究以及科学社会主义理论之间是天然地融合在一起的,是世界观、方法论和基本理论构成的整体,是立场、观点和方法的统一。正是在这个意义上,近年来国内学术界正在努力以原有的学科视野研究成果为基础,开展一种多学科、多视野的交叉性研究,努力恢复和展现马克思主义整体问题域、整体理论总问题、整体价值追求、整体实践指向和总体的理论框架，力求使我们对马克思主义的科学认识和理解更加符合马克思主义本质要求和时代需求。另一方面，我们需要一种对马克思主义的整体性创新发展。不可否认的是，无论是改革开放30多年来的理论发展还是近年来的理论创新，在传统的学科研究视野中我们结合时代发展和实践需求对马克思主义基本原理都有过很多的理论创新和发展。然而，在这一过程中，我们也日益认识到，无论是对实践问题的回答还是对理论问题的争论，有时我们也确实会在具体问题上难以解决和评判，等效理论经常出现在对同一个理论或实践问题的思考和争论中，面对经典作家、基本原理在同一问题上出现的不同理论回应也经常让学者们面临尴尬的境地。问题的出现，一方面和理论与实践之间的"不周全"有关，另一方面我们也应该反思那种违反整体性原则的方法论。因此，从整体性角度推进马克思主义理论创新，就是避免从不同局部、不同视角、不同层面和不同学科出发出现的马克思主义理论自身的"矛盾"问题，从根本性质、价值观和实践取向等统一的衡量标准出发，系统地面对理论和实践问题，力求更加完整、准确、全面地把握、理解和科学运用马克思主义。这是近年来国内学术界理论研究方法论创新的重要成果之一，也是今后推进马克思主义理论特别是马克思主义基本原理的创新发展的重要视角和途径。

（三）马克思主义方法论讨论成为拓展马克思主义基本原理研究的重要前提

"工欲善其事，必先利其器"。对于一个学科的创新发展来讲，方法论自觉往往是这一学科在发展过程中走向成熟的重要标志之一。从近年来马克思主义基本原理学科不同层面、不同视角理论研究的基本状况来看，方法论研讨不仅蔚然成风，而且方法论讨论的重要成果已经成为推进相关理论研究深化、发展和推进学术繁荣的重要前提和手段。30多年前的"实践标准问题大讨论"，从学术意义来看，其重大价值无疑为20世纪80年代以来国内学术界深化对马克思主义根本性质的认识起到根本性的推动作用。进入新世纪新一轮的方法论讨论热潮，最早可以追溯到"回到马克思"的理论争论。从那以后，在各种"马克思哲学论坛"、"西方马克思主义论坛"、"马克思主义论坛"等重要学术论坛和研讨中，开始出现"以恩解马"、"以苏解马"、"以西解马"以及"以马解马"等解读路径，出现了对马克思恩格斯文本类型的研究探讨,出现了对国内学术界多年来马克思主义理解模式的归纳和梳理,进而出现了文本学研究、文献学研究成果以及国内学者多样化的"解释学路径",等等。在最新的方法论研讨中,不仅出现了关于"中国马克思学"的争论,而且学者提出"思想构境论"的后文本学解读模式、马克思主义哲学史的"文化哲学"理解路径,等等。思路就是出路,新方法的研讨热潮不仅为马克思主义基本原理的创新提供了重要的前提,而且新方法、新解读和新模式的出现本身就是一种全新的理论,本身就是一种马克思主义的理论创新方式,是在理论层面推进马克思主义发展的新尝试和新探索,必将成为今后国内学术界基本原理研究中引人注目的内容。

（四）当代中国经济社会实践为基本原理的创新发展提供了深厚的实践根基

时代在发展,实践在创新。马克思主义基本原理在新的历史条件下、在中国特色社会主义实践发展进程中的新发展,从根本意义上取决于对时代趋势的深刻反映,取决于对实践需求的科学回应。回顾30多年来中国马克思主义理论的理论创新,认真分析在中国社会实践基础上产生的中国特色社会主义理论体系这一最新理论成果,我们不难发现,从社会主义本质的科学厘定、社会主义市场经济模式的准确定位和实践发展,到社会经济、政治、文化等诸多具体问题的科学认识和解决,再到深刻体现世界全球化、时代化发展呼声的科学发展观的提出,等等,在一系列重大理论创新的背后我们遵循的基本原则是:以中国国情为前提和基础,以马克思主义科学精神和价值追求和旨归,努力实现马克思主义基本原理与中国具体实际、社会实践发展的紧密结合,努力创造出符合国情、反映民意并具有时代特色、民族特点的马克思主义理论,不断推进马克思主义的中国化、时代化和大众化。从理论研究层面来看,国内学术界在近年来也更加注重将扎实、深入的理论研究与关注重大社会问题、实践难题相结合,坚持以"问题为中心",坚持理论与实践的紧密结合,不断推动理论的新发展。特别在牢固坚持社会主义核心价值观、始终坚持马克思主义根本指导地位的前提下,马克思主义基本原理必将不断更新自身的新形态,不断焕发出新的生机和活力。

马克思主义经典作家研究

　　经典作家研究是马克思主义基本原理研究中的核心内容,是马克思主义基本原理研究得以深化、拓展的基础性平台,更是我们结合时代和实践创新发展马克思主义基本原理的源头和依据。因此,无论在传统"三分法"的学科视野还是现在"马克思主义理论"的整合性视野中①,经典作家研究都是国内马克思主义研究中极为重要的研究路径之一,其成果数量非常丰富,质量也相当高。从广义上讲,我们可以把所有关于马克思主义基本原理的理论性、基础性研究看做是对经典作家思想某一侧面、某一维度的研究成果;然而,从狭义上讲,经典作家研究主要集中在思想史、经典作家与思想家关系等问题的研究上。同时,为避免争议,在经典作家的认定上,我们主要选择了学术界公认的马克思恩格斯和列宁作为主题,特别是马克思更是重中之重。

　　自从 2005 年 12 月国务院学位委员会增设马克思主义理论一级学科点以来,国内学术界对马克思主义基本原理视野中经典作家这一问题的研究非常关注。我们依据中国期刊全文数据库(CNKI)作为基本数据来源,在"篇名"检索项目中共搜索到关于"马克思主义"的文章 14219 篇。经过认真筛选后,关于"经典作家"问题研究的重要文章总数量仍然有 955 篇(其

---

　　①　按照现在国务院学位委员会的学科目录规定,马克思主义理论是一个国家一级学科。在这里,我们强调的是这一新的学科视野相对原来"三分法"的整合性。显然,马克思主义理论更加强调在整体上理解和把握马克思主义的内容、性质和理论指向。

中关于马克思恩格斯思想研究的文献有 765 篇,关于列宁思想研究的文献有 190 篇)。其中,关于经典作家的世界观、方法论部分的研究篇目有 340多篇,马克思主义政治经济学研究也达到了 140 余篇。① 因此,在分析、整理的基础上,我们将着重介绍从 2006 年到 2009 年国内学术界关于经典作家的研究问题、研究进展、讨论状况和重要理论观点等基本情况。

一、马克思恩格斯思想史研究

经典作家的思想史研究一直以来都是马克思主义(哲学)发展史研究的核心内容,其基本理论指向在于深入挖掘马克思主义在形成发展过程中的重要思想理论点的突破、转变,科学世界观方法的形成,以及重要理论观点的成形,是一种理论发展史的回溯性研究。从 2006—2009 年国内学术界的研究状况来看,马克思恩格斯青年时期思想发展状况、重要思想理论点的突破和飞跃以及重大理论形成标志等问题是这一研究内容的重点。随着 2010 年来国内学术界关于马克思主义文本学、文献学研究的深入,进一步推动了这一思想原点问题研究的广泛展开,其研究方式更加科学,研究成果更具前沿性。

(一)思想史研究方法和理论体系的重要探索

2006 年以来,有两部关于马克思主义思想史研究的重要著作出版,较为全面系统地反映了国内在马克思主义经典作家思想史研究最新成果、创新性研究方法和全新的理论体系建构模式。

一是张一兵出版的《马克思哲学的历史原像》(人民出版社 2009 年版)一书。② 历史"原像"的语用学表达,阐述的是这样一种学术思想理念和追求,即"努力挣脱前苏东学术界在马克思主义思想史研究领域强加的意识形态构架之后,我国的马克思主义哲学研究学术界必须向世人提供一种新的思想史研究和叙事类型"③。在张一兵看来,这一围绕"马克思哲学解释"

---

① 我们将在行文和最后的参考文献中介绍一些国内在这方面重要的研究性著作。

② 张一兵在 2008 年和 2009 年分别出版了《回到列宁》和《资本主义理解史》两本重要著作,考虑到后面内容的设置,我们将在"资本主义问题研究"和"列宁思想研究"两个专题中分别加以介绍。

③ 张一兵编:《马克思哲学的历史原像》,北京:人民出版社 2009 年版,"序"第 1 页。

所引发的方法问题讨论适用于全部思想史研究领域,它主要围绕这样四个问题而展开:其一,马克思哲学思想解读中的"五大模式",从文本解读的方法论角度看,至今仍然存留的重大问题是,"极少有人从方法论的角度承认:面对同一理论文本,采用不同的解读方法可能产生完全不同的认知结果",因此,"对解读方法的自觉正是通往文本真境的正道"。① 其二,坚决反对非历史地假设马克思(恩格斯)不同文本之间的"虚假同质性",更不能将马克思恩格斯所有的文本都假定为真理,这是"两个凡是"在马克思哲学文本研究中的理论变形。其三,传统经典著作和思想史研究中存在的"原理"反注文本的做法,这种思想史研究方法势必"肢解经典文本的完整历史语境和总体性意义"②。其四,张一兵明确提出,坚决反对将对马克思等经典作家的研究畸变为狭隘的专业视域,造成"哲学家的马克思"、"经济学家的马克思"等,而应该努力在思想史和文本研究中呈现一个"完整的马克思"。因此,从这个意义上来说,思想史研究"往往标志着人们对一段历史或一门学科基本形成了相对成熟的认识",对于中国的马克思主义研究者来说,这一成熟认识的重要标志就是"从传统解释框架下的意识形态式的治史模式中跳脱出来,以建立今天中国马克思主义的新思想史观"③。在我们看来,张一兵的思想史研究方法与价值指向一直以来在国内的马克思主义(哲学)发展史研究中都是独树一帜的,其方法论中的自觉意识和科学探索在诸多方面极大地推进了国内相关研究的深入展开,对于我们在新的时代语境和研究平台上推进思想史研究裨益良多,是中国马克思主义研究走向世界、展现自身的重要路径之一。

　　二是何萍和李维武共同撰写的《马克思主义哲学史教程》(人民出版社2009年版)一书。对于中国的马克思主义研究者来说,以教科书体系为代表的苏联马克思主义研究自20世纪80年代以来一直是我们的显性和隐性的言说前提,特别是20世纪90年代末以来,国内学者大多将研究平台坐驾在以马克思主义经典作家文本文献学研究最新成果基础上之后,这种从方法论、研究路径和研究成果的重大转向和异质性的"标明"已经成为自我理

① 张一兵编:《马克思哲学的历史原像》,北京:人民出版社2009年版,"序"第1页。

② 同上书,"序"第2页。

③ 同上书,"序"第2—3页。

论建构重要基点，成为理论创新的前提之一。何萍指出，马克思主义哲学史研究不仅始于苏联马克思主义者，而且在他们围绕"搜集和编辑马克思恩格斯的遗嘱"、"开展列宁主义研究"这样两个主题展开研究过程中，这一时期（以及由此影响到的整个苏东和中国等社会主义国家的马克思主义发展史研究）马克思主义哲学史研究具有四个显著的"叙事"特点：其一，以马克思恩格斯和列宁著作的年代顺序为线索解读经典作家的思想，这样就把"马克思主义哲学史变成了经典作家著作的导读史"①，这种理解是难以将前后关联、横向交叉以及宏观整合的思想点和基本理论展现出来的，其局限性较为明显。其二，从"唯物主义—唯心主义"两军对战的叙述模式出发，把经典作家的思想形成发展简单地划分为不成熟和成熟时期，理论框架和叙述模式的单一性可见一斑。其三，把苏联马克思主义哲学作为"唯一正确的、最高形态的马克思主义哲学"②，使之成为衡量世界范围内各国马克思主义发展的判断标准，不仅把西方马克思主义判定为异端，更否定了"马克思主义哲学的民族性和它的多元发展"③。其四，以国际共产主义运动史为背景和重要内容，恰恰忽略了马克思主义哲学发展内在逻辑和理论质点的突破等更为重要的内容。因此，在20世纪90年代国内的西方马克思主义和中国马克思主义研究成果极大丰富、重点突破的背景下，从研究范式更新的角度入手，清理思想史，推出全新的理论成果已经势在必然。在新的研究范式问题上，何萍提出，"本书所说的马克思主义哲学史的研究范式的更新，其实就是以文化哲学的研究范式取代以往的马克思主义哲学史的研究范式"，这一新范式的特点一方面以"问题为中心"，在研究不同时代哲学发展的特点和形态基础上，"通过哲学形态的变革揭示哲学发展的质变"；另一方面以民族文化为背景，在研究不同国家、民族哲学传统的形成和历史演变基础上，展现哲学发展的世界化和多元化。④ 这一文化哲学研究范式，克服了以往马克思主义哲学史研究中不能反映"个性思想创造"和整体上呈现马克思主义哲学的传统及历史嬗变等问题，有着重要的理论价值，因此，

---

① 何萍：《马克思主义哲学史教程》，北京：人民出版社2009年版，"作者的话"第1页。
② 同上。
③ 同上书，"作者的话"第2页。
④ 同上书，"作者的话"第4页。

成为"本书所坚持的马克思主义哲学史观的核心,也是本书的基本思路和总体框架"①。国内学术界关于马克思主义(哲学)发展史的研究,无论是在研究方法、研究路径、理论框架上,还是在重要理论观点的创新等方面都有很多创新性成果涌现,上述两本重要研究著作集中反映和代表了国内这一研究领域的最新进展。

(二)青年马克思思想的立体性展现

从当前国内马克思主义发展史研究中关于马克思思想发展的阶段性划分来看,马克思的青年或早期思想阶段的下限,一般都定位在《关于费尔巴哈的提纲》、《德意志意识形态》等文本出现之前。② 从广义上来讲,在马克思思想成熟时期之前的文本和思想发展阶段我们都可以定位为早期或青年时期。在这一阶段中也有两个小的阶段,即在马克思思想的前科学阶段,与马克思的"莱茵报时期"、"克卢茨拉赫时期"、"德法年鉴时期"以及"巴黎手稿时期"等较为短暂的思想发展阶段。当然,从国内学术界文献文本研究的实际状况看,马克思的青年时期思想研究主要集中于马克思从 1842 年到 1845 年这三年左右的时间。

青年马克思思想研究的立体性研究状况,具体体现为几种特点的结合,即宏观与微观研究的结合,整体与局部的结合,重要思想点与广泛内容探讨的结合。其关注点主要有以下三个方面:

一是青年马克思的思想基点和内在逻辑结构问题。正如目前学术界众多学者一直检视马克思与费尔巴哈的思想关系,否认马克思存在一个纯粹的"费尔巴哈"的思想阶段一样,马克思特别是青年马克思与黑格尔的思想之间也不存在这样一个纯粹的"黑格尔"的思想阶段(严格地讲是青年黑格尔时期)。即使是马克思撰写的博士论文,它也是在充分吸收黑格尔思想以及青年黑格尔派高扬的主体能动性基础上,有着自身独特的理论理解,即在"《博士论文》"中马克思虽然采用了黑格尔式的表达和传统本体论的思辨,但他还是通过对黑格尔辩证法的娴熟运用和自我意识能动原则的强调,否定了盲目必然性带来的命定结论,表明了哲学应该积极干预生活的基本

---

① 何萍:《马克思主义哲学史教程》,北京:人民出版社 2009 年版,"作者的话"第 4 页。
② 《神圣家族》则是从青年或早期思想向成熟时期思想过渡的典型文本,属于逻辑转换和过渡的时期。

立场"①。在努力撇清马克思与黑格尔、青年黑格尔派之间思想理论关系的过程中,学者们意在表明青年马克思较为独立的理论主张和思想倾向,表明这一时期马克思的基本理论站立点,这是最核心的问题之所在。那么,从青年时期的基本思想点出发,马克思是如何转向新的世界观的呢? 这一系列复杂漫长思想转变的基本动力和内在逻辑环节又有哪些呢? 这应该是进一步需要关注的问题。有的学者认为,推动青年马克思思想转变的基本动力是黑格尔的"否定性辩证法",在这一原则的推动下,实现了马克思从《博士论文》中的"自我意识"哲学到费尔巴哈唯物主义原则,再到实践唯物主义的最终确立。② 这一问题的探讨日益集中在,我们能否将这一过程的前两个关键环节如此加以概括,它是否能够准确反映这一复杂、多元转变过程的真实状况呢?

二是青年马克思转向历史唯物主义的标志。确定思想家前一时期的思想状况,可以按照"顺序法"从前往后研究,也可以采取"倒序法"逆向关注,即如果我们可以确定成熟时期思想基点、原则的话,也就较容易确定在此之前的思想状况。因此,有学者提出,在青年早期思想发展的全过程中,有这样几个文本较为重要,包括《博士论文》、《黑格尔法哲学批判》、《1844 年经济学哲学手稿》和《德意志意识形态》,它们反映了马克思实现历史唯物主义思想转变的基本过程,即以《黑格尔法哲学批判》为开端,以《德意志意识形态》作为形成的基本标志。③

三是早期马克思政治社会思想研究。在关注马克思早期思想发展主线之外,学者们还关注到了青年马克思思想中的一些重要理论质点,比如青年马克思的政治哲学思想的内在张力问题、社会冲突思想、非理性向度等,丰富了我们对青年马克思思想状况的总体性认识。

(三)马克思主义科学世界观的形成问题研究

马克思主义科学世界观的确立一直以来都是马克思恩格斯思想史研究的重点。2006—2009 年,随着马克思主义发展史问题研究的深入,学者们日益将关注点聚焦在马克思恩格斯实现思想转变、理论革命的突破这一核

---

① 黄秋生:《青年马克思的哲学立场》,《求索》2008 年第 12 期,第 89 页。
② 参见毛华滨、林剑:《青年马克思思想转变的内在逻辑》,《求索》2008 年第 12 期。
③ 参见马文:《青年马克思转向历史唯物主义的标志》,《学理论》2009 年第 9 期。

心问题上,具体体现为:有的专注于马克思科学世界观理论的起点和出发点,力图正本清源,加以求解;有的专注于马克思恩格斯的思想转变、世界观转变的动因问题,或哲学出发点的转变过程问题研究;还有很多学者将这一问题的科学认识,体现在对经典文本的文本学解读或文献学研究。从南京大学出版社 2005 年出版日本学者广松涉的《文献学语境中的〈德意志意识形态〉》到 2008 年出版《梁赞诺夫版〈德意志意识形态·费尔巴哈〉》等文献学研究成果,再到人民出版社 2009 年出版的《马克思恩格斯文集》(十卷本),都为科学世界观转变提供了最新的文本和文献学研究的基础性平台。

同时,近年来随着恩格斯思想日益受到学术界的关注和探讨,这方面的研究性著作也日益增多,比如 2008 年翻译出版的英国学者特利尔·卡弗的《马克思与恩格斯:学术思想关系》。从一般性研究成果看,恩格斯早期思想特别是科学世界观的形成问题日益受到关注,这一点既有利于重新挖掘和审视恩格斯的思想发展历程,也能够更好地为马克思与恩格斯思想学术关系加以定位和研究。[①]

二、马克思恩格斯与其他思想家关系问题研究

关于经典作家的一般思想史研究侧重于纵向关注他们的思想发展历程、逻辑环节、思想面貌和内在动力等问题,而与此形成重要补充、相互呼应的研究视角则是在"历史的"横向层面展开"经典作家与其他思想家思想学术关系问题"的研究。这一研究采取的基本方法是:以某一思想理论作为切入点,在不同的历史层面上对经典作家与同时代或现当代思想家之间学术关系进行比较性、关联性研究。它既可以全面系统地展现经典作家思想的"当下"发生过程,进一步梳理、探索或圈定经典作家思想的基本面貌,更能在比较性研究中、广泛深入的思想对话和交流中,展现马克思主义经典作家理论的当代价值和思想史意蕴。从一定的意义上讲,这一研究视野是纵向思想史研究的进一步拓展和深入展开。从 2006—2009 年国内学术界在这一问题上的研究状况看,围绕着马克思恩格斯与其他思想家理论学术关系的探讨大致包括以下四个方面。

---

① 限于篇幅的关系,主要研究成果我们将在本书第四编"研究资料索引"中加以呈现。

（一）马克思与恩格斯思想学术关系问题受到极大关注

翻开国内任何一本《马克思主义哲学原理》或《马克思主义基本原理》教科书,几乎无一例外都把马克思恩格斯作为马克思主义的共同创始人,这一点是毋庸置疑的。然而,在西方或国外马克思主义研究者看来,马克思和恩格斯并非是铁板一块。自20世纪90年代以来,国内学术界在借鉴西方学者研究成果的过程中开始关注马克思与恩格斯的思想学术关系问题。特别是2007年来,国内马克思主义研究界有一场较为热烈的关于"马恩思想学术关系"的讨论。2008年国内翻译出版了英国学者特瑞尔·卡弗关于马克思恩格斯思想关系的作品《马克思与恩格斯:思想学术关系》(中国人民大学出版社2008年版),它代表了国外学术界在马克思恩格斯关系上的"差异论"观点的最新进展,也进一步引发了国内新一轮的马克思和恩格斯思想学术关系的讨论。

1.积极肯定恩格斯对马克思主义和马克思思想的重大历史作用,否认恩格斯与马克思主义科学世界观之间的根本差别

随着20世纪30年代《1844年经济学哲学手稿》和《德意志意识形态》文献学资料的发现,国外学者在对马克思的思想认识上就有了"青年马克思与老年马克思对立"的观点,并随着"西方马克思学"这一研究团体的出现不断加深和拓展着这种认识。作为一种理论拓展,有学者开始对马克思与恩格斯的理论关系进行研究,也就出现了马克思与恩格斯的对立论。对此,一直以来国内学者从理论史的角度加以回击的较多。有学者提出,从反对"两个马克思对立的神话"开始,必然会过渡到对马克思恩格斯思想学术关系的探讨。对于马克思主义来讲,马克思确实在相当大的程度上起到了思想创建者、主导者的作用,但恩格斯绝不是可有可无的,而是非常重要的。姚顺良结合对日本学者广松涉在这一问题上的研究提出,"日本学者广松涉所提出的马克思主义形成过程中的'恩格斯主导论'在思想史论据方面存在瑕疵"[①]。因此,要准确评介恩格斯在马克思主义形成过程中的作用,就必须从马克思恩格斯早期思想发展的"两次转变论"和各自实现世界观转变的"两条道路说"出发,在确认马克思在"第二次转变"即马克思主义最

---

① 姚顺良:《准确评价恩格斯在马克思主义形成过程中的作用》,《江海学刊》2007年第4期,第27页。

终形成中起主导作用的前提下,充分肯定恩格斯在"第一次转变"中的主导地位和他"经验社会学研究"的独特道路对"第二次转变"的积极作用。广松涉对《德意志意识形态》的版本考证和他的《青年恩格斯思想的形成》一文的最大成果,就在于深化了马克思恩格斯早期思想发展中"第一次转变"和马克思主义形成史中"恩格斯独特道路"的研究,其错误则在于夸大了"第一次转变"和"恩格斯独特道路"的意义。

在这里我们需要确认的一点是,恩格斯有着对马克思主义的科学理解模式和方式,他既是马克思主义理论的共同创建者,又在马克思逝世以后,成为马克思主义科学世界观的第一位权威理解者和解读者。恩格斯对马克思主义的科学理解可以概括为三个方面:在"什么是马克思主义"的问题上,认为马克思主义是"完整的科学的世界观";在"怎样对待马克思主义"的问题上,认为马克思主义"不是教义,而是方法";在"如何发展马克思主义"的问题上,认为马克思主义是在实践中"发展着的理论"。① 因此,总体上承认马克思与恩格斯思想上的一致性还是占据主流的观点。比如,美国思想家 J. D. 亨勒认为,20 世纪 60 年代以来在马克思恩格斯思想"对立论"的观点中有一个提法——"马克思是人道主义者,而恩格斯是实证主义者和决定论者",但实际上两人的思想状况远比这种描述复杂得多,"恩格斯自始至终没有放弃人道主义,而马克思也作出了许多实证主义的论断"②。揭示这一点的重要意义就在于,"对立论者的论断与两人生平和著作的记载所揭示的事实完全不符。现在是废除对立论者关于区分马克思和恩格斯不同重要性的神话的时候了,是公正而开放地去看待他们的著作及其历史影响的时候了。这样做能更清楚地阐释他们在何种程度上对 20 世纪的共产主义的特性负有共同责任"③。在亨勒看来,强调二者的思想一致性,是有效继承思想遗产、公正客观评价理论体系和挖掘其当代价值的基本前提。

2. 在当代思想史文本、文献学资料的基础上深入挖掘马克思恩格斯思想学术关系的文本依据、理论内涵及基本理论意向

在如何看待"马克思恩格斯思想学术关系"的实质问题上,何中华提

---

① 参见郑洁:《恩格斯:马克思主义的科学理解者》,《理论探索》2007 年第 5 期。
② J. D. 亨勒:《马克思与恩格斯思想上的一致性》,《马克思主义与现实》2009 年第 3 期,第 1 页。
③ 同上文,第 7 页。

出，恩格斯作为马克思逝世后的解释者与其他马克思主义者之间是"平权"的。① 对此，杨楹、周世兴在《追问马克思恩格斯思想"异质性差距论"的实质——对何中华教授反批评的批判》中进行了细致的探讨，并进一步讨论到了这一问题的实质问题。② 又此，何中华另外撰文指出，马克思恩格斯思想"异质性差距论"的"实质"在于：它是在"重读马克思"的过程中必然遇到的问题，即澄清并矫正以往在"马克思—恩格斯问题"上的种种误读成分，当归马克思的归马克思，当归恩格斯的归恩格斯，以便恢复马克思恩格斯各自思想的本真性。这无疑是"重读马克思"的一种积极的、建设性的努力和尝试。③ 而关于"平权"问题，何中华认为，这一提法是针对马克思以后所有解释者的，在解释学的一般意义上没有任何必然的前提条件要求有一个"权威解释者"的存在。实际的情况是：传统理解中存在的"分工说"和"情境说"的解释都是不充分的，把恩格斯视为"第一提琴手"的观点妨碍了客观地看待这种差别；而马克思思想的总体取向及马克思、恩格斯在不同意义上谈论马克思学说同达尔文进化论的相关性，表明马克思并未像恩格斯那样肯定自然辩证法。因此，马克思与恩格斯之间的长期合作亦不能排除彼此误解的可能性。④ 可以说，讨论马克思与恩格斯问题，实际已经向传统的"共识"发出了挑战，即两人之间存在差异是必然的，现在应该在差异的具体性问题进行深入的探索。

循着这样的思路，我们发现，有的学者结合对英国学者特瑞尔·卡弗思想的研究对这种差异的内涵进行了更为细致的探讨，提出卡弗在改变长期以来学术界讨论两位创始人思想关系时，独树一帜地提出"恩格斯—马克思问题"，将恩格斯置于马克思主义理论研究的第一位，主张通过解读恩格斯来理解马克思。卡弗声称反对"一致论"和"对立论"，确立了自己的"差异论"立场，即在承认马克思与恩格斯有一致之处的同时努力寻找并指出他们的具体差异。在方法论上，他提出用解释学对"恩格斯—马克思问题"

① 参见何中华：《是"谬见"，还是真实？——对一种责难的回应》，《现代哲学》2008 年第 3 期。

② 参见杨楹、周世兴：《追问马克思恩格斯思想"异质性差距论"的实质——对何中华教授反批评的批判》，《江苏社会科学》2008 年第 5 期。

③ 何中华：《究竟应当怎样看待"马克思—恩格斯问题"》，《江苏社会科学》2009 年第 3 期，第 229 页。

④ 参见何中华：《如何看待马克思和恩格斯的思想差别》，《现代哲学》2007 年第 3 期。

进行认识论与方法论的研究，为学术界开拓了一条探讨"马克思—恩格斯问题"的新路径。①　而在文本研究的基础上，有的学者提出，卡弗在《马克思与恩格斯：学术思想关系》一书中表达的马恩差异论，首先是一种阐释方法论意义上的差异论，其次才是一种"属的差异论"，作为阐释方法论的"差异论"和由此引出的具体结论的"差异论"，前一个维度事实上就是我们通常所理解的"差异分析法"，后一个维度我们可以称之为"马恩思想差异论"。但是，这样一种解释学上的方法及其具体结论，有合理性也有局限性，后者体现为在具体文本分析上表现出来的肤浅性、狭隘性和独断论等。而加强这一研究的正确途径在于，在积极推进文本文献学研究的基础上，切实不断地改变研究者已有的成见，深入推动在这一问题上的科学认识。②

在从总体上科学把握"马克思恩格斯问题"的性质问题上，吴家华提出，这一问题的探讨既有积极意义，也存在一些不良的倾向甚至是重大的问题和误区：一是否定马克思主义的批判情结。在西方马克思主义特别是"西方马克思学"的研究中，批评第二国际和苏联学是他们的重要理论指向，这是因为他们认为造成第二国际和苏联学者理论错误的真正根源主要在恩格斯那里，即他们"把这些错误的根源归咎于恩格斯对马克思思想的误解"，"最终都把恩格斯作为背离真正马克思的'替罪羊'而予以抛弃"。③二是褒扬马克思贬抑恩格斯的理论立场。在卢卡奇、莱文和卡弗等众多差异论者那里，采取的都是"马克思，好；恩格斯，坏"的基本立场，通过这种"褒马贬恩"的过程中试图区分出马克思与马克思主义的重大差别和根本差异，用马克思思想取代马克思主义，进而塑造出一个"纯粹而完美的马克思的形象"。但是，从理论的整体性关联上来看，正如安德森在《西方马克思主义探讨》中指出的："一旦恩格斯的贡献被认为不值一顾，马克思本身的遗产的局限性就显得比以前更加明显，对它加以补充也就更成为当务之急了。"④三是回到"真正马克思"的思想旨趣。"真正的马克思"在差异论

---

①　参见余京华、吴家华：《特瑞尔·卡弗的"恩格斯—马克思问题"研究述评》，《哲学动态》2008 年第 8 期。

②　参见罗伯中：《论马恩差异论的两个理论维度及其文本论据的考察》，《理论探讨》2009 年第 5 期。

③　吴家华：《正确看待马克思与恩格斯的思想差异》，《马克思主义研究》2008 年第 8 期，第 57 页。

④　佩里·安德森：《西方马克思主义探讨》，北京：人民出版社 1981 年版，第 78 页。

者看来主要是"青年时期的马克思",并非是自 20 世纪 90 年代以来国内在马克思主义哲学研究方法上强调的文本文献学研究的方法论旨趣,而这样做的目的就是试图与现当代西方社会思潮接轨的创新路径,在一种"嫁接"的基础上实现对马克思主义的当代"改造",因此,表现为"绝对化、片面化、纯学理化的主观主义思维方式,这些都值得我们加以警惕"①。此外,还有学者对一段时间以来国内学术界在马克思恩格斯学术关系研究中存在的一系列具体理论错误进行了归纳,"在《神圣家族》中马克思对费尔巴哈的评价不高而恩格斯则过高;恩格斯在《反杜林论》中关于自然辩证法的研究成果没有得到马克思的认同,马克思并不支持自然辩证法的立场;恩格斯在整理出版《资本论》时存在着对马克思原稿的实质性的改变;马克思因为长期在经济上依赖恩格斯而有可能使马克思在理论上作出某种自觉或不自觉的妥协和让步;两人的合作不排除彼此误解的可能性;恩格斯思想与马克思思想之间有基本预设上的距离即所谓思想上的异质性而非基于共同的预设而形成的次要的、非实质性的差别;等等"②。他们认为,这些谬见不仅在理论上制造了许多混乱,而且在某种程度上既贬损了恩格斯,也贬抑了马克思,有必要予以澄清。

当然,探索马克思恩格斯思想差异本身也是国内学术界在马克思主义研究中从文本、文献学到方法论等方面的自觉意识的深刻体现,有助于对一些重大问题的细致把握,即"重现马克思本人的思想深度,另一方面是借此重现的机遇彰显马克思的时代意义"③。魏小萍以《德意志意识形态》第一卷第一章的标题为例,具体阐述了这一思想差异对马克思主义哲学核心问题的重要影响。《德意志意识形态》第一卷第一章目前在国内的通用标题是"I. 费尔巴哈 唯物主义观点与唯心主义观点的对立",而从历史文献的原文考据和从 1926 年梁赞诺夫版《德意志意识形态》至今的文献中,都清楚地记录着在马克思撰写这一章最初没有标题的地方,1883 年恩格斯加上

---

① 吴家华:《正确看待马克思与恩格斯的思想差异》,《马克思主义研究》2008 年第 8 期,第 59 页。

② 周世兴、杨楹:《马克思恩格斯思想关系研究中的若干谬见》,《现代哲学》2007 年第 6 期,第 44—53 页。

③ 魏小萍:《如何从马克思和恩格斯的差异中解读马克思主义哲学的核心问题》,《哲学动态》2009 年第 3 期,第 10 页。

了现在我们所看到的内容。就"第一章"的核心内容讲，"阐述唯物主义历史观"是至关重要的；但是，恩格斯这一标题的加入，使历史观阐述中加入了对"本体论、认识论和辩证方法"内涵的解读，这一工作在第二国际特别是苏联的教科书体系中得到了充分的证明，而且"苏联马克思主义哲学教科书体系因此将一般的哲学观问题上升为马克思主义哲学的基本问题与此不无关系"①。这样的变化显然是由在 19 世纪 80 年代与马克思思想具有一定差异的恩格斯造成的，这也就对我们重新思考马克思主义哲学的特征有了新的认识。因此，魏小萍提出，唯物主义观点与唯心主义观点的对立并不是马克思主义哲学与非马克思主义哲学之争的出发点与基本特征②，这种结论在《德意志意识形态》的文本解读和文献学研究中可以得到证明；问题是，恩格斯这一标题的加入在实际的思想进程中确实影响了马克思主义哲学核心问题的确认，并进而忽略或遮蔽了马克思本人的思想，这也是马克思恩格斯二人思想差异在一个文本局部的切实体现，但它的影响却是深远的。

透过这一文本事实的细致分析，使我们对国内关于马克思恩格斯思想学术关系问题的研究更增加了一份沉重的责任和使命。兹事体大，摆在我们面前的并非结论，而探究结论背后的文本事实、思想客观与理论空间，进而在新近打开的思想空间中进一步彰显马克思主义的时代意蕴和科学价值是我们应努力追求的不二方向。

（二）马克思主义与费尔巴哈之间的理论关联更加具体化、清晰化

从传统认识来讲，特别是从马克思主义哲学世界观来源的角度讲，费尔巴哈的唯物主义是马克思主义哲学的重要来源，即继承吸纳了费尔巴哈的基本内核。但随着 30 多年来马克思主义发展史研究的不断深入，学术界对马克思主义与费尔巴哈之间理论的系统性关联日益集中在两个更为内在的理论向度上：一是马克思恩格斯是如何突破费尔巴哈哲学及思想理论局限性进而走向科学世界观的；二是马克思主义与费尔巴哈人学思想的内在关联和批判继承的关系是怎样的。

---

① 魏小萍：《如何从马克思和恩格斯的差异中解读马克思主义哲学的核心问题》，《哲学动态》2009 年第 3 期，第 12 页。

② 参见上文。

1.马克思恩格斯如何突破费尔巴哈哲学自身的局限性,进而走向科学世界观

众所周知,马克思基本完成对黑格尔法哲学批判,从克卢茨拉赫和德法年鉴时期过渡到巴黎手稿时期,这期间马克思恩格斯曾受到费尔巴哈的深刻影响,并一度成为"费尔巴哈派",这是当事人在后来的思想发展的"回忆"中加以描述的。不管在思想史的认定上是否存在这样一个标准的阶段,但费尔巴哈曾经对马克思思想的深刻影响是毋庸置疑的,这也是为什么从第二国际到苏联的众多马克思主义研究者(包括列宁对马克思思想发展进程和理论来源的认定)都异常重视这位唯物主义的思想家——费尔巴哈——的根本原因。① 殖着思想史研究的不断深入,学术界日益关注到这个思想史的重要阶段和环节。马克思真的存在"费尔巴哈"阶段吗? 从思想理论点的关联性上看,有的学者关注到了马克思与费尔巴哈共有的"类理论",而且费尔巴哈与马克思都从"类"的角度实现了对黑格尔哲学的"唯物主义"颠倒。但两者的"类理论"是存在根本差异的:在理论基础上,费尔巴哈从"感性直观"出发,马克思则从"感性活动"出发;在理论内涵上,费尔巴哈的人是"自然人的共同体",马克思则认为人在现实性上是一切"社会关系的总和";在理论归宿上,费尔巴哈着力于虚幻的"宗教批判",马克思则强调现实的"社会批判"②,进而现实地衍生为马克思一生致力于从事的资本主义经济政治批判。

"异化理论"一直是国内学术界关注马克思与费尔巴哈思想关联的根本理论质点,也是费尔巴哈对马克思产生根本影响的内容。但韩立新认为,在思想性质上"黑格尔对异化的理解是积极的,而费尔巴哈对异化的理解则是消极的。马克思在《1844 年经济学哲学手稿》中有一个从'对异化的彻底否定'到'对异化的积极肯定'的转变过程。这一转变不仅意味着马克思将自己的研究视角从费尔巴哈转向了黑格尔,而且从马克思思想的形成史来看,它还意味着马克思由此开始了思想转变,走向了创立唯物史观的征程"③。

---

① 在后来由列宁确立的"哲学党性"原则指导之下,唯物主义思想家费尔巴哈比唯心主义的黑格尔更加地接近"辩证唯物主义"和马克思主义。

② 高广旭:《从"种"哲学到"类"哲学》,《长春理工大学学报》2008 年第 5 期,第 74 页。

③ 韩立新:《从费尔巴哈的异化到黑格尔的异化:马克思的思想转变》,《思想战线》2009 年第 6 期,第 67 页。

对黑格尔辩证法的研究,在《1844 年经济学哲学手稿》中马克思关注的是黑格尔的异化逻辑线索,但这一"思想逻辑"是否足以使马克思走向唯物史观的创立呢? 换句话说,虽然在黑格尔的"劳动、人的自我生成"等新的思想生发点上马克思获得新的思想触动,但是在理论演进的现实层面上,马克思是否能走进对现实资本主义社会的科学批判呢? 正如韩立新指出的,一般我们把费尔巴哈的异化逻辑作为马克思实现理论革命的最重要的理论中介,这样的提法固然有些片面,但"在《巴黎手稿》这一马克思的思想转变时期,黑格尔的辩证法是一个比费尔巴哈哲学更为重要的中介"①,这样的理论判断就一定能成立吗? 关键的问题还在于,马克思思想中的理论逻辑的复杂性是在何种外力的作用下逐渐走向清晰化的,在最终的动力上它还是应该归功于马克思的经济学研究视界的真正展开的。而不断变动的马克思思想从来没有停留在哪个思想家的全部逻辑之中,因而,局限在长期对马克思产生影响的黑格尔、费尔巴哈哲学的范围内是得不到完整清晰答案的。

2. 马克思对费尔巴哈人学(人本主义)思想的批判和超越

理解马克思与费尔巴哈之间的思想关系需要准确理解费尔巴哈的人学思想或人本主义理论的科学内涵,这也成为学术界关注的重要问题。

一是"人的本质"理论的解读。有的学者研究了费尔巴哈的"人的本质属性"思想,提出"人的本质属性思想"是费尔巴哈人学的精华,他第一次就人的本质问题做了自然属性、社会属性、精神属性三个维度的系统分析,其理论贡献是巨大的,错误与缺陷也是明显的。而"马克思批判地继承了费尔巴哈人的本质属性思想的合理内核,又看到了其种种错误与局限,在科学实践观的基础上超越了费尔巴哈,对人的本质属性第一次给予了真正科学的系统分析,并为人学理论的发展开辟了新天地"②。有的学者提出,马克思在关注费尔巴哈人的本质思想过程中发现前者存在以下三个问题,即"唯物主义和历史主义的矛盾、人道主义的思维原则和感性直观的认识原

① 韩立新:《从费尔巴哈的异化到黑格尔的异化:马克思的思想转变》,《思想战线》2009 年第 6 期,第 71 页。

② 欧光南:《论马克思对费尔巴哈人的本质属性思想的批判继承与超越》;《重庆工学院学报》2008 年第 12 期,第 94 页。

则的矛盾以及理论和实践的矛盾"①等,从而在《关于费尔巴哈的提纲》这一天才的文献中提出了关于人的本质属性认识的科学理论。

二是感性与实践观的解读。有的学者提出,解读马克思与费尔巴哈的"感性"概念,是理解二者哲学理论体系内在关联的突破口,"感性在马克思哲学与费尔巴哈哲学中具有决定性意义,是其各自哲学革命的秘密所在,马克思对费尔巴哈哲学的革命首先就体现为对其感性论的批判与超越上"②。在费尔巴哈那里,感性还是停留在抽象阶段的理论活动和动态规定,在其超越黑格尔的精神辩证法上有其积极意义;与马克思相比,后者的"感性"已经是社会历史层面的实践活动,这是费尔巴哈所无法比拟的。在费尔巴哈的实践观上,有的学者认为,他的实践观在整个德国古典哲学的发展中是有重要地位和价值的,即他"第一次唯物主义地恢复了'感性'的实践地位,使'实践'获得活生生的肉身的力量。这在以往哲学实践观恰恰是要唯恐避之不及"③。当然,这样一种实践观的重大缺陷也是非常明显的,就是那种空洞的、抽象的实践最后在无法洞察经济政治现实的前提下变成了空洞的道德义愤和呐喊,即"这样的理论或思想往往或者沦为权威纵容下的话语游戏,即使充满革命的热情,实则只是社会宰制的情绪'安全阀'而已;或者成为崇高而空洞的道德呼喊。这两种表现在费尔巴哈身上都得到鲜明体现"④。

三是马克思对费尔巴哈人学或人本主义的整体超越。在对费尔巴哈人本主义整体理解的基础上,有的学者认为这种批判和超越表现为:"马克思经过《1844 年经济学哲学手稿》、《关于费尔巴哈的提纲》和《德意志意识形态》三部理论创作表明,马克思对费尔巴哈人本主义的扬弃,形成了实践哲学这一科学的理论形态。它是以实践总体(属人世界)的分裂与统一运动为本体的本体论;是关于主体与客体在实践总体中生成与创造、建构与重构的认识论;是以实践为人的本质和存在方式(本体论结构)的人本主义。人

---

① 苏甜甜:《马克思对费尔巴哈人的本质观的超越及其当代启示》,《理论观察》2009 年第 2 期,第 16 页。

② 于桂凤:《感性:解读马克思哲学与费尔巴哈哲学之间关系的突破口》,《兰州学刊》2007 年第 9 期,第 25 页。

③ 刘家亮:《论马克思对费尔巴哈哲学实践观的批判》,《社会科学辑刊》2008 年第 5 期,第 45 页。

④ 同上文,第 47 页。

的世界的一切均在实践总体中生成、演变、分裂和统一。"①而有的学者从宗教观上探讨这种思想关联,认为"马克思继承了费尔巴哈宗教观中的优秀成果,并克服了其旧有的本体论思维方式,科学地阐明了宗教产生的根源及本质,从而实现了宗教批判的革命转向"②。

(三)马克思恩格斯与黑格尔学术思想关系的整体观照

跳出马克思与黑格尔在辩证法关系上的传统理解,近年来,学术界对二者学术思想的研究有了更为宽广的视界,更加注重内在理论质点的具体连接和比较,更加注重二者在宏观上的整体联系,这是这一研究层面的最新特点。

1. 国外学者在黑格尔与马克思关系上的最新理论进展

鲁克俭在《国外马克思学者关于马克思与黑格尔关系的新观点》一文中系统介绍了这方面的研究成果。他指出,1997 年 3 月英国诺丁汉的特伦特大学经济和政治学系的政治理论小组组织召开了关于黑格尔—马克思关系的研讨会。该会议论文集《黑格尔—马克思关系》,由弗雷泽和伯恩于2000 年编辑出版。在该书的导论中,弗雷泽和伯恩就马克思与黑格尔的关系做了一个历史考察,基本勾勒出了自马克思去世后人们对相关问题的种种看法和观点。③ 弗雷泽和伯恩指出,在马克思与黑格尔哲学关系问题上长期以来恩格斯的影响是关键性的,后者在《路德维希·费尔巴哈和德国古典哲学的终结》中,对二者的关系作了一个"简要而又系统的阐述",具体阐述了马克思哲学在"本体论、辩证法和认识论"等主要方面的系统关联性,这些都对后来的马克思主义者产生了根本性的影响,它也可以作为这一问题缘起的发端。从整个马克思主义思想史的发展进程来看,在这个问题上至今出现了三种研究方法和理论倾向。

第一种倾向是在不同程度和层面上重视和强调黑格尔哲学对马克思主义哲学的影响和基本价值。弗雷泽和伯恩认为,恩格斯之后由拉布里奥拉、

---

① 李俊文:《马克思对费尔巴哈人本主义的批判与超越》,《哈尔滨工业大学学报》2007 年第 3 期,第 35 页。

② 李琳:《马克思对费尔巴哈宗教思想的批判与超越》,《法制与社会》2009 年第 6 期,第 381 页。

③ 参见鲁克俭:《国外马克思学者关于马克思与黑格尔关系的新观点》,《中共天津市委党校学报》2009 年第 1 期。

克罗齐和饶勒斯掀起了讨论"马克思与黑格尔哲学"关系问题的第一次浪潮，他们三人要么反对实证主义，要么反对黑格尔的唯心主义倾向，并以此来定位二者的理论关系，总体的颠覆性不强。卢卡奇在解释马克思的思想方面是非常具有创见性的，但是在理解马克思与黑格尔关系上确实非常传统，即特别强调马克思哲学的辩证法因素和总体性特征，注重马克思主义思想中的黑格尔主义传统，这种倾向对葛兰西、法兰克福学派、马尔库塞、萨特、列斐伏尔等都有着极为深刻的理论影响，并在总体上形成了理解马克思与黑格尔哲学关系的第一种方法和倾向，即"强调黑格尔对马克思主义的重要性"。第二种倾向就是努力排除黑格尔传统在马克思哲学中的影响和地位。弗雷泽和伯恩认为，这种倾向开始于第二国际的伯恩斯坦。在《社会主义的前提和社会民主党的任务》（1899）中，伯恩斯坦在事实与价值之间，从而在作为真正"科学"知识的马克思主义与作为"伦理理想"的马克思主义之间作了明确区分，这样做的根本目的只有一个，那就是强调马克思主义的科学性，反对黑格尔传统的"反科学性"，让马克思主义者转向康德，这也正是马克思主义和科学社会主义运动发展史中"修正主义"的来源。在伯恩斯坦之后的国外马克思主义的理论传统中，先后出现了德拉·沃尔佩、科莱蒂、阿尔都塞、分析的马克思主义等，这些学者或学派有着共同的一个理论倾向来面对马克思与黑格尔之间的理论关系，那就是"试图把黑格尔影响的任何踪迹都从对马克思主义的理解中清除出去"。① 第三种倾向是特别强调黑格尔哲学对马克思哲学的深刻影响。弗雷泽和伯恩认为，在当代文献研究中存在第三种倾向，"该方法试图避免以上两种传统方法，认为传统方法本质上是一致的，都错误地假定马克思是唯物主义者，而黑格尔是唯心主义者。实际上，黑格尔根本不是唯心主义者，他像马克思一样，是一个唯物主义者"②。这种观点认为，"黑格尔对马克思主义史的意义而言，黑格尔的真正重要性不在于其一般哲学或思辨哲学，而在于其现实哲学，也就是说在于他的社会和政治思想。因此，已经没有必要对黑格尔的哲学唯心主义作唯物主义的改造，因为马克思的唯物主义就未作加工改造而'直接'

---

① 参见鲁克俭：《国外马克思学者关于马克思与黑格尔关系的新观点》，《中共天津市委党校学报》2009 年第 1 期。

② 同上文，第 28 页。

来源于黑格尔的社会思想",因此,在这种观点看来,与其说马克思是黑格尔主义者,毋宁说黑格尔是第一个马克思主义者;黑格尔的辩证法与马克思的辩证法是同一个东西,都是唯物主义的;黑格尔的"观念"根本就不神秘,它实际上是现实生活的人的产物和工具。可以看出,第三种方法比第一种方法更强调黑格尔对马克思的影响,成为探讨马克思与黑格尔的关系的新动向。

弗雷泽和伯恩进一步介绍了美国的黑格尔和马克思研究专家麦克格雷的新观点,这些新观点是后者在《共产主义衰落之后黑格尔与马克思》①一书通过解读黑格尔在 1817—1818 年的海德堡演讲的文本阐发的:一是黑格尔呼吁,国家要进行干预,以确保不会牺牲一个阶级的利益来增进另一个阶级的利益;二是马克思的剩余价值理论不过是黑格尔劳动产权理论的遮掩形式;三是黑格尔关于商业阶级精神的讨论与马克思关于资产阶级和无产阶级的冲突意识非常类似。②

英国著名马克思主义研究者特瑞尔·卡弗在《黑格尔与马克思:反思这一叙事》的文章中,提出既不要"强调黑格尔对马克思的影响,也不试图把黑格尔从马克思思想中清除出去,而是从后现代主义出发反思'马克思与黑格尔的关系'这一叙事结构本身"。在卡弗看来,所谓马克思与黑格尔的关系的"宏大叙事",是由恩格斯 1859 年在为马克思《政治经济学批判》所写的书评中造出来的,是为了帮助读者更好地把握马克思所要传达的信息,同时也是为了提高马克思的知名度。因此,卡弗提出一种"最小化黑格尔"的阅读战略,也就是说,马克思是什么样就是什么样,而不要借助黑格尔来理解马克思。这样的言说方式和研究路径确实是比较让人难以接受的,特别是在文献和历史考证上缺乏足够的证明,但作为一种观点,对于我们认识和了解国外学者的研究进展是有一定帮助的。

2. 注重从整体上系统考察马克思与黑格尔哲学的关联

美国著名马克思主义研究者诺曼·莱文在《马克思与黑格尔思想的连续性》一文中,从反对阿尔都塞的理论判断出发重新解读了马克思与黑格

---

① David Macgregor, *Hegel and Marx After the Fall of Communism*, University of Wales Press, 1998.
② 参见鲁克俭:《国外马克思学者关于马克思与黑格尔关系的新观点》,《中共天津市委党校学报》2009 年第 1 期。

尔哲学之间的内在关联问题。他认为,尽管阿尔都塞提出马克思与黑格尔之间存在着认识论的断裂,但二者之间的思想连续性是非常明显的:"这种连续性涉及历史性、市民社会、生产模式和方法等方面。而就方法论来说,马克思把黑格尔方法论中的许多范畴都运用到了对社会形式的分析之中。"①莱文以1837—1843年马克思与黑格尔关系的发展为线索,就主体—客体、形式—内容和有机体理论这三种方法论形态来探讨马克思与黑格尔思想的连续性。

　　俞吾金认为,在"马克思哲学与黑格尔哲学之间的关系"这一重大理论问题上,传统理解的关注点完全集中在受到恩格斯、列宁影响的"辩证法"问题上,而这种理解不仅片面地理解了二者的复杂、系统的理论关联,更为重要的是,对我们准确理解和把握马克思主义哲学的核心和科学理论形态的认识都产生了根本的影响。事实上,"在黑格尔的所有的著作中,对马克思影响最大的是以社会历史作为研究对象的《法哲学》和《精神现象学》。在这个意义上,把黑格尔的历史唯心主义颠倒过来就是马克思的历史唯物主义"②。更为重要的是,如果从这样的理解出发,那么当我们重新评估马克思哲学实质这个根本问题的时候就会发现,传统理解由于是从《逻辑学》和《自然哲学》出发来理解二者关系的,因此,物质本体论、认识论和辩证法以及通过"推广论"延伸出来的历史唯物主义成了马克思哲学的基本理论要件,这种连带的理论理解在根本上误解了马克思哲学。俞吾金指出:"成熟时期的马克思哲学的实质就是历史唯物主义。简言之,马克思哲学就是历史唯物主义,成熟时期的马克思没有提出过历史唯物主义以外的其他任何哲学理论。"③与此观点相似,有的学者也提出,在马克思思想转变和发现新世界观的过程中,黑格尔的《法哲学原理》和《精神现象学》是意义更为重要的著作:马克思对黑格尔法哲学的批判继承是唯物史观发现的关键环节;马克思对黑格尔劳动辩证法的扬弃是唯物史观创立的重要前提;黑格尔的

---

　　① [美]诺曼·莱文:《马克思与黑格尔思想的连续性》,《马克思主义与现实》2008年第5期,第43页。

　　② 俞吾金:《重新理解马克思哲学与黑格尔哲学之间的关系》,《当代国外马克思主义评论》,北京:人民出版社2007年版,第3页。

　　③ 同上书,第16页。

《逻辑学》对于马克思哲学的意义需要重新正确认识。①

可以说,通过对马克思与黑格尔哲学关系的考察,实际已经触及并深入探讨到了马克思(主义)哲学实质这样的核心和关键问题,或许这正是探究这一问题的真正意义之所在。在这个意义上,有的学者提出,马克思对黑格尔哲学的吸收、借鉴和超越主要表现为:作为市民社会的典型意识形态,黑格尔哲学有两重意境———一般唯心主义与资本主义的物化意识,这使它成为显性的概念拜物教与隐性的资本拜物教的形而上学耦合体。马克思对黑格尔的超越不能只在一重意境中进行,"必须同时反对一般唯心主义与物化意识,既要反对概念拜物教,又要彻底批判资本主义生产方式。因而,马克思对黑格尔的超越是全面、深刻、总体性的超越。既要超越哲学,又要超越市民社会,马克思主义理论的根本特质在于改变世界论"②。

3. 具体思想理论点的比较性研究

由于受到传统理解的影响,在马克思与黑格尔思想的关联性问题上,学术界关注最多的就是辩证法理论。除此之外,在近年的研究中,劳动概念、异化问题、市民社会问题等具体理论点也都在关注之列。这里只重点介绍两个方面:

一是辩证法研究。有学者提出,黑格尔辩证法中"质量互变、对立统一、否定之否定"三定律构成唯物辩证法的内核,但其不可避免地也具有唯心主义、泛神学论等局限性。马克思通过对青年黑格尔派的批判,利用费尔巴哈唯物论做批判的桥梁,对黑格尔辩证法进行批判和超越,建立起了新的唯物辩证法哲学。③ 黑格尔的辩证法自身存在重大的理论局限,比如唯心主义特点、泛神论特征和缺乏对空间问题的探讨等,经过对青年黑格尔派、费尔巴哈的批判之后,马克思在黑格尔那里继承的辩证法内涵有:"作为推动原则和创造原则的否定性的辩证法"、"自然向人生成"的目的论的世界观和"历史和逻辑相一致"的历史唯物主义的发展观三个方面的内容④;而

---

① 参见万丙策:《论黑格尔哲学对马克思哲学的真实意义》,《鲁东大学学报》2008 年第 5 期。

② 夏林:《马克思究竟如何超越黑格尔?——深入理解马克思主义的"原点问题"》,《现代哲学》2009 年第 1 期,第 13 页。

③ 参见刘瑜:《马克思对黑格尔辩证法的批判与超越》,《中共成都市委党校学报》2009 年第 3 期。

④ 同上。

马克思对黑格尔辩证法的超越表现为:以现实的、从事对象性活动的人超越黑格尔抽象的人;以现实的自然超越抽象的自然;以现实的人的对象性活动超越抽象的精神的劳动。此外,还有学者在形而上学视野中进一步探讨了二者的内在关联问题并提出,通过批判黑格尔辩证法及整个哲学,马克思实现了哲学史上的革命变革。① 真切理解这一变革的前提和基础,在于追问马克思欲完成这一批判的真实原因。其原因并不像马克思自己交代的那般简略,而是马克思思想发展的必然,是现代形而上学的基本特性、现代批判运动的局限性以及费尔巴哈对黑格尔批判的不彻底性等多种因素造成的。②

　　二是世界历史概念的研究。有的学者认为,黑格尔和马克思提供了两种不同的"世界历史"概念,代表了他们理解历史的两种不同方式。"黑格尔在现实的历史之上理解世界历史,即通过'精神'的辩证运动来把握历史的本质,把世界历史理解为'精神'在时间里的发展和在现实中的实现。"马克思的"世界历史"概念是批判地继承黑格尔的产物,他接受了黑格尔关于历史是一个合理的、可理解的过程的思想,努力使对历史的理解成为一门科学。但马克思拒绝了黑格尔加于历史的抽象思辨形式,要求在现实的历史之内理解世界历史。③ 通过改造黑格尔"世界历史"概念,马克思发现了解释历史的新方法,把它应用于对资本主义社会的分析和考察,从而赋予"世界历史"概念以全新的内涵。④ 还有学者研究提出,马克思实现了对黑格尔世界历史理论的四重超越:"一是在世界历史主体资格问题上,以'现实的人'超越了黑格尔'绝对精神',奠定了世界历史的唯物主义基座;二是在参与世界历史的国家资格问题上,以落后国家和民族的'跨越'发展超越了黑格尔的落后民族不在场的缺陷,指出了落后国家世界历史化的特殊路径;三是在世界历史发展道路问题上,以普遍性和特殊性相统一的原则超越了黑格尔抽象的、唯一的西方化道路,揭示了世界历史发展的真相;四是在世界

---

　　① 参见孙正聿:《辩证法:黑格尔、马克思与后形而上学》,《中国社会科学》2008 年第 3 期。

　　② 参见黄学胜:《马克思批判"黑格尔辩证法及整个哲学"之原因分析》,《唯实》2009 年第 10 期。

　　③ 参见张盾、刘招明:《黑格尔和马克思的"世界历史"概念》,《马克思主义与现实》2009 年第 3 期。

　　④ 关于马克思的"世界历史"概念的独立解读,可参考顾智明:《"人的世界历史性存在"与人的实践自觉》,《中国社会科学》2009 年第 2 期。

历史演进格局问题上,以'并行'图示彻底放逐了黑格尔的'欧洲中心论',成就了特色化和真正多样性发展的理论雏形。"①可以说,马克思奉献给人类的不仅是科学的世界历史理论,而且教给了东方社会以特色化方式走向共产主义的方法论原则,为东方社会搭建了通往共产主义的理论桥梁。

(四)马克思主义思想理论来源视野中的思想家研究

在马克思主义理论来源的视野中,包括德国古典哲学在内的众多思想家受到关注,比较重要的有施蒂纳、费希特、康德、卢格和斯密等人。

聂锦芳关注到马克思恩格斯对施蒂纳"利己主义者的现象学"的批判问题,因为在《德意志意识形态》一书全部近600页的内容中批判施蒂纳《唯一者及其所有物》的"圣麦克斯"一章达到了424页,而这一文本的研究却长期没有受到重视。利己主义问题是施蒂纳在《唯一者及其所有物》第一部分"人"中的"近代人"一节提出来的。施蒂纳认为,就像人的发展经历了从"依赖于事物世界"到"依赖于思想世界"再到"二者否定性的统一",从儿童到青年再到成人、从"古代人"到"近代人"再到"唯一者"等阶段一样,作为近代资本主义发展产物的"利己主义",也要经历从"通常理解的利己主义"到"自我牺牲的利己主义"再到"自我一致的利己主义"的嬗变;而这种人生观念和行为准则要通过"现实的人"来体现,这就意味着"近代人"必然要经历从"通常理解的利己主义者"到"自我牺牲的利己主义者"再到"自我一致的利己主义者"的角色转换。② 马克思恩格斯则从另外的角度解释了施蒂纳所论述的前两种利己主义的转换和过渡。马克思恩格斯认为,"通常理解的利己主义者"发展为"自我牺牲的利己主义者",实际是个人利益违反个人的意志而发展为阶级利益,发展为共同利益;并且后者脱离单独的个人而获得独立性,在独立化过程中又取得普遍利益的形式;作为普遍利益又与施蒂纳所谓"真正的个人"即后来的"自我一致的利己主义者"发生矛盾。③ 聂锦芳认为,施蒂纳与马克思恩格斯之间对这一问题的看法的根本差异在于:他不懂得这样一个事实,即在一定的、不以人的意志为转移的

---

① 王聚勤、屈朝霞:《马克思对黑格尔世界历史观的四重超越》,《理论探索》2009年第3期,第45页。

② 参见聂锦芳:《马克思恩格斯对施蒂纳"利己主义者的现象学"的批判》,《哲学研究》2008年第8期。

③ 同上。

生产方式内,总有某些异己的、不仅不以分散的个人而且也不以他们的总和为转移的实际力量统治着人们。施蒂纳是在思辨的王国中思考问题,而现在需要"从思辨的王国中降临到现实的王国中来","从人们设想什么回到人们实际是什么,从人们想象什么回到他们怎样行动并在一定的条件下必须行动的问题上来",即把施蒂纳"觉得是思维的产物的东西理解为生活的产物"。① 当然,施蒂纳对人的问题的理解并非如此简单,至少他在这样四个问题上深化了对这一问题的理解:第一,为什么说"现实的人不是人"? 第二,怎样在"你的每一瞬间的存在"中体会到"你的存在"? 第三,肉体怎样试图摧毁"精神的专制"、与精神征战? 第四,"创造"为什么可以理解为"假设(被假设)"和"设定(被设定)"?② 而从历史辩证法的高度来看,施蒂纳所谓的"创造"实际上只是一种纯粹的"反思"、"反思中的规定";同时,如果让"现实的人"屈从于"反思的人",那么"探求自身"必然陷入幻影和虚妄。因此,施蒂纳的思想阈限,是历史唯心主义者不能从现实实践、现实生活环境出发的研究路径和方式所必然导致的结果。

刘森林在批判虚无主义理论的视野中研究了马克思对施蒂纳思想的批判问题。他指出,施蒂纳是马克思主义思想史上第一个以虚无主义问题与马克思遭遇的思想家③,而这一点在思想史的梳理中并未得到很好的关注。在批判施蒂纳的过程中,马克思很明白,个人自救的方案是不适用于劳动阶层的。在生产关系不够发达的水平上,独自性实际上就是社会性在分工体系下强加给个人的,而且与个人的出生家庭、地域等偶然性情况直接相关。没有普遍法则保护的独自性和个性,可能只是不发达、不完善的社会关系很偶然地加在个人身上的东西。所以,马克思说,施蒂纳把社会性"加给个人的偶然性说成是他的个性"。这也就是说,不分具体的历史场合,不看是否具备必需的社会物质条件,就一味地主张唯一性,很可能会陷入荒谬。④ 正是"通过施蒂纳的刺激,马克思不能不充分考虑、不能不提醒自己:从抽象

---

① 参见聂锦芳:《马克思恩格斯对施蒂纳"利己主义者的现象学"的批判》,《哲学研究》2008年第8期。

② 参见上文。

③ 参见刘森林:《马克思与虚无主义:从马克思对施蒂纳的批判角度看》,《哲学研究》2007年第7期。

④ 同上。

维度向感性维度靠拢、从神圣维度向世俗维度移动肯定有一个限度。超出这个限度所直接面临的尴尬与行将陷入的危险,令马克思意识到不能无限地反抽象而倡导感性、世俗,不能过度地强调唯经验性存在才是现实存在,更不能在可直接感知、有形有状的经验性存在与现实存在或有价值存在之间画等号,否则就会陷入虚无主义的困境"。从对现实社会的理解来看,反内在性形而上学、反超验存在,不恰当地理解"感性"与"现实性",这种态度直接导致的结果就是对唯物史观的世俗化和庸俗化理解:"越来越多的人把马克思的唯物史观理解为彻底以'感性存在'取代神圣性存在,以'现实性存在'替代具有超验性意义的存在。……这种不恰当的理解俨然已把虚无主义当成了唯物史观的逻辑结论。所以,重温马克思对施蒂纳的批判,可以明了唯物史观的主体性意涵、辩证法路向、价值形而上学含义,明了遏制虚无主义也是唯物史观的重要目的和任务所在。"①

在马克思与德国古典哲学的理论关系方面,有学者提出,德国古典哲学是马克思哲学的重要理论来源之一。如果以"社会"概念为视点来透析马克思哲学的革命变革就会发现,作为社会历史范畴的"社会"概念是马克思在对以黑格尔和费尔巴哈为代表的德国古典哲学的"双重超越"中建构起来的崭新而独特的整体理论视角。"社会"概念已经成为进入并探索马克思哲学的"网上纽结",因而从学理上厘清马克思"社会"概念的思想来源,应是理论研究的前提所在。② 在马克思与康德价值思想的关系方面,有学者认为,康德思想中的价值概念不仅指称道德价值,而且也包括市场价值,即肯定了价值的理性维度与感性维度的统一。而马克思正是延续此逻辑思路,确定了价值的二重性。因此,重新审视两人对价值问题的论述不仅有助于从价值主体性的角度揭示康德思想的整体性,而且能够为探讨康德与马克思思想之间的关联找到新的切入点。③ 在研究马克思对卢格社会政治思想的批判方面,有学者提出,在马克思看来,卢格的政治哲学是局限于政治范围的政治理智,它掩盖工人贫困的社会根源,模糊无产阶级的革命目的。而马克思通过发现工人起义中的社会理智因素,阐明社会理智是无产阶级

---

① 刘森林:《马克思与虚无主义:从马克思对施蒂纳的批判角度看》,《哲学研究》2007年第7期,第18页。

② 参见王虎学、王娟:《马克思对德国古典哲学的"双重超越"》,《理论探索》2009年第5期。

③ 参见陈步伟:《马克思对康德价值思想的继承与超越》,《学理论》2009年第25期。

的阶级意识,是对贫困根源及其克服贫困途径的揭示,是要求变革私有制社会和国家制度的整体的观点。① 还有学者关注到了马克思与斯密问题的历史解读问题:从哲学的角度来看,"亚当·斯密问题"的真正价值在于,它首次为我们提出和阐述了特定历史条件下经济与道德之间的关系。因而,要考察这一问题,必须将它还原到活生生的历史生活中去认识。从斯密到马克思,拉出一条认识此问题的线索,可以向我们展示出资本主义社会中经济与道德关系的逻辑张力。斯密运用经验主义的方法,对这一问题作了不自觉的分析。马克思则在历史唯物主义的创立过程中,对经济与道德的关系问题做了科学的解答。②

此外,马克思与柏拉图的政治哲学思想比较、与孔子哲学的内在契合、与熊彼特经济周期理论比较,以及鲍德里亚对马克思生产概念的误读③等马克思与众多思想家的理论关系和比较性研究都有一定的启发意义和价值。这些也进一步体现了近年来国内学术界对经典作家思想点关注的广泛、深入和系统性。

三、列宁思想专题研究

近年来,国内外学术界先后兴起了一场列宁思想研究的热潮。比较重要的基本文献和研究性著作不断出现,比如中央编译局编译的《列宁专题文集》(五卷本)和张一兵的《回到列宁》等。2006—2009 年,关于列宁思想研究的学术论文较为丰富,比较重要的就有近 200 篇。从理论关注点来讲,列宁的马克思主义思想、哲学理论、东方社会理论、资本主义和帝国主义理论、社会主义建设(特别是新经济政策)、社会文化思想、全球化思想以及革命和政党思想等内容受到广泛关注。从研究特点上来说:一是对列宁社会建设思想的深入挖掘;二是对列宁党建思想的纵深开拓;三是从新的视角审

---

① 参见李淑梅:《马克思对卢格的批判与社会政治哲学的构建》,《思想战线》2009 年第 6 期。

② 参见谢小云:《斯密到马克思:"亚当·斯密问题"的历史性解答》,《理论月刊》2009 年第 3 期。

③ 参见赵学增:《天壤之别的两个公有制世界——柏拉图与马克思》,《华南师范大学学报》2009 年第 1 期;魏书胜、胡海波:《马克思哲学与孔子哲学的内在契合》,《社会科学战线》2009 年第 4 期;唐正东:《鲍德里亚对马克思生产概念的误读》,《现代哲学》2007 年第 2 期等。

视列宁的文化建设思想及新经济政策；四是对列宁的"和平相处"思想、人才思想、哲学思想等的新认识①；五是列宁哲学思想史得到极大关注，并有重要学术作品出现；六是列宁晚年思想特别是社会主义建设思想备受关注。这些理论质点既与国内外学术思想发展的动态相关，更与我国社会主义建设发展的重大实践问题密切关联，凸显了理论与实践的内在张力。

（一）列宁主义和马克思主义的当代理解

1. 什么是列宁主义

什么是列宁主义，特别是结合现时代发展的最新理论与实践状况重新厘清、挖掘其深刻的内涵对于彰显列宁思想的当代价值意义重大，因此成为学者们关注的一个重要理论质点。从理论发展史的角度看，斯大林对列宁思想及其列宁主义的理解是具有奠基作用的，具体说来，斯大林的列宁主义观包括两个方面的内容：在定义、体系、特征、功能、命运等方面回答了"什么是列宁主义"；在学习与理解、坚持与发展等方面回答了"如何对待列宁主义"。② 斯大林在 1924 年、1926 年分别出版了《论列宁主义基础》、《论列宁主义的几个问题》两本论著，提出了列宁主义的定义，即"列宁主义是帝国主义和无产阶级革命时代的马克思主义。确切些说，列宁主义是无产阶级革命的理论和策略，特别是无产阶级专政的理论和策略"③。而斯大林对列宁主义的理论体系的认识主要包括：列宁主义的方法，列宁主义对革命理论的意义的认识，列宁主义对无产阶级专政的认识，列宁主义对农民问题的认识，列宁主义对民族问题的认识，列宁主义的战略和策略，列宁主义对党的认识，列宁主义提倡的工作作风，等等。这一理论体系的特征包含科学性、阶级性和开放性，斯大林强调这一体系不是教条而是行动的指南。关于如何对待列宁主义，斯大林在重视学习理解的基础上，特别强调"必须在新的实践基础上坚持和发展列宁主义"④。今天看来，无论我们怎样评价斯大林本人，其对列宁主义的基本认识还是有意义和价值的。在对列宁主义的理解上，葛兰西更加重视理论对实践的指导意义：在运用列宁主义指导十月革命的问题上，葛兰西把十月革命看做是一场"反对马克思《资本论》的革

---

① 参见粟迎春：《近两年来列宁思想研究综述》，《新疆教育学院学报》2007 年第 1 期。
② 参见张士海、施秀莉：《简论斯大林对列宁主义观的回答》，《世纪桥》2008 年第 8 期。
③ 《斯大林选集》（上），北京：人民出版社 1979 年版，第 185 页。
④ 参见张士海、施秀莉：《简论斯大林对列宁主义观的回答》，《世纪桥》2008 年第 8 期。

命",他"把在特殊条件(即战争)下形成的俄国无产阶级意志的力量和宣传作用看做是导致十月革命发生的唯一决定性力量"①。他认为这是存在于《资本论》中和历史唯物主义原则中"富有生命力的内在思想",也是布尔什维克革命实践了马克思的"一种不朽的思想"。在对列宁主义领导权思想的坚持和发展上,"葛兰西突出了列宁主义领导权思想中的意识形态领导权,并明确指出文化领导权是无产阶级革命的前提,无产阶级要把政权全部夺取过来必须首先夺取文化领导权"。与列宁对政治领导权和工农联盟等阶级力量问题的强调不同,葛兰西的领导权问题在重心上与列宁有重大差别。而研究葛兰西"列宁主义观"得出的最重要启示是:真正认清"讲求实际"这一列宁主义的灵魂,是正确认识和对待列宁主义的前提。②

与此相反,西方"列宁学"在对待列宁主义问题上其理论和价值指向的差别非常明显。他们不仅在列宁主义的历史起点和思想来源上观点新奇,尤其在理解列宁主义理论本质上提出,"1902 年是列宁主义的诞生之年,写于 1909 的《唯物主义和经验批主义》就是列宁主义的代表之作,而这本著作的理论水平是前马克思主义的"③。因此,通过将列宁思想界定为"前马克思主义"的水平,人为地制造列宁与马克思的思想对立,抹杀列宁与旧唯物主义的本质区别。更有的学者以此强调列宁对恩格斯思想的承袭,故意贬低马克思主义的经典作家及其思想价值。这种具有强烈政治立场和意识形态性质的思想研究在一定程度上扰乱了我们对列宁思想的科学认识,需要我们认真地加以警惕和分析。

2. 列宁主义的当代价值

挖掘列宁主义当代价值的问题也是我们认识这一问题的重要视野。余源培认为,应该立足现时代加强列宁主义研究,它重点需要解决四个主要问题:一是正确看待列宁主义与马克思思想的一脉相承关系;二是科学评价列宁反对第二国际伯恩施坦和考茨基的斗争;三是积极认识列宁开创的经济文化相对落后国家社会主义现代化道路的重大意义;四是努力超越斯大林

---

① 张士海、施秀莉:《论葛兰西的"列宁主义观"及其启示》,《湖北社会科学》2008 年第 10 期,第 5 页。

② 参见上文。

③ 张传平:《西方"列宁学"视域中的列宁主义及其批判》,《南京社会科学》2008 年第 12 期,第 14 页。

的列宁主义定义的历史局限性。① 高放认为，马克思主义与列宁主义实际上是形成于不同时间、地点，基于不同世情与国情的两个主义。列宁主义对马克思主义的重大新贡献在于探索落后国家如何逐步建设社会主义新社会。因此，可以给列宁主义以新的定义，即列宁主义是列宁探索由俄国革命带头实现世界共产主义的思想体系。纵观列宁一生所做的主要大事以及他的思想体系，既有坚持和发展马克思主义之"是"与"得"，也有照搬甚至违背马克思主义之"非"与"失"，总的来看，是多于非，得大于失。② 曾枝盛在马克思主义中国化视野中审视这一问题，他认为，如何正确看待列宁主义是马克思主义中国化的一个亟待正视的问题。十月革命给中国送来的是列宁主义，但也是马克思主义。中国共产党人一贯高举马克思主义和列宁主义的旗帜，把马克思主义与中国实际相结合，先后产生出马克思主义中国化的优秀成果——毛泽东思想、邓小平理论和"三个代表"重要思想，使中国革命和社会主义建设取得了伟大胜利。苏联东欧社会主义失败，最根本的原因就是丢弃了马克思主义和列宁主义，我们要永远记住这个沉痛的教训。③

　　3. 列宁的马克思主义观和对待马克思主义的科学态度

　　列宁的马克思主义观和对待马克思主义的科学态度，从另一个方面深刻反映了列宁的马克思主义理论认识水平及其实践智慧，是我们认识列宁思想重要维度。徐崇温从思想史的角度探讨列宁与伯恩斯坦在对待马克思主义的"修正"问题上的认识问题，他指出，近年来，有人为了把民主社会主义编造成马克思主义的正统，并把它强加给中国特色社会主义，颠倒是非，把修正主义鼻祖伯恩施坦说成"只是重复了恩格斯的话"，而同修正主义进行坚持不懈斗争的列宁，反倒被说成是"最大的修正主义者"。然而，国际共产主义运动史和马克思主义发展史都表明：伯恩施坦不是重复了恩格斯的话，而是全面修正了马克思主义的基本理论；"一国建设社会主义理论"不是违背了马克思主义，而是与时俱进地推进了马克思主义；列宁恢复共产

---

　　① 参见余源培：《立足现时代加强对列宁主义的研究》，《毛泽东邓小平理论研究》2009 年第8 期。

　　② 参见高放：《"列宁主义"再认识》，《探索》2008 年第4 期。

　　③ 参见曾枝盛：《如何正确看待列宁主义》，《渭南师范学院学报》2007 年第6 期。

党名称,不是标新立异,而是恢复原先的马克思主义称号。① 有的学者从列宁创新马克思主义的角度提出,列宁始终是在理论和实践创新发展马克思主义,并实际地形成了马克思主义发展的新阶段,即列宁主义阶段。现在看来,列宁创新马克思主义的基本经验在于,"运用马克思主义的立场观点方法,做到理论与实践相结合,把马克思主义具体化,不能把马克思主义当成教条,不能把马克思主义庸俗化"②。还有学者从思想文化来源上探究了列宁实现理论创新的内在原因,即列宁之所以能够从一个俄国社会青年成长为卓越的马克思主义者,就其思想文化因素对他的影响和熏陶来讲,主要有这样三个重要方面:俄国传统文化的优秀遗产——列宁成为马克思主义者的母体文化之根;西方近代自然人文思潮——列宁成为马克思主义者的民主文化之根;马克思主义经典著作——列宁成为马克思主义者的本体文化之根。③ 而上述这一切都与列宁始终坚持对实践和对待马克思主义理论的科学态度密切相关。对此有学者认为,列宁对待马克思主义的科学态度主要体现在,不拘泥马克思主义个别结论的理论首创精神、在实践中勇于纠正失误的勇气、坚决捍卫马克思主义基本原理的精神以及对人民的态度等方面。学习列宁对待马克思主义的科学态度,对于我们正确理解马克思主义的基本原理和精神实质,不断开拓马克思主义中国化的新境界有重要的意义。④

(二)列宁哲学思想研究

2006—2009 年,列宁哲学思想研究在重大研究思路方法、重要著作研究、思想家关系研究以及重要理论探讨等方面都得到了深入而广泛的探讨,涌现出了《回到列宁》⑤等研究力作和相关研究文献,进一步推动了国内的列宁哲学思想研究的国际化、科学化。

1. 围绕列宁哲学思想的当代解读的重大方法论创新和理论创新

2006—2009 年,在列宁哲学研究及其方法论探讨中最重要的创新就是

---

① 参见徐崇温:《列宁与伯恩施坦:到底是谁修正了马克思主义?》,《毛泽东邓小平理论研究》2007 年第 7 期。

② 倪德刚:《列宁创新马克思主义的基本经验探析》,《中共中央党校学报》2009 年第 3 期,第 16 页。

③ 参见马建光:《列宁成为马克思主义者的思想文化因素》,《军队政工理论研究》2008 年第 1 期。

④ 参见宋晓东:《学习列宁对待马克思主义的科学态度》,《黑龙江史志》2008 年第 7 期。

⑤ 张一兵:《回到列宁》,南京:江苏人民出版社 2008 年版。

围绕着张一兵提出的"思想构境论"所展开的讨论。一方面,在《哲学笔记》这一列宁思想中的重要文本研究上,张一兵提出:"列宁的理论著作中并不存在独立的《哲学笔记》一书,原先被认定《哲学笔记》不过是列宁在二十年间学习和研究哲学的摘录、札记、心得及阅读批注的文献汇集,其中的内容具有明显的理论性质级差。在这一文献汇集中,长期被忽略的内容是列宁所留下的多种读书批注,而这些批注,只是在文本构境的意义上才成为我们的研究对象,通过文本构境法对列宁的这一似文本进行新的解读,在某种程度上颠覆了苏联学者关于列宁哲学思想的'计划构想论'的先验框架,探悉到列宁在接近黑格尔哲学的过程中所发生的深刻思想转变。"①那么,为什么会出现这种情况,这一新的阅读理解方式和研究路径提出的思想史背景是什么呢? 在张一兵看来,虽然列宁在马克思主义经济学和政治理论方面很早就成熟起来,并在与俄国民粹派、第二国际理论家、普列汉诺夫以及孟什维克等的斗争中不断深化发展,但在哲学理论方面,列宁哲学理论的出发点和很长一段时间的深刻度是不够的。而在"苏东学术界的传统研究中,对列宁哲学思想发展的理解缺乏真实的历史时间性,为了建构和维护一种同质性的'列宁主义哲学',不惜抹杀列宁思想过程的具体理论质性,而以平滑的同质连续逻辑总体对其进行非历史的思想史定位"②。以列宁关于黑格尔哲学研究的"伯尔尼笔记"为例,传统研究始终存在着两个层面上的问题:一是基于主观预设的"计划构想论"占据着支配地位;二是将列宁20年的读书研究过程变成了一个目的论的实现过程。在今天来看,这显然是一种基于主观主义的平面化的线性逻辑。而实际的状况是,我们必须承认列宁哲学思想的深刻历史变化的逻辑进程。张一兵在几篇论文以及《回到列宁》一书中对究竟什么是思想构境论,以及它在推进我们对列宁文本的阅读理解上的作用进行了较为详细的阐发。

　　一方面,"构境论是我关于人的存在论的一个东方式的总体看法,它不涉及传统基础本体论的终极本原问题,而只是讨论人的历史性存在的最高

---

　　① 张一兵:《思想构境中的似文本:列宁哲学思想的一种新的认识》,《河北学刊》2007 年第 3 期,第 1 页。

　　② 张一兵:《从他性镜像阅读到自主性理论空间的转换——列宁"伯尔尼笔记"研究》,《哲学研究》2007 年第 10 期,第 16 页。

构成层级和高峰体验状态"①。张一兵区分了社会生活空间中的物性构序结构和人的不同生存层级,特别是不同生存状态和意识体认可能达及的不同生活情境,将主体存在的最高层级界定为自由的存在性构境。"在现实历史事实中,构境存在通常是与他性镜像与伪构境(幻象)同体共在的。关于构境论的问题,我只是在思想构境的层面提出了一些初步的认识。与现代性的结构主义逻辑不同,我提出的构境理论不再是留在某一种线性关系系统的统摄、先在理念支配构架之中,思想构境即是完整的意识现象突现,它表明了一个人、一种思潮历史性生成的复杂性样态和建构性本质。原来康德式的科学结构主义的理性构架和索绪尔式的语言符号系统编码只是思想构境的一个简单性呈现,因为相同的理性构架与符号系统中,不同主体的意识情境生成可能是完全不同的。当然,意识与思想构境的实现,其最重要的现实基础是历史性的生活,实践性的存在构序是全部精神现象真正的本体论依托,可是,思想理论逻辑本身实现为特定条件下的认识与意识则更复杂。信仰、情感、价值尺度,以及个体或群体的隐秘心理情结,都可能是构境的偶发性主导因素。意识和思想构境是一个精神生活的全景式突现,人们只是在写作、言说和表意情态中显现了其可明示的理性结构、逻辑意向和情感冲动而已。在这个意义上说,思想构境往往是无意识发生的。"②在这种新的研究情境中,列宁这一重要的思想实验呈现为一个极其复杂的功能性变换的逻辑空间。但是,这种逻辑空间并不是列宁直接据有的,而是由读者建构的模拟性的理论思想之境。显然,在这里有一种重要的方法论思想的转变:"过去的文本学研究无论如何意识到文本与读者之间的历史间距性,可最终总会将文本研究者自己的认识结果,视为他所看到的客观的对象性意义场的映现。而在我这里,离开原作者所呈现的当下文本语境,恰恰是文本研究者建立的,此时,当下文本意义场的打开始终是此岸的。我们是绝不可能复原原初文本语境的。"③

　　另一方面,在这样的意义上,张一兵反对简单反映论并指出,当我们在研究中指认诸如"马克思认为"、"在海德格尔那里"时,除去复述文字,任何

---

①　张一兵:《历史构境:哲学与历史学的对话》,《历史研究》2008 年第 1 期,第 17 页。

②　同上文,第 18 页。

③　张一兵:《思想构境论:一种新文本学方法的哲学思考》,《学术月刊》2007 年第 5 期,第 60—61 页。

一种表意都是重新建构的新的"我性"思想之境。当然,在大多数情况下这会是一种无意识的重建,因为我们总会把这种重新建构起来的思想情境说成是文本的客观意义。这在阿尔都塞那里叫"无罪的阅读"。而思想构境论就是针对这种传统的阅读理解方式得出的一种新思考,也可以称为"后文本学的思考"。事实上,任何一种理论学术思想的本质都不是一个凝固的逻辑构架,而是一种在复杂的时刻处于变动之中的学术思想场境的历史性建构。这种思想构境其实是非范式的,甚至没有死去或石化了的具体的概念框架,而是一种功能性的提问和思考,常常表现为一个易碎的、随时重构的问题追问和暂时性的立场支点。学术思想场境的建构,通常由思考主体依据手头的自觉的基本理论范式和逻辑回路,在运思中直接激活后,当下运作起来,但主体自身无意识的不同逻辑射线和怀疑性问题,却是思想构境的真正驱动力。因此,生产性思想构境论最重要的实质是:"阅读不是为了还原,而是创造性的生产。其实,文本学的真正基础是'关系本体论'。说彻底一些,我认为根本不存在脱离了读者的文本,因此在文本学中,文本与读者的二元分立是虚假的,真正存在的是进入读者视域的文本被重新激活的解读过程,这是一种关系性的存在。在文本解读的过程中,客观上始终是以读者为上,真相是人们总将自己的诠释指认为文本的原初语境罢了。文本诠释时唯一发生的,是读者让文本进行当下性的言说的结果,而非对象文本语境的真实绽出。此时,人们总是自觉或者不自觉地在以自己的理论逻辑建构出某种特定的理解之境,只是人们将这种'我性'的理解重构误认为文本的原初语境罢了。这种思想构境的生成,甚至无意识地表现在历来注重史料客观性的文献学研究中。"①在这样的意义上,"思想构境将是后现代文本生产的真正本质,因为这是在打破了神性原初文本观后的一种文本真实。从2000年开始,我已经在自己的文本写作中自觉区分了文本的不同构境层,即对象文本理路、我性诠释理路和互文性文本参照理路的共在"②。

思想构境论的提出在学术界引起了很大的反响,有些学者提出了自己的认识。王金福在《"回到马克思"与"回到列宁":两种对立的解释学立

---

① 张一兵:《思想构境论:一种新文本学方法的哲学思考》,《学术月刊》2007年第5期,第62页。

② 同上。

场》一文中指出,从 1999 年提出"回到马克思"再到 2008 年提出"回到列宁",张一兵在前后相继的两本著作中的研究方法,在解释学上表现出的立场是对立的:"'回到马克思'坚持的是客观主义的解释学立场,'回到列宁'表达的是主观主义的解释学立场。从'回到马克思'到'回到列宁',是从客观主义解释学立场向主观主义解释学立场的后退。这种后退对正确理解以及坚持和发展马克思主义,可能产生消极的影响。"①对此,张一兵在回应性的文章中指出:"王金福教授对《回到列宁》一书的批评,其实质是试图将已经超越了解释学语境中的后文本学讨论重新拉回到现代性文本学中。王金福不能理解的地方,是在后现代文本语境中,恰恰是承认认知结果的有限性和主观性,才会反证一种历史性的客观性和真理性,这种新的客观性与真理性正是当代哲学和科学认识论的积极反思的结果。然而,《回到列宁》一书在'构境论'基本观点的表述上存在着一个重要的逻辑缺环,即它与历史唯物主义的逻辑衔接。实际上,'构境'理论并没有放弃马克思历史唯物主义的基本立场,或者倒过来说,历史唯物主义恰恰是'构境论'的重要逻辑前提。当然,对历史唯物主义的当代诠释,有可能为'构境论'提供一个重要的现实性基础。"②可以想见的是,思想构境论的提出,必然会在对马克思主义经典文本的阅读理解方法以及文献学研究方面产生更多的反响,围绕这一问题的讨论还将继续。至少在中国学人独立建构研究方法和新的理解方式方面,思想构境论的提出对我们的启发和触动价值是值得期待的。

2. 列宁与其他思想家哲学思想的比较性研究

在列宁与恩格斯的时空观问题的比较上,有的学者提出,恩格斯关于时间空间和物质关系的认识是,"一切存在的基本形式是时间和空间"。通过比较恩格斯和列宁的《反杜林论》、《唯物主义和经验批判主义》两篇文章发现,两人都对形而上学的时空观进行批判,并先后对唯物辩证的时空观进行了理论探索,为马克思主义社会时空观奠定了真正的基础③。在列宁与黑格尔辩证法之间的关联性问题上,有的学者提出,西方马克思主义者普遍认

---

① 王金福:《"回到马克思"与"回到列宁":两种对立的解释学立场》,《唯实》2009 年第 11 期,第 27 页。

② 张一兵:《"思想构境论"想说明什么——答王金福》,《学术月刊》2009 年第 7 期。

③ 参见段文文:《恩格斯和列宁的时空观》,《辽宁教育行政学院学报》2007 年第 7 期,第 1—3 页。

为列宁对黑格尔辩证法的唯物主义颠倒是失败的,实质上不过是用物质的绝对取代了精神的绝对而已。重新考察了列宁的《黑格尔〈逻辑学〉一书摘要》之后,事实是:列宁在解读黑格尔逻辑学的过程中是有一个思想上的跃迁的,读书伊始的列宁确实试图简单地将黑格尔的逻辑学进行一个形式上的颠倒,但列宁在真正理解了黑格尔的思想之后,转而在实践基础上对黑格尔进行了一个体系上的颠倒。① 在比较列宁与狄慈根哲学唯物主义的关系问题上,张一兵提出:"列宁的《〈狄慈根哲学著作集〉一书批注》,是写于1908年前后的一篇读书批注。在对狄慈根哲学著作的研究中,列宁奠定了自己最重要的哲学理论基础,即哲学唯物主义的基本原则,这为他以后的更加深入马克思主义哲学研究和现代思想斗争提供了必不可少的思想前提。"②同时,对狄慈根哲学唯物主义的认识,此时的列宁受到从费尔巴哈、恩格斯再到普列汉诺夫哲学的深刻影响,其批判性的认识并未真正产生,这一点是在随后的思想史资料的阅读特别是对黑格尔辩证法的研究中逐步展现出来的。所以,在1909年前后,列宁在他完成《唯物主义和经验批判主义》之后的第二次哲学研究中,除去对西方哲学与科学发展情况的关注,他重点还在研究哲学唯物主义。除去费尔巴哈等人,他还选择了两位俄国的思想家:一是德波林;二是车尔尼雪夫斯基。前者,列宁是解读了他的一篇哲学论文;后者,列宁则阅读了两本关于他的研究论著。在这一次系统的唯物主义哲学研究中,列宁也为我们留下了内容丰富的阅读批注。③ 这些对俄国唯物主义思想家的阅读,对我们深入细致地理解列宁思想中唯物主义理论认识的深化和发展是非常有帮助的。在列宁哲学思想研究的视野中,列宁的物质观、真理观、价值观以及辩证法思想受到了学术界的关注,研究成果在2006年到2009年突出集中在对《哲学笔记》中辩证法思想、真理观等内容的研究上(相关成果可参阅"研究资料索引"中的相关内容)。

（三）列宁与东方落后国家的革命理论

一直以来,在列宁思想研究中,关于马克思东方社会理论特别是列宁对

---

① 参见王艳秀:《论列宁对黑格尔辩证法的唯物主义颠倒——重读列宁〈黑格尔《逻辑学》一书摘要〉》,《辽东学院学报》2007年第4期。

② 张一兵:《列宁与狄慈根的哲学唯物主义——列宁〈《狄慈根哲学著作集》一书批注〉研究》,《东南学术》2008年第1期,第26页。

③ 参见张一兵:《列宁对俄国唯物主义思想家的阅读》,《辽宁大学学报》2008年第1期。

东方落后国家问题的理论探索和实践探索的问题，都是理论界关注和研究的热点和焦点问题。2006—2009 年，学术界对这一问题，更加注重在思想史的连接以及列宁在东方落后国家革命的理论创新这两个点上加以着力研究，涌现出一些新的研究成果。

在列宁对马克思恩格斯理论遗产的继承和发展的探索上，学术界较为客观地展现这一思想发展的脉络和线索。何萍指出，俄国农民村社的发展道路及其前景，是马克思恩格斯研究东方社会发展的典型案例，其中的提问和对问题的解决构成了马克思恩格斯东方社会理论的主要内容。列宁以对马克思恩格斯提出的"俄国农民村社是否会走上资本主义道路"和"俄国无产阶级革命与西方无产阶级革命的关系"两个问题的解答，创造性地阐发了马克思恩格斯的东方社会理论。其理论贡献主要表现在两个方面：其一，从历史规律的角度阐明了马克思恩格斯东方社会理论的性质；其二，把马克思恩格斯研究历史的历时性方法和共时性方法有机地结合起来，以马克思恩格斯关于人类社会经济形态的发展是一个自然历史过程的思想，系统地考察了俄国的历史进程，从而证明，历史向世界历史的转变是在高级的社会经济形态与低级的社会经济形态的互动中实现的，并进而从东西方民族的相互作用中描述了世界历史发展的新图景。①

同样是在探索列宁与马克思恩格斯关于此问题的理论连接问题上，有的学者区分了列宁对马克思恩格斯思想的继承、创新和扬弃的思想历程，并指出马克思的"跨越论"主要包括两点：一、落后国家的革命能动性和发达国家生产力的互补可以使前者避免资本主义的常规道路；二、这种互补关系的主导条件是发达地带的社会主义革命。而列宁在不同革命时期，对马克思恩格斯思想其方式方法是有着显著不同的。马克思恩格斯提出这一理论构想时，俄国的资本主义发展还非常不成熟，而到了 19 世纪末和 20 世纪初期，俄国的现实发展状况显然与马克思恩格斯生活年代的俄国有着巨大的差别，对此，列宁依据这种变化了的情况采取了新的实践和理论策略。列宁认为，俄国社会要走上社会主义道路，必须分为两个步骤：第一步，争得民主革命的彻底胜利，把革命的火焰燃烧到欧洲去。第二步，在欧洲的帮助下，

①　参见何萍：《论列宁对马克思恩格斯有关俄国问题的解答》，《马克思主义与现实》2007 年第 4 期。

俄国实现社会主义革命。可见，此时的列宁对俄国革命前途的思考基本上没有超出马克思跨越论的框架。在这个框架下，列宁制定了彻底的、最容易与欧洲社会主义革命衔接起来的民主革命纲领，这个纲领包含着列宁后来对跨越论进行发展的可能性。在俄国1917年的"二月革命"后，列宁的思想有了新的发展，他所论述的、作为民主革命新阶段的社会主义革命，一方面为资本主义的发展创造了条件，另一方面这个革命要在生产方式上确立下来，仍然需要欧洲社会主义革命的帮助，因而，这是一个仍然需要欧洲社会主义革命来帮助确立的革命。但无论如何，"二月革命"后，列宁认为俄国可以率先实现社会主义革命，开始了对马克思跨越论的局部突破，虽然这个突破还是犹豫的、有条件的。① 在十月革命特别是列宁在实施新经济政策前后，"列宁逐步扬弃了马克思跨越论中欧洲社会主义革命主导论的观念，开创了与资本主义并存条件下落后国家的社会主义道路。列宁后来还从哲学高度上，论证了落后国家率先进入社会主义不但和世界历史的一般规律不矛盾，恰恰是世界历史规律的具体实现方式。这样，列宁就从历史观的一般原理上补充了对跨越论的发展对此，列宁一方面继承了这一重要的思想探索，列宁逐步扬弃了马克思跨越论中欧洲社会主义革命主导论的观念，开创了与资本主义并存条件下落后国家的社会主义道路"②。在列宁对马克思恩格斯晚年提出的跨越论构想的创新问题上，还有学者提出，虽然马克思恩格斯没有也不可能设想这一理论的实现的现实条件，但是"列宁不愿意看到社会主义社会从此遥遥无期；他改变了马克思的革命套路。列宁在区分社会主义革命与实现社会主义这两个不同概念的思想前提下，倒转了马克思的先发展生产力然后革命的社会主义革命模式，先发动社会主义革命，用暴力夺取国家政权，然后利用政府力量和制度优势，集中力量发展生产力，逐渐达成向科学社会主义的过渡。这是一种在马克思跨越思想的基础上发展了的跨越观，无疑是一个伟大的理论创举"③。所以，列宁的理论实践探索，有着重要的创新价值和特殊性，这是他"对马克思恩格斯无产

---

① 参见宋朝龙：《列宁对马克思跨越"卡夫丁峡谷"思想的扬弃》，《马克思主义研究》2007年第3期。

② 同上文，第57页。

③ 石弘：《列宁对马克思跨越发展理论的创新》，《河南科技大学学报》2009年第1期，第37页。

阶级革命理论的灵活运用,从此开辟了东方落后国家无产阶级革命多样化的道路。尽管社会主义的苏联已经解体,但研究列宁的这一思想仍具有实际意义,它为我国革命和社会主义现代化建设提供了理论支撑"①。

列宁关于东方落后国家革命的探索,对我们重新思考马克思主义发展史、思考社会主义革命的问题意义重大。一是列宁从推进俄国革命的角度出发,对伯恩施坦主义在俄国的"变种"进行了批判;在建党时期,列宁同经济派和孟什维克进行了斗争,使布尔什维克党从理论信仰到组织原则上都避免了伯恩施坦主义的影响。在俄国革命时期,列宁同取消派进行了斗争,保证了无产阶级政党对革命的领导权以及革命后走向社会主义的前途。与西欧社会民主党反伯恩施坦主义的失利相比,在组织上不断清党以及立足于俄国国情找到一条将党的革命纲领与党的日常工作联系起来现实途径是列宁战胜伯恩施坦主义的主要原因。② 二是列宁东方社会理论无论对中国新民主主义革命,还是对中国特色社会主义建设都产生了深远的影响,具有不可否认的历史价值和现实意义。③ 三是在比较性的意义上,列宁和毛泽东都各自独立探索了社会主义革命的"跳跃性"思想,"列宁和毛泽东继承和发展了马克思主义创始人的这一思想。他们敏锐地把握了社会主义跳跃转型时代条件的变化,创造性地开拓了东方落后国家的社会主义革命道路,并展开了社会主义建设的探索历程"④。

(四)列宁论帝国主义和资本主义

2008 年国际性金融危机的爆发,使得学术界对包括列宁在内的马克思主义经典作家关于帝国主义和当代资本主义的理论认识问题更加重视。从实践发展需求出发,在两个不同层面的理论深入解读不断拓展着我们对这一问题的认识。

1. 列宁的帝国主义理论及其当代价值问题

有学者提出,虽然列宁关于帝国主义是"垂死的"、"腐朽的"资本主义

---

① 孙自胜:《列宁落后国家革命特殊性思想述论》,《淮南师范学院学报》2009 年第 2 期,第 17 页。

② 参见舒新:《从俄国革命的角度解读列宁对伯恩施坦主义的批判——兼论西欧社会民主党反伯恩施坦主义的失利》,《江汉论坛》2009 年第 7 期。

③ 参见魏海东:《浅谈列宁东方社会理论及其现代中国意义》,《社科纵横》2007 年第 11 期。

④ 钱双逢、冷树青:《列宁毛泽东人类社会系统跳跃转型思想的发展》,《江西师范大学学报》2008 年第 6 期,第 22 页。

的论断距今已经有 90 多年的历史了,但是,在这期间,由于复杂的历史原因和诸多因素的作用,"资本主义的发展历史进程中出现了许多新情况、新变化,尤其是第二次世界大战后又有了新的发展。如何看待这些新的变化和发展以及列宁的帝国主义理论"是非常需要我们重新进行思考的重大问题。① 从文本解读的角度看,有学者认为,列宁关于"帝国主义"理论中存在的传统的"五大特征论"不能反映列宁帝国主义论的具体结构,并据此提出了三条线索的新路径:金融资本和殖民压迫是列宁帝国主义论的两个基本要素,在这两个基本要素的基础上,列宁把帝国主义战争归结为列强金融资本实力与其殖民地份额的不平衡。通过金融资本的主导地位、宗主国对殖民地的双重控制方式、帝国主义的不平衡性这三条线索,列宁把握住了帝国主义的具体结构,为后人分析这一结构的变化进而确定帝国主义论的发展路径指示了方向。② 也有学者从当代价值的角度提出,列宁的《帝国主义是资本主义的最高阶段》一书,深刻分析了帝国主义的本质、特征和基本矛盾,揭示了帝国主义产生、发展和必然灭亡的客观规律,批判了考茨基的"超帝国主义论"等错误思想。今天学习和研究此书,对于分析研究当代资本主义经济现象、正确认识世界形势及帝国主义的历史地位与命运,都有重要的理论意义和实践意义。③ 当然,也有学者分析认为,2008 年世界金融危机爆发以来,"以集中的方式暴露出当代帝国主义的一些新特征,如从实体资产垄断发展为金融资产垄断,进而发展为货币财富权垄断,这在本质上体现为由资本输出发展为债务转嫁。着眼于金融危机的理解和解决,我们有必要联系这些新的事实,继承并发展列宁的帝国主义理论"④。

　　2. 列宁关于资本主义制度理论的研究

　　学者们集中在列宁关于利用资本主义思想体系和制度成果等问题的研究上。有的提出,列宁在领导俄国社会主义建设过程中先后提出过四个占有资本文明的设想:第一个设想是通过发达国家胜利的无产阶级的援助;第

---

　　① 参见苏晓明:《列宁帝国主义理论的当代思考》,《浙江社会科学》2006 年第 5 期。

　　② 参见宋朝龙:《列宁帝国主义论中的三条线索——对传统"五大特征论"的置疑》,《海南大学学报》2008 年第 5 期。

　　③ 参见陈征:《对帝国主义本质和规律的深刻揭示——列宁《〈帝国主义是资本主义的最高阶段〉的主要内容及其意义》,《高校理论战线》2007 年第 2 期。

　　④ 刘仁营:《继承与发展列宁的帝国主义理论——兼析金融危机根源探讨中的庸俗性观点》,《探索》2009 年第 3 期,第 177 页。

二个设想是学习和引进资本主义文明;第三个设想是"战时共产主义";第四个设想是新经济政策。列宁的这些设想发展了当时已知的马克思主义有关理论,但是其理论局限在于没有认识到资本并不等同于资本主义,没有认识到资本文明的全部历史容量,也没有认识到在社会主义条件下同样只有用资本的方式才可能完成对全部资本文明的发展和占有①,应该加以辩证地认识和分析。也有的学者认为,十月革命胜利后,列宁探索出了一条在小农经济占优势的国家利用资本主义建设社会主义的新路。列宁利用资本主义的思想是他的迂回过渡理论的核心和精髓。利用资本主义发展社会主义,实际上就是通过国家资本主义向社会主义迂回过渡。现实社会主义国家利用资本主义的实践,是对列宁利用资本主义思想的证明和运用。②

还有不少学者关注到,在列宁关于资本主义问题的论述中,关于资本主义与社会主义制度和思想体系之间的关系问题更具时代价值:列宁在实践中继承和发展了马克思恩格斯关于"两制"关系的基本思想,提出从资本主义过渡到共产主义是一整个历史时代,帝国主义是资本主义的最高阶段,利用资本主义来建设社会主义。③ 事实上,社会主义与资本主义两种制度之间的关系,一直是十月革命以来国际政治的重要内容。列宁关于以"共处论"与"交往论"为核心内容的处理"两制关系"的辩证思想,不仅有效地指导了十月革命胜利之初苏维埃俄国的外交实践,而且开创了马克思主义"两制关系"理论和实践的新图景;特别是列宁关于不同社会制度国家之间和平共处的前提条件、现实基础、根本出发点和落脚点的理论认识,以及其关于不同社会制度国家间相互交往的方式和方法等充满辩证法的思想,对全球化条件下社会主义国家处理同资本主义国家之间的关系,具有重大的启示意义。④ 从列宁自身对这一问题的发展过程来看,列宁对社会主义与资本主义关系的认识大致经历了三个阶段:热切期盼世界革命,实现社会主义在全世界的胜利;谋求和平共处,保证苏维埃俄国的生存;利用资本主义,

① 参见邵腾、戴雪丽:《列宁占有资本文明方式的四个设想及其理论局限》,《中共浙江省委党校学报》2009 年第 3 期。

② 参见蔡亚志:《论列宁利用资本主义思想的当代价值》,《理论前沿》2008 年第 2 期。

③ 参见李明斌、刘秀华:《马克思列宁主义关于社会主义与资本主义关系的基本思想》,《信阳师范学院学报》2007 年第 1 期。

④ 参见陈海燕:《论列宁处理"两制关系"的辩证思想》,《当代世界与社会主义》2009 年第 4 期。

建设社会主义。其中列宁对资本主义始终保持的清醒是不可忽视的重要内容。① 有学者在关注列宁晚年在这一问题上的认识时提出,列宁晚年深化了马克思、恩格斯和他本人对资本主义问题的认识。"他认为,对社会主义实践中资本主义因素的把握应处理好前进与退却、目的与手段、利用与控制的关系。前进中有退却、退却中有前进,这是社会主义的实践辩证法,了解和应用这个辩证法可以防止和破除对社会主义和资本主义关系的机械理解。由于实践本身的复杂性,目的与手段有被颠倒的可能,资本主义因素可能由手段演化为目的。在实践中,只强调利用资本主义,不强调控制资本主义,完全认同自由主义的自由放任思想,其结果必然是由利用资本转变为被资本控制,这是一种危险,社会主义的前途就可能因为这一危险的认识不足而被葬送。"②

(五)列宁的社会主义建设思想

1. 列宁晚年社会主义建设思想问题研究

列宁晚年的社会主义建设思想,一直是改革开放以来学术界关注列宁思想的重点内容之一。在列宁晚年对马克思恩格斯思想的继承和发展问题上,有学者提出,列宁晚年在对社会主义的认识上有了一些"根本改变":一是社会主义在国内如何搞,比如列宁对"物质利益原则"(或"同个人利益相结合"原则)的"发现"和强调;二是社会主义在国际方面如何搞,列宁调整了"唤起世界革命"的对外战略,提出了与资本主义国家"和平共处"的思想以及"与世界相联系"的思路,为苏维埃俄国的一国建设社会主义创造了最起码的国际条件。③ 同时,列宁对社会主义建设的"政治前提"问题的认识丝毫没有改变,即苏维埃政权始终掌握在工人阶级手中。因此,要全面科学地认识列宁晚年关于社会主义建设的思想,特别是他关于认识社会主义的"方法"和建设社会主义的"思路",它对我们具有重要的现实意义。在探索社会主义建设的历史过程问题上,有的学者提出,列宁在领导苏联进行社会

---

① 参见苑秀丽:《列宁的社会主义与资本主义关系思想及现代意蕴》,《东岳论坛》2007年第6期。

② 姜迎春:《列宁晚年对资本主义的辩证把握及其方法论意义》,《毛泽东邓小平理论研究》2007年第9期,第53页。

③ 参见肖枫:《列宁晚年对社会主义的再认识——解读"我们对社会主义的整个看法根本改变了"》,《当代世界与社会主义》2006年第6期。

主义建设中,针对战时共产主义政策造成的消极后果,及时果断地向新经济政策转变。在总结正反两方面经验教训的基础上,从苏联经济文化落后的实际出发,重新认识和思考社会主义有关理论,这一探索过程充满了艰辛和曲折,经历了由"直接过渡"到"迂回过渡"的转变,提出了一系列新的理论观点,构成了列宁晚年社会主义观的主要内容。①

还有的学者专门探讨了列宁关于"一国建成社会主义"思想并指出,社会主义"一国胜利"理论,经历了一个由马克思恩格斯到列宁再到斯大林的发展和演变过程。马克思恩格斯在提出无产阶级社会革命必须"同时胜利"的同时,认为一国可以首先取得无产阶级政治革命的胜利。"列宁在新的历史条件下,继承并发展了马克思恩格斯的思想,明确提出了'一国胜利'论,并进而形成了'一国建成'思想。一国能否建成社会主义的问题,不仅是一个重大的历史问题,也是一个严峻的现实问题。对它的不同回答,将直接关系到中国特色社会主义乃至整个共产主义的前途和命运。"②也有学者提出,列宁关于一国建成社会主义的思想包含在他的"一国胜利论"的思想当中。列宁所要建立的社会主义,指的是初级形式的社会主义,这标志着列宁对"社会主义"认识的新突破,是马克思主义在新的历史条件下的一次新的发展,在科学社会主义中占有十分重要的地位。③

2. 列宁新经济政策的理论分析及当代价值

在列宁的社会主义建设思想中,他在卫国战争结束前后提出并加以坚决推行的新经济政策在马克思主义发展史上极具理论创新价值和实践价值,一直以来都是学术界深入探讨的问题。在探索过程、具体理论内容以及理论和实践价值方面,都有新的研究成果出现。

从历史必然性上讲,有学者指出,俄国的十月革命绝不是资本主义生产力和生产关系的矛盾激化的结果,而只能是依靠历史提供给俄国无产阶级的最好机会而取得胜利的。因此,"我们可以发现,俄国社会主义革命的胜利并不符合马克思、恩格斯的理论要求,假如有人指望通过照搬他们关于未来社会主义的理论设想去实现我国向社会主义的过渡,那么这就是一种典

---

① 参见李俊:《列宁晚年的社会主义思想及其现实价值》,《山西高等学校社会科学学报》2008 年第 12 期。

② 翟昕:《再谈列宁的"一国建成社会主义"思想》,《世纪桥》2008 年第 1 期,第 25 页。

③ 参见张彦伟:《浅谈列宁与一国建成论》,《中共太原市委党校学报》2007 年第 5 期。

型的教条主义做法,是一种注定要走向失败的幻想"①。这种理论上的推演在现实情况的变化发展中也得到了印证:十月革命后俄国社会生产力落后,这是一个不争的事实。在这样的生产力条件下,要想彻底消灭私有制肯定也是做不到的,因此,"应该积极地鼓励多种经济成分共同发展,尤其是在苏维埃政权的监督下大力发展国家资本主义,主动承认和利用商品货币关系,繁荣和发展商品经济,从而改善人们生活。这样做是由历史发展的必然性决定的,其目的不是为了别的,而是为了尽快恢复和发展社会生产力,广泛吸收和占有资本主义的一切肯定成果,为间接地向社会主义过渡奠定雄厚的物质基础。同时,也只有这样,才能使新生的无产阶级政权得以巩固,赢得广大人民群众的支持和拥护。……从俄国历史的发展来看,实际上列宁的新经济政策就扮演了上述的这种政策角色,起到了几乎完全相同的作用"②。可以说,列宁的新经济政策是适应十月革命后俄国社会生产力的发展要求的,是适应它的经济发展状况的,对俄国建设社会主义是大有好处的。所以,"列宁的新经济政策不是偶然的,而是历史发展的必然产物"③。

在新经济政策的具体思想方面,有学者提出,列宁关于国家资本主义的理论是探索俄国社会主义建设道路的重要内容。"在俄国社会主义建设的实践中,列宁突破了传统的社会主义观点,逐渐形成了具有俄国特点的社会主义模式,即在小农经济占优势的国家中利用和发展国家资本主义作为发展生产力的手段。这一理论改变了传统的社会主义单一的公有制模式,在无产阶级国家掌握着政权和经济命脉的前提下,利用和发展国家资本主义作为中间环节,逐步地向社会主义过渡。"④从这一理论的当代价值来看,一方面这一思想是邓小平改革开放理论的重要思想借鉴和渊源,另一方面它对我们今天从事社会主义建设具有重要启示:"立足本国国情是建设社会主义的首要前提,尊重客观规律是建设社会主义的内在要求,坚持不断改革是社会主义社会发展的直接动力,利用资本主义是建设社会主义的必然

① 李刚、冯婧:《列宁新经济政策的历史必然性》,《成都大学学报》2008 年第 4 期,第 41 页。

② 同上文,第 42 页。

③ 同上。

④ 王力军:《论列宁在新经济政策时期的国家资本主义思想》,《济南大学学报》2009 年第 1 期,第 87 页。

环节。"①

3. 列宁的社会主义文化建设思想

党的十七大召开以后,国内学术界更加关注对社会主义文化建设的研究和思考,在这样的背景下,列宁关于社会主义文化建设思想的相关论述得到了高度的重视。

从文化建设的内容上来讲,有学者提出,列宁关于社会主义文化建设理论是其晚年社会主义建设理论的重要组成部分。列宁提出"在一个文盲的国家内是不能建成共产主义社会的"的思想,"从经济层面来看,经济建设和文化建设是相辅相成的,经济建设是文化建设的物质基础,文化建设是经济建设得以长远发展的前提;从政治层面来讲,加强文化建设才能根除俄国文化历史对俄国政治建设所造成的严重影响。列宁认为夺取政权后的苏维埃应该从正确对待人类历史文化、大力发展教育事业、重视知识分子的作用几个方面进一步落实社会主义文化建设的具体措施"②。也有学者指出,在具体的文化建设思想上,列宁关注的视野更加具体,比如,列宁认为社会主义文化建设必须提高人民老师的地位,增加文化建设经费;文化建设是社会主义建设的重心,主要任务是农民;社会主义文化建设不能脱离政治,必须坚持党的领导;加强国家机关和共产党员的文化建设,是解决苏维埃俄国全部经济任务的关键。③

在社会主义文化特别是无产阶级先进文化的认识和理解上,列宁以其杰出的理论活动丰富和发展了马克思主义文化理论:"列宁以马克思主义的意识形态理论为基础,系统地阐述了两种民族文化学说、无产阶级文化的党性原则、思想政治教育的灌输原理、文化遗产的批判继承以及'文化革命'等观点,形成了无产阶级先进文化建设的基本思想。这些思想为社会主义文化实践指明了方向和道路。"④有的学者还具体分析了列宁关于社会主义文化建设的历史使命问题,并指出:列宁晚年基于十月革命后的实践经

---

① 周玉:《列宁"新经济政策"的理论贡献与当代价值》,《重庆工学院学报》2009 年第 6 期,第 90 页。

② 陈红艳:《列宁关于社会主义文化建设理论的探析》,《铜仁学院学报》2009 年第 1 期,第 20 页。

③ 参见岑燕坤:《论列宁的社会主义文化建设思想》,《贵州民族学院学报》2008 年第 5 期。

④ 郭国祥:《列宁建设无产阶级先进文化思想探析》,《武汉理工大学学报》2006 年第 6 期,第 95 页。

验及其对社会主义的深入思考,强调把党和国家的工作重心放在"文化建设"上,在通过实行新经济政策向社会主义"迂回过渡"的同时,通过加强社会主义意识形态建设实现了社会精神生活的变革,为社会主义的胜利打下坚实的文化基础。"列宁在马克思主义发展史上第一次全面系统地依据具体的实践,从大力发展教育、科学和文化事业,对知识分子采取正确的政策,正确对待过去时代的文化遗产,学习和吸取外国的先进文化,加强共产主义道德建设和思想教育,以循序渐进的方式推进文化建设等方面,深刻阐述了社会主义意识形态建设问题。列宁晚年的意识形态学说极大地彰显了文化建设对于东方落后国家社会主义建设的进程所具有的世界历史性意义,在新的历史和时代条件下丰富和发展了马克思主义意识形态理论。"①而这一文化建设的提出和实践发展,从客观上讲是为了"保证新经济政策的顺利实施,同时也是为苏俄向社会主义社会过渡创造文明的前提"②。应当指出的是,2006—2009年国内关于列宁思想研究的重要文献中,还有很多学者关注到了列宁关于全球化(经济和政治维度)、世界历史、国家学说、党建思想、政治文明思想、思想灌输理论等一系列具有重大理论和实践价值的内容,限于篇幅和内容的原因,这里不再一一加以介绍(研究状况和基本进展情况在本书的"研究资料索引"部分有一定的反映)。

　　总之,在国内马克思主义理论研究不断走向深入、深化和繁荣的大背景下,马克思主义基本原理视野中的经典作家研究日益呈现出思想探索繁荣、理论挖掘深入、价值导向明确以及实践指向清晰等特点。在国内文献、文本学研究成果和水平不断提高的背景下,中国学者不仅有了更好的学术研究平台和科学依据,更为重要的是,大多数学者已经具有了一种跳出"传统研究"模式,进而独立、自主和科学地发出中国学人研究马克思主义的"中国声音"、"中国话语"的品质。这一点不仅是推进学术研究的必然要求,是中国学术界走向创新、走向世界的基本前提和根本动力,也与中国特色社会主义建设发展的"独立"品格是一致的。它深刻地反映了我们这个时代的时代精神和价值追求。

---

　　① 邹放鸣:《社会主义与文化建设的历史使命——列宁晚年的意识形态学说》,《中国矿业大学学报》2009年第2期,第19页。
　　② 李国宏:《列宁文化革命思想提出的原因探析》,《长春理工大学学报》2007年第5期,第7页。

马克思主义经典著作研究

衡量一个学科体系的建立、发展和成熟，除去其稳定的理论体系之外，一个非常重要的标志就是其思想史研究的不断丰富、完善和发展；而且，在理论体系与思想史之间有着相互促进、共同发展的确定关系。众所周知，在设立马克思主义理论一级学科之前，马克思主义发展史是从思想史角度研究马克思主义理论发展脉络、进程、阶段划分等问题，而整体的马克思主义发展史在原来学科界限明显的前提下，基本处于一种"有名无实"的状况。2005 年年底设立一级学科以来，马克思主义发展史成为这一学科的一个二级学科点，从而使马克思主义基本原理与发展史之间的基本关系逐步得以确立和发展。在思想史的意义上深化马克思主义经典著作研究，既是在"回顾思想史"层面上实现"当下"与历史的直接对话，同时，在经典著作的文本文献学解读的过程中，理论的时代价值、理论指向和实践意蕴也都得到了极大的生发。可以说，它与马克思主义基本原理和马克思主义发展史的关联性都非常强。

从现实的层面讲，国内学术界在进入到 21 世纪以后，在马克思主义基本原理层面出现的诸多重要的学术观点、研究方法和创新性思想的讨论都与原著研究有着密切的关联，有的就是直接从原著的解读中生发出来的。从"回到马克思"到"回到列宁"，从解释学到"文本学"抑或"后文本学"，马克思主义解读模式的讨论中出现了"以恩解马"、"以苏解马"、"以西解马"和"以马解马"等，这些研究方式、路径的不断涌现和发展，极大地推动了国内文本文献学研究层面上马克思主义经典著作研究的广泛展开，并形成了诸多以著作解读性研究为代表的学术研究力量。从 2006—2009 年经典著作的基本研究状况来看,经典文献的涉及面非常广泛,在马克思恩格斯的重要学术著作、文献方面,可以说几乎涵盖了全部重要的作品;从运用的资源和技术手段来看,除去一直以来倚仗的《马克思恩格斯全集》、《马克思恩格斯选集》之外,马克思恩格斯著作的国际版也就是 MEGA2 在相当一部分学者的研究中都得到了运用和高度重视,并且成为衡量其研究成果学术含量的重要尺度之一。必须提出的是,2009 年年底由人民出版社出版的《马克思恩格斯文集》、《列宁专题文集》为经典著作的研究提供更为前沿的基本平台,其理论和实践价值是重大而深远的。

这一分报告的研究,我们依据中国期刊全文数据库(CNKI)作为基本数据来源,在"篇名"和"主题词"等多个检索项目中共搜索到关于"经典著作"(2006—2009 年)的研究文章 1000 多篇;经过认真筛选后,比较重要的文章总数量仍然有 360 多篇。其中,马克思的《1844 年经济学哲学手稿》的研究文献在 110 篇左右,其他诸如"早期论文"、《德意志意识形态》、《共产党宣言》、《资本论》以及恩格斯的相关著作研究等内容的文章都在 30 篇以上。除此之外,国内还出版翻译了一些重要的经典著作研究的相关著作。这些无疑对我们了解掌握近年来经典著作研究的基本状况提供了较好的平台和基础,同时,也反映了近年来国内在学科建设的基础性工作方面的重大进展。

在国内外学术研究方法的讨论和影响下,区分马克思主义的发展进程已经不再是一个有着统一结论的问题。因此,本报告在经典著作研究维度的划分上,我们只能采取学术界相对认可的一种划分方法,即从马克思主义的形成发展、成熟和恩格斯著作研究三个方面加以研究。特别需要说明的是,由于在相关专题中已经对列宁思想进行了专门研究,其中很多问题的讨论已经较为深入,广泛地涉及列宁的众多经典文本,因此,在这里就不再涉及这个问题。

一、马克思主义形成发展阶段经典著作研究

从马克思恩格斯思想的发端到《关于费尔巴哈的提纲》、《德意志意识形态》的发表(从时间上截至 1845 年前后),应该说是属于马克思主义的形

成发展阶段。这一划分方法基本还是得到学术界认可的。从文本上看,这一阶段主要包括了马克思早期的政论文、《博士论文》、《1844 年经济学哲学手稿》、《神圣家族》等重要文本。

(一)《博士论文》的当代解读

长期以来,在对马克思早期思想的研究中,马克思的《博士论文》一直被看做是他在青年黑格尔派思想影响下形成的一个思想文本,而在"主体能动性"概念为核心加以定位的这一文本几乎在"马克思主义"的思想史定位中被界定在前马克思时期,与后来的辩证唯物主义和历史唯物主义没有任何关联性。确切地说,自列宁指出马克思主义的三个来源和三个组成部分以后,马克思哲学来源于以黑格尔和费尔巴哈为代表的德国古典哲学,已成为我国马克思主义理论宣传和研究界几乎无可更改的共识,马克思哲学也被长期定性为辩证唯物主义和历史唯物主义,人们普遍认为马克思有一个从唯心主义向唯物主义、由不成熟到成熟的转变,《德意志意识形态》被视为转向成熟的标志。改革开放以来,理论和学术界对于马克思哲学的研究进一步深入,提出了不少新的看法,共识与分歧并存。一方面,依然坚持马克思哲学来源于德国古典哲学的传统认识,肯定马克思哲学有"转变"和"成熟"与"不成熟"的阶段划分;另一方面,在马克思哲学属性问题上提出了实践唯物主义等新的说法。同时,也对马克思哲学诞生的起点等问题做了许多探讨,《关于费尔巴哈的提纲》、《1844 年经济学哲学手稿》分别被一些学者视为马克思哲学的"诞生地和秘密"、马克思哲学革命的"历史起点和逻辑起点"。一些质疑传统看法的新见解和各种观点之间的争鸣,推动着马克思思想研究的深入。

有的学者提出了自己的全新理解:在传统认识中,"德国古典哲学是马克思哲学的理论来源,这既不符合逻辑又不符合事实。古希腊最伟大的启蒙思想家伊壁鸠鲁能动的唯物主义哲学才是其理论来源,是马克思批判旧思想家、创立新理论最有力的武器。理解《博士论文》将使我们对马克思哲学的研究获得革命性进展"①。正如作者在文中提出的,这种将伊壁鸠鲁哲学确认为马克思哲学的理论来源,可谓马克思哲学研究上一种新的见解,值

---

① 张广照、李敬革:《〈博士论文〉是马克思哲学的"真正诞生地和秘密"》,《宝鸡文理学院学报》2009 年第 3 期,第 5 页。

得大家深入思考。作者的分析过程如下：一方面，传统的"来源论"存在着诸多矛盾。如果承认这一说法，那么我们会发现"唯物论和辩证法既不新鲜又不深刻，既不是马克思的发明（据说马克思还是经过长期摸索才懂得的），也不是费尔巴哈和黑格尔的发现，而是中外哲学家几千年前就有的思想，为什么咬定马克思哲学来自于它们，它们又来自哪里？"①同时，在同意这一传统认识的基础上，我们还会发现，"马克思并没有什么固定的、深刻的思想，不过是一个毫无主见的哲学学徒，甚至可以说是一个无文无行的变节者、投机者，通过转来变去的茫然探索才把别人的思想捏合起来。怪不得人们对马克思的哲学不屑一顾而把别人的哲学奉若神明，怪不得苏东学者们在青年马克思面前都表现出一种无比的优越感自豪感，他们一方面把马克思哲学黑格尔、费尔巴哈化而任意贬损马克思从而自认为高于不成熟的马克思，另一方面黑格尔、费尔巴哈哲学马克思化后更自认高于黑格尔和费尔巴哈！"②实际上，作者在这里的问题也曾经多次在西方马克思主义的理论家那里出现过，并且在另外的层面上得到过深入的探讨。这个神话的形成最重要的原因还在于，从恩格斯一直到苏联的不断解释、中介而造成的一个解释学和意识形态的事实。另一方面，马克思终其一生都高度称赞伊壁鸠鲁哲学，并且在《博士论文》中出现的核心问题和研究方法也得到了彻底的贯彻，即在马克思那里，原子的高级存在与低级存在、人与动物的区别、人的本质、人的自由全面发展实际上是一个问题并贯穿马克思的一生，贯穿全部学说。马克思一生对问题的研究只有深入而没有变化，说存在着"不成熟"、"转变"的马克思，完全是不懂马克思的表现，用马克思的著作本身很容易批判和证明他们的错误。③ 可以说，到目前为止这是我国学术界关于《博士论文》有一定冲击力的观点，也确实对我们重新理解这一问题能够提供一定的启发。

　　近年来围绕马克思《博士论文》的解读，主要还是围绕着自由观、政治哲学思想以及人学思想三个维度进行解读的。

---

① 张广照、李敬革：《〈博士论文〉是马克思哲学的"真正诞生地和秘密"》，《宝鸡文理学院学报》2009 年第 3 期，第 6 页。

② 同上文，第 7 页。

③ 参见上文。

1. 在自由观的理解方面

自由的实现是马克思《博士论文》的基本理论诉求。在《博士论文》中，马克思首先通过比较德谟克利特与伊壁鸠鲁的自然哲学得出，伊壁鸠鲁的原子偏斜运动学说确立了自我意识的独立和自由。马克思认为现实的自由是"在定在中的自由"，并且看到了哲学与现实世界的相互作用，强调哲学必须干预现实生活，要求实现"世界的哲学化"和"哲学的世界化"，从而实现自由，达到自由的最高境界。[①] 再比如，在德谟克利特与伊壁鸠鲁的比较研究中，马克思通过偶然性、原子偏斜、时间、质等关键字眼的重新解读，初步构建了以意识为主导的感性世界，并形成了其哲学由以出发的基点，为人的自由提供了一个全新的境遇。[②]

2. 在政治哲学的理解方面

有的学者认为，马克思是出于民主政治的旨趣而解释和阐发伊壁鸠鲁的原子论哲学的，原子偏离直线蕴涵着每个人偏离强权统治秩序而自由的精神，原子的相互排斥象征着公正的契约和友谊的新秩序。马克思探讨了原子概念在现象世界的实现问题，指出伊壁鸠鲁把原子的个别主观形式作为绝对原则，这具有反对天体崇拜等虚假观念的意义，但不能实现"定在中的自由"；马克思主张通过哲学实践改变现实世界，表现出他对每个人自由的民主政治的诉求。[③] 因此，关注马克思在《博士论文》中表现出的诸多政治哲学的理论点，对我们深刻把握马克思的思想具有非常重要的价值。有的学者提出，我们对马克思《博士论文》理解的单一性，特别是政治哲学维度解读的缺失，原因在于我们对伊壁鸠鲁哲学理解的片面性：伊壁鸠鲁的哲学在古代哲学发展历程中异军突起，掀起了一场摇撼原有哲学范式的轩然大波，其极具颠覆性的思想在当时和后来的希腊罗马思想界不断引发争议和攻击，甚至影响到两千多年后的启蒙哲人；然而这样的思想史线索往往为人所忽视，长期以来，伊壁鸠鲁哲学被学术界认为仅仅是一种带原子论色彩

---

① 参见牛俊友、彭冰冰：《自由的张力——马克思博士论文的理论诉求》，《乐山师范学院学报》2007 年第 2 期。

② 参见李加平：《自由何以可能——马克思〈博士论文〉解读》，《宜春学院学报》2007 年第 3 期；还可参见黄浩、谢翾：《马克思〈博士论文〉中的自由观探析》，《华南农业大学学报》2007 年第 2 期。

③ 参见李淑梅：《马克思博士论文的政治旨趣》，《马克思主义与现实》2009 年第 3 期。

的自然哲学，只是注重人的心灵的宁静和内在的完善罢了，似乎与政治哲学毫无关系。这种理解是值得商榷的。① 从马克思《博士论文》的题目"德谟克利特的自然哲学和伊壁鸠鲁的自然哲学的差别"来看，似乎研究的是自然哲学。然而，在 19 世纪 50 年代末致拉萨尔的信中，马克思曾说："在古代的哲学家中……伊壁鸠鲁（尤其是他）、斯多葛派和怀疑论者，（我）曾专门研究过，但与其说出于哲学的兴趣，不如说出于（政治的）兴趣。"②显然，马克思是出于"政治的兴趣"进行伊壁鸠鲁哲学研究。如果我们仔细翻阅马克思的《博士论文》，还会得到这样一个印象，它虽说是研究自然哲学，可是却用了大量篇幅着墨于德谟克利特和伊壁鸠鲁的生活和写作方式的不同。而且，在一部论述"自然哲学"的著作的开头和结尾马克思都是出人意料、慷慨激昂地批判宗教。难道仅仅是偶然的感叹？直到今日，这些谜团依然笼罩在马克思的《博士论文》之中，唯有细心求索，我们才能透视马克思《博士论文》的真旨。马克思选择伊壁鸠鲁作为其《博士论文》的主要研究对象，原因是多方面的。其中一个重要原因是"伊壁鸠鲁哲学提供了一条哲学救赎的道路"，而这条"道路"救赎的对象正是人的自由。这种救赎是一种双重的救赎：一是把人从宗教的束缚中解放出来；二是把人从混乱的状态中拯救起来。总的来说，"马克思的《博士论文》一方面精辟地阐述了德谟克利特的自然哲学和伊壁鸠鲁的自然哲学的差别，另一方面通过其巧妙的文本结构安排与细微深入的原子论解读传达出伊壁鸠鲁哲学的'救赎'意味，彰显出自然哲学与政治哲学的内在关联性。'哲学作为一种救赎方式'的观念所追求的就是以哲人的政治理想的来改造大众的现实政治社会，既是追求把大众从一切宗教式的魅惑与束缚之下解放出来，使其获得理性与自由；亦是追求把有可能陷入混乱状态中的自由个体拯救到起来，赋予其秩序感与创造感，这是一个从腐朽的旧世界向光明的新世界转变的过程。这个过程对于马克思而言，肇始于《博士论文》，却成为其一生孜孜以求的奋斗理想"③。

---

① 参见陈晓斌、刘同舫：《哲学作为一种救赎方式——马克思〈博士论文〉的政治哲学思想解读》，《哲学动态》2009 年第 3 期。

② 《马克思恩格斯全集》第 29 卷，北京：人民出版社 1972 年版，第 527 页。

③ 陈晓斌、刘同舫：《哲学作为一种救赎方式——马克思〈博士论文〉的政治哲学思想解读》，《哲学动态》2009 年第 3 期，第 20 页。

也有学者提出,"自我意识"是马克思博士论文的灵魂,寄寓着马克思的自由、平等精神和正义观念。其正义观念富含古代和近代的精神,又具有自身的特色——现实性和批判性。① 在此基础上,也有学者从宗教观的视角对这一文本进行了解读并提出,在《博士论文》序言中,马克思借普罗米修斯的形象提出以哲学反对宗教,建立人自我意识的自由。那么,马克思为何选择伊壁鸠鲁作为研究对象?"这牵涉到西方思想史上一个由来已久的对立:肇始于前苏格拉底自然哲人的哲学与宗教的对立。此对立中经苏格拉底事件后,哲人的态度开始呈现两种路向:柏拉图、亚里士多德式的和伊壁鸠鲁式的。其后,西塞罗和普鲁塔克以及近代启蒙哲学对伊壁鸠鲁的批评或接续则体现了这两种路向的对立。马克思接续了伊壁鸠鲁的立场,摒弃了柏亚路向的遮遮掩掩,以启蒙斗士的姿态力主反对宗教的束缚,为人类争取自由。"②

3. 在人学思想的研究方面

有的学者提出,马克思撰写的《博士论文》有着丰富的人学思想,《博士论文》中的启蒙意识带来了人的出场;《博士论文》对"原子论"和"自我意识"的关系的分析,体现了马克思的人在本体论上自由的思想;《博士论文》对人的感性生成即人的实现的说明,体现了马克思认为人是创造性存在的思想。③ 在思想文本的连接上,既然我们认为,"马克思主义哲学是关于现实的人及其历史发展的科学,从《博士论文》到《1844 年经济学哲学手稿》标志着马克思主义人学思想的初步形成。马克思实现了对黑格尔的思辨的人的超越,通过对劳动和异化劳动的深刻分析,揭示了人的自由、解放和全面发展问题,为科学的人本主义历史观的创立奠定了基础"④。那么,在更为广泛的意义上,从自由观的理解,到《博士论文》中政治哲学内涵的解读以及马克思人学思想在这一文本中的重要体现,其核心都与马克思这一文本中对主体能动性、"自我意识"的充分挖掘有关,是同一内涵在不同理论

---

① 参见林进平:《马克思博士论文中的正义思想探析》,《华南师范大学学报》2007 年第 2 期。

② 罗晓颖:《从伊壁鸠鲁的愤怒到普罗米修斯的誓言——马克思〈博士论文〉的宗教批判背景分析》,《现代哲学》2007 年第 3 期,第 11 页。

③ 参见陈琳:《马克思博士论文中的人学思想解读》,《江汉论坛》2007 年第 4 期。

④ 张中飞:《马克思主义人学思想的初步形成——从〈博士论文〉到〈1844 年经济学哲学手稿〉》,《学理论》2009 年第 22 期,第 1 页。

路径的闪现，也是我们关注《博士论文》的核心。

（二）早期政论文与马克思主义思想的探索

一般来讲，我们把马克思完成《博士论文》之后到完成《1844 年经济学哲学手稿》之间的这段时间看做马克思早期思想探索的开始阶段，从思想发展阶段上包括了《莱茵报》时期、克卢茨拉赫时期以及德法年鉴时期，时间跨度在 1841 年上半年到 1844 年前后。这一时期的重要文献主要包括了《莱茵报》时期的政论文、《黑格尔法哲学批判》、《论犹太人问题》、《黑格尔法哲学批判导言》等文本。从 2006—2009 年学术界对这一时文本思想的研究状况来看，研究的重心也是围绕上述几个文本展开的。

1.《莱茵报》时期思想发端中的问题意识与理论困境研究

马克思在 1859 年对《莱茵报》时期自我思想的描述和定位，为我们关注《莱茵报》时期马克思的思想发展提供了基本的基调。这一时期的具体情形是怎样的呢？马克思的"物质利益苦恼"究竟是什么呢？它对马克思思想究竟产生了怎样的深刻影响呢？围绕这些问题，学术界展开了理论思考。

有的学者指出，《莱茵报》时期使马克思苦恼的"疑问"是来自对经济问题研究的"物质生活关系在社会历史中的地位和作用"，而不是仅指"他遇到的物质利益问题使他对其当时信奉的黑格尔的国家和法的学说产生了怀疑"。这一"疑问"的解决不是在他得出第一个研究结果——"法的关系正像国家的形式一样……根源于物质的生活关系"之后，而是在他得到"总的结果"——"物质生活的生产方式制约着整个社会生活、政治生活和精神生活的过程"之后。① 这一时期，从思想特征上来看可以概括为：就哲学观而言，马克思这时对原有的哲学信仰产生了怀疑和动摇。而从整体上看，马克思这一时期的思想呈现出理性批判主义的特征。这一特征在马克思的国家观中表现得最为明显，从其源头上说，则与启蒙思想尤其是法国启蒙思想联系紧密。② 从对理性主义批判的角度看，以往国内多侧重于探讨马克思《莱茵报》时期思想的某一或某几个方面，较少从整体上加以探讨。从整体上

---

① 参见段忠桥：《〈莱茵报〉时期使马克思苦恼的"疑问"是什么》，《学术研究》2008 年第 6 期。

② 参见王立洲：《马克思〈莱茵报〉时期思想的基本特征》，《学习与探索》2009 年第 6 期。

关注马克思《莱茵报》时期的思想以研究其精神实质即是理性批判主义。理性批判主义的根基在于批判理性，根源于马克思的批判理性观，理性批判主义具有内在的困境，这一困境存在于理性批判主义的出发点、对象与目的之间，在马克思《莱茵报》时期的国家观中集中体现出来。①

关于《莱茵报》时期马克思的宗教伦理思想，有的学者考察了马克思《莱茵报》时期的一篇轶文——《论基督教的艺术》——的写作与思想，并从一个侧面探讨了马克思《莱茵报》时期的思想踪迹。马克思关于《论基督教的艺术》的主题的观点经历了三个阶段：批判宗教就是批判现实；批判宗教是批判现实的理论基础；批判现实才是真正的批判。② 从政治伦理思想来看，马克思的政治伦理思想是内涵于马克思政治观点与政治主张中的伦理诉求及价值关怀。《莱茵报》时期，马克思针对当时德国极为敏感的社会现实问题，写作了一系列政论文章，阐述了自己的观点和主张。其中包含着丰富的伦理诉求和价值关怀，从而形成了马克思早期政治伦理思想的基本框架。其出发点是对社会贫苦阶层的道德同情和道义支持；其理论基础是通过哲学干预现实以实现社会政治生活的合理化；其主要内容为自由是人的本质，是判断国家制度善恶的标准，具体体现为国家、省等级会议（法律）、行政当局的应尽义务。③

2.《黑格尔法哲学批判》及其"导言"思想的当代挖掘

对马克思的《黑格尔法哲学批判》及其"导言"的重视，源自学术界对《莱茵报》时期之后马克思自觉进行思想总结的思想史定位。有的学者提出，现代性的实现方式有两种：资本主义和共产主义。与此相对应，现代性思想也有两种：资本主义现代性思想和共产主义现代性思想。马克思生活在一个资本主义现代性的社会中，在马克思现代性思想形成的历史过程中存在着一个资本主义现代性思想和共产主义现代性思想此消彼长的过程。在批判资本主义现代性思想的基础上，马克思形成了自己独特的共产主义现代性思想。《黑格尔法哲学批判》是马克思共产主义现代性

①　参见范婷：《论马克思〈莱茵报〉时期的理性批判主义》，《理论导刊》2009 年第 2 期。

②　参见代建鹏：《马克思〈莱茵报〉时期一篇轶文小考——对马克思〈莱茵报〉时期思想踪迹的一个侧面考察》，《广西师范大学学报》2008 年增刊。

③　参见陶艳华：《马克思〈莱茵报〉时期的政治伦理思想》，《河北学刊》2009 年第 1 期。

思想的起点。① 而与现代性批判密切相关的是马克思的社会批判理论，后者也与这一文本关系密切，即马克思在《〈黑格尔法哲学批判〉导言》中有着丰富的社会批判思想，具体包括了从社会批判的缘起、社会批判的对象、社会批判的主体、社会批判的旨趣、社会批判的视野等五个角度。②

　　还有的学者专门从思想史定位的角度高度重视《黑格尔法哲学批判》，并指出《黑格尔法哲学批判》是马克思思想发展史上的主要著作之一，对于理解马克思思想发展历程具有重要的作用。它是马克思实现其哲学世界观转变和创新的重要铺垫。以往国内外学术界对这一文本的哲学内涵重视不够，这要求我们重新对该文本进行细致解读。《黑格尔法哲学批判》不仅是马克思对黑格尔国家学说和法哲学的系统批判，更重要的是对黑格尔国家哲学背后的逻辑方法和哲学体系的批判，是对黑格尔泛逻辑夸大普遍的、神秘主义的批判。其中，一般哲学世界观是前提性、更高层次的东西。正是在对黑格尔一般哲学的剖析中，马克思开始转向唯物主义，实现其哲学变革和创新。③ 而从宗教学研究的角度看，有的学者则提出，《〈黑格尔法哲学批判〉导言》不是马克思主义宗教观的奠基之作。在对马克思主义宗教观的创立与唯物史观创立的内在逻辑关联、唯物史观的创立与政治经济学研究的内在逻辑关联的研究，以及对《〈黑格尔法哲学批判〉导言》内容本身的分析之后，该学者认为，《〈黑格尔法哲学批判〉导言》不是"马克思主义宗教观的奠基之作"；应该纠正宗教学术界这一几乎成为定论的观点，必须继续深入地、实事求是地研究马克思主义宗教观。④

　　3.《论犹太人问题》与政治哲学视野中"人的解放"问题的探讨

　　《论犹太人问题》是马克思主义哲学中最为经典的文献之一，它蕴涵着极为丰富的哲学思想。有的学者指出在这部著作中，马克思对解决犹太人问题所进行的各种批判的内在逻辑是：从宗教批判到国家批判，进而指向社

---

　　① 参见刘武根：《〈黑格尔法哲学批判〉：马克思共产主义现代性思想的起点》，《延边大学学报》2009 年第 1 期。

　　② 参见张振鹏：《马克思社会批判理论的最初奠基——〈黑格尔法哲学批判〉导言》解读，《河北师范大学学报》2008 年第 4 期。

　　③ 参见王东、郭丽兰：《马克思哲学创新的重要铺垫——〈黑格尔法哲学批判〉历史地位新论》，《天津行政学院学报》2008 年第 2 期。

　　④ 参见陈荣富：《〈〈黑格尔法哲学批判〉导言〉不是马克思主义宗教观的奠基之作》，《世界宗教研究》2007 年第 2 期。

会批判。这些深刻的批判为个人生活与公共生活的真正统一,提供了理论启示和可能的实现道路。马克思认为,政治解放必须受到批判和超越,并要实现人的解放。只有实现人的解放,才能使人的世界和关系回归人本身,才能克服抽象个人与抽象普遍性的同谋,并实现具体个人与具体普遍性的统一。只有在共产主义中才能使公共生活和个人生活真正实现统一,资本主义社会只是这种统一的抽象实现,这种抽象实现形式本身有待被超越并实现为真正的统一。从而,《论犹太人问题》已经为1848年的《共产党宣言》做了良好的铺垫。在《共产党宣言》中,马克思指明无产阶级只有与资产阶级进行坚决的斗争,才能使人的解放获得现实性,从而也才能为个人生活与公共生活的真正统一,提供现实的道路。① 从具体内容上讲,马克思在《论犹太人问题》中批判了鲍威尔在犹太人解放问题上的观点。他把鲍威尔的观点归结为"政治解放",并且指出政治解放是有缺陷的解放。其实,无论是马克思还是鲍威尔都没有把当时的政治解放当成彻底的解放,只不过在彻底解放的问题上,鲍威尔强调思想解放,而马克思强调社会解放。②

同时,有的学者提出,解放不是理性的激情,而是激情的理性,是一种历史活动,而非思想活动。在《论犹太人问题》中,马克思肯定了政治解放的进步意义,同时也指出了它的局限性。正是通过对政治解放的批判,马克思得出了必须从政治解放进展到人类解放的结论。在《〈黑格尔法哲学批判〉导言》中,马克思明确地把克服市民社会、实现人类解放的使命赋予无产阶级。这一使命在《法兰西内战》中被界划为"社会解放"。但社会解放还不是真正的人类解放,而只是无产阶级在经济上获得解放的政治形式,是对政治解放的辩证否定性环节。因此,马克思关于人的"解放"理论是一种辩证否定的批判性话语,呈现为辩证否定的动态结构性过程,人类解放也并不是人的"解放"的最后形式。③ 从理论关联性上看,马克思思考犹太人问题存在两个理论维度,即对政治解放本身的批判和对市民社会的批判,而通过剖析马克思与鲍威尔以及整个青年黑格尔派的区别,我们可以进而清理马

① 参见刘增明:《论马克思对个人生活与公共生活关系的批判和重构——从〈论犹太人问题〉的文本解读来看》,《哲学动态》2009年第3期。
② 参见刘富胜:《从〈论犹太人问题〉看马克思的解放理论》,《社会科学辑刊》2008年第5期。
③ 参见陈宇宙、胡帆:《马克思关于人的"解放"理论的批判本性》,《理论与改革》2009年第4期。

克思对传统思辨哲学、自由主义政治哲学以及启蒙哲学的内在批判关系，这也是为什么马克思关于这一问题的论述具有当代价值的重要质点所在。①

以现代性为背景来理解马克思是实现马克思"当代化"的一条有效途径，而作为"现代性谱系"中的一员，马克思理论内在的深入性、彻底性和科学性，集中体现在其批判的"现实维度"上。因此，只有紧紧抓住对马克思现代性批判"现实维度"的理解，才能真正理解和把握马克思现代性批判的理论实质，为我们今天正确面对和处理"现代性"问题提供现实指引。② 从理论兴趣点上看，马克思《论犹太人问题》的中心不是述评犹太人或犹太教的善恶优劣，而是借助于犹太人与资本主义金钱崇拜之间的联系，揭示资本主义面临的人被物役的社会核心问题，使人们看到了物役背后的人与人之间的关系。这一视角，对我们反思"现代性"留下了具有普遍性、针对性、复杂性为特征的思想遗产。③ 从内容上讲，这一现代性批判包括了四重历史语境：深入阐述了国家、宗教和人的问题，分析了它们在特定历史境遇中展现的特征和更替转换的内涵，由此涵盖了社会发展阶段理论的最初建构，实现了对《论犹太人问题》的深层解读。④ 还有学者从历史唯物主义的角度关注这一文本，并提出：在恩格斯看来，马克思是在《德法年鉴》上发表的文章，即《论犹太人问题》和《〈黑格尔法哲学批判〉导言》中最先概括出"绝不是国家制约和决定市民社会，而是市民社会制约和决定国家"，即马克思在《〈政治经济学批判〉序言》中讲的最先得到的研究结果。苏联学者巴加图利亚则认为，马克思是在《黑格尔法哲学批判》而不是在《德法年鉴》发表的文章中提出他在《〈政治经济学批判〉序言》中讲的研究结果的。而在深入解读《黑格尔法哲学批判》、《德法年鉴》的两篇文章以及分析《〈政治经济

① 参见黄学胜、邹诗鹏：《犹太人问题何以成为"当代的普遍问题"——马克思〈论犹太人问题〉解读》，《现代哲学》2008 年第 1 期。

② 参见赵志勇、贾丽民：《马克思"现代性"批判的"现实维度"——以〈论犹太人问题〉为视角》，《社会科学战线》2009 年第 4 期。

③ 参见王志军：《现代性和钱：马克思〈论犹太人问题〉的理论旨趣与现实意义》，《北方论坛》2008 年第 1 期。

④ 参见张振鹏：《马克思社会批判的四重历史论域——〈论犹太人问题〉的深层解读》，《北方论坛》2008 年第 5 期。

学批判〉序言》中的相关论达之后,恩格斯的说法更具理论的科学性。①

(三)《1844 年经济学哲学三稿》与马克思主义人学思想当代阐释

改革开放以后,关于马克思《1844 年经济学哲学手稿》的研究就一直是马克思主义经典著作研究的重点和热点问题,时至今日,这一文本的关注度仍然非常高。从 2006—2009 年研究文献数目来看,重要文献达到了 100 多篇,应该说这是有些出乎意料的。从研究关注的内容来看,包括了《1844 年经济学哲学手稿》的思想史定位问题、现代性思想解读、劳动异化问题、人类中心主义探讨等。

1.《1844 年经济学哲学手稿》的思想史定位

王金福认为,《1844 年经济学哲学手稿》是马克思处于“费尔巴哈派”阶段的著作,在这一著作中,虽然马克思在某些局部上开始超越费尔巴哈,萌发了马克思主义的思想因素,但从总体性质来看,马克思还没有超越费尔巴哈的人本主义。从 1845 年起,马克思对费尔巴哈采取了批判的态度,创立了历史唯物主义的异化理论,这种理论和《1844 年经济学哲学手稿》中的异化劳动理论是不同的。马克思的思想发展进程,不仅有质变,也有量变,而且正是量变引起了质变。马克思之所以能在 1845 年创立马克思主义,是与他之前的思想发展的量变相关的,这些量变,包括新世界观因素的增长。② 还有的学者则进一步指出,马克思《1844 年经济学哲学手稿》是他新世界观的秘密诞生地,原因是:一、马克思以劳动实践界定人的社会性本质;二、马克思以劳动实践为基础,解释了包括自然界、人、社会历史在内的整个世界的变化发展,是一个辩证运动的有机统一体。他从实践出发,解释了自然界的发展与人的发展在劳动实践基础上的辩证统一,把历史看做劳动实践的过程和产物,从而把社会的发展与人的发展统一起来。③

从整体解读的角度看,马克思以政治经济学批判为新基点,以哲学批判

---

① 参见段忠桥:《马克思对历史唯物主义的最初表述是在〈黑格尔法哲学批判〉还是在〈德法年鉴〉》,《社会科学研究》2008 年第 3 期。

② 参见王金福:《关于马克思〈1844 年经济学哲学手稿〉思想性质的定位问题》,《福建论坛》2007 年第 9 期。

③ 参见张敏:《论马克思新世界观的“秘密”诞生——重读〈1844 年经济学哲学手稿〉》,《学术论坛》2007 年第 9 期。

为导向,以原始共产主义批判为旨归,确立了整体性批判的基本架构。① 从理论变革的角度看,《1844 年经济学哲学手稿》以黑格尔辩证法与古典经济学的"卡尔式"融合,既克服了古典经济学简单陈述事实之逻辑推演的脆弱性,又克服了黑格尔辩证法抽象谈论事实之人道辩证的抽象性,它通过把劳动原理置于《黑格尔法哲学批判》的现代分离结论下而得出了劳动人性论与异化劳动论,既实现了黑格尔辩证法的经济学化,又实现了古典经济学的辩证法化,还带来了传统社会主义和共产主义的"实践的人道主义与自然主义"回答。它关于自由人类秩序的经济哲学探究,以对马克思早期关于"外化即异化"自由悖论之"自由人联合体"回答的学理延续和对马克思未来关于历史与人道结合之唯物史观的实践唯物论建构的深远影响,确立了在马克思思想史上的不朽地位。②

从唯物史观的视角看,马克思在《1844 年经济学哲学手稿》中关注的异化劳动理论有着深刻的唯物史观意蕴:马克思异化劳动理论的现实出发点抓住了资本主义私有财产的雇佣劳动制度根本客观现实。"在解读马克思早期著作的过程中,应该具体分析其哲学内容与分析形式的矛盾和不一致。撇开异化分析的哲学形式,结合人们以大工业生产为外在形式的资本主义雇佣劳动,异化劳动理论的内容分析蕴涵着历史的眼光,折射出辩证法的光芒,孕育着实践、生产力、生产关系等核心概念及其相互关系的萌芽。"③具体到社会形态理论上讲,马克思从"巴黎手稿"到"人类学笔记",马克思对社会形态演进规律的探索分四个层次:"一是从人的本质角度的哲学论证;二是从交换角度的经济形态的经济学论证;三是从分工角度的所有制形态的经济学论证;四是从两种生产角度的人类学论证。哲学层次的研究为社会形态理论确立了本体根据和基本方法论,经济学层次的研究对经济的社会形态的演进规律作了科学论证;人类学层次的研究对人类社会总体的演

---

　　① 参见张振鹏、许仲举:《马克思整体性批判论纲——〈1844 年经济学哲学手稿〉解读》,《榆林学院学报》2008 年第 3 期。

　　② 参见李建立:《马克思在〈1844 年经济学哲学手稿〉中实现的三大理论变革》,《铜仁学院学报》2008 年第 1 期。

　　③ 姜喜咏:《马克思异化劳动理论的唯物史观意蕴——兼论〈1844 年经济学哲学手稿〉的解读方法问题》,《石河子大学学报》2008 年第 1 期,第 25 页。

进规律作了科学论证。"①在论述哲学批判与经济学批判的关系问题上,有的学者认为,这两个批判是马克思批判资本主义社会的两个维度,服从于马克思的人类解放与全面自由发展的实践旨归。马克思的哲学批判构成经济学批判的理论基础和原则,经济学批判又将哲学批判引入对现实社会的基础的批判,从而实现了哲学与现实、理论与实践的统一。正是基于这两种批判维度之间内在统一的关系,马克思才实现了对资本主义社会内在矛盾的总体批判。②

在现代性批判的理论视角中,有学者提出,马克思在《1844年经济学哲学手稿》中将资本统治的确立指认为异化劳动这一基本的"经济事实",其实质是抽象劳动对人的统治。马克思将异化劳动同私有财产结合起来,揭示了私有财产的主体本质,即积累起来的死劳动对人的活劳动的统治,揭穿了现代社会异化关系的本质在于抽象劳动成为现代劳动。马克思以异化劳动为核心范畴,通过对古典政治经济学、空想社会主义和包括黑格尔哲学在内的整个哲学的批判,开启了历史唯物主义存在论意义的现代性批判的基本路向。《1844年经济学哲学手稿》作为马克思现代性批判的第一个总体性文本,是马克思思想的"真正诞生地和秘密"。③

2."异化劳动理论"的当代解读

"异化劳动"理论是马克思在《1844年经济学哲学手稿》中最具创新性的理论范式,因此,也受到了国内外学者的持续关注和深入解读。在马克思关于劳动问题的阐释中有几个预设,最基本的是当一种东西成为一种"异化"的力量反过来压制人、左右人时,就有一个预设在里面,即这种东西本来应该属于人,为人所控制。"马克思在《1844年经济学哲学手稿》中阐述'异化劳动'概念的第一个规定性,劳动产品的异化时潜藏着工人的劳动产品本来应该属于工人的预设;在阐述'异化劳动'概念的第二个规定性,劳动活动本身的异化时潜藏着劳动本来应该是为人所自由掌握和运用的人的

---

① 张凌云:《马克思社会形态理论片论——从"巴黎手稿"到"人类学笔记"》,《学术研究》2008年第9期,第5页。

② 参见田园:《从〈1844年经济学哲学手稿〉看马克思哲学批判与经济学批判的内在关系》,《探索》2009年第4期。

③ 参见胡绪明:《〈1844年经济学哲学手稿〉——马克思现代性批判的第一个总体性文本》,《学术论坛》2007年第7期。

本质的预设;在阐述'异化劳动'概念的第三个规定性,人的类特性的异化时包含着自由自觉性本来应该是人的类本质的预设。"①挖掘这一预设思想,有助于我们深入解读马克思的异化劳动思想的理论底蕴。从存在论的角度看,马克思"不仅消解了传统哲学对劳动的抽象思辨的理解,而且也堵塞了对人的本质作人类学或知性科学的理解,同时也开启了现代西方哲学的全部问题域。深刻领会马克思的这一思想成果,不仅有助于厘清马克思哲学革命发生之进路,而且有助于理解当下社会之生活"②。从人的需要视角来理解马克思的异化劳动理论,前者的基本内涵有三个层次:首先,它生成于后天,是人的实践活动,因而也是历史文化的产物。其次,它由人的本质所派生,且符合人的本性。再次,它有助于发展人的本质,增进人的本质力量。马克思赋予"人的需要"以应然性,是人的应然需要。资本主义雇佣劳动制度导致需要的异化,即需要的粗陋化、物化及工具化。"异化的需要,丧失了维持人的存在和发展的功能,成为否定人的力量。异化需要的扬弃,意味着以丰富的需要取代粗陋的需要,消除需要的物化现象,将人的需要提升到精神和自我实现的层面,并且使得他人的需要不再成为手段,而是成为目的。"③

3.《1844 年经济学哲学手稿》与人类中心主义

在关于《1844 年经济学哲学手稿》的研究中,有些学者从人类中心主义的理论视角出发加以探讨,进一步在当代社会发展的视野中思考了这一文本的价值问题。众所周知,人类中心主义的讨论源于对 20 世纪以来生态失衡、自然资源枯竭、环境污染严重等全球性问题反思。是否坚持人类中心主义已经成为生态哲学讨论的焦点之一。有学者认为,从马克思《1844 年经济学哲学手稿》中对人与自然关系的论述入手进行逐层分析,可以发现马克思既有人类中心主义的思想,又有非人类中心主义的主张。"为什么我们既不能把马克思划归到人类中心主义的阵营,又不能把他划归到非人类

---

①　李静瑞:《浅论马克思〈手稿〉中关于异化》,《安徽广播电视大学学报》2007 年第 1 期,第 1 页。

②　刘兴章:《走进〈1844 年经济学哲学手稿〉——论马克思对劳动的存在论阐明》,《西南大学学报》2007 年第 5 期,第 68 页。

③　朱志勇:《"人的需要"与需要异化——马克思〈巴黎手稿〉需要理论探析》,《河北学刊》2008 年第 6 期,第 29 页。

中心主义的阵营呢？我认为,在马克思所处的资本主义还未完全发展的时代,人类的生产和生活活动对生态环境的负面影响还是可以忍受的,还没有成为社会的主题。因此,马克思的思想中虽然包含许多生态伦理思想,对自然和社会之间的辩证关系也有着某种深刻的认识,但就人与自然、人与社会等问题中的和谐观念的论述还缺乏系统性和全面性,对环境问题的解决方案也往往只是预言式的警告,并没有作为其研究的重点。从马克思所生活的时代来看,当时既没有所谓的生态哲学观念,也没有应该以人还是以自然为中心的生态学的讨论;所以,对马克思的研究应该把他的思想与他所处的历史时代联系起来,这样的研究才更有意义。"①有的学者则提出,通过对《1844 年经济学哲学手稿》中马克思自然观的分析,可知马克思主义并不是人类中心主义者:"首先,马克思本体论的自然观表明马克思认识到自然的无限性和人的有限性;其次,在人化自然的过程中,人的主体性的发挥也必须符合自然界的规律;再次,以人类为中心,对他物的不予考虑或者将所有非人都当做是满足人的需要的手段的人类中心主义是与马克思的自然观相抵触的。"②对于这个问题,实际上在当代后现代主义思想、后马克思主义思想家特别是在鲍德里亚对马克思的批判中,有很多理论上的分析,其基本指向也是在批评马克思的人类中心主义、"生产主义"的倾向。客观地讲,从历史视角看,无论就社会历史时代的需求还是社会实践发展的阶段性看,马克思生活时代的"主题"确实与当代生态环境问题相去甚远,以现代的标准苛求古人是非历史的要求。因此,即使马克思有这样的思想倾向,在当代视野中加以科学的批判性继承、分析乃是我们的时代任务,不必把任何当代性的思想都去贴上"马克恩主义"的标签,这更符合马克思主义的科学精神。

（四）《神圣家族》文本解读中的复杂语境

对于《神圣家族》这一马克思主义理论革命中的重要文本的探讨,学术界保持着高度的关注,特别是其思想史性质定位、地位价值以及逻辑线索梳理等更是讨论的焦点话题。

---

① 张燕:《马克思是人类中心主义者吗——从〈1844 年经济学哲学手稿〉看》,《前沿》2007 年第 2 期,第 14 页。

② 都岩:《主体性与人类中心主义——〈1844 年经济学哲学手稿〉中马克思自然观解读》,《北方论坛》2009 年第 4 期,第 113 页。

1.《神圣家族》的思想史定位

最近几年来,回归马克思主义创始人的经典文本是国内马克思主义研究的一个重要倾向。因此,学者们探寻马克思的几部重要著作中的逻辑结构,试图为推动对经典著作的研究提供一种新的视角。有的学者认为,传统对马克思研究问题的方法的探究主要拘泥于辩证法的逻辑结构,而最终不免沦为到处简单套用的"公式"。究其原因,是将马克思的唯物辩证法和黑格尔的唯心辩证法混同起来,模糊了二者的区别,在客观上弱化了唯物辩证法的特质。而如果从马克思的三部重要著作——《1844 年经济学哲学手稿》、《德意志意识形态》和《资本论》——的逻辑结构来考察马克思研究问题的方法的话,那么,我们就会发现,由于唯物辩证法并不是一个先验的逻辑结构,因此,只能在具体的内容中去阐述,这样在马克思所阐述的内容中还包含着无产阶级的历史地位和共产主义的理论指向。这一点是《神圣家族》这一经典文本中包含的根本性内容之一。① 从思想转变的角度来看,马克思在《神圣家族》这一文本中有诸多思想元素的萌芽和阐发:其一,第一次提出生产方式的概念,揭示物质生产是历史的发源地,更加明确地从"现实实物世界"出发观察人的本质。其二,进一步接近"生产关系"这一思想,即马克思恩格斯在《神圣家族》中,不仅提到物质生产在社会生活中的决定作用,而且还看到了物质生产背后隐藏着的人和人的关系。也就是说,在《神圣家族》中,"生产关系"这一范畴虽然还没有定型化,但是这里的论述对于之后《德意志意识形态》中生产关系思想的明确形成有重要的过渡作用。其三,进一步探讨了市民社会和国家关系问题,潜在包含了经济基础决定上层建筑的原理,这一点显然是对马克思在《黑格尔法哲学批判》中思想的进一步阐发。其四,阐述人民群众是历史创造者的原理,论证无产阶级历史使命学说,实现从哲学的人本主义的空想共产主义向科学共产主义的转变。其五,实现从观念出发的思辨唯心主义向从生活实际出发的实践唯物主义的转变。总之,在《神圣家族》中,马克思恩格斯已经更明确地用唯物辩证的观点来解决思维与存在、个别与一般、实践与理论的关系等问题。《神圣家族》虽然是马克思主义哲学尚未最后形成时期的著作,但其中已经

---

① 参见孙旭武:《探寻马克思几部重要著作中的逻辑结构》,《长春工程学院学报》2009 年第3 期。

涉及辩证唯物主义的许多重要原理,并且提出和论述了马克思恩格斯在之前的著作中尚未明确探讨过的问题,为马克思主义哲学的诞生提供了充分的准备。因此,《神圣家族》是马克思主义哲学诞生过程中的一个重要的阶段,它是马克思主义哲学形成和发展道路上的一个重要的里程碑。①

　　2.《神圣家族》的理论价值

　　从理论价值来看,聂锦芳作出了如下概括:第一,从思想承续的关系看,《神圣家族》是马克思了断他们与青年黑格尔派之间复杂的思想关系的重要环节。这两种异质思想的剥离尽管是在几年内完成的,但也经历了一个曲折的蜕变过程。之前的《论犹太人问题》只是单就宗教问题展开的论战,只有到《神圣家族》才真正开启这一思想因缘的全面性解构。当然,在这一文本中,对青年黑格尔派的各个成员之间的思想剖析,出现了程度上的甚至是实质上的差异。比如,对布鲁诺·鲍威尔与费尔巴哈作了判然有别的评论,说明这时的马克思并没有真正全面地超越青年黑格尔派,他的思想发展仍处于"在路上"的阶段。同时,《神圣家族》所涉及的众多议题以及隐含着的矛盾也预示着马克思随后必然要写出诸如《关于费尔巴哈的提纲》和《德意志意识形态》这样更为明确地表达自己观点的著述,从而彻底了断与青年黑格尔派的思想关系。第二,从思想建构的角度讲,《神圣家族》不能单纯被视为只是一部论战性的作品,而应当同时被看做是马克思建构其"新哲学"架构的开始。在"序言"中马克思、恩格斯就预告,在这部"对'文学报'所暴露的材料加以考察","帮助广大读者识破思辨哲学的幻想"的著作中,他们将在各自分头执笔的部分"叙述自己的肯定的观点,以及对现代哲学和社会学的肯定的见解"。特别是在马克思写作的那些章节,正面阐述更多也更集中,而且这种阐述不是个别零星观点的表达,而是一种有别于青年黑格尔派的观照和把握世界的思维方式上的转换,以及基于这种思维方式而展开的将各种观点统摄起来的体系化考虑,这就是他们后来完善并且建构起来的"新哲学"体系。第三,从对于马克思主义的长远影响看,《神圣家族》涉及并提出的一系列问题具有永恒的探究价值。诸如该文所概括的对"思辨结构的秘密"的揭示、异化问题的探究、唯物主义史的梳理和对社

---

　　①　参见陆明丽:《简析马克思、恩格斯在〈神圣家族〉中的哲学思想转变》,《重庆科技学院学报》2008 年第 7 期。

会主义（和共产主义）的论证等，就是马克思一生理论创作的主题。在以后漫长的思想创造过程中，马克思对这些问题具体内涵的理解和阐释可能有反思、变化甚至修正，但这些主题首次被提出或揭示出来了，这是《神圣家族》不朽的贡献，昭示了它所达到的思想史高度。① 同样，在关于《神圣家族》定位问题上，朱传棨、陈治桃提出，近年来，在马克思主义哲学研究者中，有不少学人提出进行理论创新性研究的问题，并就如何进行理论创新研究发表了高论，引起有益的关注。但是，也有学人就名称提出一些论说，如"马克思哲学"、"马克思主义哲学"、"回到马克思"等，引起一些论争。若进行理论创新研究，首先对创新的基础性工作多下工夫，要对马克思恩格斯著作进行踏实的研读，要用真功夫和苦功夫去研读，而不是一般的"回到"式阅读，或把马克思和恩格斯分离开来，只读马克思，不读恩格斯。因为，第一，马克思主义哲学是马克思和恩格斯共同创立的，不能把他们完全分离开。第二，马克思恩格斯不是为哲学而创立新哲学的，更不是为制造某种哲学体系而构造一种绝对真理性的教条公式，而是为了从理论上论证和阐明工人阶级的历史地位和历史使命。工人阶级及其政党的历史使命，就是要研究和如何克服在资本主义时代出现后，人类社会历史发展所面临的不公正、不平等，以及种种"异化"问题。因此，马克思和恩格斯在共同创立新哲学中，他们的功绩都是巨大的，他们对旧哲学历史观的批判和对新哲学历史观的基本观点是完全一致的，但在创立新历史观中所发挥的作用是不完全相同的。如果说马克思的探索是侧重于对历史客体的本质问题作了科学揭示的话，那么恩格斯的探索则侧重于对历史主体作用的本质问题进行科学论证。他们共同的目的是为确立唯物史观的起点，对包括德国古典哲学在内的旧哲学长期纷争而未获解决的历史的主客体关系问题予以科学回答。从此，马克思恩格斯开始了对唯物史观的全面制定。②

也有学者指出，《神圣家族》的本质理论高度，乃是通过"三大批判"在形式上的延续和推进而本质包含的"感性活动"原则的新进展，是"感性活动"原则对整个近代形而上学哲学境域的本质超越，是全新哲学境域在

---

① 参见聂锦芳：《一段思想因缘的解构——〈神圣家族〉的文本学解读》，《学术研究》2007 年第 2 期。

② 参见朱传棨、陈治桃：《马克思和恩格斯共同创立了唯物史观之浅论——读〈神圣家族〉笔记之一》，《马克思主义哲学研究》，武汉：湖北人民出版社 2007 年版，第 87—103 页。

《1844年经济学哲学手稿》之后的进一步彰显。正是"感性活动"原则在《神圣家族》中的重要推进，奠定了它在马克思哲学革命历程中的重要地位。总之，"感性活动"乃是《神圣家族》社会批判的理论起点，而作为"感性活动"原则在社会批判的具体化和本质推进，"无产阶级意识"和"共产主义实践"构成我们解读马克思《神圣家族》中的社会批判的本质理论高度，并由此而凸显出"感性活动"原则的历史维度，凸显出作为马克思哲学灵魂和归宿的对人类历史命运的高度关注。①

3.《神圣家族》的文本细节解读

还有的学者专门对这一文本中的某一文本细节进行了深入的解读。马克思在《神圣家族》中，专门列出一节系统考察唯物主义的发展史，对唯物主义的不同历史形态关于人的存在的观点进行评论。这一评论标志着马克思在历史观的核心问题上开始超越旧唯物主义。在马克思创立唯物史观过程中，它具有特殊的重要性。近代唯物主义突出机械运动的形式有其历史的理由。首先，近代西欧资本主义的迅猛发展使得人异化成了赚钱的机器和战争的工具，异化成了金钱和权力的奴隶，人不成其为真正的人，人失去了自由，人的主体性消失了，人的存在成了一种没有血肉和情欲的机械的存在；其次，研究运动的性质同认识任何事物一样总是一个从低级向高级发展的过程。我们知道，朴素唯物主义的人的"感性的存在"的全面发展，必然导致机械唯物主义的人的"机械的存在"的片面性，那么，马克思对人本学唯物主义关于人的"抽象的存在"的批判性考察，则必然导致历史唯物主义的人的"历史的存在"的破茧而出。因此，唯物主义的理论运动可以从当时的生活实践中得到合理的解释。这正是同样从黑格尔的理性王国中走出来的马克思与费尔巴哈的关键的分歧所在。

一方面，马克思从这种"趋向于直接的现实，趋向于尘世的享乐和尘世的利益，趋向于尘世的世界"的生活实践中认识到，现实的人及其人的本质依赖于其所处的周围环境。另一方面，马克思进一步认识到，要改变人的生活条件，改造人的感性世界，就必须把个人利益与公共利益结合起来，"'思想'一旦离开'利益'，就一定会使自己出丑"，就会混淆自己和全人类的利

---

① 参见卜祥记：《对〈神圣家族〉理论重要性的当代性解读》，《上海行政学院学报》2007年第2期。

益,从而使群众陷入每况愈下的非人境遇。我们可以这样理解马克思关于人的存在及其本质的界定:人的感性活动是在一定的现实关系中的活动,人的关系又是处于一定的感性活动中的关系,二者处于动态关联中;在空间上,感性活动的性质被人的诸关系所规定,在时间上,人的诸关系又在感性活动的开启中不断地生成和变革。因而人的存在既是一个关系的存在,也是一个历史的存在,是一个历史的关系的存在。马克思从现实的人及其历史活动出发,在社会实践中解答人类历史发展之谜,从而揭示改造社会历史的不合理现状之路。马克思的历史唯物主义开辟了从虚幻的抽象王国通往活生生的现实的道路。[1]

二、马克思主义成熟阶段经典著作研究

马克思主义世界观创立与成熟的认定,在目前学术界较为公认的标准是《关于费尔巴哈的提纲》、《德意志意识形态》、《哲学的贫困》、《共产党宣言》等文献,之后主要就是以《资本论》为代表的马克思的政治经济学研究成果。在这里,我们也把马克思晚年关于人类学笔记的研究特别是东方社会理论的探索等相关内容列入其中。

(一)《关于费尔巴哈的提纲》、《德意志意识形态》研究

将这两个文本关联在一起研究,根本的原因就在于这二者之间有着较为紧密的理论关联。从近年的文献研究状况来看,也基本印证了这一点。处在马克思世界观革命关键阶段的两个重要思想文本,时刻与我们处于一种的动态的对话、交流之中。

1.《关于费尔巴哈的提纲》的文本文献学研究成果

姚顺良和夏凡撰文指出,国内有些学者毫无批判地接受国外"版本研究的新成果",进而否定《关于费尔巴哈的提纲》在马克思主义哲学史上的重要意义,特别是断言,《关于费尔巴哈的提纲》不是《德意志意识形态》的思想提纲,而仅仅是《神圣家族》中的唯物主义思想的延续。[2] 针对这样的

---

① 参见叶枝青:《旧唯物主义视域中的人的存在与马克思的超越——解读〈神圣家族〉的哲学史论评》,《现代哲学》2008 年第 1 期。

② 参见姚顺良、夏凡:《〈关于费尔巴哈的提纲〉写作时间的判定及其思想史定位——兼论文献考证与马克思主义思想史研究的关系》,《马克思主义研究》2008 年第 8 期。

观点，他们提出，"我们基于《提纲》和《神圣家族》以及《德意志意识形态》的思想史联系，提出《提纲》写于 1845 年 4 月到 11 月之间的推测"，而且"《提纲》与《德意志意识形态》的侧重点虽有所不同，但根本任务是一致的，都是马克思（和恩格斯）为了清理自己以前的世界观、总结自己的思想演进成果（新世界观），并深化对'德意志意识形态'的批判而写下的"①。同样经过文献学的细密研究，王东通过比较《关于费尔巴哈的提纲》的马克思原始稿和恩格斯的修订稿认为：第一，马克思 1845 年的原始文本和 1888 年经过恩格斯修改过后发表的《关于费尔巴哈的提纲》，两者在基本思想、理路上是根本一致的。《关于费尔巴哈的提纲》是马克思哲学革命过程中的一个重要环节，它处处显示着对新唯物主义实践观的高扬。这是一个以实践观为逻辑起点、核心范畴，涵盖实践观、本体论、存在论、世界观、自然观、历史观、哲学观、交往观、世界史观等多层次的体系雏形、简明提纲。第二，在基本脉络一致的前提下，恩格斯对《关于费尔巴哈的提纲》进行了一些技术性、细节性的加工，这些加工体现了恩格斯独特的历史贡献。恩格斯把《关于费尔巴哈的提纲》作为《路德维希·费尔巴哈和德国古典哲学的终结》一书的附录第一次予以正式发表，对于《关于费尔巴哈的提纲》的问世起了重大的作用。同时，恩格斯把马克思主义哲学形成的标志确定在《关于费尔巴哈的提纲》，"它作为包含新世界观的天才萌芽的第一个文件，是非常宝贵的"。恩格斯将《关于费尔巴哈的提纲》称为"历史唯物主义的起源"，这为我们理解《关于费尔巴哈的提纲》的历史地位奠定了基础。另外，恩格斯的修改对于我们正确理解马克思的原始文本起了重要的作用，这些细节加工能帮助我们更好地理解马克思主义哲学的内在意蕴。恩格斯作为马克思主义哲学的共同创立者，他的贡献是无可取代的。第三，我们还应该看到，马克思的原始稿本与恩格斯的修改稿还存在着一些表述上的差异。这些差异体现了马克思原始稿不可替代的历史价值，是我们深入挖掘马克思深邃哲学理论资源的重要生长点，体现了马克思独特的哲学素养；从思想的承续上来说，马克思原始稿与恩格斯修改稿相异的理论特质对于理解马克思在《关于费尔巴哈的提纲》之前、之后的著作，比如《1844 年经济学哲学手

---

① 姚顺良、夏凡：《〈关于费尔巴哈的提纲〉写作时间的判定及其思想史定位——兼论文献考证与马克思主义思想史研究的关系》，《马克思主义研究》2008 年第 8 期，第 91、93 页。

稿》、《哲学的贫困》、《资本论》等起着传承性的作用。因此,我们在承认差异的同时,也要注意这些差异产生的原因。除了当时恩格斯在发表《关于费尔巴哈的提纲》时特定历史背景的原因之外,马克思和恩格斯在哲学素养、理论思维所达及的深度、表述方式以及行文风格等方面,都表现出一定的差异。我们不回避《关于费尔巴哈的提纲》中这些问题,但同时我们也应该看到这样一个事实,恩格斯在当时也写了一个提纲,在发现马克思的《关于费尔巴哈的提纲》后,他并没有发表自己的提纲,而是将马克思的《关于费尔巴哈的提纲》发表了,这一点体现了恩格斯的高风亮节。①

在《关于费尔巴哈的提纲》理论价值方面,王金福认为,《关于费尔巴哈的提纲》从实践出发解决哲学问题,阐述了新唯物主义认识论和历史观的一些基本的原理,奠定了马克思主义新世界观的基础。首先,《关于费尔巴哈的提纲》第一次把费尔巴哈作为批判对象,标志着马克思思想发展中"从前的哲学信仰"阶段的结束和马克思主义新世界观的诞生。其次,《关于费尔巴哈的提纲》确立了新唯物主义的出发点或立脚点,这就是人类现实生活,人们改造世界的感性物质活动即实践。再次,《关于费尔巴哈的提纲》从实践出发解决了一些基本的认识论和历史观问题,奠定了新唯物主义的基本理论原理:提出了对意识对象的唯物主义的实践理解方式;提出了对思维是否具有客观真理性问题的实践解决方式;提出了对解释世界和改造世界关系的理解;提出了对人的本质、社会生活本质的历史唯物主义理解。②而马克思"新世界观"之"新",首先是哲学新视域,马克思在《关于费尔巴哈的提纲》中实现了他的哲学视域从解释视域向实践视域的根本转变;其次是哲学新体系,即初步形成了包括历史唯物主义的新唯物主义哲学体系;再次是哲学新特点,即新唯物主义体现在实践基础上的科学性与革命性的统一。③

从对《关于费尔巴哈的提纲》中实践观的解读来说,有的学者提出,《关

---

① 参见王东、郭丽兰:《〈关于费尔巴哈的提纲〉新解读——马克思原始稿与恩格斯修订稿的比较研究》,《武汉大学学报》2007 年第 6 期。

② 参见王金福:《马克思主义新世界观的诞生地——马克思〈关于费尔巴哈的提纲〉研读笔记》,《高校理论战线》2007 年第 1 期。

③ 参见周德宝:《马克思"新世界观"之"新"——〈关于费尔巴哈提纲〉解析》,《知识经济》2008 年第 12 期。

于费尔巴哈的提纲》是一个思想一致的整体性文本,而《关于费尔巴哈的提纲》中的"实践"是马克思新世界观的逻辑起点,马克思正是用现实的、革命的实践观打破了关于思维与存在的任何的抽象争论,实现了哲学世界观、方法论、价值观与历史观等各方面的转变。马克思主义哲学不是任何的本体论,但也不仅仅是科学的世界观与方法论,而是一种投身于现实的运动的现实的实践性力量。新哲学实践观的精神在于"改变自己"与"改变世界"并在现实中实现自己。① 这种实践的特征是:客观物质性、社会历史性以及自觉性。实践是马克思主义哲学与旧唯物主义和唯心主义哲学的分水岭,是马克思主义哲学基本范畴之一,更是马克思主义哲学的生长点与基石。② 因此,马克思的"革命的实践"是人们把握生活世界的尺度,是识别各种思维、思想、理论的"现实性和力量"的根本标准。要创新当代中国的马克思主义理论,就需要合理地"理解马克思主义"。理解马克思主义是一个社会实践过程,必须随着人们探索和改造生活世界的实践而完成。应该在马克思"实践解释"范式中,审查各种理解性理论在何种意义上理解了马克思主义的"真精神"。由此看来,以"辩证唯物主义"、"历史唯物主义"、"实践唯物主义"、"实践哲学"、"人道主义的马克思主义"指称马克思主义,都是有问题的。实践是检验各种"理解马克思主义"理论的根本标准,我们要学会在中国特色社会主义的伟大实践中识别各种"理解马克思主义"。③

2.《德意志意识形态》与唯物史观理论的建构问题

一直以来,《德意志意识形态》这一文本的理论地位和价值都是毋庸置疑的,而随着文本文献学研究成果的深入,也必然带动了国内对这一文本的深入解读。

从思想史的关联性来看,有的学者认为,《1844 年经济学哲学手稿》、《关于费尔巴哈的提纲》、《德意志意识形态》这三个文本以不同的方式阐述了共同的思想主题——作为马克思哲学核心的实践唯物主义。《1844 年经

---

① 参见刘雷德、金碧辉:《实践范畴与马克思哲学思想的转变——重读〈关于费尔巴哈的提纲〉》,《中共南京市委党校学报》2009 年第 3 期。

② 参见曹兴江:《论马克思科学实践观之建构——对〈关于费尔巴哈的提纲〉第一条的解读与思考》,《世纪桥》2009 年第 8 期。

③ 参见吴苑华:《实践语境中的"理解马克思主义"——从〈关于费尔巴哈的提纲〉第一和第二条说起》,《理论探讨》2007 年第 1 期。

济学哲学手稿》是马克思哲学思想的秘密诞生地,是穿着费尔巴哈外衣的《关于费尔巴哈的提纲》;《关于费尔巴哈的提纲》是马克思对费尔巴哈误解的澄明,是脱去费尔巴哈外衣的《1844 年经济学哲学手稿》;《德意志意识形态》是对前两者比较系统、全面的深化,标志着成熟形态的马克思哲学的形成。① 也有人从世界观的角度提出,随着近年来历史唯物主义和世界观的关系问题成为热点问题,其深层次的意义是马克思哲学思想的本体论问题。从《德意志意识形态》出发进行文本探究可以发现,历史唯物主义以人的感性活动作为出发点,把自然看做人的感性活动的现实境遇,把实体看做人的感性活动的材料和条件,把存在看做人的感性活动社会历史展开所展现的现实感性世界。因此,历史唯物主义首先是一种本体论建构,蕴涵一种新的世界观,也是基于这种世界观而逻辑形成的历史观。② 从文献学研究成果来看,夏凡指出,《德意志意识形态》第一卷第一篇"费尔巴哈"是马克思主义哲学史上的重要文献,但《德意志意识形态》手稿在马克思恩格斯生前并未发表,目前对该篇手稿的编排已有不下 10 个版本。《马克思恩格斯全集》历史考证版第二版(MEGA2)的编者陶伯特等人推翻了"把手稿编样成一部著作"的传统,将《德意志意识形态》变成了由若干独立的文稿组成的论文集。这种实证主义的编样"新思路"与西方马克思学"解构"马克思主义的理论意图一脉相承,实际上否定了《德意志意识形态》确立历史唯物主义基本原理的思想史地位。但是,"费尔巴哈"篇的手稿包含了马克思恩格斯为《德意志意识形态》第一卷起草"绪论"的两次尝试,即从历史的前提("现实的个人"和物质生产)以及人类历史的具体发展过程(所有制形式)这两个角度出发,正面阐述了历史唯物主义观点。因此,必须在正视上述文本学事实的基础上,把"费尔巴哈"篇编排为一个完整的文本,而不是独立文稿的结集。③ 聂锦芳指出,经过《论犹太人问题》和《神圣家族》的铺垫,马克思在《德意志意识形态》中彻底了断了与布鲁诺·鲍威尔的思想关系。

---

① 参见张敏:《从三个文本的关系透视马克思哲学思想的形成——〈1844 年经济学哲学手稿〉、〈关于费尔巴哈的提纲〉、〈德意志意识形态〉关系新解》,《湖北社会科学》2008 年第 3 期。

② 参见邓晓臻:《〈德意志意识形态〉的本体论建构意义——兼论历史唯物主义与马克思主义世界观的关系问题》,《探索》2009 年第 5 期。

③ 参见夏凡:《〈德意志意识形态〉第一卷第一篇的文本结构问题——西方马克思学实证方法与思想史科学方法的根本对立》,《学术月刊》2007 年第 1 期。

在一系列的文本事实的挖掘中,我们发现,马克思与鲍威尔之间从师生到论敌,从深受影响到彻底决裂,时间不过 10 年,这里没有个人恩怨;两人的纠葛源于两者观照、理解和把握世界方式的巨大差别,即是从观念、精神和自我出发还是根源于现实、感性和实践。① 上述文本细节的解读,对于我们具体全面地理解《德意志意识形态》这一文本具有重要的价值。

同时,我们还可以从诸多理论侧面解读这一经典文本。从自然观的当代解读来看,马克思在《德意志意识形态》中不仅全面阐述了唯物史观,而且还实现了自然观的革命性变革;不仅明确提出人与动物、人与自然区别的标志——物质生产活动,强调了人的实践活动的意义,而且从实践出发,找到了自然与历史统一的辩证法,这在马克思主义发展史上具有重要意义。② 从自由观的理解来看,自由是马克思毕生追问的理想和目标。在《德意志意识形态》中马克思第一次将人的自由置于实践本体论的基础之上,论证了人的自由实现的现实基础,人的自由实现的根本途径,人的自由实现的根本标志等重要思想。特别是个人实践能力的全面发展、私有制的消灭、分工的消灭、生产力的高度发展是同一问题的不同方面,它们之间是在相互引发、相互作用和互相促进的过程中发生和成为自己的;它们共同作用的结果就是人的自由的最终实现和共产主义社会的最终实现。上述思想在哲学史上第一次为人的自由的实现指明了正确的方向和道路。③ 从对人的问题的理解来看,马克思视域中的“人的生产”概念是马克思考察“人的本质”问题的必然结论。人的生产是人的本质的内在规定性和生活方式,是整个人类的社会全面生产。这种社会全面生产是物质生产和精神生产的统一、人的各种关系的生产和再生产的统一、连续性和非连续性的统一、继承性和创新性的统一、民族性和世界性的统一。正确认识马克思哲学意义上的“人的生产”概念形成的思想轨迹及其深层次内涵,有助于澄清一些概念上的片面的甚至错误的认识,也有助于正确理解“以人为本”的科学发展观。④ 从

---

① 参见聂锦芳:《马克思是怎样了断与鲍威尔的思想关系的——对〈德意志意识形态在〉三个片段的解读和分析》,《北京行政学院学报》2007 年第 3 期。

② 参见吕红雁:《再释马克思〈德意志意识形态〉中的自然观》,《前沿》2007 年第 10 期。

③ 参见杨丽珍:《〈德意志意识形态〉中的马克思自由观阐释》,《社会主义研究》2009 年第 1 期。

④ 参见张金凤、石云霞:《马克思视域中的“人的生产”概念——重读〈德意志意识形态〉》,《学术论坛》2008 年第 8 期。

关于"人的问题"理论比较来看,聂锦芳提出,"圣麦克斯"一章是《德意志意识形态》研究中的一个空白点。它不仅篇幅巨大,而且就思想容量和深度来说,其中所阐述的很多观点复杂而深邃。在这一章的"序言"和第一部分"旧约:人"的"创世纪;即人生"中,马克思与施蒂纳在诸如是把"无"当做人生事业的基础还是必须从"现实的条件"出发,是抽象地书写"人"的传记还是以个人的物质"生活"和社会"生活"来规约人的成长过程与轨迹,对精神世界的探索和追求是意味着层次、境界上对现实的不断超脱还是要在"思维的绝技"等方面不断发生碰撞,展现了两种观照和把握世界方式的差异。如果我们承认世界不是一种存在、一种理解、一种诠释,那么就需要站在第三者的立场来分析他们之间的驳难逻辑与观点得失。这是一种很困难的解读,一种不适宜于作出简单肯定或否定的判断的解读。① 出现这种理论上的症结很重要的原因就在于,我们必须站在当下实践包括中国不断进入现代性的社会生活现实面前,不仅要历史地解读经典作家的人学思想、历史性理论,更要能对当代人的现实生存际遇作出合理的解释和科学的引导,在扩大的视野中,或许思想的延展宽度和深度就不是单纯的对与错能够衡量的。

(二)《共产党宣言》的理论解读和实践价值研究

2008 年恰逢《共产党宣言》这一经典文献发表 160 周年,国内学术界围绕这一问题召开了诸多学术研讨会②,对这一文献的理论和实践价值做了非常系统、全面的解读。

1.《共产党宣言》的文献学研究

从文献学研究的视角看,郭丽兰指出,《共产党宣言》的创作过程可以很好地反映马克思恩格斯之间的理论关系:一是《共产党宣言》的创作经历了长期的酝酿和修改。《共产党宣言》的创作并不是一帆风顺的,在纲领的制定过程中, 从《信条草案》 到《共产主义原理》 再到最后

---

① 参见聂锦芳:《把握人生的方式:施蒂纳与马克思——〈德意志意识形态〉中〈圣麦克斯〉一章片段解读》,《教学与研究》2008 年第 2 期。
② 参见胡懋仁:《做信仰马克思主义的"时代幸运儿"——"纪念马克思诞辰 190 周年暨〈共产党宣言〉发表 160 周年研讨会"综述》,《马克思主义研究》2008 年第 7 期;汪世锦:《在社会主义实践中坚持和发展马克思主义——"纪念〈共产党宣言〉发表 160 周年座谈会"综述》,《马克思主义研究》2008 年第 4 期。

《共产党宣言》的定稿，经历了多次辩论。二是《共产党宣言》的创作是双向选择的时代产物。《共产党宣言》的创作过程与共产主义者同盟的成长过程是紧密联系在一起的，从恩格斯的《信条草案》、《共产主义原理》试着被同盟接受，再到后来马克思恩格斯合作的《共产党宣言》成为同盟的纲领。三是《共产党宣言》的创作是马克思恩格斯合作的产物。《共产党宣言》的诞生与马克思恩格斯共同的努力是分不开的。从《信条草案》、《共产主义原理》到《共产党宣言》，马克思与恩格斯始终是站在一起的，虽然《信条草案》、《共产主义原理》马克思并未直接参与写作，但是从当时马克思恩格斯的通信来看，恩格斯在起草过程中不间断地与马克思进行了探讨。从这个意义上说，马克思间接参与了《信条草案》和《共产主义原理》的写作工作。而《共产党宣言》的创作本身就是马克思与恩格斯共同努力的产物。① 也有的学者结合《共产党宣言》的结束语"全世界无产者，联合起来"是否需要改译为"所有国家劳动者，联合起来"的争论指出，这场争论的焦点和实质是如何对待马克思主义经典文献的问题：对待马克思主义经典文献应当把握文献的历史性质；尊重文献；译文的修改需要依据文献考证，而不是现实需要；应历史地、全面地、发展地和国际地看待马克思主义经典作家的理论。② 在这一文献的作者问题上，特别是在"谁是《共产党宣言》基本思想的主要确立者"这个问题上，国外学者有三种观点：巴加图利亚等学者认为，《共产党宣言》的思想是由马克思恩格斯共同确立的；特瑞尔·卡弗认为，恩格斯是《共产党宣言》思想的主创者；李希特海姆等学者则确认《共产党宣言》的基本思想属于马克思。比较恩格斯起草的《共产主义信条草案》、《共产主义原理》和马克思执笔的《共产党宣言》最终文本，并参照研究《德意志意识形态》等文本，可以发现，从《共产主义信条草案》、《共产主义原理》，到《共产党宣言》，正是马克思帮助恩格斯进一步克服"真正的社会主义"残余影响的过程。因此，《共产党宣言》的基本思想主要是由马克思确立的。不过也要看到，尽管在马克思和恩格斯之间存在观点

---

① 参见郭丽兰：《透视马克思和恩格斯关系的一面镜子——〈共产党宣言〉创作史新探》，《学术论坛》2008 年第 9 期。

② 参见张红岭：《如何对待马克思主义经典文献——从"全世界无产者，联合起来！"译文改译之争谈起》，《探索与争鸣》2008 年第 7 期。

差异，但并不是根本性的对立。①

2.《共产党宣言》的理论内涵解读

李惠斌指出，在《资本论》中读来觉得困惑的问题，如马克思说的生产资料的私有权是劳动者生存、发展以及自由个性发展的必要条件的思想，以及劳动者的协作和生产资料的共同占有或公有制是"资本主义时代的成就"的思想，尤其是马克思讲的在上述资本主义成就的基础上重建劳动者的个人所有制问题等，如果将这些问题放置到《共产党宣言》的理论语境中就会发现：对消灭私有制问题不能作简单理解，公有制不是社会主义者的发明，而是资本主义社会创造出来的成就；重建劳动者个人所有制是马克思认为切实可行的理想，而所谓生产资料的公共性和消费资料的个人性也不再是一个深奥的哲学玄思，而是早就已经成了一个常识性的问题。② 从对人的存在问题理解来看，《共产党宣言》的总体命意，可谓是马克思关于人的存在的现象学思想及其简明表征。它主要体现在"阶级对立"的两极化趋势、审视历史的双重尺度、人的存在与本质的分裂及统一同人的存在的历史展现的本然联系之中。③ 从政治哲学的视角看，《共产党宣言》在三大范畴性进步的基础上，成功地从本体论、认识论和方法论三个方面体现了马克思的政治哲学的科学性、进步性、前瞻性和先进性：首先，《共产党宣言》指出了政治生活与公共权力存在的范围；其次，《共产党宣言》从社会与国家的角度预测了关于国家起源、本质和消亡的哲学论断，并以此丰富和拓展了整个马克思的政治哲学体系；再次，《共产党宣言》从政治哲学角度确认了人的解放是政治解放的未来形态和最终归宿。一言以蔽之，《共产党宣言》的诸多贡献不能简单地整合，但的确能够按照基本的"三重要素"均衡集中，成果是边缘化的，只有论证的逻辑与方法才是唯一的支援因素，历史需要被超越，但只有知道从何开始，超越才开始成为可能，这就是《共产党宣言》再次被思考时的当务之急。④

---

① 参见姚顺良、夏凡：《马克思是〈共产党宣言〉思想的主创者——兼与巴加图利亚、卡弗等学者商榷》，《学术月刊》2008 年第 8 期。

② 参见李惠斌：《重读〈共产党宣言〉——对马克思关于"私有制"、"公有制"以及"个人所有制"问题的重新解读》，《当代世界与社会主义》2008 年第 3 期。

③ 参见何中华：《人的存在的现象学之历史叙事——马克思哲学语境中的〈共产党宣言〉》，《文史哲》2008 年第 2 期。

④ 参见池忠军、亓光：《马克思的政治哲学视阈下的〈共产党宣言〉》，《学海》2008 年第 3 期。

对于《共产党宣言》揭示的马克思主义理论的总体性质,有的学者提出,马克思主义是科学性与价值观的统一,这一统一要求的是:马克思主义是科学,是基于人、通过人并且为了人的科学。它以现实的人为出发点,以人的需要及其历史活动为内在根据,以人民群众的实践为唯一中介,以人类的彻底解放为最终目的。因此,它是对人的全面肯定的学说,人既是追求价值理想的主体,又是科学研究的客体。①

（三）《资本论》及《1857—1858 年经济学手稿》研究

在马克思政治经济学研究的经典著作中,尤以《资本论》和《1857—1858 年经济学手稿》研究最为热烈和持久,无论在研究内容、视角和方法等方面都体现了近年来学术界在这一类文本研究的最新进展。

1. 多维视野中的《1857—1858 年经济学手稿》研究

近年来,国内学者对马克思《政治经济学批判大纲》进行了开放而多元的研究。不管是从哲学维度还是从政治经济学维度阐释,是从人类学切入还是从现象学入手,是把《政治经济学批判大纲》视为本质上自成一体还是只是为《资本论》铺平道路,越来越多的解读者和阐释者都认同《政治经济学批判大纲》是一部未竟的、博大精深的、先知式的著作,认同《政治经济学批判大纲》体现了马克思最为丰富的思想,认同《政治经济学批判大纲》蕴涵着有助于人们解释和改变 21 世纪生活世界的深刻思想。在时下资本主义世界金融危机过程中,回溯马克思《政治经济学批判大纲》研究 50 年,对马克思这位经典思想家的在场以及对"回归马克思"或对马克思兴趣的回归,都可作出合理的解说。②

从马克思主义哲学或唯物史观的角度看,我们应该正确理解马克思眼中的"历史",把历史理解成生产力和生产关系的具有丰富内涵的内在矛盾发展史,摒弃抽象地阐发"生产关系"等概念,摒弃从平面的"人"或"物"来单向度地认识经济社会,从立体的角度把人类历史理解成不以人的意志为转移的内在矛盾的不断扬弃史,只有在这个背景下才能理解马克思《1857—1858 年经济学手稿》的哲学意义,这也正是从历史发生视角对这一

---

① 参见薛德震:《马克思主义是科学性与价值观的统一——为〈共产党宣言〉发表 160 周年而作》,《马克思主义与现实》2008 年第 3 期。

② 参见朱进东:《马克思〈大纲〉研究 50 年》,《南京航空航天大学学报》2008 年第 4 期。

文本解读的基本要义。① 有的学者关注《1857—1858 年经济学手稿》中对货币问题的论述并指出,马克思基于逻辑与历史相统一的方法,所勾勒出的商品货币经济主宰力量的本质及其产生过程,就是货币作为商品"社会性"的物化与对象化过程。这一过程本质上体现出商品的一般社会属性与特殊自然性的矛盾关系。② 也有的学者关注唯物史观视野中的物化问题并指出,马克思《1857—1858 年经济学手稿》中的物化概念有着双重含义。在对生产力的经济学解说中,物化概念主要通过固定资本这个概念揭示了资本的生产力特征,而其中形式规定性的辩证介入又说明了这种生产力的历史必然性和局限性;在对生产关系的经济学解说中,物化概念主要是通过物化的交换价值来揭示资本之为资本的形式规定性。历史唯物主义的物化概念应以揭示隐藏在物化现象背后的一定社会历史关系的本质为最终目的,这也是物化概念之历史批判功能的基础所在。③ 而从意识形态的角度看,市场在劳动力购买、资本家利润的实现中所起的重要作用,市场交换所体现的自由、公平、平等原则,都被马克思斥为表象的关系掩盖了真实的关系,即掩盖了资本剥削的秘密。所以市场在整个资本主义运行中起到了重要的意识形态作用。而且这种对"市场意识形态"的批判,被以后的西方马克思主义者所继承。④

有的学者从时空观的角度展开对这一手稿的解读。一方面,《1857—1858 年经济学手稿》是分析马克思空间思想的重要著作,在这部著作中,马克思总体上是按照"货币关系与空间—资本关系与空间—人的发展与空间"的逻辑主线展现空间的经济之纬的。现代货币经济促进了交换关系的空间解放,使交换的范围扩展到全球,同时也潜藏着空间的对立和剥削。在由货币转化为资本的过程中,"空间"既是经济活动的载体、资本流通的条件,榨取剩余价值的手段,也使"空间的资本化"成为资本主义生产的必然

---

① 参见唐瑭:《历史发生学视野下的经济学探索及其哲学意义——纪念马克思写作〈1857—1858 年经济学手稿〉150 周年》,《福建论坛》2008 年第 3 期。

② 参见杨兴业、邹广文:《论马克思的货币本质观——基于〈1857—1858 年经济学手稿〉的文本学解读》,《马克思主义与现实》2008 年第 6 期。

③ 参见缪德阳、唐正东:《马克思物化概念的双重内涵及其哲学意义——纪念〈1857—1858 年经济学手稿〉写作 150 周年》,《南京社会科学》2008 年第 6 期。

④ 参见卢永欣、吴林芳:《作为意识形态化的市场——读马克思〈经济学手稿〉(1857—1858 年)》,《广西大学学报》2008 年第 1 期。

产物。空间的资本化既促进了人的全面能力体系的形成,也强化了人对于这种物化空间的依赖,人的积极存在必定是对这种物化的扬弃,以及"空间"作为人的发展的重要维度的充分彰显。① 另一方面,马克思在《1857—1858 年经济学手稿》中,直面时间本身的生存根基,把时间和资本、资本主义生产方式、剩余价值、人的资本主义存在方式、人的自由全面发展等结合起来,通过对资本的批判,实现了时间作为人基本生存方式的本源性回归。从而终结了一切形而上学的时间观,创立了一种不同于传统形而上学的新时间观。② 马克思在《1857—1858 年经济学手稿》这部著作中不仅对资本主义的自由观进行了批判,明确看出资本主义社会下的自由不是人类理想状态的自由,反倒是对人类自由的一种限制和压制,而且在此基础上他对自由下了明确的定义,提到了自由如何的实现问题。由此可见,从自由观的角度看马克思的《1857—1858 年经济学手稿》不仅仅是一部经济学著作那么简单,它同样是研究马克思的自由观必不可少的一部著作,理应得到我们新的重视。③

　　从世界历史及社会主义发展的角度,有的学者指出,在马克思世界历史理论演变过程中,《1857—1858 年经济学手稿》具有独特的学术价值和理论地位。作为《资本论》预备性研究成果,《1857—1858 年经济学手稿》凝结着马克思"一生黄金时代的研究成果",是马克思世界历史理论发展的制高点。马克思深入揭示历史向世界历史转变的内在机制,细致分析了资本、竞争、普遍交往以及世界市场的重要作用;系统剖析"世界历史性的个人"的发展性状,不仅把其发展概括为自发和自觉两种形态,而且刻画了自发形态下个人"二律背反"式的发展情形,全面阐述资本的世界历史性贡献和生存极限,在充分肯定资本巨大的文明作用的同时,提出并科学论述了资本生存极限的问题,《1857—1858 年经济学手稿》表征着马克思世界历史理论的最

---

① 参见李春敏:《马克思的空间思想初探——〈1857—1858 年经济学手稿〉解读》,《学术交流》2009 年第 8 期。

② 参见王海锋:《穿越时间的幻象——仑马克思〈1857—1858 年经济学手稿〉中的时间观》,《内蒙古社会科学》2009 年第 6 期。

③ 参见李波:《从自由观的角度看马克思〈经济学手稿(1857—1858)〉的重要性》,《湖北社会科学》2009 年第 7 期。

终成熟。① 同时,由于马克思在《1857—1858 年经济学手稿》中把人类历史依次划分为资本主义前、资本主义和在资本主义基础上产生的第三个阶段。对资本主义前的一些社会形态进行了科学概括,说明资本主义的产生是一个历史过程。资本将对传统社会实行全面的改造,将突破地方性和民族的狭隘眼界,创造一个世界性的市场体系。资本在全世界胜利的同时也是在为自己的解体创造条件,为一个更高级的社会准备物质和精神条件。②

2.《资本论》思想的当代理论空间

作为一部经典的政治经济学著作,当代学者对这一著作的解读显然是远远地超越了这一文本自身的问题域,广泛拓展了它的内在理论空间。

在经济学视角中,有学者从挖掘马克思的产权理论出发,提出马克思的《资本论》中关于财产关系和产权的大量论述构建了马克思主义产权理论大厦的主体工程。马克思认为,产权是与财产有关的各种法定权利,他研究的产权包含所有权、占有权、使用权、支配权、经营权、索取权、继承权和不可侵犯权利等一系列权利,他的产权理论体系包含下述一系列重要命题:产权关系的法权关系是反映经济关系的意志关系;财产关系是生产关系的法律用语;产权是所有制关系的法的观念;财产和产权具有某种历史,采取各种不同的形式;存在两种不同性质的产权规律——产权的第一规律和第二规律,但在经济研究领域不存在产权的"一般规律";产权是与财产有关的各种法定权利;产权所包含的权利可以统一,全属于同一主体,也可以分离,分属于不同主体;产权分为公共产权和私有产权,资本原始积累时期出现变公共产权为私有产权的掠夺和盗窃过程;资本主义财产关系和产权制度只有对抗性质,会从生产力的发展形式变成生产力发展的桎梏。资本主义财产关系和产权制度必将为社会主义财产关系和产权制度所代替。③ 从循环经济思想出发,有学者提出,马克思在《资本论》中用了大量文字分析人与自然之间的物质变换关系。他虽然没有提出清洁生产、循环经济的概念,但他

---

① 参见刘会强:《试论马克思世界历史理论发展的制高点——〈1857—1858 年经济学手稿〉新解读》,《河南师范大学学报》2008 年第 2 期。

② 参见梁中堂:《社会主义是历史发展的产物——纪念马克思〈1857—1858 年经济学手稿〉产生 150 周年》,《中国特色社会主义研究》2008 年第 6 期。

③ 参见吴易风:《马克思的产权理论——纪念〈资本论〉第一卷出版 140 周年》,《福建论坛》2008 年第 1 期。

对物质变换过程中生态破坏、环境污染现象的揭露,却阐明了发展循环经济的必要性;对"生产排泄物的利用"的分析论述中,却指出了发展循环经济的可行性和途径。由此可见,马克思也是探索发展循环经济的先驱。① 与此相关,马克思的《资本论》实现了哲学和经济的有机统一、唯物主义自然观和唯物主义历史观的有机统一,蕴涵着极为丰富的生态哲学思想,为我们正确处理和协调人与自然以及人与社会关系,解决当代社会生态问题指明了路向。② 马克思在《资本论》中对资本主义的生态学批判包括两个维度:一是批判资本主义生产对外部自然的破坏;二是批判资本主义生产对人的自身自然的破坏。③

从挖掘新的经济思想角度,有学者提出了自身对《资本论》研究的新发现:一方面,马克思的剥削概念是复杂的,其中资本家占有相对剩余价值不是剥削;马克思的价值理论是复杂的,它实际上是价值演化论;马克思的市场经济价值观也是复杂的,它反映出市场经济条件下资本生产方式自然演进和内含矛盾的必然性。这三个新发现的理论意义在于有助于重新认识《资本论》对现代社会的启蒙价值,有助于重建马克思的演化政治经济学,有助于深化认识社会主义的本质。④ 另一方面,马克思的"职能"、"分化"和"生产方式"等概念是《资本论》中十分重要且相互关联的三个概念,这三个概念曾经被传统政治经济学丢弃了。马克思的职能概念主要指的是生产要素职能;马克思的分化概念主要用来描述生产要素职能不断分离的过程;马克思的生产方式概念主要用来概括生产要素职能分化的历史阶段性特征,比如资本要素的增殖职能分化出来以后占据支配地位就形成资本生产方式,等等。⑤

---

① 参见董桂芳:《马克思的〈资本论〉与发展循环经济》,《中共四川省委党校学报》2007 年第 1 期。

② 参见赵学清:《改革开放以来马克思主义经济学中国化的主要成果及其特点》,《中共南京市委党校学报》2008 年第 5 期。

③ 参见陈凡、杜秀娟:《论马克思〈资本论〉中的生态观》,《马克思主义与现实》2008 年第 2 期。

④ 参见蒋海益、张炜:《〈资本论〉研究的三个新发现——马克思的演化经济理论初探》,《唯实》2009 年第 6 期。

⑤ 参见蒋海益:《〈资本论〉研究的另外三个新发现——马克思的演化经济理论初探》,《唯实》2010 年第 1 期。

　　在不同理论视角中,马克思的《资本论》呈现着新的阐释空间。从时间观上看,在《资本论》及相关文本中,马克思揭示了时间的本质及构成。在马克思看来,时间是人的积极存在,它不仅是人的生命的尺度,而且是人的发展的空间;人类社会发展的过程,就是节约劳动时间、追求自由时间的过程,是自由时间不断增长的过程。出于对历史的生成性理解,在马克思那里时间必然出场:时间是人的积极存在,时间是人的生命的尺度,时间是人的发展的空间。[①]　从人权观的角度看,马克思在《资本论》及其手稿中指出,资本主义人权观的基础是商品经济,商品经济与人权现象之间存在内在联系:商品经济催生权利观念,商品经济培育独立人格,商品交换决定主体的平等地位,商品交换以明确的产权关系为前提。同时,马克思还对资产阶级的人权本质进行了揭示。[②]　从对"剥削"概念的理解看,在《资本论》中,"剥削"是内嵌于社会生产方式中的,在社会制度层面得到确立并表现为主体的一种历史宿命的经济关系和经济现象,"非剥削"则不具有这些性征。只有弄懂马克思关于"从抽象上升到具体"的科学方法,才能正确地理解和把握马克思的剥削理论,严格区分和妥善处理"剥削"与"非剥削"这两种性质不同的矛盾,为贯彻落实科学发展观和构建社会主义和谐社会奠立意识形态基础。[③]

　　从对《资本论》解读的历史看,何萍指出,列宁、葛兰西、卢卡奇和马尔库塞都是把《资本论》当做马克思的辩证法的最重要著作加以解读的。通过他们的解读,《资本论》作为马克思的哲学著作的性质才真正确立起来,而他们对《资本论》的不同解读又形成了20世纪马克思主义哲学的不同传统。这就是我们通常所说的,列宁创造的东方马克思主义哲学传统和葛兰西、卢卡奇、科尔施创造的西方马克思主义哲学传统,以及霍克海默、阿多尔诺、马尔库塞等马克思主义哲学家所创造的法兰克福学派的批判的社会理论传统。由此可见,列宁、葛兰西、卢卡奇和马尔库塞从有机社会形态和意

---

　　①　参见黄秋生:《马克思的时间观——〈资本论〉的存在意蕴解读》,《武汉科技大学学报》2009年第3期。

　　②　参见孟宪平:《马克思视野中的人权——以〈资本论〉为视角》,《北京航空航天大学学报》2008年第3期。

　　③　参见王峰明、牛变秀:《"剥削"与"非剥削"——立足于马克思〈资本论〉及其〈手稿〉的辨析》,《马克思主义研究》2008年第6期。

识能动性的观点来解读《资本论》,不仅对于认识 20 世纪上半叶的世界历史发展、批判庸俗唯物主义和第二国际的机械论与历史宿命论,具有重要的实践意义,而且对于 20 世纪的马克思主义哲学理论创造具有重大的理论意义。可以说,20 世纪马克思主义哲学发展的基本格局就是在他们对《资本论》的解读中奠定的。而在当代,这一理论著作的价值更加体现出多元性:其一,马克思的《资本论》以对资本主义危机、资本主义条件下的人的生存状况的批判和对人的解放的预言,成为人们认识和批判当代资本主义发展的文本,而对资本主义危机的研究、对资本主义条件下的人的生存状况的说明和对人的解放条件的探讨也构成了《资本论》哲学的主要内容。其二,《资本论》作为一部哲学的著作,作为人们分析现代资本主义的生产方式和世界历史变革的理论框架,是一部未完成的历史著作,它的时代价值、它的未来发展,只有经不同时代、不同民族的马克思主义哲学家的创造才能呈现出来。因此,尽管我们已经有了一部解读《资本论》的历史,但这个历史也是未完结的。随着当代资本主义危机的不断出现、世界历史的不断变革,《资本论》的历史性解读还将继续下去。① 从它与马克思主义的关系来看,有学者认为,《资本论》这部著作独特的内在结构和建构原则表明:马克思的学说既不是纯粹的科学(经济学)著作,也不是纯粹的哲学著作,而是对于"资本"的批判理论。在《资本论》中,哲学反思和科学研究完美地融为一体,构成了关于人类自由解放的学说。因此,要真正地理解他的学说,就必须跳出现在通行的关于学科分类的思考方式,不再用哲学、经济学或各种学科分类的视域去阅读和研究他的思想,这样我们才能更深切地理解马克思的哲学革命,理解马克思关于人类解放的学说。②

三、恩格斯重要著作研究

为了反映和体现国内外学术界在近年来关于恩格斯思想探讨的成果,我们这里将恩格斯著作的研究专门列出来。主要包括了《反杜林论》、《社会主义从空想到科学》、《路德维希·费尔巴哈和德国古典哲学的终结》、

---

① 参见何萍:《马克思〈资本论〉的历史性解读》,《哲学动态》2008 年第 11 期。
② 参见潘宇鹏:《从〈资本论〉看马克思学说的性质》,《学术论坛》2009 年第 2 期。

《家庭私有制和国家的起源》以及《卡尔·马克思〈1848 年至 1850 年的法兰西阶级斗争〉一书导言》等文本的研究。

（一）《反杜林论》与马克思主义哲学体系化的尝试

在马克思主义哲学发展史上，恩格斯自 19 世纪 70 年代在与杜林的理论论战中写下的经典名篇《反杜林论》有着特殊的意义和价值。在马克思恩格斯共同创立科学世界观方法论之后，马克思自 19 世纪 50 年代起精力集中在政治经济学研究上，而随着革命实践的发展，在理论上维护、捍卫和进一步发展马克思主义科学世界观的历史重任落在了恩格斯肩上。正是在这一过程中，恩格斯开始马克思主义世界观、马克思主义哲学理论化、系统化的工作，其理论贡献和地位是不容置疑的。因此，系统深入地解读和重温这篇经典文献对于我们深刻把握马克思主义哲学有着重要的意义和价值。

《反杜林论》特别是其中的"哲学编"是恩格斯在批判杜林的《哲学教程》的过程中所完成的一部哲学论著，第一次全面系统地论述了马克思主义哲学，它全面"论述了唯物论的一元论、唯物论的反映论、唯物辩证法的时空观、运动观和生命观，阐述了唯物辩证法同形而上学的对立，对唯物辩证法的三个主要规律进行了详尽的分析和论证，并运用历史唯物论对社会历史、道德与法作出了科学和透彻的说明"①。或许从现在看来，恩格斯对马克思主义的哲学体系仅仅作了初步的阐释，由于是在批判杜林主义的基础上完成的，对马克思主义的理论不可能面面俱到，这不能不说是一种遗憾。②

从马克思主义政治经济学角度看，恩格斯的《反杜林论》第二编"政治经济学编"，批判和清算了杜林的错误经济观点，科学简明地阐述了马克思在《资本论》中的主要观点，推动了马克思主义经济学说的传播，是弘扬马克思主义经济思想的重要文献。特别在经济理论方面，其历史贡献包括：驳斥了杜林的庸俗经济学观点，全面地论证和评述了马克思主义政治经济学说，促进了马克思主义经济学说的传播；推动了工人阶级政党的思想统一和内部团结，坚定了无产阶级政党的斗争信心；阐述了无产阶级的暴力观，批

---

① 李士坤：《理论化和系统化的马克思主义哲学——读〈反杜林论〉"哲学编"》，《高校理论战线》2007 年第 6 期，第 23 页。

② 参见刘奔前：《马克思主义哲学体系化的初步阐释——恩格斯〈反杜林论〉"哲学编"解读》，《宿州教育学院学报》2007 年第 1 期。

驳了离开具体的历史条件、社会经济关系和特定的目的,孤立地、片面地和抽象地论述暴力的唯心主义观点,为无产阶级的斗争事业提供了思想指南。这些对我们认识当代资本主义的本质,建设和完善社会主义市场经济提供了科学的方法论,有着重要的理论和现实意义。①

在理论史的价值角度看,《反杜林论》第一次系统地阐发了马克思主义的三个组成部分及其内在联系,把马克思主义哲学这一科学的世界观和方法论,以系统的、更加完备的形态表达出来:《反杜林论》一书吸收了马克思、恩格斯多年研究自然辩证法的成果,有着深刻的社会历史和理论发展背景作为基础;它论证了马克思主义的哲学基础,揭示了马克思主义三个组成部分的有机联系;全面阐述唯物主义和辩证法、辩证唯物主义和历史唯物主义的有机联系。②

(二)《路德维希·费尔巴哈和德国古典哲学的终结》的理论解读

在对恩格斯晚年这一文献的解读中,有的学者提出,恩格斯在《路德维希·费尔巴哈和德国古典哲学的终结》一书中侧重于从客体向度对马克思主义哲学进行了阐发,并就历史唯物主义的若干重要问题进行了诠释。马克思哲学侧重于社会实践的主体向度,恩格斯哲学侧重于哲学的一般客体向度,这是马克思与恩格斯哲学思路的不同点。正确认识这种不同点,有助于从整体上把握马克思主义哲学的特质。③

从理论内容上来看,恩格斯著名的《路德维希·费尔巴哈和德国古典哲学的终结》是对马克思主义哲学进行全面总结、回顾的重要文献,这表现在:《路德维希·费尔巴哈和德国古典哲学的终结》是恩格斯对马克思主义哲学自诞生以来40年发展成果的科学总结,它使得马克思主义哲学具有了完备的理论体系;恩格斯在唯物辩证法的基础上进行人类社会历史发展的研究,体现出马克思恩格斯唯物史观具有革命性变革的实质;马克思主义哲学所体现出的历史性思维为理解以往哲学,进而解决以往哲学的内在矛盾

---

① 参见卫兴华、侯为民:《弘扬马克思主义经济思想的重要文献——〈反杜林论〉(政治经济学编)的主要内容和历史贡献》,《高校理论战线》2007 年第 5 期。

② 参见郜险峰:《〈反杜林论〉在马克思主义哲学发展史上的重要地位》,《商丘职业技术学院学报》2009 年第 1 期。

③ 参见梅良勇、杨晶:《论恩格斯对马克思主义哲学诠释的客体向度——重读〈路德维希·费尔巴哈和德国古典哲学的终结〉》,《南京政治学院学报》2009 年第 4 期。

提供了正确的视角;恩格斯强调了实证科学在哲学发展中的重要作用,提供了新的方法论。①

(三)恩格斯晚年关于社会主义革命思想的当代"正名"

近年来,因为国内思想理论发展的新情况、新动态,特别是 2007 年上半年国内出现"民主社会主义"讨论之后,恩格斯晚年的《卡尔·马克思〈1848年至1850 年的法兰西阶级斗争〉一书导言》(以下简称《导言》)受到了学术界的关注和热议,其中集中研究和阐发的就是恩格斯晚年社会主义革命的手段和策略的问题。殷叙彝认为,通过梳理恩格斯晚年这篇文献的形成过程,我们可以发现,第二国际伯恩施坦把《导言》之所以称为恩格斯的"政治遗嘱",实际上认为它是恩格斯晚年着手"修正"马克思主义思想的一篇代表作品,并把它看成自己的修正主义的出发点。② 而在一系列文本的比较研究后,实际的情况是,《导言》的文本尽管在革命性方面受到了一些损失,但是本质并没有改变,否则恩格斯也不必要求考茨基在《新时代》上发表这一文本来消除《前进报》造成的恶劣影响了。但是伯恩施坦却片面地援引《导言》中肯定议会斗争重要性的言论,声称恩格斯似乎已把普选权和议会活动看成工人阶级争取解放的唯一手段,格诺伊斯等人更进一步认为恩格斯晚年的策略思想同伯恩施坦的"和平长入社会主义"的观点非常接近,这种说法是完全错误的。即使在晚年,恩格斯仍旧认为今后必须通过一次暴力革命夺取政权,但是应当通过长期耐心的准备工作、尽量减少决战时的牺牲,使胜利更加容易取得。这同"和平长入社会主义"的思想当然是有本质区别的。③

也有学者从当前的理论动态出发指出,有人宣称"民主社会主义是马克思主义的正统","只有民主社会主义才能救中国",说列宁、斯大林、毛泽东是修正主义者、布朗基主义者,把中国特色社会主义歪曲成修正主义。有人歪曲恩格斯晚年所写《导言》,称恩格斯在《导言》中改变了早期的革命观

---

① 参见黄基秉、袁力:《马克思主义哲学体系的重要理论价值与时代创新——读〈路德维希·费尔巴哈和德国古典哲学的终结〉》,《成都大学学报》2007 年第 10 期。

② 参见殷叙彝:《这是恩格斯的政治遗嘱吗?——恩格斯〈卡·马克思《1848 年至 1850 年的法兰西阶级斗争》一书导言〉发表的前前后后》,《红旗文稿》2008 年第 14 期。

③ 参见殷叙彝:《这是恩格斯的政治遗嘱吗?——恩格斯〈卡·马克思《1840 年至 1850 年的法兰西阶级斗争》一书导言〉发表的前前后后》,《红旗文稿》2008 年第 14 期。

点,是民主社会主义者,是和平长入社会主义的首倡者。这些说法不符合历史事实,是完全错误的。马克思主义是科学的理论体系,必须全面、系统地学习才能准确把握,它绝不是靠只言片语或某一文章中说到什么、没有说到什么就能理解的。对马克思恩格斯的每一篇文章,还应具体了解其写作的历史背景,弄清楚是在什么情况下、针对什么事情写的。马克思主义不是僵死的教条,是发展的、与时俱进的科学,其基本的立场、观点、方法是不能改变的,但个别结论要根据变化了的情况正确理解。各个国家要从自己的实际出发,进行理论创新,制定正确的路线、方针、政策,从而取得革命和建设的胜利。① 对于出现这种认识和分歧的原因,有的学者指出,恩格斯《导言》一文阐述了大量支持合法斗争的观点,长期以来,这一观点被改良主义者用来为其否定革命的观点作论证。而实际的情况是,恩格斯晚年并没有否定革命而成为一个改良主义者,他只是把议会斗争作为一种暂时的斗争策略,是伯恩施坦而不是列宁修正了马克思主义。改良主义源于小资产阶级的软弱性和妥协性,它把社会主义的价值局限于狭隘的经济利益,淡化了无产阶级的阶级意识,阉割了马克思主义的革命锋芒,给国际共产主义运动带来了很大的负面影响。② 此外,从《导言》的原意来看必须澄清的几点是:第一,恩格斯根本没有一厢情愿地期待"通过工人阶级的合法斗争取得政权",恰恰相反,《导言》通篇贯穿着以革命的两手对付反革命的两手的辩证思维和基本方针;第二,恩格斯虽然肯定了普选权在工人阶级政党斗争中的作用,但并没有把议会斗争当做唯一手段,更谈不上期望当时仍处于半专制统治下的德国"和平过渡到社会主义";第三,利用普选权的策略是为无产阶级同资产阶级的未来决战作准备的。③ 此外,徐崇温先生也从理论争论入手,批评了学术界近来对恩格斯的错误指责,并对马克思恩格斯晚年的著作进行了系统的分析和梳理,批驳诸如此类的批评。④

---

① 参见张全景:《恩格斯晚年放弃了无产阶级革命学说吗？——学习恩格斯〈卡尔·马克思《1848 年至1850 年的法兰西阶级斗争》一书导言〉的体会》,《求是》2007 年第 11 期。

② 参见张飞岸:《恩格斯晚年的合法斗争思想——关于恩格斯〈卡尔·马克思《1848 年至1850 年的法兰西阶级斗争》一书导言〉的研究》,《马克思主义研究》2007 年第 7 期。

③ 参见钟益文:《恩格斯是坚持和发展无产阶级革命学说的典范——正确理解恩格斯〈卡尔·马克思《1848 年至1850 年的法兰西阶级斗争》一书导言〉的精神》,《当代世界与社会主义》2007 年第 3 期。

④ 参见徐崇温:《正确理解马克思恩格斯晚年的著作》,《高校理论战线》2007 年第 7 期。

马克思主义理论整体性问题研究

近年来,马克思主义整体性研究凸显为一个热点问题,反映了我国马克思主义研究的深入。迄今为止,学术界已经取得了相当丰硕的理论成果,具体涉及对马克思主义整体性研究兴起的理论分析,对马克思主义内容整体性的多视角探讨以及整体性视野中的马克思主义理论学科建设研究。梳理和总结国内已经取得的理论成果,对于我们进一步推进马克思主义整体性研究无疑具有重要的意义。

一、马克思主义整体性问题的提出

所谓马克思主义整体性问题的提出,实指马克思主义整体性何以会凸显为一个热点问题。对这个问题进行考察可以发现,它兴起的首要原因乃是原来的对马克思主义的"三分法"的理解模式存在着根本的缺陷,对"三分法"的批判和反思直接促使了马克思主义整体性研究的兴起。而所谓马克思主义理论的传统"三分法",主要是指以教科书为典型代表的对马克思主义理论的理解模式,即将马克思主义理论机械地划分为哲学、政治经济学和科学社会主义。随着马克思主义理论研究的深入,人们逐渐认识到这种理解模式的缺陷,并对其作出了深刻的反思。反思直接推动着马克思主义整体性研究在国内的兴起,大家普遍认同从整体性视角出发把握马克思主义理论,是一个关涉其实质、创新和发展的重大问题。

（一）对传统"三分法"的反思

学术界对传统"三分法"的反思，主要可以概括为三个方面：

第一，"三分法"不能涵盖马克思主义理论的全部。恩格斯《在马克思墓前的讲话》中曾经指出："马克思在他所研究的每一个领域，甚至在数学领域，都有独到的发现，这样的领域是很多的，而且其中任何一个领域他都不是浅尝辄止。"①这无疑明确地告诉我们，博大精深的马克思主义理论学科，本来就不只包括三个组成部分。虽然列宁把马克思主义理论概括为三大组成部分，但只是为了突出其中的要点，以帮助人们分门别类地深入理解马克思主义的主要内容。实际情况是，马克思主义应该还包括政治学、社会学、法学、军事学、历史学、教育学、文化学、伦理学、人类学等十几个部分。②"马克思主义不只是三个组成部分，而应是十几个组成部分。马克思主义从形成起就是一个整体，相对分析、梳理出几个组成部分在文本中是相互融渗在一起的，而且各个组成部分之间、部分与整体之间、各个组成部分内部都存在着有机的联系，需要我们用普遍联系的观点，从整体上去认识和研究马克思主义。"③

第二，"三分法"的理解模式不符合经典作家的本意。我们知道，教科书中"三分法"的理解模式有两个来源：一是恩格斯《反杜林论》中三编的题目名称，即哲学、政治经济学和社会主义；二是列宁的文章《马克思主义的三个来源和三个组成部分》。但如果我们的理解不停留在这些表面上的"名称"就可以发现，无论是恩格斯还是列宁，其目的并不是要把马克思主义割裂为三个部分；相反，他们一直强调这三个部分的内在联系。正如有学者所分析的，"实际上，马克思主义经典作家从来都认为马克思主义是完整的理论体系，反对把马克思主义的各个组成部分割裂开来。即使在《反杜林论》和《马克思主义的三个来源和三个组成部分》中也是如此。在《反杜林论》中，恩格斯在系统阐述马克思主义哲学、政治经济学、科学社会主义的同时，也深刻阐述了它们之间的内在联系，认为马克思主义哲学、政治经济学是科学社会主义的理论基础，科学社会主义是前两者的落脚点和归宿。

①　《马克思恩格斯选集》第 3 卷，北京：人民出版社 1995 年版，第 776—777 页。

②　参见高放：《加强对马克思主义科学的整体研究》，《马克思主义与现实》2005 年第 2 期。

③　张耀灿等：《关于马克思主义整体性的几点思考》，《福建师范大学学报》2006 年第 3 期，第 27 页。

在《马克思主义的三个来源和三个组成部分》中,列宁一开始就指出:马克思学说具有无限力量,就是因为它正确。它完备而严密,它给人们提供了绝不同任何迷信、任何反动势力、任何为资产阶级压迫所作的辩护相妥协的完整的世界观"①。

第三,"三分法"的理解模式不利于完整准确地把握马克思主义理论。有学者认为,整体性是马克思主义的根本属性,马克思主义的本质、要义和精神实质通过整体性的马克思主义表现出来,或者说,只有从整体的马克思主义的意义和角度出发,才能真正理解马克思主义的本质和要义。② 而"三分法"以把握各个组成部分为目标,淡化了马克思主义的理论性质,以致马克思主义在不知不觉中被格式化了。还有学者指出:"分门别类的马克思主义理论研究不利于完整准确地把握马克思主义,也不能真实反映马克思主义的历史地位和深远影响,包括不能解释马克思主义生命力何以经久不衰。"③

(二)马克思主义整体性研究的重要意义

在反思传统的"三分法"理解模式的基础上,学者们还从多个方面具体探讨了马克思主义整体性研究的必要性和重要意义。总体上而言,从整体性视角出发研究马克思主义,是历史经验启示的必然结果,是实现马克思主义创新和发展,发挥马克思主义对实践的根本性指导作用的根本需要。具体来说:

首先,马克思主义整体性研究是总结历史经验和教训的结果。有学者指出,无论从国际共产主义运动史还是中国共产党的历史看,既有坚持以完整准确的马克思主义指导取得革命成功的经验,也有因为对马克思主义理解片面和不准确,而发生"左"的或右的错误,导致革命挫折,事业受损,甚至人头落地的惨痛教训。所以,要加强对马克思主义整体性的研究和把握,首先是总结历史经验得出的重要启示。④

自马克思主义传入东方,我国理论界对马克思主义的理解,基本上围于

---

① 逄锦聚:《研究和把握马克思主义整体性》,《马克思主义研究》2008 年第 6 期,第 21 页。
② 参见梁树发:《马克思主义理论学科建设要贯彻整体性原则》,《思想理论教育导刊》2006 年第 7 期。
③ 肖巍:《创新马克思主义整体性研究的视角和方法》,《思想理论教育导刊》2008 年第 2 期。
④ 参见逄锦聚:《研究和把握马克思主义整体性》,《马克思主义研究》2008 年第 6 期。

唯物主义、剩余价值和阶级斗争的定式，长期以此替代马克思主义的全部解释。这样做的结果，极大地推动了中国革命的进程，但由于过度集中阶级斗争的理解，片面强调斗争，忽视了建设与和谐等宝贵思想，没有从整体发展上深刻理解马克思主义更广泛的内容，从而导致不能跟上时代发展的需要，拉大了传统马克思主义与现实的距离。

如果说这种启示是总结无产阶级内部历史得出的结论，那么总结无产阶级外部的历史也会得出同样的结论。马克思主义诞生后，一方面受到无产阶级和广大劳动大众的欢迎和拥护，另一方面几乎同时也受到资产阶级和其他敌对者的歪曲、反对和否定。直到今天，这种声音在世界范围内还没有停息。马克思主义反对者惯用的手法就是断章取义、片面地曲解马克思主义。所以，要捍卫、继承和发展马克思主义，最重要的就是要从整体上全面准确完整地理解和把握马克思主义。

其次，马克思主义整体性研究是满足现实变化发展的需要，是发挥马克思主义的根本指导作用的要求。始终面向现实是马克思主义的重要品质之一。《德意志意识形态》中，马克思在批判"德国哲学"时指出："这些哲学家没有一个想到要提出关于德国哲学和德国现实之间的联系问题，关于他们所作的批判和他们自身的物质环境之间的联系问题"①，与"德国哲学从天国降到人间"相反，马克思哲学则要求"从人间上升到天国"，即从从事实际活动的人出发，从他们的现实生活过程描绘意识形态的"反射和反响的发展"②。而在《共产党宣言》的德文版序言中，马克思则强调对于马克思主义原理的实际运用，要"随时随地都要以当时的历史条件为转移"③。这些重要论述充分说明，马克思主义必须要随着现实的变化和发展而不断地丰富和发展，唯有如此，才能真正发挥马克思主义指导现实的根本作用。而马克思主义整体性研究从根本上也是现实变化发展的需要，是发挥马克思主义的根本指导作用的要求。对此，有学者明确指出："现实生活，无论是中国的改革发展还是世界形势的变化都促使我们从马克思主义那里寻找解决问题的'钥匙'，从整体上研究当代中国马克思主义。"④

---

① 《马克思恩格斯选集》第 1 卷，北京：人民出版社 1995 年版，第 66 页。
② 同上书，第 73 页。
③ 同上书，第 248 页。
④ 肖巍：《整体性研究与大众化传播》，《思想理论教育》2010 年第 3 期，第 5 页。

　　不可否认，由马克思和恩格斯共同创立的马克思主义对整个人类社会历史发展的规律作出了令人信服的把握，但对资本主义历史命运的具体预测和对社会主义发生、发展方式的判断并没有在实践中得到证实。无论是资本主义还是社会主义，都出现了为经典作家所始料不及的新变化和新发展。但这并不代表马克思主义已经过时，问题的关键在于马克思主义必须要实现自身的发展。"从根本上说，重新认识资本主义和重新认识社会主义的任务，都要求实现马克思主义的发展。这种理论调整实际上是使马克思主义现代化"，而"要推动马克思主义现代化，必须从整体上研究马克思主义理论。换句话说，这种研究成果将涉及马克思主义的体系内容的各个方面；从宏观上说，将是运用马克思主义的唯物辩证法，重新考察新的时代事实，并依据新的实践经验，调整、完善和修正马克思主义原创的逻辑理论和策略理论"①。

　　再次，马克思主义整体性研究是创新和发展马克思主义的根本需要。从马克思主义的创立过程来看，整体性方法是其始终不可或缺的根本前提。比如，马克思提出要从"整体上去考察经济的过程"，在《资本论》中，他运用从抽象上升到具体的方法，从作为它的逻辑起点的商品及其价值开始，一直到最后一个经济范畴——地租，都贯穿以价值规律作为形式逻辑整体的轴线，从而把资本主义生产方式的经济进程作为一个整体，提纲挈领地揭示出来。因此，整体性原则是贯穿于马克思主义史的一条基本线索，也是马克思考察人类社会及其历史的基本方法。

　　坚持立足于现实的变化发展马克思主义，并不是要丢弃马克思主义的基本原理而另创一套理论。发展马克思主义必须始终以坚持马克思主义基本原理为根本前提。历史的发展已经反复证明，只有坚持以马克思主义基本原理为指导，我们才能取得实践的胜利。那么如何才能在发展马克思主义的过程中不背离马克思主义的基本原理呢？问题的关键在于要对马克思主义进行整体性研究。"只有从整体上理解和全面把握马克思主义，才能够分清哪些是马克思主义的基本原理，哪些是马克思主义经典作家针对特殊情况作出的个别结论，哪些是根据变化了的情况需要发展的马克思主义

---

　　① 余金成：《从宏观上认识对马克思主义理论的整体研究》，《理论学刊》2008 年第 7 期，第 21 页。

理论,哪些是后人附加到马克思主义的错误观点。"①

二、马克思主义整体性的多视角探讨

以反思传统"三分法"的缺陷和充分认识马克思主义整体性研究的必要性和重要意义为基础,学术界立足于各种视角对马克思主义整体性进行了广泛的探讨。

(一)从马克思主义理论体系的形成过程出发来理解马克思主义整体性

从马克思主义的形成出发探寻马克思主义整体性,首先要考察的是马克思主义的思想来源。对于其意义,有学者指出:"研究马克思主义的来源和形成发展史,是为了更好地把握马克思主义的理论体系及其发展规律。"②而从实际的理解来看,这方面的确也存在着缺陷。长期以来,受列宁的《马克思主义的三个来源和三个组成部分》的影响,似乎马克思的思想根基主要与德国古典哲学、英国国民经济学和法国社会主义理论相关,只要弄懂了这三种思想,就能确切地把握马克思的思想体系。这种看法无疑是对马克思主义理论来源的偏狭理解。

随着诠释学的兴起,很多人借助于某一理论视角来理解马克思主义,更加剧了对马克思主义来源的偏狭理解。其中,较为典型的是完全借助于黑格尔的思想来理解马克思主义。实际上,马克思是在吸收先前人类思想上一切积极的思想因素,并紧密联系当时的实践而创造出其理论的。正如有学者指出的,"马克思主义的形成过程,是马克思、恩格斯为了探索无产阶级和人的解放条件和道路,全面深入系统研究和吸取欧洲社会思想发展最高成果、总结工人运动经验的思想变革和理论创新新过程。前人的各种社会思想理论成果,是马克思、恩格斯共产主义世界观形成的来源,是新世界观创立不可缺少的基因"③。因此,对于马克思主义理论形成的思想渊源,就既不能仅仅局限于三个来源,又不能对三个来源与三个组成部分之间的

---

① 逄锦聚:《研究和把握马克思主义整体性》,《马克思主义研究》2008 年第 6 期,第 18 页。

② 奚广庆:《关于马克思主义整体研究的几点看法》,《毛泽东邓小平理论研究》2007 年第 12 期,第 34 页。

③ 同上。

关联进行过多的阐释，而是要坚持实事求是的态度，将马克思主义形成的思想来源纳入整个西方文化背景和西方哲学史的发展轨迹中来进行考察。对此，恩格斯在谈到他们的共产主义世界观时明确指出：共产主义"不是从原则出发，而是从事实出发。共产主义者不是把某种哲学作为前提，而是把迄今为止的全部历史，特别是这一历史目前在文明各国造成的实际结果作为前提"①。

从马克思主义的形成出发探寻马克思主义整体性，还要考察马克思和恩格斯思想的整体性演进过程。我们知道，理解和把握马克思主义理论的根本依据就是马克思和恩格斯的文本，而从马克思主义经典文本的形成过程来看，马克思主义理论的确呈现为一个整体演进的过程。在1843年至1844年间马克思和恩格斯的思想发生了重大的转变，即经历了从民主主义到共产主义、从唯心主义到唯物主义的转变，经历了从不成熟到逐步成熟的构建新世界观理论体系的探索。这种探索最初而又重要的思想成果就是《1844年经济学哲学手稿》。在这部著作中，马克思提出了异化劳动的理论，并以此为基础阐述了自己的哲学、政治经济学和共产主义思想，从而集中体现了这一时期马克思的思想的整体性。

1845年，马克思恩格斯共同写作了《德意志意识形态》，全面系统地阐述了自己的新世界观原理。马克思主义理论的整体性在《德意志意识形态》中得到进一步的体现，尤其在其中理论性、概括性、系统性最强的第一章中，实践观、交往观、唯物史观、共产主义学说构成了马克思恩格斯当时新世界观理论体系的四块理论基石。"《形态》中所阐述的唯物史观的基本原理，标志着马克思和恩格斯第一个伟大发现的基本完成，这一伟大发现不仅实现了哲学领域中的革命性变革，也为它们创立完整的马克思主义科学理论体系奠定了牢固的世界观和历史观的基础。"②

1847年由马克思和恩格斯共同起草的《共产党宣言》是第一次系统、完整地阐述科学社会主义基本原理的纲领性文件，其公开出版标志着马克思主义理论体系的产生，也标志着马克思和恩格斯新世界观思想的完全成熟。

---

① 《马克思恩格斯选集》第1卷，北京：人民出版社1995年版，第210页。
② 王良铭：《从马克思主义理论体系形成的历史进程看其整体性》，《江苏社会科学》2007年第3期，第39页。

马克思主义理论的整体性在《共产党宣言》中得到了集中的、几乎完美的体现,正如列宁所说:"这部著作以天才的透彻而鲜明的语言描述了新的世界观,即把社会生活领域也包括在内的彻底的唯物主义、作为最全面最深刻的发展学说的辩证法以及关于阶级斗争和共产主义新社会创造者无产阶级肩负的世界历史性的革命使命的理论。"[①]而《资本论》则是马克思用毕生精力创作出来的一部伟大科学著作,马克思主义理论的整体性在这部著作中也得到充分的体现,"它不仅是马克思主义最重要的经济学著作,也是一部包含着极为丰富的哲学、逻辑学和科学社会主义的著作,此外,它还包括了马克思在政治、法律、历史、数学、教育、道德、宗教、文艺、自然科学、技术科学等领域的深湛见解,因此,可以说《资本论》是马克思主义的百科全书"[②]。

此外,还有学者提出要对马克思的学术路径进行发生学研究,认为马克思终生从事理论研究的最终目的是"为认识和改造现实资本主义社会、建设理想社会创立科学理论"[③],它作为"元目的"统领着马克思的哲学、经济学、政治学、历史学、人类学研究,并决定了马克思主义理论是一个有机的思想整体。

从马克思主义的形成出发探寻马克思主义整体性,还要考察马克思主义的传播和本土化。本土化是马克思主义发展过程的一个阶段,与马克思主义是一脉相承的关系,也体现着马克思主义的传播过程。对于马克思主义理论的本土化,有学者认为,从国别形态看,它是马克思主义与各国具体实际相结合、在应用的过程中得到发展而形成的具体国别形态和阶段形态。[④] 也有学者认为,本土化问题体现了马克思主义理论与实践相结合和统一的整体性蕴涵,作为整体的马克思主义理论内在地要求社会实践运动的印证,而其中最重要的就是与本土条件相结合。[⑤] 这两种观点,所言实质内容是一致的,即认为本土化是马克思主义理论传播和发展的一种具体形

---

① 《列宁选集》第 2 卷,北京:人民出版社 1995 年版,第 416 页。

② 王良铭:《从马克思主义理论体系形成的历史进程看其整体性》,《江苏社会科学》2007 年第 3 期,第 39 页。

③ 何怀远:《马克思主义理论整体性的历史发生学解读》,《南京社会科学》2006 年第 6 期,第 50 页。

④ 参见张耀灿等:《关于马克思主义整体性的几点思考》,《福建师范大学学报》2006 年第 3 期。

⑤ 参见肖巍:《马克思主义理论整体性研究断想》,《思想理论教育》2007 年第 2 期。

式、一种发展阶段和一种现实运动的印证。可以说，当今世界，许多国家、政党、运动和思潮都在进行着与马克思主义有联系的实践和实践尝试，随着时代的发展，马克思主义理论的本土化将呈现出愈加丰富的内容，马克思主义中国化就是最突出的表现形态。

（二）从马克思主义的本质出发理解马克思主义的整体性

很多学者认为，科学把握马克思主义整体性，必须首先把握马克思主义的本质，马克思主义整体性应该呈现在对马克思主义本质的回答当中。张耀灿等人指出："要理解马克思主义整体性，就必须首先回答'什么是马克思主义，怎样坚持马克思主义'这个首要的基本的理论问题，即我们应该'坚持什么样的马克思主义，如何坚持马克思主义。'"[①]高放认为，要加强马克思主义的整体研究，首先就要重新理解什么是马克思主义？在他看来，把马克思主义定义为"人的解放学"符合马克思恩格斯的本意，并提出要以人的解放问题为轴心来建构整体性的马克思主义理论体系。逢锦聚同样认为，"'什么是马克思主义'，这是一个有关马克思主义的本质及其属性等马克思主义观的根本问题。对这个问题认识越深入，我们对马克思主义整体性的把握才会越科学"[②]，并从马克思主义的理论特征、社会理想、理论品格和政治立场四个方面对什么是马克思主义作了概括，认为这四个方面体现了马克思主义科学性和革命性的统一，体现了马克思主义的本质特征。

那么，"什么是马克思主义"，我们又该"怎样坚持马克思主义"呢？对于"什么是马克思主义"的问题，为了行文的方便，我们将其放入下段与"马克思主义的定义"一并论述。而对于"如何坚持马克思主义"的问题，学术界普遍认为，坚持马克思主义，就是要坚持马克思主义的本质规定性，坚持马克思主义的基本原理，坚持马克思主义的基本特征。有学者进一步阐释说：整体的马克思主义理论其本质规定性至少应包含以下四点：其一是作为辩证唯物主义和历史唯物主义的理论特征和理论基石；其二是作为科学社会主义和共产主义的根本性质和社会理想；其三是为无产阶级和广大人民群众谋利益的政治立场和根本宗旨；其四是坚持与时俱进的理论品质。这

---

① 张耀灿等：《关于马克思主义整体性的几点思考》，《福建师范大学学报》2006 年第 3 期，第 25 页。

② 逢锦聚等：《对什么是马克思主义的科学阐释》，《思想理论教育导刊》2008 年第 1 期，第 33 页。

四点是马克思主义内在的本质规定性。① 这种观点代表着学术界对马克思主义的理论特质认识的程度和方向。

"什么是马克思主义"涉及的实际上是马克思主义的定义问题，在一定程度上而言，它要求把握马克思主义内涵和实质。可以说，如何定义马克思主义的问题，是直接理解马克思主义内涵与本质的入口，更是一个能否在整体上认识马克思主义的关键，它和"什么是马克思主义"有着本质一致的含义。在马克思主义发展史上，对于"什么是马克思主义"这一问题，研究者一直进行着不懈的探索和追问，尝试着从不同的角度或侧面对其进行理解、判断和界定，但学术界对此尚未达成一个共识。究竟什么是马克思主义，就目前所存在的不同理解而言，主要有五种界定："世界观方法论体系"说、"人的自由全面发展"或"人的解放"说、"普遍规律"说、"无产阶级革命"说和"社会发展"说。有学者在梳理众多马克思主义定义的基础上，指出：这每一个关于马克思主义的定义都有其合理和正确的一面，也有其片面的和不够合理的一面。从不同角度和侧面对马克思主义进行界定，虽说在一定程度上突出了马克思主义的不同方面，甚至是主要方面，但是，换个角度而言，这本身便是对马克思主义整体性的忽视。② 这就是说，对于马克思主义这一博大精深的思想理论，仅从某一角度或方面去加以概括，都不能如实把握马克思主义整体性的实质，都难免陷入"以偏概全"之困境。

（三）从内在结构出发理解马克思主义整体性

传统"三分法"理解中的"板块"结构由于割断了各方面内容的有机联系，破坏了马克思主义的整体性。这种理解模式的根本缺陷启示我们，可以从马克思主义的内在结构，即通过探索其内在构成层次的有机关联来呈现马克思主义的整体性。对于划分层次与原来的板块结构之间的根本区别，有学者指出："马克思主义虽然不可以分成板块，却可以分出层次。这两者之间最大的不同在于：讲层次的时候，前提是存在整体，各个层次之间因与整体的关系不同而相互区别；而板块则可以单独存在，在一定程度上各行其

---

① 参见逄锦聚等：《对什么是马克思主义的科学阐释》，《思想理论教育导刊》2008 年第 1 期。

② 参见梁树发：《马克思主义整体性与马克思主义定义问题》，《福建师范大学学报》2006 年第 3 期。

是,特别是在划分学科之后,在实际上更是各不相干了。"①而就学术界从这个角度所做的探索来看,具体将马克思主义划分成哪些层次存在着角度上的差异。

有学者认为,马克思主义像其他完整的思想体系一样,自从诞生之日起,就表现出自身的三个层次结构:"一是它的理念层次,主要包括思维方式、价值取向等",它是马克思主义的最高层次,是赖以与其他思想体系相互区别的根本标志,构成了马克思主义的内核环节;"二是它的制度层次",它是马克思主义理论体系的主干,是它存在的基本标志,构成了马克思主义的中间环节;"三是它的策略层次",具体表现为一系列的"战略思想和策略层次",它构成了马克思主义的外部环节。"理念层次是马克思主义的灵魂,制度层次是马克思主义的骨骼,策略层次是马克思主义的血肉。……三个层次之间相互区别,各有特色,有相互联结,相即相入,共同构成了马克思主义理论的整体结构。"②

还有学者认为,"只有从三个层次认识马克思主义的辩证唯物主义、唯物史观、剩余价值理论,才能厘清其内在的自我更新的动力机制"③。具体来说就是,马克思恩格斯首先创造了唯物史观,它向实践领域发展形成了剩余价值理论,向抽象领域发展则形成了辩证唯物主义,三个层次共同构成了马克思主义理论的有机整体。其中,"辩证唯物主义所形成的方法理论,既强调了科学社会主义原创理论的科学性,又强调了依据时代条件的变化予以修正的必然性",这意味着"辩证唯物主义提供了马克思主义的思想原则,是马克思主义作为方法论的标志"④,属于马克思主义的核心层次,并构成了实现马克思主义发展,即实现马克思主义现代化的关键。而"所谓马克思主义现代化,应该是在运用其方法理论前提下,坚持其逻辑理论的基本结论,完善、补充及修正其策略理论中已不符合客观事实的若干内容;其实质是在新的时代条件下,实现马克思主义与时俱进量变过程中所引发的部

①　张兴茂等:《用整体马克思主义深化马克思主义中国化进程研究》,《马克思主义研究》2009 年第 10 期,第 53 页。

②　同上文,第 54 页。

③　余金成等:《唯物史观与马克思主义体系重构》,《河南大学学报》2008 年第 3 期,第 28 页。

④　同上文,第 33 页。

分质变"①。

更多的学者则坚持从内容上将马克思主义分成基本原理,即它的世界观和方法论、经典作家的重要观点和结论以及个别观点和结论三个层次,并认为坚持马克思主义的整体性首要的是坚持基本原理这个层次。正如有学者所指出的,"我们坚持和发展马克思主义,绝不是要单纯坚持和发展马克思主义的某个观点,而是要从总体上坚持、继承其基本立场、基本方法和基本观点,即要坚持辩证唯物主义和历史唯物主义的世界观和方法论,坚持实现最广大人民的根本利益的政治立场,坚持从一切实际出发,实事求是,在实践中检验真理和发展真理的理论品质,并把握和顺应人类社会发展的规律,树立为实现物质财富极大丰富、人民精神境界极大提高、每个人自由而全面发展的共产主义而奋斗的最崇高的社会理想"②。就三个层次对把握马克思主义整体性的重要性而言,毫无疑问基本原理至关重要。对此,有学者指出:"马克思主义基本原理是马克思主义理论科学体系中具有决定意义的东西,没有马克思主义的基本原理,就没有马克思主义,也就没有马克思主义的整体性。因此,马克思主义整体性问题的实质在于是否坚持马克思主义基本原理,坚持马克思主义首先就是坚持马克思主义基本原理,这也是整体性的基本要求。可以说,坚持马克思主义基本原理与坚持马克思主义具有同等的意义。"③

(四)从理论和实践的关系出发理解马克思主义整体性

在批判瓦格纳时,马克思曾经指出:"人们决不是首先'处在这种对外界物的理论关系中'。正如任何动物一样,他们首先是要吃、喝等等,也就是说,并不'处在'某一种关系中,而是积极地活动,通过活动来取得一定的外界物,从而满足自己的需要。(因而,他们是从生产开始的。)由于这一过程的重复,这些物能使人们'满足需要'这一属性,就铭记在他们的头脑中了,人和野兽也就学会'从理论上'把能满足他们需要的外界物同一切其他

---

① 余金成:《从宏观上认识马克思主义中国化向现代化的转变》,《江汉论坛》2008 年第 2 期,第 12 页。

② 逄锦聚:《研究和把握马克思主义整体性的四个角度》,《南开大学学报》2008 年第 4 期,第 3 页。

③ 寇清杰:《整体性视角下的马克思主义基本原理》,《南开大学学报》2008 年第 4 期,第 10 页。

的外界物区别开来。"①这段话告诉我们,理论并非外在于人的实践的纯粹构造,其在实质上就来源于实践。就其内容而言,理论本身就是对人们的实践活动和实际发展过程的描述。理论的实践来源从根本上决定了,我们应该始终在理论与实践的具体统一中去考察理论。

从马克思主义理论的产生来看,它是以当时的实践活动为背景,并从中获得自己的整体性特征的。但是,实践的一个根本特征在于它是一种历史性的存在,即其本身处于不断的变化发展之中。实践的发展从根本上决定了理论本身也必须处于不断的发展之中。因此,从实践的视角考察马克思主义理论的整体性可以发现,它本身就处于一种不断的变迁之中。认识到这一点,可以从根本上防止将马克思主义理论凝固化、教条化。对此,美国著名历史学家莫里斯·迈斯纳曾经做过一番深刻的论述:理论与实践相统一"这一思想使得人们不能单纯地从理论的角度来讨论马克思主义。它要求把马克思主义理解成一种历史现象,按照理论所力图解释和改变的历史环境来分析马克思主义。进而言之,它要求根据具体的政治实践和变化着的历史条件对理论所产生的意义来分析马克思主义"。他进一步指出:"历史地理解马克思主义,尤其是若赞同理论与实践的能动统一,那就可以避免像宗教教条那样把马克思主义当做是检验一切价值和效用的永恒真理。"②

一般而言,实践就是对现实世界的改造,其对象具体包括对人与自然关系以及人与人的关系的改造。就这两个关系而言,它们并非各不相干,就其实质而言,二者是密不可分、相互遏制的。它们共同构成了一个具体的整体。此种对象的整体性决定了改造它的实践活动的具体性和整体性,并从根本上决定了把握这种改造过程的理论活动的具体性和整体性。从这个一般原理出发可以发现,作为立志于改变现实社会、实现整个人类解放的马克思主义理论必然具有整体性的特征。

对此,科尔施曾经指出:马克思主义理论最初产生的时候就是一种"把社会发展作为活的整体来理解和把握的理论,或者更确切地说,它是一种把社会革命作为活的整体来把握和实践的理论。在这一阶段,毫无疑问,任何

---

① 《马克思恩格斯全集》第19卷,北京:人民出版社1963年版,第405页。
② 莫里斯·迈斯纳:《全球化时代的"马克思主义"》,北京:中央编译出版社1998年版,第194—195页。

把这一整体的经济、政治和思想的要素划分为知识的各个分支的做法,甚至在每一个分支的具体特征被把握时,都是以历史的忠实性去分析和批判的。当然,不仅经济、政治和意识形态,而且历史过程和有意识的社会行动,都继续构成了'革命的实践'的活的统一体。这一作为社会革命理论的马克思主义理论的早期和富有青春活力的形式的最好例子,显然就是《共产党宣言》"①。正是受到科尔施等国外学者的启发,国内有学者也充分地认识到:"马克思主义理论的整体性不仅仅在于把不同的组成部分拼接在一起,更重要的是必须从理论与实践的统一出发,把马克思主义的理论和方法不可分割地运用于对现实问题的研究,并从现实问题的具体性或现实问题多方面规定性的统一中理解和把握马克思主义的整体性。"②

马克思主义的诞生从根本上改变了理论的作用,即从原来的仅仅立足于"解释世界"转向变为"改变世界"。马克思明确指出:"实际上,而且对实践的唯物主义者即共产主义者来说,全部问题都在于使现存世界革命化,实际地反对并改变现存的事物。"③马克思主义的这一理论目标决定了它必然是一种以理论与实践相统一为基本原则的理论,对此,有学者指出:"由理论与实践相统一这一基本原则所决定,马克思主义从一产生就具有整体性的品格。人类解放实践是一个涉及经济、政治、文化、社会各个方面的总体性实践活动,它不可能分门别类彼此孤立地进行,这决定了马克思主义理论只有从整体上完整地被理解和把握,才能有效地服务于实践的目标。"④

我们知道,解释世界作为观念的理论活动只能是抽象的,即人们在理论活动中往往从事物中抽取出某一方面的规定性加以综合考察。与此根本不同,改造世界作为一种实在的实践活动,所处理的是个别的现实事物,因而必须是具体的,即必须对事物的各个方面的规定性综合地加以考虑。这种根本区别决定了抽象的理论要运用到实践当中,必须综合考虑各个方面的规定性,即必须要形成一个整体才能成功地运用于改造世界。而马克思主

---

① 科尔施:《马克思主义和哲学》,重庆:重庆出版社1989年版,第23页。
② 阎孟伟:《马克思主义整体性与国外马克思主义》,《南开大学学报》2008年第4期,第22页。
③ 《马克思恩格斯选集》第1卷,北京:人民出版社1995年版,第75页。
④ 逄锦聚:《研究和把握马克思主义整体性的四个角度》,《南开大学学报》2008年第4期,第1页。

义理论作为一种具体的指向改变世界的理论，"这种具体性就体现在马克思主义理论从其创立开始，就是一个包含各个方面规定性的具体的指向行动的理论；在后来的发展中，尽管其中不同反面的内容获得了深入的发展，但它始终不曾分离成互不相干的东西，而是在新的基础上仍然构成了一个统一的整体"①。

三、整体性视野中的马克思主义理论学科建设

（一）马克思主义理论学科整体性建设的重要意义

马克思主义整体性研究必然牵涉马克思主义理论学科的建设问题。对此，国内有学者指出："马克思主义理论学科体系如何建设，如何认识其与教学体系、教学材体系的关系，等等，这其中直接关涉的是对马克思主义整体性的研究和认识。因此，这一研究对于马克思主义理论学科体系乃至马克思主义理论建设和研究都将具有重要的学术价值和意义。"②近几年来，马克思主义理论学科的建立就体现了整体性研究对马克思主义学科建设的根本指导作用。对于这一学科建设的重要意义，有学者指出："其意义主要不在于我国高等教育学科体系的完善，而在于马克思主义这一特殊思想体系理论上具有的科学意义以体制、制度的形式确定下来，实现了马克思主义的学科化。"③而之所以如此，主要是由于原来分散的学科设置破坏了马克思主义的整体性，从而不利于马克思主义的发展。

我们知道，在马克思主义理论成为独立的一级学科之前，作为马克思主义"三个组成部分"的马克思主义哲学、马克思主义政治经济学和科学社会主义，是马克思主义理论的三个主要专业（也称二级学科），分属于哲学、经济学和政治学。其他学科领域有关马克思主义理论的研究和教学内容，如马克思主义历史学、马克思主义社会学等则不成独立的学科、专业，而是其所从属的一定学科、专业的一定研究方向。"在学科和专业设置上的马克

---

① 王南湜：《从实践意图看马克思主义理论的整体性》，《南开大学学报》2008 年第 4 期，第 7 页。

② 李毅：《马克思主义理论的整体性与学科建设》，《教学与研究》2007 年第 3 期，第 19 页。

③ 梁树发：《马克思主义理论学科建设要贯彻整体性原则》，《思想理论教育导刊》2006 年第 7 期，第 28 页。

思主义的这种分散存在,削弱或弱化了马克思主义的整体意识,整体性的马克思主义问题较少成为老师和学生们的研究主题和谈论话题。"①就其实质而言,此种学科的分散设置实际上是"肢解马克思主义"的不自觉的形式,并由此产生一种"泛马克思主义"观念,最终导致"一个关于加强马克思主义的综合性、整体性问题研究的具体要求和从这一要求出发的关于建立从事马克思主义的综合性、整体性问题研究的专门机构的要求,就用一种'泛马克思主义'的'观念整体'(实为'虚拟整体')掩盖了和代替了"②。

不能否认,从马克恩主义的影响及其发展来说,这种向各个具体学科的发展体现了马克思主义影响的扩大,并从一定程度上既有利于具体学科,也有利于马克思主义的发展。但是,由于这种学科的分散性不符合马克思主义的综合性、整体性存在的本质特征,因而最终是不利于马克思主义学科的建设和发展的。对此,有学者指出:"作为一级学科的马克思主义理论建设现在仍显得比较薄弱,其中一个重要原因就是我们基本上还沿袭了以往马克思主义的学科理念与研究思路,没有真正理解马克思主义理论的核心内容及其扩展与延伸,没有把马克思主义理论看做一个整体,把马克思主义的立场、观点与方法统一起来。"③

此外,还有学者从知识论的研究出发对马克思主义理论学科的整体性建设的必然性作了分析。从本质上而言,马克思主义理论学科的整体建设本身应该隶属于知识观的范畴,不同的知识观导致了对学科建设的不同范式。魏福明认为,在学科建设的知识观假设上,有三种基本的知识观。第一种是客观主义知识观,其基本假设是知识的"旁观者理论"。该理论坚持主、客二分的哲学观点,把知识看做是独立于学习者之外客观存在的概念、原理、规律、理论等。人们确信,借助客观的方法就能获得对客观世界的绝对知识。这种知识观强调知识的专门性,在学科建设的理念上强调学科建设的分化和深入,从而割裂了知识的整体联系。第二种是主观主义知识观,其知识假设是知识的"参与者理论",认为知识不是人脑对客观世界的客观

---

① 梁树发:《马克思主义理论学科建设要贯彻整体性原则》,《思想理论教育导刊》2006 年第 7 期,第 28 页。
② 同上。
③ 肖巍:《创新马克思主义整体性研究的视角和方法》,《思想理论教育导刊》2008 年第 2 期,第 51 页。

反映，而是个人积极创造的产物。其缺陷在于夸大知识的主观性，否认系统学习的必要性，从而降低了学科的学术水准。第三种是生态知识观。它认为世界是一个有机体，人们对世界的种种认识也是息息相通、相互关联的，各门学科研究对象的区分仅仅处于人类认识能力的考虑，它是人类能力局限性的体现，而非客观对象使然。这种知识观强调各知识领域和知识类型的关系是一种生态关系，它们相互影响、相互渗透、相互联系，共同构成有机的知识世界。以生态知识观照马克思主义理论学科建设，表明马克思主义学科整体建设无疑是必要的，它对于马克思主义理论的发展和学科的健全具有深远的意义。①

（二）马克思主义理论学科整体性建设的方法和原则

如何才能真正将整体性原则贯彻到马克思主义理论学科建设中去呢？对此，国内学者也作了积极的探索。建立马克思主义一级学科是从整体性视角重新认识马克思主义必然结果，因此，为了搞好马克思主义一级学科的建设，首先必须使马克思主义整体性建设成为"学科意识"，即要从马克思主义的整体性视野对马克思主义的基本原理及其基本理论、学科体系重新加以认识。具体来说就是，要把整体性作为一种理念、一种新的思路，贯彻到马克思主义理论学科的建设中去。

将整体性理念贯彻到学科建设中的一个重要任务就是，要处理好马克思主义一级学科与五个二级学科之间的关系。有学者认为，对作为一级学科的马克思主义理论整体性的研究与各二级学科的分科性研究不是两种互不相关的研究。它们的研究对象都是马克思主义理论，区别的只是研究的角度和涉及的具体内容，二者都是完整、准确、全面地把握马克思主义内涵所不可或缺的研究视角。其中，分科性研究是整体性研究的基础、载体，没有对马克思主义哲学、政治经济学、科学社会主义理论的深入研究，就谈不上把这些理论综合在一起的整体性研究。同样，没有整体性研究，分科性研究只能停留在某一个局部，就不能使马克思主义理论作为一个具有内在一致性的整体出现。

顾海良指出，整体性是"马克思主义理论"一级学科建设的显著特点，它不仅包含四个二级学科，即"马克思主义基本原理"、"马克思主义发展

---

① 参见魏福明：《试论马克思主义理论学科的整体建设》，《江苏社会科学》2007 年第 3 期。

史"、"马克思主义中国化研究"、"国外马克思主义研究"之间的整体性,而且也包含这四个二级学科同"思想政治教育"二级学科之间的整体性,"'马克思主义理论'一级学科的整体性,是以马克思主义的科学性和理论组成部分、理论研究领域的内在统一性为根据的"①。也就是说,马克思主义一级学科统领各二级学科的建设,各二级学科的建设的平衡发展反过来影响或制约马克思主义一级学科的建设和发展。"显然,二级学科间的不平衡,是不利于一级学科的整体建设的。因为马克思主义一级学科的整体性建设有赖于二级学科的协调和可持续发展。对此,我们应从一级学科科学发展的视野考虑其二级学科之间协调科学发展的问题。"②

此外,还有学者提出了从整体性原则出发搞好马克思主义理论学科建设的基本原则。有学者认为,马克思主义理论学科的整体性建设,实质上就是"要以马克思主义一级学科为依托,建立起其理论整体内部的各个理论体系和理论要素的逻辑关联和层次结构,及其与其他学科和知识体系的知识交流与共享的机制"。为此,必须坚持以下几条原则:第一,系统性原则,"即把马克思主义看做是一个存在复杂的相互关联的因果性相互反馈、协同、干扰和约束等作用的知识系统";第二,整体性原则,"即整合各个层面的马克思主义理论跨越人为的学科限制,形成关于马克思主义理论的完整的认识,促进马克思主义内部各个学科和研究方向相互渗透、相互交叉";第三,历史性原则,"即在历史语境和马克思主义理论的演化框架中对马克思主义理论加以考察,使历史和事件能参与到对马克思主义理论的解释和说明当中去";第四,非线性原则,"即对马克思主义理论的认识和理解要采取一种动态的循环方式"③。

四、中国化马克思主义的整体性研究

中国化马克思主义是马克思主义基本原理与中国实际和时代特征相结

---

① 顾海良:《科学理解 系统把握 整体建设——关于马克思主义理论一级学科建设的思考》,《思想理论教育》2006 年第 6 期,第 7 页。

② 李毅:《马克思主义理论的整体性与学科建设》,《教学与研究》2007 年第 3 期,第 19 页。

③ 魏福明:《试论马克思主义理论学科的整体建设》,《江苏社会科学》2007 年第 3 期,第 36 页。

合的产物,是中国共产党在中国革命、建设和改革的历史进程中,运用马克思主义基本原理,坚持解放思想、实事求是、与时俱进,不断进行理论创新的理论成果。作为马克思主义在当代的最新发展,中国化马克思主义也呈现出了内在的整体性特征,正如有的学者所说:"中国化马克思主义是一个完整的科学体系,正确认识中国化马克思主义的整体性和内在联系,对于研究马克思主义中国化的发展规律和基本经验具有特别重要的意义。"①

(一)中国化马克思主义整体性研究的对象和内容

中国化马克思主义是马克思主义与中国不断发展的实际相结合的产物,它体现了马克思主义与时俱进的理论品质,是对马克思主义的整体性创新和发展。既然如此,整体性也应该是研究中国化马克思主义的重要视角。近年来,很多学者自觉到这一点,认为从整体性视角研究中国化马克思主义,有助于我们了解马克思主义中国化的经验和规律,有助于发挥马克思主义在意识形态领域的指导作用,有利于实现马克思主义的创新与发展,并从多方面进行了深入的研究和探讨。

1. 中国化马克思主义具体理论成果的整体性研究

中国化马克思主义是马克思主义中国化进程的产物,到目前为止,已经产生了毛泽东思想、邓小平理论、"三个代表"重要思想和科学发展观等重要理论成果。从整体性视角研究中国化马克思主义,首先要对它的各个组成部分进行整体性认识。当然,我们不能把对各个理论成果的整体性把握作为最终目标,对它们进行具体研究最终还是为了从整体性视角深刻把握中国化马克思主义,正如肖贵清所说:"对中国化马克思主义各个理论成果的研究是整体性研究的基础,而整体性研究则是对各个理论成果具体研究的抽象,整体性研究的重点是中国化马克思主义各个理论成果具有共性的东西,即带有规律性的东西。"②

(1)中国化马克思主义重大理论成果

毛泽东思想是马克思主义基本原理与中国实际相结合的第一次历史性飞跃的理论成果。从历史时间上看,毛泽东思想可以分成三个部分的内容。

---

① 肖贵清:《中国化马克思主义的整体性及其内在联系》,《思想理论教育》2007 年第 1 期,第39 页。

② 肖贵清:《中国化马克思主义整体性研究的基本思路》,《河北师范大学学报》2008 年第 9 期,第 6 页。

第一部分是关于新民主主义革命的思想(1921—1949 年),主题是夺取政权,实现执政目标;第二部分是社会主义改造的理论(1949—1956 年),主题是巩固新生政权,实现从新民主主义社会到社会主义社会的过渡,确立社会主义制度;第三部分是关于社会主义建设初步探索的思想(1956—1966年),主题是以苏为鉴,探索走中国社会主义建设道路。第三部分关于社会主义建设初步探索的思想对中国特色社会主义理论体系有很大的借鉴意义,是其理论来源之一。虽然回答的主题不同致使每个部分的内容都各有特色,但它们都是坚持马克思主义基本精神与中国实际相结合的伟大理论成果,因而有着因基本精神统摄而呈现出的整体性特征。正因为如此,邓小平同志要求"要对毛泽东思想有一个完整的准确的认识,要善于学习、掌握和运用毛泽东思想的体系来指导我们各项工作。只有这样,才不至于割裂、歪曲毛泽东思想,损害毛泽东思想……我们不能够只从个别词句来理解毛泽东思想,而必须从毛泽东思想的整个体系去获得正确的理解"①。

中国特色社会主义理论体系是马克思主义基本原理与中国实际相结合的第二次历史性飞跃的理论成果,它"包括邓小平理论、'三个代表'重要思想以及科学发展观等重大战略思想在内的科学理论体系"。因此,从整体性视角对中国特色社会主义理论体系进行整体性研究,离不开对它的三个组成部分分别进行整体性研究。这种具体研究构成了从整体性视角研究中国特色社会主义理论体系的基础。

邓小平理论构成了中国特色社会主义理论体系形成和发展的第一个阶段,其核心部分就是从整体上考虑问题并解决问题,并由此决定了其本身的整体性特征。如何对待毛泽东思想是邓小平理论形成的重要理论前提,对此,邓小平同志要求"把毛泽东思想看做一个系统,一个有机整体,认为其中的各个部分是不能离开整体而存在的,只有在整体中才能获得自身的规定,一旦脱离了整体,就失去了作为这个整体的部分的意义"②。探索改革开放的社会主义建设新道路是邓小平理论的根本目标。对此,邓小平同志始终把社会主义社会看做是一个有机的统一整体,把改革看做是一个巨大

---

① 《邓小平文选》第二卷,北京:人民出版社 1994 年版,第 42 页。
② 李锐锋等:《论邓小平理论和方法的整体性原则》,《系统辩证法学报》1998 年第 2 期,第 8 页。

而复杂的系统工程。正如他自己所说："现代化建设的任务是多方面的，各个方面需要综合平衡，不能单打一。"①从主题上来看，邓小平理论是在初步回答"什么是社会主义、怎样建设社会主义"这一问题基础上确立起来的。其中，邓小平同志始终坚持用整体性的方法论原则来考虑社会主义现代化建设中的问题，坚持社会的全面发展和进步。中国的发展离不开世界，从整体性上考虑如何发展社会主义，必须站在世界历史的高度。对此，邓小平同志准确地把握世界历史的主题转换，把社会主义的发展融入时代潮流；把握世界历史发展的现状，增强发展社会主义的紧迫感；把握世界历史发展的趋势，增强发展社会主义的信心。②

"三个代表"重要思想既体现了马克思主义的基本精神，又开辟了马克思主义的新境界，在许多方面丰富和发展了马克思主义，构成了一个完整的博大而精深的科学理论体系。江泽民同志曾指出：代表中国先进生产力的发展要求，代表中国先进文化的前进方向，代表中国最广大人民的根本利益，是统一的整体，相互联系，相互促进。三者内在相关，共属一体，共同构成了一个完整的理论体系。有学者认为，"'三个代表'的辩证统一关系，体现了党的先进性，突出了党领导改革开放和社会主义现代化建设的系统性、完整性和全面性"③，并提出了把握"三个代表"重要思想之统一整体性的三个维度：第一，从理论创新的高度来深刻把握"三个代表"的统一整体性；第二，从全面加强党的建设的高度来深刻把握"三个代表"的统一整体性；第三，从全面推进建设有中国特色社会主义伟大事业的高度来深刻把握"三个代表"的统一整体性。④

科学发展观作为马克思主义既一脉相承又与时俱进的科学理论，同样集中体现和贯穿了整体性这一马克思主义的基本精神。具体来说，首先，科学发展观坚持以人为本，追求全面、协调、可持续的整体性发展理念，即坚持"以人为中心，在理论上坚持以人为本，实现人的整体性发展，强调通过社会的全面进步实现人的全面发展；在实践上注重人与自然、人与社会、人与

---

① 《邓小平文选》第二卷，北京：人民出版社1994年版，第250页。

② 参见曹玉华：《论邓小平社会主义思想的整体性特征》，《毛泽东思想研究》2005年第3期。

③ 陈冠华：《正确把握"三个代表"的统一整体性》，《思想理论教育导刊》2002年第4期，第16页。

④ 参见陈冠华：《正确把握"三个代表"的统一整体性》，《思想理论教育导刊》2002年第4期。

人关系的和谐和优化,追求经济、政治、文化、生态等方面的整体推进和协调发展"①。其次,科学发展观坚持整体性发展目标,即实现人的全面发展,具体包括:"人的自由个性的全面培育、人的需要的全面满足、人的素质的全面提高、人的才能的全面发展。这四者互为条件,缺一不可,共同构成科学发展观的整体性目标"②。再次,科学发展观坚持推动社会全面进步的整体性要求,其内涵即如胡锦涛同志所说:就是要以经济建设为中心,全面推进经济、政治、文化建设,实现经济发展和社会全面进步。"'全面发展'把中国特色社会主义事业的'总体布局'从'三位一体'扩展到了物质文明建设、精神文明建设、政治文明建设和社会文明建设'四位一体',在实践上充分体现了唯物辩证法的整体性"③。最后,科学发展观坚持"统筹兼顾"的整体性方法。"科学发展观的整体性方法就是统筹兼顾的能力和本领。"④

(2)中国特色社会主义理论体系的整体性特征

对邓小平理论、"三个代表"重要思想以及科学发展观等重大战略思想分别进行整体性研究,为对它们进行整体性研究奠定了基础。实际上,党的十七大报告把三者整合为一个完整的体系,即中国特色社会主义理论体系本身就说明了三者是一个有机联系的整体。只有从整体上把握这个理论体系,才能科学认识这个体系的理论本质和内在联系,才能全面而完整地用这个理论体系指导中国特色社会主义的飞速发展。为此,学术界从多个角度对中国特色社会主义理论体系的整体性特征进行了积极的探索。

第一,从中国特色社会主义理论体系的结构出发来探讨其整体性的特征。李恒瑞认为,毛泽东同志在延安整风期间曾经指出的解读马克思主义理论体系的方法,即认为应从三个基本层次(科学的立场、观点、方法,关于普遍规律的结论,具体的个别的结论)上把握马克思主义的思想体系,为从整体上把握中国特色社会主义理论体系提供了指导。从这个方法出发,他将中国特色社会主义理论体系概括为三个层次,即认识论、价值论、方法论,关于社会主义发展规律的新认识、新结论,中国特色社会主义发展的制度安

---

① 李维章等:《论科学发展观的整体性》,《理论探索》2009 年第 2 期,第 16 页。
② 同上文,第 17 页。
③ 同上。
④ 同上文,第 28 页。

排、路径选择、战略设计。① 三个层次相互联系、相互作用,共同构成了整体性的中国特色社会主义理论体系。

第二,从中国特色社会主义理论体系的理论来源探讨其整体性特征。作为对马列主义、毛泽东思想的继承和创新,中国特色社会主义理论体系有着来源上的整体性。具体来说,这一理论继承主要体现在三个方面:其一,理论精髓的继承,"实事求是,一切从实际出发,既是马克思列宁主义、毛泽东思想的精髓,也是中国特色社会主义理论体系的精髓";其二,奋斗目标的继承,"中国特色社会主义理论体系始终以建设社会主义,夺取全面建设小康社会新胜利,并最终实现共产主义为奋斗目标";其三,理论内容的继承,"中国特色社会主义理论体系始终坚持马克思主义、毛泽东思想的立场、观点、方法和基本原理指导中国的建设"②。如果说继承是中国特色社会主义理论体系形成和发展的理论前提,那么,中国特色社会主义实践则构成了其形成和发展的实践基础。而中国特色社会主义建设实践的整体性,则决定了中国特色社会主义理论体系的整体性和统一性。

第三,从中国特色社会主义理论体系的鲜明的"理论主题"出发探讨其整体性特征。所谓理论体系,就是围绕中心问题或主题形成的、由若干相互联系的基本观点构成的理论整体。因此,理论主题是建构理论体系或理论整体的核心问题。那么,什么是理论主题呢? 从方法论上来看,理论主题就是对理论总体内容的抽象,其本质则是对主要矛盾的解决方法、解决思路、解决手段等的总结和概括,它是形成一个理论或理论体系并区别于某个具体观点的本质所在,也是不同理论或理论体系相互区别的关键与标志。③具体到中国特色社会主义理论体系而言,其主题应该是什么呢? 很多学者将其界定为"发展",有学者指出:"马克思主义中国化的历史进程的主题是发展,是寻找和解决中国特色的发展之路。"④不可否认,如何"发展"的确是

---

① 参见李恒瑞:《关于中国特色社会主义理论体系的整体性研究的若干问题》,《学术研究》2008 年第 10 期。

② 魏晓文等:《中国特色社会主义理论体系整体性透析》,《学术论坛》2008 年第 10 期,第 53 页。

③ 参见冯志明等:《关于中国特色社会主义理论体系整体性研究的思考》,《河北师范大学学报》2009 年第 6 期。

④ 李恒瑞:《关于中国特色社会主义理论体系的整体性研究的若干问题》,《学术研究》2008 年第 10 期,第 6 页。

中国特色社会主义理论体系致力于解决的重大课题,但将其作为中国特色社会主义理论体系的"主题",则显得过于简单,无法体现出"我国发展的社会主义性质"。中国特色社会主义理论体系的鲜明主题只能是"什么是社会主义、怎样建设社会主义"。"从我党推进中国特色社会主义事业的历史进程来看,以邓小平、江泽民、胡锦涛同志为代表的共产党人在不同的历史时期、面对不同的历史任务,都围绕这一主题开创了中国改革开放和现代化建设的新局面,不断推进中国特色社会主义事业的发展进入新的境界。"① 改革开放 30 多年来,正是对这一理论主题的回答与实践使我们找到了中国特色社会主义道路,构建了中国特色社会主义理论体系。同时,这一理论主题不仅反映了中国特色社会主义理论体系三大理论之间的联系和关系,也使中国特色社会主义理论体系从整体上同毛泽东思想区别开来。

第四,建设中国特色社会主义的共同时代背景和国情特征,决定了中国特色社会主义理论体系在时代性和民族性上的整体统一性。就时代性而言,它是在和平与发展成为时代主题的背景下,并且也是围绕这一主题而发展起来的;就民族性而言,它始终立足于我国社会主义初级阶段的基本国情。虽然中国特色社会主义建设必然会呈现出阶段性特征,"但总的说来,这些新的特点、新的特征并没有改变社会主义初级阶段这一总体性特征"②。

第五,中国特色社会主义建设的整体推进,决定了中国特色社会主义理论体系在内容上的整体统一性。从横向上来看,"邓小平理论、'三个代表'重要思想和科学发展观存在着高度重合性。这三大理论成果,都覆盖经济、政治、科技、文化、教育、民族、军事、外交、统一战线、祖国统一、党的建设等方面,都是对共产党执政规律、社会主义建设规律和人类社会发展规律的认识和把握"③。从纵向来看,中国特色社会主义实践永无止境,从而从根本上决定了理论体系的开放性。"在建设中国特色社会主义的历史长河中,每一时期、每一阶段我们党面对新的情况、新的问题所作出的新的科学判断和理论概括都属于中国特色社会主义理论体系的一部分,体现出了中国特

① 周耀宏:《论中国特色社会主义理论体系的整体性》,《桂海论丛》2009 年第 1 期,第 16 页。
② 黄志高:《论中国特色社会主义理论体系的整体性特征》,《社会主义研究》2008 年第 4 期,第 49 页。
③ 同上。

色社会主义理论体系发展过程中的整体性与延续性。"①

此外,还有学者认为,中国特色社会主义理论体系的整体性不能做简单的、机械的理解。具体来说,要处理好以下几对关系:第一,整体性与层序性的统一。"中国特色社会主义理论体系内涵丰富,由一系列理论原则、理论观点构成。这些理论内容不是杂乱无序的,也不是简单的罗列和机械的堆积,而是有着严密的内在逻辑,构成一个相互联系、错落有致、层次分明的理论体系。"第二,整体性与阶段性的统一。"作为整体的中国特色社会主义理论体系,是由若干个相对较小的理论体系组合而成,这些相对较小的理论体系是中国特色社会主义理论体系在不同历史发展阶段的具体表现。"第三,整体性与开放性的统一。"中国特色社会主义理论体系是不断发展的开放的理论体系。中国特色社会主义理论体系的发展性、开放性,源于中国特色社会主义实践的要求。实践永无止境,创新永无止境。"②

2. 中国化马克思主义整体性的多视角探讨

我们已经指出,从整体性视角研究中国化马克思主义,需要对它的具体理论成果分别进行整体性研究,但是这种分门别类的研究本身不能完全代替中国化马克思主义的整体性研究。也就是说,我们还必须上升到"中国化马克思主义"理论体系的高度,从宏观上分析和把握中国化马克思主义形成和发展的规律、各个理论成果之间的内在联系和逻辑关系。那么,具体应该从哪些视角研究把握中国化马克思主义的整体性呢?

第一,从中国化马克思主义形成和发展的过程研究其整体性。从整体性视角研究中国化马克思主义,首先是要对马克思主义中国化的历史过程有整体性认识。长期以来,学术界围绕马克思主义中国化的历史进程提出了很多见解。例如,以"实践主题的转换与解答为标准,把马克思主义中国化分成以"怎样争取民主革命的胜利"、"把中国引入社会主义历史阶段"和"进行社会主义现代化建设"为主题的三个阶段;以马克思主义中国化的不断深入为标准,把马克思主义中国化分为马克思主义在中国的传播阶段、马克思主义准中国化阶段和马克思主义中国化阶段;"以中国化的马克思主

① 魏晓文等:《中国特色社会主义理论体系整体性透析》,《学术论坛》2008 年第 10 期,第 55 页。

② 黄志高:《论中国特色社会主义理论体系的整体性特征》,《社会主义研究》2008 年第 4 期,第 51 页。

义理论成果"为标准,把马克思主义分成以毛泽东思想、邓小平理论和"三个代表"重要思想为主要内容的三个阶段;等等。这些关于马克思主义中国化的不同观点无疑首先为我们进一步的研究奠定了基础,但是它们存在着两大缺陷:"其一,没有从马克思主义整体高度进行研究,其二,没有真正地理解'进程'的科学内涵。"而两者又是内在联系的,即只有以准确把握马克思主义整体性为前提,才能清晰完整地展现马克思主义中国化的历史进程。张兴茂认为,马克思主义中国化的进程不同于过程,"进程具有阶段性特征,是一个由低到高、由浅入深、由表及里、由此及彼、逐步演进、不断向前发展的过程,构成一个完整连续而又不断上升的时间发展序列"①,并指出马克思主义理论体系的整体性体现为策略层次、制度层次和理念层面三者的内在关联,而马克思主义中国化的进程就是这三个方面"联动"推进的过程。

而从马克思主义中国化所形成的理论成果来看,马克思主义中国化先后经历了革命、建设、改革等不同的历史时期,形成了毛泽东思想、邓小平理论、"三个代表"重要思想和科学发展观等一系列重大理论成果,它们代表了马克思主义中国化的不同阶段,以理论的形式体现了马克思主义中国化的整体性历史进程。首先,"这些理论成果虽有着各自不同的特点和表现形式,但是,其指导思想和理论基础都是马克思主义,都是坚持解放思想、实事求是、与时俱进、不断创新的成果。"其次,毛泽东思想、邓小平理论、"三个代表"重要思想、科学发展观一脉相承,具有内在的联系。从纵向的历史发展来看,它们是"马克思主义中国化在革命、建设和改革三个不同的历史时期产生的重大理论成果,这些理论成果一脉相承,体现了历史的继承和发展",而"一脉相承、与时俱进"则充分体现了中国化马克思主义具体理论成果之间的整体性联系。从横向的理论逻辑来看,它们"有着共同的理论主题,这就是,经过新民主主义革命,实现向社会主义的转变,建设中国特色社会主义,实现中华民族的伟大复兴",因而呈现出内在的联系。再次,中国化马克思主义是一个完整的理论体系,"中国化马克思主义是马克思主义与中国具体实际和时代特征相结合而产生的理论成果,既符合马克思主义

---

① 张兴茂等:《用整体马克思主义深化马克思主义中国化进程研究》,《马克思主义研究》2009 年第 10 期,第 57 页。

基本原理,又具有中国特色,凝结着中国革命、建设和改革的实践经验"①。

这些具体的理论成果共同体现了历史与逻辑相统一的基本原则;有着贯穿始终的哲学基础,即辩证唯物主义和历史唯物主义的世界观;有着共同的价值取向,即始终"坚持以是否符合中国人民的根本利益作为革命和建设的根本价值原则";有着共同的文化底蕴,即在某种意义上说,"中国化马克思主义是马克思主义与中华民族优秀思想文化相结合的产物"。② 这些共同性使它们体现出整体性特征。

第二,正确看待毛泽东思想和中国特色社会主义理论体系之间的关系。这不仅是由于两者都是马克思主义与中国实际相结合的重大理论成果,因而都是中国化马克思主义的重要组成部分,更为重要的是,很多人对两者关系的认识存在着误区。只有正确把握毛泽东思想和中国特色社会主义理论体系之间的关系,才能更好地把握中国化马克思主义的整体性特征。不可否认,两者之间存在着很多区别,主要体现在"形成的时代背景不同","需要解决的主要矛盾和根本任务不同","主体内容不同"等,正因为这些区别,"毛泽东思想不包括在中国特色社会主义理论体系之中"。③ 但是,看到区别不代表要抹杀两者之间的内在联系。这种内在联系首先体现在毛泽东对适合中国特点的社会主义建设道路的探索为中国特色社会主义理论体系的形成奠定了基础,更为重要的是,从马克思主义中国化的历史进程来看,两者"有着内在联系"。主要体现在:其一,毛泽东社会主义建设思想是中国特色社会主义理论形成的思想基础;其二,毛泽东社会主义建设思想的有些内容包括在中国特色社会主义理论体系之中;其三,毛泽东社会主义建设思想是联结毛泽东思想与中国特色社会主义理论体系的有机链条。④ "从中国化马克思主义整体性的角度来说,这两大理论成果在理论基础、价值取

---

① 肖贵清:《中国化马克思主义整体性研究的基本思路》,《河北师范大学学报》2008 年第 9 期,第 6 页。

② 肖贵清:《中国化马克思主义的整体性及其内在联系》,《思想理论教育》2007 年第 1 期,第 41—42 页。

③ 参见肖贵清等:《整体性视阈中的毛泽东思想与中国特色社会主义理论体系》,《毛泽东邓小平理论研究》2009 年第 1 期。

④ 参见同上。

向及其理论精髓等方面都具有内在的统一性。"①

第三,从理论和实践相统一的原则出发把握中国化马克思主义的整体性。具体来说,表现在:其一,中国化马克思主义在理论建树和实践指导上的整体性特征是它们有共同的马克思主义理论基础和共同的中华民族的解放、复兴活动使命感,表现了思想基础和实践基础的整体统一性;其二,中国化马克思主义在理论建树和实践指导上的整体性特征是它们关注"人的生存和发展"的共同价值取向以及"以人为本"的共同治国方略,表现了理论主旨和实践目标的整体统一性;其三,中国化马克思主义在理论建树和实践指导上的整体性特征是它们有共同的实事求是的思想方法和求真务实的工作方法,表现了科学精神和实践精神的整体统一性。共同的理论基础和实践基础决定了它们有共同的价值取向和治国方略、共同的思想方法和工作方法。②

第四,要对马克思主义基本原理和中国实际以及二者相结合的机理有整体性认识。有学者认为,"马克思主义中国化的实质就在于马克思主义基本原理同中国实际相结合,因此,对马克思主义基本原理和中国实际以及二者相结合的机理要有整体性认识是对马克思主义中国化的整体性认识的题中应有之义"③。具体来说,就是首先分别对马克思主义基本原理和中国实际进行整体性认识,并在此基础上,对二者的结合进行整体性认识。④

此外,还有学者提出了把握中国化马克思主义理论整体性需要注意的几对关系。第一,马克思主义与中国化马克思主义的关系。为此需要把握好两个基本问题:一是对马克思主义基本原理的理解不能走形,即要科学对待马克思主义,深刻领会马克思主义的科学内涵和精神实质,做到实事求是;二是对中国的实际状况要深入了解,只有在革命、建设和改革的具体实践中运用马克思主义基本原理,解决各种各样的矛盾、困难和问题,才能形成中国化马克思主义的理论成果。第二,中国化马克思主义整体与部分的

---

① 赵霞:《关于中国化马克思主义整体性的几点认识》,《石家庄铁道学院学报》2009 年第 3 期,第 77 页。

② 参见杨谦:《中国化马克思主义理论和实践的整体性特征》,《南开大学学报》2008 年第 4 期。

③ 赵存生:《论对马克思主义中国化的整体性认识》,《毛泽东邓小平理论研究》2007 年第 9 期,第 35 页。

④ 参见上文。

关系。第三,"继承坚持"与"发展创新"的关系。①

(二)中国化马克思主义整体性研究的特点和方法论原则

无论是马克思主义整体性研究还是中国化马克思主义整体性研究,都要求从总体上把握贯穿马克思主义和中国化马克思主义的基本立场、观点和方法。从这个目标来看,中国化马克思主义整体性研究与马克思主义整体性研究应该是密切联系的。"只有把马克思主义的整体性研究与中国化马克思主义整体性研究结合起来,把马克思主义的普遍性与中国革命、建设和改革的特殊性结合起来,才能全面深入具体把握马克思主义,正确认识人类社会发展的一般规律与中国特色社会主义发展的特殊规律。"②但是,联系中也有差异,中国化马克思主义整体性研究还有自己突出的特点,具体体现在:第一,时间跨度长,历史背景复杂。第二,中国化马克思主义整体性研究是一种多维度研究。"中国化马克思主义整体性研究,则是把毛泽东思想、邓小平理论、'三个代表'重要思想、科学发展观等理论成果作为一个整体进行研究。这其中,马克思主义中国化的各个理论成果,分别又构成了各自相对独立的理论体系,每一个理论体系都包含着马克思主义哲学、政治经济学和科学社会主义的基本观点,因此,中国化马克思主义整体性研究,是一种多维度的研究,体现了历史的与逻辑的统一。"第三,中国化马克思主义整体性研究,必须联系中国革命、建设和改革的实践,联系马克思主义中国化的具体过程。③

中国化马克思主义整体性研究的独特性决定了我们必须找寻到适合它的方法论原则。首先,中国化马克思主义整体性研究"要把纵向的历史的研究与横向的内在逻辑的研究相结合","既把握中国化马克思主义纵向的继承和发展的分析关系,更要注意研究基本原理的内在逻辑,以达到分析和研究中国化马克思主义形成和发展的规律的目的"。其次,"要把文本研究与实践研究相结合"。中国革命、建设和改革的实践经验是中国化马克思主义形成和发展的源泉,也是检验其正确与否的标准,实践性是中国化马克

---

① 参见肖贵清:《中国化马克思主义的整体性及其内在联系》,《思想理论教育》2007 年第 1 期。

② 刘爱武:《中国化马克思主义整体性研究与马克思主义整体性研究的区别及其联系》,《河北师范大学学报》2008 年第 5 期,第 13 页。

③ 参见上文。

思主义的突出特点。匹此,"中国化马克思主义的整体性研究要联系中国革命、建设和改革的具体实践,运用历史和现实相结合的方法,既注重对历史文本、马克思主义中国化的历史经验的分析和研究,又要联系党领导中国革命、建设和改革的实践经验进行深入研究"。再次,中国化马克思主义整体性研究,要与对马克思主义研究、党的几代领导集体著作的研究和党的文献研究相结合。①

---

① 参见肖贵清:《中国化马克思主义整体生研究的基本思路》,《河北师范大学学报》2008 年第 9 期。

当代视野中的历史唯物主义研究

近年来,学术界关于历史唯物主义的研究呈现全面复兴之势。学者们围绕历史唯物主义的性质即是世界观抑或是历史观、历史唯物主义的方法论意蕴、恩格斯与历史唯物主义的关系等进行了广泛而深入的探讨,并从多种路径出发,即立足于经典文本解读、经济学语境、思想史路径、人学视角对历史唯物主义进行了具体解读。分析和评价学术界已经取得的丰硕成果,对于我们推进历史唯物主义研究无疑具有重要的意义。

一、历史唯物主义研究的再度兴起

作为近年来学术界着重探讨的热点问题之一,历史唯物主义研究的再度兴起是由多重原因促成的。具体来说:

首先,对传统的历史唯物主义理解模式进行批判反思是促使历史唯物主义研究兴起的直接动因。自从历史唯物主义诞生以来,就一直处于不断的被理解当中,并由此形成了一部历史唯物主义的理解史。考察这部历史可知,其中存在着很多带有根本性缺陷的解读。较为典型的是第二国际理论家的机械化解读,即把历史唯物主义理解成"经济决定论"。但如果说"经济决定论"分享了传统形而上学的还原论思维方式,即企图在"经济"的基础上一劳永逸地解决所有问题,那么马克思通过自己的哲学革命所终结的恰恰是这种对待理论的非历史性态度。因此,正如科西克所说:"马克思主义不是把社会意识、哲学和艺术还原为'经济状况'的机械决定论"①。

　　另外一个典型是以斯大林教科书模式为主,并长期影响了我国理解历史唯物主义进路的"推广论"。该观点认为,马克思主义哲学可以平行地分成辩证唯物主义和历史唯物主义,前者主要是自然观,研究自然存在,而研究社会存在的社会历史观不在其中;后者主要是社会观,研究社会存在,而研究自然存在的自然观不在其中。对于两者关系,斯大林则提出了"推广论",即"历史唯物主义就是把辩证唯物主义的原理推广去研究社会生活,把辩证唯物主义的原理应用于社会生活现象,应用于研究社会,应用于研究社会历史"②。此种理解本身存在着无法自圆其说的根本性缺陷:第一,"推广论"的前提——辩证唯物主义世界观——本身不符合马克思思想,即辩证唯物主义世界观得不到马克思的文本支撑。第二,"推广论"的解释存在着逻辑上的问题。"推广论"以在历史观形成之前有一个一般性的辩证唯物主义世界观为前提,但既然是一般世界观,它就不可能不包括对历史的把握。因此,"推广论"解释实际上缩小了"世界观"的内涵。世界观应该是对整个世界的描述,而"推广论"视野中的世界观,即辩证唯物主义恰恰撇开了作为世界之重要组成部分的历史。正是在反思和批判传统的历史唯物主义理解模式的基础上,学术界对于到底应该如何理解历史唯物主义展开了广泛而深入的探讨。

　　其次,当今时代的变化发展是历史唯物主义研究再度兴起的根本动因。在《共产党宣言》的德文版序言中,马克思曾经指出:"不管最近 25 年来的情况发生了多大的变化,这个《宣言》中所阐述的一般原理整个说来直到现在还是完全正确的。某些地方本来可以作一些修改。这些原理的实际运用,正如《宣言》中所说的,随时随地都要以当时的历史条件为转移。"③这就明确地告诉我们,不能机械地对待历史唯物主义的原理。其根本原因在于,历史唯物主义本身不是外在于现实历史过程的纯粹理论构造,其本身就是对现实历史过程的把握,正如马克思所说:"在思辨终止的地方,在现实生活面前,正是描述人们实践活动和实际发展过程的真正的实证科学开始的

---

① 科西克:《具体的辩证法》,北京:社会科学文献出版社 1989 年版,第 86 页。
② 《斯大林选集》(下),北京:人民出版社 1979 年版,第 424 页。
③ 《马克思恩格斯选集》第 1 卷,北京:人民出版社 1995 年版,第 248 页。

地方。关于意识的空话将终止，它们一定会被真正的知识所代替。对现实的描述会使独立的哲学失去生存环境，能够取而代之的充其量不过是从对人类历史发展的考察中抽象出来的最一般的结果的概括。这些抽象本身离开了现实的历史就没有任何价值。"①所谓"抽象离开了现实的历史没有任何价值"无疑是说，历史唯物主义始终要求面向现实的历史过程从而获得丰富和发展。

从历史唯物主义的创立来看，其所面对的主要是刚从封建社会中脱胎而出的资本主义社会，自由竞争构成了这一社会的重要特征。但在19世纪后期，资本主义社会经历了一次形态上的转变，即从自由竞争转向了组织化的社会阶段，以福特制为基础的现代大工业生产取得了主导性的地位。到20世纪60年代，西方资本主义社会又经历了新的转变，以电子技术为主导的后组织化生产阶段登上了历史舞台。在这三个不同的阶段，资本逻辑都体现出各自的一些特征。这意味着我们不能再简单地以历史唯物主义直接面对当代历史，而应该在洞察当代社会的内在结构及其历史变迁的基础上对历史唯物主义作出新的阐释。同时，在这三个不同的阶段，西方社会的文化理念也发生了相应的变化。卢卡奇与法兰克福学派面对的是大工业生产的资本主义，而后马克思主义面对的则是60年代之后的后组织化资本主义社会。因此，我们必须揭示这种社会变化与文化理念变迁之间的内在关系。这既是历史唯物主义的内在要求，也是在当代发展历史唯物主义时必须加以探索的问题。如果从这个意义上来理解历史唯物主义和马克思的哲学理念，那么历史唯物主义的当代发展就能够充分借鉴各学科的研究成果。只有将这些成果纳入到我们的研究视野之中，我们才能真正地实现历史唯物主义的重新阐释，真正地以历史唯物主义的方法面对当代历史与文化。②

再次，国外学术界在反思、批判和重构历史唯物主义等方面不断推出新的成果，需要我们作出回应，并展开相应的理论研究。马克思恩格斯创立唯物史观之后，即不断面对和积极回应各种社会思潮（包括第二国际及其民主社会主义思潮）的挑战，列宁则在帝国主义理论、上层建筑对经济基础的反作用以及意识形态等方面推进和发展了历史唯物主义。西方马克思主义

---

① 《马克思恩格斯选集》第1卷，北京：人民出版社1995年版，第73—74页。
② 参见仰海峰：《重释历史唯物主义》，《光明日报》2010年1月5日。

兴起后,即试图基于现代资本主义的新变化,从社会结构、历史观、解放主体、意识形态及文化权力等各个方面修正和重构历史唯物主义,并奠定了西方马克思主义的基调。法兰克福学派批判性的社会理论传统,马尔库塞从现象学、精神分析以及人本主义方面对历史唯物主义基础的阐释,阿尔都塞的结构主义,萨特的存在主义及其人学,列斐伏尔的日常生活批判以及空间理论,则进一步扩展了西马有关历史唯物主义的研究传统。近30年来,基于西方马克思主义传统,同时也是对时代变化的回应,西方新马克思主义、分析的马克思主义、后马克思主义、马克思学、激进政治经济学、市场社会主义以及各种激进左翼理论纷纷崛起,在历史唯物主义方面展开了很多新的研究,如哈贝马斯有关交往行动理论及历史唯物主义的重建,吉登斯切入当代政治背景对历史唯物主义展开的批判,大卫·哈维基于地理学马克思主义而提出的历史—地理唯物主义以及新帝国主义思想,柯亨等分析马克思主义对马克思历史理论的分析,詹姆逊、安德森及汤普森等从文化批评、文化唯物主义、阶级理论以及社会史方面展开的历史唯物主义研究,拉克劳、墨菲、齐泽克等后马克思主义舍弃诸如生产、阶级以及革命等概念对历史唯物主义理论的重构,鲍德里亚基于符号政治经济学批判以及象征交换理论对历史唯物主义基本理论的消解和颠覆,奈格里等基于《帝国》及《多众:帝国时代的战争与民主》而展开的当代条件下的劳动及解放问题的研究,马克思主义经典著作及文献学研究方面的相关成果,等等。这些研究,近年来已纳入中国学术界的研究视域,但无疑还需进一步深化。[①]

二、世界观抑或历史观

正如所述,"推广论"理解模式实际上是将历史唯物主义视作为辩证唯物主义的一般"世界观"应用于历史领域的结果,因而其在性质上仅仅只是历史观,而在内容上则只是马克思主义哲学的一个组成部分。在反思此种理解的根本缺陷的基础上,许多学者认为历史唯物主义本身就反映了马克思的哲学革命,其本身应该就是马克思主义哲学世界观,但在具体论证上则存在着进路的不同。

---

① 参见邹诗鹏:《历史唯物主义研究何以复兴》,《光明日报》2010年1月5日。

　　首先,是从解释原则的根本变化来论证历史唯物主义的世界观地位。我们知道,恩格斯曾经将《关于费尔巴哈的提纲》指认为"包含着新世界观的天才萌芽的第一个文件",正因为如此,孙正聿认为探索马克思的"新世界观",应当把《关于费尔巴哈的提纲》作为研究的最重要的出发点,并指出提纲中的第一段话,即"从前的一切唯物主义……的主要缺点是:对对象、现实、感性,只是从客体的或者直观的形式去理解,而不是把它们当作感性的人的活动,当作实践去理解,不是从主体方面去理解。因此,和唯物主义相反,能动的方面却被唯心主义抽象地发展了,当然,唯心主义是不知道现实的、感性的活动本身的"①理论内涵是对马克思主义哲学革命即"新世界观"的自我揭示和自我澄清。具体来说,这段话反映了马克思主义哲学与"从前的一切唯物主义"在解释原则上的根本差异,即从以"直观"的方式解释人与世界的关系转变为"在人的实践中以及对这个实践的理解中"来回答人与世界的关系,并由此也超越了全部的唯心主义哲学以"抽象"的方式解释人与世界的关系。鉴于此种认识,孙正聿认为,"历史唯物主义"是把"历史"作为解释原则或"理论硬核"的唯物主义,而不是把"历史"作为研究领域或解释对象的唯物主义。② 同时,这种以"历史"作为解释原则的"历史唯物主义"蕴藏着"辩证法",即"在'历史'的'过程'中,蕴涵并展现了人与世界的全部矛盾关系,并不断地实现了'人的尺度'与'物的尺度'、'合目的性'与'合规律性'的统一,也就是人与自然、人与社会、人与他人、人与自我的矛盾运动中的统一","在马克思的'新世界观'中,'辩证法'和'唯物主义'是以'历史'为其解释原则和理论硬核而实现统一的"。③

　　其次,是从历史唯物主义所实现的本体论革命出发论证其世界观的地位。有学者认为,"马克思在存在论问题上最根本的突破及其贡献,就是把传统的哲学基本问题及思维与存在的关系问题,转换或提升为社会存在与意识的关系问题,并把社会存在决定意识确定为对哲学基本问题第一方面的解答——这正是历史唯物主义的第一条原理",正因为如此,"应当把马克思主义哲学标示为唯物史观或历史唯物主义"④。还有学者从《德意志意

---

① 《马克思恩格斯选集》第 1 卷,北京:人民出版社 1995 年版,第 54 页。
② 孙正聿:《历史唯物主义与马克思的新世界观》,《哲学研究》2007 年第 3 期,第 6 页。
③ 同上。
④ 邹诗鹏:《何以要回到历史唯物主义的研究范式?》,《哲学研究》2010 年第 1 期,第 31 页。

识形态》的文本解读出发,认为马克思建构了一种全新的本体论,即立足于人的感性活动,把自然理解为人的无机的身体,理解为人的感性活动的现实基础和现实境遇,把"事物、现实、感性""当作人的感性活动",从而抛弃了西方传统哲学中的实体抽象。在此基础上,得出以《德意志意识形态》为创立标志的历史唯物主义首先就是本体论的或者说世界观的建构,并基于这种新世界观逻辑地形成唯物主义的历史观。①

还有学者否认将历史唯物主义直接界定为马克思主义哲学世界观,但同意历史唯物主义的世界观意义。李荣海不同意孙正聿将"历史"作为解释原则的论证路径,认为这种解释否定了以"历史"作为研究对象的"历史唯物主义"的世界观意义。在他看来,马克思首先通过革命创造了历史唯物主义,即创造了以"历史"为对象的历史唯物主义,它构成了马克思哲学世界观的"基本结构"或"基本方面",正是从这个"基本方面"出发,才逐渐形成了对整个世界的唯物辩证的把握。从这个认识出发,他认为"历史唯物主义激活了辩证唯物主义的生命力,扩展了辩证唯物主义的涵盖、使用范围;历史唯物主义的产生是真正哲学世界观形成的一个重要条件"②。

立足于《德意志意识形态》中的论断,即"历史可以从两个方面来考察,可以把它划分为自然史和人类史","自然史……我们在这里不谈;我们需要深入研究的是人类史",陶富源认为,由马克思恩格斯创立的历史唯物主义是关于人类历史的唯物主义。在他看来,"无论就研究对象,还是就具体内容的展开来说,马克思历史唯物主义是关于人类历史的唯物主义,是立足于人类实践来揭示历史发展规律的科学的人类史观"③,历史唯物主义并非马克思的一般世界观理论。但由于"历史观不是关于历史的具体科学理论,而是关于历史的哲学理论,或曰世界观意义上的历史理论,是从社会历史角度或领域去揭示人与世界总体关系的理论"④,因此,它又含有马克思主义哲学世界观的意蕴。这种意蕴集中表现在以下三个方面:首先,历史唯

---

① 参见邓晓臻:《〈德意志意识形态〉的本体论建构意义》,《探索》2009 年第 5 期。
② 李荣海:《历史唯物主义的解释原则及其世界观意义》,《哲学研究》2007 年第 8 期,第 11 页。
③ 陶富源:《世界观·人类史观和历史唯物主义》,《马克思主义研究》2009 年第 6 期,第 107 页。
④ 同上文,第 108 页。

物主义关于现实的人的理论，不仅为历史唯物主义的自身展开提供了出发点，而且现实地展示了由自然、人、社会所构成的世界的系统联系；其次，历史唯物主义关于社会存在决定社会意识、社会意识反作用于社会存在的原理，不仅为唯物辩证地理解社会生活提供了理论根据，而且为科学说明存在决定意识、意识反作用存在的辩证唯物主义基本原理提供了具体论证和现实展示；再次，历史唯物主义关于社会发展是一个通过人的实践活动来实现的自然历史过程的理论，不仅深刻说明了人类社会的辩证发展，而且也从人类社会这个领域科学阐明了世界的总体过程。① 历史唯物主义的世界观意蕴决定了它并非是辩证唯物主义一般世界观推广应用的结果，实际情形是，二者具有产生上的"同时性"，"历史的真实是，辩证唯物主义与历史唯物主义的根本观点都是以实践为主导原则，在互为前提、相互支持中同时形成的"②。

　　与上述观点不同，也有学者认为历史唯物主义实质上就是历史观。段忠桥认为，解答什么是历史唯物主义的问题，必须要坚持一个前提，即"以马克思恩格斯本人的全部相关论述为依据，至少要以他们明确提到的那些相关论著为主要依据"③。以这个认识为前提，通过主要引用恩格斯的相关概述，段忠桥认为历史唯物主义的基本内容应该是人类社会的发展，其基本原理应该是"不是人们的意识决定人们的存在，相反，是人们的社会存在决定人们的意识"，其根本任务在于发现人类发展过程的运动规律，也即历史唯物主义就是将"历史"作为研究对象的"历史观"。冯景源提出了必须要从"市民社会"这个视角出发探讨"唯物史观"的形成。在他看来，"唯物史观"作为马克思创立的"新唯物主义"，它"与辩证唯物主义是两个截然不同的概念，二者既不能等同，也不能替代"。后者并非马克思恩格斯所制定的，而只是后来人的一种理解体系。对于其实质，冯景源指出："唯物史观是以市民社会为研究对象包括唯物论、辩证法和政治经济学在内的关于人类社会发展及其规律的科学。"④综上所述可知，学术界在关于什么是历史

---

① 参见陶富源：《世界观·人类史观和历史唯物主义》，《马克思主义研究》2009 年第 6 期。
② 同上文，第 110 页。
③ 段忠桥：《什么是马克思恩格斯创建的历史唯物主义?》，《哲学研究》2008 年第 1 期，第 3 页。
④ 冯景源：《辩证唯物主义并非唯物史观的"理论胚胎"》，《探索与争鸣》2007 年第 9 期，第 14 页。

唯物主义的问题上远未达成一致。

三、历史唯物主义的方法论意蕴

在传统的"推广论"理解模式中,由于历史唯物主义被视作为一般性的"辩证唯物主义"在社会历史领域运用的结果,其本身的方法论意蕴遭到彻底的掩盖。换句话说,在这种理解当中,历史唯物主义的形成是采用外在于它的方法的结果。随着学术界对"推广论"理解模式反思的深入,学者们普遍意识到这种理解的根本缺陷。颇具说服力的证明是,当法国唯物主义者和费尔巴哈采用这种"推广论"时,都无一例外地陷入了历史唯心主义。正如马克思恩格斯在论及费尔巴哈时所说:"当费尔巴哈是一个唯物主义者的时候,历史在他的视野之外;当他去探讨历史的时候,他不是一个唯物主义者。在他那里,唯物主义和历史是彼此完全脱离的。"①因此,历史唯物主义作为马克思哲学革命性变革的结果,其自身必然潜藏着独特的方法论意蕴,它构成了马克思能够"唯物主义"地把握社会历史的根本前提。

毋庸置疑,历史唯物主义属于"唯物主义",从而必然与唯心主义有着根本的区别。从方法论上来看,"唯物主义与唯心主义的对立就是各自在解释世界时,是从居于下位的基础条件出发,还是从居于上位的目的出发的对立"②。但是,一切旧唯物主义为什么毫无例外地陷入了历史唯心主义呢?至关重要的问题在于它们总是立足于自然领域来解释世界,即仅仅"对对象、现实、感性,只是从客体的或者直观的形式去理解,而不是把它们当作感性的人的活动,当作实践去理解"③。这种抽象的方法把感性客体从感性实践活动中抽拔出来,使其成为历史的抽象物,即超历史的永恒范畴,自然也就无法把握现实的历史过程。对于旧唯物主义总是将历史归结为自然,从而不可避免地最终陷入抽象和唯心主义的结局,马克思曾经明确指出:"事实上,通过分析来寻找宗教幻象的世俗核心,比反过来从当时的现实生活关系中引出它的天国形式要容易得多。后面这种方法是惟一的唯物

---

① 《马克思恩格斯选集》第1卷,北京:人民出版社1995年版,第78页。
② 王南湜:《认真对待马克思的"历史科学"概念》,《哲学研究》2010年第1期,第15页。
③ 《马克思恩格斯选集》第1卷,北京:人民出版社1995年版,第54页。

主义的方法,因而也是惟一科学的方法。那种排除历史过程的、抽象的自然科学的唯物主义的缺点,每当他的代表越出自己的专业范围时,就在他们的抽象的和唯心主义的观念中显露出来。"①

　　从学术界对这一问题的认识来看,它经历了一个逐渐深化的过程。首先是对历史唯物主义中"历史"的方法论意蕴的认识,较早的典型代表是孙伯鍨先生。在他看来,"在马克思主义哲学中,历史唯物主义范畴中的'历史'并不是通常所理解的时空范畴中的社会历史,而是把事物当做'过程'而不是当做'实体'来理解的辩证思维方法"②,即历史唯物主义首要的是研究历史的"历史主义方法"。邹广文则推进了对这一问题的认识。在他看来,历史唯物主义中的"历史"概念实际上具有双重内涵:一是作为对现实生活和社会发展的现实过程进行研究的"对象的历史";二是作为历史生成视野和历史生成分析方法的"方法的历史"。"相对于西方哲学传统而言,马克思哲学范式革命的核心恰恰在于,作为面向现实的批判精神的体现于彻底改造社会的科学方法论,其对历史的哲学反思始终立足现实社会生活和社会历史实践,用历史生成的视野和分析方法展开对人的本质的探讨,揭示出现实社会生活存在的内在矛盾以及资本主义时期无产阶级贫困的内在根源。"③既然如此,我们只有用历史唯物主义这一科学方法论审视现实社会关系的新变化,在发展中推进社会关系的逐步合理化,进而真正实现人和社会的全面和谐,才能真正找到马克思哲学走向当代的有效路径。

　　不难看出,上述学者主要是强调突出了历史唯物主义本身的方法论意义,或者说主要突出了历史唯物主义之"历史"的方法论意义。但如果说社会历史作为一种研究对象不是现成地摆在那里,它只有在一种合理的方法论视野中才能凸显出来,那么,挖掘历史唯物主义的方法论意蕴还必须深入探讨历史唯物主义作为一种方法与现实的社会历史之间的内在关系。

　　陶福源认为,肯定人类社会的历史性,同时也就是对历史解释原则的肯定。因为社会历史观与历史方法论是统一的。坚持这种统一也就意味着,掌握了人类社会的历史性用以解释社会事物,也就转化成了一种历史解释

---

① 《马克思恩格斯全集》第44卷,北京:人民出版社2001年版,第429页注释(89)。
② 孙伯鍨:《作为方法的历史唯物主义》,《河南大学学报》2001年第5期,第1页。
③ 邹广文等:《历史唯物主义中"历史"概念的双重内涵》,《清华大学学报》2007年第6期,第83页。

原则。换句话说,历史解释原则只是社会历史性的观点在认识功能上的一种体现。在这个意义上说,所谓历史解释原则也就是以社会历史性为基础和坐标的一种解释原则。它是把社会事物纳入具体的历史情境和历史运动中去加以解释的原则。所以列宁指出:"在分析任何一个社会问题时……把问题提到一定的历史范围之内",这是"马克思主义理论的绝对要求"。① 因此,不能像"解释原则说"那样,脱离社会历史的具体内容,脱离一定的生产方式以及受其制约的社会经济和文化的发展,去孤立地讲历史解释原则,即把历史唯物主义中的"历史"看成单纯的解释原则。如果是那样,也就消解了社会历史观与历史方法论的统一。不仅如此,这种脱离人类历史的所谓解释原则也就成了没有历史内涵的空洞抽象。总之,马克思历史唯物主义是科学的人类史观与科学的历史方法论的统一。那种脱离人类历史,对历史唯物主义概念中的"历史"作"历史性"或"历史解释原则"的抽象理解,在理论上只能是一种架空纤巧之举,无根附会之说,因而是立不住的,是没有意义的。② 正如马克思所指出的,就那些"从对人类历史发展的考察中抽象出来的最一般的结果的概括"来说,"这些抽象本身离开了现实的历史就没有任何价值"。③

吴晓明对此也进行了深入的探讨。在他看来,"历史唯物主义的真实核心,从而历史唯物主义作为历史科学方法论的根本要义就在于:充分而彻底地把握住客观的社会现实,并在此基础上来描述人类的历史运动,来理解各种各样的历史事变和历史现象,并内在地包含着具体化的实行——它必须或者通达或者成为历史学的实践本身"④。那么,历史唯物主义何以能够彻底地把握住客观的社会现实呢? 答案是:"关于社会现实的观点从一开始就不能不是总体性的观点",即孤立的历史事实只有被归结为总体时,才能获得对它的现实的认识,因此,对现实总体的把握具有方法论上的优先意义。而对于马克思来说,总体性的现实"乃是在人类的实际生活过程中感

---

① 《列宁全集》第 25 卷,北京:人民出版社 1988 年版,第 229 页。
② 陶富源:《世界观·人类史观和历史唯物主义》,《马克思主义研究》2009 年第 6 期,第 108 页。
③ 《马克思恩格斯选集》第 1 卷,北京:人民出版社 1995 年版,第 73—74 页。
④ 吴晓明:《作为历史科学方法论的历史唯物主义》,《中国社会科学》2008 年第 1 期,第 24 页。

性地生成的社会关系",它在结构上首先意味着作为人类社会之基本结构的生产关系,而历史的总体就是这种社会结构的不断发展和变化。在这个意义上,总体在方法论上的核心地位是与"经济的优先性"一致的,但这绝不是说历史唯物主义是"经济决定论",因为其中还有方法论的第三个层面,即具体化的路径和实行,即"在历史唯物主义的方法论中本质重要地包含着具体化的路径与实行,离开了总体的具体化,历史唯物主义就不能不在一方面蜕化为抽象的形而上学框架,在另一方面转变为同样抽象的经济决定论或经济还原主义"①。

王南湜则明确地提出了探讨二者之间关系问题的重要性,即"这一两重含义之关系问题,特别是两种含义基于何种原则的统一性问题,关涉马克思哲学革命的实质,关涉历史唯物主义之得以创立的根本性原则,即历史唯物主义何以可能的问题,因而是必须从马克思对旧哲学的革命性改造去考察辨明的"②。概而言之,以往的一切唯物主义之所以在把握历史上会陷入失败,关键在于其将自然的方法直接移植过来把握历史,而没有找到适合于历史特性的方法,即历史绝非某种现成的东西,其根本特性在于它是人类活动及其产物。通过改造黑格尔的精神辩证法,建立实践辩证法或历史辩证法,即将历史看做人与自然的交互否定、交互渗透过程,马克思实现了从"历史之内"客观的把握现实的历史过程。"正是历史唯物主义之为一种方法或解释原则,才使历史之唯物主义地作为研究对象得以可能。作为历史唯物主义之理论对象的社会存在,并不是直观地摆放在那里的,而是只有在这一理论方法的视野中才呈现出来的。"③这表明历史唯物主义之"历史"的双重意义具有内在统一性。

四、恩格斯与历史唯物主义

恩格斯与历史唯物主义的关系问题,反映的其实是马克思和恩格斯的学术关系问题。这个问题在传统的理解当中并没有凸显出来,在"一体论"

---

① 吴晓明:《作为历史科学方法论的历史唯物主义》,《中国社会科学》2008 年第 1 期,第 38 页。

② 王南湜:《历史唯物主义可以可能》,《学习与探索》2009 年第 5 期,第 47 页。

③ 同上。

的理解模式下,马克思和恩格斯被视为历史唯物主义的"共同"创始人。在历史唯物主义的具体理解中,人们既可以引用马克思的话语,也可以引用恩格斯的话语,两者不作区分地被视为历史唯物主义的共同性阐发。但是,近年来,这种"一体论"的理解模式遭到了挑战。究其原因大致上有两条:其一,国外马克思主义的冲击。例如,早期的西方马克思主义者卢卡奇、科尔施和葛兰西首先对恩格斯进行了激烈的批判,认为其思想从根本上歪曲了马克思主义。其二,受到近年来国内学术界要求"走近马克思"、"回到马克思"、"重读马克思"等诸如此类的口号的影响。总体上而言,重新审视恩格斯对历史唯物主义的贡献,反映了学术界对历史唯物主义研究的细化和深入。

　　总体上而言,学术界在反思"一体论"模式的基础上普遍认识到马克思和恩格斯在历史唯物主义理论方面的"差异",但是,大家对具体应该如何理解"差异"的性质却存在着分歧。这种分歧同时也导致了对恩格斯在创造历史唯物主义上有何贡献的不同理解。

　　俞吾金反对看待马克思恩格斯关系的"等同论"和"对立论",而提出了"差异论",认为"马克思和恩格斯虽然都把自己的哲学理解为历史唯物主义,但在对历史唯物主义的内涵及一系列具体问题的理解上存在着差异"①。具体来说,这些差异主要体现为:第一,哲学研究的出发点不同。马克思哲学的出发点是实践,而恩格斯则主张从对自然界的直观出发去探索问题。第二,对哲学发展的趋势理解差异。马克思认为哲学的使命是应该始终把实践作为自己考察的中心,而恩格斯则认为哲学会自然而然地导向纯粹的思维活动。第三,对自然的理解存在着差异。马克思始终把自然理解为一个社会范畴,而恩格斯则强调要考察自然自身的运动。第四,对自由的理解存在着差异。马克思是从本体论的视角,即人与人之间的生存关系出发去思索自由问题,而恩格斯是从认识论的视角,即人对自然的求知关系出发去思索自由问题的。② 总而言之,虽然恩格斯在一定程度上独立地参加了历史唯物主义的创立,但他的哲学思想和马克思之间存在着差异,却是一个不争的事实。在俞吾金看来,恩格斯不仅与马克思有差异,而且他"对

---

① 俞吾金:《马克思哲学研究中的三个问题》,《学术月刊》2006 年第 4 期,第 43 页。
② 参见上文。

马克思思想的'阐发'是有偏差的,甚至在某些重要的观点上错误地解释了马克思思想的本真含义"①。

承认差异无疑得到了学术界的普遍认同,但认为恩格斯对马克思的"阐发"存在着偏差甚至误解,从而近乎将两者对立起来的倾向则受到了广泛的质疑。段忠桥认为,马克思曾经明确地指出:"自从弗里德里希·恩格斯批判经济学范畴的天才大纲(在《德法年鉴》上)发表以后,我同他不断通信交换意见,他从另一条道路(参看他的《英国工人阶级状况》)得出同我一样的结果,当1845年春他也住在布鲁塞尔时,我们决定共同阐明我们的见解与德国哲学的意识形态的见解的对立,实际上是把我们从前的哲学信仰清算一下。这个心愿是以批判黑格尔以后的哲学的形式来实现的。"②这明确地指出了恩格斯不仅同是历史唯物主义的创立者,而且与马克思的见解完全一致。完全一致论无疑有夸大之嫌,但它凸显了马克思与恩格斯历史唯物主义见解上的本质一致性。

对此,马俊峰认为,马克思和恩格斯之间存在一定的差别是合乎逻辑的,但若将二人对立起来,即认为二者之间有本质的不同,既不符合事实,也没有什么真正的"文本"根据。就差异的性质而言,它只能是枝节性和技术性的,而不是根本性的。这首先体现在两人经常共同讨论一些问题以及马克思将整理其理论遗产的任务交给恩格斯来处理的现实实情。"即使从解释学的角度把恩格斯看做是马克思思想的第一个解释者,那么,如果说与马克思处于同一时代、关注着共同问题、共享着同一文化传统并进行着大量直接交流的恩格斯,对马克思思想的理解和解释都存在着根本性的误解,那么作为100多年后生活在另一种文化背景下的我们,有什么理由说我们的解释比恩格斯更接近于马克思的原意?"③马俊峰由此坚持认为,作为马克思实现的哲学革命最主要的标志、最核心的成果的唯物史观是马克思和恩格斯共同创立的,是他们的"共同见解"。

还有学者基于对"差异"的承认提出了马克思和恩格斯在创立历史唯

---

① 俞吾金:《重新理解马克思——对马克思哲学的基础理论和当代意义的反思》,北京:北京师范大学出版社2005年版,第453页。

② 《马克思恩格斯选集》第2卷,北京:人民出版社1995年版,第33—34页。

③ 马俊峰:《历史唯物主义的当代解读应注意的三个问题》,《哲学研究》2008年第9期,第27页。

物主义上的"分担论"。夏凡认为,在阐发历史唯物主义基本原理的《德意志意识形态》第一章,即"费尔巴哈"中,马克思和恩格斯在历史唯物主义的理解上的确存在着差异。首先,两人对"共产主义"的理解不同,恩格斯侧重于描述共产主义的"状况",而马克思则重在强调了实现这一状况的前提条件。其次,两人对分工的理解不同。恩格斯偏向于把"分工"理解为"所有制"(实际上是私有制),把"消灭分工"理解为单纯的无产阶级革命,消灭私有制,建立公有制;马克思则认为消灭分工不只是消灭所有制、夺取政权的革命问题,而首先是在生产力发展和世界市场的基础上形成的普遍交往和世界历史。再次,马克思和恩格斯关于分工理论的不同思路体现了两者超越异化论哲学的不同超越路径,并由此体现了两者走向历史唯物主义的不同道路。具体来说,恩格斯试图从分工的自然形成开始说明各种所有制形式的更替,带有经验主义乃至进化论的色彩,可以说是"历史经验论"的思路。而马克思从分工的不断发展出发,认识到单个人的活动的联合力量反倒成为支配他们异己的力量,遮住异己的力量只有通过生产力的进一步发展和普遍交往的进一步扩大才能被人掌控,这可以说是"历史本质论"的思路。虽然是两条不同的思路,但两者却水乳交融,"其中不但有马克思影响恩格斯的情形,也有恩格斯影响马克思的情形"①。

不难看出,在反思批判理解马克思和恩格斯之学术关系的"一体论"模式的前提下,学术界普遍承认虽然马克思和恩格斯在创立和理解历史唯物主义上存在着一定的"差异",但两人在理论主体上有着本质性的一致。在此基础上,有学者还对恩格斯在马克思之后阐发和发展历史唯物主义上的重要贡献进行了深入的研究。具体来说包括:第一,恩格斯论述了经济条件是历史发展的基础,在根本上起决定作用,但是,影响历史进程的原因是"一切因素间的相互作用",破除将社会形态演进简单地直接归结于经济原因的公式主义错误;第二,对经济运动与国家权力二者对历史发展作用的相互关系作出了辩证的阐释;第三,论述了意识形态的反作用;第四,明确阐明了历史内在规律的必然性与历史事件的偶然性之间的关系。②

---

① 夏凡:《恩格斯对创立历史唯物主义的贡献》,《中共天津市委党校学报》2009 年第 4 期,第 9 页。

② 参见陈其泰:《恩格斯晚年对唯物史观理论的重大贡献》,《陕西师范大学学报》2009 年第 1 期。

五、历史唯物主义的多种研究路径

自从历史唯物主义创立以来，它就一直处于不断地被理解当中，由此形成了一部丰富的历史唯物主义的理解史。究其原因在于，它乃是历史唯物主义精神的本质要求。历史唯物主义变革旧哲学的关键在于要求理论从天上回到人间，即要求始终面向现实，始终随着现实的不断变化而丰富和发展它的内容。正是鉴于历史唯物主义的这种内在要求，国内学术界普遍提出了重新理解历史唯物主义的要求，并提出了多种理解的路径。

（一）立足于经典文本理解历史唯物主义

立足于经典文本来理解历史唯物主义，首要的是回到马克思的文本。这也是近年来学术界提出的"回到马克思"口号的根本目的。而之所以如此，主要原因在于马克思是历史唯物主义的主要创立者、"第一提琴手"。对此，恩格斯曾经作了反复的说明："我不能否认，我和马克思共同工作40年，在这以前和这个期间，我在一定程度上参加了这一理论的创立，特别是对这一理论的阐发。但是，绝大部分基本指导思想（特别是在经济和历史领域内），尤其是对这些指导思想的最后的明确的表述，都是属于马克思的。"①而既然马克思是历史唯物主义主要创立者，特别是他对这一思想作了"最后的明确的表述"——这些表述构成了马克思的文本，那么，理解它的首要前提当然是应该回到马克思的文本本身。

而从历史唯物主义的理解史来看，强调回到马克思本人的文本还有其特有的历史意义。长期以来，我们主要是立足于马克思文本之外的苏联模式的哲学教科书体系或其改良型版本来理解历史唯物主义的。不可否认，这种理解取得了一定的成效。但是，从解释学的视角来看，苏联模式的教科书体系或其改良型版本本身带有很多当时苏联学者，特别是斯大林"成见"的影响；而就实际情况来看，其本身也的确有很多根本的缺陷。对此，王东在其《马克思学的新奠基——马克思哲学新解读的方法论导言》一书中曾经作了概括，即它们存在着简单化、贫乏化、教条化、僵化

---

① 《马克思恩格斯选集》第4卷，北京：人民出版社1995年版，第242页注释1。

的特征。① 张一兵则认为，"苏联和中国的哲学教科书只是马克思哲学新视界在特定历史条件下的特定产物（我将其称之为'传统哲学解释框架'）。它的形成和存在自有它一定的历史合理性。可是一旦这种历史合理性僭越为永恒真理，它的使命也就终结了"②。回到马克思本人的文本，无疑有助于我们清理由于依赖于苏联模式的马克思主义而带来的消极影响。

　　当然，强调首先要立足于马克思的文本来理解历史唯物主义，并不是要将恩格斯的文本完全排斥在外。正如上文所说，虽然马克思和恩格斯在创立历史唯物主义的过程中所起的作用不同，两人在理解历史唯物主义的进路上存在着差异，但不能否认的是，恩格斯对历史唯物主义的阐释对于我们全面而准确地理解历史唯物主义无疑具有重要的作用。正因为如此，有学者批判那种"只以马克思的文本为依据，而将恩格斯的文本排斥在外"的做法，认为这样势必会抹杀恩格斯在创立和阐发历史唯物主义中的不可或缺的作用。③

　　回到马克思的文本必须回到马克思的文本整体。在解读马克思的文本的过程中，由于片面地回到马克思的某些文本而导致误解历史唯物主义的情况屡屡发生。从西方马克思主义的发展来看，将历史唯物主义解读为人道主义以及将历史唯物主义解读成科学主义从某种程度上都是片面选择文本的结果。这种片面性较为突出地体现在结构主义的马克思主义者阿尔都塞身上。对此，费彻尔曾经指出：为了他所认为的马克思的"科学形象"，"阿尔都塞一直被迫把促使'成熟的'马克思与'尚未成为马克思主义者的青年马克思'割裂开来的'认识论断裂'向后推延，最终只有《哥达纲领批判》和关于瓦格纳的批判被认可是对马克思科学的贴切表述。连《资本论》（尤其是第一卷）中明显的黑格尔主义痕迹也令阿尔都塞苦恼不已"④。

　　因此，为了准确而全面地理解马克思主义，即如有的学者所说的，为了"再现一个概念清晰、逻辑严谨、完整系统的历史唯物主义理论体系的过程，也就是对马克思恩格斯的相关文本进行逻辑和语言分析，进而澄清历史

---

　　① 参见王东：《马克思学新奠基——马克思哲学新解读的方法论导言》，北京：北京大学出版社 2006 年版，第 68—77 页。

　　② 张一兵：《回到马克思》，南京：江苏人民出版社 2003 年版，第 711 页。

　　③ 参见段忠桥：《重释历史唯物主义的缘由、文本依据和方法》，《哲学研究》2008 年第 9 期。

　　④ 费彻尔：《马克思与马克思主义》，北京：北京师范大学出版社 2009 年版，第 52 页。

唯物主义各基本概念的确切含义、各基本原理的内在逻辑以及这些原理间的相互关系的过程"①，就必须立足于马克思（包括恩格斯）的文本整体。对此，马克思也曾明确地指出了自己著作的"整体性"特征，他说道："不论我的著作有什么缺点，它们却有一个长处，即它们是一个艺术的整体；但是要达到这一点，只有用我的方法，在它们没有完整地摆在我面前时，不拿去付印。"②虽然《关于费尔巴哈的提纲》预示着马克思的新世界观的诞生，但这不代表马克思的早期著作对我们理解马克思成熟时期的历史唯物主义思想就没有任何帮助。实际情形是，马克思终生从事的事业是为了从根本上改造现实世界，以实现整体人类的最终解放，而这一人文关怀的维度贯穿于马克思的思想始终。而通过阅读早期著作（其中的人文关怀维度被表达得更为明显，虽然是立足于人本主义的根基）无疑对于阅读后期著作，从而更为全面地把握历史唯物主义思想具有重要的意义。对此，费彻尔指出："只有在早期文章的启示下，成熟时期的著作才能被恰当地认识。"③

回到经典文本无疑是为了更好地把握历史唯物主义的形成过程及其主要内容，但我们不能以此为根本归宿。从解释学的立场看来，回到经典文本坚持的是纯粹客观主义的立场，其后果最终可能从根本上抹杀理论应有的作用。不能否认，理解文本本身就属于一种理论研究，它本身固然有一定的价值，但其应该能够对实践起到应有的指导作用。而为了真正发挥历史唯物主义的指导作用，就"既不是简单地把文本（理论）直接应用于实践（现实），也不是把实践（现实）作为文本（理论）的注脚，用以证明文本（理论）的真理性，而是以'问题'为中介，在文本与实践的相互诠释中，让历史性的文本融入当代性的实践中，生成着新的意义"④。对此，国内有学者明确指出："文本解读只是我们把握马克思主义哲学精神实质的一种途径、一种基础性工作，因而本身就有着自己特定的界限以及相应的局限性。尤其应该看到，马克思主义哲学作为'改造世界'的哲学，作为一种随着实践和科学的发展而永远开放着的哲学，其本真精神和活的灵魂并非自足地存在于既

---

① 段忠桥：《重释历史唯物主义的缘由、文本依据和方法》，《哲学研究》2008 年第 9 期，第 23 页。

② 《马克思恩格斯全集》第 31 卷，北京：人民出版社 1972 年版，第 135 页。

③ 费彻尔：《马克思与马克思主义》，北京：北京师范大学出版社 2009 年版，第 51 页。

④ 彭启福：《理解之思——诠释学初论》，合肥：安徽人民出版社 2005 年版，第 243 页。

有的文本之中,而是存在于与时代的相互作用、相互发明之中,存在于指导人们群众的革命性实践并不断实现自身的改革和创新之中。假如我们过分强调原始文本的权威性,似乎马克思主义哲学就存在于原始文本中,判断一种观点是不是属于马克思主义的标准就在于有没有'文本依据',那就容易导致封闭化和学院化。这种思路实质上也属于'本本主义'或'原教旨主义'。"①对于回到文本与理论创新的关系,张一兵曾经作出非常精辟的概述,在他看来,"我们不得不首先历史地回到马克思!我们必须从真实的马克思主义哲学经典文本开始,从马克思主义哲学真正的内在理论逻辑开始。我们要正本清源。当然,我们回到马克思,也并不是回到马克思的书本,也不是简单地重复马克思的原话,我们是背负着今天时代的一切思想成果与马克思的逻辑视界历史地融合在一起的。我们回到马克思,既是要寻着一个真实的起点,同时也要以今天最新的社会实践和自然科学成果丰富和发展马克思主义"②。

(二)经济学语境中的历史唯物主义研究

我们知道,在巴黎期间,马克思通过历史研究,获得了关于阶级和阶级斗争的认识;然而决定历史本质的最终根源还没有找到。已有的经济学知识告诉马克思:"对市民社会的解剖应该到政治经济学中去寻求"③。从某种程度上说,此种研究路径主导了马克思此后的学术方向。这无疑提醒我们,经济学研究和经济学知识是历史唯物主义形成的重要基础,既然如此,从经济学语境出发研究历史唯物主义本身就符合历史唯物主义的生成机制。正如唐正东所说:"马克思超越近代形而上学哲学的关键在于,他从现实社会生活的内部重新给哲学提供了一种新的生成机制。从根本上说,马克思的哲学并不是支撑他思考像人、自由等抽象话题时的哲学思想,而是支撑他思考以现实经济问题为核心的社会生活问题时的哲学思想。"④我们知道,马克思哲学与以前的一切旧哲学的根本区别就是要求面向历史现实,即要求从"人间"上升到"天国"。这决定了马克思的哲学话语不再是从抽象

①　马俊峰:《历史唯物主义的当代解读应注意的三个问题》,《哲学研究》2008 年第 9 期,第 26 页。

②　张一兵:《回到马克思》,南京:江苏人民出版社 2003 年版,第 713 页。

③　《马克思恩格斯选集》第 2 卷,北京:人民出版社 1995 年版,第 32 页。

④　唐正东:《从斯密到马克思》,南京:江苏人民出版社 2009 年版,"作者的话"第 1 页。

概念到抽象概念的纯粹逻辑演绎,实际情形是,"马克思哲学中的任何概念其实都是与丰富的现实社会历史内容相联的,从严格的意义上说,它并不是从一般性概念,而是从这些概念所蕴涵的现实社会内容出发来建构其自身内容的"①。也就是说,现实的社会历史过程以及其中的关系的分析是马克思构筑哲学思想的基础。而"现实社会历史关系的分析不可能离开经济学的理论视域,因为,人们的经济活动无疑是其社会历史活动的基础和本质,因此,我们在解读马克思哲学时,应该把解读思路推进到这样的层次:尽管马克思早期的哲学思想的确是从西方近代主流哲学,尤其是德国古典哲学中承继而来的,但真正代表他成熟时期的观点的,或者说,那些真正属于他自己的哲学思想,其实是从分析以经济关系为主的社会历史关系中得出的。也就是说,成熟的马克思的哲学思想,从基本的方面来说,其实就是他研究经济问题时的哲学思想"②。

我们还可以从马克思一生的学术研究过程,来看经济学研究在马克思哲学思想形成过程中的基础性地位。据张一兵统计,自马克思1842年下半年开始第一次涉足经济学研究起,经济学内容就始终在他中后期的学术研究中占到了70%以上的地位,到晚年这一比例甚至高达90%。1846年以后,对于作为马克思主义创始人的马克思来说,纯粹的哲学和科学社会主义研究,在独立的意义上根本从来没有存在过。正是通过对资产阶级政治经济学经典作家的文本解读,马克思认识到经济学所面对的种种状况正是当时的社会现实。用恩格斯的话说,在那时,经济就是唯一的现实。所以,从客观历史现实出发,首先要完成的便是对经济学的深入理解,也只有弄清这一主导性研究本身的真实历程,才能从根本上明白过去那种"纯而又纯"的哲学和科学社会主义发展线索的真实基础。③

通过经济学语境的解读,近年来学术界在历史唯物主义的研究上取得了卓越的成果。其中较为典型的是唐正东的《从斯密到马克思》一书。在这部著作中,唐正东首先从历史的角度深刻揭示了古典经济学的历史观和哲学方法,分析了古典经济学从斯密到德国历史学派经济哲学方法的合理

---

①　唐正东:《从斯密到马克思》,南京:江苏人民出版社2009年版,"导论"第2页。

②　同上书,"作者的话"第3页。

③　参见张一兵:《马克思哲学的当代阐释——"回到马克思"的原初理论语境》,《中国社会科学》2001年第3期。

因素及其历史局限性,以及古典经济学的哲学方法与马克思经济哲学方法之间复杂的历史关系,同时深刻地揭示了马克思哲学与经济学发展的内在的、历史的关联性,指出马克思的哲学发展与经济学的发展是同步进行和同步成熟的,得出了"马克思的经济哲学就是马克思的哲学"①的结论。就具体理解马克思思想发展的理论进程而言,唐正东基于严格的文本分析,详尽论述了其中的复调逻辑问题,即"马克思哲学思想的发展表现为从刚开始的实证历史主义和抽象历史主义的复调式的哲学思路,发展到1845年以后的后一条思路的退却和前一条思路的上升"②。具体来说,他认为,在《1844年经济学哲学手稿》中,"支撑马克思此时经济学思考的经验实证主义和抽象的人本主义哲学思想都是马克思此时的哲学",而与之相配套的"是一种经验历史主义的哲学思路"。③ 到了1845年,马克思创立了"广义历史唯物主义",但在他看来,这种唯物主义实际上还是经验论唯物主义,因为虽然此时社会关系已经成为马克思理论话语的中心,但此时马克思并不能科学地理解社会关系的内涵,而只是在一般物质条件的生产与再生产的角度,在经验描述的层面上把生产关系理解为一般的人与人之间的交换、交往关系。④ 直到《1857—1858年经济学手稿》和《资本论》,历史唯物主义才得到系统的阐发并最终完成。可以说,唐正东的这个论断在一定程度上颠覆了长期以来我们对马克思哲学思想发展史的理解,从而为我们重新解读马克思的思想开辟了一个新的视角。

此外,通过对"生产力"范畴的历史嬗演的"经济学—哲学"考察,王峰明得出了与唐正东相似的结论。在他看来,在马克思生产力范畴和理论的历史嬗变中,《德意志意识形态》和《致安年柯夫的信》具有极为重要的意义。受英法社会主义经济学家思想的激发,马克思不仅赋予生产力以全新的思想内涵,而且由此出发,对人、社会存在和历史发展的本质和规律作了历史唯物主义的阐释,从而彻底翻转了旧哲学历史观的认识原则和理论逻辑。然而,作为一种"思维抽象",它虽然已不再像《1844年经济学哲学手稿》和《评李斯特》中那样,仅仅停留于"感性具体"的表面的直观,但也尚未

---

① 唐正东:《从斯密到马克思》,南京:江苏人民出版社2009年版,第429页。
② 同上书,第266页。
③ 同上书,第280页。
④ 参见上书,第340—361页。

达到对生产力在现实社会中特别是在资本主义社会中的具体的历史的发展的理解和把握。实现向"思维具体"转变的任务是在《资本论》及其手稿中完成的。①

　　从经济学语境理解历史唯物主义具有重要的理论意义,它开显出了历史唯物主义的现代性批判意蕴。我们知道,从目标上来看,马克思终其一生所进行的理论思考都是为了批判以资本主义为特征的现代社会,实现整个人类的解放。因此,虽然从话语体系上来看,马克思没有直接使用过"现代性"这一概念,但其理论中毫无疑问包含着对现代性的间接性"诊断"以及以此为基础的"现代性"批判。从这个角度来看马克思哲学可以发现,伴随着以《关于费尔巴哈的提纲》的诞生为标志的"新唯物主义"即历史唯物主义的产生,马克思形成了一条批判"现代性"的独特路径,即对现实世界进行彻底的改造。正如马克思所说:"实际上,而且对实践的唯物主义者即共产主义者来说,全部问题都在于使现存世界革命化,实际地反对并改变现存的事物。"②但是,要想真正实现对现实世界的改造,首先就必须在理论上把握现实,而经济恰恰构成了现代的真正的现实。正如科西克所说:"到了19世纪,至上的实在不再以超验的上帝(即关于人与自然的神秘化观念)的身份在天国实行统治;而是下降到地上,以超验的'经济'(即拜物教化的人类物质产品)的身份实行统治。"③那么,这种"现实"到底是如何形成的,如何才能实现对其的根本性改造? 正是基于对这些问题的回答,马克思的历史唯物主义真正具备了现代性批判的意蕴,同时也构筑了对现实历史的真正科学的把握。对此,科尔施曾经指出:"关于'商品的拜物教性质及其秘密'的研究,不仅包含了马克思的政治经济学批判的核心,从而也同时包括了《资本论》中含有的全部理论的核心以及对整个唯物主义社会学说的理论与历史的观点最明确和最精辟的表述。"④

　　对于历史唯物主义的现代性批判意蕴,有学者明确指出:"经济学构筑

---

　　① 参见王峰明:《生产力范畴的历史唯物主义提升——马克思生产力理论历史嬗变的"经济学—哲学"考察之二》,《教学与研究》2009年第6期。
　　② 《马克思恩格斯选集》第1卷,北京:人民出版社1995年版,第527页。
　　③ 科西克:《具体的辩证法》,北京:社会科学文献出版社1989年版,第85页。
　　④ 科尔施:《卡尔·马克思:马克思主义的理论和阶级运动》,重庆:重庆出版社1993年版,第89页。

了人类历史上最宏大的现代性叙事结构,经济学派批判则是历史唯物主义的深层主线,因而以经济学批判为主线的现代性批判是历史唯物主义最本真的理论视域。经济学、现代性与历史唯物主义三者之间的这种特殊关系,赋予马克思现代性批判以独树一帜的理论品格。"并认为,"货币、资本和生产是架构三者关系的概念桥梁,它们既是经济学建构现代性叙事的支柱概念,又是历史唯物主义开展现代性批判的基础概念"。① 而如果说后现代的某些学者力图通过歪曲这些概念,并最终将历史唯物主义视同为政治经济学和资本主义现代性的共谋,那么基于经济学语境的历史唯物主义则显得更为迫切和重要。

　　不仅如此,从经济学语境出发研究历史唯物主义,还事关对马克思主义内在整体性特征的把握。我们知道,在传统的马克思主义哲学研究当中,马克思主义被切分为哲学、政治经济学和社会主义三个板块,这不仅造成了马克思思想整体性特征的消失,而且也使我们无法真正理解马克思的文本所展示的思想深度。正如张一兵所说:"在我们传统的马克思主义理论研究中,过分硬化了马克思主义理论子系统之间的边界。这也就是说,在马克思理论研究的真实进程中,他的哲学、经济学和社会历史现实批判(科学社会主义)是一个完整的始终没有分离的整体,各种理论研究相互之间是渗透和包容的关系。所以,我们对马克思的经济学研究不理解马克思的哲学观点不行,哲学分析完全离开马克思的经济学研究也同样不行,这两种研究脱离了马克思批判资本主义的现实目的更不行。"②而从经济学语境出发研究历史唯物主义可以发现,马克思主义的哲学、政治经济学和社会主义三者本身呈现为一种有机的内在联系。正如有学者所说:"当以政治经济学批判与历史唯物主义的内在关系为主线进行研究时,可以发现历史唯物主义的历史性思想是马克思政治经济学批判的理论基础。只有理解了马克思的政治经济学批判才能理解他对从政治经济学出发的社会主义思潮的批判,从而从根本上揭示马克思思想中这三大组成部分的内在关联。"③

(三)从"思想史"路径出发研究历史唯物主义

　　在《社会主义从空想到科学的发展》一书中,恩格斯曾经指出:"我们德

---

① 张学魁:《经济学、现代性与历史唯物主义》(上),《人文杂志》2009 年第 5 期,第 1 页。
② 张一兵:《"回到马克思"的原初理论语境》,《中国社会科学》2001 年第 3 期,第 29 页。
③ 仰海峰:《政治经济学批判中的历史唯物主义》,《中国社会科学》2010 年第 4 期,第 4 页。

国社会主义者却以我们不仅继承了圣西门、傅立叶和欧文,而且继承了康德、费希特和黑格尔而感到骄傲。"① 虽然恩格斯并没有完全概述马克思主义哲学的历史来源,但它至少启示我们,马克思主义哲学是在批判继承前人的思想资源的基础上形成的。伯尔基在《马克思主义的起源》中认为,马克思主义哲学实际上还受到了古希腊—罗马的古典思想、基督教传统乃至18世纪末兴起的浪漫主义的滋养。在他看来,离开西方古典和西方传统思想,便无法贴切地理解马克思。② 这就启示我们一条理解历史唯物主义的重要路径,即将其纳入整个西方背景和西方哲学史的发展轨迹中加以考察。用张盾的话说,就是"往前做"。在他看来,这一研究对解读马克思来说至关重要,因为"这条思想史之路相对岑寂,研究者和论著的数量都少,更主要是因为我们在这个方面的研究工作总体上质量不高:至今我们对马克思学说的思想史渊源的理解,无论广度还是深度实际上都非常有限,而这一研究本质上对于解读马克思来说,恰恰是更艰难和更重要的"③。

对于思想史路径的合理性和意义,有学者指出:它"可以开启理解马克思哲学的有效视域,在思想上脉络中准确厘定马克思哲学的重要概念和基本思想,勾勒出马克思与其他思想家的思想关联,从而能够更加真切地切入当下的时代,进而使马克思哲学的当代性得到真实的呈现"④。具体来说体现在:第一,在思想史路径中,我们能够用思想史的内在一贯的逻辑洞悉马克思哲学中的"无意识"部分,在思想的关联中激发理论的想象力;第二,在思想史路径中,我们可以对马克思哲学中的重要概念作出更为清晰的区分,从而使马克思主义哲学更趋完善;第三,在思想史的路径中,我们可以看到思想家与思想家的巨大差异,这些思想的相互攻错在思想史路径中可以展现在当代人面前,使我们的思考充满了悖论式的张力。⑤

正如上文所说,马克思的思想受到了启蒙哲学的滋养,因此,考察历史唯物主义与启蒙哲学之间的关联应该成为思想史路径的重要内容。但是,

---

① 《马克思恩格斯选集》第3卷,北京:人民出版社1995年版,第692页。

② 参见伯尔基:《马克思主义的起源》,上海:华东师范大学出版社2007年版。

③ 张盾:《马克思哲学研究的思想史路径》,《哲学研究》2010年第1期,第23页。

④ 张梧:《从思想史路径把握马克思哲学的可行性研究》,《福建论坛》2007年第5期,第53页。

⑤ 参见上文。

纵观近年来国内学术界的研究，这方面的成果甚少，仅仅是围绕某个具体人物的思想与历史唯物主义的关系作了初步的考察。例如，有学者考察了马克思与马基雅维利之间的关联，认为"借助于政治哲学家斯特劳斯的观点，我们可以在'现代性'这一思想谱系中勾连马基雅维利和马克思"①。还有学者认为，维柯的学术思想是历史唯物主义的主要精神资源之一，主要有：历史和逻辑有机统一的方法论原则，人自己创造自身历史的观点，阶级斗争是历史发展动力的思想，以及其他诸多历史唯物主义性质的洞见。关注维柯其人，研究其思想，历史唯物主义的起源史将会被重写。②

　　学术界从思想史路径理解历史唯物主义集中在探讨历史唯物主义与德国古典哲学之间的关系上。首先是历史唯物主义与整个德国古典哲学之间的关系。我们知道，马克思恩格斯创立历史唯物主义理论的根本目的就是批判资本主义社会，实现人的自由而全面的发展。对此，马克思在《共产党宣言》中指出："代替那存在着阶级和阶级对立的资产阶级旧社会的，将是这样一个联合体，在那里，每个人的自由发展是一切人的自由发展的条件。"③可以说，自由精神贯穿于马克思思想的始终，是马克思主义的基本精神。而从这一思想的来源看，则主要是继承了德国古典哲学的传统。对此，有学者指出："从价值视角看，马克思主义哲学在继承德国古典哲学的辩证法和唯物主义的同时，还继承了德国古典哲学的自由传统和自由精神。"④

　　德国古典哲学为人类文明所作出的一个重要贡献是对人类历史的思辨考察，它创立的以人为中心的历史观，"包含了丰富的辩证法思想和合理的现实内容，为科学解决人的问题、创立唯物史观奠定了理论基础，是马克思主义唯物史观的直接理论来源"⑤。不仅如此，德国古典哲学中全面包含着历史唯物主义得以创立的酵素。对此，俞吾金作了较为全面的概述。在他看来，在马克思的理论视野中，人、市民社会、实践、自在之物、历史意识和自

　　① 张梧：《从思想史路径把握马克思哲学的可行性研究》，《福建论坛》2007年第5期，第54页。

　　② 参见宫敬才：《维柯与历史唯物主义》，《河北学刊》2009年第1期。

　　③ 《马克思恩格斯选集》第1卷，北京：人民出版社1995年版，第294页。

　　④ 许全兴：《马克思对德国古典哲学自由精神的继承和发展》，《中共中央党校学报》2005年第3期，第20页。

　　⑤ 侯一夫：《马克思主义唯物史观的理论源头》，《黑龙江社会科学》2008年第1期，第50页。

由等问题构成了德国古典哲学的基本遗产,它们是马克思哲学得以创立的不可或缺的理论前提。正因为如此,"对马克思哲学本质的理解,在某种意义上取决于我们对德国古典哲学遗产的解读","只有通过对德国古典哲学遗产的重新解读,充分揭示出这一遗产的丰富内涵,马克思哲学的本真精神可望得到恢复"①。

其次是历史唯物主义与德国古典哲学家的关系。学术界的探讨主要集中在马克思与康德、黑格尔和费尔巴哈的关系上。其中,马克思与黑格尔的关系尤为突出。

第一,马克思与康德。王南湜认为,"马克思批判地继承了康德哲学的若干基本元素,因而,康德哲学对于纠正对马克思哲学的黑格尔主义阐释,达成对马克思哲学的一种更为合理的理解,有着极其重要的意义"②。为了证明这个观点,他首先通过简单比较康德与黑格尔,认为康德哲学当中有着黑格尔哲学所不具备的三个基本元素,即:"理性的有限能动性";"基于理性的有限能动性而对于思维与存在问题的二元论解决方式,即对于思维与存在同一性的有限肯定";"对于本体与现象、超验与经验、理性与知性、理论理性与实践理性、理想与现实的严格界分"。③ 而这三者都在马克思哲学当中得到了一种"有限"的继承和体现。

第二,马克思与黑格尔。有学者认为,由马克思创立的唯物史观是对贯穿于整个历史哲学中的两个问题的回答,这两个问题是:其一,历史自身是否有内在的发展方向;其二,人在历史中的能动性的发挥及其限度。唯物史观对它们的回答尤其继承了黑格尔哲学的两大精神内核,即理性主义和辩证法,"前者使历史具有了既定的发展方向,后者则将人的能动性注入其中"。同时,二者之间又存在着根本的差别,即"一个是世界精神(理性)自身,另一个则是人的现实的生产活动(实践)"。唯物史观的此种批判继承性体现了"它是西方历史哲学固有思路的发展和集中体现"。④

---

① 俞吾金:《论马克思对德国古典哲学遗产的解读》,《中国社会科学》2006 年第 2 期,第 22 页。

② 王南湜:《我们能够从康德哲学学些什么》,《学海》2009 年第 6 期,第 28 页。

③ 同上文,第 29 页。

④ 夏莹:《论唯物史观的精神内核——一项基于历史哲学的考察》,《江西社会科学》2005 年第 8 期,第 42 页。

世界历史概念是历史唯物主义的重要概念之一，也是马克思从黑格尔那里所继承的重要思想资源。黑格尔在现实历史之上理解世界历史，即通过"精神"的辩证运动来把握历史的本质，把世界历史理解为"精神"在时间里的发展和在现实中的实现。虽然黑格尔的这种理解是一种思辨唯心主义的理解，但其中包含着合理性的因素，即历史是一个合理性的从而也是可以被理解的过程。这一点无疑为马克思所继承。只是，马克思拒绝了黑格尔加于历史的抽象思辨形式，要求在现实的历史之内理解世界历史。①

围绕马克思与黑格尔的关系探讨最多的恐怕还是辩证法问题，即马克思的历史辩证法是如何批判继承黑格尔理性辩证法的。对此，以教科书为典型代表的传统理解采用"颠倒"的说法，即认为马克思历史辩证法批判黑格尔理性辩证法的关键是将黑格尔中作为"实体—主体"之统一的"理性"颠倒为"物质"。而当马克思指出"我的辩证方法，从根本上来说，不仅和黑格尔的辩证方法不同，而且和它截然相反。在黑格尔看来，思维过程，即他称为观念而甚至把它变成独立主体的思维过程，是现实事物的创造主，而现实事物只是思维过程的外部表现。我的看法则相反，观念的东西不外是移入人的头脑并在人的头脑中改造过的物质的东西而已"②时，也的确造成了简单"颠倒"说的"似乎"合理性。但诚如孙利天所说："如果问题真的如此简单，我们难免会产生一些疑惑。包括费尔巴哈在内的旧唯物主义为什么不能提出和完成这个任务？或者会想，旧唯物主义的'物质决定意识'的原理是否已经完成了对黑格尔辩证法的颠倒？"③实际上，简单的从精神到物质的"颠倒"并不能从根本上改变问题的性质，对此，阿尔都塞曾经指出："说到底，如果问题的确仅仅是把颠倒了的东西颠倒过来，那么事物的颠倒显然不会因简单的位置移动而改变本质和内容！用头着地的人，转过来用脚走路，总是同一个人！"④

在反思和批判这种简单"颠倒"说的基础上，学术界进行了积极的探

① 参见张盾：《黑格尔和马克思的"世界历史"概念》，《马克思主义理论与现实》2009 年第3 期。

② 《马克思恩格斯全集》第23 卷，人民出版社1972 年版，第24 页。

③ 孙利天：《马克思的唯物史观对黑格尔辩证法的颠倒》，《马克思主义与现实》2008 年第2 期，第15 页。

④ 阿尔都塞：《保卫马克思》，北京：商务印书馆2006 年版，第61 页。

索。孙利天认为,黑格尔辩证法本身就是对旧唯物主义的超越,这种超越的关键在于洞见到抽象的"物质"本身就是一个"纯粹思想",即它"缺少反思地把自己对世界的概念认识或思想创造物直接认定为世界中的实际存在,并用以规定和规范整个世界的现实存在,而不知道这些只是纯粹思想"①。在他看来,将"精神"颠倒为"物质",无异于"以自然态度思维、以朴素实在论的信念理解马克思的哲学思想",而这"必然把马克思主义哲学倒退到旧唯物主义的水平上,从而也不能懂得马克思对黑格尔辩证法的颠倒"②。那么,到底应该如何理解"颠倒"呢?孙利天认为,"马克思对黑格尔的独立是两种不同能动方面的对立,即感性活动的能动性和思维过程主体性的对立。马克思对黑格尔辩证法的颠倒,首先是用物质生产实践的历史性取代黑格尔思维过程的主体性和历史性,进而才能达到'物质是主体'的唯物主义辩证法"③。

从孙利天的理解来看,批判继承黑格尔辩证法中的能动性才是问题的关键。对此,邓晓芒也持大致相同的观点。邓晓芒认为,马克思首先继承了黑格尔的"作为推动原则和创造原则的否定性的辩证法",即一种否定性的力量或"自由的力量"。由于"这种力量和倾向,在孤立起来看待的自然界那里是看不出来的,它们只是人类及其社会和精神生活的专利品"④,所以必须要在人的活动、人的历史、人的自由过程中来谈"辩证法"。但是,不能把自然和人割裂来看,而是必须将它们看成一个统一体。而"黑格尔用上帝的合目的性的眼光来看待自然界,的确有先入为主和独断之嫌,但与此同时也带来一个好处,就是避免了脱离精神来看物质世界,而能够从一个自然和人的统一整体的视角来把握人与自然、物质和精神的相互依赖关系。在这方面,马克思和黑格尔有一脉相承之处"⑤。邓晓芒认为,马克思从黑格尔辩证法那里继承的第三个方面是历史和逻辑相统一的原则。"在黑格尔以前,历史不是被看做一大堆偶然事实的凑合,就是被看做按照自然规律而

---

　　① 孙利天:《马克思的唯物史观对黑格尔辩证法的颠倒》,《马克思主义与现实》2008 年第 2 期,第 16 页。
　　② 同上。
　　③ 同上文,第 17 页。
　　④ 邓晓芒:《马克思从黑格尔那里继承了什么》,《马克思主义与现实》2008 年第 2 期,第 5 页。
　　⑤ 同上。

运行的自然过程"，而"黑格尔从'绝对精神'的自我认识和自我实现出发，使自己的历史观超出了他的所有的前辈"。① 这种历史和逻辑相统一的原则以其其中蕴藏的"巨大的历史感"，无疑在马克思历史唯物主义理论中得到继承。

第三，马克思与费尔巴哈。关于马克思与费尔巴哈的关系，传统理解当中的一个典型论点是马克思在其思想演变过程中曾经经历了一个费尔巴哈阶段。随着历史唯物主义研究的深入，这种观点遭到了质疑。很多学者在仔细考察马克思的思想转变过程中发现，马克思从来就没有成为一个完全的费尔巴哈派，虽然在很多时候他的确受到了费尔巴哈的影响。

俞吾金认为，"在马克思和恩格斯哲学思想的发展史上，费尔巴哈起过一定的作用"②。但是通过认真阅读马克思在《〈政治经济学批判〉序言》中关于自己思想发展过程的叙述，俞吾金认为：其一，马克思在对自己创立历史唯物主义的思想历程的回忆中，没有提到费尔巴哈。也就是说，费尔巴哈的唯物主义并不是通向马克思的历史唯物主义的路径。其二，马克思从青年时期起就通过哲学、历史和法律的学习关注社会历史问题。所以，在他的思想发展历程中，并不存在着他接受费尔巴哈的唯物主义影响后，从对自然的研究转向对社会历史的研究，或从唯物辩证法转向历史唯物主义的过程。其三，马克思自己的解释路径是：通过对现实斗争所涉及的物质利益的思索和对法的关系的根源的追溯，他开始关注黑格尔在《法哲学原理》中论述的市民社会问题，并由此走上了政治经济学研究的道路，从而创立了历史唯物主义学说。显然，在马克思自己的解释路径中，费尔巴哈唯物主义的作用并不是根本性的、决定性的。③

俞吾金的观点颇具代表性。与此相似，有学者认为："也许没有费尔巴哈，马克思要完成从黑格尔唯心主义向唯物史观的转变，会困难一些，会迟一些，但是这并不意味着没有费尔巴哈，就没有马克思哲学，实际上，在马克思哲学思想的演化过程中，从来都不存在一个一般唯物主义立场为特征的

---

① 邓晓芒：《马克思从黑格尔那里继承了什么》，《马克思主义与现实》2008 年第 2 期，第 8 页。

② 俞吾金：《论马克思对德国古典哲学遗产的解读》，《中国社会科学》2006 年第 2 期，第 13 页。

③ 参见上文。

费尔巴哈阶段,马克思从来也没有返回到费尔巴哈的抽象的唯物主义立场上去,马克思哲学乃至他的全部理论关注的重点始终是人类社会,特别是市民社会。"①王东则认为,认为马克思在思想演化过程中曾经历了一个"费尔巴哈阶段",不符合马克思思想演进的真实轨迹,夸大了费尔巴哈对马克思哲学的影响而忽视了两者的根本差异,也忽视了马克思对黑格尔辩证法的批判性继承,曲解了《1844年经济学哲学手稿》的历史观的出发点。② 还有学者认为,费尔巴哈的人本唯物主义、人的本质理论、宗教理论等都直接影响了马克思,成为马克思哲学思想的重要理论来源。但是,马克思从来不是一个盲目的崇拜者,从而也表达了相同的观点。

(四)人学视角中的历史唯物主义研究

从人学的视角研究历史唯物主义本身就具有重要的历史意义。我们知道,第二国际理论家普遍将历史唯物主义当成"不见人"的纯粹客观主义理论,对此,哈贝马斯曾经指出:"早在马克思的著作中就已经出现了历史哲学的遗产有时不加反思就起作用的现象;这种历史客观主义首先渗透在第二国际的进化论中,例如在卡尔-考茨基的著作中以及在辩证唯物主义中。"③哈贝马斯的这个论断无疑歪曲了马克思,但其对第二国际理论家的判断是准确的。在他们那里,"历史发展是不以人的意志为转移的'客观进程',这种客观进程具有规律性,人的活动只有'符合'这一外在于人的抽象规律才有意义"④。其结果是对于人类历史的判定陷入了一种宿命论,即如卢卡奇所说,导致了"一种彻底的机会主义理论,一种没有革命的'进化'理论,没有斗争的'长人'社会主义的理论"⑤。

为了反对此种歪曲,以葛兰西、卢卡奇和科尔施为代表的早期西方马克思主义者力图重建"主体"的地位,以求恢复历史唯物主义的革命精神。但他们却由此走向了另一个极端。在他们那里,"历史就成了人的本质的转化形式,而人的本质则成为改变它的历史的真正主体。人们通过这种方式

---

① 万丙策:《在黑格尔和马克思之间——再论费尔巴哈哲学对马克思哲学的影响》,《求索》2006年第2期,第149页。
② 参见王东等:《马克思哲学存在一个"费尔巴哈阶段"吗?》,《学术月刊》2007年第4期。
③ 哈贝马斯:《重建历史唯物主义》,北京:社会科学文献出版社2000年版,第4页。
④ 张有奎:《历史唯物主义的人学意蕴》,《华侨大学学报》2009年第3期,第1页。
⑤ 卢卡奇:《历史与阶级意识》,北京:商务印书馆1999年版,第52页。

把历史引入人的本质,从而使人同以人作为主体的历史结果成为同时代的,这样(这一点是决定一切的),生产关系、政治和意识形态的社会关系则被归结为历史化的'人的关系'即人与人之间的,主体与主体之间的关系"①。如此一来,近代特色的'大写的人'又成了衡量一切的中心话语,其结果是使马克思倒退到在他之前的、产生于 18 世纪的意识形态潮流中去,从而抹杀了他在理论上实行革命性决裂的独特功绩。

　　结构主义者阿尔都塞则从另一个方向也走向了极端,这体现在他将历史唯物主义视野中的历史看做是"无主体的过程"这一观念中。其结果是阿尔都塞走向了"客体主义",而这也正是他以"结构主义"的视角来解读马克思的必然结果。在阿尔都塞看来,任何有关"人"的话语都是不能用的,"'人'这个词的'明确性'、'透明性'(这里指尘世间有血有肉之躯的人)、它的表面上的平淡无奇是最危险的陷阱"②。那么去除了任何人的话语的历史到底是什么样的? 就是一个纯粹的由关系构成的"过程"。"生产关系的结构决定着生产当事人所占有的地位和所担负的职能,而生产当事人只有在他们是这些可能的'承担者'的范围内才是这些地位的占有者。因此,真正的'主体'(即构成过程的主体)并不是这些地位的占有者和职能的执行者。同一切表面现象相反,真正的主体不是天真的人类学的'既定存在'的'事实',不是'具体的个体','现实的人',而是这些地位和职能的规定和分配。所以说,真正的'主体'是这些规定者和分配者:生产关系(以及政治的和意识形态的社会关系)。但是,由于这是一些'关系',我们不能把它们设想为主体的范畴。"③如此一来,阿尔都塞就否认了人类主体对历史的影响,仅仅把人类主体看做不大依赖于他们的活动而产生的关系的"承担者"。但是,马克思从来就没有这样认为,虽然他的确使用过"承担者"这个词,但绝对不是说个人什么都不是,只是些"人格化形式"。实际上,马克思这样说的目的是指明"他以这种抽象的方式看待个人的特定范围"④。阿尔都塞"历史无主体"理论必然导致对历史的认识变成一种纯粹的科学,如果真是这样,倒是切中了哈贝马斯的批判,即马克思哲学是一种纯粹的自然科

---

① 阿尔都塞等:《读〈资本论〉》,北京:中央编译出版社 2001 年版,第 160 页。
② 同上书,第 250 页。
③ 同上书,第 209 页。
④ 索珀:《人道主义与反人道主义》,北京:华夏出版社 1998 年版,第 108 页。

学,并最终滑向了实证主义。但正如施密特所说,马克思并没有"沉迷于一种'历史方法的现实主义',相反,他明确地反对'所谓的客观的历史编纂学'正是离开活动来考察历史关系的"①。

实际上,马克思消解近代的"主体"话语,是为了还历史的本真面目,即历史"不再像那些本身还是抽象的经验论者所认为的那样,是一些僵死的事实的汇集,也不再像唯心主义者所认为的那样,是想象的主体的想象活动"②,其本身就是人的能动的生活过程。正因为如此,马克思要求将每个世纪中的"现实的人"既当成历史剧的剧作者又当成剧中人物,并指出:"只要你们把人们当成他们本身历史的剧中的人物和剧作者,你们就是迂回曲折地回到真正的出发点,因为你们抛弃了最初作为出发点的永恒的原理。"③而历史唯物主义就是要对这一能动的过程进行描绘。马克思进而指出:"在思辨终止的地方,在现实生活面前,正是描述人们实践活动和实际发展过程的真正的实证科学开始的地方。关于意识的空话将终止,它们一定会被真正的知识所代替。"④也正是由于历史唯物主义要求将现实的人的能动生活过程作为自己的对象,恩格斯提出了历史唯物主义是关于"现实的人及其发展的科学"的论断。

正是鉴于历史唯物主义理论在研究对象上的变革,国内有学者认为"现实的人及其历史发展的科学"是唯物史观的核心命题,用这一命题来定义唯物史观具有全面的包容性,即所有唯物史观的基本原理都是围绕着这一命题展开和论证的。具体来说,唯物史观首先正确地回答了人与自然的关系问题,表明了人类历史产生和发展的根源"在于人类的生产和再生产",即"人类的生产活动产生了现实的人,产生了人与人的社会关系,产生了人类的历史",全面表述了现实的人存在的多种固有因素,并得出了"现实的人就是在一定的前提、条件下,处在一定社会关系中从事生产劳动的人,也就是自然存在与社会存在、个体存在与实践存在、现实存在与历史存在相统一的人"⑤。而唯物史观就是"以物质生产为逻辑起点、以现实个人

---

① 施密特:《历史和结构》,重庆:重庆出版社1993年版,第14页。
② 《马克思恩格斯选集》第1卷,北京:人民出版社1995年版,第73页。
③ 同上书,第147页。
④ 同上书,第73页。
⑤ 叶汝贤:《现实的人及其发展的科学》,《哲学研究》2008年第2期,第15页。

的发展为核心内容、以生产方式的发展变化为动力、以社会共同体为形式而建构起来的有机统一的理论体系"①。

凸显历史唯物主义的人学视角,可以从根本上克服对待历史的纯粹客观主义误区。从本质上而言,历史客观主义所抹杀的恰恰就是人在历史过程中的根本性作用。对此,国内有学者从四个方面作了概括:第一,从本体论的角度看,历史客观主义预设了抽象历史的存在,忽视个人的意志和行为在历史中的作用;第二,从认识论的角度看,历史客观主义坚持宏大叙事的认知模式,虚构出外在于人的抽象历史规律;第三,从方法论的角度看,历史客观主义试图站在价值中立的立场上"客观地"研究历史并按照还原主义的思路寻找规律,表达了一种天真的、根本不可能实现的想法;第四,从价值论的角度看,历史客观主义从整体的角度强调历史的客观性,漠视历史个体的价值,要求个人自觉地牺牲和奉献自己的一切,充当社会大机器的一个螺丝钉的作用,从而割裂了整体和个体的辩证关系,导致整体价值成为抽象的、远离现实的个人的价值,造成整体对个体的压迫、抽象对具象的霸权。②而从人学视角研究历史唯物主义可以发现,历史唯物主义并没有忽视人,其本身就是关乎人的发展和解放的学说,它是价值性和科学性、合目的性和合规律性的辩证统一的学说。

但是,强调历史唯物主义是关于人的发展和解放的学说,务必要与那种观念解放论区别开来。对此,马克思曾经指出:"当人们还不能使自己的吃喝住穿在质和量方面得到充分保证的时候,人们就根本不能获得解放。'解放'是一种历史活动,不是思想活动,'解放'是由历史的关系,是由工业状况、商业状况、农业状况、交往状况促成的。"③也就是说,历史唯物主义强调人的发展和解放始终以现有的条件为根本前提,正因为如此,它的人文关怀从本质上是现实的,这与传统哲学中的人文关怀以及乌托邦有了本质的区别。正如有学者所明确指出的,作为"新唯物主义的历史唯物主义,它的出发点是人,它的理论旨趣是人的解放和人的发展。与西方传统思想中的那种人文关怀十分不同,它不是一种哲学的玄想,而是一种现实的运动。从

①　叶汝贤:《现实的人及其发展的科学》,《哲学研究》2008 年第 2 期,第 18 页。
②　参见张有奎:《历史唯物主义的人学意蕴》,《华侨大学学报》2009 年第 3 期。
③　《马克思恩格斯选集》第 1 卷,北京:人民出版社 1995 年版,第 74—75 页。

社会历史与人的发展来看,这才是一种具有伟大历史感的具有现实意义的深刻的人文关怀"①。与抽象的人文关怀总是基于一种对待未来的"应然"的预设根本不同,历史唯物主义的现实的人文关怀总是强调基于现实的"能有",不是强调未来社会主义、共产主义的理想性,而是强调理想与现实的统一。

---

① 张传开:《历史唯物主义及其人文关怀》,《哲学研究》2008 年第 10 期,第 35 页。

马克思主义视域中的当代资本主义研究

当代资本主义是改革开放以来我国学术界一直关注的重点领域。由于当代资本主义发展演变路径的多重性和表象呈现的极端复杂性，致使理论的解释维度面对现实的思想困惑遭遇了前所未有的难度，给马克思主义理论研究者带来较大的挑战。值得注意的是，从 2007 年美国次贷危机初见端倪，到 2008 年全球金融危机爆发，资本主义发展的现实困境使得"当代资本主义"一度成为近年来学术界各学科领域研究的热点，极大地拓展了当代资本主义研究的广度和深度。综观 2006—2009 年国内学者对当代资本主义的研究，大致围绕以下三个问题展开，即如何对待马克思主义的立场、观点和方法的问题，如何定位当代资本主义新变化和最新发展阶段的问题，如何理解当代资本主义发展的内在逻辑、本质与历史发展趋势的问题。

一、关于如何对待马克思主义的立场、观点和方法问题

研究当代资本主义要坚持马克思主义的立场、观点和方法，已然成为学术界的普遍共识。然而，由于当代资本主义社会经济表象极具迷惑性，其在给人们思想认识带来困惑的同时，也给相应的理论把握带来了诸多变数。如若不重新探讨这一"老"问题，不在如何坚持、坚持什么也即如何理解经典作家的资本主义观、遵循什么样的方法论等问题上深耕细犁，那么，对当代资本主义的研究分析以及所作的结论不仅难以令人信服，也极易步入误区。正因如此，这一最基本的问题越来越成为近年来学术界高度关注并深

度思考的"新"理论域。

(一)关于如何对待马克思主义立场的问题

从近年来当代资本主义研究成果来看,大部分学者都把坚持与发展马克思主义作为既定的思想前提,部分学者则从研究当代资本主义新变化、新特点的角度,回答了"如何对待"的问题。例如,费利群、滕翠华在其课题研究的阶段性成果中指出,当代资本主义发生的重大新变化,"无疑对马克思主义提出了严峻挑战","在回应资本主义新变化的挑战中坚持与发展马克思主义是时代的要求"。"从时代发展的高度,从客观实践出发,与时俱进地对马克思主义整体性地科学运用和创造性发展","马克思主义旺盛的生命力就在回应时代挑战中彰显其时代价值"。① 肖爱民、张阔、孙梦妮、李丽娜等学者也持有与上述观点类似的看法,认为只有运用马克思主义的立场、观点和方法,采取实事求是的态度,与时俱进地丰富和发展马克思主义,才能正确认识当代资本主义的新变化、新特点,深刻揭示当代资本主义的发展规律。② 杨承训、张新宁进一步指出,只有用马克思主义剖析现代资本主义的根本矛盾,进而清算与中国特色社会主义格格不入的新自由主义思潮,才能坚持改革开放的正确方向。③ 汪亭友同样认为,科学运用马克思主义基本理论,正确认识资本主义的历史命运,"对于我们坚定马克思主义信念,搞好社会主义事业具有重要的现实意义"④。姜海燕则从两个层面点明了"如何对待"的问题,即"继承马克思关于资本主义的理论精华是认识问题的基础,而运用马克思主义理论工具建构符合历史现实的资本主义理论体系,以与时俱进的理论品质丰富和发展马克思主义,也是每一个理论工作者

---

① 费利群、滕翠华:《当代资本主义新变化的动态透视》,《东岳论丛》2008 年第 6 期,第 35 页。

② 参见肖爱民:《当代资本主义新变化新特点研究的三个问题》,《湖南行政学院学报》2007 年第 2 期;张阔:《当代资本主义发展进程中的三个新特点》,《商情》(教育经济研究)2008 年第 1 期;孙梦妮:《浅论当代资本主义国家工人阶级的新变化》,《商业文化》(学术版)2008 年第 11 期;李丽娜:《也谈怎样看待资本主义社会中"新社会的因素"——与徐崇温先生商榷》,《北京日报》2007 年 12 月 3 日。

③ 参见杨承训、张新宁:《简论资本主义蜕变的最新阶段——兼析新自由主义破产的启示》,《高校理论战线》2009 年第 6 期。

④ 汪亭友:《关于资本主义历史命运的若干思考》,《廊坊师范学院学报》2007 年第 1 期,第 58 页。

义不容辞的责任"①。由上可见,学术界不仅回答了如何对待马克思主义的问题,同时也进一步丰富了"六个'为什么'"中的首要理论问题,深化了对"为什么必须坚持以马克思主义为指导"的认识。

(二)关于如何理解马克思主义经典作家的资本主义观的问题

坚持用马克思主义理论研究当代资本主义,需要首先回答"坚持什么"这一根本性问题。表面上看,这似乎是同义反复,而其实质涉及的则是"如何理解马克思主义经典作家的资本主义观"这一更深层次的问题。进一步而言,倘若用附加在其名下的错误观点剖析当代资本主义,就极易陷入"思想困惑—理论剖析—带来更大的思想困惑甚至误区"的怪圈,"坚持"就成了一句空洞的口号,甚至有沦为假命题的危险。随着当代资本主义研究领域的不断拓展,近年来"马克思主义经典作家资本主义观"这一基础理论域研究越发凸显出来,研究者在肯定马克思恩格斯关于"两个必然"和"两个决不会"的思想依然有效的共识下,对于其具体论断提出了不同看法,甚至产生了争论。具体而言,主要聚焦于以下几个问题展开:马克思是否持有资本主义社会内部能够孕育和形成社会主义因素的观点? 马克思所说的新社会因素是否指的是社会主义因素? 马克思恩格斯是否有和平夺取政权的思想?

1. 关于"马克思是否持有资本主义社会内部能够孕育和形成社会主义因素的观点"问题

不少学者认为,马克思恩格斯曾多次明确讲过在资本主义社会内部可以自发孕育和形成社会主义因素的观点,这从其著作《共产党宣言》、《资本论》、《法兰西内战》,以及有关书信中关于合作工厂和股份企业的相关论述中可以看出,并且这一重要观点已被当代资本主义国家发生的部分"质变"所印证,证明其揭示的人类社会发展规律的科学性。对此,奚兆永提出了不同的看法,认为"资本主义社会内部不能孕育和形成社会主义因素"这一观点,"恰恰是马克思主义创始人的观点。不仅如此,它还是马克思主义经典作家的共同观点。""在这方面,列宁也有十分明确的论述。""马克思主义的科学社会主义之所以不同于其他形形色色的社会主义,最根本的一点,就是

---

① 姜海燕:《认识当代资本主义新变化应注意的几个问题》,《青岛农业大学学报》(社会科学版)2007年第1期,第41页。

它主张:要由整个社会占有生产资料。这个原则是马克思在《法兰西阶级斗争》中首先提出的,恩格斯对此给予了极高的评价。""既然生产资料是由社会占有,就排除了在资本主义社会出现这种生产关系的可能。当然,它也不是一下子就能够实现的,正因为如此,在资本主义与共产主义(它的低级阶段就是社会主义)之间才需要一个过渡时期。马克思关于过渡时期的理论也证明,在资本主义社会是不可能建立社会主义生产关系的。"①

从上述分歧来看,我们不得不产生这样的困惑:在"资本主义社会内部能否孕育和形成社会主义因素"问题上,马克思究竟是怎么看待的? 要弄清这一问题,还必须对下述问题作深入探讨。

2.关于"马克思所说的新社会因素是否指的是社会主义因素"的问题

我们以为,学术界之所以产生上述分歧,关键在于没有弄清其共同隐含的一个问题,即"新社会因素"在经典文本中是否指的就是"社会主义因素"。在这一问题上,一些学者根据马克思的研究进行了推论,从而将其等同对待。例如,有学者认为既然马克思明确提出过"旧社会"内部"孕育着新社会"因素的观点,当然也应该包括资本主义社会内部可以自发地孕育和形成社会主义因素。② 有的则直接将马克思在《法兰西内战》一文中所说的"新社会因素"理解为社会主义因素③或生产关系,并由此认为在资本主义社会中可以萌发出社会主义因素,"是马克思主义题中应有之义"④,也符合马克思主义经典作家的一贯见解⑤。然而,事实是否如此呢? 对此,必须在经典文本的整体性解读中还原经典作家的真实语义,进而弄清其相关结论的真正要义所在,否则,在回应时代变化的挑战中坚持和发展马克思主义,将成为一句空话。这是每一名马克思主义理论工作者所不愿看到的结

---

① 奚兆永:《如何看待资本主义社会中"新社会的因素"》,《高校理论战线》2008 年第 2 期,第 56 页。

② 参见徐春平:《重读马克思关于资本主义孕育新社会因素现实意》,《法制与社会》2007 年第 4 期。

③ 参见张馨:《全球化视野中资本主义的新装与"两个必然"的坚持》,《哈尔滨学院学报》2007 年第 9 期;徐春平:《重读马克思关于资本主义孕育新社会因素现实意》,《法制与社会》2007 年第 4 期。

④ 刘昫献:《论当代资本主义基本矛盾的新表现及发展趋势》,《中国浦东干部学院学报》2008 年第 1 期,第 24 页。

⑤ 参见徐春平:《重读马克思关于资本主义孕育新社会因素现实意》,《法制与社会》2007 年第 4 期。

果。这方面,尽管"真知灼见"还不多,但标志着"回到基本范畴"已经成为"当代资本主义研究"中的一个新的视角。这其中,贾后明、奚兆永、高为学三位学者所作的努力和尝试具有一定的深度。

贾后明在其江苏省社会科学基金项目"马克思主义经济学与西方经济学关于资本理论的比较"研究成果——《论资本主义制度的内在扬弃》一文中指出:一方面,资本扬弃既然是资本的自我否定,必然是为了获利而不断调整其实现形式和获利手段的一种自我否定,其不可能否定其追逐剩余价值的本质,否则就不能称为资本了。另一方面,合作制和股份制虽然含有新社会的内容,却不能直接在新社会下使用,因为在马克思看来,合作制虽然是"在旧形式内对旧形式打开的第一个缺口",但"到处都再生产出并且必然会再生产出现存制度的一切缺点";而股份制是"一种没有私有财产控制的私人生产"①,依旧存在着资本雇佣劳动关系和自我发展的盲目性,不可能解决生产力与生产关系之间的矛盾,所以马克思只说它们是"通向一种新的生产形式的单纯过渡点"②。新社会制度中的公有制不可能以合作制或股份制为主要形式,新的社会制度所追求的生产资料公有制必须有新的经济形式,包括企业的组织形式和经济运行机制,要实现劳动与生产资料的直接结合以及全体社会私人产品与社会产品的同一。可见,资本主义制度的内在扬弃只能说有利于向新的社会过渡,而不可能直接导致资本主义向社会主义转变,新的社会形式是在生产力相当发达的基础上,通过政治革命实现的。③

奚兆永针对李丽娜于2007年12月3日在《北京日报》"理论周刊"争鸣版发表的《也谈怎样看待资本主义社会中"新社会的因素"——与徐崇温先生商榷》一文提出了自己的看法,认为李丽娜错误地把"新社会的因素"等同于社会主义生产关系,实际上社会主义生产关系不可能在资本主义社会内部产生。为此,奚兆永对经典作家的相关论述进行了解读:其一,马克思所说的"新社会因素"并不是生产关系本身,而是生产力。正如马克思在《〈政治经济学批判〉序言》里所说:"社会的物质生产力发展到一定阶段,便

---

① 《马克思恩格斯全集》第25卷,北京:人民出版社1975年版,第495—498页。

② 同上。

③ 参见贾后明:《论资本主义制度的内在扬弃》,《甘肃联合大学学报》(社会科学版)2007年第3期。

同它们一直在其中运动的现存生产关系或财产关系(这只是生产关系的法律用语)发生矛盾。于是这些关系便由生产力的发展形式变成生产力的桎梏。那时社会革命的时代就到来了。"①这种生产力不是别的,正是在资本主义生产方式下发展起来的社会化的大生产。其二,虽然生产关系也有一个从量变到部分质变的过程,但部分质变并不是事物根本性质的变化。资本主义社会中的合作工厂、股份公司、垄断组织、国有企业,其生产关系都是资本主义性质的,而不是社会主义性质的。正如马克思所说:"在股份制度内,已经存在着社会生产资料借以表现为个人财产的旧形式的对立面;但是,这种向股份形式的转化本身,还是局限在资本主义界限之内。"②恩格斯也说:"无论转化为股份公司,还是转化为国家财产,都没有消除生产力的资本属性。……资本关系并没有被消灭,反而被推到了顶点。但是在顶点上是要发生变革的。生产力归国家所有不是冲突的解决,但是它包含着解决冲突的形式上的手段,解决冲突的线索。"③列宁在讲到资本主义社会的合作社时也说:"合作社在资本主义国家条件下是集体的资本主义机构。"④其三,《法兰西内战》一文中关于合作制生产是"共产主义"性质的一段话说明,马克思准备在巴黎公社实行"取代资本主义制度"⑤的合作制生产,并认为这样的合作制生产是共产主义性质的,而绝不是说资本主义社会可以产生共产主义性质的生产关系。事实上,该文所说的"资产阶级社会本身孕育着的新社会因素"⑥是有条件的,这里说的不是一般的资本主义社会,而是处在巴黎公社时期"旧的正在崩溃的资产阶级社会"⑦;而且这个"新社会因素"也并不就是现成的社会主义生产关系,它是需要经过"工人阶级"的"解放"⑧才能成为社会主义生产关系的。这正好说明,社会主义生产关系是不可能在资本主义社会内部产生的。⑨

---

①　《马克思恩格斯选集》第 2 卷,北京:人民出版社 1995 年版,第 32—33 页。

②　《马克思恩格斯全集》第 46 卷,北京:人民出版社 2003 年版,第 498 页。

③　《马克思恩格斯选集》第 3 卷,北京:人民出版社 1995 年版,第 629 页。

④　《列宁选集》第 4 卷,北京:人民出版社 1995 年版,第 772 页。

⑤　《马克思恩格斯选集》第 3 卷,北京:人民出版社 1995 年版,第 60 页。

⑥　同上。

⑦　同上。

⑧　同上。

⑨　参见奚兆永:《如何看待资本主义社会中"新社会的因素"》,《高校理论战线》2008 年第 2 期。

　　高为学对《炎黄春秋》2007 年第 2 期刊登的《民主社会主义模式与中国前途》一文进行了批驳,认为该文曲解了《资本论》中有关股份制的论述。高为学指出,马克思的意思是说,由于股份制的出现,通过这个"过渡点",资本主义私有制向"联合起来的生产者的财产,即直接的社会财产"①过渡就更为方便了,并不是说私有制已经变成了公有制,更不是说资本主义已经变成了社会主义。股份制仍然"局限在资本主义界限之内"②,并没有改变资本主义的根本性质,不但不能克服而且要发展资本主义制度的矛盾对立。因此,资本主义股份公司的发展,只是"为将来由整个社会即全民族来实行剥夺做好了准备"③,而不能直接过渡到社会主义。④

　　综合上述三位学者的分析,不难得出两个具有逻辑承接关系的结论:其一,马克思所说的新社会因素并不是社会主义因素。这一谜题的解开,意味着"资本主义内部不能孕育和形成社会主义因素"才是马克思主义经典作家的一个重要的观点。其二,从上一结论出发,即社会主义因素——社会主义的生产方式以及与之相适应的生产关系和交换关系——既然不可能在资本主义内部产生,则意味着资本主义绝不可能自动转向社会主义。

　　3. 关于"马克思恩格斯是否有和平夺取政权的思想"的问题

　　实际上,"无产阶级是否具有和平夺取政权的可能性"与"资本主义能否自动进入社会主义"是同一个问题的不同表述方式。不过,由于角度不同,一些学者进一步提出了自己的观点。例如,李丽娜认为,"由于受时代的局限,马克思和恩格斯关于社会主义的某些结论,在今天看来明显存在着理论上的局限。而西方发达国家在战后的发展证明,国有化并不是只有通过暴力革命才能建立起来的"。"社会在渐进性的改良中,也同样可以一点一滴地向合理的方向发展。""在资本主义发展的过程中,逐步积累社会主义因素,从量的积累而向社会主义的质变,不仅是合乎逻辑的变化,也是与马克思主义对社会发展规律的预测一致的。"⑤为此,李丽娜以大量的马克

----

① 《马克思恩格斯选集》第 2 卷,北京:人民出版社 1995 年版,第 517 页。
② 同上书,第 520 页。
③ 同上书,第 517—518 页。
④ 参见高为学:《岂能以资本主义冒充社会主义》,《中华魂》2007 年第 6 期。
⑤ 李丽娜:《也谈怎样看待资本主义社会中"新社会的因素"——与徐崇温先生商榷》,《北京日报》2007 年 12 月 3 日。

思恩格斯关于社会历史发展规律和阶级斗争问题的论述为依据,进行了推论。不过,李丽娜所引用的文献恰恰与其要论证的观点截然相反,反而证明其观点无法成立。另外,一些学者提出,马克思主义创始人虽然强调暴力革命的形式,但从来没有否定过无产阶级用和平方式夺取政权的可能性。刘昫献、徐春平两位学者就依据马克思恩格斯关于社会发展规律的揭示,以及资本主义社会内部可以孕育新社会因素的论述,推论出了这一结论。① 而姜素勤则依据马克思恩格斯有过相关的表述,得出了这一结论,她指出:"马克思当年在研究了英国经济史和英国经济状况后就曾明确指出:'至少在欧洲,英国是唯一可以完全通过和平的和合法的手段来实现不可避免的社会革命的国家。'""恩格斯也曾指出,可以设想,在人民代议机关把一切权力集中在自己手里、只要取得大多数人民的支持就能够按照宪法随意办事的国家里,旧社会可能和平地长入新社会,比如在法国和美国的民主共和国,在英国那样的君主国。"②

这里必须指出的是,姜素勤在经典文本使用和解读方法上存在着问题。上述姜素勤第一处引文实际上是恩格斯于 1886 年在《资本论》第 1 卷英文版"序言"中对马克思的研究进行的总概括③,并非马克思的原话。当然,就我们要研究的问题本身而言,这种细小的失误并无大碍。问题的关键在于,其解读过于简单,缺失了经典著作的整体性视域,且忽略了还原其历史背景,因而遮蔽了文本的真实意蕴。那么,对这两处文本究竟应如何理解? 或者,这两处文本究竟反映了经典作家一种怎样的思想?

关于第一处引文,要弄清其蕴涵的真实语意,必须首先回答下述问题:该文本背后涉及的是怎样的历史事件和环境? 实际上,从恩格斯提及的"和平的和合法的"、"社会革命"和"维护奴隶制的叛乱"三处文字来看,它反映的是 19 世纪 30 年代至 50 年代,英国工人开展宪章运动和试图恢复宪

---

① 参见刘昫献:《论当代资本主义基本矛盾的新表现及发展趋势》,《中国浦东干部学院学报》2008 年第 1 期;徐春平:《重读马克思关于资本主义孕育新社会因素现实意义》,《法制与社会》2007 年第 4 期。

② 姜素勤:《论当代发达资本主义国家中的社会主义因素》,《理论探讨》2007 年第 2 期,第 16 页。

③ 完整的表述是:"至少在欧洲,英国是唯一可以完全通过和平的和合法的手段来实现不可避免的社会革命的国家。""并不指望英国的统治阶级会不经过'维护奴隶制的叛乱'而屈服在这种和平的和合法的革命面前。"《马克思恩格斯全集》第 44 卷,北京:人民出版社 2001 年版,第 35 页。

章运动的历史事件。

宪章运动发生于 1836—1848 年，先后在 1839、1842、1848 年出现三次高潮，主要以罢工、游行示威和递交请愿书为主要形式。1839 年还举行过工人武装起义，均遭到镇压，加上受工联主义影响，英国工人中间存在机会主义倾向，宪章运动最终彻底失败，宪章派领袖被关进监狱，其组织遭到破坏。另外，1848 年法国工人也开展过类似的运动，举行了六月起义，欧洲其他国家的工人还举行了反封建专制和资本压迫的起义。这一系列事件使得欧洲大陆和英国统治阶级的一切派别联合起来，进一步加紧对工人运动的镇压。"工人阶级到处被排除在法律保护之外，被革出教门，受到'嫌疑犯处治法'的迫害。"工厂主"不仅反对十小时工作日法令，而且反对 1833 年以来力图对劳动力的'自由'榨取稍加限制的一切立法。这是一次缩小型的'维护奴隶制的叛乱'，这次叛乱蛮横无耻，疯狂已极，持续了两年多，而这样做是十分便宜的，因为叛乱的资本家只是用自己工人的生命进行冒险"。①

值得注意的是，马克思恩格斯于 1850 年即对 1848—1849 年的革命进行了总结②，从而更加清醒地认识到无产阶级所面临的斗争环境的复杂性和革命的曲折性：其一，当时既有资本主义和封建主义之间的斗争，也有资产阶级内部之间的斗争；既有摆上日程的为推翻专制制度和封建制度、异族压迫而进行的斗争，也有工人阶级与资产阶级之间的尖锐矛盾；既有国内矛盾，也有国际矛盾、民族冲突。其二，资产阶级具有革命的不彻底性和反人民的本质。其三，工人阶级虽然作为独立的政治力量登上了历史舞台并开始意识到自身的使命，但在政治上还不成熟，还存在着机会主义、宗派主义、冒险主义等，并且缺乏与资产阶级相抗衡的强大力量。由此，马克思恩格斯提出无产阶级革命要取得最终胜利，除了继续贯彻《共产党宣言》所提出的革命原则和斗争策略外，一个重要的任务就是建立独立的无产阶级政党。因此，宪章运动失败后，马克思和恩格斯一直保持着同宪章派的紧密联系，并密切注视着一直处在工联主义强烈影响下的英国工人阶级的政治觉悟，希望通过借宪章派试图恢复宪章运动的机会，促使工人阶级政治觉悟和组

---

①　《马克思恩格斯全集》第 44 卷，北京：人民出版社 2001 年版，第 329 页。

②　参见《马克思恩格斯选集》第 1 卷，北京：人民出版社 1995 年版，第 364—375 页。

织性的提高,进而在英国建立一个群众性的独立的无产阶级政党。为此,他们曾于 19 世纪 50 年代上半期,支持宪章派中的革命派抵制宪章派中的改良派,并帮助改组宪章派,还发表文章肯定了宪章派政治纲领的历史意义。同时,又向宪章派揭露英国议会的阶级性和资产阶级企图利用工人运动来达到与封建贵族妥协,以获取国家职位的目的,并深刻地指出英国政治制度反人民的实质——无产阶级实际上已被剥夺了参加政治生活的权利和可能性。然而,宪章派并未能脱离机会主义倾向,其领袖均先后与资产阶级激进派接近,"竭力想激发、领导和利用群众运动"①以达到其个人目的,加上资产阶级收买英国工人上层和工人阶级政治上的不成熟,50 年代中期宪章派的尝试最终失败,并完全退出了历史舞台。可见,马克思恩格斯采取支持宪章派的态度,甚至撰写文章对宪章派及其普选权口号进行评价,实际上是对《中央委员会告共产主义者同盟书》中关于无产阶级革命原则和斗争策略,以及"建立独立的无产阶级政党"思想的一次实践。

　　根据上述历史事件,我们显然不能将恩格斯在《资本论》第 1 卷英文版"序言"中的概括理解为"在条件许可时无产阶级可以用和平方式夺取政权"。当然,也不能将其简单地理解为"暴力革命"。那么,要理解恩格斯所作概括的真实语意,还必须联系上下文来解读。事实上,当恩格斯循着马克思的研究思路②,并根据英国当时的经济状况——1866 年后经济危机变得更为频繁和持久③,感到经济危机将使得英国工人阶级"要起来掌握自己命运的时刻,几乎指日可待"④。但他认为每次危机来临,工人阶级都抱有高昂的革命热情,越是如此,越是在这样的时刻,就越应当倾听马克思的"声音",以汲取教训,避免重蹈历史覆辙。⑤ 简言之,恩格斯意在强调贯彻无产

---

① 《马克思恩格斯全集》第 11 卷,北京:人民出版社 1972 年版,第 390 页。

② 马克思依靠大量的统计资料和平日对经济资料的研究与综合,指出了当时已经表现出来的英国经济社会的特点:经济危机呈周期性爆发;危机的严重程度因经济上依赖世界市场状况而加深;危机导致英国成为资产阶级和无产阶级之间矛盾最尖锐的国家。马克思据此曾预言英国将遭受一场比过去更为严重的经济危机,并将可能因此引起工人运动和革命运动的新高潮。1857 年世界经济危机爆发,并由此导致了工人运动的高涨,马克思的预言得到了证实。

③ 1866 年世界经济危机过后,资本主义又先后爆发了 1873 年、1882 年、1890 年经济危机,打破了每隔 10 年爆发一次的规律。

④ 《马克思恩格斯全集》第 44 卷,北京:人民出版社 2001 年版,第 35 页。

⑤ 马克思在 1871 年所著的《国际工人协会共同章程》中同样表达了这一观点。参见《马克思恩格斯选集》第 2 卷,北京:人民出版社 1995 年版,第 609 页。

阶级革命理论的必要性和重要性:其一,无产阶级应从长远出发,联合暂时还有共同利益的英国工联、蒲鲁东派和拉萨尔派等,共同为保卫工人阶级、为工人阶级的进步和彻底解放而斗争。其二,要善于运用"和平的和合法的手段"这样一种斗争策略。这种策略就是利用资产阶级内部之间的斗争,以及国际冲突和战争,迫使资产阶级进行民主改造(如议会斗争)的同时①,为无产阶级革命和建立独立的政党蓄积力量,以便进一步开展反对资产阶级的斗争。其三,无产阶级必须始终清醒地认识到资产阶级的本质。因为即使采取上述策略,也会遭到资产阶级的反对乃至镇压。因此,无产阶级在与小资产阶级民主派乃至资产阶级自由派结成暂时的联盟的同时,必须在组织上和思想上同其划清界限,保持独立性。如果寄希望于通过和平合法的手段夺取政权,其结果只能是以失败而告终。②

前述姜素勤的第二处引文,实际上是恩格斯《1891年社会民主党纲领草案批判》著作中的一段话,而这段话恰恰是恩格斯所批判的。在该段话前面,恩格斯不无尖锐地反问德国社会民主党:"力图使自己和党相信,'现代的社会正在长入社会主义',而不去问一下,与此同时这个社会是否还要像虾挣破自己的旧壳那样必然从它的旧社会制度中破壳而出,并且还必须用暴力来炸毁这个旧壳。"③在接下来的一段话中,恩格斯进行了更加激烈的批判:"为了眼前暂时的利益而忘记根本大计,只图一时的成就而不顾后果,为了运动的现在而牺牲运动的未来,这种做法可能也是出于'真诚的'动机。但这是机会主义,始终是机会主义,而且'真诚的'机会主义也许比其他一切机会主义更危险。""以为在这个国家可以用舒舒服服和平的方法建立共和国,不仅建立共和国,而且还可以建立共产主义社会,这是多么大的幻想。"④《1891年社会民主党纲领草案批判》是恩格斯为反对机会主义、争取德国社会民主党纲领具有马克思主义的革命性而进行不可调和的斗争的范例。从恩格斯在1894年6月29日给考茨基的信中可以看出,恩格斯

---

① 马克思和恩格斯认为在欧洲彻底革命地实现资产阶级民主改造是胜利地进行无产阶级革命的必要条件。参见《马克思恩格斯全集》第44卷,北京:人民出版社2001年版,第10页。

② 参见《马克思恩格斯选集》第1卷,北京:人民出版社1995年版,第13、246、281—282、306、365—366、375页。

③ 《马克思恩格斯选集》第4卷,北京:人民出版社1995年版,第411页。

④ 同上书,第412页。

接到草案后感到,草案中专门谈政治要求的那一部分存在改良主义的拉萨尔派教条,正是这一部分促使其痛击这种鼓吹"旧的污秽的东西活泼、温顺、愉快而自由地'长入''社会主义社会'"的"和和平平的机会主义"。①

通过对两处引文进行历史的整体性解读可知,马克思恩格斯并不认可无产阶级用和平的方式夺取政权的做法。在他们看来,一是这种条件根本不存在,或者说,无产阶级和平夺取政权的可能性根本不存在。二是这种做法是典型的机会主义和"教条的实验",这种"不去利用旧世界本身所具有的一切强大手段来推翻旧世界,却企图躲在社会背后,用私人的办法,在自身的有限的生存条件的范围内实现自身的解放,因此必然是要失败的"②。三是革命要讲求策略,但即便如此也会遭到资产阶级的抵制乃至暴力破坏。

关于对上述问题的"真知灼见",必须提及张一兵和林德山的研究成果。张一兵在《资本主义理解史》第一卷《马克思恩格斯资本主义科学批判架构的历史生成》著作中,从思想史的角度解读了马克思恩格斯所创立的科学理解资本主义的理论体系,肯定了马克思恩格斯暴力革命思想、阶级斗争策略发展的连贯性和不断趋向成熟性。换句话讲,张一兵实际上否认了马克思恩格斯突然一改其观点的可能性。限于篇幅的限制,这里仅介绍张一兵对恩格斯晚年阶级斗争策略的分析:恩格斯晚年为推动德国社会民主党的发展和国际工人运动的壮大,尤其是为第二国际的建立与发展所付出的诸多努力,继续秉承他与马克思在早前的理论工作中一贯坚持的方向,其中最主要的是与包括改良主义等思潮在内的各种形式的机会主义的针锋相对的斗争,特别是以"和平长入社会主义"为代表的"修正主义"主张。恩格斯在1895年写作的《〈1848年至1850年法兰西阶级斗争〉导言》中,在对工人"利用普选权及开展议会内外的合法斗争"做法进行肯定的同时,也强调他的这种肯定只是一种把工人阶级的日常、合法斗争与夺取政权的革命目标结合起来的行动策略,绝不意味着将议会斗争视为工人阶级反对资本主义的斗争的唯一手段,也不意味着对那种"和平长入社会主义"的错误路线的认同。恩格斯的这种思路与当时资本主义经济和政治环境的变化相关,但绝不意味着晚年恩格斯"放弃暴力革命",用"议会斗争代替阶级斗争"。

---

① 《马克思恩格斯全集》第38卷,北京:人民出版社1972年版,第119—120页。
② 《马克思恩格斯选集》第1卷,北京:人民出版社1995年版,第592页。

因为,针对可能产生的篡改和误解,恩格斯在临终前特别声明,如果宣扬绝对放弃暴力行为,没有一个国家的任何一个政党会走得这么远。①

　　林德山在其论文《从马克思的"社会革命"观看 20 世纪资本主义的社会变革》中,对马克思"社会革命"的概念作了完整意义的解读。他认为马克思所说的社会革命并不是泛泛而言的变革,而是带有某种方向性的变革,是以改变某种既定的生产关系或上层建筑为目标的变革。首先,从内容上看,是指生产关系适应生产力、上层建筑适应经济基础的一系列变革,既包括物质领域的生产变革,也包括表现为法律、政治、宗教等意识形态的变革。其次,从形式上看,既可以是以突变的政治革命(它往往以暴力的形式进行)的形式出现,也可以是以渐进变革的形式出现。再次,社会革命是一个过程而不是一次性的行动,但渐进的变革无法突破的一个底线是它不能改变资本主义作为一种制度(包括经济制度和政治制度)的质的规定性。因此,从这一意义上说,仅靠渐进的变革是无法实现社会革命的最终目标的。但这并不意味在一定历史时期这种渐进的社会变革失去了其必要性和意义。② 林德山对马克思"社会革命"范畴丰富性与核心要旨的把握,对于厘清经典作家具体论断的真实语意,还原其理论真实形态,具有重要的理论奠基性意义。

　　在我们看来,在上述三个问题上之所以产生认识上的偏差,源于为经典作家预设了结论,忽略了其具体论断的语境、前提和范畴。可见,只有在准确完整地把握经典作家资本主义观的基础上,进一步做到"四个分清",深化对马克思主义与时俱进的内在品质的认识,才能真正建构符合历史现实的资本主义理论体系,使马克思主义获得与其辩证法本性相适应的现代形式。

(三)关于遵循什么样的方法论展开研究的问题

　　当前,专门对"当代资本主义研究"方法论所进行的探讨,相对而言成果并不多,但无论如何,对于方法论的反思和省察已经成为"当代资本主义研究"中一个新的理论生长点。之所以如此,在张一兵看来,主要有两点:

---

　　① 参见张一兵、周嘉昕:《资本主义理解史》第一卷,南京:江苏人民出版社 2009 年版,第538—542 页。

　　② 参见林德山:《从马克思的"社会革命"观看 20 世纪资本主义的社会变革》,《中国特色社会主义研究》2007 年第 5 期。

首先也是最根本的,是当代资本主义变化着的现实和传统理论框架之间的冲突。这一点在 20 世纪八九十年代关于"资本主义再认识"的讨论中已经凸显出来。虽然经过多年的探索,科学理解资本主义当代变化的元方法论指导思想得到了确立,但近年来资本主义的最新发展越发凸显了经过斯大林教条主义中介了的传统解释框架的不足,带来了"回到马克思"的理论诉求,由此直接推动了资本主义研究方法论的反思。其次,随着理论视域的开启,有关当代资本主义研究的不同理论方法之间存在竞争和冲撞。例如,同样是面对当代资本主义发展这样一个客观现实,竟然存在多种不同的概念定义。其中固然包含研究视角和理论层面的差异,但更重要的是,在这些差异乃至争论的背后,起支撑作用的是不同理论框架和形态。对于理解资本主义的本质和现实,外在的理论斧削固不足取,但仅仅依靠经验的实证分析也是不够的,必须回到思想史的历史进程中。①

综观 2006—2009 年学术界大多数研究成果,必须承认的是,在涉及遵循什么样的方法论进行研究这一基础问题上,探讨显得过于简单。有的仅仅回到经典文本解读历史唯物主义,有的只是用"历史唯物主义"或唯物辩证法概括之,而具体论及时又偏离了该方法论本身。诚然,历史唯物主义是马克思主义的理论基础和指导思想,根据不同的研究视角和理论维度进行处理,这样做无可厚非。但问题就在于,作为哲学层次的方法论——历史唯物主义说明的是人类社会发展的一般规律,而当代资本主义研究是以当代资本主义社会经济运动规律为研究对象的。因此,仅仅简单地用历史唯物主义这一"硬核"加以概括,抑或仅对历史唯物主义本身进行解读,而不在历史唯物主义的基础上建立起与当代资本主义研究领域相对应的具体的方法论,那么,面对现实的思想困惑时,理论的解释维度依然是难以令人信服的。在这一点上,有两项成果颇具深度,独树一帜,体现了近年来当代资本主义研究的最新成果和前沿水平。

一是张一兵出版的专著《资本主义理解史》第一卷《马克思恩格斯资本主义科学批判架构的历史生成》。张一兵认为,以往资本主义研究的最大不足是简单地以结论作为过程,造成了理论与现实关系的外在性和抽象性。

---

① 参见张一兵、周嘉昕:《资本主义理解史》第一卷,南京:江苏人民出版社 2009 年版,第 10—11 页。

反思这一问题,应该首先诉诸对马克思恩格斯著作中与"资本主义"相关的术语的考察。然而,在考察中学术界之所以出现争论,是源于传统研究在方法论上所遗留的预设论和非历史性倾向并没有获得根本性的清理。因此,梳理和反思"马克思主义如何理解资本主义"的理论形态史,依据历史唯物主义的方法论原则,站在社会历史和思想史真实进展的基础上,通过文本的深度耕犁,把握马克思批判资本主义的立场、观点和方法,对于"当代资本主义研究"来说便具有了重要的理论奠基性意义。① 张一兵实际上指出了当前我们在当代资本主义研究上出现深度不够、困惑颇多的症结:"预设论"和"非历史倾向"的存在。换句话讲,之所以运用经典理论解读当代资本主义得出令人难以信服的分析和结论,是源于缺失了最基本的两大方法:其一,"基于文献解读的重视事实考据的方法,也是一种总体理论逻辑上的历史性思考维度"②。也就是说,如果缺乏总体性思想史视域,就与马克思所说的"我的方法"本身背道而驰。因为马克思的资本主义科学批判架构的历史生成本身就包含了对资产阶级各种学说,特别是政治经济学说全面的、历史的考察。今天,我们运用经典理论解读当代资本主义,同样需要对马克思恩格斯的思想进行总体的、历史的考察。否则,就会首先在"运用经典理论"本身上出现"偏差",超文本地替马克思预设了结论,进而遮蔽其历史场景和真实语意。其二,"从当下的社会生活出发来建构对历史的理解,同时清醒地意识到这种历史构意自身的历史性和现实指向"③。也就是说,既不能把抽象的观念看做历史发展的规律,更不能"对社会历史存在作感性直观的实体性理解",因为这两种方法同样与马克思所说的"我的方法"——"具体总体"和"思想总体"序列结构论——本身背道而驰,特别是后者实际上是将一般唯物主义直接运用于社会历史领域,陷入了隐性唯心史观。因此,运用历史唯物主义方法论研究当代资本主义,应当注意避免出现以下问题:忽略资本主义社会当下建构的总体性内在历史本质,从而用人的对象化活动(生产)所建构起来的物性附属物取代资本主义社会本身,进而对当下物化的资本主义同其社会关系总体和历史进程作彼此完全的

---

① 参见张一兵、周嘉昕:《资本主义理解史》第一卷,南京:江苏人民出版社 2009 年版,第 18 页。

② 同上书,第 1 页。

③ 同上书,第 6 页。

剥离。

二是刘凤义在《马克思主义研究》2007年第11期发表的《资本主义多样性研究的方法论探讨——新古典经济学、演化经济学与马克思经济学的比较》一文。刘凤义认为,对当代资本主义国家的研究,要坚持马克思主义方法论的内核,即唯物史观和唯物辩证法,但不能仅仅停留在唯物史观这一框架上,而必须与时俱进地把马克思主义方法论具体化、创新化,这样才能保持马克思主义的解释力和生命力;否则,就可能窒息甚至扼杀这种方法论本身。对此,刘凤义提出:其一,从研究资本主义多样性问题的角度看,可以把马克思主义唯物史观和唯物辩证法的方法论具体化为系统观的方法。之所以能这样,是因为其方法论自身具有系统观的特征。虽然马克思并不是第一个试图用系统观研究资本主义制度的经济学家,但却是第一个在唯物史观基础上运用系统观的经济学家。他不仅把资本主义制度这一有机整体看做一个系统,在生产力—生产关系(经济基础)—上层建筑框架中进行了结构解剖,划分出不同层次,而且科学揭示了这一制度结构内部各要素之间联系的、辩证的、动态的关系。其二,依据唯物史观,可以把整个经济有机体看做是由生产力—生产关系(经济基础)—上层建筑构成的系统,其中生产力是生产的物质内容,生产关系则是核心,而生产关系又可以分为经济制度、经济体制和经济运行三个层面。经济制度层面决定生产关系的性质,主要包括所有制关系和与之相适应的分配关系,处于生产关系的最深层面;经济体制层面是经济制度的实现形式,包括经济运行的各类载体以及与之相适应的各种制度安排,处于生产关系的中间层面;经济运行则是经济体制的具体实现形式,市场机制是市场经济体制运行的基本机制,它通过价格、供求、竞争等子机制的相互作用,对资源进行合理配置,它处于经济系统的最表层。生产关系的不同层面与上层建筑结合,形成不同的制度安排。由此分析资本主义,可以看出它是由复杂的制度结构组成的。它们互相交错,镶嵌在一起,形成一个由多层次、多维度、立体式复杂制度结构构成的系统。制度的多样性决定了资本主义的多样性。其三,经济有机体中不同系统、不同层面所处的地位和作用不一样,同时各系统和层面之间具有内在统一性和联系性。这种多样性的统一在方法上可以通过遵循系统论中的"支配性原则"和"不纯粹原则"来认识。所谓"支配性原则",就是指在系统内部总有一两个要素支配这个系统的性质和规律,使这一系统与其他系统从本质上区别开来。要对这些区别作进一步分析,就必须引入系统论中的另一个重要原则,即"不纯粹原则"。所谓"不纯粹原则",是指就任何一个系统本身来说,其构成要素是多方面的,因而内部结构比较复杂,这样,对系统的分析就必须在多种因素相互联系中进行,而不是在既定条件下寻求单一原因。①

二、关于如何定位当代资本主义的新变化和最新发展阶段问题

与马克思主义经典作家所处的时代相比,当代资本主义发生了怎样的变化,其特点是什么? 如何定位其最新发展阶段? 对于这些问题,2006—2009 年学术界在总结改革开放以来研究成果的基础上,取得了一些新的进展。鉴于不少学者对 2008 年全球金融危机进行了广泛深入的探讨,我们将对其单独介绍评述。

(一)关于如何定位当代资本主义新变化问题

国内学者普遍认为,当代资本主义发生的新变化可以归结为以下几个方面:

1. 生产力层面

从生产力层面来看,随着以信息技术为代表的新科技革命的发展和新兴技术群的出现,生产力诸要素发生了质的飞跃,更具社会化的特点,社会生产的专业化程度和劳动生产率大幅提高,社会财富迅猛增长,"资本存量或财富存量规模巨大"②,"速度经济正在取代规模经济"③,知识已经代替资本成为经济增长的决定性因素。由此带来:其一,产业结构呈现出信息化、服务化、高科技化趋势,经济形态开始由工业经济转向知识经济,知识产业成为主导产业,工业生产进入科技创新为主的智能化信息经济阶段。也有学者认为,"现代资本主义已进入信用经济的高级化时代","货币交易让

---

① 参见刘凤义:《资本主义多样性研究的方法论探讨——新古典经济学、演化经济学与马克思经济学的比较》,《马克思主义研究》2007 年第 11 期。

② 邓宏:《周期性危机或流动性陷阱——后资本主义经济的必然选择》,《社会科学战线》2009 年第 5 期,第 51 页。

③ 刘昀献:《论当代资本主义基本矛盾的新表现及发展趋势》,《中国浦东干部学院学报》2008 年第 1 期,第 17 页。

位于信用交易,产业资本让位于金融资本,实体经济让位于虚拟经济,房地产业和金融业成了国民经济占绝对优势和主导地位的产业"。① "金融业已经脱离实体经济,……成为独立的经济产业部门,而且被放在首位,反过来要求实体经济为金融产业服务。"②其二,在生产力要素内部,劳动力结构呈现出"'两升一降'的态势,即脑力劳动者、高级科研人员、高级工程技术人员的比例大大提升,体力劳动者的比例大大下降"③,知识劳动者数量巨大,"在经济社会中发挥着核心作用"④,成为社会劳动的主力军。"劳动者的能力或能量获得了超常发展"⑤,实现了由主要依靠体力、经验向主要依靠知识、科技智能的根本转变,"并为日益复杂的生产资料提供了新的知识和技术手段"。劳动工具发生了革命性变革,"其主要标志是控制机的出现"⑥。劳动对象的范围也因为新材料和新资源的开发得到了拓展。其三,危机呈现新的形态。经济发展的波动性越来越小,间隔时间越来越长;结构性危机成为经济危机的主要形式,并且持续的时间越来越短,所造成的破坏力大大下降;经济衰退主要表现为增长型的衰退,"滞涨"现象与石油危机、粮食危机、社会福利危机交织并发。

2. 生产方式层面

从生产方式层面来看,资本大规模跨国运动与资本国际循环的建立,以及全球一体化的贸易、金融、生产体系的迅速发展,使"资本主义生产方式成为真正意义上的世界性的生产方式"⑦,跨国公司、虚拟经济、金融寡头资本已成为世界经济的主导力量。主要表现为:其一,"跨国公司向全球公司

① 刘明远:《周期性资本主义经济危机的现代转型》,《学术研究》2009 年第 11 期,第 64 页。

② 张世鹏:《经济危机与当代资本主义研究的视角》,《科学社会主义》2009 年第 3 期,第 11 页。

③ 费利群、滕翠华:《当代资本主义新变化的动态透视》,《东岳论丛》2008 年第 6 期,第 38 页。

④ 李晓慧:《论知识社会对资本主义的影响》,《学术论坛》2007 年第 2 期,第 106—107 页。

⑤ 刘卫民:《生产力超常发展与资本主义发展趋势分析》,《交通部管理干部学院学报》2009 年第 2 期,第 13 页。

⑥ 罗帆、陆培南:《透视资本主义社会的"新社会因素"》,《百色学院学报》2007 年第 2 期,第 106 页。

⑦ 王翠芳:《对资本主义及其发展的多维度审视》,《鲁东大学学报》(哲学社会科学版)2008 年第 1 期,第 24 页。

转型","全球经营成为跨国公司发展的基本战略和营销理念"①,实体产业基本转移至国外。其二,国际直接投资成为国际投资的主要形式,在继续实施商品输出和工业资本输出的同时,更加注重和强化金融资本输出的作用。其三,金融创新与金融资本的全球扩张相互促进,生产和资本的集中,正在形成对商品、技术和资本尤其是金融资本的全球寡头垄断和资源的全球配置,"并与虚拟资本紧密结合,强化金融的流动性与连锁性"②。其四,管理方式发生了根本性变化,传统的金字塔式的管理结构让位于网络管理结构,再生产过程中的相互联系相互协作进一步加强,传统的整齐划一的工作制度逐渐被灵活工作制取代。资本家对企业的控制方式从直接控制逐渐过渡到间接控制,后福特制、弹性生产、分包制、新班组制等推陈出新并得到应用。

3. 生产关系层面

从生产关系层面来看,与马克思所处的时代相比,当代资本主义在新科技革命和经济全球化浪潮推动下呈现出新的特点。总的来说,通过采用妥协退让的灵活策略,使基本矛盾得到较大程度的缓和。具体来说,其一,所有制关系出现多元化趋势,有学者将其概括为"资本的终极私人所有与资本的事实社会占有同时并存"③。国家所有、合作所有、职工股份所有、私人垄断资本所有等多种所有制经济并存发展,特别是合作制和职工股份所有制有了很大发展。资本社会化趋势增强,企业股权分散化、普遍化、法人(机构)化,股份制"替代私人企业和家族企业成为当今资本主义的主流企业制度"④。其二,劳资关系出现了"管理民主化"趋势,采取了允许工人阶级进入董事会、监事会,参与企业管理和决策的多种形式。同时,由于分配关系的变化,劳资关系在一定程度和范围内出现了紧张的态势。其三,在分配关系上,政府采取了一系列的改革措施,主要包括:削减工资,以及实行工

① 孙兰英:《资本全球扩张与当代资本主义新变化的特点及趋势》,《天津大学学报》(社会科学版)2008年第3期,第221页。
② 杨承训、张新宁:《简论资本主义蜕变的最新阶段——兼析新自由主义破产的启示》,《高校理论战线》2009年第6期,第38页。
③ 毛英:《论当代资本主义的新变化与中国特色社会主义在21世纪的创新》,《西南民族大学学报》(人文社科版)2007年第12期,第152页。
④ 董建萍:《资本主义新变化与社会主义变革》,《科学社会主义》2007年第3期,第17页。

资双轨制，即在工资待遇上新老工人差别对待和同工不同酬[1]；削减社会福利；广泛推行社会福利和保障制度；推行雇员持股计划，实行利润、所有权、奖金共同分享制；推行劳资集体谈判制度，建立社会伙伴关系；"制定了最低工资法，并对工人的最高工时作出规定；而雇主在按有关规定付给工人劳动工资的同时，还给予必要的假期、供职年限奖励和带薪旅游"[2]；通过财政税收体制调节收入分配，竭力缩小贫富差距，"通过信贷消费政策增强社会购买力，通过财政投资提供公共产品和公共服务提高广大居民的实际生活消费水平"[3]。特别是在21世纪初开展了一场新的慈善革命，"新一代慈善家视自己为社会投资家，视慈善捐赠为社会投资，以慈善投资实现改良社会的愿望和行动。其中的领衔机构，是致力于将慈善家与社会企业家联盟为学习公益伙伴的新型基金会"[4]。其四，农业生产关系出现新的变化。"土地所有权和经营权从分离趋向统一"，"在土地自有率增加的情况下，家庭农场成为农业生产组织的主要形式"[5]。对于上述新变化，有的学者将其概括为"资本社会化、政府职能强化、经济运行有序化、阶级关系缓和化、阶级结构多层次化、收入分配制度社会化、科学教育文化普及化"[6]。

4. 上层建筑层面

从上层建筑层面来看，当代资本主义在以下几个方面变化显著：一是实现了政治制度与法制的有效结合，法制化程度大大提高。二是在积累财富的同时，积累了丰富的调控经验，对国内和国际经济干预调节的职能增强。就国内而言，在调节作用越发突出的同时，又不同程度地放松干预和管制；就国际而言，干预和调节趋于制度化、国际化，实现途径是制定国内法规、双

---

① 参见孙寿涛：《20世纪发达资本主义国家劳工力量演变趋势》，《中国劳动关系学院学报》2007年第5期。

② 罗帆、陆培南：《透视资本主义社会的"新社会因素"》，《百色学院学报》2007年第2期，第107页。

③ 高玉泉、彭晓华、米昭社：《当代西方资本主义市场分配制度的发展趋势及原因》，《湖南人文科技学院学报》2007年第2期，第30—31页。

④ 杨团：《一场新的慈善革命："慈善资本主义"与公益伙伴关系》，《学习与实践》2007年第3期，第97—98页。

⑤ 王辉：《发达资本主义国家农业生产关系的新变化及其启示》，《贵州大学学报》（社会科学版）2008年第4期，第12页。

⑥ 费利群、滕翠华：《当代资本主义新变化的动态透视》，《东岳论丛》2008年第6期，第35页。

边多边经贸协定,主导建立并控制各种国际合作组织、地区一体化组织和世界性经济组织,以及召开不同层次的国际会议、进行政府首脑会晤等。三是公民的民主意识进一步加强,政治参与的程度和范围有很大发展;政治民主形式进一步扩大,实现了普选制,选举程序更加完善,手段日趋现代化。同时,"政党格局出现两极化的特点和趋势"①,"政党议会政治"形成,导致议会权力虚化,行政权力容量、行政机构职能、行政官僚规模达到了空前程度②。四是发达国家意识形态领域出现"解意识形态化"和多元价值观并存的趋势,意识形态中左右派的分歧逐渐淡化③,后物质主义价值观、社会责任感和集体主义精神逐步被人们接受和认同,但主流意识形态地位并未改变。在本国体系内开始对凯恩斯主义和新自由主义采取兼收并蓄的态度,庇护主义依旧存在,进一步加强了意识形态领域的"领导权"和控制权;对世界其他国家特别是社会主义国家竭力进行颠覆和渗透,模糊或淡化不同制度间意识形态的根本分歧,强力推行"普适价值"和新自由主义等战略政策。五是在促进区域化、集团化不断发展的同时,"大肆鼓吹贸易和投资的自由化、全面开放市场,放松对金融和资本市场的管制"④。六是"当代资本主义的科技异化不限于生产领域,而是渗透到消费等领域,甚至以消费领域为其最重要的表现空间"⑤。七是教育得到普及。八是在加速发展变化的同时,面临着"诚信危机"、"道德危机"、民族冲突等前所未有的危机。

5.阶级结构和阶级关系层面

从阶级结构和阶级关系层面来看,与经典作家所处的历史阶段相比,表现得更为复杂。一方面,从阶级结构来看,"利益多元化、职业自由化、社会碎片化、身份和认同复杂化日益解构着传统的阶级阵营"⑥。传统意义上的

---

① 王克宁:《从选举制度看当代资本主义国家政党格局的两极化》,《湖北行政学院学报》2007 年第 5 期,第 29 页。

② 参见王思文、张子礼:《资本主义政治文明的现代化演进》,《山东工商学院学报》2008 年第 1 期。

③ 参见胡连生:《论后物质主义对当代资本主义社会转型的影响》,《江西社会科学》2009 年第 1 期。

④ 罗文东:《马克思主义的'世界历史'和"国际化"理论与超国家垄断资本主义的新发展》,《思想理论教育导刊》2009 年第 6 期,第 21 页。

⑤ 陈翠芳:《马克思主义与当代资本主义科技异化研究》,《马克思主义研究》2008 年第 10 期,第 113 页。

⑥ 董建萍:《资本主义新变化与社会主义变革》,《科学社会主义》2007 年第 3 期,第 18 页。

资本家减少,食利资本家、垄断资本家、跨国资本家、高技术"新贵"、经理人员数量不断上升;垄断资产阶级与国家政权密切结合,"知识精英"和"政治精英"组成的阶层"成为资产阶级内部最活跃的一支'新锐'","作为资产阶级社会主干的资产阶级及其政治代表和思想代表构成了一个完整的资产阶级的基本框架,而后两个阶层的形成和发展则标志着这个阶级的完备和成熟程度"[①];当代资本主义国家出现了既非纯粹无产阶级亦非纯粹资产阶级的中间阶层——由传统中间阶层和以"白领"为代表的新中间阶层组成,其中新中间阶层占主体;"资产阶级实现了联合并日益成为世界性的阶级,执行着维护国际资产阶级集体利益的各种职能"[②]。

　　另一方面,从阶级关系来看,"一个最重要的特点就是阶级斗争和社会冲突被资产阶级政府通过一系列的民主政治形式纳入到了合法的制度框架中,由此而促进了非暴力的改良政治成为阶级斗争的主要活动形式"[③],国际工人运动总体上处于低潮,并开始纠缠于种族、性别、地域、宗教等冲突之中。由于工人的生产和生活地位、受教育程度得到明显改善,工人在政府机构和第三产业中的比例上升,女性工人、外籍劳工和移民增加,以及资产阶级斗争策略的改变等原因,工人阶级团结程度弱化、阶级意识和国际主义意识蜕化,特别是中间阶层规模最为庞大而结构又最为"碎片化",没有统一的阶级意识,"政治诉求不完全等同于产业无产阶级,甚至在某些方面还和产业无产阶级相左"[④],致使两大阶级矛盾有所淡化,直接影响了阶级斗争和社会冲突的形式。各资本主义国家共产党和工会的组织活动及其形态的新变化都日益体现了这一特点。各资本主义国家共产党基本上主张多党制、党政分开,强调通过和平议会的途径实现社会主义,因而其组织形态

---

　　① 吴波:《当代西方资本主义国家阶级的内部构成及相关理论分析》,《科学社会主义》2007年第12期,第147页。

　　② 王翠芳:《对资本主义及其发展的多维度审视》,《鲁东大学学报》(哲学社会科学版)2008年第1期,第26页。

　　③ 林德山:《从马克思的"社会革命"观看20世纪资本主义的社会变革》,《中国特色社会主义研究》2007年第5期,第24页。

　　④ 王存福:《论中产阶级与当代资本主义国家的社会主义政党》,《社会主义研究》2008年第2期,第31页。

"已经发生和正在发生着从先锋队政党到现代群众性政党的历史性转变"①,党支部出现俱乐部化的趋势。对于工会,资本家以迁移工厂、工作外包相威胁,并拒收接受工会号召的工人,用奖励和惩罚制度迫使劳动者妥协退让,从而成功解雇了一些工会的领导人和组织者,并迫使其解散。"美国政府不仅推动许多联邦服务私有化,而且以国家安全为借口拒不承认联邦政府工会的谈判权"②,工会权利因此受到限制,会员人数减少和组织率下降。对此,西方各国工会采取新的战略,实施了多方面改革:一是"代表和维护的对象从一部分工人转向工人阶级全体成员","开始淡化与政党的关系,标榜非意识形态化",提出"超越集体主义的工会运动"、"战略工联主义"等口号,"以扩大会员基础,增强工会在国家政治经济社会生活中的影响";二是组织成立"制造业工会联合会、服务业工会联合会等混合产业工会形式","出现了工会工作企业化、工会权利个人化的倾向"③;三是减少罢工等激烈的斗争形式,通过多途径与政府和雇主进行对话,强调工会做负责的"社会伙伴"。而这一定位导致"小众性的体制内政治博弈、社会对话日益取代了激烈的街头对抗。体制外的大规模群体性阶级斗争逐渐成为远去的背影"④,国际主义也由此开始蜕化为在国际劳工组织等国际组织中的外交活动,甚至变为与工会会员切身利益毫无关系的工会旅游活动⑤。

　　6. 基本矛盾层面

　　从基本矛盾层面来看,资本主义在全球扩张的过程,该变了基本矛盾的发展程度、存在形态和运动范围,表现为:基本矛盾转移扩展至全球,放大为世界资本主义体系的矛盾,由单一化向综合性发展,基本矛盾进一步加深。这也是国内大部分学者的共识。"以美国为首的西方发达资本主义国家建立了以综合国力为后盾的全球霸权"⑥,对外扩张的手段也出现了新的变

　　① 聂运麟:《资本主义国家共产党组织形态的历史性转型》,《社会主义研究》2007 年第 6 期,第 1 页。
　　② 孙寿涛:《20 世纪发达资本主义国家劳工力量演变趋势》,《中国劳动关系学院学报》2007 年第 5 期,第 76 页。
　　③ 吴金平:《发达资本主义国家工会的困境与出路》,《中国社会科学报》2009 年 10 月 22 日。
　　④ 董建萍:《资本主义新变化与社会主义变革》,《科学社会主义》2007 年第 3 期,第 18 页。
　　⑤ 参见吴波:《经济全球化与西方资本主义国家的工人运动》,《当代世界与社会主义》2007 年第 1 期。
　　⑥ 刘昀献:《论当代资本主义基本矛盾的新表现及发展趋势》,《中国浦东干部学院学报》2008 年第 1 期,第 17 页。

化,即由主要依靠直接军事侵略和政治统治的旧殖民主义转向经济交往和文化渗透等新殖民主义,"由大规模的世界战争变为局部战争与冷战、准冷战并存交叉"①。表现为:经济、政治和军事手段相互配合,实行单边主义、"新干涉主义"和"新炮舰政策"②;用经济虚拟化、泡沫化手段制造经济危机以支撑军事手段;利用美元优势控制石油,利用核武器与空间技术控制全球,抢占战略资源地域③;"军备竞赛不断升级,科技的战争性应用相应地被强化和广泛化"④,新型核武器和高科技武器得到广泛发展。

综观上述新变化,不难看出,当代资本主义实际上是成就与问题并存。对此,有的学者将其概括为"资本的私人占有与资本的社会占有同时并存,社会经济运行的无序化与有序性同时并存,收入分配两极化与收入分配公平化同时并存,宏观经济制度的工具理性与微观层面的科学理性同时并存"⑤。值得注意的是,胡连生在其江苏省社会科学基金项目"当代资本主义双重发展趋向研究"成果中,将其定位于双重发展趋向,即资本主义旧制度继续发展的趋向与新社会因素逐步生长的趋向并存。具体表现为:"资本主义社会生产力继续快速发展的趋向与资本主义生产关系束缚生产力发展的趋向并存;财产私人占有制继续发展的趋向与资本占有形式社会化趋向并存;社会经济矛盾和危机继续加深的趋向与经济运行有计划、可调控的趋向并存;阶级剥削和压迫继续加深的趋向与工人阶级的地位不断提高的趋向并存;贫富两极分化不断拉大的趋向与收入分配均等化的趋向并存。"⑥

需要指出的是,有学者关于"新变化并非整个资本主义世界体系的新变化"的观点不得不引起我们的重视。该观点认为,"当代资本主义的新变

---

①　杨承训、张新宁:《简论资本主义蜕变的最新阶段——兼析新自由主义破产的启示》,《高校理论战线》2009年第6期,第42页。

②　彭银年:《浅析当代资本主义的发展趋势》,《科教文汇》2008年3月(上旬刊),第116页。

③　杨承训、张新宁:《简论资本主义蜕变的最新阶段——兼析新自由主义破产的启示》,《高校理论战线》2009年第6期,第42页。

④　陈翠芳:《马克思主义与当代资本主义科技异化研究》,《马克思主义研究》2008年第10期,第111页。

⑤　毛英:《论当代资本主义的新变化与中国特色社会主义在21世纪的创新》,《西南民族大学学报》(人文社科版)2007年第12期,第182—183页。

⑥　杨玲、胡连生:《在探索中借鉴,在借鉴中创新——如何认识当代资本主义的发展进程》,《云南社会科学》2009年第3期,第53页。

化主要是以美国、日本、西欧为主体的发达资本主义国家为研究对象,而广大发展中资本主义国家鲜有新变化与新发展。""目前,在世界资本主义体系中有130多个发展中的资本主义国家。这些国家由于建立和发展的国内基础、历史条件与发达资本主义国家大不相同,其发展水平和成熟程度与发达资本主义国家相比相差很大。大多数国家仍然处于滞后、贫穷、不发达的'外围'或'边缘'之中,许多国家甚至还面临经济结构畸形、基础设施建设滞后、经济增长方式粗放、贫困人口增加、经济增长速度下降等短期内难以解决的严重问题。"①这实际上不经意点出了当代资本主义研究领域新的生长点。具体而言,如何在全局性的视野中深化认识当代资本主义的发展现状、体系结构、力量博弈关系以及对社会主义发展壮大有利的因素? 怎样深化理解资本主义体系的统一性与多样性的关系,尤其是多样性的存在形态与演进趋势? 如何看待资本主义与社会主义力量对比关系,也即探究这种关系有了怎样的具体变化? 如何利用资本主义体系非均衡性发展壮大中国特色社会主义? 这一系列问题值得我们深入细致地研究,并且有助于拿出对策性建议。

(二)关于如何认识当代资本主义金融危机的症结、实质与应对措施的本质问题

1. 当代资本主义金融危机的症结所在

如何看待由美国次贷危机引发的全球金融危机的成因,从中国期刊全文数据库(CNKI)检索到的80多篇关于金融危机的学术论文来看,国内大部分学者从资本主义基本矛盾出发进行了探讨,但侧重点各有不同,概括而言可分为九种:一是"意识形态与价值观批判论"。这种观点将危机归因于消费主义、新自由主义、贪婪、欺诈和暴富心理,以及资本主义人文精神失落,等等。二是"失灵论"。这种观点力图从市场失灵和政府失灵层面分析金融危机产生的原因。三是"时代背景论"。这种观点主张从当代资本主义发展所处的历史阶段,如晚期资本主义、国际垄断资本主义、金融资本主义、金融全球化、信用经济时代、诸场资本主义等,所呈现出的新的特点来看待危机产生的背景、环境、条件和演进逻辑。四是"资本主义模式比较与模

① 毛英:《论当代资本主义的新变化与中国特色社会主义在21世纪的创新》,《西南民族大学学报》(人文社科版)2007年第12期,第18 页。

式转换论"。这种观点通过分析盎格鲁-撒克逊模式到新美国模式转变的历史进程,探寻危机产生的原因。五是"美元霸权论"。这种观点将危机归因于美国建构的霸权新机制——美元霸权,认为霸权机制的转换是美国为缓解或转嫁危机而采取的新战略,危机则是各国在美元霸权下,利用新规则有意规避风险进行利益大博弈的结果。六是"脱节论"。这种观点将危机产生的原因看做是实体经济与虚拟经济及二者间汇率纽带环节的脱节,以及旧的金融监管体系与金融创新发展的脱节。七是"分配论"。这种观点认为危机是源于两极分化导致的弱再分配过程难以继续维持,是资本主义分配不公所致。八是"经济周期论"。持这种观点的学者通过引入西方学者的"经济周期说",分析了危机产生的必然性。九是"资本主义经济运行决定论"。持这种观点的学者回到马克思的再生产理论、虚拟资本理论、危机理论、信用理论,寻找支撑自己观点的理论资源,分析了危机产生的客观必然性。

综合上述分析路径不难发现,金融危机显然不是由单纯的因素引发的,而是根源于资本主义基本矛盾,由相互交织的多重因素在当代的集中爆发。正如马克思所说,生产所内含的二重性矛盾,即"使用价值和价值的对立,私人劳动同时必须表现为直接社会劳动的对立,特殊的具体的劳动同时只是当作抽象的一般的劳动的对立,物的人格化和人格的物化的对立","在商品形态变化的对立中取得发展了的运动形式。因此,这些形式包含着危机的可能性,但仅仅是可能性。这种可能性要发展为现实,必须有整整一系列的关系"①。于是,一个值得深入研究的问题便清晰地呈现在我们面前:这"整整一系列的关系"或者说这些多重因素内在的逻辑关系是什么? 这一逻辑关系是如何导致危机爆发的? 对此,部分学者作了较为细致的分析。这里,仅介绍在我们看来有一定深度或新意的三项成果。

一是王安玲在国家社会科学基金项目"当代中国主要错误思潮的剖析及其应对——巩固马克思主义指导地位的重要任务"研究中取得的阶段性成果。该成果认为全球金融危机是"新自由主义泛滥导致资本主义固有的

---

① 《马克思恩格斯选集》第 2 卷,北京:人民出版社 1995 年版,第 154 页。

基本矛盾及其及派生矛盾激化的结果"①。其内在的逻辑关系是:首先,资本主义基本矛盾具体表现为两个派生矛盾:企业内部生产的有组织性与社会生产无政府状态之间的矛盾,社会生产无限扩大与人民群众购买力相对缩小之间的矛盾。由于资本主义私有制具有逐利的本性,必然要求意识形态与之相适应。经济资源私有化、利益最大化、经济自由化、调节市场化、国家干预最小化、全球资本化等这些新自由主义主张,正是新的历史条件下资本主义逐利本性在意识形态领域的表现。其次,新自由主义泛滥必然导致资本主义固有矛盾在国内和国际两个层面激化。一方面,从国内来讲,由于新自由主义政策特别是金融自由化、放松监管主张得以推行,资本家逐利行为更加疯狂,金融创新活动肆无忌惮,虚拟经济被无限放大,导致两个派生矛盾更加尖锐。为缓解虚拟经济无限放大与人民群众购买力相对缩小之间的矛盾,资本家将过剩的虚拟资本转化为膨胀的次贷购买力,创造了通过抵押住房获得消费现金这种不可持续的、虚假的繁荣,由此造成了虚拟经济脱离实体经济的大量泡沫,最终导致危机爆发。另一方面,新自由主义泛滥必然导致资本主义固有矛盾及其派生矛盾在全球范围以新的形式表现并激化,即表现为经济全球化与国际垄断资本主义之间的矛盾,跨国公司内部高度的组织性与世界经济无政府状态之间的矛盾,跨国公司生产和资本无限扩大的趋势与发展中国家人民群众购买力相对缩小之间的矛盾。发达资本主义国家主导下的国际经济组织在新自由主义泛滥下,对国际贸易和金融市场监管约束极其不力,为国际垄断资本利用金融衍生品进行疯狂逐利提供了有利条件,而国际游资的炒作最终直接或间接引发了全球金融危机。②

　　二是张俊山在教育部人文社会科学重点研究基地重大项目"当代资本主义的新特征研究"中取得的阶段性成果。该成果从分析资本主义生产方式的基本特征入手,在资本主义经济金融化历史视野中,探讨了资本主义基本矛盾、资本输出、经济金融化、金融全球化之间的内在逻辑关系。张俊山认为,资本主义生产方式的基本结构及其内在矛盾内在地累积了触发金融危机的可能性与现实性。因为,以雇佣劳动为特征的资本主义生产使占有

---

① 王安玲:《新自由主义泛滥必然导致资本主义新的经济危机》,《决策探索》2009 年 8 月(下),第 23 页。
② 参见上文。

生产条件的资产阶级能够通过控制和支配他人劳动来占有剩余价值，并赋予生产条件以及财富的一般形式——货币——以资本的属性。这样，即使不在生产领域也可以通过价值形式实现对生产条件所有权的控制。资本主义生产方式的这一特征使其背负着不可克服的基本矛盾。剩余价值生产的基本性质和资本主义基本矛盾始终困扰着资本主义的发展，而资本主义经济则力求开辟新的空间突破这种限制。其表现就是，20世纪70年代世界货币性质发生了重大变化——黄金非货币化，从而使作为脱离价值基础的世界货币——美元——仅成为一种纯粹的价值符号，为金融垄断资本提供了廉价的资金来源，由此开创了经济金融化和金融全球化的时代。这一时代变化为金融垄断资本获取剩余价值提供了新机制：通过扩大贷款来强行扩大市场，建立所谓"金融工程"为贷款对象开发出种种技术手段，诱使其借款消费和投资。同时，通过创新信用工具，收回货币资本并转嫁金融风险。而信用工具的创新又使资本市场上债券价格不断涨落，从而资本以流通的方式更迅速、更便捷地占有剩余价值。然而，货币发展成虚拟资本、土地价格乃至众多的价值增值工具，其运动虽然远离生产领域，但却不能从根本上摆脱实际物质财富的运动。当金融垄断资本将既有的剩余价值源泉开发殆尽，转而将资本身作为攫取对象时，危机就不可避免。可见，当前的金融危机正是自20世纪70年代以后资本增值与积累新领域开发殆尽的结果。①

　　三是高桂云、戚桂锋两位学者发表的论文《西方资本主义经济危机的马克思主义解析》，为我们展现出一条清晰的危机演变生成的脉络。文章认为：首先，"监管缺位"、"政策失误"、"低估风险"和"金融创新弊端"是为了"透支消费"而"缺位"、"失误"、"低估"、"存弊"的。其次，之所以必须"透支消费"，是因为"透支消费"是由资本的逐利本性所决定和主导的，同时也造成和迎合了普通劳动者过度消费的需求。再次，面对"有效需求不足"的这一顽症，资本主义迄今为止总共采取了"销毁"和"消费"两种解决危机的手段，即销毁和消费相对过剩的社会财富。后者又包括扩大政府公共支出、调整分配格局和"透支消费"三种办法。对比以上两大类四种办

---

① 参见张俊山：《资本主义基本矛盾的发展与当前资本主义金融危机》，《教学与研究》2009年第10期。

法,只有"透支消费"克服了第一种的残酷、第二种的滞涨效应、第三种对富人的剥夺。在国际有效需求不足的总态势下,正是"透支消费"与"透支经济"暂时填补了收入与消费之间的缺口,从而掩盖了美国经济扩张与有效需求不足之间的矛盾。最后,迄今为止,危机有古典和现代两种形式。古典危机的产生流程是:资本主义制度的内在矛盾—两极分化—有效需求不足—生产相对过剩—经济危机—销毁财富、淘汰过剩生产能力—回到起点;当代危机的产生流程是:资本主义制度的内在矛盾—两极分化—有效需求不足—生产相对过剩—透支消费—违约率上升—经济危机—淘汰过剩生产能力—回到起点。可以看出,二者并无本质不同,都是马克思指出的"生产相对过剩的危机"。区别在于:在古典危机中,相对生产过剩直接表现为有效需求不足,商品卖不出去;而在当代危机中,通过增加了透支消费、违约率上升两个环节延迟了危机,并且生产过剩不再直接表现为有效需求不足,而是旺盛,甚至"过度"。可见,危机的根源内在于资本主义生产方式,即生产社会化和生产资料资本主义私人占有之间的矛盾。危机虽然首先爆发在虚拟经济中,但基础是实体经济。当实体经济相对过剩已经发展到投在其中的资本无利可图时,资本必然转而投向虚拟经济,而当矛盾发展到尖锐的程度使社会再生产的实现条件遭到严重破坏时,危机就会爆发。①

在我们看来,上述多重原因的内在逻辑关系已经内含于马克思关于"生产、分配、交换与消费四个环节""整体一系列关系"的分析框架之中。马克思认为,在生产、分配、交换与消费诸环节中,生产在总体上和多方面形式上具有支配和决定作用,分配、交换与消费除了相互影响制约之外,就单方面而言对生产也会起决定作用。例如,消费归根到底取决于生产,但消费又从两方面生产着生产:一方面,"产品只有在消费中方成为现实的产品";另一方面,"消费创造出新的生产的需要","创造出生产的动力"。② 马克思的分析表明:生产应根据有支付能力的社会需求和流通中需要的货币量来进行。在再生产条件下,各部门内部和各部门之间,以及生产、交换、分配和需求之间应保持规模和结构上的适当比例。而资本主义自诞生之日起创

---

① 参见高桂云、戚桂锋:《西方资本主义经济危机的马克思主义解析》,《甘肃社会科学》2009年第2期。
② 《马克思恩格斯选集》第2卷,北京:人民出版社1995年版,第9页。

造的生产方式就已经把上述各环节的"整体一系列关系"割裂了，这又使源于资本主义生产方式所固有的并成为其特征的这种颠倒，反映在资本家的头脑中。① 当代资本主义不过是以新的方式"头足倒置"地割裂了这种"整体一系列关系"。其典型的做法，正如马克思早已指出的："一切资本主义生产方式的国家，都周期地患一种狂想病，企图不用生产过程作中介而赚到钱。"②因此，"危机的来临只不过是迟早的事情"③，并且一旦爆发，便会以"创新"的方式表现出来。

　　2. 当代资本主义金融危机的实质

　　金融危机的实质涉及的是能否将其归结为经济危机的问题。对此，有的学者认为"次贷危机的真正实质其实是资本信用危机，或者可以称之为资本主义制度的信用危机"④。有的学者进一步分析指出，次贷危机引发的信用危机和金融风暴显示出来的货币危机都是导致生产过剩的经济危机的重要因素，原因是："由于只有生产部门等实质经济创造真实价值，中央银行不断发行货币注入金融投机泡沫，就相当于对实质经济'征税'。中央银行注入金融投机的泡沫的货币越多，实质经济承担的各种'税负'就越重。这实际上是一个从实质经济掠夺营养维持泡沫成长的过程。所以，金融体系不断产生高额利润率的同时，美国实质经济却在萎缩。"⑤而大部分学者则认为危机的实质是商品生产的相对过剩，"金融危机从来都不是单纯的

---

　　① 参见《马克思恩格斯全集》第44卷，北京：人民出版社2001年版，第360页。这种颠倒即马克思所说的：死劳动和活劳动、价值和创造价值的力之间的关系的倒置。资本主义生产方式具有两大特征：一是资本化蕴涵着生产的社会规定物化和生产的物质基础主体化过程，这是"死劳动和活劳动关系的倒置"。二是追逐剩余价值的目的贯穿于劳动实质隶属于资本这一特殊关系的确立与演变过程之中，这是"价值和创造价值的力的关系的倒置"。资本主义生产方式两大特征作为互为条件和因果关系的有机整体，使生产的手段变成目的本身，幻化出资本的人格化与人格化的资本在同生产力的矛盾纠葛中倒立前行。从而，导致以占有劳动者未来创造的剩余价值为基础的资本不断进行"自我复制"时，必然引起资本扩张转化为自身的对立面，无法消除资本价值增值这一规定性和生产力无限发展趋势之间的矛盾冲突。

　　② 《马克思恩格斯全集》第45卷，北京：人民出版社2003年版，第67页。

　　③ 吴建伟：《金融危机与资本主义命运：一种马克思主义的解读》，《理论月刊》2009年第9期，第25页。

　　④ 陆一：《美国政府：为重建制度信用"改写资本主义"》，《读书》2008年第12期，第14页。

　　⑤ 刘静：《从理论突破到范式式微：新自由资本主义发展轨迹探析》，《商丘师范学院学报》2009年第7期，第69页。

金融领域的危机"①,而是实体经济问题的表征,但"现实危机往往以颠倒的形式表现出来"②。因而金融危机仍然没有超出马克思对经济危机的分析框架。实际上,上述不同观点涉及的焦点是:2008 年爆发的全球金融危机问题是出在实体经济,还是实体经济实际上并没有大的问题? 进一步而言,如果是后者,那么,马克思的分析将不再适用于当代。由此,将推翻我们前面对危机原因的分析和结论。对这一问题,其实马克思恩格斯早已作出了深刻的判断。马克思认为:"在这里,一切都以颠倒的形式表现出来。""乍看起来,好像整个危机只表现为信用危机和货币危机。而且,事实上问题只是在于汇票能否兑换为货币。但是这种汇票多数是代表现实买卖的,而这种现实买卖的扩大远远超过社会需要的限度这一事实,归根到底是整个危机的基础。"③恩格斯在给康·施米特的信中认为,金融危机对实体经济具有反作用,其爆发会引致经济危机,但绝不能倒"因"为"果","金融市场的人所看到的工业和世界市场的运动,恰好只是金融和证券市场的倒置的反映,所以在他们看来结果就变成了原因"④。

　　3. 当代资本主义应对金融危机措施的本质

　　对于当代资本主义应对危机的措施特别是国有化措施,部分学者认为其意味着欧美国家出现了社会主义,对此张雷声提出了反对意见。认为"这些国家的干预措施不是真正意义上的'国有化',更不是真正意义上的社会主义,而只是危机爆发时为了降低危机损失或反对转嫁危机损失而采取的一种权宜之计"。"说到底,只是在资本主义制度范围内所作的一种政策调整,是对资本主义弊端的一种纠正,它在一定程度上可以延长资本主义制度的寿命。"⑤高桂云、戚桂锋也认为,国有化措施"本质上还是凯恩斯主义的逻辑","是资产阶级国家发挥总资本家的作用为垄断资本利益服务的一种手法","是对资产阶级的经济关系和利益的体现和保护","只能加剧

　　① 　陈大柴:《当前全球金融危机的资本主义制度根源及影响》,《厦门特区党校学报》2009 年第 4 期,第 65 页。
　　② 刘明远:《现代信用资本主义与周期性金融危机》,《教学与研究》2009 年第 6 期,第 73 页。
　　③ 《马克思恩格斯全集》第 46 卷,北京:人民出版社 2003 年版,第 555 页。
　　④ 《马克思恩格斯选集》第 4 卷,北京:人民出版社 1995 年版,第 699 页。
　　⑤ 张雷声:《资本主义基本矛盾与当前国际金融危机》,《中国人民大学学报》2009 年第 5 期,第 50 页。

而不是缩小两极分化"。① 王友明则进行了具体的剖析,指出所谓"奥巴马主义"其实仍然是奉行自由市场经济的基本价值体系,其推行的经济社会政策仍然属于资本主义自由市场经济范畴。因此,"奥巴马主义"或"新凯恩斯主义"也被称为"温和的新自由主义",这种"温和的新自由主义"不再如激进的新自由主义那样一味反对国家干预经济,而是在坚持自由市场体制的同时,通过政府干预帮助市场具备自我修复行动能力。② 而张俊山更是直接点中了要害,当前的救助措施"本质上看是资本主义政府用劳动人民创造的财政收入来维护金融垄断资本所构造的价值增值体系"③。

需要指出的是,在定位金融危机形态和归结应对措施实质的问题上,部分学者之所以会出现分析判断上的失误,在我们看来,恰恰是因为对危机生成原因的分析路径不尽合理。这实际上反映了如何理解马克思主义的分析范式及其理论,并加以合理运用的问题,并从一个侧面凸显了经典马克思主义"当代出场"的迫切性,以及深化马克思主义基本原理研究和学科建设的紧迫性。

(三)关于如何定位当代资本主义最新发展阶段问题

考察和研究当代资本主义新变化的一个重要的命题,就是如何定位当代资本主义的最新发展阶段。2006—2009 年,学术界的探讨主要体现在以下三个方面:

一是在分析理解当代资本主义特征并作出总体判断的基础上,借鉴西方学者的研究成果,得出了相关结论。例如,"赌场资本主义"、"金融垄断资本主义"、"后殖民主义"、"新殖民主义"、"全球化资本主义"、"晚期资本主义"、"新资本主义"、"后物质主义"、"后福特制资本主义",等等。

二是"在传统研究的基础上继续向前推进,将具体的经验事实和既有的理论框架结合起来"④,提出了各自的看法。其一,大部分学者认为当代资本主义已经发展到资本主义的最高阶段——国际垄断资本主义。这一判

① 高桂云、戚桂锋:《西方资本主义经济危机的马克思主义解析》,《甘肃社会科学》2009 年第 2 期,第 58 页。
② 参见王友明:《从金融危机看美式资本主义》,《国际问题研究》2009 年第 5 期。
③ 张俊山:《资本主义基本矛盾的发展与当前资本主义金融危机》,《教学与研究》2009 年第 10 期,第 66 页。
④ 张一兵、周嘉昕:《资本主义理解史》第一卷,南京:江苏人民出版社 2009 年版,第 9 页。

断实际上沿用了 20 世纪 90 年代以黄素庵等为代表的国际垄断资本主义的提法。其二,有的学者依然坚持垄断资本主义的提法,认为"从阶级的观点看","当代资本主义的实质仍然是垄断资本主义",因而"当今世界在总体上是垄断资本主义的世界,是以私人垄断资本主义为基础、以国家垄断资本主义为主导、以国际垄断资本主义为扩张形式的三者统一的世界"①。其三,有学者虽然认同国际垄断资本主义的提法,但认为当代资本主义并未完全进入国际垄断资本主义,而是处在国家垄断资本主义向国际垄断资本主义的转变阶段,"当前的国际金融危机表明资本主义发展到了一个新阶段,国际垄断资本主义正在形成之中"②。其四,部分学者则将马克思主义关于资本主义和帝国主义的基本原理同资本主义的新变化相结合,对当代资本主义蜕变的最新阶段作出了判断。例如,超国家垄断资本主义③、信用资本主义④、国际金融垄断资本主义⑤、区域垄断资本主义、国际超级金融垄断资本主义⑥、社会资本主义⑦。其五,上述新定位中,提出超国家垄断资本主义观点的学者认为,"从私人垄断资本主义、国家垄断资本主义发展而来的超国家垄断资本主义,是帝国主义发展的新阶段。它不仅没有改变帝国主义的本性,没有推翻列宁关于'帝国主义是资本主义的最高阶段'的基本观点"⑧。持"区域垄断资本主义阶段说"的学者不认同当代资本主义已经处于国际垄断或全球垄断阶段的判断,认为区域垄断资本主义是垄断资本主义大阶段下,继国家垄断资本主义之后的又一阶段。区域垄断资本主义

---

① 刘保国:《坚持阶级分析,正确看待当代资本主义》,《荆楚理工学院学报》2009 年第 12 期,第 23 页。

② 王金存:《当代资本主义的演化与当前国际金融危机》,《高校理论战线》2009 年第 7 期,第 25 页。

③ 参见罗文东:《马克思主义的"世界历史"和"国际化"理论与超国家垄断资本主义的新发展》,《思想理论教育导刊》2009 年第 6 期。

④ 参见刘明远:《现代信用资本主义与周期性金融危机》,《教学与研究》2009 年第 6 期。

⑤ 参见孙兰英:《资本全球扩张与当代资本主义新变化的特点及趋势》,《天津大学学报》(社会科学版)2008 年第 3 期。

⑥ 参见杨承训、张新宁:《简论资本主义蜕变的最新阶段——兼析新自由主义破产的启示》,《高校理论战线》2009 年第 6 期。

⑦ 参见李旭:《从科学技术发展的视角论资本主义的发展阶段及演变时域》,《社科纵横》2007 年第 10 期。

⑧ 罗文东:《马克思主义的"世界历史"和"国际化"理论与超国家垄断资本主义的新发展》,《思想理论教育导刊》2009 年第 6 期,第 23 页。

只有在其发展到极点时,也即区域之间高度融合成为全球经济一体化时,才形成全球垄断的资本主义。①

三是从马克思主义分析范式入手,结合当代资本主义的新变化,质疑西方学者关于资本主义当代形态的质性判断。针对"全球资本主义"或"资本主义全球化"的提法,李惠斌认为"资本或金融全球化不等于资本主义全球化","资本的全球扩张不能等同资本主义全球化。不可否认的是,资本的全球扩张中依然会出现资本占有强势地位的情况。但是,面对着各主权国家的强大的宏观调控,外资的强势地位并不是绝对的"。② 陈大柴也指出:"经济全球化不等于资本主义全球化,融入世界经济并不必然要以发展资本主义经济为载体。"③杨松、安维复对西方学者关于资本主义已经进入"数字资本主义"的观点进行了批驳,"当代资本主义因建立健全了国家创新体系而获得生产力的超速发展,但是它的生产关系依然停留在资本主义制度的基本结构上,从而使当代资本主义的基本矛盾转化为知识的公有性与知识创新的私人占有之间的对立统一,因此数字资本主义依然是资本主义"④。许光伟通过对资本主义生产方式历史变迁的分析与反思,指出"后福特生产方式远没有成为一种社会生产的主流治理方式,也就不会上升为'后福特主义'","资本主义的发展迹象表明,促使资本主义调节的新类型形成的力量正在积蓄之中,但绝不是资本主义调节新类型的真正形成",因此"与其说后福特制是后福特主义导向的,不如直接说成福特主义的"⑤。王翠芳则对西方学者提出的诸多"阶段说"进行了尖锐的批判,认为"资产阶级理论家从非历史主义的观点出发,撇开资本主义生产关系所反映的人与人关系的实质",用"技术统治社会"、"信息社会"、"后工业社会"、"未来主义"等表象特征来定位当代资本主义,"把未来人类社会的发展过程全部

　　① 参见周海鸥、许鹏、贾楠:《区域化的资本主义和资本主义的区域化》,《河北经贸大学学报》(综合版)2007 年第 1 期。
　　② 李惠斌、[美]阿里夫·德里克:《关于"后资本主义"问题的对话》,《马克思主义与现实》2007 年第 2 期,第 12 页。
　　③ 陈大柴:《当前全球金融危机的资本主义制度根源及影响》,《厦门特区党校学报》2009 年第 4 期,第 66 页。
　　④ 杨松、安维复:《"数字资本主义"依然是资本主义》,《思想战线》2007 年第 2 期,第 24 页。
　　⑤ 许光伟:《资本主义生产组织演变的整体性解读与反思》,《马克思主义研究》2009 年第 6 期,第 80—81 页。

归结为资本主义的发展,把一个特定的历史时代独有的、适应当时物质生产水平的暂时的社会关系,变为永恒的、普遍的、不可动摇的规律,借以说明资本主义是人类社会的终极形态,否认资本主义社会经济形态作为一个历史过程的暂时性,是不符合历史事实和人类社会发展客观规律的"。①

其实,定位当代资本主义发展的最新阶段,是为了从历史发展(时间)的角度,对其新变化、新特点有一个总的归结,以区别于过去一个阶段的资本主义,便于进一步深化认识和开展研究。因此,无论怎么定位,资本主义仍旧是"资本主义",而绝不是别的什么"主义"。这一点,我们必须定位准确。

三、关于如何理解当代资本主义发展的 内在逻辑、本质与历史趋势问题

考察和研究当代资本主义的最终落脚点,便是对其发展的内在逻辑、本质和历史趋势的分析与判定。其中,后两个方面是学术界重点关注的问题。研究者在对当代资本主义具体现实变化理解的基础上,提出了不同看法甚至产生了争论,并由此引发了如何理解"马克思主义经典作家资本主义观"的问题。关于最后这一点,出于结构安排的考虑,本分报告第一部分已经涉及,在此仅就国内学者对现实问题的探讨加以评述。

(一)关于如何认识当代资本主义发展的内在逻辑问题

国内学者对当代资本主义发展变化原因的探究,归结起来主要有以下六个层面:一是生产力层面,主要是新科技革命;二是经济层面,如竞争和积累、生产的社会化、经济全球化、虚拟经济、信用的发展、资本逻辑、劳动过程的动态演变、生产方式变迁、经济危机②,等等;三是制度层面,如制度惯性与创新、自我调节与改良(包括昔鉴社会主义成就)等;四是思想意识形态与政治层面,如社会矛盾和阶级斗争、不平等的国际经济分工格局、苏联的

---

① 王翠芳:《对资本主义及其发展的多维度审视》,《鲁东大学学报》(哲学社会科学版)2008年第1期,第25页。
② 董艾辉、仓莉、凌革三位学者认为,从某种意义上说,危机充当了资本主义开发潜在生命力的有效"接力棒"。参见《金融危机视域下看资本主义》,《长沙理工大学学报》(社会科学版)2009年第4期。

解体、主流意识形态的兴替与新意识形态的兴起①、马克思主义和社会主义的影响、思想政治运动、对发展中国家的剥削，等等；五是规律层面，如资本主义基本矛盾运动②、现代人类文明发展的共同规律与资本主义发展特殊规律的双重作用；六是军事层面，主要是为谋求经济利益以及转嫁矛盾和危机，而发动战争。对于如何看待这些因素本身，部分学者进行了综合分析。有的认为是上述部分因素相互联系交互作用所致③，有的则认为是社会合力作用的结果④，还有学者将其归结为内力和外力共同作用的结果。⑤

我们认为，上述诸多分析视角中，对生产方式变迁的探讨，由于遵循了马克思研究资本主义的基本着眼点与根本方法，因而真正揭示了当代资本主义发展的内在逻辑。在这方面的成果中，许光伟的分析不无深刻，颇有启发意义。许光伟运用马克思的分析范式，对当代资本主义生产方式进行了历史演化特性的发掘，为我们展现出清晰的以生产方式演化为线索的当代资本主义社会治理形态逻辑发展链条，重构了资本主义发展的真实图景。他认为，资产阶级拥有实际生产控制与法律执行高度统一的霸权。霸权是资本实际存在和运作的政治和意识形态。生产是组织霸权的场所，资本主义积累（社会化和全球化）是霸权的物质基础。霸权塑造是在法律形式与经济形式逐渐匹配的能动的历史过程中来完成的，是通过对经济生活的实际治理来实现的。理解这一点关键在于，弄清资本主义是如何使劳动概念与劳动执行的分离成为一种技术的法律生成的自然过程。这就必须到"简单型控制（工厂制）—技术科层型控制（泰勒制）—管理科层型控制（福特制）"的演化过程中去寻找答案。按照马克思论证工厂制的逻辑，工厂制是生产方式、治理机制以及财产形式相互衔接的运动，是技术关系与社会生产关系相契合的过程。在这一过程中，必然离不开资本主义生产的特定主

---

① 如新公司主义、新国家主义、创新国家、福利国家、后物质主义、生态马克思主义、新霸权主义，等等。

② 正如张雷声所说："资本主义发展的历史就是资本主义基本矛盾运动的历史。"参见张雷声：《资本主义基本矛盾与当前国际金融危机》，《中国人民大学学报》2009 年第 5 期。

③ 参见赵光武：《晚期资本主义与国际金融危机》，《马克思主义研究》2009 年第 10 期；林德山：《从马克思的"社会革命"观看 20 世纪资本主义的社会变革》，《中国特色社会主义研究》2007 年第 5 期。

④ 参见董建萍：《资本主义新变化与社会主义变革》，《科学社会主义》2007 年第 3 期。

⑤ 参见赵晓娟：《当代资本主义国家工人阶级的新变化及其影响》，《辽宁行政学院学报》2008 年第 11 期。

题——剩余价值的生产与攫取。工厂制将资本霸权塑造为车间霸权就是对这一主题的直接贯彻。但工厂制只是通过外部法庭实现了资本对劳动的合法雇佣，而泰勒制则通过私人立法成功地实现了车间霸权向生产强制（霸权）的"文明"转化，即工厂主是绝对的立法者来实施资本控制劳动的每一步骤。这样，工业资本家就在生产领域内确立了自己的权威，能够只依靠内部法庭，而无须直接依靠和借助于外部法庭。而福特制却不限于这一点，其全部内容的核心在于：通过使生产管理方式转化为科层制框架内的分层控制和人事干部控制，促成财产所有权和经营管理权的分离，从而为法律形式和经济权力的结合在社会范围内树立起资本权威，并为企业治理结构演化成社会的治理结构打下一个基础。事实上，福特制的推行使金融资本和工业资本在社会内部结合并统一起来。资本开始成为支配一切的权力。由此促成了资本家之间的真正的联合，并行使掌控社会生产权力、经济权力乃至政治权力的职责。与之相匹配的国家主义（国家成为资产阶级管理整个社会的事务委员会）和经济调节主义（促使以工厂制为主导的社会生产方式与严格的组织统一化）的结合，最终使资本家完成了由单纯的个体行动走向联合的意识形态化。从历史角度看，资本积累历史包括商品资本和金融资本扩张两个阶段。前一阶段是生产要素商品化和商品资本化的过程，后一阶段是一切社会生活商品化和资本虚拟化的过程。泰勒主义迎来前一历史阶段，而福特主义开创的后一历史阶段标志着资本整体进行社会治理时代的开始，资本主义生产方式以完全的意义被历史地确立和巩固起来。尽管如此，相比于泰勒制，福特制并未根本改变社会分工的无政府状态和企业内部分工的专制之间的矛盾。一方面，它在促进社会生产力的同时，又使资本治理和契约范围随生产范围和规模一同扩大，塑造了一个个权威控制下的不平等合约。另一方面，企业更为巨型，企业和市场、生产和流通之间的协调关系更为复杂和具有对立化的性质；并且由于资本权力在生产、分配上的统一，资本权威完全深入生产、流通和消费领域，致使生产和消费的关系变得极为复杂而敏感。因此，福特制生产方式的发展孕育了更严重的危机因素。后福特生产方式是以福特生产方式为母体发展的必然结果。弹性外包的实质证明，后福特制完成的仅仅是福特制治理层面的革命，而无实质性内容，即意味着权威（形式法律）始终大于合约（事实法律）。工人具有识别自己能力的装置，却没有保护自己真实权利的装置。因而，后福特制实际上仍旧是福特制。但资本主义的历史发展并不是线性的,其表现就是对福特制的批评与反对,在意识形态上表现为凯恩斯主义同新公司主义、新国家主义乃至新自由主义之间的反复争论与理论合流。尽管有 20 世纪六七十年代的危机,但 20 世纪福特制取得了完全的胜利,资本主义通过结构调整取得了社会治理的合法性,使之成为意识形态中的合理的社会秩序。然而资本主义发展需要一些种类繁多的名词或现象,诸如新福特主义、高级福特主义、晚期福特主义、美国福特主义、国际福特主义等,甚至包括了"后福特主义",其中包含着意识形态的自我辩解。资本主义的当代发展正是在各种力量较量的妥协与生产模式的变革中所取得前进,走进了 21 世纪。①

实际上,许光伟对当代资本主义发展内在逻辑的探讨,运用了以生产方式为中介的生产力与生产关系的矛盾运动规律,这正符合马克思的基本分析范式。正如马克思在《资本论》第 1 卷"序言"中明确指出的:"我要在本书研究的,是资本主义生产方式以及和它相适应的生产关系和交换关系。"②在马克思看来,生产力和生产关系的矛盾运动,作为具有因果性质的规律,必须以在特定方式下进行的生产活动即生产方式作为中介。也就是说,生产方式使生产力和生产关系的矛盾运动不仅具有决定论的色彩,而且具有一定程度的选择性。当代资本主义展现出的新特点,正是源于对生产方式的推陈出新,以及生产力、生产方式和生产关系三者间的交互作用。

(二)关于如何判定当代资本主义本质问题

面对当代资本主义发展变化这样一个客观事实,一个不容回避的问题就是如何看待其本质。对此,学术界从不同角度进行了剖析并达成了普遍共识,认为其基本制度、基本矛盾及其派生矛盾并未发生根本性变化,当代资本主义在各个方面都表现出更具有迷惑性的特点,特别是剥削方式更加精巧、隐蔽和"文明"。然而,在涉及"如何看待当代资本主义是否出现社会主义因素"问题上,则产生了不同看法。一些学者在资本主义本质并未发生根本变化这一判断下,认为当代资本主义发生的部分质变表明其出现了社会主义因素。有的学者则持相反的观点,认为不能界定为社会主义因素。

---

① 参见许光伟:《资本主义生产组织演变的整体性解读与反思》,《马克思主义研究》2009 年第 6 期。

② 《马克思恩格斯全集》第 44 卷,北京:人民出版社 2001 年版,第 8 页。

而有的学者在判定社会主义因素出现的基础上得出进一步结论,认为一些资本主义国家已经进入了民主社会主义;部分学者则对"民主社会主义说"提出了反对意见。总的来讲,在涉及资本主义本质是否发生根本性变化的问题上,大部分学者并没有出现判断上的失误。

1. 多视角下当代资本主义本质的揭示

2006—2009 年,国内学者从马克思主义基本原理出发,从不同角度深刻揭示了当代资本主义的本质,归结起来大致有以下八种:

一是社会福利视角。从这一角度分析的学者认为,西方社会福利基金的本质不是"劫富济贫",相反是工人阶级劳动力总价值一部分的转化形式。因为其主要来源于三个方面:一是从工人工资中直接扣除的社会保险税,税率随着福利支出的增长而提高;二是资本家为工人交纳的社会保险税,实际上被计入了商品成本;三是以个人所得税为主的其他财政收入,而个人所得税的来源主体是工资收入者。可见,福利制度在本质上是为稳定资本主义制度服务的,其基本功能不过是防止社会低收入者因社会分配不公而产生对资产阶级长远利益的破坏。[①] 并且,工人阶级生活水平的提高,并没有改变工人的阶级地位。[②] 正如马克思所说:"吃穿好一些,待遇高一些,特有财产多一些,不会消除奴隶的从属关系和对他们的剥削,同样,也不会消除雇佣工人的从属关系和对他们的剥削。由于资本积累提高的劳动价格实际上不过表明,雇佣工人为自己铸造的金锁链已经够长够重,容许把它略微放松一点。"[③]

二是所有制关系或结构视角。李青岭、王红英认为当代资本主义所有制的核心或基础并未发生根本变化,它是以私有制为主体、大垄断资本集团占统治地位、多种经济成分并存的经济结构。[④] 王翠芳、白亚锋、温敏、方燕等学者揭露了当代资本主义所有制形式背后的本质,认为它实际上是一种

　　① 参见温敏:《当代资本主义新变化的原因及其实质》,《十堰职业技术学院学报》2007 年第 1 期。

　　② 参见赵静荣:《从当代资本主义国家工人阶级的新变化看"两个必然"论断》,《中共四川省委省级机关党校学报》2007 年第 1 期。

　　③ 《马克思恩格斯全集》第 44 卷,北京:人民出版社 2001 年版,第 714 页。

　　④ 参见李青岭:《当代资本主义的新变化及实质》,《当代经济》2009 年 7 月(下);王红英:《当代资本主义经济新变化及其实质》,《学理论》2009 年第 20 期。

更大规模控制劳动的变相形式。① 因为:其一,资本国有化的实质是资本由个别资本家占有变成了"总体资本家"占有,并且与私人垄断资本相融合形成国家垄断资本,反而巩固了私有制。其二,雇员持股、股份分散化目的在于支配和控制更多的资本,降低自有资本投资风险,使无产者产生与资本家"同舟共济"的幻觉,以模糊阶级界限,实际上并未触及资本的终极控制权,绝大部分股权仍集中在少数人手里。其三,吸收部分工人参与企业民主管理和决策,是在坚持私有制和不触动资本雇佣劳动关系前提下实行的,旨在麻痹工人的阶级意识。其四,初次分配的根本原则并未改变,仍是按资分配。另外,有学者指出,企业管理权与所有权虽然实现了"分离",但并不"彻底",管理权并未获得一种绝对独立性的存在,经营管理者阶层的权力始终从属于资本所有者的权力,企业最终决定权和控制权始终掌握在资本所有者手中。②

三是金融危机视角。不少学者认为,2008 年全球金融危机的爆发恰好证明当代资本主义本质并没有变,反映了其傲慢贪婪、胆大妄为、唯利是图和寄生性,其转嫁危机和应对危机的做法更说明了问题。汝信不无尖锐地指出:"资本主义的目的只是追求利润的最大化,从来没有把人民的福利作为目的来追求","这次危机揭穿了一些人宣扬的'人民资本主义'、'福利资本主义'的鬼话"。③

四是全球化视角。"全球化"是当代资本主义主导的全球化,是学者们的普遍共识。资本主义之所以竭力推行经济全球化,"是因为金融资本的输出具有商业资本和工业资本所不具备的特殊的国际剥削和压榨功能"④,其目的是为了"实现资本主义生产方式的全球化","把西方政治经济制度和价值观念强加给其他国家,尤其是社会主义国家",可以说"垄断资本超

---

① 参见王翠芳:《对资本主义及其发展的多维度审视》,《鲁东大学学报》(哲学社会科学版)2008 年第 1 期;白亚锋:《正确认识当代资本主义的新变化》,《山西高等学校社会科学学报》2009 年第 3 期;温敏:《当代资本主义新变化的原因及其实质》,《十堰职业技术学院学报》2007 年第 1 期;方燕:《试析当代资本主义的新特点》,《淮南职业技术学院学报》2008 年第 3 期。

② 参见吴波:《当代西方资本主义国家阶级的内部构成及相关理论分析》,《科学社会主义》2007 年第 12 期。

③ 汝信:《深刻认识当代资本主义的本质》,《世界历史》2009 年第 3 期,第 145 页。

④ 王金存:《当代资本主义的演化与当前国际金融危机》,《高校理论战线》2009 年第 7 期,第 26 页。

越国家界限、摆脱国家管制,在全球范围内榨取超额垄断利润的倾向明显增强,垄断资产阶级对无产阶级和被压迫民族的剥削和统治形式更加完备"①;"日益尖锐的诸多全球性问题,都是资本逐利的本性使然,是资本利用其强势在向外部世界转移压力"②。

五是意识形态视角。胡连生以美国为蓝本,分析研究了西方发达国家对待意识形态的基本立场和影响,认为资本主义在言论自由、舆论民主的表象下掌控着主流意识形态的话语权,实施着主流意识形态的强势灌输,从而固化着资本主义的"本性",维护着资本主义的正统秩序,改变着阶级力量的对比,例如美国从未出现过代表工人利益的大党或反映中下层劳动者利益的左翼势力,几乎没有社会主义思想的传播;并且,导致对外政策的基调是敌视和诋毁社会主义,分化瓦解社会主义国家。③ 一些学者则对西方学者提出的具体论调进行了批驳,认为"工人阶级消失论"、"中产阶级化论"、"资产阶级和工人阶级一体化论"等,是企图掩盖真相,混淆是非,为维护资产阶级统治作辩护④;"知识阶级"观点是企图为所谓"工人中产阶级化"的观点服务,以满足于消除阶级矛盾和对立的主观臆想⑤;以"个人"、"自由"、"效率"为主题词的新自由主义,意在最大限度地为"资本"开拓道路⑥。

六是政党政治制度视角。王克宁认为,资产阶级通过维持或改革现有的选举制度,选举实际上已被大党所控制,成为其夺取政权的阶梯和维护其统治地位的工具。⑦ 另一些学者的分析则更进一步,"以美国为例,第二次

---

① 刘保国:《坚持阶级分析,正确看待当代资本主义》,《荆楚理工学院学报》2009 年第 12 期,第 23 页。

② 董建萍:《资本主义新变化与社会主义变革》,《科学社会主义》2007 年第 3 期,第 20 页。

③ 参见胡连生:《论资本主义主流意识形态对西方社会的影响——基于对美国的剖析》,《当代世界与社会主义》2008 年第 6 期。

④ 参见赵晓娟:《当代资本主义国家工人阶级的新变化及其影响》,《辽宁行政学院学报》2008 年第 11 期。

⑤ 参见吴波:《当代西方资本主义国家阶级的内部构成及相关理论分析》,《科学社会主义》2007 年第 12 期。

⑥ 参见李纪才:《拯救的失败:从凯恩斯主义的贫困解读资本主义的命运》,《实事求是》2009 年第 4 期。

⑦ 参见王克宁:《从选举制度看当代资本主义国家政党格局的两极化》,《湖北行政学院学报》2007 年第 5 期。

世界大战以后历届总统、副总统及其政府、国会重要成员的背后无不存在垄断财团的支持，而且有些人本身就是巨富家族的成员"①，因而"金钱操作下的民主很难达到它理论上表达的那样美好"②。

七是生态环境视角。苏宝芳指出，马克思恩格斯在 150 多年前揭露的资本主义生态环境恶化的现象，今天仍然大量存在，只不过手段和方式稍有不同。资本主义的本质没有变，资本家贪婪的本性没有变。一些发达国家为了减轻本国的环境污染，置全人类的长远利益和国际公法于不顾，肆意向公海或其他国家海域大量倾倒污染物；为了本国眼前的经济利益，置发展中国家人民利益于不顾，向发展中国家大量倾销具有污染性的废料，转嫁环境污染和环境危机。同时，还利用第三世界国家环境立法不健全以及实现工业化的迫切愿望，把"肮脏工业"向第三世界国家转移，结果导致了当地资源的枯竭和环境的恶化。③

八是劳动过程视角。与上述七个方面的分析相比，谢富胜借鉴马克思的分析方法，作了富有新意的探讨，展现了较为敏锐的理论触角。他认为，资本主义的消费习惯、资本及其相互竞争结构以及国家权力等各种变化的信号和标志是十分丰富的，表明资本主义经常存在着不断重新把世界塑造成新结构的力量。运用马克思的劳动过程理论，可以透过这些现象揭示其内在的矛盾和基本的经济关系。在资本主义发展的每一阶段，所有制都是资本家的私人占有制。在每一阶段的劳动过程中，生产关系始终以非生产者的资本控制劳动进行生产为特征，都具有资本占有剩余价值的特征。虽然特定的技术作用于劳动过程并最终导致新的劳动过程出现，但这些特定劳动过程中的劳资关系却决定着技术发展的速度和性质。与每种劳动过程的具体形式相联系的是一种新的社会积累体系，这种社会积累体系是经济再生产和雇佣劳动再生产的基础，这些关系包含着基本的资本主义生产关系的新形式，这些形式维护着基本关系，也同样促发了劳资之间冲突斗争的新形式。因此，自从资本主义产生以来，资本主义根本逻辑并未

---

① 李青岭：《当代资本主义的新变化及实质》，《当代经济》2009 年 7 月（下），第 98 页。
② 董建萍：《资本主义新变化与社会主义变革》，《科学社会主义》2007 年第 3 期，第 20 页。
③ 参见苏宝芳：《马克思恩格斯对资本主义环境问题的研究及当代价值》，《西北农林科技大学学报》（社会科学版）2007 年第 1 期。

改变。①

上述诸多视角下的具体分析与判断,有助于我们全面理解把握和深刻认识资本主义的本质。

2. 关于当代资本主义是否出现社会主义因素问题

与马克思所处的时代相比,乃至与第二次世界大战前相比,当代资本主义确实出现了部分质变,这是一个不容回避的事实,但能否将其认定为社会主义因素,甚至将资本主义定位于社会主义,研究者的分析判断不尽相同。主要存在以下三种观点:

第一种观点认为,当代资本主义发生的部分质变并不意味着它有了社会主义因素。持这种观点的学者认为股份制和合作制、福利制度等都是制度内的扬弃,是在私有制许可下的变化,带有私有制的一切缺点。由于单个资本家无法解决资本主义产生的种种矛盾,也不能通过市场手段来解决,为维护自身利益,需要通过国家对社会进行一些变革,力求避免矛盾激化,社会福利制度就是这样产生的。一旦阶级斗争缓和了,资本家又会找出各种理由来减少福利。当前许多资本主义国家和企业借口全球化竞争而减少福利投入就是一种典型的做法。②

第二种观点认为,当代资本主义本质上并未发生根本改变,仍然是资本主义性质的,但发生的部分质变表明社会主义因素已经在其内部产生。持这种观点的学者以当代资本主义在某些领域发生的部分新变化,如资本的社会化、国民经济的计划管理和宏观调控、福利制度、职工民主化管理、三大差别的缩小和消失等,为依据进行了判定。一些学者还通过列举瑞典等北欧国家的福利制度、"基金社会主义"佐证其观点。

第三种观点认为,以瑞典为代表的西方福利国家本质上仍是资本主义,而不是所谓的"民主社会主义"。信言、黄范章、何秉孟、高为学等学者将理论与事实相结合,从经济、政治、社会等层面剖析了"瑞典模式"的性质,认为从混合经济的实质、国有企业的性质、福利制度的实质、社民党及其纲领的变化,以及政党政治制度的性质来看,都只能证明瑞典是典型的资本主义

---

① 参见谢富胜:《资本主义劳动过程与马克思主义经济学》,《教学与研究》2007 年第 5 期。
② 参见贾后明:《论资本主义制度的内在扬弃》,《甘肃联合大学学报》(社会科学版)2007 年第 3 期。

国家,瑞典模式是资本主义而非社会主义模式。① 此外,黄范章还指出,"基金社会主义"是瑞典社会民主党提出的纲领,是它要为之长期奋斗的"目标",绝不是瑞典的现实,不可混淆。社会民主党推行改革所有制结构与性质的计划,何时能重新启动或者以何种方式启动尚不可知。② 何秉孟还列举了他访问瑞典过程中,瑞典社民党乌普萨拉分部的协调人伯蒂尔·金努南在座谈交流时的讲话:"一个月以前,我访问了曼谷,参加一个关于亚洲进步政治人物的会议。会上一些人并不那么了解瑞典的情况。他们问我瑞典是否是一个社会主义国家? 在很大程度上,那些住在很远地方的人有一种观念:瑞典是一个社会主义国家。但是,我想说的是,瑞典无疑是一个资本主义国家,……我们的经济是资本主义的。……我们并不是一个社会主义国家。"③

在我们看来,对当代资本主义本质的判定之所以存在分歧,根源于对马克思恩格斯资本主义观的不同解释维度和研究方法。其实,判断当代资本主义是否出现了社会主义因素,乃至是否实现了社会主义,一个根本的标准就是:是否已经建立起了社会主义的生产方式以及与之相适应的生产关系和交换关系。显然,以此来衡量当代资本主义的现实,"社会主义因素"并没有实现"当代出场",更谈不上进入社会主义。西方所谓的民主社会主义只是一种迷惑人心的"山寨版",正如恩格斯早已揭露的:"自从俾斯麦致力于国有化以来,出现了一种冒牌的社会主义,它有时甚至堕落为某些奴才气,无条件地把任何一种国有化,甚至俾斯麦的国有化,都说成社会主义的。显然,如果烟草国营是社会主义的,那么拿破仑和梅特涅也应该算入社会主义创始人之列了。"④从另一个角度来看,界定当代资本主义的性质,无论是总体性质还是部分质变的性质,也有一条根本标准:资本的"分配关系"。

---

① 参见信言:《社会党的混合经济就是资本主义经济》,《高校理论战线》2007 年第 5 期;黄范章:《从所谓瑞典"社会主义"问题谈起——兼论当代资本主义经济中的"公有"因素孕育》,《东南大学学报》(哲学社会科学版)2008 年第 1 期;何秉孟:《"瑞典模式":改良的资本主义》,《中国社会科学院院报》2008 年 3 月 18 日;高为学:《岂能以资本主义冒充社会主义》,《中华魂》2007 年第 6 期。

② 参见黄范章:《从所谓瑞典"社会主义"问题谈起——兼论当代资本主义经济中的"公有"因素孕育》,《东南大学学报》(哲学社会科学版)2008 年第 1 期。

③ 何秉孟:《"瑞典模式":改良的资本主义》,《中国社会科学院院报》2008 年 3 月 18 日。

④ 《马克思恩格斯选集》第 3 卷,北京:人民出版社 1995 年版,第 752 页注释①。

这种"分配关系"不是简单的人对资本的法律概念或形式的占有关系(当然这是一个必要的途径和手段),而是通过对资本的整体性占有来实现支配主观生产条件——控制劳动的权力关系。它决定一切经济实现形式的分配关系和结果。因为这种"分配关系"不仅"先于生产,并且决定生产"、分配及交换,"包含在生产过程本身中并且决定生产的结构"①、流通结构,以及分配结构、方式和数量。那么,以此来衡量资本主义的现实,所谓工人持股计划、参与管理决策,以及福利制度等,都只是在概念、形式或分配上做文章,从而决定当代资本主义只能是"资本主义",而不是其他任何"主义"和产生任何"主义"的"因素"。这也是瑞典社会民主党无法长期执政(屡次上下台,2007 年再度下台)和难以实现"基金社会主义"纲领的根本原因。

(三)关于如何看待当代资本主义历史发展趋势问题

"无论哪一个社会形态,在它所能容纳的全部生产力发挥出来以前,是决不会灭亡的;而新的更高的生产关系,在它的物质存在条件在旧社会的胎胞里成熟以前,是决不会出现的。"②马克思早在 1859 年所著的《〈政治经济学批判〉序言》中已经为我们揭示了人类历史发展的规律。然而,面对当代资本主义发展的客观现实,我们不仅要问:其发展空间还有多大,生命力如何? 它又将以何种方式过渡到社会主义? 这些具体问题与本分报告涉及的所有问题都有着必然的逻辑承接关系,正因如此,研究者存在着多种不同的理解。

1. 关于当代资本主义发展的生命力问题

从未来发展趋向看,当代资本主义是列宁所揭示的"垂死的",还是生机盎然的? 是加速了灭亡的进程,还是有着较大的发展空间? 这一"老"问题随着 2008 年全球金融危机的爆发,再度成为国内马克思主义研究界高度关注和热烈讨论的话题。研究者从各自研究的视角出发,进行了不同程度的阐释。

一部分学者持"活力四射、生机盎然"的看法。他们认为,当代资本主义正处于"成年期",仍有很大潜力和空间,"所能容纳的生产力还没有完全释放出来,不能低估资本主义通过调整生产关系,适应和提高生产力的能

---

① 《马克思恩格斯选集》第 2 卷,北京:人民出版社 1995 年版,第 14 页。
② 同上书,第 33 页。

力,资本主义向社会主义的过渡将是一个比原来预测要长得多的历史过程"①。一是从金融危机角度看,虽然"金融危机给资本主义以很大打击,但并未导致其崩溃"②。"此次金融危机不是资本主义发展史上的第一次危机,也不可能是最后一次危机","对危机挑战的应战可能会开创资本主义发展的新模式、新理念"③,"预示着一个资本主义新时期的到来"④。二是从社会主义与资本主义在政治、经济、文化等方面的力量对比来看,虽然金融危机爆发后,"社会主义在世界范围内开始复苏,并积蓄力量向更高程度发展",但是总体而言,"社会主义的力量还不够强大,社会主义的感召力还有待加强,国际社会主义势力整合还有待时日。社会主义并没有在同资本主义的竞争中获得认同的优势"⑤,尤其是"生产力显然还落后于西方发达国家"⑥。三是从全球化角度看,当代资本主义也在利用全球化带来的新发展机遇,不断对自身进行调整,不断提高社会生产力,并通过推动全球化进程,使基本矛盾转移至世界体系,转化为发达国家与发展中国家、不发达国家间的矛盾,使其国内矛盾得到一定程度的缓解。这些决定了资本主义的灭亡不是一朝一夕的事情。

　　另一部分学者则继续坚持"垂而不死,腐而不朽"的观点。认为列宁关于"帝国主义是垂死的资本主义"的命题,不仅没有过时,而且又增加了新的佐证和内涵。"随着国际垄断资本主义的形成和经济全球化的发展,不仅经济矛盾在增多和加剧,而且政治矛盾也在增多和加剧。发达资本主义国家内部社会阶层的分化和利益冲突日益加剧。"⑦全球金融危机的爆发,使

　　① 徐佩华:《论科学认识和正确借鉴资本主义》,《华东交通大学学报》2007 年第 6 期,第70 页。

　　② 曹亚雄、刘军:《金融危机与资本主义和社会主义前途及命运》,《武汉理工大学学报》(社会科学版)2009 年第 6 期,第6 页。

　　③ 臧秀玲、时新华:《变化、矛盾、前景——国际金融危机视角下对资本主义的再认识》,《当代世界与社会主义》2009 年第 5 期,第65 页。

　　④ 董艾辉、仓莉、凌革:《金融危机视域下看资本主义》,《长沙理工大学学报》(社会科学版)2009 年第 4 期,第79 页。

　　⑤ 曹亚雄、刘军:《金融危机与资本主义和社会主义前途及命运》,《武汉理工大学学报》(社会科学版)2009 年第 6 期,第9 页。

　　⑥ 秦宣:《全球金融危机下的资本主义、社会主义和中国发展道路》,《理论前沿》2008 年第22 期,第8 页。

　　⑦ 王金存:《当代资本主义的演化与当前国际金融危机》,《高校理论战线》2009 年第 7 期,第30 页。

资本主义经济"高度虚拟化、泡沫化和在世界的金融霸权在更高层次上表现了帝国主义的寄生性、腐朽性。"虽然,"今后的资本主义经济还会有若干发展阶段"①,但"随着经济的虚拟化产业空心化趋向增长,它们在越来越大的程度上要靠发展中国家来供养。处于高度寄生、腐朽阶段的具有显著赌博特质的国际垄断资本主义,已经走上了不可逆转的逐渐衰亡的不归之路"②。

再者,有学者提出,当代资本主义"既有发展甚至大发展的趋势,也有腐朽以至大危机来临的趋势,是发展和腐朽两种趋势的交替运行。在两种趋势中,主要趋势是发展,尤其是波浪式的发展"③。从全球化时代来看,"当代资本主义发展既有本质上的腐朽性也即历史过渡性,又有在新科技革命推动下'旧貌换新颜',使其生产力飞速发展的可能性"④。

从上述分析来看,无论持哪一种观点,都只是研究的侧重点不同。有的侧重于当代资本主义积极的一面,有的侧重于其消极的一面,实际上是在"当代资本主义历史发展趋势的长期性、过渡性"这一问题的两个不同层面进行探讨。

2. 关于当代资本主义向社会主义过渡的方式或途径问题

作为一定历史阶段产物的资本主义,将以何种方式或途径向社会主义过渡?学术界对这一问题的回答,因研究视角和对现实理解的差异,存在三种不同的观点。

第一种观点认为,"只有通过无产阶级和广大人民群众的革命斗争,才能实现从资本主义向社会主义的飞跃"⑤,"仅靠渐进的变革是无法实现社会革命的最终目标的"。因为,"作为一种渐进的变革,它无法改变资本主义作为一种经济制度和作为一种政治制度的一些基本因素"⑥。例如,国际

---

① 杨承训、张新宁:《简论资本主义蜕变的最新阶段——兼析新自由主义破产的启示》,《高校理论战线》2009 年第 6 期,第 37 页。

② 赵光武:《晚期资本主义与国际金融危机》,《马克思主义研究》2009 年第 10 期,第 88 页。

③ 冯桂梅:《浅谈资本主义历史进程的新变化》,《牡丹江大学学报》2007 年第 11 期,第 15 页。

④ 费利群、滕翠华:《当代资本主义新变化的动态透视》,《东岳论丛》2008 年第 6 期,第 35 页。

⑤ 赵光武:《晚期资本主义与国际金融危机》,《马克思主义研究》2009 年第 10 期,第 88 页。

⑥ 林德山:《从马克思的"社会革命"观看 20 世纪资本主义的社会变革》,《中国特色社会主义研究》2007 年第 5 期,第 22、27 页。

垄断资产阶级和金融寡头"手中还握有剥削手段和统治工具的时候是绝对不会自愿放弃剥削、自动退出历史舞台的。资本主义既不是人类历史的终结，也不会自发地长入社会主义"①。

第二种观点认为，"资本主义向社会主义的过渡形式发生了微妙的变化，已经由暴力革命转变为和平演化"。"在一些良性发展的资本主义国家，如北欧的那些福利国家，正在潜移默化地发生着一些接近于社会主义理想的变化"，"另一些资本主义国家则发生着向社会主义转化的趋势"。②"社会主义代替资本主义的历史必然性和现实可能性已经显露，它将通过新社会因素不断积累，与旧制度相互贯通、相互整合的渐进方式实现新旧制度的更替。"③"尽管社会民主党几经起落，它所推行'职工投资基金'计划也屡受挫折"，"只要它能吸取教训和改进，甚至吸收林德伯克'公民基金'的优点或与之结合进行，并充分利用自己执政机会和广大职工的支持，持之以恒，终会改变社会经济所有制结构与性质，成为从资本主义过渡到社会主义的'桥梁'"。④

第三种观点认为，"新科技革命的推进，世界市场经济体系和现代民主政治的发展，资本主义改革、改良的继续和社会主义因素的增长，将会使资本主义向社会主义的过渡过程出现新的特点，过渡的道路、途径、方式出现新的、多样而灵活的选择空间"⑤，既有可能采取渐进的和平过渡的方式，也有可能采取暴力革命的形式⑥。"从当代发达资本主义国家的实际情况看，诸多社会主义因素的出现和积累，使得劳资关系趋于缓和、社会相对稳定，在可预见的时间内难以具备暴力革命的主客观条件，资本主义转变为社会主义采用渐进的和平发展的形式的可能性在不断增长。究竟采取什么形式

---

① 赵光武：《晚期资本主义与国际金融危机》，《马克思主义研究》2009 年第 10 期，第 88 页。

② 刘小英：《马克思关于资本主义危机理论的当代视角》，《武汉大学学报》（人文科学版）2008 年第 6 期，第 98—99 页。

③ 杨玲、胡连生：《当代资本主义双重发展趋向研究》，北京：人民出版社 2008 年版，第312 页。

④ 黄范章：《从所谓瑞典"社会主义"问题谈起——兼论当代资本主义经济中的"公有"因素孕育》，《东南大学学报》（哲学社会科学版）2008 年第 1 期，第 9—10 页。

⑤ 刘昀献：《论当代资本主义基本矛盾的新表现及发展趋势》，《中国浦东干部学院学报》2008 年第 1 期，第 24—25 页。

⑥ 参见徐春平：《重读马克思关于资本主义孕育新社会因素现实意义》，《法制与社会》2007年第 4 期。

向社会主义过渡,要在革命的主客观形势具备时根据各个国家的具体情况来确定。"①

　　那么,当代资本主义究竟将以何种方式或途径向社会主义过渡? 这一看似现实的问题,实际上指涉的是未来的可能性,只是因为其相对的"理论性"而成为"现实性"。因此,无论接受上述哪种观点,都将面对一个问题,即如何"自证"? 倒过来讲,意味着仅仅依靠经验的实证分析是不能"自证"的,而当我们回到"文本"时,正如本分报告第一部分综述中已经论述的,也存在着多种不同认识,这意味着回到"文本"同样也无法"自证"。于是,一系列必须面对进而深入研究的问题便凸显出来:其一,如何还原真实的马克思? 其二,在此基础上,如何对待马克思? 恩格斯早已指出:"马克思的整个世界观不是教义,而是方法。它提供的不是现成的教条,而是进一步研究的出发点和供这种研究使用的方法。"②然而,当我们回到经典文本时却发现,在马克思恩格斯那里,方法和理论"浑然一体",而不是彼此对象性的存在。而长期以来,就方法而论方法的做法,说明我们误读了恩格斯的名言。其三,如何对待方法? 真正的方法是在文本的"母体"中"孕育"并决裂出来,而与历史现实的本性—规律相结合形成新的"方法理论体"。通过它作出的关于上述问题的回答,最具有"自证"的可能性。我们以为,解决这一系列问题正是中央实施马克思主义基础研究和建设工程,以及建设马克思主义基本原理国家重点学科的真实用意所在。

---

①　姜素勤:《论当代发达资本主义国家中的社会主义因素》,《理论探讨》2007 年第 2 期,第16 页。

②　《马克思恩格斯选集》第 4 卷,北京:人民出版社 1995 年版,第 742 页。

意识形态问题研究

意识形态问题一直是国内马克思主义理论界讨论的热点问题。2006—2009年,国内刊物刊发了关于意识形态问题的研究文章200余篇。就论题看,包括经典作家意识形态思想研究、国外学者意识形态思想研究、社会主义意识形态建设问题研究和创新视野下的意识形态研究四大类。

一、经典作家意识形态思想研究

经典作家意识形态思想一直是意识形态研究的重要内容。近年来的相关讨论主要集中于经典作家意识形态概念的内涵性质、意识形态理论的发展阶段和晚年恩格斯意识形态思想三个问题上。

(一)经典作家意识形态概念的内涵性质

马克思的意识形态概念是个多义的概念,学者们从不同视角提出了自己的理解。王永贵提出了马克思意识形态概念的三种意义。一是作为与唯物史观范畴相对立的唯心史观的意识形态,即从"否定的"意义上使用的意识形态。马克思恩格斯对青年黑格尔派的唯心史观进行了意识形态批判,强调他们不是从实践出发,而是从幻想的观念出发,揭示了他们颠倒存在与认识、生活与观念关系的错误。二是指统治阶级为自身的目的和利益要求而提出的意识形态。马克思恩格斯从历史唯物主义的视角出发,分析和揭示了在阶级社会中基于利益冲突而出现的形形色色的意识形态,马克思称之为具有欺骗性"虚幻的"的意识形态和"虚假的"观念体系。三是作为历史唯物主义基本范畴和社会结构基本要素的意识形态,即观念或思想上层建筑的意识形态及其社会意识形式。马克思恩格斯认为,作为观念上层建筑的意识形态,实际上是统治阶级的思想体系,作为社会构成要素它包括一定社会的政治法律思想、道德、宗教和其他社会意识形式等。王永贵还提出意识形态的五种性质特征,即鲜明的阶级性、系统的理论性、强烈的实践性、相对的独立性、历史的继承性。①

张秀琴认为应从三个层次理解马克思意识形态概念的内涵。一是从认识论视角看,马克思的意识形态是一种观念或意识系统。但它既不是知识论意义上的一般意识,又不仅仅局限于纯粹意识或观念的范围,而是渗透在政治、经济和社会文化生活之中;既表现为理论层面的政治法律思想、哲学、宗教、艺术和道德等基本形式,又表现为制度层面的政治法律制度与设施、宗教仪式、艺术样式、道德规范、哲学世界观和生活组织方式等。二是从方法论层次看,马克思意识形态论的主要研究方法就是批判的方法,特别是异化批判和拜物教批判。三是从逻辑结构看,马克思的意识形态论主要包括三个层次的批判活动,即哲学意识形态(特别是德国哲学:黑格尔和黑格尔派)批判、政治意识形态(特别是法国政治思潮和实践)批判、经济意识形态(特别是英国古典经济学)批判。②

邹放鸣、徐彦伟都认为马克思意识形态概念同时具有负面和中性两种意义。③ 从时间上看,马克思在登上哲学舞台之初、在创立唯物主义历史观的过程中,首先是在负面意义上使用"意识形态"这个术语的。代表性的文本是《博士论文》和《德意志意识形态》。在这一阶段的马克思看来,意识形态是一种颠倒了的意识,而这种意识产生于资本主义的现实世界;意识形态是一种虚假的观念,因为它把特定阶级的思想赋予普遍性的形式;意识形态是与科学相对立的,因为它通过制造幻象来遮蔽现实世界的真相。在马克思创立的成熟的历史唯物主义体系中,马克思把社会理解成为一个由经济、政治和意识形态三个客观领域组成的整体。意识形态作为"观念的上层建

---

① 参见王永贵:《马克思恩格斯意识形态理论精髓及其当代启示》,《理论学刊》2009 年第 6 期。

② 参见张秀琴:《马克思意识形态论发展的三个阶段》,《马克思主义与现实》2008 年第 5 期。

③ 参见邹放鸣:《马克思主义与意识形态》,《中国矿业大学学报》2008 年第 3 期;徐彦伟:《否定与中性:马克思意识形态概念的文本考察》,《求索》2009 年第 7 期。

筑",作为社会整体的一个必不可少的组成部分,包括了全部的观念、思想和理论,即一切社会意识的总体。显然,意识形态在这里已经不是被简单地看做是关于现实生活的唯心主义思辨,而各种不同的意识形态的形式所具有的共同之处在于,它们都是被意识到了的存在。当然,这种存在与现实的真实的存在并非同一个东西,它是后者的反映,但这也就意味着它是重要的、必不可少的。这里,意识形态被作为一个中性的概念——作为一种阶级意识,其内容和功能取决于意识主体的阶级属性,它的内容既可以是虚假的,也可以是真实的;它的功能既可以是保守的,也可以是进步的,也即马克思赋予了意识形态中性的内涵。邹放鸣在文中提出了理解马克思意识形态概念的两个向度。其一是批判的向度,即对于形形色色的唯心主义和剥削阶级的意识形态给予无情的批判。马克思对意识形态企图遮蔽经济与社会真正本质的种种话语的剖析和揭露,成为其意识形态批判的中心内容,并对后世产生了巨大而深刻的影响。其二是建构的向度,即把经济基础、上层建筑和意识形态都作为理解社会历史发展和变革的基本概念工具,在马克思所创立的作为真正科学的唯物主义历史观及其基本原理中,意识形态成为了一个不可或缺的重要范畴。

张文喜认为传统的从知性视域中理解马克思的意识形态概念是有问题的。意识形态作为一种反映特定经济形态、阶级利益的观念或意识系统,人们通常将其阐释为一种"虚幻意识"。但是,一种虚幻或颠倒现实的观念解释系统如何才能够反映并服务于阶级利益,这里只有一种可能性,就是统治和意识形态之间的存在论上的关系比阶级的条件更基本、更原始。马克思在力图深究意识形态概念之核心的研究中所达到的存在论新境域,显然是以这个关系到阶级前意识和观念符号系统结构的"无知"之幕为背景的。在那里,不可能将反映者与被反映者、科学与意识形态的关系作认识论或知识论的区分和理解。因此,我们不能将基于分裂的阶级统治的社会状况之意识形态虚幻反映及其辩护作用禁锢在知性所能够把握的认识论之中,而应该读出并把握其存在论基础。意识形态虚幻并不在于人们对他们正在做的事情的错误认识,而是在于他们的现实生活过程本身。①

---

① 参见张文喜:《从存在论的境域把握马克思意识形态概念之核心》,《中国人民大学学报》2009 年第 5 期。

胡大平提出理解马克思主义意识形态概念的新的视角:意识形态既属于社会存在和社会意识,又同时不属于这两者,更准确地说,它是在这两者之间进行联系的中介。作为一种历史地形成的思维图式,意识形态不再是思维本身,而是构成调节思维与存在之间关系的一种具有惰性的"实体"。①

阳海音提出,马克思的意识形态批判理论存在四个向度,即哲学批判、政治经济学批判、资本主义政治法律思想批判以及文化批判。这四个向度是相互渗透、相互包含的。其中,对资产阶级政治经济学的批判是马克思意识形态批判的核心,哲学批判是马克思进行政治经济学批判的前提和基础。马克思的意识形态批判理论是对资本主义社会意识形态的一次全面的、总体性的批判。②

(二)经典作家意识形态理论的发展阶段

经典作家意识形态理论的发展阶段是与其概念内涵相关联的又一个问题,一直是学术界讨论的重点问题。③张秀琴提出了马克思意识形态概念的三个发展阶段。第一阶段:意识形态是"颠倒"主客体关系的"神话"(1840—1844年)。代表文本是《博士论文》、《黑格尔法哲学批判》及其导言和《1844年经济学哲学手稿》。这是马克思意识形态概念与理论的萌芽时期,马克思这时尽管已经开始明确使用"意识形态"一词,但主要是以一个青年黑格尔派的身份,以一种多少带点理想主义色彩的唯心主义视角,站在哲学意识形态立场上批判政治意识形态、经济意识形态以及文化意识形态中的一些具体形式,如法律意识形态、宗教意识形态、道德和艺术等。这一阶段,马克思认为意识形态就是"颠倒"主客体关系的一种"神话"和"空洞的假设",它像"虚构的花朵"一样使人产生"浪漫的幻想",对人具有"催眠"作用和宗教式的慰藉功能,虚幻性是其本质。第二阶段:意识形态是统治阶级的"战斗口号和衣服"(1845—1866年)。这一阶段是马克思意识形态论的正式形成阶段。马克思分析了意识形态的两面性或双重属性。这种

---

① 参见胡大平:《马克思主义的意识形态范畴》,《教学与研究》2009年第11期。

② 参见阳海音:《论马克思意识形态批判理论的四个向度》,《学理论》2009年第7期。

③ 俞吾金在其《意识形态论》中将马克思意识形态论分为三个阶段,即1845—1856年的第一阶段、1857—1870年的第二阶段以及1871—1895年的第三阶段。英国学者乔治·拉雷恩在其《意识形态概念》一书中提出了马克思意识形态思想的二阶段说,在其《马克思主义与意识形态》一书中又提出了三阶段说。21世纪以来国内学者郑永延、周宏等也都提出了自己对马克思意识形态理论阶段分期的重要理解。

二重性,一方面表现为作为社会意识的特殊表现形式所表现出来的"没有历史"的非独立性,如照相机般的"倒现"功能;另一方面又在世界历史中借助于一定的外在形式而独立存在和延续,并因"时代的需要"而发挥着能激发人们的热情、召唤人们的幻想,进而渗透在人的主体化过程中的隐形"武器"的作用。前者是在意识形态一般的意义上来理解意识形态的非决定性属性或其本身的非实体性存在状态的;后者则是在具体意识形态的层面探讨在具体社会情境中意识形态是如何通过语言为中介并与之"交织在一起",进而发挥其作为政治利益集团的"战斗口号和衣服"的社会功能的。从这个意义上来说,只要政治、经济和文化等意识形态赖以寄存的社会结构性要素特别是其间的分立状况不消失,意识形态就不会消失。第三阶段:意识形态是资本主义商品拜物教(1867—1883 年)。这一阶段马克思主要以《资本论》及其手稿群回答意识形态论的第三个层面的问题,即意识形态如何通过具体的社会结构体系来发挥自己的社会功能,表现出它的一系列特征和属性。①

　　宋友文区分了马克思意识形态思想的两个发展阶段和两种内涵。他认为,早期马克思著作是在一般意义上讨论意识形态,这里的意识形态是贬义的、否定的,约等于错误意识,它构成了对社会矛盾的掩盖;马克思成熟时期的著作是在特定意义上——资本主义意识形态——使用意识形态这个概念的。马克思从早期一般意义的意识形态分析转向中后期对资本主义特定的意识形态(物化)的批判,揭示了意识形态掩盖下的生产领域中的资本与劳动、人与人之间的真实关系。马克思意识形态理论是历史唯物主义的重要组成部分。②

　　黄力之从经典作家文本出发,详细考察了马克思恩格斯意识形态理论的发展过程和阶段划分。他认为,从 1842 年创立德文的意识形态概念、1845 年在《德意志意识形态》中提出意识形态理论起始,马克思主义创始人在长达半个世纪的理论活动中,逐渐完善和深化了意识形态理论。以 1859 年马克思的《〈政治经济学批判〉序言》和 19 世纪 90 年代初恩格斯的几封

---

① 参见张秀琴:《马克思意识形态论发展的三个阶段》,《马克思主义与现实》2008 年第 5 期。
② 参见宋友文:《马克思的意识形态理论与历史唯物主义》,《中共天津市委党校学报》2009 年第 1 期。

信为标志,马克思恩格斯的意识形态论明显地呈现出两个阶段,前一阶段主要解决意识形态的本体问题及其嬗变机制,后一阶段主要解决意识形态的相对独立性和性质、构成的复杂性,两个阶段组合成一个完整的辩证体系。①

(三)晚年恩格斯意识形态思想研究

周宏探讨了晚年恩格斯关于意识形态的六个方面的重要思想。第一,意识形态是意识形态家(思想家)自觉创作的产物,是集团的"集体无意识"。在恩格斯看来,集体无意只本身并不是意识形态,意识形态的表现形式是具有体系性的意识,所以形成一定的意识形态,必须有代表该阶级或集团利益、要求和价值取向的思想家群体——"意识形态阶层"。第二,意识形态归根到底是建立在社会物质生活条件之上的。恩格斯肯定社会存在对社会意识的决定作用的同时,提出要清醒认识到意识形态和社会物质生活条件之间存在着极其复杂的中介(中间环节);无视这些中介,把意识形态简单地归结为社会物质生活条件,是对意识形态及其社会基础的庸俗理解。第三,意识形态本质上是虚假意识。把观念——无论是哲学、宗教还是法律——当做世界的根据或社会发展的决定力量的理论,是一种意识形态的颠倒,意识形态本质上就是把观念的东西神秘化从而也就把自己神秘化的虚假意识。第四,意识形态是一个由诸要素构成的观念体系。意识形态各形式对社会生活的作用,是通过彼此联合、相互辅助来实现的。单一的意识形态形式是难以有效和广泛地影响社会、统治人们精神世界的,只有各种形式同时并举、协同运作,才能形成强大的社会精神力量,达到自己的目标。第五,意识形态在社会生活中起着相当重要的作用。意识形态构成人们历史活动的精神(理论)条件,意识形态及其变迁可以决定一定阶段社会历史发展的外貌,意识形态作为社会的精神氛围,影响着人们的思考和行为,影响着人们的生活方式,甚至影响着社会变革的方式。第六,意识形态是一种与国家相类似的力量,或者说国家就是一种意识形态力量。②

曾德生研究了普列汉诺夫对晚年恩格斯意识形态思想的继承和创新。

---

① 参见黄力之:《文化研究视野中的马克思主义意识形态理论》,《天津行政学院学报》2008年第2期。

② 参见周宏:《晚年恩格斯视域中的意识形态概念》,《南京社会科学》2008年第12期。

第一，普列汉诺夫根据自己所处的时代特征和理论的需要对意识形态的含义作出了新的说明。普列汉诺夫认为意识形态就是一般的思想体系，不具有特定的否定性含义，而是关系到不同阶级利益的政治意识。不同的国家和民族都有自己的意识形态。马克思主义作为一种思想体系也是意识形态，与资产阶级的意识形态相比，它是科学的意识形态。这是因为，在普列汉诺夫生活的时代，马克思主义已经成为当时社会意识中的一股巨大的精神力量，笼统地批评意识形态的虚假性，实际上也就否定了马克思主义的科学性。第二，普列汉诺夫提出必须充分估计社会心理的中介环节作用。在马克思的唯物史观和意识形态学说传播过程中，最早注意到社会心理的就是普列汉诺夫。普列汉诺夫第一次运用社会心理进行意识形态分析，进一步丰富和发展晚年恩格斯的意识形态理论。普列汉诺夫所指涉的社会心理是人们在社会实践基础上自发产生的、没有系统化的、原初的社会意识的初级形式，表现为感觉、情感、意志等形式。他把社会意识分为社会心理和意识形态两部分，并把社会心理相对独立出来，作为社会结构中由经济基础到意识形态的中介环节，从而把马克思关于社会意识的范畴具体化了。第三，普列汉诺夫坚持晚年恩格斯意识形态发展的历史继承性思想。普列汉诺夫认为每一种特定的意识形态都与前一时代的意识形态有密切的联系，对前一时代的意识形态不能一概拒斥，而应该取其精华，弃其糟粕，为我所用。他还区分了意识形态历史继承的两种不同的形式，即"肯定"的继承和"否定"的继承。第四，普列汉诺夫继承晚年恩格斯的意识形态总体性思想。普列汉诺夫以极大的兴趣广泛研究了哲学、艺术、宗教等意识形式，其中最有理论价值的研究成果是关于"高级的意识形态"即远离社会经济和更高地悬浮于空中的意识形式——宗教和艺术。①

二、国外学者意识形态思想研究

国外学者意识形态思想研究是近年意识形态理论研究的又一热点领域。实际上，对国外学者特别是国外马克思主义理论家意识形态思想的研究，在中国学术界已经超出了单纯的对象性考察，而成为中国学术界关于意

---

① 参见曾德生：《普列汉诺夫与晚年恩格斯的意识形态理论》，《理论探索》2009 年第 5 期。

识形态问题自我认识、创新言说的一种重要方式。近年来的国外学者意识形态思想研究，既有对传统以来一直高度关注的法兰克福学派思想家的深入研究、齐泽克等新近思想家的意识形态思想研究，也有重要国外思想家意识形态思想的专题性和比较性研究。

（一）传统重要思想家意识形态思想的深入研究

张秀琴概括了阿尔都塞四种意义上的意识形态观。一是作为一种关系体系而存在的意识形态。在阿尔都塞看来，作为一种关系体系而存在的意识形态，首先是一种观念体系或再现体系，即统摄一个人的精神或一个社会团体的一种观念和再现体系，也就是说，"意识形态是个表象体系"。在阿尔都塞看来，人类从某种意义上说存在着两类关系：其一是人类与自己生存条件的关系；其二是人类对前一种关系的体验关系。意识形态则属于后一种关系。在这种意义上，阿尔都塞把意识形态称作"复杂的关系"、"关系的关系"、"第二层关系"，意识形态所反映的不是人类同自己生存条件的关系，而是他们体验这种关系的方式。二是作为社会结构而存在的意识形态。作为一种关系体系（该体系又具体表现为观念、表象、体验或想象等多元关系的综合体）而存在的意识形态，在阿尔都塞看来，又是社会的历史生活的一种基本结构。这个时候的意识形态以一种同一的表象（关系）体系成为"一切社会总体的有机组成部分"，是一种客观的无意识的结构。从阿尔都塞的结构主义观点来理解意识形态，意识形态就是具有独特逻辑和独特结构的表现——包括形象、神话、观念或概念——体系。就具体形式来讲，包括宗教、伦理、哲学、艺术等等"。因此，它既是一种无意识的关系体系，又是一种无意识的客观结构。三是作为物质性而存在的意识形态。阿尔都塞指出，意识形态"具有一种物质性的存在"，这里所说的物质性是，"没有不借助意识形态并在意识形态中存在的实践；没有不借助于主体并为了这些主体而存在的意识形态"。也就是说，当意识形态总是存在于一种机器及其实践或其各种实践中，这种存在就是物质的，意识形态的存在总是以个人或整个社会高重复率的客观实践活动来维系的。所谓意识形态具有物质存在性，指的是意识形态的存在是以物质为载体的，它存在于"国家机器"之中，存在于"实践"中。四是作为主体建构者的意识形态。阿尔都塞不仅将意识形态视为一种以表象为主的关系体系、一种社会结构以及一种具有物质性的存在，而且还进一步指出，意识形态召唤（或询唤、质询、呼唤、传唤）

作为主体的个人。意识形态把个人传唤为主体，没有不借助于主体并为了这些主体而存在的意识形态。从这个意义上，我们可以认为，人就是意识形态的动物。主体之所以是构成所有意识形态的基本范畴，是因为所有意识形态的功能（这种功能定义了意识形态本身）就在于把具体的个人"构成"为主体。在这双重构成的交互作用中存在着所有意识形态的功能；意识形态无非就是它以这种功能的物质存在形式所发挥的功能。[①]

　　王晓升、李燕和徐连明、文军对雷蒙德·盖斯的意识形态理论进行了分析。[②] 盖斯区分了意识形态的三种类型，即描述性意义（中性）、批判性意义（贬义）和积极性意义（褒义）上的意识形态。其一，描述性意义上的意识形态是一种最广泛意义上的意识形态，是对人类社会群体的特征和事实的描述和解释。个人都有自己所属阶级的立场（即意识形态），因此对意识形态作客观研究必须首先保证立场的公正性。按照社会学家马克斯·韦伯所意见，对待事物我们只应做客观的描述，而尽量避免任何主观价值的涉入。社会学家认为意识形态研究应该抽去各执一词的阶级立场，代之以一种价值中立的客观立场来展开研究。后现代社会学家在这方面甚至走得更远，认为在后资本主义社会中由于意识形态的日常生活化和传媒的泛滥，真实与虚幻之间的界限不再存在，因此连中立也不再可能。它包括某一社会文化体系中的某种仪式、风俗习惯、艺术，以及处于该体系中的群体成员所持有的宗教、信仰、心理倾向等。换言之，这种意义的意识形态就是一定社会的文化体系，是对人类社会群体的特征和事实进行描述与解释，因此它是中性和客观的。其二，批判性意义上的意识形态是一种否定意义上的意识形态。从认识论的意义上说，它是一种虚假意识；从社会功能的意义上说，它是被用来维护社会统治的；从发生学的意义上说，它具有一定的社会根源和心理根源。按照盖斯的分析，法兰克福学派所批判的意识形态就是这种意义上的意识形态。"意识形态"在这里是一个否定的、贬义的、批判的术语，是幻象或虚假意识。这种意识形态理论产生于对某一特定社会中主体的信仰、态度及需求的批判。该理论认为，社会主体被他们自身、他们的地位和利

---

① 参见张秀琴：《阿尔都塞的意识形态理论》，《教学与研究》2007 年第 12 期。

② 参见王晓升、李燕：《盖斯：意识形态的三种类型》，《中共浙江省委党校学报》2008 年第 3 期；徐连明、文军：《论社会学视域中的意识形态研究》，《江海学刊》2007 年第 2 期。

益,以及他们所处的那个社会所迷惑了,而它的任务就是要告诉主体这个事实,从而使他们从这种迷惑中清醒过来。包括马克思在内的很多意识形态理论家都是在否定意义上研究意识形态的。其三,积极性意义上的意识形态与描述性意义上的、批判性意义上的意识形态不同,描述性意义上的意识形态是人们可以发现的某些东西,或可能由于解释的目的而预先设定的;批判性意义上的意识形态是人们可以发现并为了批判的目的而分离出来的某些东西;而积极性意义上的意识形态并不是那些存在某处的、能被最细致的经验调查所发现的东西,它可能是对某一特定社会的一种期望,是被建构、创造或发明出来的某些事物,即它并不是一种事实性的存在。列宁曾经在肯定意义上使用意识形态概念,他认为,意识形态并不必然是一种虚假意识,无产阶级也可以有自己的意识形态,并将马克思主义学说界定为“科学的意识形态”。早期西方马克思主义者卢卡奇和葛兰西也从肯定的意义上使用意识形态概念。他们认为对于无产阶级革命来说,意识形态是决定一切的,革命的胜利取决于无产阶级是否拥有成熟的阶级意识,是否取得了意识形态上的领导权。具体地说,这种意识形态所要扮演的角色是:何种社会—文化体系或者什么样的世界观将最适合该群体,即什么样的描述性意义上的意识形态最可能使该群体成员满足他们的欲望需求和利益。这是一种关于社会的乌托邦的构想。

陈燕从“同一性”批判的视角对阿多诺的意识形态理论进行了研究。阿多诺《否定的辩证法》视意识形态的最大秘密为同一性,即把思维与存在、思维与对象假定为同一的。这种同一性在当代资本主义社会中经由启蒙理性、工具理性行使着重要的社会控制功能。意识形态批判的核心就是对“同一性”思维的批判。在晚期资本主义时代,意识形态已经成为人们的一种生活经验,它以文化工业的方式继续发挥着功能,必须持之以恒地实施意识形态批判。①

(二)齐泽克意识形态思想研究

齐泽克意识形态思想是近年学术界意识形态研究的一个热点,2006—2009 年发表了一批重要文章。

莫雷认为,齐泽克作为一名拉垩化的马克思主义者,沟通拉康的精神分

---

① 参见陈燕:《阿多诺意识形态理论探行》,《求索》2007 年第 2 期。

析理论和马克思主义哲学，形成了风格独特的意识形态理论。第一，幻象：隐藏大他者的不一致性。幻象既是调整我们欲望的框架，又是隐藏他者欲望的深渊的屏障。幻象就是主体与创伤性内核予以妥协的建构。意识形态就是通过幻象达到对主体欲望的激发、疏导、歪曲、压抑和控制，从而构建我们生活于其中的社会现实。第二，意识形态：构建社会现实的无意识的幻象。通过对商品拜物教的分析，齐泽克认为人们是实践上的而非观念上的拜物教徒。意识形态作为幻象构建社会现实本身，它是一个"幻觉"，能够为我们构造有效、真实的社会关系，并因而掩藏难以忍受、真实、不可能的内核。意识形态的功能并不在于为我们提供逃避现实的出口，而在于为我们提供了社会现实本身，这样的社会现实可以供我们逃避某些创伤性的、真实的内核。第三，穿越幻象：意识形态批判。传统的意识形态批判是要从具体的社会现实中寻找抽象观念的起源，今天，意识形态批判被迫走上相反的路径，从我们生活的伪具体现实中寻找构造它们的抽象的符号化程序，用精神分析的方法穿越在社会现实中发挥作用的意识形态幻象。它包括两个程序：话语性的阐释征兆和穿越幻象。①

邹放鸣认为，齐泽克的意识形态理论在"缝合"拉康的精神分析理论与马克思主义学说上作出的努力值得高度重视。齐泽克的意识形态学说深受拉康的影响，他以拉康的精神分析和主体批判理论为其意识形态学说的基础，把马克思主义的批判精神作为一种重要的资源并将其转化为一种激进政治话语，对当代资本主义社会及其思想文化现象进行了新的探讨和剖析，拓展出一种关于意识形态的新的理论场域。齐泽克认为，意识形态在对主体进行建构的同时也造成了"真实的缺失"。意识形态不仅仅是一种"社会意识"，更是一种"社会存在"，而我们自己就置身于意识形态幻象所创设的社会存在的环境之中。齐泽克将意识形态幻象划分为自在的意识形态、自为的意识形态和自在自为的意识形态，人们试图走出意识形态的动作恰巧是人们被"拉进意识形态的方式"，人们借以衡量意识形态扭曲的中立的标准、超意识形态的依据以及纯形式的操作程序所带来的深层效果或许是最为纯粹的意识形态。齐泽克把意识形态看成是支撑现实的幻象建构，认为

---

① 参见莫雷：《穿越意识形态的幻象——齐泽克意识形态理论研究》，《理论探讨》2008年第3期。

意识形态幻象的功能就是通过整合与维系社会关系强化人们的信仰与服从，并修饰和填补能指秩序的裂缝，赋予其一致性的意义，从而消弭社会对抗，实现社会整合。齐泽克关于意识形态消弭社会对抗的"不可能性"的论述，明显表现为一种"后马克思主义"的政治立场，亦即认为一切试图通过颠覆社会现存架构以复归人类解放的想法都只能是意识形态的崇高渴望。①

吴学琴对齐泽克的《意识形态的崇高客体》中犬儒主义的意识形态进行了解读。在齐泽克看来，马克思的意识形态理论已不适于现在的意识形态状况，因为它以"知性"为基础，在"知"的层面上思考问题，有很大的启蒙成分在里面，这恰是欧洲意识形态的理论传统。在欧洲，自培根始，人们就把意识形态理解为"偏见"、假象，认为意识形态是阻隔人们达到正确认识的屏障，为此，自然就要去意识形态之"蔽"。马克思也是通过意识形态的批判程序，达到"去蔽"的功效。齐泽克认为，这种意识形态已经过时，因为即使人们知道受某种意识形态的作用，也不意味着人们能消除它，如商品拜物教。犬儒主义的意识形态主体虽然清楚地知道意识形态对现实的掩饰，知道意识形态普适性下掩藏着特定集团的利益，但他们并没有抛弃这一意识形态，而是认同这一面具、坚守这一面具，所以，今天的意识形态已经不再是无知无意识，而是自知中的故意；它不再是对统治阶级的否定，反倒是对统治阶级的意识形态（与统治地位的文化）的响应。这种意识形态就是犬儒主义的意识形态。齐泽克从精神分析理论出发，把意识形态归结为现实的活动，归结为社会存在，进而归结为无意识主体的欲望，提出当代社会中"意识形态直接就是社会存在"，其深层的原因是作为崇高客体的意识形态幻象，迎合了主体欲望，消弭了社会的裂缝，直接成为社会存在。②

（三）国外思想家意识形态思想的专题性和比较性研究

俞吾金考察了国外学者视野中意识形态与科学技术的复杂性关系。俞吾金认为，阿尔都塞传承了马克思对意识形态与科学的对立性理解，在《保卫马克思》等一系列著作中把科学与意识形态尖锐地对立起来。阿尔都塞

---

① 参见邹放鸣：《齐泽克：意识形态新的理论场域》，《徐州师范大学学报》2009 年第 3 期。

② 参见吴学琴：《齐泽克的"后意识形态"概念辨析》，《江淮论坛》2007 年第 4 期；吴学琴：《析"意识形态直接就是社会存在"？——齐泽克的"后意识形态"理论分析》，《马克思主义研究》2007 年第 8 期。

视意识形态阐释为总体性的"神话"，其目的正是为了说明意识形态的虚假性和不可靠性。与此相反，科学则是对外部世界的真实反映，因而科学本身所蕴涵的问题域为人们认识和解决现实问题提供了正确的思想引导。意识形态与科学之间存在一种不可逾越的"断裂"关系。与阿尔都塞的理路不同，哈贝马斯沿着马克斯·韦伯的"合理性"概念、马尔库塞的"技术理性"="意识形态"的思路来探索技术、科学同意识形态之间的关系。哈贝马斯认为，不仅技术理性的应用，而且技术本身就是（对自然和人的）统治，就是方法的、科学的、筹划好了的和正在筹划着的统治；在当代社会中，一旦技术与科学成了意识形态，与传统的意识形态比较起来，它就具有更多的中立性和隐形性，从而也就更容易迷惑人。①

阳海音认为，哈贝马斯和马克思意识形态批判理论的分歧主要体现在四个方面。第一，对科学技术与意识形态关系问题的认识不同。哈贝马斯认为，在晚期资本主义社会，科学技术既是第一位的生产力，也发挥着意识形态的功能，因此在晚期资本主义社会，科学技术既是生产力，也是一种意识形态。马克思则认为科学技术虽然影响着一定社会的意识形态的产生、形成和发展，二者之间具有紧密联系，但科学技术本质上只是一种生产力，它与意识形态之间有着鲜明的区别。具体表现为，反映的对象不同、属性和功能不同。第二，意识形态批判向度的分歧。哈贝马斯主张，在晚期资本主义社会，意识形态批判的主要对象是科学技术。与哈贝马斯不同，马克思没有把科学技术当做意识形态，马克思认为科学技术是中性的，科学技术带来的负面作用不是由于它自身造成的，其根源需要从承载它的主体即资本主义社会来加以解释，应将科学技术与科学技术在资本主义社会的应用分开考察。第三，意识形态批判理论哲学基础的不同。马克思意识形态批判理论的哲学基础是历史唯物主义，而哈贝马斯意识形态批判理论的哲学基础是经过重建的所谓"历史唯物主义"。哈贝马斯基于交往理性的所谓"重建历史唯物主义"与马克思历史唯物主义的区分主要表现在以下几个方面：一是哈贝马斯把道德实践意识作为决定社会进化的主要动力和划分社会发展阶段的主要标准，马克思则是将生产方式作为决定社会进化的主要动力

---

① 参见俞吾金：《从意识形态的科学性到科学技术的意识形态性》，《马克思主义与现实》2007 年第 3 期。

和划分社会发展阶段的主要标准。二是哈贝马斯以劳动和交往行为取代马克思的生产力和生产关系概念。三是哈贝马斯以系统和生活世界取代马克思的经济基础和上层建筑概念。第四,意识形态批判理论性质的不同。哈贝马斯将超越科学技术意识形态的重任放在合乎交往理性的对话基础上,这使他的意识形态批判理论只停留在理论批判的层面上。他忽视了克服科学技术意识形态的社会阶级前提,否认实际的革命运动,这是不彻底的。马克思意识形态批判理论的彻底性在于要在理论和实践的统一中改变不合理的现实本身。①

王凤才提出了葛兰西与阿尔都塞意识形态理论的两个方面的区别。首先,葛兰西注重意识形态与文化霸权的内在关联,强调"有组织的意识形态"的社会改造力量。阿尔都塞尽管也有"意识形态霸权"、"占统治地位的意识形态"与"被剥削阶级的意识形态"等提法,但他并没有阐述意识形态与文化霸权的关系,而是在三和不同的意识形态概念中滑动。其次,葛兰西将意识形态看做一个描述性概念,认为意识形态与科学并非是截然对立的。阿尔都塞将意识形态视为一个否定性概念,认为意识形态与科学应该严格区分开来。王凤才还阐述了阿尔都塞对马克思主义意识形态理论的贡献:一是改变传统意识形态研究的进路,即从生产条件的再生产(包括生产力的再生产与生产关系的再生产)出发探讨意识形态国家机器的功能。二是强调了意识形态国家机器对主体的建构作用,即意识形态召唤并建构了主体,同时主体又体现了意识形态的功能。三是阿尔都塞重新阐释意识形态的本质,试图建构一般意识形态理论。②

崔永杰考察了"科学技术即意识形态"这一理论观点,在法兰克福学派理论家们那里从提出到完善的过程。霍克海默在《科学及其危机札记》、《启蒙辩证法》对启蒙精神、工具理性以及文化工业的批判,实质上正是对科学技术意识形态功能的批判,"科学技术即意识形态"已见雏形。马尔库塞的《单向度的人——对发达工业社会意识形态的研究》,论述了科学技术作为生产力和意识形态的双重性。哈贝马斯《作为"意识形态"的技术和科

---

① 参见阳海音:《论哈贝马斯与马克思意识形态批判理论的主要分歧》,《理论探讨》2007 年第 1 期。

② 参见王凤才:《文化霸权与意识形态国家机器——葛兰西与阿尔都塞意识形态理论辨析》,《马克思主义与现实》2007 年第 3 期。

学》认为，在晚期资本主义社会，科学技术成为第一生产力，并执行意识形态的功能，从而成为意识形态的新形式，执行着操纵功能、维护功能和压抑功能。①

　　张秀琴对马克思与齐泽克的意识形态理论进行了比较研究。作者认为，两者的理论存在一个共同点，即在意识形态的本体论维度，齐泽克和马克思都和传统哲学的做法一样，为其理论论述设定了一个不可避免的二元对立的假说，即意识形态（虚假）与现实（真实）之间的二元对立关系。不同的是：齐泽克的意识形态理论更偏重于从现实的意识形态属性出发来揭示实在的幻象属性，而马克思则更加偏重于从批判意识的虚假属性出发来凸显实践的首要性。正是基于以上认识，齐泽克对于马克思意识形态批判的实践维度也提出了不同的观点。他使用的分析方法不是马克思意识形态实践批判的重要工具——政治经济学批判，而是精神分析方法。具体地说，就是齐泽克用拉康的精神分析式意识形态理论的"剩余快感"来代替马克思意识形态理论的剩余价值学说，并由此提出了他的充满伦理和审美色彩的"穿越"策略。②

三、社会主义意识形态建设问题研究

（一）社会主义意识形态建设的理论问题

　　蔡萍、华章琳提出当前在思想政治教育中加强意识形态教育，应注意消除人们思想中对意识形态的三个认识误区。一是意识形态虚假论。意识形态在马克思那里至少具有两种含义：一种是在马克思以前以"虚假的意识"表现出来的意识形态；另一种是马克思自己的意识形态形式，即无产阶级革命的意识形态。相应地，意识形态也就具有了两种完全不同的作用。是意识形态具有掩饰、遮蔽的作用，表现为一定的阶级为了使自己的统治合法化，必然要设计出一套观念来掩盖社会的矛盾，为社会劳动分工、劳动产品和权力的不公作辩护。但意识形态除了这层功能以外，更具有建构社会现

---

① 参见崔永杰：《"科学技术即意识形态"——从霍克海默到马尔库塞再到哈贝马斯》，《山东师范大学学报》2007 年第 6 期。

② 参见张秀琴：《虚假意识与幻象现实：马克思与齐泽克意识形态理论比较》，《辽宁大学学报》2007 年第 4 期。

实的作用,并且这构成了意识形态的主要方面,体现在意识形态把人们的精神行为维系在一定的社会制度中,赋予特定的观念以"普遍形式",并使之在社会上广泛传播,从而表达和建构社会现实,发挥现实的防御功能。我们的意识形态教育就应超越第一层含义,突出意识形态的本体论的建构含义。二是"意识形态的终结论"。西方学者提出"意识形态终结"的真正目的,在于消解人们思想中的社会主义、共产主义价值观,确立资本主义意识形态的至尊地位。因此,意识形态终结论本身就是意识形态,它只不过是意识形态发展的一个新阶段而已。因而在新时期的思想政治教育中必须拨开意识形态教育的这层迷雾,认识到只要社会主义制度和资本主义制度共生共存,意识形态领域的斗争就不会停止。三是意识形态与理性经济人的相悖。根据"效用最大化原则"的分析框架,个体之所以接受或信奉某一种意识形态,一定是在个体看来信奉这种意识形态能够直接或间接地给自己减少各种信息的成本,从而带来效用的增加。意识形态对个体效用的增加体现在以下三个方面:个体意识与意识形态一致,能够提高个体决策的效用,减少费用成本;意识形态能够使现行制度与规则的实施监督费用大为减少,从而使维持现存的秩序成为可能;意识形态有利于规范社会团体之间的关系,能够在一定程度上解决非市场机制的资源配置问题。具体来说,个体的意识形态化可以克服个体在经济行为中的搭便车问题,减少或克服集体行动中的搭便车倾向。因此,通过有效的意识形态教育不但可以建构起意识形态与经济的共存关系,更能促进经济的健康发展。①

李田英区分了党的意识形态与国家意识形态。国家的意识形态固然是在社会上占统治地位的、代表统治阶级根本利益的系统化的阶级意识,但在现代文明社会中,国家政治体系的运作如果要具备合法性,就必须符合占人口最大多数人的价值倾向;而且,占主导地位的意识形态也受到传统的意识形态和政治文化的影响,而传统的影响往往是历史上多个阶级共有的资源。因此国家的意识形态包容性更大一些,否则就不会被社会大多数人所支持。党的意识形态与国家意识形态是有区别的。政党的意识形态具有鲜明的阶级性,按照马克思主义的观点,政党本身就是阶级的产物,其意识形态是对阶级性的集中反映,这在阶级矛盾、阶级冲突激烈时期尤为明显。对于我们

---

① 参见蔡萍、华章琳:《论意识形态教育应澄清的几个理论误区》,《理论界》2007 年第 4 期。

国家来说,由于广大劳动人民是社会主义国家的主人,因而国家的意识形态就是代表广大人民根本利益的意识形态。从理论上讲,中国共产党是代表最广大人民根本利益的,其意识形态就是国家的意识形态,但这是从应然的角度来说的,这一转化过程是需要努力的。因为党要最大限度地调动一切公民的积极性,就不得不在意识形态方面兼顾全体公民的价值倾向,必须从阶级性较强转化到包容性较强的意识形态。正确区分国家意识形态和党的意识形态的关系,就可以经常反思"党的主张与人民的需要是不是一致、在多大程度上一致"这样的问题,从而对于科学判断党在人民群众中的威信和地位,克服骄傲自满情绪,增强忧患意识具有重大的促进作用。①

何畏就主导意识形态和主流意识形态提出了自己的理解。主导意识形态是在社会主导政治构架中,以制度化方式确证的意识形态,主导意识形态是一定社会统治者倡导、传播的意识形态,俗称官方意识形态。与主导意识形态不同,主流意识形态是从社会意识形态被社会成员接受的程度上来确认的。所谓主流意识形态,是被多数社会成员实际接受并形成强大舆论氛围和心理倾向、造成对主导意识形态和其他意识形态的排斥压力的意识形态。由于掌握资源等方面的突出优势,通常情况下主导意识形态会自然成为主流意识形态。当统治阶级发现自己主导的意识形态不能为大多数社会成员所接受时,就必须从科学性和价值性、可行性和艺术性四个维度进行深刻反思,以制定正确的意识形态政策,保证主导意识形态真正的主导地位。②

王永贵总结了新时期我国社会主义意识形态建设的四条主要经验。一是把握一条基本原则:在坚持和发展马克思主义过程中推进我国意识形态建设。二是开展两条战线思想交锋:在抵御和批判国内外各种错误思潮观念中推进我国意识形态建设。三是运用三种主要手段:在建设精神文明、加强思想政治工作和建设社会主义核心价值体系进程中推进我国意识形态建设。四是协调四方面重要关系:在正确认识和处理好意识形态与其他领域的相互关系,即主流意识形态一元性与文化观念多样化、社会主义意识形态

---

① 参见李田英:《对意识形态几组概念的辨析》,《湖北社会科学》2007年第1期。
② 参见何畏:《试论主导意识形态与主流意识形态的区别》,《中共南京市委党校学报》2007年第1期。

与扩大开放、发展市场经济以及政治文明建设四方面重要关系中的过程中推进我国意识形态建设。①

孟轲归纳了改革开放以来我国主流意识形态建设的几个方面的转变，其一，时代主题从以阶级斗争为纲调整为以经济建设为中心。其二，发展思路从不破不立、"破"字当头转回重在建设、以立为本，从封闭、排斥转向开放、宽容，广泛吸收借鉴人类文明的全部优秀成果。其三，主导与非主导、一元与多元矛盾的处理原则，从有"一"无"多"、以"一"盖"多"转向以"一"导"多"、以"多"促"一"、"一""多"共荣。其四，对外策略从"泛化"、"对立"转化为"淡化"、"坚守"。②

刘少杰对改革开放以来中国社会意识形态的变化进行了研究。社会意识形态形态转型的第一个方面是：执政党意识形态在价值目标、实践功能、整合方式等方面的一系列崭新变化。在改革开放之前，执政党意识形态的追求目标是"坚持无产阶级专政下的继续革命"，其实践功能是充当阶级斗争工具，而对社会的整合功能是通过开展持续不断的思想斗争和革命批判实现的；改革开放以后，执政党意识形态的追求目标是解放思想、推进现代化进程，其实践功能是为经济建设健康持续发展提供思想指导，对社会的整合方式是宣传社会主义核心价值体系，开展广泛的对话，尽可能地寻求最大限度的共识。社会意识形态转型的另一个突出表现是：改革开放以来，随着经济体制改革和市场经济发展，中国社会发生了广泛而复杂的社会资源重新分配、利益关系深刻调整、阶层和群体分化重组，原来的阶级划分或工人、农民、知识分子三大阶层的划分已无法说明社会复杂分化的现状。社会阶层或利益群体的分化一定会引起人们价值信念的变化，因此，中国社会意识形态呈现了空前复杂的状态，既有很多具备明确理论基础的社会思潮试图表达不同利益群体的价值信念（如新自由主义和新"左派"），也有大量并没有明确理论基础但也包含一套价值信念的社会思潮，如不断崭露锋芒的新民族主义、广泛存在的愤青主义、普遍流行的怀疑主义、形式多样的新宗教或准宗教等。这些意识形态现象，正是当今中国社会高度分化的价值信念

① 参见王永贵：《新时期我国社会主义意识形态建设的主要经验》，《江汉论坛》2007 年第 8 期。

② 参见孟轲：《改革开放以来我国主流意识形态建设述论》，《学术论坛》2009 年第 9 期。

表达。①

（二）社会主义意识形态建设的实践问题

张顺洪提出了加强主流意识形态工作的思考与建议。第一，要加强理论研究和创新，加大宣传和阐述马克思主义理论的力度，用马克思主义理论理顺人心。第二，在意识形态工作中，要大胆启用一批敢于旗帜鲜明地坚持四项基本原则的干部。第三，要着力培养一大批马克思主义理论战士。第四，意识形态领域的重大产业不能搞市场化，要加大国家投入，巩固和加强意识形态阵地。第五，要着力调动和发挥广大网民与错误思潮作斗争的积极性。② 董汉忠在《加强主流意识形态建设的思考》中提出，应积极探索主流意识形态宣传的新形式新方法，坚持"三个贴近"、增强主流意识形态的向心力和凝聚力，推进理论创新、增强主流意识形态的竞争力，解放思想、充分发挥主流意识形态的整合作用。③

邵宪梅、栗守廉总结和分析了新时期社会主义意识形态发展规律中要注意处理好的几对关系。一是社会主义意识形态与传统意识形态的关系。改革开放之后，结合新形势、新变化、新实践，实现社会主义意识形态由革命形态向建设形态转型，不是对传统社会主义意识形态的全盘抛弃，而是保留了原来意识形态的基本框架。转型以"固本强基"为前提、以"返本开新"为特点，这个"本"就是马克思主义。二是社会主义意识形态建设与反"和平演变"的关系。在新的历史条件下，意识形态的冲突要文明得多、隐蔽得多、温和得多，但这并不能改变这一冲突的对抗性本质。因此，正视"意识形态淡化论"、"意识形态中立论"、"意识形态虚假论"、"意识形态终结论"等错误论调，在抵御和批判错误思潮的斗争中发展社会主义意识形态，才能巩固马克思主义主流意识形态的统领地位。三是社会主义意识形态与马克思主义理论创新的关系。理论创新是对社会主义意识形态理论的拓展与延伸，它丰富和发展了社会主义意识形态的基本内容，而且为社会主义意识形态的建设提供了理论指导。探索马克思主义与社会主义意识形态的结合方式，寻求中国特色社会主义意识形态的建设之路，成为马克思主义中国化在

① 参见刘少杰：《新形势下的社会意识形态转型》，《学习与探索》2009年第5期。
② 参见张顺洪：《关于当前的意识形态斗争》，《政治学研究》2009年第3期。
③ 参见董汉忠：《加强主流意识形态建设的思考》，《实践》（思想理论版）2007年第10期。

意识形态领域的关键问题。四是社会主义意识形态与人类以往价值理念的关系。新时期社会主义意识形态建设总体上呈现开放性的特征。中国绵延数千年的传统文化包含着优秀的思想因子,是社会主义意识形态建设的重要文化资源。全球化使社会主义意识形态的建设不能也无法脱离其既定的时代。本着"古为今用,洋为中用,去其糟粕,取其精华"的原则,正确处理意识形态建设问题上传统与现代、批判与继承的关系,使我国社会主义意识形态建设伫立在人类文明的制高点上。五是社会主义意识形态与经济发展、社会进步的关系。在我国社会主义初级阶段的国情条件下,更要坚持意识形态与经济建设的协同发展,忽视任何一方,都会给我国社会主义事业造成巨大损失。①

刘宝村就全球化时代国家意识形态教育战略进行了探讨。第一,破除意识形态终结论,坚持全球意识与民族意识的统一,强化社会主义意识形态的自觉性,推动社会主义意识形态在与世界各种意识形态潮流的互动中不断增强生命力,在人类全球价值的形成中体现其作用和影响,从而为自身的存在提供历史的合理性和合法性。第二,应对文化帝国主义的挑战,坚持传统性与时代性的统一,提升社会主义先进文化的民族凝聚力,使兼具民族性和世界性、传统性和现代性的中国特色社会主义先进文化丰富博大、历久弥新,真正成为凝聚当代中国各民族、各阶层、各利益群体的强大力量,成为当代中国和谐稳定、安定有序的精神保障。第三,正视思想观念多样化的现实,不断推动马克思主义理论的创新发展,强化社会主义意识形态的主导地位和作用。新时期的社会主义意识形态建设,要强化主导意识、树立问题意识、保持宽容意识、坚持中国特色。②

王艳灵、刘洪涛从意识形态的视角对社会主义核心价值体系建设的必要性和内在规律性进行了研究。第一,价值观念的多元化及其冲突构成的社会意识形态现状,要求以社会主义核心价值体系统领思想文化建设。第二,从意识形态的视角看,社会主义核心价值体系是社会主义制度的内在要求,体现了社会主义的价值目标,反映了无产阶级政党利益与广大人民群众

---

① 参见邵宪梅、栗守廉:《新时期社会主义意识形态发展中的几个关系》,《山东大学学报》2003 年第 6 期。

② 参见刘宝村:《全球化的挑战与国家意识形态教育战略》,《马克思主义与现实》2008 年第 2 期。

的利益的内在一致性。第三,从意识形态的作用看,社会主义核心价值体系具有促进和谐社会建设、增加意识形态凝聚力、维护意识形态安全、树立核心文化理念等重要作用。第四,从意识形态的建设看,必须坚持马克思主义指导地位不动摇、树立中国特色社会主义共同理想、弘扬和培育民族精神和时代精神、树立和践行社会主义荣辱观等践行社会主义核心价值体系的要求。①

陈锡喜、包仕国、赵勇提出应着眼和谐社会建构调整社会主义意识形态建设的相关部署。一是在功能定位上,要从立足于教育改造人转向立足于尊重激励人,为共产党执政的合法性提供辩护。二是在方向上,要处理好指导思想一元化与社会意识多样化的关系,通过整合和引领多样性的思想文化,提升自己在社会生活中的影响力。三是在价值取向上,要体现党性原则和以人为本的统一,促进党的意识形态的"目的因"向公民精神的"动力因"的渗透。四是在对象上,要注意区分不同层次,集中力量抓好重点群体的思想政治理论教育,以延续党的思想之脉。五是在内容上,积极拓展思想宣传的空间,大力加强国家意识,生命意识,诚信意识,权利、义务和责任相统一意识,有序政治参与意识为重要内容的公民教育。六是在语言上,要摒除纯粹为阶级斗争服务而已不适合社会主义和谐社会构建的旧范畴,赋予已为人们普遍接受的概念以新的内涵。②

王永贵认为意识形态建设的实践形式是推进意识形态工作的重要方式。一是要以中国共产党执政意识形态的不断发展为核心来指导我国社会主义意识形态建设。二是要以社会主义核心价值体系为灵魂来统领我国社会主义意识形态建设。三是要以构建社会主义和谐社会为基础来促进我国社会主义意识形态建设。四是要以改进意识形态教育的宣传手段和方法为突破口来强化我国社会主义意识形态建设。③

---

① 参见王艳灵、刘洪涛:《从意识形态视角看社会主义核心价值体系》,《中共福州市委党校学报》2008年第6期。
② 参见陈锡喜、包仕国、赵勇:《社会主义和谐社会的构建与社会主义意识形态的重构》,《理论探讨》2007年第1期。
③ 参见王永贵:《论全球化背景下我国主流意识形态建设的实践形式》,《社会主义研究》2007年第6期。

四、创新视野下的意识形态研究

张耀谋、李世新就意识形态的经济功能进行了探讨。第一,影响和决定国家宏观经济政策的制定,营造有利于经济发展的良好外部环境。从新中国成立以来我国意识形态与经济发展的关系来看,意识形态曾极大地左右着经济发展的方向与水平。第二,培育现代企业核心价值观,推动构建现代企业伦理文化。在意识形态的支持与参与下,可以在企业内部形成一种团结协作、和谐相处的氛围,提高企业员工的法律意识与奉献精神,为提高企业的市场效率提供思想基础,为企业克服危机实现目标提供助力。第三,引导社会成员的价值取向,规范社会成员的经济行为。通过发挥意识形态的教化功能来引导社会成员参与经济活动的价值导向,加强职业道德素养,激发广大人民的创业愿望和动力,从而促进社会物质财富极大增加。①

徐连明、文军提出超越传统"真—假"二元对立的意识形态研究的社会学转向。第一,从研究对象来看,抛弃抽象的政治意识形态争论而投入广泛的社会实践领域,去研究和关注社会现实,分析和解决日常生活、大众文化中的意识形态问题。在社会学家看来,晚期资本主义时代的意识形态已经渗透到文化与日常生活领域,变得更加复杂和强大,它几乎无所不在,拥有更精细的伪装。这使社会学意识形态研究更加"日常生活化"。那么,从政治意识形态到文化或日常生活意识形态的转向就能够理解了。另外,也因为关注社会现实的发展,社会学家往往更快地发觉社会变迁的新迹象,会积极地对社会变迁作出及时的理论回应。这样,他们往往更能够赋予意识形态研究更多的新鲜内涵和更贴近实际的社会含义。第二,从方法论来看,社会学存在的方法论整体主义也使社会学家更倾向于从全面的、总体的角度来看待意识形态的问题。例如,曼海姆的总体意识形态概念就反映了这种社会学研究取向。可以说,知识社会学的总体意识形态观念与社会学研究的宏观研究范式和系统范式不无关系。社会学在对具体的意识形态问题做自己的解释的时候,总是力图从更宏观的层面出发,系统地、全面地、整体性

①　参见张耀谋、李世新:《意识形态"在垦"的必要性分析:基于经济学视角》,《学理论》2009年第 19 期。

地来分析意识形态问题,以避免因视角单一而造成的理论短视。第三,从研究立场来看,社会学强调价值中立的原则和立场,因而主张要超越个体和党派的意识去解决所面临的社会问题。这就使社会学的意识形态研究多少带上了去政治化、去主观化的色彩,客观性、中性化色彩较强。在对待意识形态论题的解释时,社会学往往不是从解释到解释,而是力图运用一种客观的"社会事实"来解释和说明所要阐发的意识形态观点,使人们在认识某种"社会事实"的同时"客观地"达成与以某种意识形态为主导思想的社会认同。因此,社会学的这种实证主义的研究逻辑完全不同于一般意识形态研究上的宣教。第四,从研究旨趣来看,社会学对意识形态的研究具有更加强烈的批判精神。当前,有些学科在做意识形态方面的研究时,往往首先是从某一个知识原点出发,采取对社会现实无批判的肯定态度,其结果导致对意识形态的研究仅仅停留在一种语言"说教"和自我"解释"的层面,即从意识形态本身的解释出发,再通过自我的循环论证和概念演绎来阐释所谓的绝对"真理"。这种停留在说教和解释层面上的意识形态研究,往往最终缺乏说服力,其自身的解释也常常是苍白无力的。第五,从与科学的关系来看,意识形态研究与科学并非是对立的,而是存在着某种统一的可能性。尽管在归纳"意识形态"这一概念的特征时,许多学者都认为意识形态作为统治阶级的思想总是自觉或不自觉地遮蔽或扭曲人们的现实生活和交往关系的真相,但正如卢卡奇所指出的,即使是一种纯粹的科学理论,当它作为观念斗争的工具而被用到社会冲突中去的时候,它就变成了一种意识形态了。科学作为客观的东西(事实判断)与意识形态作为主观的东西(价值判断)之间并非是僵硬地对立起来的;相反,它们在一定的条件下可以统一起来。①

陈吉猛区分了意识形态的社会学和知识学两种视域。意识形态的社会学视域可以主要地区分出两个向度。第一个向度是指以人类社会集团性的矛盾冲突及其各种构成为线索来辨识、理解各种具体的意识形态(即辨识、理解意识形态的社会学种类)。马克思主义从阶级视角的区分,现代的性别区分,种族、民族视角以及文化视角都是社会学视域中的研究。阶级意识形态、性别意识形态、种族和民族的意识形态以及文化意识形态并不因为各

---

① 参见徐连明、文军:《论社会学视域中的意识形态研究》,《江海学刊》2007 年第 2 期。

自的相对独立性而彼此完全分离,它们在特定的社会中往往是交织在一起的,相互渗透,有时甚至彼此重叠。第二个向度是探讨意识形态的社会性质、社会功能及其运作等。马克思的历史唯物主义、葛兰西的意识形态国家机器等都是就此向度的论述。意识形态的知识学视域也主要体现为两个向度。知识学视域的第一个向度,是以知识的种类或者说是以学科门类为依托来区分意识形态的不同种类(意识形态的知识学各类)。结合马克思恩格斯的思想以及通常的说法,可以提出以下六大类:政治意识形态、法意识形态、哲学意识形态、道德意识形态、宗教意识形态、美学意识形态。知识学视域的第二个向度,是以知识的真/假来衡量意识形态。历史唯物主义的批判对象主要是是资产阶级的意识形态,马克思恩格斯在这里从知识学上判定它是"虚假的知识",不是"真正的知识"。西方 20 世纪以来的意识形态批判表明,诸如男权主义意识形态、种族主义意识形态、殖民主义意识形态等具有非常恶劣的虚假性、欺骗性。意识形态的社会学视域和知识学视域两者是交叉、融合的关系,一个可以说是对意识形态的纵解剖,另一个则可以说是对意识形态的横解剖。在历史上的种种意识形态分析中社会学和知识学这两个视域往往是交织在一起的,但是并未被分析家们所充分意识,这无论是就马克思恩格斯以及列宁而言,还是就路易・阿尔都塞和葛兰西等人而言,情况都是如此。①

杨文华认为,当代意识形态不再仅仅是关于人们的世界观或思想观念的体系,它开始从一种信仰模式向一种实践模式转变,逐步成为人们日常生活的经验本身。当代社会的意识形态出现了三个方面的转向。第一,在知识内涵上,意识形态从精英化转向大众化。传统意义上的意识形态是指在一定时期多数人所拥有的共同的行为习惯和生活方式,其知识内涵是对特定精英阶层利益的反映,一般不体现大众需求。现代意识形态以现代工业技术为手段,以现代传媒为载体,是能够为大众所接受的、可供大众消费的文化形态,是反映广泛的平民需求的观念体系。它不是从外部和上层强加的,而是由居于普遍地位的人们为了从文化资源中获得自己的利益而创造出来的,是发自内部和底层的、反映民众利益和要求的大众化的意识形态。它往往与科学、技术和信息等相联,具有极强的打破时空限制的扩散力和同

---

① 参见陈吉猛:《意识形态的二重视域》,《理论月刊》2009 年第 1 期。

化能力。意识形态知识内涵的大众化是人类物质文明和精神文明发展到一定阶段的产物，是信息时代文化经济这种新型生产关系在文化领域的直接反映，是大众文化上升到意识形态领域、不断消解意识形态的精英文化内涵的结果。第二，在价值取向上，意识形态从特殊性转向普遍性。普遍性的价值取向源于人类文化实践的全球化，全球化时代人类文化实践方式的变化决定了其意识形态价值取向的转换。普遍性的价值取向以价值理性为支撑，当代意识形态的普遍性价值涵括人的生存意义覆盖下的道德价值、理想价值、情感价值等，具有合理性、合目的性和终极关怀性。第三，在实践方式上，意识形态从灌输式转向选择式。意识形态知识内涵的大众化、价值取向的普遍化发展，是与其实践方式的转换相伴发生的。这种大众的、普遍的意识形态在实践方式上不再主要依靠强力灌输、自上而下使大众接受，而是试图让人们根据自身的要求进行自主性选择。可以说，意识形态的当代转向是社会发展的必然结果，它为意识形态的发展开辟了一条新的道路。①

---

① 参见杨文华：《论意识形态的当代转向》，《南京师范大学学报》2008 年第 1 期。

民主社会主义研究

　　"民主社会主义"作为一种社会观念,最先出现于文艺复兴时期,至19世纪中叶进入到西方主流社会理论家视野,因其与社会主义运动的若即若离,尤其是作为与科学社会主义同一个时期形成的社会理论,一度颇受关注。虽然西方世界特别是欧洲一些国家的社会民主党或工党也经历了几起几落的波折,但关于民主社会主义的研究热情始终有增无减,与此紧密相联的所谓"第三条道路"的理论探究更是如火如荼。受此影响,国内的民主社会主义研究亦由来已久,在20世纪初马克思主义进入中国的同时,民主社会主义作为科学社会主义的寄生物就引起一些试图改变中国命运的实践家的关注,但由于受到社会主义左翼革命理论家的影响,其理论主张和实践构想很快就被抛弃,由此沉寂了半个多世纪。改革开放之初,在"人道主义"大讨论中有论者开始涉及民主社会主义的问题,这一领域的论题重新被人拾起,关于民主社会主义比较系统的学术研究由此真正拉开了帷幕。东欧剧变和苏联解体尤其是欧洲各社会民主党纷纷执政之后,学者关注这一话题的热度也逐渐升高,作为一种'社会模式"的民主社会主义被建构起来。2007年谢韬发表《民主社会主义模式与中国前途》,一股关于民主社会主义的研究热潮风行一时,民主社会主义已然从单纯的学术观念转化为了一种对思想界产生较大影响的社会思潮。

　　就近年国内新一轮的民主社会主义研究情况来看,心气平和的学术探究已经让步于沸沸扬扬的争论,而且这种争论还是建立在多少有些不对等的对话基础上的。对民主社会主义持有肯定态度的一方面,多强调其社会实践意义,间或由于要说明采取社会行动的原因需要在一些方面特别加以申述之外,一般对纯粹理论阐发保持缄默;而持否定态度的一方,往往从理论取向上加以驳斥,即便是为了阐明实践上的不可行性,也多半引经据典,力求从理论和实践的双向维度打压住对方。但吊诡的是,虽然双方有可能是站两条平行线上甚或自说自话,理论界还是掀起了一股有关民主社会主义的研究热潮,许多理论工作者也因此不由自主地卷入其间。可以说,比较西方传播到国内的其他思想学说,任何一种社会思潮都不会像民主社会主义那样引起普遍的社会意识焦虑和宣泄,也不会促发如此微妙而又急促的社会心理反应。直面这种社会意识和社会心理的最好方式,就是检视民主社会主义所涵涉的论题、主旨及其研究策略。

在中国特色社会主义理论研究和实践创新不断发展的过程中,客观评介国内民主社会主义研究的基本情况,科学分析和把握其发展趋势,检视其理论上的得失,对于厘清这一社会思潮与科学社会主义尤其是中国特色社会主义之间的关系,确立马克思主义的指导地位,探索用社会主义核心价值体系引领社会思潮的有效途径,主动做好意识形态工作,有力抵制错误思想的消极影响等,具有重要的理论价值和现实意义。

一、民主社会主义的问题域

作为一种有着长远历史渊源和强烈现实针对性的社会思潮,民主社会主义甫一露头就注定要陷入巨大的争议之中。客观来说,民主社会主义思潮确实在争论中得以传播,同时也在传播中得到了澄清。这一争论的主要问题域集中在民主社会主义的意识形态性质、马克思主义与民主社会主义的关系、民主社会主义与中国的前途、中国特色社会主义与民主社会主义的本质区别、民主社会主义的双重性等上面,焦点则是:民主社会主义能否强中国。

(一)争论之一:民主社会主义姓"资"还是姓"社"?

表面上看来,民主社会主义这一概念是"民主"加"社会主义"的组合,其性质似乎可以界定为"民主的社会主义"。谢韬等人正是从此角度理解民主社会主义,并将之视为中国未来应当遵循的"社会模式"。鼓吹者给予当下中国社会主义实践以相当的关注,目的就是便于传播民主社会主义的基本主张。在《民主社会主义模式与中国前途》一文中,谢韬明确认为:"民主社会主义剔除了马克思主义中的空想成分,使马克思主义由空想变成了现实。作为活着的马克思主义 在工人运动中生根的马克思主义,是给工人阶级和劳动人民带来高工资、高福利的民主社会主义,而不是可望而不可即的乌托邦。当代马克思主义的旗帜上写的是民主社会主义。坚持马克思主义就是坚持民主社会主义。"①这种将民主社会主义看做马克思主义的正统进而将之视为社会主义意识形态的观点,受到了多数学者的质疑。多数论者认为,民主社会主义是一种资产阶级改良主义思潮,而非社会主义之正统;民主社会主义姓"资"而非姓"社"。

明确判断民主社会主义的意识形态属性是国内马克思主义理论研究的一个基本取向,从理论源头和本质特征等方面厘清民主社会主义与科学社会主义之间的关系,是解决民主社会主义姓"资"还是"社"问题的关键所在。吴雄丞形象地将民主社会主义称之为"资本主义病床边的医生",其属于社会改良主义思潮,因而本质上是一种资产阶级的意识形态;对社会主义国家来说,民主社会主义是西方国家实行和平演变的内因力量,也是现实社会主义蜕变为资本主义的桥梁。② 曹长盛赞同这一观点,他刻意强调民主社会主义与科学社会主义在渊源、性质和功能上的泾渭分明,民主社会主义渊源于资产阶级、小资产阶级社会主义思潮,科学社会主义渊源于马克思主义,是马克思主义的组成部分、核心部分;民主社会主义以唯心主义的多元论和实用主义的方法论为指导,目的在改良资本主义制度。③ 刘书林进一步从历史来源上界定民主社会主义。他认为,"民主社会主义"作为社会党国际所坚持的意识形态是一个具有自身特定内涵的专用名词,"民主社会主义"之中的"民主"实质上是针对共产党人坚持的社会主义而言,意在指责共产党人坚持的科学社会主义"不民主",而只有它才是"民主"的;而其中的"社会主义"是排斥科学社会主义的一种资产阶级改良主义,是千百个非科学的社会主义思潮之一,因而"民主社会主义"不属于马克思主义范

---

① 谢韬:《民主社会主义模式与中国前途》,《炎黄春秋》2007 年第 2 期,第 7 页。
② 参见吴雄丞:《"两个必然"的原理和资本主义的新变化——纪念〈共产党宣言〉发表 160 周年》,《高校理论战线》2008 年第 3 期。
③ 参见曹长盛:《论民主社会主义的思想理论渊源——兼谈"马克思主义的正统"问题》,《中国特色社会主义研究》2007 年第 3 期。

畴,也不属于一般的修正主义思潮,而是在世界工人运动和社会主义运动中,即在马克思主义之外与国际共产主义运动并行发展并在一部分工人运动之中传播的一种资产阶级改良主义思潮。①

从现实来看,西方国家执政几十年的社会党、社会民主党的实践证明了上述判断,民主社会主义从意识形态来说就是一股反马克思主义的资产阶级思潮,从社会制度来说就是作了若干改良的资本主义制度②;非西方国家的民主社会主义实践也同样反证了这一点。在此,有必要对于"民主社会主义是现实社会主义蜕变为资本主义的桥梁"的论断作出深入的历史分析,特别对"人道的民主社会主义"进行理性的剖析。起初,在"人道的民主社会主义"的倡导者戈尔巴乔夫及其追随者看来,所谓的"民主社会主义"既是社会主义的重要实践形式,也是完善社会主义制度的重要力量。但是,在这股风潮的推动下,随之展开的苏联社会主义改革却逐渐向"右"发生了偏离,重新喊响法国大革命时期"自由、平等、博爱"的口号表明了"人道的民主社会主义"最终倒向了资本主义,苏联社会主义改革由此走向失败。苏联解体后,戈尔巴乔夫不仅公开承认民主社会主义者的身份,还申明"我就本质来说是社会民主党人"。③ 显然,"人道的民主社会主义"改变了苏联社会主义实践的方向,起到了配合西方国家和平演变苏联的作用。美国前安全事务助理布热津斯基曾指出:"民主社会主义或福利国家常常是同共产主义学说的吸引力进行斗争和为共产主义模式提供另一种民主选择最有效的办法。"④"人道的民主社会主义"要把苏联引向资本主义,这一目标与西方的战略意图完全一致。的确,"人道的民主社会主义"取代了马克思列宁主义成为苏联党和国家的指导思想之后,苏联的意识形态被搞乱了,苏共的思想基础被瓦解了,苏联的社会失去了凝聚党心、民心的精神支柱,党内外、境内外反共反社会主义势力纷纷出笼,他们相互勾结,窃取了苏联人民

---

① 参见刘书林:《关于民主社会主义思潮在中国的若干问题的思考》,《青海社会科学》2007年第 6 期。

② 参见冯颜利等:《"国家兴衰与马克思主义"研讨会综述》,《马克思主义研究》2007 年第 5 期。

③ 参见张捷:《试析戈尔巴乔夫的"人道的民主的社会主义"》,载李慎明主编:《世界社会主义跟踪研究报告(2008—2009)》,北京:社会科学文献出版社 2009 年版,第 403 页。

④ 兹比格涅夫·布热津斯基:《大失败——二十世纪共产主义的兴亡》,北京:军事科学出版社 1989 年版,第 11 页。

的政权,进而摧垮了苏共,解体了国家,实现了向资本主义的复辟。虽然人道的民主社会主义尽管最后也破产了,但它在苏联剧变中所起的决定性作用不容否定。① 社会主义国家,绝不能搞民主社会主义,应是我们从这一历史事件中得出的基本教训之一。

综合理论与实践两个方面来看,民主社会主义是资本主义的改良而非社会主义的实践。民主社会主义虽然也自称是"社会主义"的实践,但它把社会主义仅仅看成是一种道德需要,否认社会主义代替资本主义的历史必然性。所以,民主社会主义并没有超出资本主义制度的范畴,实质上只是对资本主义制度的一种改良。民主社会主义作为西方国家中的左翼力量,历史上同马克思主义有过某种联系,受到过一些影响,但它绝不是社会主义,更不是什么社会主义的"正统"。

（二）争论之二:马克思恩格斯是民主社会主义者吗?

民主社会主义研究的一个极具冲击性的话题是:马克思恩格斯是民主社会主义者吗? 这是一个民主社会主义研究中需要正本清源的关键性问题:如果马克思恩格斯都是民主社会主义的倡导者,民主社会主义与科学社会主义同根同源且同理,那么将之定性为资产阶级的改良主义进而清除出马克思主义阵营,就没有十足的根据;如果马克思恩格斯不是真正意义上的民主社会主义者,那么将现今流行的民主社会主义思潮戴上正统马克思主义的光环,就是借势自说自话,甚或别有用心了。

客观地说,坚持马克思恩格斯是民主社会主义者的观点并非空穴来风,多半还是依据马克思主义经典著作的一些话题或表述,只是在解读原典的时候解释者价值取向出现了偏差,误解了作者的初衷和文本的真义而已。比如,民主社会主义者通过对于马克思恩格斯著述的解释,就得出了民主社会主义不仅是"《资本论》的最高成果"而且还是"马克思主义的主题"的结论。② 何以能够得出这种结论? 经过考察《资本论》的某些字句,民主社会主义者从中发现:19 世纪中叶大规模投资银行和股份公司的出现改变了资本主义社会的社会结构,资本家不再是企业主,而只是企业的股东、公司利

① 参见汪亭友:《中国为什么不能搞民主社会主义——对主张民主社会主义的几个重要观点的分析》,《社会思潮研究》2009 年第 10 期。
② 参见谢韬:《民主社会主义模式与中国前途》,《炎黄春秋》2007 年第 2 期。

润中一定部分的合法债权人,股份公司造就了组织和指挥生产的经理、厂长阶层,使企业的所有权和管理权相分离,这一项分离使资本主义和平过渡到一种新制度成为可能,它是一场"和平革命"而非"暴力革命",于是一个"真理"浮现出来,即《资本论》第3卷推翻了《资本论》第1卷的结论,不再需要"炸毁"资本主义的"外壳",马克思心目中的曼彻斯特资本主义(原始的资本主义)亦已经灭亡了。① 不仅如此,民主社会主义者还根据1895年3月6日恩格斯在《〈法兰西阶级斗争〉导言》中的一段话认为,后者对马克思主义的整个理论体系进行了最后的反思和修正,并对《共产党宣言》"旧策略"作出了重要修改。这就意味着恩格斯"赞同"资本主义可以和平进入社会主义的结论,更标志着其已经转向了民主社会主义。

马克思恩格斯果真是民主社会主义者吗? 这引起了正统马克思主义理论家的高度关注。马克思恩格斯是举世公认的科学社会主义创始人,界定"民主社会主义"是否就是真正的"科学社会主义",实际上就能够判明马克思恩格斯是否是真正意义上的民主社会主义者。从这一前提出发,高放考察了科学社会主义与民主社会主义百年分合的历史,发现马克思恩格斯是从1873年起自称自己的学说为"科学社会主义"的,但他们也同意使用"社会民主主义"的提法;当时马克思恩格斯的战友——德国社会民主党领导人威廉·李卜克内西甚至认为,科学社会主义与民主社会主义或社会民主主义是一回事。因此,科学社会主义和民主社会主义同祖同根,也是同义语:科学要以民主为基础,民主要以科学为指导。②

与之相反,徐崇温坚持认为,科学社会主义和民主社会主义既不"同祖",也不"同根",更不是"同义语",认为马克思恩格斯的著作前后有悖谬之处的论断也难以证立。③ 徐崇温的观点可以归结如下:(1)民主派不是彻底的革命者。马克思恩格斯在1850年3月的《共产主义者同盟中央委员会

---

① 民主社会主义者根据的是马克思的原话:"在股份公司内,职能已经同资本所有权相分离,因而劳动也已经完全同生产资料的所有权和剩余劳动的所有权相分离。资本主义生产极度发展的这个结果,是资本再转化为生产者的财产所必需的过渡点,不过这种财产不再是各个互相分离的生产者的私有财产,而是联合起来的生产者的财产,即直接的社会财产。"《马克思恩格斯全集》第46卷,北京:人民出版社2003年版,第495页。

② 参见高放:《科学社会主义与民主社会主义的百年分合》,《理论参考》2007年第8期。

③ 参见徐崇温:《科学社会主义和民主社会主义既不"同祖",也不"同根",更不是"同义语"》,《高校理论战线》2008年第5期。

告同盟书》中指出,民主派小资者根本不愿为革命无产者的利益而变革整个社会,他们之所以要求改变社会状况是想使现存社会尽可能让他们感到日子好过而舒服,希望用多少是经过掩饰的施舍来笼络工人,用暂时使工人生活大体过得去的方法来摧毁工人的革命力量,一旦实现上述要求后就赶快结束革命。对此,经典作家十分明确指出:"对我们说来,问题不在于改变私有制,而只在于消灭私有制,不在于掩盖阶级对立,而在于消灭阶级,不在于改良现存社会,而在于建立新社会。"①也正因为这样,马克思恩格斯在当时就一直把自己称作是共产主义者,而不是社会主义者。(2)马克思恩格斯明确表态自己是"共产主义者",而非"社会民主主义者"。在直到19世纪70年代的一段时期里,恩格斯说:"我根本不把自己称做社会民主主义者,而称做共产主义者。这是因为当时在各个国家里那些自称是社会民主主义者的人根本不把全部生产资料转归社会所有这一口号写在自己旗帜上","虽然他们中间的许多人已越来越深刻地意识到生产资料社会化的必要性,但是,道地拉萨尔式的由国家资助的生产合作社仍然是唯一得到他们公开承认纲领要点。因此,对马克思和我来说,选择如此有伸缩性的名称来表示我们特有的观点"。②(3)马克思恩格斯前后态度的细微变化并不意味着他们放弃了科学社会主义,而转向了民主社会主义。马克思恩格斯对社会民主主义所持的态度在19世纪70年代以后发生了变化,这是因为在1871年巴黎公社失败以后出现的特殊形势,要求工人政党在革命尚未提上日程的时候,要慢慢地训练人民群众,在日常斗争中要善于妥协,服从从策略考虑的联盟,既不回避选举,也不放弃议会斗争。这种形势使得社会民主主义这个概念在国际工人运动的队伍中迅速流行起来。同时,马克思主义在工人运动中的广泛传播,又使那些自称为社会民主主义者的人也接受了共产主义即科学社会主义的基本原则。这种情况使得马克思恩格斯对社会民主主义者的态度作了一些调整,正如恩格斯在其临终前一年即1894年为重印其《"人民国家报"国际问题论文集(1871—1875)》所写的"序言"中指出的:"现在情况不同了,这个词(指社会民主主义)也许可以过得去,虽然

---

① 《马克思恩格斯选集》第1卷,北京:人民出版社1995年版,第368页。
② 《马克思恩格斯文集》第4卷,北京:人民出版社2009年版,第448—449页。

对于经济纲领不单纯是一般党来说,这个词还是不确切的。"①对于马克思恩格斯对社会民主主义所持态度的这种变化,列宁在 1917 年 4 月的俄罗斯社会民主工党(布)彼得格勒市代表会议上提议用"共产党"来取代"社会民主党"的时候,曾经作过一个阐述:"'社会民主党'这个名称是不恰当的,在科学上是不正确的。马克思和恩格斯不止一次地谈到过这一点。他们'容忍了'这个名称,那是因为 1871 年以后形成了一种特殊的形势:必须慢慢地训练人民群众,革命还没有提上日程。"②

追究经典作家是不是民主社会主义者,还涉及一个更深层次上的理论问题,即马克思恩格斯的民主观与社会主义观。钟哲明在《马克思恩格斯对民主社会主义及其变种的评析》一文中指出:在民主观方面,马克思恩格斯都是由革命民主主义者转变成共产主义者的,无产阶级要争得经济解放就必须争得一定的政治民主权利。民主是一种国家形式,具有阶级性和历史性,资产阶级的民主形式可以成为无产阶级政治解放的手段,然而如不利用民主侵犯私有制和保障无产阶级生存的各种措施,这种民主对于无产阶级就毫无用处。在社会主义观方面,马克思恩格斯运用唯物史观和剩余价值论考察资本主义社会的基本矛盾,扬弃理性、人性或永恒正义等抽象观念,从"实然"而非"应然"的维度揭示出了资本主义终将为社会主义所替代的客观规律,即确立起生产方式在社会发展中起最终决定作用,把消灭阶级作为无产阶级运动的真正秘密和伟大目标,把变革生产资料所有制作为革命运动的基本问题,从而使社会主义从空想变成科学。③

从以上诸多论者对于马克思恩格斯对待民主社会主义态度的分析中,我们不难得出以下结论:马克思恩格斯的确在某个特定场合或某个特定时期对于民主社会主义持有保留态度,但绝对不可以据此就被认定为是一个真正意义上的民主社会主义者;对于马克思恩格斯来说,他们最为看重的身份是共产主义者,他们终生为之奋斗的目标也是共产主义事业。

(三)争论之三:民主社会主义能否解决中国的问题?

民主社会主义作为一种社会思潮在中国的传播,是通过所谓超越资本

---

①　《马克思恩格斯文集》第 4 卷,北京:人民出版社 2009 年版,第 449 页。
②　《列宁全集》第 29 卷,北京:人民出版社 1985 年版,第 241 页。
③　参见钟哲明:《马克思恩格斯对民主社会主义及其变种的评析》,《政治学研究》2007 年第 4 期。

主义和社会主义之上的"第三条道路"被借重的,也就是说,民主社会主义是被当做一种独特的"社会模式"得以推崇的。谢韬就是在这种意义上推行民主社会主义并将它视为中国之前途的。他说道:"在第二次世界大战后,法西斯主义灭亡了,帝国主义衰落了,世界上剩下三种社会制度展开了和平竞赛。第一种是以美国为代表的资本主义制度,第二种是以苏联为代表的共产主义制度(辛子陵在本书中称之为暴力社会主义),第三种是以瑞典为代表的民主社会主义制度。竞赛的结果是民主社会主义胜利,既演变了资本主义,又演变了共产主义,民主社会主义正在改变世界。"①在谢韬看来,这种"正在改变世界"并"寄托着人类的希望"的"社会模式"同样适合当下中国的现实环境,因此也必然能够解决中国在发展过程遇到的问题,从而成为"中国的希望"所在。

当然,民主社会主义模式能否成为中国的前途所系,其依据并非在谢韬们对于世界政治历史的考察所得出的结论,也不能够根据一些预言家式的关于当下形势发展的预测。对于中国能否走民主社会主义的道路,必须从多个维度作出合理的说明。

第一,所谓的"第三条道路"并非横空出世,以民主社会主义作为其理论核心的这种社会模式只是西方社会普遍性的自我心理调适和文化调味品而已。全球化时代,一些西方资本主义国家确实自我负载过重,自由市场的自我调控能力和公民的自我调适能力都遭到削弱,但同时又无法抛开对社会主义价值观的成见甚或敌视,两难之下权衡的结果是选择了具有调和色彩的"第三条道路"。显然,在理论上"第三条道路"并不是什么创新,充其量只是一种实践的权宜之计罢了。吉登斯在其著名的《第三条道路及其批评者》中就认为:"第三条道路"这一词并不是不可取代的,"现代化的左翼"和"现代化的社会民主主义"等词都可以作为替代词;其继承了传统民主社会主义的基本政策,提倡自由平等和博爱思想,同时更加强调市场化、自由化和私有制,否定社会主义。以这样一种不是十分成熟的理论形态和实践经验来指导充满活力的中国社会主义建设,显然不是最佳选择。民主社会主义作为社会党人专用的意识形态口号,绝没有其字面意义所表示的那么美妙和简单;如果将"民主社会主义"作为中国的旗帜和口号,不但无助于

①　谢韬:《民主社会主义模式与中国前途》,《炎黄春秋》2007 年第 2 期,第 1 页。

中国的发展,而且会产生适得其反的后果。①

　　第二,民主社会主义所提倡的"高税收、高福利"政策难以移植到当下中国的土壤中来。客观地说,民主社会党执政并在一些国家推行"高税收、高福利"政策,一定程度上缓和了阶级矛盾,减少了贫富对立,改善了人民生活,对维护社会的稳定有某种作用,但这些政策总体上属于资本主义的内部调整,是20世纪30年代资本主义"大萧条"以后西方各国为摆脱自由市场经济弊端而采取的改良措施。因此,这些政策只不过是调节国民收入的一种形式,属于国民收入再次分配的范畴,并没有从根本上触动资本主义私有制,更不可能从根本上克服资本主义的内在矛盾。再者,民主社会主义社会模式在实践过程中也暴露出了以牺牲整体效率为代价而过分强调社会福利的保障作用的弊端,致使其面临难以为继的窘境:欧洲"主权债务危机"实践地证明了"牺牲整体效率"的高昂代价。对此,诺贝尔经济学奖获得者林德贝克批评这种经济政策似乎是患上了"动脉硬化症","对劳动缺乏刺激作用",导致了社会发展的放慢或停滞。实际上,由于特殊的福利政策,一些人宁愿领失业救济金过日子也不去工作,形成了一个寄生于该制度的阶层;由于赋税重,一些重要企业越来越不愿意在这些国家扩大投资规模,使这些国家经济增长率持续下降。可见,这种模式并不是一个成功的范例。从我国国情来看,我国经济社会发展水平还比较低,保持较快的发展速度和较高的劳动生产,关系大多数人民的福祉,关系国家的前途命运。我们的任何政策不能脱离这个国情。如果在中国搞那种模式,势必大大放慢经济发展速度,甚至会坐视发展良机,扰乱发展战略,导致社会发展停滞、人民生活水平下降,甚至导致政治的动荡和国家的瓦解。②

　　第三,没有搞改良主义的历史和现实条件。有人说,北欧国家是通过改良的议会道路和平长入社会主义,中国也应该学习其搞多党制和议会制。然而,现实情况是:欧洲等民主社会党执政的国家并没有真正"长入"社会主义,这些国家仍然属于资本主义范畴,只不过在某些方面吸收社会主义因素有所改良罢了。特殊的地理位置、特定的社会、历史文化传统使一些国家

---

　　① 参见肖枫:《谢韬先生〈民主社会主义模式与中国前途〉之我见》,《科学社会主义》2007年第2期。

　　② 参见中共中央宣传部理论局:《六个"为什么"——对几个重大问题的回答》,北京:学习出版社2009年版,第39—40页。

走上了一条具有自身特色的发展模式,其他国家不可简单地复制套用。北欧国家的发展模式和道路是与北欧国家的历史和国情分不开的,例如其历史上受战争破坏较少,地处欧洲边缘、国小人少,资源相对丰富以及平民思想传播较为广泛,等等。中国的历史和国情更是决定了不可能走北欧式的道路。近代以来,中国人民深受帝国主义、封建主义和官僚资本主义的压迫,根本就没有搞改良主义、走议会道路的社会条件,只能通过新民主主义革命和社会主义革命,争取民族独立和人民解放,建立社会主义制度,从而实现国家的繁荣富强。今天,中国通过社会主义实现了国家的振兴发展,绝不可能再走回头路。同时,从现实条件看,中国的历史以及经济、政治、社会等各方面的情况,也决定了我们不可能搞北欧的模式。①

第四,中国改革开放政策与民主社会主义某些理念的巧合并不意味着二者可以互相取代。客观来说,中国改革开放以来实行的一些政策,如鼓励多种所有制经济共同发展,坚持以人为本,把改善民生、增加社会福利作为重要任务等,同民主社会主义的政策的确有某些共同点,但据此认为中国也可以采用民主社会主义的发展模式,就失之偏颇了。改革开放以来,我们始终坚持科学社会主义基本原理,并把它同中国具体实际结合起来,我们所采取的政策的出发点和落脚点是社会主义的自我完善,目的是更好地发挥社会主义制度的优越性。中国特色社会主义坚持马克思主义的指导地位,并结合新的实际不断推进马克思主义中国化,坚持公有制为主体、多种所有制经济共同发展的基本经济制度,坚持人民代表大会制度、中国共产党领导的多党合作和政治协商制度、民族区域自治制度、基层群众自治制度等政治制度,绝不搞西方的三权分立和多党制,等等。这表明中国特色社会主义同民主社会主义是两种完全不同的思想体系和发展道路,是"两股道上跑的车"。即使我们提出的发展多种所有制经济、改善民生、增加社会福利等政策,目的也是为了巩固和发展社会主义,其理论基础是马克思主义,其着眼点是最广大人民,其实现途径是共同富裕。这些同民主社会主义的思想理论和政策实践,是有着本质区别的。②

---

① 参见中共中央宣传部理论局:《六个"为什么"——对几个重大问题的回答》,北京:学习出版社 2009 年版,第 40 页。

② 参见上书,第 41 页。

民主社会主义者曾经宣称：全世界那些企图保留他们国家的社会主义前途的改革者们，都把目光转移到民主社会主义运动上来。① 现在看来，这种预言过于乐观了，至少在中国，民主社会主义绝不可能成为主导性的意识形态，中国的改革者们也不会尝试采用民主社会主义的社会模式或民主模式。的确，对于民主社会主义模式，参考借鉴有必要，顶礼膜拜不值得，迷信照抄更有害。②

（四）争论之四：民主社会主义与中国特色社会主义有何本质区别

为了在中国推行民主社会主义的价值观和政策主张，民主社会主义者总是有意地将民主社会主义与中国特色社会主义之间的界限模糊起来，有的甚至等同起来。其中的一种说法认为：苏东剧变之后中国之所以没有发生社会动荡，总设计师邓小平同志领导的改革开放居功至伟，解散人民公社、实行包产到户、实行多种所有制共同发展、允许一部分人先富起来以及把资本家请回来等一系列新的方针路线政策，其实质就是民主社会主义，只是为了避免"修正主义"之嫌将之称为中国特色社会主义罢了。③ 这种把中国特色社会主义与民主社会主义混为一谈的说法遭到了许多论者的批评，这方面的文本可谓汗牛充栋，其论说的方式归纳起来有以下几种形式：

1. 从意识形态批判入手进行敌我两分的比照

这是一种立场最鲜明、逻辑最简明、形式最直接的探究方式。从社会制度的本质特征角度看，中国特色社会主义与西欧国家社会党执政的民主社会主义有着根本的、原则性的区别。民主社会主义虽然打着"社会主义"旗号，但实质上是作了若干改良的资本主义。历史上存在过"封建社会主义"、"小资产阶级社会主义"、"资产阶级社会主义"等这些自称为"社会主义"的思想，本质上并不是社会主义，马克思恩格斯曾在《共产党宣言》里揭露了它们的阶级本质。当代的民主社会主义也是如此。民主社会主义反对工人阶级政党掌握政权，主张多党轮流执政，实行议会民主、三权分立那一套资产阶级政治制度；维护雇佣劳动制度，主张实行以私有制为主体的"混合经济"，反对把消灭剥削和两极分化的共产主义制度作为目标；主张意识

① 参见谢韬：《民主社会主义模式与中国前途》，《炎黄春秋》2007 年第 2 期。
② 参见肖枫：《谢韬先生〈民主社会主义模式与中国前途〉之我见》，《科学社会主义》2007 年第 2 期。
③ 参见谢韬：《民主社会主义模式与中国前途》，《炎黄春秋》2007 年第 2 期。

形态多元化,听任资产阶级思想泛滥并占主导地位。一句话,它反对四项基本原则,反对社会主义的基本制度,因而它不是社会主义的一种模式,只有代表工人阶级根本利益的思想和制度,才能称之为社会主义。在实践上,社会党自己也承认其执政几年、几十年的某些西欧国家,实行的仍是资本主义制度,并没有因为它们执政而变成社会主义国家。它们从不讳言,它们的执政并没有把资本主义制度改造成为社会主义制度。苏联东欧国家在戈尔巴乔夫"人道的民主社会主义"指导下政局发生剧变,社会制度迅速由社会主义演变成为资本主义,这一事实也从反面说明了民主社会主义的资本主义实质。鼓吹中国特色社会主义应该与"社会党的社会主义越走越近"甚至就是民主社会主义的人,实质上是要求中国放弃社会主义的本质特征,否定四项基本原则,即抛弃社会主义道路,转为走西欧社会党那样的资本主义道路。任何社会主义国家在任何情况下都必须坚持四项基本原则、坚持社会主义基本制度,不能有丝毫动摇。如果说十月革命胜利后的苏联、东欧、亚洲、拉丁美洲各社会主义国家,尤其是我国的社会主义实践从正面证明了这一点,那么,苏东剧变则从反面证明了这一点。①

2. 从历史渊源进行发生学的勘定

从理论源头上勘定中国特色社会主义与民主社会主义两种思想体系之不同,实际上就是要澄清科学社会主义与民主社会主义的历史纠结,因为中国特色社会主义是建立在科学社会主义基础上的。与一些武断地判定二者从一开始就明显分属不同的思想阵营有别,严谨的研究还是希望能够从耐心细致的清理中寻找二者的离散聚合。高放以"科学社会主义与民主社会主义的百年分合"为题,梳理了二者的内在关联。在高放看来,科学社会主义与民主社会主义之间的纠结经历了从本是同根生、从同室操戈到分道扬镳、社会党快速发展、从对抗转向合作、你中有我和我中有你的这样五个历史阶段。② 第一阶段,马克思恩格斯在将自己的学说称为"科学社会主义"的同时也同意使用"社会民主主义"的提法,德国社会民主党领导人李卜克内西甚至认为科学社会主义跟民主社会主义或社会民主主义是一回事,并

---

① 参见周新城:《关于社会主义模式问题的若干思考——试论中国特色社会主义与斯大林模式、民主社会主义的关系》,《中共石家庄市委党校学报》2007年第5期。

② 参见高放:《科学社会主义与民主社会主义的百年分合》,《南方周末》2007年5月31日。

深信未来将属于以民主为基础的社会主义和以社会主义为基础的民主。第二阶段,恩格斯过世后,以伯恩施坦为代表的右派片面强调可以利用议会民主和平过渡到社会主义,认为不可能再搞暴力革命,主张德国社会民主党应该变为"民主社会主义的改良政党",以逐步过渡到社会主义。这遭到卢森堡等左派的批判,科学社会主义跟民主社会主义最终分道扬镳。第三阶段,从 1949 年世界社会主义阵营形成到 1991 年苏联剧变的 40 多年间双方继续对峙;这一阶段起初科学社会主义和共产党继续获得大胜,最终却遭受重大挫折;相比之下,社会党在这个阶段得到了稳步、快速的发展。第四阶段,从 20 世纪 70 年代起,共产党与社会党的关系趋于缓和,从 1976 年社会党国际十三大后,社、共两党开始了超越意识形态的联系,80 年代双方开始对话合作,1991 年苏东剧变后至今更是进入了密切合作的新阶段,当前大多数共产党都改变了过去的对抗做法,视民主党为另一种有重大影响的社会主义流派,是共产党应该联合团结的对象和借鉴学习的朋友。第五阶段,民主社会党的执政在一定程度上改变了资本主义,资本主义之所以具有很强的生命力,就是因为从 20 世纪 30 年代罗斯福新政以来特别是在第二次世界大战后社会民主党执政的国家在很多方面限制了资本主义的剥削,局部地改变了资本主义社会制度,生长出了一些社会主义的因素。同时,发生剧变的苏东国家在转向资本主义的发展模式的时候仍然保留了一些原来社会主义时期的全民福利的社会主义因素。当今这两种社会制度已经处在你中有我、我中有你,相互依存、相互影响的状态之中。

3.从理论基础看各自内在取向的分野

这方面的研究主要是澄清中国特色社会主义与民主社会主义作为两个思想概念的不同含义,同时划清它们作为两条不同政治道路之间的原则界限。[①] 这可以分别从如何对待三个根本性问题的态度上进行泾渭分明的区别:(1)如何对待科学社会主义。中国特色社会主义坚持社会主义的基本制度,根据马克思主义基本理论和亿万人民的实践和探索不断深化着对社会主义的认识,强调通过改革不断完善社会主义;民主社会主义则完全抛弃科学社会主义的基本原则,把社会主义从人类社会发展的制度选择中排除

---

① 参见徐崇温:《中国特色社会主义与民主社会主义是两股道上跑的车》,《求是》2007 年第 13 期。

出去,把无产阶级和人民大众争取社会主义的斗争完全局限在资本主义的框架内,主张通过支持新自由主义对已有的社会主义国家进行"改革"使之"同资本主义一体化"。(2)如何对待资本主义。中国特色社会主义的历史任务就是要在保持和发挥社会主义固有优势的同时,吸收和利用资本主义一些有用的方法去发展社会生产力;民主社会主义则在资本主义制度下,把无产阶级争取社会主义的斗争完全局限于和融化于所谓资产阶级民主之中,达致"同资本主义共同生存",处处充当"资本主义病床边的医生",争取使资本主义社会更加"文明化"、"民主化"、"人道化"。(3)如何对待马克思主义。中国特色社会主义坚持马克思主义,坚持把马克思主义同中国实际相结合,以我国改革开放和现代化建设的实际问题、以我们正在做的事情为中心,着眼于马克思主义理论的应用,着眼于对实际问题的理论思考,着眼于新的实践和新的发展;民主社会主义则把世界观中立、指导思想多元化奉为自己的思想纲领,把马克思主义同宗教原则并列为自己的信仰基础,甚至谋求把马克思主义从自己的纲领中完全排除出去。归结起来,中国特色社会主义和民主社会主义作为两个思想概念的含义截然不同,它们完全是"两股道上跑的车":民主社会主义在指导思想上的多元主义、政治制度上的改良主义和价值取向上的伦理主义,决定了它是一种完全不同于中国特色社会主义的异质性思想体系。

4.从执政理念看政策主张的本质差异

民主社会主义推崇者的一个十分关键性依据,就是认为民主社会主义政党拥有先进的执政理念和高明的政策主张,这些理念和主张可以为当下中国社会发展所认同采纳。比如,社会民主党或社会党所推行的高福利政策把效率和公平统一起来,实现了同向分化、共同富裕、社会和谐,而这正是中国特色社会主义所追求的理想。更为具体的研究还体现在把民主社会主义的主张与中国现行的经济制度作比较,认为多种所有制经济共同发展与民主社会主义的"混合经济"没有什么区别,中国改革开放在经济领域所走的实质上就是一条民主社会主义道路。显然,以上看法缺乏理论与现实的根据。"混合经济"是民主社会主义的经济主张之一,其理论根据在于,夺取生产资料的所有权不再是社会变革的决定性因素,因此要允许多种经济成分"多元"存在和平等发展。他们把这种既有公有制又有私有制的经济结构称为"混合经济"制度,并认为这是经济民主的表现。在实践领域,凡是搞民主社会主义的国家经济结构中除了有私有经济之外,还有国有经济、合作经济等他们称为非私有经济的成分。显然,"混合经济"并没有失却其作为资本主义私有经济的性质,也没有超出资本主义经济制度的范畴;"混合经济"并不是一种经济制度,而是对所有制结构状态的一种现象上的描述,仅仅从所有制结构这个层面,还无法判断一个社会的性质,关键是看占主体地位的经济成分的性质。中国现阶段实行的多种所有制经济共同发展与民主社会主义的"混合经济"虽然形式上有相似之处,但有着本质上的区别。根本的不同在于,社会主义经济制度坚持公有制的主体地位。公有制占主体决定着多种所有制经济共同发展,但没有因为非公有制经济成分的存在而改变社会主义基本经济制度的性质。那种认为"混合经济"在性质上既不属于完全的资本主义经济,也不属于完全的社会主义经济,而是一种独立于公有制与私有制之外又超越它们的第三种经济制度或经济形态的看法无疑也是荒谬的。[①]

(五)争论之五:如何看待民主社会主义的两面性

经过以上关于民主社会主义研究几个方面的梳理,我们可以发现其基本的理论主张和价值取向还是相当明确的,但这一思想体系本身并非铁板一块,其中的一些理论家表现出暧昧的两面性,这也是民主社会主义奉行多元主义理论取向的结果。作为民主社会主义理论体系的阐述者和鼓吹者,英国当代著名的思想家吉登斯对于这一思潮在世界范围内的传播起到了不可替代的作用,尤其对于英国的现实政治发挥着意识形态导向的作用。然而,当大部分政客,特别是走在"第三条道路"前列的社会民主党人士都争相攻击马克思主义并认为共产主义已经退出历史舞台的时候,吉登斯却及时地提醒人们:马克思所指出的"一个共产主义的幽灵在欧洲游荡"的论断在今天看来仍然是正确的,我们不能简单地放弃马克思主义为我们昭示出的价值和理想,因为这些价值和理想中有一些是我们的社会和经济发展所要创造的美好生活必不可少的。[②] 吉登斯的警醒直言为我们客观看待民主社会主义的复杂性提供了一个独特的视角:不仅需要看到民主社会主义阵

---

① 参见汪亭友:《中国为什么不能搞民主社会主义——对主张民主社会主义的几个重要观点的分析》,《社会思潮研究》2009 年第 10 期。

② 参见安东尼·吉登斯:《第三条道路:社会民主主义的复兴》,北京:北京大学出版社 2000 年版,第 2 页。

营内部不乏理论的创新者和识时务者,而且从反面提醒人们必须以较为公允的学术态度来评判一种学说或理论体系,对于民主社会主义这一世界性社会思潮也当如此。这就要求我们在划清科学社会主义与民主社会主义界限的基础上,实事求是地具体分析民主社会主义的观点主张,不要笼统地、简单化地一概抹杀,全盘否定,既要适当地否定其中必须否定的东西,同时又要有分寸地肯定该肯定的东西。①

民主社会主义者经过长期的理论探讨,形成一些合理的价值资源。在理论创新方面,民主社会主义主张吸收和包容当今世界一切优秀思想文化和价值成果,在兼容和吸纳多样思想文化基础上形成自己的价值观,同时,重视依靠社会各阶层特别是中下阶层的选民,平衡和协调各阶层和社会群体的利益,善于吸纳社会各阶层意见和要求,扩大价值体系的社会认同基础;在价值观念方面,民主社会主义根据具体实际不断调整和创新价值目标和实现形式,赋予基本价值观新的内容、新的理解,对公平理解从重视财富的分配公正转向强调机会公正,对自由互助理解从强调国家的保证转向提高个人和社会组织的责任,充分反映价值观的时代特征;在实践路径方面,民主社会主义坚持以人本主义的伦理思想,作为处理社会、经济生活的重要原则,力求实现经济增长和社会发展的共进目标,统筹人与自然的和谐健康发展,注重对社会公平和平等价值目标的追求,通过限制私有资本的权力,改善雇佣劳动者处境,提高社会成员的整体福利水平等。② 总的来看,民主社会主义政党在西方发达资本主义国家框架下积极实现改良主义政策,确实对促进资本主义社会的稳定发展起到了重要作用,这虽然没能从根本上改变资本主义制度,也无法真正实现自由、民主、公平,但深入探讨并形成了"机会均等"、"民主监督"、"福利主义"、"公平分配"、"和平发展"等一系列具有时代特色的价值观,在一定程度上代表了社会中下层群众的要求和愿望,表达了西方国家的人民对社会主义价值的诉求。社会党对社会主义价值观的特殊关注,有其积极的社会作用。一方面,民主社会主义基本价值原则是维护社会党的团结和凝聚人心的思想基础。德国社会民主党在1959

---

①　参见冯颜利等:《"国家兴衰与马克思主义"研讨会综述》,《马克思主义研究》2007 年第 5 期。

②　参见谢松明:《民主社会主义基本价值观的分析与思考》,《科学社会主义》2008 年第 1 期。

年《哥德斯堡纲领》和《1975 年至 1985 年经济政治大纲》中反复强调:社会党是由不同信仰和思想的人所组成的团体,其一致性并非根植于某种统一的宗教、哲学或科学的观念,而是根植于共同的、基本的道德观念,即以基本价值为基础。基本价值观使来自不同社会阶层、不同文化背景、不同意识形态的每个人有了共同的道义准则。另一方面,民主社会党以基本价值原则作为判断一切改造社会的手段和措施的价值标准。在资本主义制度的框架下,积极探索国家干预经济,工人参与生产经营和管理、社会保障和福利国家建设等,在一定程度上促进了资本主义政治、经济和社会民主化,也为资本主义社会提供了另一种新的发展模式,如瑞士福利社会主义等。

从民主社会主义在西欧一些国家的实践来看,民主社会主义的某些理论主张和实践经验可以成为科学社会主义的有益养料,即作为"资本主义的文明成果"加以利用。西方国家的社会民主党在其执政过程中取得的成绩主要体现在两个方面:一是他们不仅在自己的纲领中提出了改善劳动人民生活状况的政策主张,而且在执政实践中,确实为改善资本主义国家中劳动人民的物质生活状况作出一些成绩,推动了人们从公民权利到经济和社会权利的发展,包括劳动、就医、养老、残疾人福利、休闲、儿童保护、家庭维持补助金、平等教育机会、失业保险等方面;二是社会民主党的理论与实践还推进了资本主义国家中社会生活的进一步民主化。这些都是值得社会主义国家借鉴和学习的。但是,由于西欧国家的社会民主党推行的终究是一条充当资本主义病床边的医生和护士的路线,因而在把资本主义改变成社会主义这个根本问题上就没有、也不可能取得什么成就。[①]

的确,改良主义的路线决定了民主社会党不可能取得惊天动地的业绩,既坚守资本主义的意识形态又向往社会主义的价值体系的骑墙心态,往往使得民主社会主义者处于两难的境地,结果便是良好愿望和现实要求的背离。进一步说,正是指导思想上的多元化导致了民主社会主义内在的悖谬。民主社会主义宽泛地把基督教学说、法国大革命的人权宣言、康德的伦理学与启蒙思想、黑格尔哲学、凯恩斯主义经济学等作为自己的思想来源,淡化马克思主义色彩,甚至把马克思主义从纲领中排除出去,认为党应当是由具有不同信仰和思想的人组成的一个共同体,不是一个阶级的党,而是"全民

---

① 　参见徐晓宗:《对民主社会主义的几点认识》,《云南社会科学》2008 年第 3 期。

党"。同时,民主社会主义赞同和支持资本主义政治制度,是资本主义多党竞争、轮流执政的参加者,认为社会主义运动没有终极目标,不追求建立社会主义制度。从实践来看,搞民主社会主义的国家,都以私有经济为绝对主体。如北欧一些国家,私有经济占国民经济的比重达 90% 左右,工业、农业、对外贸易和金融部门基本都是私人所有。① 西方民主社会主义从唯心主义出发,主张把道德原则作为社会主义追求的根本出发点和目标,片面地把社会主义归结为某种道德原则或价值理想,而不是人类历史规律所决定的社会发展方向,必然在具体社会实践中表现出很大的局限性和空想性,最终无法真正、彻底地实现社会主义价值目标。②

二、民主社会主义研究前景展望

毋庸讳言,国内民主社会主义的研究,对于人们加深对于马克思主义基本原理的认识,客观把握当代西方资本主义的实际情况,坚定中国社会主义制度的信心,都起到了积极的作用。不过,这一项研究的真正理论价值是使得人们对民主社会主义自身有了一个更为全面和深入的认知,通过众多学者从历史哲学、政治哲学和解释学等不同角度的阐释,不仅揭示出了民主社会主义的理论源头并对其本质内涵和现实指向进行了廓清,而且在一定程度上拨开了笼罩在这一较为时尚的社会思潮身上的迷雾。当然,就目前所能触及的理论高度和现实价值,尤其是与国外同一主题的研究情况比较而言,这一项研究尚有进一步探讨的空间,研究方式和途径亦有改进的地方。

(一)研究方法

从方法论上看,国内民主社会主义的研究总体上坚持"批判的知识学"和"实证的政治学"相结合的路径,其间透露出鲜明的意识形态批判和明确的政治诉求。

首先需要指出的是,不少学者的研究能够从文本出发,兼顾史料和实证经验,秉持着基本的学术操守。比如,围绕着恩格斯晚年是否放弃共产主义

---

① 参见中共中央宣传部理论局:《六个'为什么"——对几个重大问题的回答》,北京:学习出版社 2009 年版,第 38 页。
② 参见谢松明:《民主社会主义基本价值观的分析与思考》,《科学社会主义》2008 年第 1 期。

理想、暴力革命思想，是否是民主社会主义者，《资本论》第 3 卷是否真的颠覆了《资本论》第 1 卷，民主社会主义是否真是马克思主义的正统等问题，学者们对民主社会主义的评判就是建立在对马克思主义历史文献的充分占有和准确解读上的。如前所述，徐崇温、周新城、奚兆永、肖枫、肖楠等学者尊重历史，尊重事实，论从史出，言之有据，分别从不同的视角对《资本论》第 3 卷、《〈法兰西内战阶级斗争〉导言》、恩格斯晚年对《费加罗报》记者的谈话及相关书信进行了整体性研究：或者结合特定的历史背景和语境，具体分析恩格斯晚年的本真思想，言之有理，以理服人；或者结合《资本论》德文原著，从经济关系的总体联系中对《资本论》第 3 卷关于股份制的阐述进行剖析，有力地批驳了民主社会主义者把经典作家的股份制论述解读为股份制是对私有制的否定的论断，即其没有终结和否定私有制，只是用一种私有财产形式代替另一种私有财产形式。显然，这些研究不是简单的政治批判，也并非孤立地抓住马克思主义经典作家的个别词句进行的逻辑推演，这种以史实为依据、力求把握关键概念之准确含义，甚至透过译误正本清源的学术态度有望推动民主社会主义研究取得更大的成绩。

　　当然，坚持知识学的方法论传统并不意味着自动取消合理的政治诉求，具有理论合理性和实践合理性的政治意识还是能够被正当地表达出来的。除了一些理论工作者表态性的批判之外，许多论者恰切地表述自己对待民主社会主义的政治态度，从政治属性上民主社会主义与中国特色社会主义的原则界线不容抹杀：在如何对待科学社会主义问题上，中国特色社会主义既坚持社会主义的基本制度，又强调通过改革完善社会主义，民主社会主义则完全抛弃科学社会主义的基本原则，把社会主义从人类社会发展的选项中排除出去；在如何对待资本主义问题上，中国特色社会主义主张利用资本主义的积极因素发展社会主义，民主社会主义则把无产阶级争取社会主义的斗争完全消融于所谓资产阶级的民主之中；在如何对待马克思主义问题上，中国特色社会主义与马列主义毛泽东思想是既一脉相承又与时俱进的关系，而民主社会主义则主张世界观中立，否定马克思主义的指导地位。①从这个意义上讲，民主社会主义与中国特色社会主义之争不是单纯的学术

---

① 参见徐崇温：《中国特色社会主义与民主社会主义是两股道上跑的车》，《求是》2007 年第 13 期。

性、细枝末节的分歧,而是关系到中国应该举什么旗、走什么路的原则分歧:一些人把民主社会主义曲解为马克思主义的正统,提出只有民主社会主义才能救中国,这直接关系到中国的根本指导思想和社会发展方向,关系到党和国家的前途和命运,因此对民主社会主义思潮不能听之任之,必须用马克思主义的立场和观点加以批判。①

值得肯定的是,一些论者对民主社会主义的批判坚持了辩证分析的方法路数,即便那些带有"左"的观念的理论工作者,在激烈抨击民主社会主义基本主张的同时,也肯定其某些具体政策、措施和做法的确缓和了社会民主党执政国家的社会矛盾。这种路数坚持批判与肯定相结合、静态分析与动态跟踪相结合的原则,主张把作为意识形态的民主社会主义和民主社会主义的具体政策、操作措施区别开来,对作为意识形态和社会根本制度层面的民主社会主义应该毫不妥协地加以批判,在具体政策、操作措施等微观层次方面的合理因素应予积极肯定,加以借鉴。② 进一步,不仅要从静态的角度剖析民主社会主义的理论特征和本质属性及其与中国特色社会主义的原则界线,还要从历史演进的动态视角考察其理论的嬗变轨迹:社会民主党由第二次世界大战前把追求资产阶级民主作为通往社会主义的唯一道路,到第二次世界大战后把资产阶级民主作为目标本身,从而使这种动态分析的方法体现出鲜明的历史感和辩证特色。③ 具体到对民主社会主义积极因素的分析上,在批判民主社会主义本质属性的前提下细致地探讨其可资借鉴的积极成分当有必要,例如:在经济上采用混合所有制经济的模式,发挥各种经济成分的长处,重视市场管理,尊重市场机制的作用,重视经济立法工作,强调经济决策的参与性;在政治模式上注重民主法制建设,在一定程度上维护了中下层民众的具体利益;在社会建设方面重视社会保障和环境保护;等等。④ 这样,对民主社会主义理论与实践的探讨,就要坚持批判与肯定相结合的研究原则,采取辩证思维方法而非怀疑论甚至独断论的研究

---

① 参见周新城:《一个事关我国走什么道路的大问题》,《马克思主义研究》2007 年第 4 期。

② 参见曾瑞明:《21 世纪的民主社会主义研究述评》,《学术界》2007 年第 1 期。

③ 参见徐崇温:《中国特色社会主义与民主社会主义是两股道上跑的车》,《求是》2007 年第 13 期。

④ 参见赵大朋:《民主社会主义的理论、本质及其可借鉴性》,《广州社会主义学院学报》2007 第 3 期。

方法。

坚持"批判的知识学"和"实证的政治学"相结合的民主社会主义研究路径,适应了全球化进程不断加快的时代趋势,也契合中国特色社会主义理论体系研究必须体现出来的世界眼光和开放品质。的确,在全球化进程不断加快的时代,研究中国现实问题,离不开对整个世界的政治、经济、文化和社会各系统发展状况的综合观察;探寻中国特色社会主义发展的规律,离不开对世界上其他类型社会主义的把握。新的实践环境和理论语境中的民主社会主义研究,其问题域要从制度层面转向政策层面,其方法要注重多角度、多层次的比较与鉴别,以完全走出过去那种或"左"或右的研究误区,真正将之置于科学社会主义论域之中。①

(二)研究内容

关于民主社会主义研究论题,国内学者涉及的范围颇为广泛,从理论源头、精神实质到现实取向,都有所涉猎,积累了很多理论成果,以上的评述即可见一斑。此处不再重复民主社会主义研究的主要内容,仅就可能拓展开来的研究空间提出参考意见。

第一,关于民主社会主义作为一种社会思潮,而非仅仅作为理论体系或者知识传统被广泛传播的原因,需要作出深层次的研究。从国外的情况来看,对于民主社会主义的研究虽然也随着民主社会党执政的兴衰有所影响,但总体上还是保持着较高的热度,不仅政治家和社会实践家在大谈民主社会主义的优越性,而且一些思想大家如吉登斯和哈贝马斯亦对之有相当的关注。可以说,从作为一种理论形态在西方出现以来,民主社会主义就从来没有以一种突兀的时尚社会思潮异军突起,从而引起较为激烈的争议与辩驳。反观中国的情况,民主社会主义20世纪初就开始进入学术界,但由于缺乏像欧洲那样较长的和平发展环境和赖以滋长的社会土壤,很快就日渐式微。随着西方分化社会主义阵营力度的加大,尤其是东欧剧变和苏联解体之后,民主社会主义思潮对中国的影响加剧,虽经批判后暂时沉寂下来,但近年来再一次在理论界蔓延开来。民主社会主义作为一种社会思潮几经起伏直到现今成为一个社会热点话题,个中的缘由确实值得探究。对于理论工作者来说,以下问题需要得到有力的澄清:民主社会主义最初传入中国

---

① 参见曾瑞明:《21世纪的民主社会主义研究述评》,《学术界》2007年第1期。

之后是如何快速消沉下去的？最早的马克思主义理论家对之持有何种态度？为什么在改革开放取得历史性突破的时期出现了民主社会主义思潮？在遭受打压之后，民主社会主义又何以在21世纪之初备受追捧？其赖以存在的社会基础和文化价值根源到底何在？等等。这都是当下理论界需要进一步着力探讨的问题。

第二，关于民主社会主义作为一种"社会模式"与"中国模式"的比照与透析，除了宏观上的定性分析之外，尚需要有较为中观和微观的研究。新一轮民主社会主义思潮的兴起，是以一种新型"社会模式"的形态出现的，这种社会模式还被谢韬等民主社会主义者视为中国前途之希望。与之类似，中国的改革开放及其巨大成就亦被西方媒体冠之以可供其他国家借鉴的"中国模式"，并同样被看成是中国走向未来、迈向复兴之路的不二法门。如此一来，民主社会主义"社会模式"与"中国模式"就不可避免地陷入一种"竞争"的境地，不仅在话语权上相互砥砺争执，而且在社会治理方略甚至具体的社会政策主张等方面也试图一争高下。如果将"中国模式"视同为中国特色社会主义理论与实践的理论型构，而非西方理论界有意刻画出来的社会组织模型的话，那么，从意识形态度角度来对比分析民主社会主义"社会模式"与"中国模式"的属性定位乃至价值取向等诸多定性问题，就不需要再度费力探讨，论者已经多有涉及。更为重要的问题在于：民主社会主义"社会模式"与"中国模式"的具体政策措施有何不同？其分别要达致何种价值目标？虽然许多学者对二者在政策主张、经济管理、社会改革等方面的合理因素进行了提炼，但缺乏历史文化、社会心理和价值观念的深入分析。对这些问题的进一步探究，不仅将为民主社会主义的研究拓开一条新路，亦能够对中国走向世界提供有意义的理论参考。

第三，关于"第三条道路"的理论申述和历史评价等方面的研究成果可谓斐然，但对于民主社会主义的理论主张如何随着"第三条道路"的现实走向发生修正、转向或变革等方面的问题，需要理论界及时跟进分析。近些年来，国内关于"第三条道路"的研究热情呈上涨趋势，对其理论渊源、基本内容、理论原则、历史评价等这些方面的研究，都取得不俗的成绩，这些成果是我们进一步深入研究的基础。然而，奉行"第三条道路"者仍然大有人在，民主社会主义的鼓吹声仍然不绝于耳。可以预计的是，只要时代背景没有根本性的改变，社会民主主义的转型没有彻底完成，西方世界推崇的"第三条道路"就将坚持走下去,虽然不无艰辛困苦。就目前的实际情况来看,"第三条道路"已呈颓势,一些民主社会党执政的国家也相继陷入经济不景气的境地,民主社会主义同温和保守主义之间展开中间地域的争夺,并遭遇右翼平民主义运动的新挑战,在此形势下民主社会主义内部亦出现分化,来自左翼的批评几乎使得右翼势力举步维艰。"第三条道路"如果要按照既定方向走下去,就不得不回答以下新老问题:什么是"使社会民主主义现代化",其标准如何确定? 重振经济实力究竟该选择凯恩斯主义还是新自由主义? 所谓的"福利国家改革"的底线在哪里? 政府、市场和公民社会各自的职责是什么,又如何协调? 所谓的"全球治理"和"主权让渡"依据何种规约? 等等。如何解决这些难题,对于民主社会党的执政地位影响甚大,这也是民主社会主义研究必须面对的现实课题。

第四,关于民主社会主义性质的政党发展史和执政情况已经引起了学术界的关注,但依然缺乏深入的研究,尤其对于不同地区和不同文化传统背景下民主社会主义性质政党的比较研究鲜有亮点。民主社会主义作为一种在当代世界具有重要国际影响力的思潮在不同地区和国家发展很不平衡:北欧、西欧、南欧地区是民主社会主义的诞生地,民主社会主义思潮和政党在这一地区普遍影响力大,而在其他大多数地区民主社会主义则是"拿来主义"的产物,有些发展中国家和欠发达国家的民主社会主义政党尽管在国内政治影响力很大,但由于这些国家面临的各种问题比较复杂,因而在看得见的将来很难给国家带来大的起色。① 需要说明的是,在民主社会主义诞生地之外的其他地区,虽然还看不到民主社会主义政党有执政的现实基础,但这并不意味着作为"拿来主义"产物的民主社会主义不可以在新的土壤中落地生根。因此,关注民主社会主义性质的政党发展史和执政情况,不管是从积极方面还是消极方面,都必须做好思想上的准备工作,尤其需要重视以下问题:欧洲一些国家的民主社会主义政党执政历程虽然千差万别,但也经历了几起几落,其共同的社会基础是什么? "第三条道路"是它们的共同选择吗? 为什么除了欧洲之外民主社会主义政党鲜有执政佳绩甚或执政的机会? 这与非西方的文化传统尤其是核心价值体系有何内在关联?

---

① 参见张传鹤:《世界各地民主社会主义思潮及政党比较研究》,《当代世界与社会主义》2008 年第 4 期。

　　第五,关于民主社会主义与其他社会思潮之间的关系,需要进行多角度比较研究,以揭示出其对于现实社会的影响力。社会思潮是一定时期在某一社会得到广泛传播并对社会生活具有某种程度影响的思想趋势或思想潮流。社会思潮是社会生活的晴雨表,既能够从一个层面反映出社会变迁的节律,又能够折射出人们的精神世界尤其是价值观念的律动:透过社会思潮的波澜起伏,我们可以触摸到变动着的社会生活的精神之流,更能洞察到社会历史的现状及其走向。从整个世界发展的大背景上来考察中国特色社会主义理论与实践的地位、作用和意义,离析与当代社会思潮之间的关系,是中国面临的一个具有世界意义的课题。运用马克思主义的批判精神剖析西方思潮及其内部之间的关联,进而通过扬弃现代西方文化,使中国的社会主义事业进入一个更高的崭新境界,正是这一课题的重要内容之一。不难发现,民主社会主义、新自由主义、新左派、新保守主义、人本主义、后现代主义等现代西方社会思潮在理论界的广为传播,无不与我国的政治、经济和文化价值观密切相关。但是,这些社会思潮是如何形成一股合力作用于中国现实社会的? 它们彼此之间又是一种什么样的关系? 尤其值得关注的是,一些发端于西方的社会思潮一经进入中国,就会同其他时尚学说或理论主张一道挑战已有的主流社会意识,一些社会思潮还会在碰撞与对话中快速发生变动,形成一种既带有原产地价值取向又适应现实土壤之政策主张的混合体,不断冲击现有的社会理论架构。比如,民主社会主义就与新自由主义的某些理论主张心有灵犀,二者基于中国当下社会实情而谋划并公开宣示的一些政策主张极具冲击力。这种文化现象是最容易被学者忽略但恰恰又是亟待正视研究的重要课题。

　　除此之外,民主社会主义研究还有很多悬而未决的问题。比如民主社会主义究竟算不算社会主义? 它是否存在着生成和发展的历史必然性和正当性? 马克思主义在民主社会主义中起着何种作用? 民主社会主义的改良实践中是否包含着对资本主义的抗争,又是否培植了社会主义制度的因素? 它们的民主实现手段和实现程度是否具有社会主义意义? 民主社会主义发展经济的理念是否可以为现实社会主义所借鉴? 新式的第三条道路理论为民主社会主义带来了什么? 等等。① 这些问题都期待着理论界从新的角度

---

　　①　参见曾瑞明:《21 世纪的民主社会主义研究述评》,《学术界》2007 年第 1 期。

在新的语境中给出合理的答案。

　　总的来看，在新的历史时期评估新一轮的民主社会主义研究情况，需要我们运用马克思主义的基本原理重新认识和认真梳理其理论主张、现实政策和实践经验，既不能用传统的"左"的思维方式压制民主社会主义，更不能因为其在实践领域取得的一些成绩就对之顶礼膜拜。不断创新研究方法，从深层次多角度开辟出新的研究论域，必将使得未来的民主社会主义探索呈现出新的景象，我们也期待着能够为社会理论研究提供更多的理论参考和思想资源。

中国特色社会主义理论体系研究

　　党的十七大报告首次以中央文件的形式使用了"中国特色社会主义理论体系"概念并对这一理论体系的基本内涵和历史地位作了重要说明,由此,国内学术界掀起了学习、研究中国特色社会主义理论体系的热潮。自2007年党的十七大召开至2009年12月止,相关研究成果大量涌现:从期刊论文发表情况来看,仅从中国知网中国期刊全文数据库检索到的以"中国特色社会主义理论体系"为篇名的期刊文章就达1007篇;从相关书籍资料出版情况来看,在众多的辅助读本中,由中共中央宣传部理论局编著、学习出版社2009年1月出版的《中国特色社会主义理论体系学习读本》以及由中共中央文献研究室编著、中央文献出版社2008年12月出版的《中国特色社会主义理论体系形成与发展大事记(1978—2008年)》两书最具代表性和权威性。这些研究成果就中国特色社会主义理论体系的概念内涵、发展演进、内容架构、基本特征、价值意义等主要方面展开论述,在基本问题层面初步达成了共识,而就一些具体问题展开学术争鸣,形成了争论焦点,现梳理述评如下。

一、"中国特色社会主义理论体系"概念的内涵

　　明确概念内涵是中国特色社会主义理论体系研究的起点。近年来,众多研究者尝试从不同角度揭示中国特色社会主义理论体系的本质内涵,从不同方面对这一理论体系作出了概括说明。总的来说,学术界揭示中国特

色社会主义理论体系概念内涵的视角有三:其一,从这一理论体系对马克思主义基本原理与科学社会主义基本原则的坚持与发展角度;其二,从这一理论体系产生的时代背景和产生过程角度;其三,从马克思主义基本原理与中国特色相结合的角度。从上述不同视角出发,学者们就这一理论体系的理论本源、特色内容以及内涵外延等方面展开研究,最终在"中国特色社会主义理论体系是马克思主义中国化的最新理论成果"这一理论定位上达成了基本共识。鉴于"毛泽东思想是中国化的马克思主义"这一既有认知的存在,"中国特色社会主义理论体系从属于中国化马克思主义理论体系"这一认知的形成,必然产生"如何认识毛泽东思想与中国特色社会主义理论体系之间关系"的疑问,并成为学术界争鸣的一个焦点问题。统合学术界的观点,我们认为,从中国化马克思主义的视角出发,中国特色社会主义理论体系与毛泽东思想同属中国化马克思主义理论体系,是对毛泽东思想的继承和发展,这一理论体系的形成,实现了中国化马克思主义理论体系内部的完满接续。

(一)对"中国特色社会主义理论体系"概念内涵的理解

党的十七大报告对中国特色社会主义理论体系的界定分为三个层次,其一,从来源上看,中国特色社会主义理论体系"既坚持了科学社会主义的基本原则,又根据我国实际和时代特征赋予其鲜明的中国特色";其二,从内容上说,中国特色社会主义理论体系,就是"包括邓小平理论、'三个代表'重要思想以及科学发展观等重大战略思想在内的科学理论体系";其三,从其理论地位来看,中国特色社会主义理论体系,"是马克思主义中国化最新成果,是党最可宝贵的政治和精神财富,是全国各族人民团结奋斗的共同思想基础"。① 十七大报告的上述论述成为学术界理解"中国特色社会主义理论体系"这一概念基本内涵的依据。在这一共识的基础上,由于切入视角不同,学者们在对中国特色社会主义理论体系概念内涵的概括或表述上存在着差异。

1. 理解中国特色社会主义理论体系概念内涵的三种视角

概括来说,近年来学术界对中国特色社会主义理论体系概念内涵的理解,大致存在着以下三种研究视角。

---

① 《中国共产党第十七次全国代表大会文件汇编》,北京:人民出版社 2007 年版,第 11 页。

其一，侧重从对马克思主义基本原理与科学社会主义基本原则的坚持与发展角度理解中国特色社会主义理论体系的理论本源。在这方面，秦刚着重强调了科学社会主义是中国特色社会主义理论体系的思想源头，认为"科学社会主义的基本原理和论证方法，为中国特色社会主义理论体系的形成提供了思想基础和方法论依据。没有科学社会主义，就不可能有中国特色社会主义理论体系的形成和发展"①。而阎增武则从精神实质上阐明了中国特色社会主义理论体系与马克思的共产主义学说的有机联系，指出："中国特色社会主义理论体系坚持和发展了共产主义学说的核心价值；中国特色社会主义理论体系坚持和发展了共产主义学说的科学意蕴；中国特色社会主义理论体系坚持和发展了共产主义学说的实践品格；中国特色社会主义理论体系坚持和发展了共产主义学说的批判精神。"②从这一视角出发的研究，其对理解中国特色社会主义理论体系概念内涵的主要贡献在于：它们探究并揭示了中国特色社会主义理论体系的本源属性。这一理论体系源于马克思主义基本原理与科学社会主义的理论属性，成为我们理解中国特色社会主义理论体系概念内涵的前提与基础。

其二，侧重从时代背景和产生过程角度归结中国特色社会主义理论体系的特色内容。在这方面，王怀超认为，"所谓中国特色社会主义理论，就是在和平与发展成为时代主题和中国处于社会主义初级阶段的历史条件下，对中国社会主义现代化建设经验进行理论总结的结晶。"因此，中国特色社会主义理论体系的研究的对象是"经济文化落后的中国建设社会主义的规律性"。③ 包心鉴则指出："改革开放既是形成中国特色社会主义理论体系的实践源泉，又是不断丰富发展中国特色社会主义理论体系的根本依据和强大动力。"因而，"游离改革开放这一伟大的社会变革实践，对中国特色社会主义理论体系就难以作出深刻的理解和科学的把握，甚至会产生种种偏颇的扭曲的认识"。④ 在改革开放的历史背景下产生的中国特色社会主

---

① 秦刚：《中国特色社会主义的理论体系》，《科学社会主义》2007 年第 5 期，第 19 页。

② 阎增武：《中国特色社会主义理论体系与马克思的共产主义学说》，《南京政治学院学报》2008 年第 2 期，第 8—12 页。

③ 王怀超：《中国特色社会主义理论的形成和发展》，《科学社会主义》2007 年第 5 期，第 15 页。

④ 包心鉴：《关于中国特色社会主义理论体系的深入解读》，《山东社会科学》2008 年第 1 期，第 6 页。

义理论体系，必然如田克勤所说，是"改革开放以来当代中国共产党人带领中国人民以科学社会主义为指南，立足中国国情，推进马克思主义中国化进行的伟大历史性创造"①；如韩振峰所讲，是"几代中国共产党人带领人民不懈探索的智慧结晶"②。对于这种历史性创造，沈宝祥指出："整个创新、扬弃、积淀和升华的过程就是中国特色社会主义理论体系认识和创新的历史。"③

从这一角度出发，我们不难理解陈晓燕所说，中国特色社会主义理论体系是"最近30年中国特色社会主义实践探索的理论原则和经验总结；从空间上讲，它是对邓小平理论、'三个代表'重要思想和科学发展观等几个重大理论成果的整合，是中国共产党人在改革开放以来推进马克思主义中国化最新理论成果的统称"④。正如荣长海所说，中国特色社会主义理论体系在内容和形式上都"应当是中国式的，都应是中国共产党在改革开放30年中所取得的实践成就的理论概括，是中国共产党人丰富和发展马克思主义的理论成果按照科学理论要求排列的集中体现"⑤。这种"中国式的"理论体系的特色就在于"适合中国国情，不同于苏联模式"⑥。从这一视角出发的研究，其对理解中国特色社会主义理论体系概念内涵的主要贡献在于：它们阐释并归结了中国特色社会主义理论体系不同于传统科学社会主义的"特色内容"。例如，从这一视角出发，张锡恩认为，"传统科学社会主义强调它是无产阶级的解放的科学说，中国特色社会主义则凸显它是现实的人的解放学；传统科学社会主义强调只有依靠无产阶级专政才能建设社会主义，中国特色社会主义则强调完全可以依靠人民民主建设社会主义"⑦。陈

---

① 田克勤：《深入研究中国特色社会主义理论体系的几点思考》，《马克思主义研究》2008年第6期，第5页。

② 韩振峰：《试论中国特色社会主义理论体系的几个基本问题》，《广西社会科学》2008年第3期，第5页。

③ 沈宝祥：《略谈中国特色社会主义理论体系》，《中国特色社会主义研究》2007年第6期，第14页。

④ 陈晓燕：《"中国特色社会主义理论体系"的时空范围分析》，《中国特色社会主义研究》2008年第5期，第15页。

⑤ 荣长海：《关于中国特色社会主义理论体系的科学内涵和框架结构》，《学习论坛》2008年第6期，第8页。

⑥ 万军：《中国特色社会主义理论体系的历史进程、现实特色及未来发展》，《当代世界与社会主义》2008年第1期，第54页。

⑦ 张锡恩：《论"中国特色社会主义理论体系"》，《理论学刊》2008年第3期，第4页。

文通则认为，中国特色社会主义理论体系，"不是对马克思主义科学社会主义理论的直接实践，而是属于后发展国家社会主义；它不是对传统社会主义的一般改良，而是对传统社会主义道路进行根本性改革的产物"。因此，"中国特色"具体表现在"经济条件和历史前提的特色、基本矛盾和历史任务的特色、发展道路和体制模式的特色、初级阶段经济制度和经济社会形态的特色四个层次"。① 有鉴于此，刘林元认为中国特色社会主义理论体系对马克思主义进行了创新，具体来说，"突破创新的方式有三种：一是慎重对待马克思主义理论中一些过时的或不够准确的观点，作出新的科学结论；二是对马克思主义过去涉及但没有搞清楚的一些问题，作出了科学阐发；三是根据新的历史条件和时代背景，提出了以往马克思主义者没有提出的新理论。在这一点上，中国特色社会主义理论体系为马克思主义国家学说作出了创新性贡献"②。综上可见，对这一理论体系"中国特色"丰富内涵的揭示，深化了我们对中国特色社会主义理论体系本质特征的认识。

其三，侧重从马克思主义基本原理与中国特色相结合的角度把握中国特色社会主义理论体系的本质内涵。在研究中国特色社会主义理论体系的概念内涵时，多数学者认为，把握这一理论体系内涵的关键在于抓住马克思主义基本原理与中国国情的"结合"这个枢纽。例如，杨春贵就认为中国特色社会主义理论体系的核心在于"科学社会主义基本原则与本国特色的结合"③。侯惠勤对于这种"结合"做了具体说明，指出这种"结合"体现为"理论建构主体正确地把握了理论与实践、一般规律与民族特点、普遍性与特殊性相统一的社会主义建设原则"，因而是"一个双向性的'发现'过程，即不断发现马克思主义中的中国性因素和不断发现中国现实历史中的世界性因素"④。从这一认识出发，王万骥等指出："中国特色社会主义理论体系是科学社会主义理论在中国的创造性应用和发展。从这种意义上说，中国特色

---

① 陈文通：《深化对中国特色社会主义道路的理论认识》，《中国特色社会主义》2008 年第 1 期，第 7—10 页。

② 刘林元：《中国特色社会主义理论体系的科学定位》，《思想政治工作研究》2007 年第 12 期，第 8 页。

③ 杨春贵：《中国特色社会主义理论体系的新概括》，《中国社会科学》2008 年第 1 期，第 11 页。

④ 侯惠勤：《论继续解放思想》，《中国社会科学》2008 年第 1 期，第 15 页。

社会主义理论体系就是中国化的科学社会主义。"①秦刚认为,中国特色社会主义理论体系是"马克思主义在中国获得创新和发展的一个新阶段"②。韩振峰认为,中国特色社会主义理论体系是"当代中国的科学社会主义"③。可见,从这一视角出发的研究,其对理解中国特色社会主义理论体系概念内涵的主要贡献在于:它们揭示了中国特色社会主义理论体系的本质内涵。

2. 对中国特色社会主义理论体系的理论定位

综合前面分析,可以看到,要准确完整把握中国特色社会主义理论体系概念的内涵,我们首先必须了解它与马克思主义基本原理的本源关系,同时也要掌握其主体内容的中国特色,更为关键的是要从两者的有机结合中去进行理论定位。近年来相关研究成果显示,学术界对中国特色社会主义理论体系的理论定位有着不同表述。例如,杨春贵和阎志民认为,中国特色社会主义理论体系的历史定位是"马克思主义中国化的最新成果"、"当代中国的马克思主义"④。袁秉达则认为中国特色社会主义理论体系是"马克思主义'当代化'和社会主义的'特色化'互相结合的创新成果"⑤。秦刚认为,中国共产党人在把马克思主义与中国实际相结合的过程中,先后形成了两大理论体系:一个是新民主主义和社会主义革命理论体系;另一个是中国特色社会主义理论体系。在此基础上,他指出,中国特色社会主义理论体系的形成和发展,经历了一个长期的探索过程,也凝集了几代人的智慧和心血,是马克思主义中国化的一个重要体现。⑥

对于中国特色社会主义理论体系的理论定位问题,胡锦涛同志有一个重要论断:中国特色社会主义理论体系是马克思主义中国化最新成果,总体上属于马克思列宁主义同中国实际相结合的第二次历史性飞跃的理论成

① 王万骥、苏富强:《论中国特色社会主义理论体系》,《江苏广播电视大学学报》2008 年第 2 期,第 45 页。

② 秦刚:《中国特色社会主义理论体系的形成》,《中共贵州省委党校学报》2007 年第 6 期,第 6 页。

③ 韩振峰:《科学社会主义基本原则与中国特色的有机结合》,《福建论坛》(人文社会科学版)2008 年第 9 期,第 33 页。

④ 阎志民:《坚持和发展中国特色社会主义理论体系》,《科学社会主义》2007 年第 6 期,第 28 页;杨春贵:《中国特色社会主义理论体系的新概括》,《中国社会科学》2008 年第 1 期,第 11 页。

⑤ 袁秉达:《马克思主义中国化与中国特色社会主义创新》,《党政论坛》2008 年第 1 期,第 8 页。

⑥ 参见秦刚:《中国特色社会主义的理论体系》,《科学社会主义》2007 年第 5 期。

果。习近平同志撰文指出,这个重要论断,"从时间和空间上对中国特色社会主义理论体系的产生和发展作出了科学界定,为我们正确认识中国特色社会主义理论体系在马克思主义中国化进程中的历史地位提供了根本依据"①。习近平同志同时还指出,中国特色社会主义理论体系是"被实践证明了的关于在中国建设、巩固和发展社会主义的正确的理论原则和经验总结"②。而我们知道,中国化马克思主义正是马克思主义中国化历史进程中所形成的理论成果的概括,是被实践证明了的关于中国革命和社会主义建设、改革的正确的理论原则和经验总结。习近平同志的上述阐述,表明中国特色社会主义理论体系完全符合中国化马克思主义的标准要求。因此,把中国特色社会主义理论体系放到马克思主义中国化的历史进程中去定位,我们可以说,中国特色社会主义理论体系是马克思主义中国化的最新理论成果,是中国化马克思主义理论体系的重要组成部分。

(二)关于中国特色社会主义理论体系与毛泽东思想关系问题的争论

如果把中国特色社会主义理论体系归属到中国化马克思主义理论体系中,就必然要面对如何认识中国特色社会主义理论体系与中国化马克思主义理论体系中的另一组成部分——毛泽东思想的关系问题。事实上,这一问题也成为了学术界争论的一大焦点。从中国化马克思主义这一理论定位角度来看,学术界争论的实质问题主要有二:一是中国特色社会主义理论体系与毛泽东思想是否具有同一性问题;二是中国特色社会主义理论体系与毛泽东思想在中国化马克思主义理论体系中的层次关系问题。

1. 关于中国特色社会主义理论体系与毛泽东思想两者的同一性问题

学者们在承认两者都是马克思主义中国化的理论成果、两者统一于中国化马克思主义理论体系的前提下,对于两者是否包容具有不同的看法。一种观点认为,中国特色社会主义理论体系应包含毛泽东思想中的社会主义建设思想。肖贵清、刘爱武就认为,毛泽东同志关于社会主义建设的思想一方面为中国特色社会主义理论体系的形成提供了有益的思想资料,另一方面有些重要的思想内容,即那些经过长期实践检验证明是正确的、至今仍

---

① 习近平:《关于中国特色社会主义理论体系的几点学习体会和认识》,《求是》2008 年第 7 期,第 3—4 页。

② 同上文,第 4 页。

具有重要指导意义的理论原则和经验总结,也应该包括在中国特色社会主义理论体系之中。① 另一种观点认为,中国特色社会主义理论体系不应该包括毛泽东思想。比如阎志民认为,"马克思主义中国化出现了两次飞跃、产生了两条道路、形成了两个体系,即毛泽东思想和中国特色社会主义理论"②。这也是大多数学者的共识。不少学者从不同角度论证说明了中国特色社会主义理论体系与毛泽东思想的区别。秦宣分析比较了马克思主义中国化进程中的两次飞跃,认为毛泽东思想是马克思主义中国化第一次飞跃的延续、第二次飞跃的准备,而中国特色社会主义理论体系是第二次飞跃,这样就把中国特色社会主义理论体系与毛泽东思想分开了。③ 而李君如从马克思主义中国化成果的划分角度出发,认为马克思主义中国化成果可以分作两类:一种是按照创立者划分为毛泽东思想、邓小平理论、"三个代表"重要思想和科学发展观;另一种是按照内容和主题划分,即新民主主义理论和中国特色社会主义理论两大成果。无论采用何种划分标准,两者相互间都是不能被包含的。他还着重指出,毛泽东思想作为一个科学体系,不仅包括毛泽东同志关于社会主义建设的正确思想,而且主要是毛泽东同志关于新民主主义革命的思想。因此,中国特色社会主义理论体系包括毛泽东思想,在逻辑上显然是不严密的。④ 贾建芳在对两者进行比较后指出,中国特色社会主义理论体系不包括毛泽东思想,一是因为毛泽东思想基本上没有解决中国特色社会主义的基本问题;二是中国特色社会主义理论体系不包括毛泽东思想是因为两者反映着社会主义不同的历史方位和物质基础。⑤ 针对如何看待毛泽东思想中的社会主义建设理论这一疑问,杨凤城指出:"毛泽东时代的社会主义建设无论就理论还是实践看,均未突破苏联模式。"⑥ 而荣长海则认为,"毛泽东对社会主义建设的认识尚处于探索之中,远没有上

---

① 参见肖贵清、刘爱武:《科学理解中国特色社会主义理论体系的几个问题》,《思想教育研究》2008 年第 5 期。

② 阎志民:《坚持和发展中国特色社会主义理论体系》,《科学社会主义》2007 年第 6 期,第 28 页。

③ 参见秦宣:《解读"中国特色社会主义理论体系"》,《理论前沿》2007 年第 22 期。

④ 参见李君如:《马克思主义中国化若干问题研究》,《中共中央党校学报》2008 年第 1 期。

⑤ 参见贾建芳:《毛泽东思想与中国特色社会主义理论体系》,《科学社会主义》2008 年第 2 期。

⑥ 杨凤城:《关于毛泽东思想与中国特色社会主义理论关系的思考》,《教学与研究》2008 年第 4 期,第 10 页。

升到理论的高度"①。张静如等认为,鉴于毛泽东社会主义建设思想"并不系统和完整。因此,毛泽东思想中关于社会主义建设的理论,就不属于中国特色社会主义理论体系"②。徐崇温则认为,"中国特色社会主义理论体系,虽然在许多问题上继承了毛泽东从 1956 年开始探索社会主义建设规律的过程中提出的积极思想成果",但是,"中国特色社会主义理论形成的契机,又毕竟是纠正'文化大革命'在理论和实践上的错误,正是'文化大革命'所造成的灾难迫使我们不能不认真考虑走一条新路。所以,中国特色社会主义理论体系的形成,无论在时间上和内容上,都是和毛泽东从 1956 年开始探索社会主义建设规律的过程不同的另一个过程"。③ 这些论述,为我们理解中国特色社会主义理论体系与毛泽东思想的不同提供了重要思路。

2. 关于中国特色社会主义理论体系与毛泽东思想在中国化马克思主义理论体系中的层次关系问题

正如有些学者指出的那样,在对中国特色社会主义理论体系进行研究时,我们不能割裂中国特色社会主义理论与毛泽东思想的联系,要准确把握它们的继承发展关系。④ 相关研究成果显示,在中国化马克思主义理论体系中,毛泽东思想与中国特色社会主义理论体系从产生时间上看是续起的,从内容来说具有继承、借鉴与创新关系,因此,两者在中国化马克思主义理论体系中具有特定的层次关系。

从两者产生时间上看,毛泽东思想与中国特色社会主义理论体系是续起的关系。有学者针对两者产生时间的续起关系指出,这一客观事实决定了"毛泽东思想完成了马克思主义中国化的第一次历史性飞跃,并为第二次飞跃作了铺垫;中国特色社会主义理论体系基本完成和继续完成马克思主义中国化的第二次历史性飞跃"⑤。

---

① 荣长海:《关于中国特色社会主义理论体系的科学内涵和框架结构》,《学习论坛》2008 年第 6 期,第 6 页。

② 张静如、李向勇:《马克思主义中国化历史进程中的两大理论体系》,《中国特色社会主义研究》2008 年第 2 期,第 16 页。

③ 徐崇温:《关于中国特色社会主义理论体系起点的辩证分析》,《中国浦东干部学院学报》2008 年第 2 期,第 15 页。

④ 参见秦宣:《解读"中国特色社会主义理论体系"》,《理论前沿》2007 年第 22 期。

⑤ 赵存生:《中国特色社会主义理论体系探析》,《北京大学学报》(哲学社会科学版)2008 年第 1 期,第 14 页。

从内在的逻辑关联来看，毛泽东思想与中国特色社会主义理论体系是继承与创新的关系。正如有学者认为的那样，毛泽东思想关于实事求是、群众路线、独立自主的马克思主义立场、观点、方法，是在经济、政治、文化、军事、外交等各个领域具有普遍意义的基本原理和基本原则，为我们探索中国特色社会主义道路和理论提供了思想指导；毛泽东思想关于社会主义建设的正确思想，作为最早探索中国社会主义道路所取得的重要成果成为后来中国特色社会主义理论的有机组成部分。从这个意义上说，中国特色社会主义理论体系是对毛泽东思想的继承；而就中国特色社会主义理论体系的科学内涵来说，它又是对毛泽东思想的创造性发展，是马克思主义中国化的最新成果。这里的"最新"，不是一个简单的"时序"概念，而是一个历史性的"时代"概念，即中国特色社会主义理论是在新的历史条件下，回答时代所提出的新的历史任务的过程中，马克思主义中国化所取得的最新成果。①关于中国特色社会主义理论体系对毛泽东思想的继承与借鉴关系，有学者具体指出，毛泽东思想在中国特色社会主义理论体系的形成过程中主要发挥了三个方面作用，即起始和奠基作用、指导思想和方法论作用、某些失误和教训的借鉴作用。②在此基础上，有学者进一步指出，毛泽东思想与中国特色社会主义理论体系之间具有同质和承继的关系。所谓同质关系，就是指二者都是马克思主义中国化的理论成果；而承继关系，则是指毛泽东思想对中国特色社会主义理论体系的形成起了奠基作用。③关于中国特色社会主义理论体系对毛泽东思想的创新关系，有人具体表述为纠正、创新的关系。④更多的人将其表述为发展、创新关系，如有学者指出，中国特色社会主义理论体系全面继承了毛泽东思想的活的灵魂和根本点，发展了毛泽东思想中有关社会主义建设的许多有价值的思想，是对毛泽东思想中社会主

①　参见杨春贵：《中国特色社会主义理论体系的新概括》，《中国社会科学》2008年第1期。

②　参见赵展业：《毛泽东思想与中国特色社会主义理论体系的形成》，《河北学刊》2008年第2期。

③　参见刘先春等：《毛泽东思想与中国特色社会主义理论体系的关系》，《理论探索》2008年第5期。

④　参见刘星炜：《关于中国特色社会主义理论体系研究的几个问题》，《毛泽东思想研究》2008年第2期。

义建设问题的整体超越。① 曹京柱则认为,中国特色社会主义理论体系与毛泽东思想,既有继承的一面,还有独创的一面,也就是毛泽东思想未达到的一面。②

从理论的历史地位与重要意义来看,毛泽东思想对中国特色社会主义理论体系的创立和发展具有奠基性的贡献。毛泽东思想作为马克思主义中国化的第一个理论成果,始终是全党全国人民宝贵的政治和精神财富。邓又贤从毛泽东同志对中国特色社会主义理论体系的创立和发展所做的奠基性贡献的角度,说明了毛泽东思想对于中国特色社会主义理论体系的奠基作用,他指出:毛泽东同志亲自开创的马克思主义中国化事业,奠定了中国特色社会主义理论体系创立的客观可能性;毛泽东同志积极倡导的实事求是精神,奠定了中国特色社会主义理论体系的思想方法基础;毛泽东同志率领建立的社会主义制度,奠定了中国特色社会主义理论体系的政治前提;毛泽东同志艰辛探索的社会主义建设思想,奠定了中国特色社会主义理论体系的直接理论来源。③ 而周建明则直接指出,毛泽东思想提出了走具有自己特点的社会主义道路的命题,对什么是社会主义和怎样建设社会主义、怎样建设党提出了重要观点。毛泽东思想活的灵魂——实事求是、群众路线、独立自主——至今仍有着不可替代的指导意义。学习和坚持毛泽东思想,是坚持和发展中国特色社会主义理论体系的重要基础。④

关于毛泽东思想和中国特色社会主义理论体系的关系问题,习近平同志从形成共识、统一思想的角度指出:"毛泽东思想作为一个科学体系,既包括毛泽东同志关于新民主主义的正确思想,也包括毛泽东同志关于社会主义建设的正确思想。胡锦涛同志指出,中国特色社会主义理论体系是改革开放历史新时期我们党的理论创新成果。他还指出,中国特色社会主义理论体系,是对毛泽东同志艰辛探索社会主义建设规律重要思想成果的继承和发展。胡锦涛同志这些论断,从根本上把中国特色社会主义理论体系

① 参见李保忠、陈一玫:《论中国特色社会主义理论体系与毛泽东思想之关系》,《理论学刊》2008 年第 12 期。

② 参见曹京柱:《"源"与"流"之我见》,《学习月刊》2008 年第 1 期(上半月)。

③ 参见邓又贤:《论毛泽东同志对中国特色社会主义理论体系的奠基作用》,《福建农林大学学报》(哲学社会科学版)2008 年第 2 期。

④ 参见周建明:《从毛泽东思想到中国特色社会主义理论体系——兼论第一代中央领导集体的伟大探索》,《毛泽东邓小平理论研究》2008 年第 5 期。

同毛泽东思想的内在联系说清楚、讲明白了。"①结合以上的分析,我们可以看出,中国特色社会主义理论体系继承和发展了毛泽东思想,实现了中国化马克思主义理论体系内部的两大理论体系的圆满接续。

二、中国特色社会主义理论体系的发展演进

学者们根据自己对中国特色社会主义理论体系的基本内涵的理解,对于中国特色社会主义理论体系的起点进行界定,形成了"始于 1978 年"这一基本共识。而在接下来对中国特色社会主义理论体系发展演进的具体历程进行研究时,学术界则对这一理论体系的发展阶段做了多种划分,与之相伴随,学者们对于如何认识中国特色社会主义理论体系发展进程中产生的三大理论成果之间的关系问题各抒己见,使之成为了中国特色社会主义理论体系研究的又一焦点问题。

(一)中国特色社会主义理论体系的起点辨析

对中国特色社会主义理论体系概念内涵的把握是界定这一理论体系形成起点的前提。在认识和把握中国特色社会主义理论体系这一概念的基本内涵的同时,学者们对这一理论体系的起点展开了争论。虽然在争论初期,梁代生等人主张,20 世纪 50 年代中期,党的第一代中央领导集体对中国特色社会主义道路的初步探索是中国特色社会主义理论体系的历史起点,毛泽东确立了理论体系的"出发点"。② 但大多数学者认为,中国特色社会主义理论体系强调"中国特色",而中国的社会主义真正具有"中国特色",始于党的十一届三中全会召开以后的改革开放③,因此,认为"1978 年十一届三中全会的召开是这一理论体系起点"的观点是主流。徐崇温梳理了从 1981 年到 2007 年历次党的文献中对道路和理论的表述,指出:中央文件对中国特色社会主义道路和理论所作的多次概括,都是以十一届三中全会为起点,从来没有把毛泽东思想包括在内,因此,中国特色社会主义理论体系

---

① 习近平:《关于中国特色社会主义理论体系的几点学习体会和认识》,《求是》2008 年第 7 期,第 11 页。

② 参见梁代生:《论三代中央领导集体对中国特色社会主义理论体系的重要贡献》,《中共青岛市委党校青岛行政学院学报》2007 年第 6 期。

③ 参见赵长茂:《"中国特色社会主义理论体系"三维解读》,《理论视野》2008 年第 5 期。

的历史起点是十一届三中全会,逻辑起点是"什么是社会主义、怎样建设社会主义"问题的提出和解决。① 在此基础上,秦刚从理论体系形成的角度提出,历史起点是十一届三中全会,逻辑起点是解放思想、实事求是路线重新确立。② 而田克勤更进一步提出,"搞清中国特色社会主义理论体系形成的起点,首先应明确中国特色社会主义道路、中国特色社会主义理论、中国特色社会主义理论体系三个概念之间的内在关联"。"可以把党的十一届三中全会作为中国特色社会主义道路的起点,党的十二大是中国特色社会主义理论形成的起点,党的十三大归纳概括建设有中国特色社会主义理论观点。党的十三大于 1987 年召开,可以看做是中国特色社会主义理论体系形成的起点。"③ 总的来说,从马克思主义中国化的视角来看,既然中国特色社会主义理论体系是中国化马克思主义的第二大理论成果,而马克思主义中国化第二次历史性飞跃始于 1978 年,那么,把中国特色社会主义理论体系的起点定位在 1978 年是符合理论演进逻辑的。

(二)中国特色社会主义理论体系形成发展的阶段划分

如果 1978 年十一届三中全会作为中国特色社会主义理论体系起点,那么这一理论随着中国特色社会主义道路的拓展而不断发展,其形成发展过程的阶段划分也就成为学术界研究的又一热点。陈文通提出,这一理论体系的形成标志是"两个转变"(从以阶级斗争为纲转变到现代化建设、从计划经济转向市场经济)和"一个定位"(社会主义初级阶段)的确立,认为正是有"两个转变"和"一个定位"的确立,中国特色社会主义理论体系的形成进程才得以正式开始。④ 这一认识,符合马克思主义中国化进程以及中国化马克思主义理论的产生一般规律,以此为标志,有助于我们较好地认识这一理论体系发展阶段。

---

① 参见徐崇温:《关于中国特色社会主义理论体系的起点》,《中国特色社会主义研究》2008 年第 2 期;徐崇温:《关于中国特色社会主义理论体系起点的辩证分析》,《中国浦东干部学院学报》2008 年第 2 期。

② 参见秦刚:《中国特色社会主义:道路与理论体系的关系》,《中国特色社会主义研究》2008 年第 1 期。

③ 田克勤:《深入研究中国特色社会主义理论体系的几点思考》,《马克思主义研究》2008 年第 6 期,第 6 页。

④ 参见陈文通:《深化对中国特色社会主义道路的理论认识》,《中国特色社会主义研究》2008 年第 1 期。

两分法是最基本的阶段划分方法。这一方法以邓小平理论的成熟为标志,把中国特色社会主义理论体系划分为形成与丰富发展两个大的阶段,如万军、聂运麟等人就认为,这一理论体系的形成期是从 1978 年到 1997 年党的十五大召开,而从 1997 年至今则是丰富和发展时期。①

多阶段划分法则显得更为细致。学者们从整体性视角出发,对这一理论体系的发展过程进行了较为细致的考察。有的研究成果从这一理论体系的创立过程角度出发,指出中国特色社会主义理论体系的创立,"开始于解放思想、实事求是思想路线的确立,突破于对'什么是社会主义'的重新审视,着力于'怎样建设社会主义'的科学破解,升华于中国特色社会主义理论即邓小平理论的基本形成"②。有的学者指出,从党的十一届三中全会到党的十一届六中全会为中国特色社会主义理论体系的萌芽阶段;从党的十二大到党的十四大为中国特色社会主义理论体系的基本形成阶段;从党的十四大到党的十七大为中国特色社会主义理论体系的正式形成阶段。③ 有的学者从这一理论体系的逐步成熟过程角度出发认为,从党的十一届三中全会到党的十四大是中国特色社会主义理论体系的形成时期;从 1992 年邓小平南方谈话与党的十四大到党的十六大是中国特色社会主义理论体系的重要发展时期;从党的十六大到党的十七大是中国特色社会主义理论体系的逐步成熟时期。④ 其他的,如王怀超认为,这一理论体系经历了四个发展时期:形成时期,是 20 世纪 80 年代中期;系统阐发时期,是 20 世纪 90 年代初;丰富和发展时期,从 1992 年邓小平南方谈话到 2002 年党的十六大;进一步丰富和发展时期,从 2002 年至今。⑤ 张元新认为,该理论体系的产生经历了萌芽阶段(党的十一届三中全会到党的十一届六中全会)、基本形成

① 参见万军:《中国特色社会主义理论体系的历史进程、现实特色及未来发展》,《当代世界与社会主义》2008 年第 1 期;聂运麟:《论中国特色社会主义理论体系》,《马克思主义研究》2008 年第 4 期。

② 邓又贤:《论中国特色社会主义理论体系的创立》,《福建师范大学学报》(哲学社会科学版)2008 年第 1 期,第 1 页。

③ 参见叶昌友:《论中国特色社会主义理论体系形成的条件及意义》,《理论探讨》2009 年第 1 期。

④ 参见肖贵清:《中国特色社会主义理论体系的整体性》,《思想理论教育导刊》2008 年第 7 期。

⑤ 参见王怀超:《中国特色社会主义理论的形成和发展》,《科学社会主义》2007 年第 5 期。

阶段（党的十二大到党的十四大）、成熟阶段（党的十四大到党的十七大）、丰富和发展阶段（党的十七大以后）四个时期。① 闫志民认为，从党的十一届三中全会到党的十二大是中国特色社会主义理论体系产生时期，从党的十二大到党的十五大是中国特色社会主义理论体系的奠基时期，从党的十五大到党的十六届三中全会是在建设什么样的党、怎样建设党的问题上取得重大进展的时期，党的十六届三中全会以来是中国特色社会主义理论体系新的发展阶段。② 潘庆磊则将这一理论体系的发展历程划分为五个阶段：党的十一届三中全会到党的十二大是中国特色社会主义理论的孕育期；党的十二大到党的十三大是中国特色社会主义理论形成时期；党的十三大到党的十四大是中国特色社会主义理论系统阐述时期；党的十四大到党的十六大是不断推进改革开放和社会主义现代化建设的时期；党的十六大以来为第五阶段，以胡锦涛为总书记的党中央提出了科学发展观、构建社会主义和谐社会等一系列重大战略思想，进一步丰富发展了中国特色社会主义理论体系。③

　　根据三大理论成果在中国特色社会主义理论体系中的地位和作用角度进行阶段划分，是一种更为清晰明了的划分方法。李方祥指出，邓小平理论是中国特色社会主义理论体系发展的第一个阶段，"三个代表"重要思想和科学发展观等重大战略思想是对邓小平理论的继续丰富和发展，分别构成其发展的第二个和第三个阶段。④ 秦刚认为，在这一过程中，邓小平理论提供了框架基础、"三个代表"重要思想标志着体系的成熟、科学发展观使这一体系走向深化。⑤ 而罗文东认为，中国特色社会主义理论体系的形成经历了三个阶段：邓小平理论是中国特色社会主义理论体系的最初框架和最基本的内容，它初步形成了中国特色社会主义理论的科学体系；"三个代表"重要思想标志着中国特色社会主义理论体系的丰富和发展，因而其形

---

　　① 参见张元新：《中国特色社会主义理论体系探析》，《思想理论教育》2008 年第 3 期。

　　② 参见闫志民：《中国特色社会主义理论体系研究的三个重要问题》，《理论学刊》2008 年第 10 期。

　　③ 参见潘庆磊：《中国特色社会主义理论体系浅析》，《江苏省社会主义学院学报》2008 年第 1 期。

　　④ 参见李方祥：《中国特色社会主义理论体系与毛泽东思想的关系》，《中共福建省委党校学报》2008 年第 8 期。

　　⑤ 参见秦刚：《中国特色社会主义的理论体系》，《科学社会主义》2007 年第 5 期。

成和发展历程可以看做是中国特色社会主义理论体系的丰富和发展过程；科学发展观是马克思主义中国化的最新成果，其形成发展历程可以看成是中国特色社会主义理论体系的充实和创新阶段。①

（三）中国特色社会主义理论体系三大组成部分之间关系争鸣

对于中国特色社会主义理论体系发展过程的划分，必然涉及如何看待这一理论体系中邓小平理论、"三个代表"重要思想和科学发展观这三大组成部分之间的关系问题，这一问题事实上也成为了中国特色社会主义理论体系研究的又一焦点问题。对这一问题的争论，学术界主要存在如下三种代表性的观点：

第一种观点认为，三者是并列关系。这种观点认为，"什么是社会主义、怎样建设社会主义，建设什么样的党、怎样建设党，实现什么样的发展、怎样发展"构成了中国特色社会主义理论体系的整体性、统一性主题。三大理论形态围绕共同的主题展开，但该理论主题在不同发展阶段的具体展开，就表现为侧重点有所不同。邓小平理论侧重于对"什么是社会主义、怎样建设社会主义"的回答；"三个代表"重要思想侧重于对"建设什么样的党、怎样建设党"的回答；科学发展观则侧重于对"实现什么样的发展、怎样发展"的回答。②

第二种观点认为，三者具有不同的理论地位。荣长海认为，三者只是形式上的并列，而邓小平理论是中国特色社会主义理论的第一个表现形态，它的内涵及其各个基本理论都对后来的"三个代表"重要思想、科学发展观等重大战略思想具有重要的指导和启示作用，其理论地位和实践意义十分突出。因此，三大理论成果虽然前后相继且相互并列，但在理论层次上是有所区别的。③ 学者们还从不同角度论述邓小平理论与其后的党的创新理论之间的这种层次关系。肖贵清与刘爱武认为，邓小平理论奠定了中国特色社会主义理论体系形成的基础，构建了中国特色社会主义理论体系的基本框架。④

---

① 参见罗文东：《中国特色社会主义理论体系新论》，北京：人民出版社 2008 年版。
② 参见陈殿林：《中国特色社会主义理论体系的几种理论形态关系》，《求实》2008 年第 1 期。
③ 参见荣长海：《关于中国特色社会主义理论体系的科学内涵和框架结构》，《学习论坛》2008 年第 6 期。
④ 参见肖贵清、刘爱武：《科学理解中国特色社会主义理论体系的几个问题》，《思想教育研究》2008 年第 5 期。

雷云把这种关系比喻为主干与枝叶的关系,认为邓小平理论是主干,其他枝叶的茂盛离不开这个主干。"三个代表"重要思想、科学发展观等重大战略思想,归根到底是邓小平理论。① 石仲泉则认为邓小平理论与"三个代表"重要思想、科学发展观等重大战略思想是源与流的关系,邓小平理论是中国特色社会主义本源理论,"三个代表"重要思想和科学发展观等重大战略思想是中国特色社会主义发展着的理论。② 阮晓莺从内在逻辑的维度探究了邓小平理论与中国特色社会主义理论体系之间的基础作用、指导作用、支撑作用,认为从理论结构看,邓小平理论为中国特色社会主义理论体系奠定了深厚的基础;从方法论看,邓小平理论为中国特色社会主义理论体系提供指导作用;从理论性质看,邓小平理论深刻揭示了中国特色社会主义理论体系的主题与内核。③ 李德才从理论创新角度指出,这一理论体系是通过不断的理论继承与发展、吸收与创新而形成的。其中,邓小平理论是基础,起到开理论先河的作用;"三个代表"重要思想是对邓小平理论的继承和发展,为中国特色社会主义理论体系的丰富和创新作出了重要贡献,起到了继往开来的作用;科学发展观等重大战略思想,是对邓小平理论、"三个代表"重要思想的继承和创新,是中国特色社会主义理论体系的最新成果,它开辟了中国化马克思主义的崭新境界。④ 韩振峰认为,邓小平理论是中国特色社会主义理论体系的基础形态,"三个代表"重要思想是中国特色社会主义理论体系的重要发展,科学发展观等重大战略思想是中国特色社会主义理论体系的最新成果。⑤

　　第三种观点认为,三者融合成为了一个整体。齐卫平认为,三者都是新时期马克思主义中国化的理论成果,它们构成自己的思想体系,因为它们反映了各自所处的特定历史阶段的情况和问题。但这并不是说它们是各自互

---

① 参见雷云:《两次结合·两次飞跃·两大理论成果》,《当代社科视野》2008 第 2 期。
② 参见石仲泉:《马克思主义中国化与中国特色社会主义理论体系的最新概括》,《社会科学研究》2008 年第 4 期。
③ 参见阮晓莺:《论邓小平理论与中国特色社会主义理论体系的关系》,《马克思主义与现实》2009 年第 6 期。
④ 参见李德才:《中国特色社会主义理论体系的科学内涵和主要精髓》,《思想理论教育导刊》2008 年第 4 期。
⑤ 参见韩振峰:《试论中国特色社会主义理论体系的几个基本问题》,《广西社会科学》2008 年第 3 期。

不相关的理论,也不是并列平行的三个思想体系。就中国特色社会主义理论体系而言,它们不仅具有共同的世界观、方法论层面的共性,而且有着共同的主题。① 包心鉴认为,中国特色社会主义理论体系是一个一脉相承而又与时俱进的有机整体,邓小平理论、"三个代表"重要思想以及科学发展观等重大战略思想,在中国特色社会主义这一主题上具有内在一致性,必须紧紧围绕主题一以贯之地理解和把握。同时,这三大阶段性科学理论,在中国特色社会主义理论体系中又占有各自特殊的地位,体现着各自特殊的价值。② 叶庆丰则认为,邓小平理论、"三个代表"重要思想、科学发展观等理论成果之所以能够统称为中国特色社会主义理论体系,一个重要原因就是它们具备共同的哲学思想基础、共同的理论主题、共同的基本观点等几个方面的共同点,是一脉相承的统一的理论体系。他指出,这种一脉相承的一致性主要表现在:这些理论都是马克思主义中国化的阶段性理论成果,都是中国共产党人坚持辩证唯物主义与历史唯物主义,把马克思主义基本原理与中国实际相结合的产物,都贯穿同一条主线、围绕同一个主题、拥有共同的价值取向;其相互继承性表现在这些理论内容的体系化、拓展化和完善化。③ 总的来看,这类观点着眼于中国特色社会主义理论体系的整体性特征,既尊重了各个战略思想的独立、完整性,又突出了三者之间的关联,为我们理解三者间关系提供了新的思路。

　　习近平同志 2008 年 3 月 1 日在中央党校 2008 年春季学期开学典礼上指出,中国特色社会主义理论体系作为马克思主义中国化最新成果,是我们党领导的改革开放和社会主义现代化建设伟大实践的重要理论结晶。从这一认识出发,他对三者在这一理论体系中的理论地位作了准确定位,并指出邓小平理论是中国特色社会主义理论体系的开创之作,是最基础的重要组成部分;"三个代表"重要思想是中国特色社会主义理论体系承上启下的极为重要的组成部分;科学发展观等重大战略思想是中国特色社会主义理论

---

① 参见齐卫平:《中国特色社会主义理论体系的实践之基和思想之源》,《思想理论教育》2008 年第 1 期。

② 参见包心鉴:《关于中国特色社会主义理论体系的深入解读》,《山东社会科学》2008 年第 1 期。

③ 参见叶庆丰:《中国特色社会主义理论重大问题深度解析》,北京:人民出版社 2008 年版,第 150—152 页。

体系的重要创新成果。在此基础上,习近平同志还对三者之间的关系作了
说明,认为它们既一脉相承又与时俱进。从理论创新的角度来看,它们既相
互贯通又层层递进,体现了新时期以来我们党理论创新成果的科学性体系、
阶段性成果和发展性要求的内在统一。① 习近平同志的上述论断,把我们
对三者间关系的认识引领到理论创新的高度,为我们深入理解三者间关系
提供了重要依据。

三、中国特色社会主义理论体系的内容架构

对中国特色社会主义理论体系内容结构的研究是学术界研究的一个热
点问题,目前学术界主要从两方面进行归纳。

一方面,从纵向与横向两个时空维度归纳中国特色社会主义理论体系
的基本内容。从纵向看,邵锦华指出,中国特色社会主义理论体系包括邓小
平理论、"三个代表"重要思想和科学发展观等重大战略思想。② 从横向看,
孙堂厚认为,中国特色社会主义理论体系包括三大板块、十二个方面:第一
大板块指宏观指导层面上的基本原理,包括社会主义本质论、社会主义初级
阶段论、社会主义改革开放论、社会主义科学发展论;第二大板块指战略布
局层面上的基本原理,包括社会主义市场经济论、社会主义民主政治论、社
会主义先进文化论、社会主义和谐社会论;第三大板块指条件保障层面的基
本原理,包括社会主义依靠力量论、社会主义执政党建设论、社会主义一国
两制论、社会主义和平发展论。③ 2009 年 1 月中共中央宣传部理论局主编
并出版了《中国特色社会主义理论体系学习读本》,该书把中国特色社会主
义理论体系的基本内容概括为 14 个方面,并在每个方面都有"三大理论成
果"中对应的相关内容,使这种归纳方式更加完善。

另一方面,从理论逻辑层次维度探讨中国特色社会主义理论体系的内
容架构。在对中国特色社会主义理论体系进行逻辑分层时,学者们的角度

① 参见习近平:《关于中国特色社会主义理论体系的几点学习体会和认识》,《求是》2008 年
第 7 期。
② 参见邵锦华:《中国特色社会主义理论体系的内涵解析》,《学理论》2008 年第 13 期。
③ 参见孙堂厚:《中国特色社会主义理论体系内容结构及其逻辑关系》,《思想理论教育导
刊》2009 年第 2 期。

各不相同；荣开明根据中国特色社会主义理论体系所回答的主要问题，把中国特色社会主义理论体系的内容结构分为三个主要层次：第一个层次是中国特色社会主义理论体系的理论渊源和理论基础，它回答了"什么是马克思主义、怎样坚持和发展马克思主义"这一问题；第二个层次是中国特色社会主义理论体系的主体，它主要回答"什么是社会主义、怎样建设社会主义"这一问题；第三个层次是中国特色社会主义理论体系的关键，即中国特色社会主义执政党建设理论，它主要回答"建设什么样的党、怎样建设党"这一问题。① 聂运麟着重从理论范畴角度出发，认为中国特色社会主义理论体系有自己相对独立的范畴体系，包括："改革与发展"、"基本原理与中国特色"、"基本制度与具体制度"、"市场经济与社会主义基本制度"、"改革、发展与社会稳定"、"效率与公平"、"独立自主与经济全球化"、"社会生产力与民族文明素质"、"民主与法制"、"批判与借鉴"等。② 倪德刚从基本理论、具体理论和重要范畴角度探讨中国特色社会主义理论体系的构成，认为社会主义本质理论、社会主义初级阶段理论、社会主义发展战略理论、党的基本路线理论、执政党的建设理论、科学发展观等都是中国特色社会主义理论体系中的基本理论层面，而社会主义市场经济理论、社会主义民主法制理论、社会主义思想文化理论、社会主义和谐社会理论、社会主义和平发展理论、军队现代化与国防建设理论、"一国两制"与和平统一祖国的理论、社会主义国家执政党的建设理论则是中国特色社会主义理论体系中的具体理论。③ 此外，梅荣政认为，中国特色社会主义理论体系的基本逻辑架构由三个层次组成：第一个逻辑层次是中国特色社会主义理论体系的理论基础，即马克思列宁主义、毛泽东思想；第二个逻辑层次是中国特色社会主义理论体系的基本内容，即邓小平理论、"三个代表"重要思想以及科学发展观等重大战略思想；第三个逻辑层次是党的基本路线、基本纲领、基本经验、科学发展、宝贵经验。④ 李恒瑞认为，中国特色社会主义理论体系框架的第一层次是认识论、价值论、方法论，第二层次为关于社会主义发展规律的新认识、新

---

① 参见荣开明：《略论中国特色社会主义理论体系》，《思想政治工作研究》2007 年第 12 期。

② 参见聂运麟：《论中国特色社会主义理论体系》，《马克思主义研究》2008 年第 4 期。

③ 参见倪德刚：《马克思主义中国化新的里程碑——论中国特色社会主义理论体系》，《理论探讨》2008 年第 1 期。

④ 参见梅荣政：《试论中国特色社会主义理论体系》，《思想理论教育导刊》2007 年第 12 期。

结论,第三层次为中国特色社会主义发展的制度安排、路径选择、战略设计。① 罗文东则认为中国特色社会主义理论体系由四个理论层次组成:第一个层次是哲学基础和"精髓",哲学基础即辩证唯物主义和历史唯物主义,"精髓"即解放思想、实事求是;第二个层次是理论基石,即社会主义本质理论、社会主义初级阶段理论、社会主义市场经济理论;第三个层次是主要内容,即中国特色社会主义经济建设、政治建设、文化建设、社会建设、对外战略和党的建设的一系列重要原理;第四个层次是基本范畴,即党和人民探索中国社会主义建设道路和实践形式的重要成果和历史经验。②

应该看到,把中国特色社会主义理论体系的基本内容概括为 14 个方面是规范合理的,它对于我们完整全面地掌握这一体系的理论知识点很有帮助,而从理论逻辑层次维度出发,则深化了我们对这一体系的认识。学者严书翰从学科建设角度出发,指出中国特色社会主义理论体系"不是多个方面内容的简单叠加,而是由具有内在逻辑联系的三个层面的理论构成的。一是基本理论。它回答了中国特色社会主义的哲学基础,质的规定、历史方位、基本途径和根本目的等。二是总体布局理论(或称主体理论)。它指明了中国特色社会主义的经济建设、政治建设、文化建设、社会建设和生态文明建设等。三是实现条件和保障理论(或称条件理论)。它提出了中国特色社会主义的内部和外部、物质和精神、基础和根本等一系列前提"③。这一归纳,给予我们更为科学地理解中国特色社会主义理论体系理论架构以新的启示。

四、中国特色社会主义理论体系的基本特征

党的十七大报告简要概括中国特色社会主义理论体系的基本特征为"不断发展的开放的理论体系",学者们围绕开放性这一基本特征,对中国

---

① 参见李恒瑞:《关于中国特色社会主义理论体系的整体性研究的若干问题》,《学术研究》2008 年第 10 期。

② 参见罗文东:《中国特色社会主义理论体系的科学内涵和重大意义》,《思想理论教育导刊》2008 年第 12 期。

③ 严书翰:《中国特色社会主义理论体系的学科建设》,《中共中央党校学报》2009 年第 6 期,第 26 页。

特色社会主义理论体系的理论品质与体系特征展开研究。

首先,是对开放性这一基本特征进行了深入解读。何建萍认为,中国特色社会主义理论体系最鲜明、最本质的特征是"不断发展"和"开放",中国特色社会主义理论体系随着中国社会主义的发展而发展,在对世界积极文明成果海纳百川、兼收并蓄的进程中不断开放发展。① 涂小雨则从四个方面解读了理论体系的开放性向度,认为总体布局是"四位一体"、全面小康是目标、和谐社会是任务、党的建设是伟大工程,这四个方面都要与时俱进,从而体现出理论体系的开放性、发展性。②

其次,是从中国特色社会主义理论体系的本质特征角度探讨其开放性的源泉。有学者认为,与时俱进是中国特色社会主义理论体系的本质体现,这使其必然呈现出开放性特征。张国镛指出,解放思想、实事求是、与时俱进和求真务实是马克思主义理论品质的集中体现,它贯穿于邓小平理论、"三个代表"重要思想以及科学发展观这三个理论体系之中,当然也贯穿于当前由这三个理论体系整合成的中国特色社会主义理论体系,成为这个理论体系的理论品质。③ 在此基础上,学者们进一步提出中国特色社会主义理论体系具有若干相统一的本质特征,例如,姜作培认为,这些本质特征具体表现为理论性与实践性相统一、民族性与世界性相统一、稳定性与开放性相统一、传统性与时代性相统一、继承性与创新性相统一。④ 而田克勤则认为,应该从原则性和再创性的统一、完整性与开放性的统一、民族性与世界性的统一几方面理解中国特色社会主义理论体系的本质特征。⑤

最后,是以开放性为中心从多角度概括中国特色社会主义理论体系的体系特征。中国特色社会主义理论体系具有与时俱进的理论品格,这决定了它必然呈现出开放性的基本特征。学者们从开放性这一基本特征出发,多角度概括了这一理论体系的特征表现:其一,实践性特征。秦刚等人认

---

　　① 参见何建萍:《对中国特色社会主义理论体系的几点认识》,《上海党史与党建》2008 年第 1 期。

　　② 参见涂小雨:《论中国特色社会主义理论体系的开放性向度》,《学习论坛》2008 年第 3 期。

　　③ 参见张国镛、田歧瑞:《从理论源头上认识中国特色社会主义理论体系的理论品质、起步历程和新发展》,《理论月刊》2008 年第 2 期。

　　④ 参见姜作培:《论中国特色社会主义理论体系的本质特征》,《江汉论坛》2008 年第 5 期。

　　⑤ 参见田克勤:《深入研究中国特色社会主义理论体系的几点思考》,《马克思主义研究》2008 年第 6 期。

为,中国特色社会主义理论体系是在不断总结、提升人民群众的实践经验中形成和发展的,所以它具有鲜明的实践特色。① 其二,时代性特征。秦刚把"与时俱进"的时代特征纳入了理论体系特征的范畴,指出中国特色社会主义理论体系具有鲜明的时代特色。② 其三,创新性特征。万军认为,中国特色社会主义理论体系的发展就是一个不断创新的历史进程,创新既是马克思主义的根本属性,也是中国特色社会主义建设事业的必然要求,因而是中国特色社会主义理论体系必然具有创新性的特征属性。③ 可见,以实践为基础的中国特色社会主义理论体系必然体现出时代性与创新性特征,它们共同诠释了开放性这一基本特征。

总体来说,虽然学术界对于中国特色社会主义理论体系的特征在理解角度上存在上述不同,但它们并不是对开放性这一基本特征存在异议,而是在多种视角下对这一基本特征进行了阐释。可贵的是,这些不同的表述互相补充、集思广益,准确地揭示了中国特色社会主义的理论品质和体系特征,有助于我们准确把握这一理论体系的基本特征。

五、中国特色社会主义理论体系的理论价值与现实意义

对理论价值与现实意义的认识是中国特色社会主义理论体系研究的一个重要方面。迄今为止,学术界主要从提出"中国特色社会主义理论体系"这一新概括的意义、中国特色社会主义理论体系的理论价值、中国特色社会主义理论体系的实践意义等方面展开研究。

(一)提出"中国特色社会主义理论体系"这一新概括的意义

总体来说,学者们认为"中国特色社会主义理论体系"是一个比较恰当的理论名称,把它作为对当代中国马克思主义创新理论的最新概括,具有多方面的优越性:其一,具有良好的整合性。石仲泉认为,这一概括是我党用来整合十一届三中全会以来所形成的邓小平理论、"三个代表"重要思想和科学发展观等重要理论成果的最佳选择。因为这种整合一方面突出了该理

---

① 参见秦刚:《中国特色社会主义的理论体系》,《科学社会主义》2007 年第 5 期。
② 同上。
③ 参见万军:《中国特色社会主义理论体系的历史进程、现实特色及未来发展》,《当代世界与社会主义》2008 年第 1 期。

论体系的本源性，即"走自己的路，建设有中国特色的社会主义"，另一方面也突出了改革开放以来取得一切成绩和进步的根源性，即"改革开放以来我们取得一切成绩和进步的根本原因，归结起来就是：开辟了中国特色社会主义道路，形成了中国特色社会主义理论体系。高举中国特色社会主义伟大旗帜，最根本的就是要坚持这条道路和这个理论体系"。① 其二，具有突出的优点。石仲泉认为，这一最新概括至少具有如下三大优点：一是体现了理论逻辑的科学性；二是体现了理论发展的开放性；三是体现了理论表述的简明性。② 包心鉴则认为这一重要新概括的优点在于它凸显主体，更加注重党的创新理论是集体智慧和心血的结晶，更加体现了"去个人化的发展趋势"。③ 其三，具有很大的包容性。沈宝祥指出，这种包容性体现在：建设中国特色社会主义是一个很长的历史进程，在今后的实践中我们的理论还会有重要的创新，这些创新的理论都可以包括在中国特色社会主义理论体系之中。④ 此外，用中国特色社会主义理论体系整合改革开放以来党的创新理论，对于回应国内外各种反马克思主义、反社会主义思潮对中国社会主义现代化建设实践和理论的非难，进一步统一思想、统一认识都具有积极的意义。

（二）中国特色社会主义理论体系的理论价值

关于评析中国特色社会主义理论体系理论价值的角度，学者们指出："必须放到马列主义及中国化的马克思主义理论体系中探讨。"⑤从这一视角出发，赵洁祎认为，"中国特色社会主义理论体系在马克思主义中国化的历史进程中处于十分重要的地位，它既继承和坚持了马克思主义、毛泽东思想，又丰富和发展了马克思主义、毛泽东思想，是马克思主义在中国发展的

---

① 石仲泉：《"中国特色社会主义理论体系"——当代中国马克思主义创新理论的最新概括》，《中共党史研究》2008 年第 1 期，第 17—18 页。

② 参见上文。

③ 参见包心鉴：《关于中国特色社会主义理论体系的深入解读》，《山东社会科学》2008 年第 1 期。

④ 参见沈宝祥：《略谈中国特色社会主义理论体系》，《中国特色社会主义研究》2007 年第 6 期。

⑤ 张远新、张正光：《中国特色社会主义理论体系探析》，《思想理论教育》2008 年第 3 期，第 11 页。

新阶段,是马克思主义中国化的最新成果"①。关于中国特色社会主义理论
体系理论价值的具体体现,学者们认为,中国特色社会主义理论体系的理论
价值体现在多个方面。其一,实现了认识上的重大飞跃。郎益君认为,我们
从改革开放初期的"摸着石头过河"到今天的"中国特色社会主义理论体
系"的形成,是实践经验的总结,实现了从感性认识到理性认识的重大飞
跃。② 其二,解答了中国特色社会主义建设事业中的三个重大理论问题。
秦伟峰认为,中国特色社会主义理论体系的理论意义在于在坚持解放思想、
实事求是、与时俱进的马克思主义理论品格和精髓的基础上,解决了"什么
是社会主义、怎么样建设社会主义"、"建设一个什么样的党、怎么样建设
党"和"实现什么样发展、怎么样发展"的重大理论问题。③ 刘海涛也认为,
中国特色社会主义理论体系的贡献:一是在"什么是社会主义"问题上勾画
了理想社会主义的现实形态。二是在"如何建设社会主义"问题上探索出
实现现代化的道路。三是在"如何发展社会主义"问题上坚持党的最高纲
领和最低纲领的统一。④ 其三,突破了经济文化落后国家建设社会主义历
史难题。苏荣论述了中国特色社会主义理论体系的四大理论价值:一是体
系是在准确判断世界和中国发展大势的基础上形成和发展起来的理论体
系。二是体系是既一脉相承又与时俱进的理论体系。三是体系是突破经济
文化落后国家建设社会主义历史难题的理论体系。四是体系是不断发展的
开放的理论体系。⑤ 总体来说,王向明从四个方面定位这一理论体系的理
论价值,指出:中国特色社会主义理论体系既坚持马克思主义基本原则,又
赋予其鲜明的中国特色,开辟了马克思主义在中国发展的新境界;中国特色
社会主义理论体系是马克思列宁主义与中国实际相结合的第二次历史性飞
跃的理论成果;中国特色社会主义理论体系是实践证明了的指导中国特色

---

① 赵洁祎:《论中国特色社会主义理论体系的历史地位及其意义》,《内蒙古财经学院学报》
(综合版)2008 年第 4 期,第 43 页。
② 参见郎益君:《论中国特色社会主义理论体系形成的历史轨迹及重大意义》,《辽宁师专学
报》(社会科学版)2008 年第 6 期。
③ 参见秦伟峰:《再论中国特色社会主义理论体系的科学内涵和重大意义》,《传承》2009 年
第 6 期。
④ 参见刘海涛:《发展中国特色社会主义的基本要求》,《科学社会主义》2007 年第 5 期。
⑤ 参见苏荣:《中国特色社会主义理论体系的重大理论价值与实践意义》,《理论参考》2007
年第 12 期。

社会主义事业胜利前进的唯一正确理论；中国特色社会主义理论体系是党最可宝贵的政治和精神财富，是全国各族人民团结奋斗的共同思想基础。①

（三）中国特色社会主义理论体系的实践意义

正如张远新指出的那样，深刻认识中国特色社会主义理论体系的价值意义，就必须放到我国社会主义现代化建设的具体实践中去把握中国特色社会主义理论体系的历史地位。他认为，尽管历史阶段不同，但历代中国共产党人始终坚持以马克思主义基本原理为指导，不断深化对中国社会主义建设规律的认识，逐步走上了发展中国特色社会主义的道路。② 中国特色社会主义理论体系对于中国社会主义的发展与世界社会主义的发展都具有重要的实践意义。

对于我国的社会主义建设事业来说，中国特色社会主义理论体系是发展中国特色社会主义事业的指针。苏荣把这一理论体系对国内建设的指导意义归纳为三方面：一是为我们观察、分析、解决现阶段中国经济社会发展问题提供了科学的世界观和方法论；二是为我们在新世纪新阶段全面建设小康社会、发展中国特色社会主义事业指明了前进方向；三是为我们不断提升党的执政理念、推进党的建设新的伟大工程提供了科学指导。③ 秦刚则认为中国特色社会主义理论体系的形成开创了科学社会主义在当代中国发展的新阶段；中国特色社会主义理论体系的形成回答了社会主义发展面临的新课题；中国特色社会主义理论体系的形成为科学社会主义增添了新特色，即实践特色、民族特色、时代特色。④

对于世界范围内的社会主义运动来说，中国特色社会主义理论体系同样具有重要意义。包心鉴就指出，中国特色社会主义理论体系不仅为当代中国的改革开放和现代化建设提供了根本理论指南，而且对当代时代条件下世界社会主义运动也具有借鉴意义。⑤ 张爱武认为，中国特色社会主义

---

① 参见王向明：《论中国特色社会主义理论体系的历史地位》，《商丘师范学院学报》2009 年第 3 期。

② 参见张远新、张正光：《中国特色社会主义理论体系探析》，《思想理论教育》2008 年第 3 期。

③ 参见苏荣：《中国特色社会主义理论体系的重大理论价值与实践意义》，《理论参考》2007 年第 12 期。

④ 参见秦刚：《中国特色社会主义的理论体系》，《科学社会主义》2007 年第 5 期。

⑤ 参见包心鉴：《关于中国特色社会主义理论体系的深入解读》，《山东社会科学》2008 年第 1 期。

理论体系对世界社会主义的发展、世界其他国家和地区的政党建设、世界其他国家和地区经济社会又好又快地发展,以及对世界的和平、稳定与发展,都具有积极意义。① 而秦刚则认为,中国特色社会主义理论体系为世界社会主义运动的发展作出了重要贡献,它既开创了科学社会主义在当代中国发展的新阶段,又回答了社会主义发展面临的新课题为经济文化比较落后的国家坚持和发展社会主义提供了新的经验和启示,为马克思主义的发展增添了新特色。②

六、尚需深入研究的领域和问题

总体来看,党的十七大召开后,学术界对中国特色社会主义理论体系的研究成果较丰,研究的领域涵盖了中国特色社会主义理论体系的基本方面,一些热点问题在广泛争论的基础上也形成了基本共识。而在取得这些成就的同时,纵观近年来学术界的研究,确实尚存在着一些薄弱环节需要在今后的研究中得到加强,这主要体现在如下几个方面:

首先,应着力提倡从中国化马克思主义理论体系高度进行深入系统的研究。现有成果较多是对党和国家领导人的论述、党的文献的阐述和解读,从科学社会主义、马克思主义中国化的学科视角进行学理性分析的较少,具有较高学术价值的研究成果偏少。从中国化马克思主义理论体系的高度进行深入研究,从研究方法来说,要求研究者既坚守马克思主义者的基本立场,坚持科学社会主义基本原则,又善于从现时代出发,以全球化的视野去看待中国特色社会主义理论体系与马列主义之间、与科学社会主义之间的关系问题;从研究重点来说,要求研究者围绕中国特色社会主义理论体系形成的思想渊源和历史条件、中国特色社会主义理论体系的科学内涵和重大意义、中国特色社会主义理论体系与马克思列宁主义特别是与毛泽东思想的关系等问题进行深入探讨,从而真正把对中国特色社会主义理论体系的研究纳入中国化马克思主义学科研究的体系中来,把对中国特色社会主义

---

① 参见张爱武:《论中国特色社会主义理论体系的世界意义》,《马克思主义与现实》2009 年第 3 期。

② 参见秦刚:《中国特色社会主义的理论体系》,《科学社会主义》2007 年第 5 期。

理论体系的研究作为当前马克思主义理论研究和建设工程的重点。在这方面，李昆明曾撰文指出：鉴于"中国特色社会主义理论体系具有民族性和世界性、学理形态和现实形态、一脉相承和与时俱进的意义及特征"，深化中国特色社会主义理论体系研究，就应"深化对其科学价值、理论形态、精神实质的研究，要树立世界眼光、体现知识价值、突出方法论意义"，要"揭示出这一理论体系的认知功能和真理魅力"。① 这些论述，给予我们深化中国特色社会主义理论体系研究以重要启示。

其次，应重点加强对中国特色社会主义理论体系的整体性研究。目前学术界虽已意识到应对中国特色社会主义理论体系进行整体性研究，但现有成果不仅数量少，而且大多停留在表面层次。在许多方面，如对于中国特色社会主义理论体系特有的研究对象、概念、范畴、原理、内容体系的探索，对于中国特色社会主义理论体系三大理论成果的基本内容和逻辑框架的整体性整合、概括，对于马克思主义中国化最新成果理论认知水平的提升等都尚待学术界的共同努力。此外，进行整体性研究还需注意不能把研究视野仅仅局限在对中国特色社会主义理论体系的研究上，有必要把对理论体系的研究与中国特色社会主义旗帜和中国特色社会主义道路的研究统一起来，着眼于三者的内在逻辑联系进行整体性研究。党的十七大报告对中国特色社会主义的内涵作出的概括包括一面旗帜、一条道路和一个理论体系，把对中国特色社会主义理论体系的研究纳入旗帜、道路、体系这一整体研究中去，既能从理论上更全面深刻地理解中国特色社会主义理论体系，又有利于在实践中更好地将这一理论成果运用于发展中国特色社会主义的现实中去。我们在进行整体性研究的同时，还必须把整体性研究与开放性研究结合起来，要从开放的角度来发展整体性，须知，开放性是中国特色社会主义理论体系的基本属性，离开开放性的视角，整体的理论就会失去了活力，趋于僵化和保守。

再次，应逐步拓宽对中国特色社会主义理论体系研究的视角。现有研究成果大多单纯从马克思主义理论学科的角度去论述，综合哲学、政治学、法学、经济学、社会学、教育学等多学科领域视角去进行论述的研究成果匮

①　李昆明：《深化中国特色社会主义理论体系研究的若干思考》，《思想理论教育》2009 年第 3 期，第 18 页。

乏,有待加强。此外,目前中国特色社会主义理论体系研究中的比较研究尚显不足,中国特色社会主义理论体系与西方马克思主义思想的比较研究、与传统社会主义理论和现实其他社会主义理论的比较研究,尤其是与民主社会主义理论的比较研究都亟须加强。

最后,应致力探索中国特色社会主义理论体系的应用性研究。中国特色社会主义理论体系既是我党领导的改革开放和社会主义现代化建设伟大实践的重要理论结晶,又是指引全国各族人民继续奋斗、不断开创中国特色社会主义事业新局面的指导思想,是全党最可宝贵的政治和精神财富,我们既要倍加珍视、更应该善于运用好这一宝贵财富。加强中国特色社会主义理论体系的应用性研究,从根本上说,要求我们不断深化用中国特色社会主义理论体系武装全党、教育人民的研究;就当前来看,加强中国特色社会主义理论体系的应用性研究,重点在于围绕如何贯彻落实科学发展观,积极探索贯彻落实科学发展观的体制和机制,当务之急就在于加强对体现科学发展观要求的领导干部政绩观和干部考核评价体系的研究。

马克思主义中国化、时代化、大众化研究

　　马克思主义对中国特色社会主义建设的指导作用及理论自身的时代化、中国化和大众化是我国社会主义理论研究，尤其是马克思主义研究的重要内容。近年来，我国学者对于这些问题取得了一些成果，但是研究的广度和深度还有待进一步的拓展和深化。

一、马克思主义中国化、时代化、大众化研究的总体情况

　　近年来，马克思主义时代化、中国化、大众化的研究可以说是理论界研究的热点，学者们从不同立场、向度对马克思主义进行了解读。从总体上看，马克思主义研究主要集中在马克思主义中国化的研究上，时代化研究基本包含在中国化的研究之中，而大众化则是近两年开始成为理论热点的。学者们的研究覆盖了马克思主义理论的诸多领域：马克思主义中国化与经典马克思主义的关系、马克思主义中国化与苏联模式的关系、马克思主义与中国实践的关系、马克思主义与中国传统文化的互动关系研究等。

　　马克思主义时代化，就是把马克思主义同当前时代的发展、同当前时代的特征结合起来，使之能够适应时代需要、把握时代脉搏、回答时代课题。马克思主义之所以要时代化，是因为马克思学说中的一些具体的、个别的见解可能已经过时了，但马克思学说的基本精神并没有过时。关于马克思主义时代化的独立研究基本没有，主要是将其与马克思主义中国化结合进行研究。

马克思主义中国化,就是把马克思主义基本原理同中国具体实际相结合,运用马克思主义的立场、观点、方法研究和解决中国革命、建设、改革不同历史时期的实际问题,总结中国的独特经验,揭示中国革命、建设、改革的规律,以中国的文化形式和表达方式来阐述马克思主义理论,使之成为具有中国风格、中国气派的马克思主义。马克思主义中国化的研究现状国内和国外有别。国外学者研究马克思主义中国化主要表现为三种论调:新权威主义、中国式联邦主义、新保守主义,认为中国从毛泽东同志的"实事求是"到胡锦涛的"解放思想、实事求是、与时俱进、以人为本"的转变过程,实际上是马克思主义逐渐被淡化的过程,当代中国共产党的指导思想、执政理念等已经远离了马克思主义,马克思主义中国化的过程也是中国远离马克思主义的过程。关于国内马克思主义中国化的研究现状,孙成民指出存在着"五多"、"五少"的现象,即对马克思主义中国化的历史进程、三大理论成果阐述性的研究较多,对其理论的特点、规律研究不够;讲马克思主义在中国的应用较多,论述中国经验马克思主义化的较少;讲三大理论成果的联系和一脉相承的关系较多,讲它们与马克思列宁主义的联系较少,而且不深;讲马克思主义在中国的情况较多,分析马克思主义如何中国化的较少,而且在"化"的问题上研究不深;讲一般过程和表层联系较多,探讨马克思主义中国化理论发展的轨迹、趋势和内在规律的较少。

从实践层面出发,有学者研究指出,我国马克思主义的研究局限于本国范围内,只是从我国的不同时期的经验来实现马克思主义的理论创新,对其他社会主义国家建设社会主义事业兴衰成败的经验教训的研究不足。必须在取得辉煌成就的同时保持清醒的头脑,从他国的成功经验和挫折教训中探索马克思主义理论发展的正途;对于马克思主义理论的内涵和外延缺乏透彻的研究,这就有可能导致理论和实践的严重脱节,会走一些弯路。①

马克思主义大众化,就是把马克思主义科学理论同人民群众的实践活动结合起来,通过多种形式进行宣传、普及和推广,把深邃的理论用简单质朴的语言讲清楚,把深刻的道理用群众喜闻乐见的方式说明白,使抽象的理论逻辑转变为形象的生活逻辑,让科学理论从书斋走向生动的社会实践,成

---

① 参见康月磊:《近年来关于马克思主义中国化基本经验研究综述》,《长江师范学院学报》2008 年第 2 期。

为广大党员普遍信仰、人民大众普遍认同的强大思想武器。马克思主义大众化的研究，学术界主要从马克思主义大众化的时代背景、理论内涵、实现途径以及马克思主义大众化与中国化的关系等方面进行探讨，取得了很多阶段性的成果，但由于大众化研究还未深入，这方面的研究成果主要还是停留在理论研究阶段，实证研究的较少。

二、马克思主义中国化、时代化、大众化研究的具体分析

（一）马克思主义时代化

我国学者对马克思主义时代化的独立研究较少，更多的是将马克思主义时代化寓于中国化研究之中，将时代化等同于与时俱进，习惯地强调时代化的中国意义而忽略了马克思主义时代化的世界意义。事实上，马克思主义中国化只是其时代化中的一个环节、一个阶段而已。下面我们就马克思主义时代化涉及的具体问题作出分析和探讨。

马克思主义时代化的成果集中在马克思主义中国化的与时俱进方面，缺乏对其世界意义的探寻。在这里时代化要求我们在世纪历史的大背景下，全面深入地研究现实问题，把握马克思主义理论的精髓。学者们不仅需要研究马克思主义在中国发展过程中所遇到的新问题、新挑战，更要研究世界马克思主义发展的实践成果和理论动向，把中国经验与世界其他国家社会主义实践经验相结合，用不断发展的实践丰富和发展马克思主义，实现马克思主义的时代化。这样所得到的理论成果不会是为了"解释"世界而形成的粉饰太平的"艺术作品"，而是直面现实的具有指导实践作用的科学理论。

由此，我们可以这样定义：所谓马克思主义时代化就是寻求马克思主义的当代出场路径，在现时代的实践中找到马克思主义的合理性和指导价值，就是把马克思主义同当前时代的发展、同当前时代的特征结合起来，使之能够适应时代需要、把握时代脉搏、回答时代课题。

马克思主义是科学的世界观，马克思主义的开放性要求马克思主义必须对现实中的新问题作出回应。"哲学家们总是用不同的方式解释世界，而问题在于改变世界"，理论的价值在于其对实践的指导意义。时代化是理论永葆活力的密匙，实现马克思主义的时代化是马克思主义研究者的共

同使命。

　　"马克思主义是发展着的马克思主义,与时俱进是马克思主义的理论品质。马克思主义是随着社会实践不断发展的科学,马克思主义不是在书斋里制造出来的某种一成不变的教条,马克思主义是一个完整的体系,而不是一个封闭的体系。马克思主义是一个开放的体系。马克思主义理论的开放性表明,马克思主义是善于吸收各国社会主义革命和建设的新成果,马克思主义的科学性又是在各国社会主义革命的实践中得到检验的。"①由于学术界的研究限于与时俱进的视角,下面的研究也将从与时俱进角度来看马克思主义时代化。

　　关于马克思主义时代化的原因,有学者认为"再伟大的思想和理论,都不可能是超时空的、超历史的。不管哪种理论,都有着历史的局限性,不能要求前人解释今天的事情"②。每一个时代的理论都是历史的产物,它在不同的历史阶段具有不同的理论形式,同时具有不同的内容。马克思和恩格斯在世时就已经意识到这一点。比如在思维上,"与德国哲学的意识形态的见解的对立,实际上是把我们从前的哲学信仰清算一下。这个心愿是以批判黑格尔以后的哲学的形式来实现的"③。由于他人理论和时代的影响,形成的思维模式不可避免地具有一定的局限性。而在实践中,关于共产主义运动,"历史表明我们也曾经错了,暴露出我们当时的看法只是一个幻想。……1848 年的斗争方法,今天在一切方面都已经过时了,这一点值得在这里比较仔细地加以探讨"④。"在 1848 年要以一次简单的突然袭击来实现社会改造,是多么不可能的事情。"⑤实践主题的不断变化,共产主义运动也会具有不同的内容和采取不同的形式。鉴于这一点,有学者指出:"马克思主义的时代化就是根据人的解放的整个历史进程,与时俱进地正确实施整个革命主题和中心任务的时代转换,科学地、系统地进行马克思主义理

---

　　①　梁爱强:《论马克思主义中国化的必然性》,《中共山西省委党校学报》2006 年第 1 期,第 16 页。
　　②　林建华:《马克思主义的时代化、本土化与中国化》,《中共天津市委党校学报》2008 年第 4 期,第 28 页。
　　③　《马克思恩格斯选集》第 2 卷,北京:人民出版社 1995 年版,第 34 页。
　　④　《马克思恩格斯选集》第 4 卷,北京:人民出版社 1995 年版,第 510 页。
　　⑤　同上书,第 513 页。

论形态的科学变换。"①

　　马克思恩格斯并不是我们的同时代人，要求马克思主义的所有论断完全符合当今的实际情况也不可能（时代的局限），要求马克思主义理论解决现今实践中遇到的所有问题更不现实（实践的发展），有鉴于此，我们认为必须实现马克思主义的时代化，这也是马克思主义时代化的根本原因。

　　在如何实现马克思主义时代化问题上，学术界普遍认为，马克思主义要与时俱进，根据实践的需要，不断地完善理论：一方面，要将马克思主义与现实密切结合，在实践中丰富和发展。推进马克思主义时代化就应当面对现实问题，只有在运用马克思主义理论解决现实问题的过程中才能实现其时代化，马克思主义为解决当代社会现实问题提供了必要和重要的思想资源。在这里，有学者指出，要加强马克思主义与中国传统哲学、西方现代理论的对话与交流，防止闭门造车、自说自话；紧密结合时代特征和社会现实，防止将理论束之高阁，使马克思主义经院化。另一方面，要充分吸纳人类一切优秀文明成果。解决社会发展中遇到的问题需要发展中的马克思主义，发展中的马克思主义必须时代化，批判地继承传统的理论。正如马克思创立马克思主义初期吸收德国古典哲学、英国古典经济学和法国空想社会主义中的养料一样，发展中的马克思主义必须继承这一优秀传统。而马克思主义者们也是这么做的。比如马克思主义在俄国，列宁发展了马克思关于共产主义运动的理论，形成了关于帝国主义时代个别国家或少数国家可以取得社会主义革命胜利的学说；而在中国，依据中国的具体国情，形成了关于中国革命、建设和改革开放的具有中国特色的社会主义理论体系。

（二）马克思主义中国化

　　马克思主义中国化研究是近年来学术界研究的一个热点问题，学者们主要从以下几个方面进行研究：第一，马克思主义中国化本身研究，涉及中国化的理论内涵、历史经验、基本规律、实现途径等；第二，马克思主义中国化的理论成果研究，如毛泽东思想、邓小平理论、"三个代表"重要思想研究；第三，重要历史人物与马克思主义中国化研究，如毛泽东、李大钊、刘少奇等；第四，马克思主义中国化的互动关系研究，如马克思主义中国化与传统文化、马克思主义中国化与科学发展观等。

---

① 王荣栓：《马克思主义的时代化和民族化新解读》，《理论学刊》2005 年第 12 期，第 34 页。

1. 马克思主义中国化的理论内涵、历史经验、基本规律研究

（1）理论内涵。马克思主义中国化的内涵是研究马克思主义中国化的基础和核心。这个问题一直是学术界、理论界研究和关注的焦点。虽然学术界众说纷纭，莫衷一是，但归纳起来主要有以下几种观点：

第一，结合论。结合论是学术界早期研究的一个共识，其主要依据是毛泽东同志提出的观点：马克思主义中国化就是马克思主义基本原理与中国实际的结合，虽然不同的学者对马克思主义要"结合"的对象理解不尽相同，但都可视为是结合论。归结这些结合论学者的观点就是：所谓马克思主义中国化，就是把马克思主义同时代特点和中国实际结合起来，使马克思主义的基本原理同中华民族的优秀思想和中国共产党人的实践经验结合起来，使之在其每一表现中都苋着中国老百姓喜闻乐见的中国特征和中国气派。

第二，过程论。它是在结合论基础上提出的，是结合论的引申，从结合的过程、结果的角度揭示马克思主义中国化的内涵，持这种观点的学者认为马克思主义中国化是中国实际与马克思主义双向互动的过程。认为马克思主义中国化是"中国特色的马克思主义"不断"生成和发展"的过程，是马克思主义与中国优秀传统文化和现代科学及哲学思想相融合的过程，是中国革命、建设与改革的实践在理论上不断升华的过程，是中华优秀儿女不断探索中华民族重新崛起的过程。①

第三，三化论。持这种观点的研究者主要是从马克思主义的民族化、当代化、具体化、时代化等角度去研究马克思主义中国化的内涵问题。如张远新认为，可将马克思主义中国化概括为三层意思：一是把马克思主义具体化；二是把马克思主义民族化；三是把中国经验马克思主义化，其依据是刘少奇对马克思主义中国化的阐述。还有的学者提出，马克思主义中国化，是把马克思主义具体化、民族化、新鲜化。

第四，实质论。持这种观点的研究者认为结合论没有揭示马克思主义中国化的实质，认为所以提出了实质论。他们从实质上来定义马克思主义中国化，例如袁辉初提出，马克思主义中国化的实质是马克思主义民族化、

---

① 参见杨富斌：《从过程视角看马克思主义中国化》，《思想理论教育导刊》2005 年第 1 期。

中国传统文化现代化和中国实践经验的马克思主义理论化的有机统一。①

关于马克思主义中国化的内涵问题,我们更倾向于过程论的观点。正如毛泽东同志在七届二中全会上指出的那样:"马克思主义的普遍真理与中国革命的具体实践的统一,应该这样提法,这样提法较好。"②也就是说,马克思主义中国化是马克思主义同中国具体实践相结合的过程。

历史进程和基本经验。随着中国社会主义建设事业的不断推进,马克思主义基本原理与中国实际相结合的理论成果也层出不穷,理论界对于马克思主义中国化的历史进程和基本经验的研究也不断深入。关于马克思主义中国化的历史进程的划分,张远新认为主要有以下几种观点:

第一,以实践主体的转化为标准,把马克思主义中国化的历史进程分为三个历史时期:新民主主义革命时期,实现了马克思主义中国化第一次历史性飞跃;从新中国成立到党的十一届三中全会是马克思主义中国化第一次历史性飞跃的延伸和第二次历史性飞跃的准备时期;从党的十一届三中全会至今是马克思主义中国化第二次历史性飞跃时期。③ 这是学术界的主流观点,将马克思主义中国化进程分为两个历史阶段。

第二,以中国化马克思主义理论成果的形成过程为划分标准,以党的十一届三中全会为界将马克思主义中国化划分为两个阶段:新民主主义理论体系,探索中国特色的革命道路,实现了第一次历史性飞跃;中国特色社会主义理论体系,开辟了中国特色的改革道路,实现了第二次历史性飞跃。

第三,以时间演进为标准,把马克思主义中国的历史进程划分为马克思主义在中国的传播阶段、马克思主义准中国化阶段和马克思主义中国化阶段。这种观点把新中国成立后社会主义革命、建设和改革时期的马克思主义中国化与新中国成立前新民主主义革命时期归为一体,没有再进行细化。

第四,以"化"的实际效果为标准将马克思主义中国化进程划分为三个阶段:新中国成立初期马克思主义中国化取得良好开端阶段、社会主义建设时期马克思主义中国化艰难前进但又遭受重大挫折阶段、改革开放以来马克思主义中国化实现重大飞跃阶段。张远新认为前三种划分方法都有各自

---

① 参见袁辉初:《论马克思主义中国化的实质》,《马克思主义研究》2006 年第 2 期。
② 《毛泽东文集》第五卷,北京:人民出版社 1996 年版,第 259 页。
③ 参见石仲泉:《马克思主义中国化的历史发展》,《中共党史研究》2006 年第 4 期。

的合理之处,但过于笼统,不能充分体现新中国成立后马克思主义中国化的成功经验,因此提出根据"化"的效果分为上述三个阶段。①

(2)历史经验。马克思主义中国化的历史进程给我们提出了诸多挑战,也留下了很多宝贵的经验。有学者认为马克思主义中国化进程的历史经验可以归结为:解放思想、实事求是,是马克思主义中国化的思想基础;立足于中国的特殊国情,是马克思主义中国化的实践基础;批判地继承中国传统文化的精华,是马克思主义中国化的文化渊源;总结中国革命和建设的经验教训,是马克思主义中国化的历史根据。具备无产阶级革命家的政治胆略和理论勇气,是马克思主义中国化的主体条件。② 也有学者认为,能否完整准确地理解马克思主义是能否实现马克思主义中国化的首要前提;是否认清中国国情是能否实现马克思主义中国化的现实依据;能不能搞好"结合"是马克思主义中国化实现与否的关键;实现"当代化"、"大众化"是马克思主义中国化的内在要求。还有学者归结为四个"必须",即必须正确对待马克思主义;必须全面认识和把握中国国情;必须坚持马克思主义基本原理同中国实际有机结合;必须坚持马克思主义的群众观点和群众路线。③

综上所述,学术界对马克思主义中国化进程及其基本经验的研究主要是从国情和实际出发,从挑战和应对入手,将坚持与发展相结合,从吸取中国和世界文明一切优秀成果、与时俱进、勇于创新等方面进行划分和归纳,有其合理性和独到之处,而随着马克思主义中国化的进程的不断推进,马克思主义中国化的进程及其经验也将不断地丰富和发展。

(3)基本规律。马克思主义中国化尽管在不同历史时期呈现不同特点,但总体上遵循着一些共同规律。目前,关于对马克思主义中国化规律性的研究,不同的学者选择的角度不同,取得了一定的成果。

学术界主要是从马克思主义中国化的基本经验中探索其规律性。有学者归结为以下几个方面:马克思主义传入中国是马克思主义中国化的前提;马克思主义在中国的实践是马克思主义中国化的基础条件;坚持实事求是

---

① 参见张远新、张正光:《新中国 60 年来马克思主义中国化的持续推进及历史经验》,《北京行政学院学报》2009 年第 6 期。

② 参见柳国庆:《论马克思主义中国化的历史经验》,《绍兴文理学院学报》2006 年第 1 期。

③ 参见霍霞:《马克思主义中国化的历史发展与理性思考》,《青海师范大学学报》2003 年第 5 期。

是马克思主义中国化的关键条件;正确把握中国国情和我党所处的历史方位是马克思主义中国化的客观依据;党的建设伟大工程是马克思主义中国化实现的催化条件;中国共产党的领袖群众理论上、思想上的成熟是马克思主义中国化的决定因素;正确对待中国传统文化及国外各种积极成果是马克思主义中国化的必要条件;坚持马克思主义中国化与中国经验马克思主义化的双向互动。① 有学者归结为四个方面:马克思主义与中国实践相结合的必然性;马克思主义与民族化形式间的继承与创新性;来源于人民群众实践的渐进性与可认知性;内容、形式的民族特性。②

有的学者通过对马克思主义中国化整个历史进程的研究来探讨马克思主义中国化的规律性。如有学者将马克思主义中国化规律归结为:马克思主义中国化是中国自身历史发展的需要;马克思主义中国化随着时代发展而发展;马克思主义中国化在斗争和切磋中发展;马克思主义中国化在挫折和失误中前进;马克思主义中国化与中国革命和建设实践齐头并进。③ 坚持以发展的眼光科学对待马克思主义是马克思主义中国化的前提条件;全面把握中国共产党所处的历史方位和肩负的历史使命是马克思主义中国化的基本要求;弘扬理论联系实际的学风,研究和解决中国的实际问题是马克思主义中国化的根本原则;与时俱进、开拓创新,是马克思主义中国化的不竭动力。④

也有些学者对马克思主义中国化的基本规律进行了系统的概括。吴静波将其总结为十个方面:都要经历解放思想、实事求是的考验与进程;都要立足中国实际这个共同基础;都围绕着解放和发展生产力这一共同主题;不同历史阶段,要求和侧重点各不相同;以理论创新作为基本手段;每一次飞跃都产生体系化的理论成果;领袖人物的个人魅力和卓越贡献往往起着关键性作用;有一个不断拓展的历史发展脉络;每一次都有使中国革命和建设

---

① 参见张国新:《马克思主义中国化:基本经验和规律》,《重庆三峡学院学报》2008 年第 1 期。

② 参见李敬煊、张安:《关于马克思主义中国化基本规律研究的若干思考》,《马克思主义与现实》2009 年第 1 期。

③ 参见黄永久:《马克思主义中国化发展规律初探》,《中共南宁市委党校学报》1999 年第 3 期。

④ 参见高瑞:《马克思主义中国化的历史进程及发展规律》,《理论界》2007 年第 7 期。

取得巨大成功；使中华民族优秀思想和文化不断得到弘扬、生命力日益增强。① 急需解决历史性难题是前提；形成领导核心是保证；客观实践成果是基础；在不断战胜怀疑中走向成功是最显著的规律；摸着石头过河是表现形式；伟大成果的产生是必然结果；不断创新是灵魂。② 张晓明认为马克思主义历史进程中十个规律性是：与时俱进、时代性、实践性、民族性、先进性、科学性、集体性、全面性、创新性、开放性。③

　　还有的学者从中国传统文化等角度来探讨马克思主义中国化规律。学者们对马克思主义中国化规律的认识，见仁见智，其中不乏真知灼见，但有的还带有很深的中国化的基本经验、条件、特点等痕迹，对马克思主义中国化基本规律的认识与把握还需进一步深化。

　　2. 马克思主义中国化的理论成果研究

　　中国共产党人始终坚持不懈地丰富和发展马克思主义，不断地将马克思主义与中国实际相结合，形成了极为宝贵的理论成果。对这些理论成果，不同的研究者有不同的表述。

　　前面提到的关于马克思主义中国化的历史进程主要有四种观点，我们比较赞同以中国化马克思主义理论成果的形成过程为划分标准，从中国社会的主要性质和需要解决的历史任务角度将马克思主义中国化概括为两大理论成果，即新民主主义的理论体系和中国特色社会主义理论体系。新民主主义理论体系主要是毛泽东思想，而中国特色社会主义理论体系包括邓小平理论、"三个代表"重要思想以及科学发展观等理论。虽然分类方法不同，但其具体内容都是指党的领导集体智慧的结晶。党的几代中央领导集体把马克思主义基本原理同中国革命、建设、改革实际相结合，不断创新马克思主义中国化的具体形式，实现了马克思主义中国化的重大发展。在这一伟大历程中，形成了毛泽东思想、邓小平理论、"三个代表"重要思想以及科学发展观等重大战略思想。

　　马克思主义中国化的理论成果集中体现为，第一次飞跃形成了毛泽东思想和第二次飞跃形成了中国特色社会主义理论体系。作为马克思主义中

---

① 参见吴静波、程斌：《"三个代表"：马克思主义中国化的典型》，《福建论坛》2003 年第 1 期。
② 参见孙果达：《马克思主义中国化的历史经验》，《中共党史研究》2002 年第 1 期。
③ 参见张晓明：《马克思主义中国化历史进程中的规律性探索》，《求实》2007 年第 2 期。

国化第一次飞跃的理论成果，"毛泽东思想在新民主主义革命、社会主义革命和建设、革命军队建设与国防建设、政策和策略、思想政治工作和文化工作、党的建设、军事斗争、哲学思想等方面，创造性地丰富和发展了马克思列宁主义。"①

在马克思主义中国化的历史进程中，毛泽东同志是最早提出"马克思主义中国化"概念的人，也是最早解决"马克思列宁主义的理论和中国革命的实践相结合"的人。为实现马克思主义中国化这一历史重任，毛泽东同志以哲学家的眼光和睿智，结合中国革命现实，在《矛盾论》、《实践论》等著作中对马克思主义中国化作了全面而又深刻的哲学论证，从哲学上奠定了马克思主义中国化的理论基础，使"马克思主义中国化"的命题和号召迅速地被全党接受，并在中国革命实践中发挥出巨大的作用。由此可见，毛泽东思想关键是解决了理论和实践两个层面的问题：在理论层面上，不唯上、不唯书，在立足于正确认识实践情况的基础上，依据马克思主义的基本原理，坚持独立思考中国革命问题，正确把握国情，并以此作为解决革命问题的根据；在实践层面上，以解决中国实际问题为中心，创造性地提出新的思想理论和方针政策。

以邓小平同志为核心的党的第二代中央领导集体，在总结我国社会主义建设经验教训的基础上，围绕"什么是社会主义、怎样建设社会主义"这一主题，完成了马克思主义中国化第二次飞跃，形成了中国特色社会主义理论体系。这一理论体系包括邓小平理论、"三个代表"重要思想和科学发展观等重大战略思想。

在坚持毛泽东思想这一马克思主义中国化的重要理论成果的基础上，以科学的态度对待马克思主义中国化，立足于中国现代化建设的实际，第一次比较系统地初步回答了中国这样经济文化比较落后的国家如何建设社会主义、如何巩固和发展社会主义的一系列问题，不断深化对执政规律、社会主义建设规律和人类社会发展规律的认识，使中国特色社会主义理论体系始终保持旺盛的生命力、创造力和感召力，使马克思主义不断地丰富和发展，创立了建设有中国特色社会主义理论，即马克思主义中国化的第二大理论成果——邓小平理论。

---

① 总政治部宣传部组编：《马克思主义基本原理概论》，北京：国防大学出版社，第8页。

以江泽民同志为核心的党的第三代领导集体根据国际国内形势的新变化，根据我国改革开放和现代化建设面临的新问题和新任务，根据我们党肩负的历史使命和党的自身建设的实际，在深刻总结中国共产党的历史经验的基础上，提出了"三个代表"重要思想。"三个代表"重要思想是马克思主义中国化的最新理论成果，通过对我国社会发展中的现实问题进行深层面的透析，从中揭示和把握社会主义现代化建设的规律和趋势；把深化对社会主义建设规律的认识与深化对共产党执政规律的认识有机地联系起来，从根本上回答"什么是社会主义、怎样建设社会主义"这一重要问题；从人类社会发展规律和世界现代文明发展趋势的高度深化对社会主义建设基本规律的认识，把马克思主义中国化推向了一个新的、更高的阶段。

科学发展观是以胡锦涛同志为核心的党的第四代领导集体，在认真总结我国社会主义发展经验、深入分析我国发展阶段性特征的基础上提出的重大战略思想。在党的十七大报告中，胡锦涛同志对科学发展观的科学内涵和精神实质作了系统概括，指出：科学发展观，第一要义是发展，核心是以人为本，基本要求是全面协调可持续，根本方法是统筹兼顾。科学发展观的一系列新思想、新观点、新论断，深化了对社会主义发展规律的认识，是马克思主义与当代中国实际和时代特征相结合的产物，是马克思主义中国化的最新成果。

3. 重要历史人物与马克思主义中国化研究

伴随着五四运动后李大钊、陈独秀等早期马克思主义者们的宣传活动，马克思主义理论开始从少数人走向大众。这些先驱者对马克思主义中国化的历史进程产生了深远的影响，近年来重要人物对马克思主义中国化影响的研究也日趋增长。而改革开放以来，随着改革开放不断取得新的成就，党的几代领导集体的思想及其演变过程也越来越受到研究者的关注。

作为中国革命的先驱者，李大钊在马克思主义中国化进程中起到了不可磨灭的奠基作用。十月革命后，李大钊先后发表了《法俄革命之比较观》、《庶民的胜利》、《我的马克思主义观》等文章，热情讴歌十月革命并全面系统地介绍了马克思主义。有学者将其比喻为马克思主义中国化的"开山巨匠"，不仅积极传播马克思主义，致力于用马克思主义理论来解决实际问题——用于拯救中国命运的革命实践，并与各种反马克思主义的倾向进行坚决的斗争。①

　　陈独秀作为中国共产党的创始人之一，他主编的《新青年》推动新文化启蒙运动，在革命实践中把文化和政治、理论和实际联合起来，对于早期马克思主义的传播有着巨大的贡献，也为马克思主义中国化积累了丰富的经验。他在新民主主义革命时期就较早地认识到马克思主义中国化问题，"我们要知道，马克思主义永远不是教条，无论如何正确的处论，倘不能正确的用当其时其地，都会变成不完全正确，甚至完全不正确"②，并对马克思主义中国化进行了有益探索，取得了若干正确的认识。虽然他在对于中国国情的认识以及近代中国社会发展客观规律上存在错误，但在马克思主义中国化历史进程中，有其一定的历史地位，对于陈独秀我们不应该只字不提，甚至全盘否定，而要辩证地对待。③

　　毛泽东同志作为马克思主义中国化的最早的提出者，是马克思主义中国化研究的焦点。有学者认为，毛泽东思想的贡献主要体现在以下几个方面：在中国共产党内，毛泽东同志较早注重从理论和实践上运用马克思主义的基本观点探讨中国革命的实际问题；毛泽东同志首先举起反对"本本主义"的旗帜，并在《改造我们的学习》中提出将"马克思列宁主义的普遍真理和中国革命的具体实践相结合"；毛泽东同志发表《实践论》、《矛盾论》，从哲学上奠定了马克思主义中国化的理论基础；毛泽东同志首创整风运动，树立理论联系实际的学风，开拓了马克思主义中国化的新路子；毛泽东同志开辟了有中国特色的完整的革命道路，提出了关于社会主义建设的一系列科学论断，树立了马克思主义中国化的光辉典范。④ 也有学者认为，毛泽东同志是马克思主义中国化的开拓者和奠基人。他将马克思主义的基本原理成功地结合到中国新民主主义革命的实践中去，开拓中国特色新民主主义革命的理论与道路；新中国成立以后，毛泽东同志依据马克思列宁主义关于社会主义革命的理论，结合中国的具体实际，提出了"逐步实现国家的社会主义工业化"，"逐步实现对农业、手工业和资本主义工商业的社会主义改造"

---

　　①　参见邵南征：《李大钊与马克思主义中国化的历史进程》，《理论月刊》2009 年第 11 期。

　　②　陈独秀：《陈独秀著作选》第 3 卷，上海：上海人民出版社 1993 年版，第 231 页。

　　③　参见林华俤：《试论陈独秀对马克思主义中国化的有益探索》，《社科纵横》2007 年第 8 期。

　　④　参见乔翔：《近年来马克思主义中国化问题研究综述》，《河南广播电视大学学报》2007 年第 2 期。

的过渡时期总路线,创立中国特色社会主义革命的理论与道路;确立社会主义制度以后,以毛泽东司志为代表的中国共产党人围绕着"如何建设社会主义"这一中心课题,艰辛探索适合中国国情的社会主义建设道路,并提出一系列指导中国社会主义建设的创新性理论。①

韩振峰在《试论马克思主义中国化的历史进程(上)》中分析提出:在马克思主义中国化第一次历史性飞跃中,从理论上看,首先,是毛泽东同志最先向全党提出"马克思主义中国化"的命题。其次,从整体上奠定马克思主义中国化的理论基础。再次,创立了马克思主义中国化的第一大理论成果——毛泽东思想。从实践上开创了新民主主义革命道路;开创了具有中国特色社会主义的改造道路;为走出一条中国特色社会主义道路进行了积极探索。②

党的第二代领导核心邓小平同志也对马克思主义中国化作出了不可磨灭的贡献。在理论上:首先,邓小平同志系统地阐明了对待马克思主义的科学态度;其次,坚持并捍卫了毛泽东思想这一马克思主义中国化的重要理论成果;再次,创立了马克思主义中国化的第二大理论成果——邓小平理论。在实践上:首先,实现了党和国家工作重心的转移,使我国跨入社会主义现代化建设时期;其次,适应时代和社会发展要求,开辟了我国社会主义改革开放的道路;再次,建立社会主义市场经济体系。③

党的十三届四中全会以来,以江泽民同志为核心的党的第三代中央领导集体,高举邓小平理论伟大旗帜,准确把握时代特征,科学判断我们党所处的历史方位,围绕建设中国特色社会主义这个主题,集中全党智慧,以马克思主义的巨大理论勇气进行理论创新,继续推进马克思主义中国化的历史进程,开辟了马克思主义中国化的新境界。以江泽民同志为主要代表的中国共产党人从多方面推进了马克思主义中国化的伟大事业,实现了党的指导思想上的与时俱进,提出了党在社会主义初级阶段的基本纲领,不断解决实践中遇到的新的时代课题,进一步加深了对"什么是社会主义、怎样建设社会主义"和"建设什么样的党、怎样建设党"的认识,逐步形成了马克思主义中国化的第三大理论成果——"三个代表"重要思想。

---

① 参见焦国栋:《毛泽东与马克思主义中国化》,《中共中央党校学报》2009 年第 6 期。
② 参见韩振峰:《试论马克思主义中国化的历史进程》(上),《广西社会科学》2008 年第 8 期。
③ 同上。

　　学术界关于李大钊和陈独秀的比较研究已有专著,但均是从马克思主义观方面进行的探讨,而两者对马克思主义中国化的贡献的比较研究则没有提及。对于胡锦涛同志与科学发展观也有个别研究,还尚不系统,在此暂不作述评。

　　4.马克思主义中国化的互动关系研究

　　近年来有不少学者从比较角度研究马克思主义中国化问题,主要从以下三个方面进行:

　　马克思主义与传统文化的关系。大多数学者肯定,马克思主义中国化主要表现为马克思主义基本原理和中国具体实际相结合,包括马克思主义基本原理同中国共产党人的革命实践相结合以及马克思主义同中国传统文化相结合。因此,研究马克思主义与传统文化的关系是非常重要的方面。这个问题的研究从几个角度展开:(1)概述马克思主义与传统文化的关系。大多数学者从文化比较的角度对马克思主义与传统文化的异同进行了分析,肯定了传统文化的基本取向为马克思主义中国化提供了思想土壤和可能。(2)具体研究传统文化中的某个部分。一些学者着力研究传统文化主干——儒学思想——的基本内容以及对马克思主义中国化的影响。也有少数学者研究墨家、法家思想或者中国传统农民文化和马克思主义的关系。(3)马克思主义中国化与传统文化现代化的关系。有些学者认为,马克思主义中国化存在双向运动:一方面是马克思主义受到传统文化影响,实现本土化;另一方面是传统文化以马克思主义思想为方法论开始形成现代形态。这两个运动缺一不可。

　　马克思主义与现代西方哲学的关系。马克思主义作为外来文化,有着和传统文化不同的生长土壤和社会背景,同时西方学术界也一直有学者在关注和研究马克思主义,因此有部分学者关注马克思主义与现代西方哲学的关系,试图从这个角度阐述马克思主义中国化进程。目前这方面研究者不多,主要是从两个方面展开:(1)观点介绍。介绍现当代西方哲学家对马克思主义中国化的看法。(2)方法论应用。主要是采用现代西方哲学思想作为方法论来重新阐述马克思主义中国化,如解释学角度。后一类研究由于提供了新的研究视角,给人耳目一新的感觉。

　　马克思主义中国化与现代化关系。有部分学者注意到马克思主义中国化实际就是中国的现代化历程,因此,他们认为,只有把这两个问题结合起来，从现代化角度来理解马克思主义中国化，才能看清问题的实质，澄清许多错误认识，但这个问题尚没有学者进行系统的研究。

（三）马克思主义大众化

胡锦涛同志在党的十七大报告中指出："大力推进理论创新，不断赋予当代中国马克思主义鲜明的实践特色、民族特色、时代特色。开展中国特色社会主义理论体系宣传普及活动，推动当代中国马克思主义大众化。"①自推动当代中国马克思主义大众化的历史任务提出以来，学术界展开了全面而深入的研究和探讨，取得了一系列丰硕的成果，当然也存在一些有待继续研究的问题。下面我们就党的十七大以来当代中国马克思主义大众化的成果作一个总结，为更好地开展当代中国马克思主义研究提供参考。

推动当代中国马克思主义大众化，最直接的要求就是开展中国特色社会主义理论体系的宣传普及活动。学术界关于马克思主义大众化的研究主要集中在马克思主义大众化的科学内涵、重要意义、历史进程和基本经验、实现路径等方面。推动马克思主义大众化，首先需要厘清的就是马克思主义大众化的科学内涵。

1. 马克思主义大众化的科学内涵

关于马克思主义大众化的内涵，不同的学者有着自己的理解。他们根据不同的研究需要从不同的维度对当代中国马克思主义大众化的内涵进行了研究和解读。主要有以下几种观点：

马克思主义大众化就是马克思主义的普及化、通俗化。这是学术界普遍认同的一个观点，认为马克思主义大众化是指马克思主义的基本原理由抽象到具体、由深奥到通俗、由被少数人理解掌握到被广大群众理解掌握的过程；是指把马克思主义与广大人民群众的日常生活实践结合起来，与大众文化结合起来，同时吸收各国优秀文明成果，不断赋予马克思主义以鲜明的实践特色、民族特色、时代特色，形成适应广大人民群众需要的具有时代特点的马克思主义，对广大人民群众进行当代中国马克思主义的普及、宣传、教育，力求把外在的理论内化为人民群众的思想观念，从而认识世界、改造世界，发展中国特色社会主义。

---

① 胡锦涛：《高举中国特色社会主义伟大旗帜 为夺取全面建设小康社会新胜利而奋斗》，北京：人民出版社 2007 年版，第 34 页。

当代中国马克思主义的大众化就是中国特色社会主义理论的大众化。中国特色社会主义理论就是当代中国的马克思主义，当代中国马克思主义的大众化就是中国特色社会主义理论的大众化。① 当代中国马克思主义即中国特色社会主义理论体系是不断发展和开放的理论体系，它是马克思主义中国化的最新成果。这一当代中国的马克思主义必须实现大众化，即必须为人民大众所接受和掌握，成为人民大众的思想理论，才能成功地转化为建设中国特色社会主义的巨大物质力量，推动中国特色社会主义向着更为广阔的发展前景迈进。② 推动当代中国马克思主义大众化，就是要将中国特色社会主义理论体系通过宣传普及活动深入到群众中去，转化为人民群众实践活动的内在动力，并在群众的实践过程中进一步升华、提高当代中国马克思主义的深度和广度。当代中国马克思主义大众化，就是中国特色社会主义理论体系大众化，就是使这个理论体系由抽象理性转变为生动具体，由深奥思辨转变为通俗易懂，由被少数人所理解和掌握转变为被广大人民群众所理解和掌握，并使它转化为人民大众的思想观念和价值观念，内化为人民大众自觉的生活方式和行为方式。

当代中国马克思主义大众化的实质是全民树立共同理想的实践活动。当代中国马克思主义大众化就是开展中国特色社会主义理论体系宣传普及活动。推动当代中国马克思主义大众化，就是要用中国特色社会主义理论武装人民群众，人人懂得中国特色社会主义的基本道理，坚持中国特色社会主义的基本内容。实际上，就是要把我国社会主义初级阶段的共同理想树立起来，普遍提升人民大众的社会主义觉悟。③ 所谓当代马克思主义大众化就是把当代中国马克思主义最新理论成果与广大人民群众的世界观、价值观、信仰观紧密联系起来，与人民大众的生活、社会实践相结合，使当代中国马克思主义为人民大众所理解、认同和信仰，成为人民大众精神世界的坐标和实践的指南。④ 推动当代中国马克思主义大众化，就是通过广泛而深

---

① 参见陈岸涛：《当代中国马克思主义的大众化初探》，《马克思主义与现实》2008 年第 3 期。
② 参见时丽茹：《当代中国马克思主义大众化探析》，《湖湘论坛》2008 年第 6 期。
③ 参见刘书林：《当代中国马克思主义大众化的实质与路径》，《学校党建与思想教育》2008 年第 9 期。
④ 参见曾令辉、丁莉、吕丹：《论当代中国马克思主义大众化内涵及其价值》，《广西师范学院学报》2008 年第 2 期。

入的理论宣传普及活动,使中国特色社会主义理论体系由精深的理论走向大众,和千百万人民群众的生活、社会实践相结合,为大众所理解、接受和信仰,成为人们精神世界的坐标和实践的指南。①

当代中国马克思主义大众化这一命题有特指(狭义)和泛指(广义)之分。从前者来说,它特指当代中国的马克思主义即中国特色社会主义理论体系的大众化。而从党的十七大提出这一重大命题的直接语境来说,它所指向的就是狭义的含义;从后者来说,它泛指在当代中国的条件下的马克思主义大众化,既包括马克思主义基本理论的大众化,也包括马克思主义中国化理论成果的大众化。"当代中国马克思主义大众化"的这两重含义并不矛盾,实际上只是范围大小的问题,其性质和核心内容都是一致的。从这两方面去把握"当代中国马克思三义中国化"的内涵,有利于我们将完整把握和重点把握结合起来。②

当代中国马克思主义大众化兼有质和量的规定性。有学者认为当代中国马克思主义"大众化"具有质和量的规定性,马克思主义大众化质的规定性强调大众化的主体即人民群众的主体性与能动性,人民群众是积极的、实践的历史主体。正确理解当代中国马克思主义大众化这种"质"的规定性要求我们尊重大众的实践主体地位,把"化"大众和"大众"化有机结合起来。马克思主义大众化量的规定性指数量的庞大,即"普及与推广中国特色社会主义理论体系要辐射范围宽广,超越政治、经济、宗教、教育等因素造成的障碍,跨越年龄、性别、职业、阶层、地域等界限"③。还有学者将马克思主义大众化质的规定性归结为关切和代表最广大人民群众的利益,强调以人为本,注重"人的全面发展";而量的规定性主要是对大众化的"大"进行界定,强调了马克思主义为人民群众所共享。④

大众化是一种过程与机制,也是一种结果。有学者认为,作为一种过程与机制,马克思主义大众化"必须将当代中国马克思主义生活化、通俗化、

---

①　参见李延芳:《提高理论宣传普及效果,推动中国马克思主义大众化》,《大庆社会科学》2008 年第 2 期。

②　参见刘建军:《关于当代中国马克思主义大众化的若干问题》,《思想理论教育》2008 年第 7 期。

③　左伟清、刘尚明:《论"当代中国马克思主义大众化"》,《中国特色社会主义研究》2008 第 1 期,第 27—28 页。

④　参见陈晓辉:《解读当代中国马克思主义大众化》,《黑龙江社会科学》2009 年第 6 期。

普及化、层次多样化"。而作为一种结果,马克思主义大众化包括以下三个方面:首先,获得社会大众的支持,这种支持包括态度和行动的支持;其次,成为人们言行的指导思想、生活秩序运行的内在规则、建立意义系统的内在根据,这些意义系统的建立是为了解释各种事物及其内在关系;再次,还应成为社会大众的日常话语的一部分,表征民众介入或参与的程度。①

还有学者提出从"当代中国马克思主义大众化"的学理角度进行理解。认为"当代中国马克思主义大众化"是由"当代中国"、"马克思主义"和"大众化"三个词组组成的,因此要从"当代中国马克思主义""化大众"、"当代中国马克思主义"的"大众化"、"当代中国"的"马克思主义大众化"这三个层次来理解和把握其内涵。②

综上所述,虽然当代中国马克思主义大众化的科学内涵还存在不同的理解,但对当代中国马克思主义大众化内涵的本质,学术界并没有根本分歧。大众化作为当代中国马克思主义理论与当代中国实践相结合的重要环节,其内涵应是极其丰富的,且是与人民群众的社会实践密切关联的。因此,要科学界定其内涵,就必须坚持动态分析与静态分析、现实考察与历史考察相统一的原则,并站在理论建构的高度对其地位、作用和目标等作出系统而综合的解释,唯此才能使我们对当代中国马克思主义大众化的科学内涵得以明确把握。③

2. 马克思主义大众化的重要意义

马克思主义的创立使得理论的立足点从"词语世界"回到了"生活世界",而随着东欧剧变、苏联解体,世界社会主义运动陷入低谷,加之西方意识形态的渗透,使马克思主义理论指导的合理性蒙上了一层怀疑的外衣,马克思主义理论的信仰危机由此产生并不断地加剧,这是一个不容忽视、亟待解决的难题。因此,马克思主义大众化在中国特色社会主义的发展进程显得尤为重要,推动当代中国马克思主义大众化具有至关重要的意义。学术界主要从以下几个方面进行论述:

---

①　参见邱柏生:《推进当代中国马克思主义大众化的路径和过程》,《思想理论教育》2008 年第 5 期。

②　参见徐国民:《主义与问题:"当代中国马克思主义大众化"学理探析》,《兰州学刊》2008 年第 8 期。

③　参见胡洪彬:《对当代中国马克思主义大众化研究的回顾与思考》,《攀登》2009 年第 1 期。

其一,有利于巩固马克思主义的指导地位,坚定社会主义信念。国际社会主义事业发展的现状与社会主义优越性的巨大反差给人们造成了严重的误解,马克思主义的信仰危机为我们敲响了警钟,我们要使理论掌握群众必须加快推动马克思主义大众化的进程。推进当代中国马克思主义大众化,有利于当代中国马克思主义为广大群众所理解、接受,成为全国各族人民团结奋斗的共同思想基础。当代中国马克思主义是马克思主义中国化的最新理论成果,是被实践证明了的关于中国改革和建设的正确的理论,是中国特色社会主义建设进程中的经验总结,具有极其重要的指导意义。只有理解掌握当代中国马克思主义,才能更好地树立远大理想、坚定政治信念,提高道德修养、增强法治意识。这一理论体系不仅为未来中国指明了方向,并且系统地回击了西方在意识形态方面的问题和责难,展示了社会主义的优越性,坚定了人们对于社会主义的信仰。

其二,有利于加强党和群众的联系,巩固党的执政地位。人民群众对马克思主义的信仰是建立在对中国共产党的信任、对党的领袖的信赖甚至崇拜的基础上的,对马克思主义的认识和理解大多是片面、主观、零散和模糊的。在广大老百姓心目中,马克思主义、社会主义、共产党领导是三位一体的,人们对党的领导的认同就是对马克思主义的信仰。随着社会的进步和人的发展,广大人民群众迫切需要把朴素的世界观变得更加理性、更加科学。科学执政必须使人民大众对党的指导思想更加理解和认同,总结中外执政党失败的教训,其中一个重要原因就是执政党的指导思想没有为广大的人民群众所认同。因此,通过马克思主义大众化,加强党和群众的联系,使广大人民群众更加科学、全面、系统地理解和认同马克思主义,更加自觉、更加坚定马克思主义信仰,有利于巩固党的执政基础,提高党的执政能力。①

其三,有利于提高群众素质,全面推进小康社会建设。群众素质可以说是一个国家的软实力,群众的素质影响着小康社会建设的速度和水平,马克思主义大众化有利于人民群众加强对党的理论、路线方针政策的理解,马克思主义只有被广大人民群众所理解、所掌握,才能转化为强大的物质力量。广大人民群众才能自觉地以中国特色社会主义理论体系为思想导向和理论

---

① 参见钟江国:《关于马克思主义大众化的思考》,《学习月刊》2010 年第 2 期。

指南,牢固坚持实事求是的思想精髓,从中国当代实际和具体国情出发,不断地实现经济社会的全面协调可持续发展。随着当代中国马克思主义大众化的推动和实现,广大群众整体素质必将进一步提升,全面小康社会的建设进程也将不断加快。

其四,有利于丰富和发展马克思主义理论,推动马克思主义大众化。历史和现实已经反复证明,党和国家的发展在任何时候、任何情况下都不能离开马克思主义的指导,否则党和国家的发展必将走入歧途以致遭到失败。马克思主义必须随着时代的变化发展而不断创新发展,为此就要不断推进马克思主义中国化,从而为推动党和国家发展不断提供行动指南。中国化与大众化这两种过程既相互区别又相互联系。相互区别是说,中国化侧重于解决马克思主义的创新发展问题,大众化则侧重于解决马克思主义的运用贯彻问题;相互联系是说,中国化与大众化相互衔接、相互促进、相互依存。这种既相区别又相联系的辩证关系要求我们,应该通过中国化去推动大众化,通过大众化去推进中国化。离开中国化,马克思主义就会丧失生命力、创造力、感召力,马克思主义大众化必将不可能;离开大众化,马克思主义无法在实践中发挥作用、得以检验,马克思主义中国化也将无法推进。①

3. 马克思主义大众化的实现路径

大众化是一个由理论观点影响个体意识—群体意识—社会意识和由理论观点掌控社会意识—群体意识—个体意识两种过程交互作用的结果。大众化通常经历四大路径,即教育宣传、社会心理影响、制度规约和公共政策影响,其中教育宣传是一种直接作用路径,其他三种是间接作用路径。②

那么如何实现当代中国马克思主义的大众化? 刘书林指出,关键是解决宣传教育的方法问题。只有方法得当,贴近人们的思想实际,贴近人们关心的问题,贴近人们接受思想教育的思想特点,贴近人们的思路和语言,才能收到预想的结果。对此刘书林提出,需要发扬我们党一贯坚持的马克思主义的学风,遵循以下几个基本的原则:一是理论联系实际的学风。要贴近人们的思想和实际,就必须理论联系实际,从客观存在的现实出发,不能回

---

① 参见黄建辉:《巩固马克思主义指导地位的重大举措》,《中共桂林市委党校学报》2008 年第 3 期。

② 参见邱柏生:《推进当代中国马克思主义大众化的路径和过程》,《思想理论教育》2008 年第 5 期。

避现实的要害问题。二是运用人民大众喜闻乐见的形式。实现当代中国马克思主义的大众化必须采取为人民大众喜闻乐见的形式。这就必须符合中国传统文化特点,符合受众的思想方法和接受特点,风格简明朴实。三是生动感人的语言。宣教者的语言一定要生动,才能感染人,才能有效地传递信息,才能把需要宣教的内容转化为群众接受的东西。四是重点突出,简明扼要。在内容选择上还必须做到突出重点,在核心问题上充分展开说理过程,比较透彻地解决重点难点问题。五是依事论理,寓教于乐,寓教于情。宣教者就应该顺应人民群众的思想新特点,学会采取以事论理的方法,解决受众的信任问题。①

有学者从大众化的主、客体两方面考察,认为积极"灌输"是马克思主义大众化的主要途径。"灌输"不是"填鸭",需要说服教育,让群众心服口服,甘心接受,让群众真正认识到中国特色社会主义确实是中华民族复兴的必由之路,让群众认真学习,掌握历史、掌握现实、掌握理论、掌握要点。如果缺少认知,缺乏认同,缺失坚定,是很难达到目的的;而群众的自觉吸纳是另一个重要途径,一个正确的理论要想成为改造世界的物质力量,关键在于它能否为群众所掌握,化为群众的自觉行动。一般说来,人民群众所真正乐于接受的、愿意化为实践行动的理论,往往是能够在实践中取得成效的正确理论。通过自觉吸纳,主动追求,提升思想境界,自觉践行,主动将之付诸社会实践,是马克思主义大众化的良好途径。② 杨楹认为,实现马克思主义中国化的大众化,就在于上马克思主义理论为人民群众所认知,得到人民群众的认同,能够转化为人民群众自觉的思想和实践方式。一是理论应当为群众所认知。理论的宣传和普及必须切合现实生活实际,力避刻板化、模式化。把传统的组织化、单一性的理论灌输方式转变为以组织化和非组织化、统一化和分层化、传统化和现代化、典型性和非典型性、静态化和动态化、专业性和通俗性、显性和隐性等灌输形式辩证地结合,探寻现代化生活方式下实现"大众化"的多元化的新路径和新方式。二是理论必须为群众所深刻认同。"中国化"能否真正获得人民大众的认同,这根本上取决于理论形式

① 参见刘书林:《当代中国马克思主义大众化的实质与路径》,《学校党建与思想教育》2008年第9期。

② 参见孟宪平:《当代中国马克思主义大众化的理念定位和路径选择》,《中国延安干部学院学报》2008年第5期。

和理论内容能否真正反映和把握群众的现实需要、回答现实问题，解决人民群众切身利益问题，这是实现"大众化"的根本所在。三是树立全球视野，充实当代性内涵，这是"中国化"获得社会广泛认同的必要因素。四是理论必须转化为人民群众的自觉思想和生活实践。马克思主义为群众所掌握，并转化为人民群众的自觉思想和行动，这是"大众化"进程的最终也是最为关键性的环节。

也有学者从中国传统文化普及经验的借鉴意义出发，认为要实现马克思主义大众化，关键要解决方法问题，只有贴近人们的思想实际、贴近人民关心的问题、贴近人民接受思想教育的思想特点、贴近人们的思路和语言才能收到预想的结果。这些方法需要寻找、创造、不断在实践当中摸索，也需要我们的教育观念发生一定的变化。无论从方法论的角度，还是从丰富马克思主义与思想政治教育的理论体系角度来讲，马克思主义只有与中国传统文化相结合，并借鉴其成功普及经验才能推进大众化并得到更加深入的发展。同时，借鉴中国传统文化普及经验推动马克思主义大众化也是可行的，这是因为马克思主义与中国以儒家为核心的传统文化思想有相通之处。

总之，理论界对马克思主义大众化路径研究还处于初步阶段，很多建设性意见还处于理论阶段，可操作性并不是很强。但随着实践的不断检验以及理论研究的深入，马克思主义大众化路径必将更加科学、可行。

（四）马克思主义中国化、时代化、大众化的内在逻辑和现实趋向

马克思主义时代化、中国化和当代中国马克思主义大众化，是在中国坚持和发展马克思主义必须解决好的几个重大问题。时代化是中国化和大众化的前提和基础；中国化是时代化在中国的具体体现，是大众化的具体内容；大众化是时代化和中国化的旨归。三者相互依赖、相互促进，是一个过程不可分割的三个不同方面。

首先，时代化是中国化和大众化的前提和基础。时代化是把马克思主义同时代的特点、需要结合起来，使之成为能够把握时代脉搏、回答时代课题的当代马克思主义。马克思恩格斯并不是我们的同时代人，他们回答不了社会发展中出现的所有新问题，如果马克思主义不与时俱进，适应时代主题的转化，回答时代课题，而只是停留在书斋或者成为教条，那么马克思主义就没有任何意义，也就不会有马克思基本原理与中国社会实际相结合；不

去研究和解决中国人民的实际问题,也就不会有马克思主义的中国化,如此马克思主义就无法在中国生存,更遑论大众化。由此可见,时代化是中国化和大众化的前提和基础。

其次,中国化是时代化在中国的具体体现,是大众化的具体内容。中国化是将马克思主义基本原理与中国具体实际相结合,并以中国的文化形式和表达方式来阐述马克思主义理论,使之成为具有中国风格、中国气派的马克思主义。马克思主义时代化总是同一个国家的马克思主义本国化、民族化联系在一起的,在中国就是同马克思主义中国化联系在一起的。马克思主义时代化是将马克思主义与时代特征结合起来,中国化的过程,既是马克思主义基本原理同中国具体实际相结合的过程,也是马克思主义基本原理同时代特征相结合的过程。因此,中国化只是时代化在中国的具体体现。马克思主义大众化的具体内容就是当代中国马克思主义,而中国特色社会主义理论体系就是当代中国的马克思主义,当代中国马克思主义的大众化就是中国特色社会主义理论体系的大众化。当代中国特色社会主义理论体系是马克思主义中国化的最新理论成果,因此,中国化是大众化的具体内容。

再次,大众化是时代化和中国化的旨归。大众化是指马克思主义基本原理由抽象到具体、由深奥到通俗、由被少数人理解掌握到被广大群众理解掌握的过程。党的十七大报告为马克思主义大众化的深入研究提供了一个契机,当代中国的马克思主义理论是科学理论,是特定历史条件下中国特色社会主义革命和建设经验的科学总结,主要是对当代无产阶级和广大人民群众的直接经验的总结。这一理论只有"掌握"群众才能发挥其物质力量,因此必须大众化,这是马克思主义时代化、中国化的旨归。马克思主义时代化、中国化的成果只有实现马克思主义大众化的理论转换,才能变为人民群众手中的武器,变成改造社会、改造世界的物质力量。

当代中国马克思主义即中国特色社会主义理论体系是不断发展和开放的理论体系,它是马克思主义中国化的最新成果。中国特色社会主义的理论体系,包括邓小平理论、"三个代表"重要思想和科学发展观,是马克思主义中国化的最新成果。这一当代中国的马克思主义必须实现大众化,即必须为人民大众所接受和掌握,成为人民大众的思想理论,才能成功地转化为建设中国特色社会主义的巨大物质力量,推动中国特色社会主义向着更为广阔的发展前景迈进。①

综上所述,马克思主义时代化、中国化和大众化是理论的本质要求,是理论实现其价值过程中的三个方面,是互相承继、互相促进、不可分割的整体。一切划时代的体系的真正内容都是由于产生这些体系的那个时代的需要而形成起来的,实现马克思主义的时代化是实践的需要;理论来源于实践又必须回到实践去指导实践,理论必须要服务于社会,不能服务社会的理论只是空洞抽象的无用之谈,因此,马克思主义必须与中国的具体实践相结合,形成中国特色的社会主义理论体系,实现马克思主义中国化才能更好地服务于中国的改革和建设;同样,理论只有掌握群众才能转化为现实的物质力量,不能被群众所理解、所掌握、所运用的理论也只能是空洞抽象的无用之谈,由此马克思主义必须大众化。

三、马克思主义中国化、时代化、大众化若干问题思考

马克思主义中国化中的"马克思主义"是一个值得研究的课题,因为研究马克思主义时代化、中国化和大众化的首要的和基本的前提是确证我们的研究对象,即"什么是马克思主义"。下面我们从源与流的角度对马克思主义进行考察,还原"本来"和"当下"的马克思主义。

(一)什么是马克思主义

"十月革命的炮声"为中国送来了马克思主义,中国的马克思主义也被打上了"俄国式"的烙印。从苏联教科书体系的三个组成部分到整体的马克思主义,从辩证唯物主义和历史唯物主义到实践唯物主义,从哲学体系到实证科学,马克思主义的生存样态在不断地发生着改变,而探寻本源的马克思主义的脚步也从未停歇过。

改革开放以来,学术界围绕"什么是马克思主义"这一问题从不同角度进行了研究:

有学者指出,要从马克思主义的总问题、问题域和逻辑层级来认识和把握马克思主义。马克思主义的总问题是探索改造旧社会、建立理想社会,实现无产阶级和全人类解放与发展的原则、道路和策略。这一总问题展开为

---

① 参见时丽茹:《当代中国马克思主义大众化探析》,《湖湘论坛》2008 年第 6 期。

三个方面的问题,即资本主义社会病在何处、实现理想社会路在何方、认识和改造现实世界应当具有怎样的世界观和方法论? 这可以概括为三大论域:马克思主义世界观方法论、马克思主义资本主义批判论、马克思主义理想社会实现论。贯穿马克思主义的总问题和问题域中的深层逻辑形成一个由抽象到具象、由稳定到变通的逻辑体系。这个逻辑体系有四个联系严密的层面,这就是世界观层面、价值理想层面、社会制度层面和实践策略层面。在马克思主义理论体系的深层逻辑上完整理解马克思主义对于提高马克思主义理论水平、在实践中贯彻马克思主义具有重要意义。①

　　党中央也提出了"四个分清"是坚持和发展马克思主义最基本的方法论前提和原则,即分清哪些是必须长期坚持的马克思主义基本原理,哪些是需要结合新的实际加以丰富发展的理论判断,哪些是必须破除的对马克思主义的教条式理解,哪些是必须澄清的附加在马克思主义名下的错误观点。联系中国实际,中国特色社会主义理论体系的创立和发展过程,就是"四个分清"的过程。

　　有学者在坚持"四个分清"的基础上提出,要用科学的态度对待马克思主义,并结合新的实践坚持和发展马克思主义:始终坚持马克思主义不动摇的基本立场、坚持马克思主义与中国实际和时代特征相结合的基本方法、根据新的实践不断进行理论创新,保持马克思主义旺盛的生命力。既坚持马克思主义基本原理,又要总结新的实践经验,用发展着的马克思主义指导新的实践。

　　国外学者对于马克思主义时代化、中国化、大众化中的马克思主义也提出了自己的观点,有的认为是一种谋略,有的甚至认为这只是在中国自己的东西外面披的一层外衣而已。对于这些学者的观点在此不作评述。

　　综合以上学者的研究观点,我们认为要真正弄清"什么是马克思主义"应从以下两个方面入手:首先,要进行文本学研究,重读马克思,不断地回到马克思,同时也让马克思走进当代,还原马克思的本来面目。"回到马克思",一方面是要正确理解马克思主义;另一方面又要使理论和实践相结合,让马克思走入当代。其次,在总体上理解马克思。传统的理解将马克思

---

　　① 参见何怀远:《马克思主义理论的深层逻辑及其实践权变方法论》,《马克思主义研究》2009 年第 11 期。

主义分为三个独立的领域,即马克思主义哲学、政治经济学、科学社会主义,而近年来逐渐转向马克思主义整体性研究,马克思主义理论的三个领域是一个统一的整体(马克思主义整体性研究在本书其他章节有专门论述,在此不加赘述)。

马克思恩格斯首先用唯物辩证法研究历史,揭示了历史运动的一般规律,创立了唯物主义历史观,实现了历史观上的哥白尼式的革命。然后,马克思把主要精力集中于研究历史发展中的一个特殊阶段——资本主义社会形态,发现了资本运动的一般规律——剩余价值规律,揭示了资本主义这个社会机体的产生、生存、发展和灭亡以及转变为另一更高的社会机体的规律。这些基本观点,构成了马克思主义世界观的核心。马克思恩格斯与空想社会主义者不同,不是从某种道德观念出发构想人类的未来,而是从批判旧世界中发现新世界。他们在批判资本主义中,从社会化生产力的发展及其与资本主义生产方式的矛盾中,科学地论证了它转变为社会主义的历史必然性。资本主义发展必然导致社会主义,这是组成马克思主义世界观的最后一环,也是这个科学世界观的总结论。由此可以说,马克思主义是运用哲学的思维通过研究政治经济学而得出科学社会主义的结论的。

根据以上的分析,我们可以对马克思主义这样界定:马克思主义是彻底而严密的科学体系,一个博大精深的科学理论体系;马克思主义是一个完善的科学世界观,其内容极其丰富;马克思主义是方法论和行动指南,它给我们提供的不是现成的教条,而是进一步研究的出发点和供这种研究使用的方法。

(二)存在的问题和不足

自马克思主义在中国传播以来,马克思主义的研究取得了许多重要理论成就,但同时也存在着诸多的问题。相对于其成就而言,马克思主义时代化、中国化、大众化研究中存在的问题更应该引起我们的关注,因为它关系到当代中国马克思主义大众化的前途和命运。

1. 马克思主义时代化缺乏独立研究

前面已经提到,学术界对于马克思主义时代化缺乏独立研究,对于时代化与中国化、大众化的互动关系研究也基本没有专门研究,因此在这些方面需要继续加强。时代化不仅仅体现在中国化上,还包括苏联、东欧、古巴、越南、朝鲜等国家马克思主义的本土化、民族化,马克思主义时代化研究不应局限在一国范围内,而应当在系统研究马克思主义在这些国家的发展现状的基础上,总结经验和教训,探求马克思主义的世界意义,这也是马克思主义时代化的应有之义。

2. 马克思主义中国化需要系统深化

随着学者们的广泛关注,马克思主义中国化的研究内容不断地深入和细化,但马克思主义中国化的研究仍然存在诸多问题。

第一,马克思主义研究的内容还很分散,没有形成一个完整体系。学术界对党在不同历史时期领导人关于马克思主义中国化的观点和思想并没有引起研究者足够的重视,除了对毛泽东的研究比较详细之外,对于马克思主义中国化早期有贡献的历史人物的研究不够,对不同时期尤其是"文化大革命"时期马克思主义中国化的研究相当少。

第二,研究内容还未形成较为统一的观点。有些研究内容,观点、说法较多,如马克思主义中国化的分期研究,就出现了近10种观点,让普通读者难以理解。另外,对马克思主义中国化的基本命题和规律研究还存在意识形态的痕迹,政治命题与学术命题混同。从目前的研究论文看,这类文章虽然数量可观,但不少文章主要是从宣传和解释现存政策理论的角度出发,把政治命题与学术命题混同,缺乏理论研究的深度和逻辑证明。

第三,对马克思主义本身研究较多,对如何做研究较少。很多文章都强调马克思主义基本原理与中国具体实际相结合,但究竟要把什么样的马克思主义基本原理与什么样的"中国实际"如何"结合"起来?具体结合点是什么?关于这些具体"如何做"的研究比较少见。

第四,单向度研究多,多向度研究少。很多论著都是以马克思主义中国化的主要理论成果为向度来研究马克思主义中国化,而马克思主义的互动研究,如对马克思主义与非马克思主义、马克思主义与传统文化、马克思主义与现代化的深入研究较少。

第五,"马克思主义中国化研究"学科一般性研究成果较多,有突破性的、深入研究的较少。从学科总本上看,还相当薄弱,研究不够深入,整体研究水平还不高,研究方法也较单一。[①] 存在着研究的孤立性、重复性、狭窄性和"贫困性"状况。

---

① 参见田克勤、邓祝仁:《进一步深化马克思主义中国化基本问题的研究》,《社会科学家》2006年第6期。

由此可见，虽然关于马克思主义中国化的研究可谓欣欣向荣、成绩突出，但存在的问题还很多、很尖锐，还需要学者们花费更多的精力去作进一步的深化和拓展研究。

3. 马克思主义大众化有待深入研究

马克思主义大众化是一个复杂而又长期的系统工程。在实践过程中由于对理论认知的不彻底或对马克思主义大众化认识不到位，难免会出现一系列问题。

首先，研究深度不足。学术界对当代中国马克思主义大众化的研究主要集中在内涵及其基本经验和实现路径等方面，缺乏对马克思主义大众化内在规律性的研究。应当进一步加强从哲学视域审视马克思主义大众化，通过哲学思维概括和总结，探寻马克思主义大众化的本质内涵，进而更深刻地把握马克思主义大众化的实质，并在此基础上对马克思主义大众化问题进行全面的理论分析。

其次，拓宽研究思路需要突破传统研究范式。传统的研究主要局限于针对马克思主义大众化本身的研究，缺乏把马克思主义大众化同马克思主义理论发展有机结合起来的研究，这就需要我们不断拓宽马克思主义大众化的研究领域。缺乏宏观视野和微观视角相结合的研究，学术界对于当代中国马克思主义大众化的研究多局限于宏观方面，而对马克思主义大众化微观领域的研究相对薄弱。缺乏比较性研究，学术界较多研究马克思主义大众化的历程，而缺乏对马克思主义大众化各个阶段特征的比较，缺乏大众化代表人物思想和实践的比较。

再次，实证性研究不足，提出的一些举措缺乏实践操作性。学术界研究成果较多地停留在宏观层面或理论层面，提出了颇有建设性的举措和思路，但是这些举措具有较强的宏观指导性，在具体的微观实践中大多缺乏可操作性。而马克思主义大众化研究绝非"象牙塔"内的自娱自乐行为，只有走出研究机构、走出书斋，与丰富的生活世界相联系，通过社会调查获得大量的、第一手的实证性研究材料，方能准确反映人民大众社会主义觉悟的真实现状及大众化进程中存在的问题。[1]

---

[1]　参见赵铁锁、肖光文：《十七大以来当代中国马克思主义大众化研究述评》，《毛泽东思想研究》2009 年第 4 期。

（三）研究方法的思考

马克思主义时代化、中国化、大众化研究,近年来在理论界引起了广泛的关注,并且取得了较大的进展。如果说理论研究的论域是由理论视野决定的,那么,理论研究的深度和水平,特别是理论研究的创新程度则与所使用的研究方法有着本质的联系。针对马克思主义中国化研究的不足,我们建议今后的研究应该更加注重以下方法的灵活运用。

1.比较研究

比较研究是马克思主义中国化研究中的重要方法之一。比较研究是认识事物真相与本质的重要手段。虽然学术界对马克思主义中国化与传统文化、中国现代化等进行了比较研究,但这是远远不够的。例如,在中外"马克思主义中国化"的特色研究、各个历史时期马克思主义中国化的比较研究、马克思主义中国化与近代思潮关系研究等领域,比较研究法还大有用武之地。①

2.调查研究

调查研究是使马克思列宁主义与中国具体实际相结合的一个根本方法,这是我党长期坚持调查研究,推进马克思主义中国化的实践中获得的重要认识。徐松林指出:其一,调查研究是弄懂马克思主义理论的根本方法。我们要加强对国际和国内实际的调查研究,把握时代脉搏,研究新情况、解决新问题,否则就难以理解马克思主义理论的创新。其二,调查研究是弄清中国具体实际的根本方法。中国具体实际是马克思主义中国化的出发点,是实现结合的平台和客观基础。基础不牢固,结合的大厦就难以建立起来。但中国具体实际不是轻而易举地就可以弄清楚的,只有进行系统、周密而持久的调查研究,才能逐步弄清客观、广泛而变化的中国具体实际,实现主观和客观相统一。其三,调查研究是实现对称、匹配结合的根本方法。首先,要看到结合前对马克思主义理论的理解和对中国具体实际的认识只要初步的,他们需要在结合的实际过程中不断加深理解和认识。其次,要看到实现对称性、匹配性结合并不是一次性可以完成,而是需要经过多次反复,"摸着石头过河"的渐进过程。再次,要看到结合是通过人来进行的。阶级、政党、领袖和群众的素质,不仅表现在对马克思主义理论精神实质和中国具体

---

① 参见杨丽娟:《马克思主义中国化发展史研究综述》,《理论月刊》2009 年第 11 期。

实际的把握上,而且更重要地表现在将二者结合的技巧上。①

3. 整体研究

当代中国马克思主义是完整地理解和运用马克思主义的典范,目前学术界对马克思主义中国化进程的含义、途径、经验、规律,对我党三代领导集体对马克思主义中国化的贡献,对科学发展观提出的必要性、意义等问题,都已作了较为深入全面的研究。但马克思主义中国化是一个无止境的过程,需要从整体上进行系统的整理和研究,它将有助于推动马克思主义中国化的研究走向深入全面。

当然,马克思主义研究的方法还有很多种,因此,在探索马克思主义的研究方法时,要合理运用好这些研究方法。当代中国马克思主义不是"完成式",还在路上。这就需要不断吸收人类文明中的优秀成果,即吸收哲学、政治学、经济学、社会学等学科的研究方法,丰富和完善当代马克思主义研究,从马克思主义那里寻找解决当代问题的"钥匙"。

马克思主义时代化、中国化、大众化是一个不断发展的进程,是一个不断提出新问题,解决新问题,推进实践新发展,开拓理论发展新境界的过程。恩格斯说:"每一个时代的理论思维,从而我们时代的理论思维,都是一种历史的产物,它在不同的时代具有完全不同的形式,同时具有完全不同的内容。"②马克思主义也必须不断地发展,不断时代化、中国化从而最终实现大众化,指导中国的改革和实践,开辟中国特色社会主义建设的新篇章。

---

① 参见徐松林:《调查研究是马克思主义中国化的根本方法》,《求实》2005 年第 12 期。
② 《马克思恩格斯选集》第 4 卷,北京:人民出版社 1995 年版,第 284 页。

马克思主义基本原理教学研究

马克思主义研究在我国学术界从来不乏生机,并对中国特色社会主义理论体系和中国特色社会主义事业的发展具有重大影响。2010 年 4 月,习近平同志在《深入学习中国特色社会主义理论体系,努力掌握马克思主义立场观点方法》中提出马克思主义对中国特色社会主义理论体系学习研究的引领作用。近年来,中央文献、国家教育部、各省教育厅、各高校及各学术团体也经常定期或不定期地举办大型学术会议,其中心议题之一就是如何提高马克思主义基本原理的教学水平。本分报告旨在对近年来马克思主义基本原理教学研究的成果作一总体概括。

一、马克思主义基本原理的当代价值

目前,大多数专家、学者都肯定了马克思主义的科学真理对人类社会的重大影响。在各大学术会议上,他们无不从当代经济全球化的发展规律和近期资本主义世界金融危机的强烈爆发等事例去证明马克思主义基本原理所阐述的,不管西方国家的政治家和经济学家用什么样的理论、政策来调节他们的社会结构,试图缓和、调节社会矛盾,缓和生产力和生产关系、经济基础和上层建筑之间的矛盾,但资本主义社会的固有矛盾,即生产资料资本主义私人占有和生产社会化之间的矛盾是不可克服的真理性。刘建军也曾畅谈他在德国所亲历的柏林左翼和下层民众举行的声势浩大的集会和游行示威的感受,用亲身经历,通过活生生的实例展示马克思主义对德国柏林左翼阵营、对当今世界的影响。

然而，提到马克思主义基本原理的当代价值不能不提马克思主义中国化的伟大成果。李捷特别强调了马克思主义基本原理中关于"社会主义制度和科学社会主义理论的优越性"的当代价值，具体体现在中国革命的胜利和新中国的成立、发展，特别是中国特色社会主义的成功实践和中国特色社会主义理论体系的形成，也就是马克思主义理论与中国实际国情相结合，并对中国的革命和建设作出具体指导，即马克思主义中国化。用田芝健的话说，马克思主义中国化说到底是"三化"的结合，是马克思主义在中国发展史上的一条基本经验，包括马克思主义中国化、马克思主义"化"中国、中国"化"马克思主义。当前，建设和谐社会的伟大构想就不断地体现了马克思主义基本原理中社会存在决定社会意识、社会基本矛盾推动社会发展、群众史观等基本原理。可以说，我国改革开放的巨大成就，"中国模式"的成功实践说到底都离不开马克思主义基本原理的指导。中国特色社会主义科学发展论就是马克思主义中国化理论创新实践取得的最新理论成果，为中国特色社会主义科学发展指明了方向。

因此，理论工作者在马克思主义原理教学过程中，单单进行马克思主义学术研究还不够，更要关注意识形态斗争，运用马克思主义基本原理指导现实实践，用方世南的话来说就是"把马克思主义中国化与马克思主义大众化相结合"。陈占安认为要做好马克思主义中国化，需要把握好三个主要内容：一是准确把握马克思主义基本原理；二是深切认识中国的具体实际；三是将两者有机结合的实践。

马克思主义的当代价值不仅表现在它的指导性和实践性，更体现在它的创造性和发展性。罗文东认为，作为马克思主义理论工作者，要积极运用马克思主义基本原理来研究当前的新情况，解决新问题，创造新理论。特别是全面深入地研究马克思的世界历史理论和列宁的国际化理论，以揭示"世界性"、"国际化"和"全球化"、超国家垄断资本主义之间的区别和联系。

在当前的高校教学工作中，应该不断加强对马克思主义基本原理的宣传、指导，注重把马克思主义基本原理与党的路线、方针和政策密切结合起来，把政治理论与构建社会主义和谐社会的重要任务结合在一起，丰富教学内容，明确构建社会主义和谐社会的理论依据。更好地学习和掌握马克思主义基本原理,对于学生科学理解当代中国政治具有现实意义。

二、马克思主义基本原理教学研究

"马克思主义基本原理"作为一门课程在中国共产党思想理论教育历史上早就产生了。1953 年,在高校开设的政治课中就有了"马列主义基础"课程,后来几经变动,到 1985 年形成的政治理论课方案中,明确出现了"马克思主义基本原理"课程。随着我国思想政治理论教育形势的发展,1998年"马克思主义原理"课程被拆分成"马克思主义哲学原理"、"马克思主义政治经济学原理",形成"两课"方案。在 2005 年思想政治理论课的新方案中,"两课"学科又整合为"马克思主义基本原理"一门课程,于 2007 年 9 月在全国高校正式开设。

(一)马克思主义基本原理教学内容

马克思主义基本原理的教学内容是马克思主义基本原理教学研究的载体,对马克思主义基本原理本身进行解读成为学术界探讨的首要组成部分。理论界对马克思主义的理解有十几种之多,长期以来没有统一的权威来定义"什么是马克思主义"。从狭义上说,马克思主义即马克思恩格斯创立的基本理论、基本观点和学说的体系;从广义上说,马克思主义不仅指马克思恩格斯创立的基本理论、基本观点和学说的体系,也包括后人对它的发展,即发展了的马克思主义。

2008 年第二届全国高校马克思主义基本原理教学与学术研讨会,对"什么是马克思主义"这一问题进行了深入研讨和广泛交流。李崇富特别指出区别"社会主义"与"科学社会主义"的重要性,认为一些冠以"社会主义"名称的运动并不一定就是科学社会主义,有些政党和政府自称是社会主义,但并不是无产阶级的社会主义,而是资产阶级的改良主义。正确判断科学社会主义的方法就是实践,只有在实践中对马克思主义、对科学社会主义做到坚持与发展的辩证统一,才能认清马克思主义发展的道路与方向。更多的高校专家学者通过交流、研讨对十七大精神、科学发展观的理解,探讨马克思主义基本原理在中国的发展和运用。与 2008 年的学术研讨会相比,2009 年 4 月在苏州大学召开的"马克思主义基本原理与当代价值"学术研讨会对马克思主义基本原理教学内容的探讨更具专业性。会议围绕着

"什么是马克思主义,什么是马克思主义基本原理"这一中心问题展开了深入探讨。

在《马克思恩格斯选集》、《列宁选集》、《斯大林选集》、《毛泽东选集》、《邓小平文选》五个马克思主义文本中,马克思主义的两位创始人只肯定了马克思主义基本原理的存在,但没有明确界定"什么是马克思主义基本原理"。梅荣政认为,最能代表马克思主义基本原理核心思想的是《共产党宣言》中的基本思想。列宁之后的马克思主义经典作家则从不同层次、不同方面阐释马克思主义基本原理,他们的共同点是坚持从历史和逻辑的统一发展中阐明马克思主义基本原理的辩证的本性。

1. 马克思主义基本原理的原则和方法

缺乏马克思主义经典作家对马克思主义基本原理的精确定义,仅仅通过在马克思主义经典作家对马克思主义基本原理的不同层次、不同方面的表述中寻找共性、揭示本性是不够的,更重要的是在此过程中遵循马克思主义的立场、观点和方法,遵循唯物辩证的方法,把握好几个原则。多数专家学者认为,马克思主义基本原理要在坚持中发展,在运用中发展,在发展中坚持。① 靳辉明认为,要正确把握马克思主义基本原理,应该坚持马克思主义的科学性、整体性和创新性原则,应该用坚持、发展、研究、创新的态度去对待和研究马克思主义及其科学体系。从这一点来看,马克思主义基本原理的原则应该就是李捷所讲的,强调马克思主义基本原理的整体性研究,不能把它支离破碎,要用辩证的、发展的和实践的眼光,不能简单化、孤立化、绝对化和模式化。在2008年全国高校马克思主义理论学科论坛第四次研讨会——"马克思主义基本原理及其学科建设"研讨会上,顾海良从马克思主义基本原理与马克思主义理论体系的关系的角度也得出了一些把握基本原理的原则和方法。总的来看,都是在强调马克思主义的整体性研究。这种整体性体现在横向和纵向、宏观与微观、理论与实践等诸多方面。

第一,在纵向上,要注重马克思主义的历史性研究。梅荣政认为,考察马克思主义基本原理的思路分纵向和横向两方面。横向是指马克思主义基本理论观点,纵向是指马克思主义的历史发展过程。从历史和逻辑相统一

---

① 参见陈玉君:《"马克思主义基本原理与当代价值学术研讨会"综述》,《马克思主义研究》2009年第7期。

的原则出发,就能全面把握马克思主义基本原理的主要内容。在纵向上,对过去,要坚持;对现在和未来,要发展。用江德兴的话解释就是,马克思主义原理是时代、历史的原则,随着世界形势的不断发展,马克思主义基本原理体系中有的原理重要性、紧迫性降低了,有的原理提升了,甚至是提到了首要地位。怎样把新的实践经验上升到马克思主义基本原理的高度成为总结和研究的新课题。

第二,在横向上,要注重马克思主义研究过程中理论与实践的结合。张雷声认为马克思主义基本原理的研究,不能脱离文本研究,从马克思主义基本原理学科发展角度看,不能只进行纯文本研究,必须把文本研究与现实研究结合起来,也就是必须研究马克思主义中国化的基本原理,立足于中国的具体实际来探讨马克思主义。在我国的理论研究上就表现为中国特色社会主义的诸基本原理、基本原则。赵曜认为,只有结合本国实际,创造性地运用和发展马克思主义,科学对待马克思主义,才能更准确把握和深刻理解马克思主义的理论品格。肖贵清认为坚持马克思主义基本原理,在坚持中发展和丰富马克思主义的理论判断,就要坚持马克思主义不动摇,坚持马克思主义与中国实际和时代特征的结合。

第三,要注重把握马克思主义基本原理在宏观理论体系中的地位和关系。《马克思主义基本原理概论》主要讲述马克思主义基本原理。所谓"基本原理"就是马克思主义基本立场、基本观点和基本方法的总称。其中,基本立场、基本方法具有根本的意义,基本理论、基本观点是在基本立场的基础上运用基本方法得出的。因此,马克思主义基本原理是构成马克思主义科学体系的细胞形式。整个马克思主义科学体系是由若干个相互联系的马克思主义基本原理构成的。这些基本要素按照历史与逻辑、抽象与具体的原则,在联系与转化中形成了整个科学体系。顾海良明确指出,马克思主义基本原理是马克思主义理论体系的基本构建和主要支柱。没有基本原理,就没有理论体系;不坚持和发展基本原理,就不能坚持和发展这一理论体系。理论体系的发展,是以基本原理的发展为前提的。

正是由于马克思主义基本原理与马克思主义理论体系之间微观与宏观的关系,马克思主义基本原理教学方法需要进一步考虑到马克思主义基本原理科学体系。目前,部分高校马克思主义基本原理的教材作了创新性的探索,就实施情况看,仍有几个问题需要摸索。首先,如前所述,马克思主义基本原理教学过程应该体现原理的科学体系，然而，以分科性思路还是以整体性的思路来构建，其效果是完全不同的。因此，对构建思路的确定是需要第一步完成的。其次，思路的不同决定了对教学内容的安排也是不同的。如果按照分科性的思路，每一学科的基本原理需要作界定和概括。也就是说，进一步规范马克思主义哲学、马克思主义政治经济学和科学社会主义的基本原理的内容。如果按照整体性的思路，其所构建的科学体系与分科性思路有什么不同？能不能构建一个新的科学体系，按照这一思路来构建学科体系是否可行，这也是需要作深入研究论证以后才能作出回答的。

2. 马克思主义基本原理的特征、内容、研究对象

在"马克思主义基本原理与当代价值"学术研讨会上，除了田心铭、王宏波，大多数学者都是通过研究马克思主义基本原理的特征入手研究马克思主义基本原理的内容和研究对象。田心铭以马克思主义观的十二个关系问题入手，探讨了马克思主义基本原理的内容。王宏波从马克思主义的对象入手，得出马克思主义基本原理的对象是研究人类社会发展的基本规律和人类解放的道路和前途。

靳辉明认为，马克思主义基本原理应该具有以下特征：一是要体现马克思主义的根本性质和整体功能，体现马克思主义作为科学性和革命性高度统一的世界观和方法论；二是相对于个别原理和特殊原理，基本原理是对更为广阔时空领域的事物本质和发展规律的概括；三是基本原理更具有长久的稳定性和有效性，它不会因为具体条件的变化而发生改变；四是对于人们的实践活动具有更为普遍的和根本的指导意义。按照这个特征，马克思主义基本原理有以下主要内容：（1）关于客观物质世界相互联系、相互作用和运动发展的原理；（2）人类社会形态由低级向高级演进和发展规律的原理；（3）关于时代本质和发展阶段的原理；（4）生产力和生产关系、经济基础和上层建筑辩证统一的原理；（5）阶级、阶级斗争和阶级分析的原理；（6）无产阶级革命和无产阶级专政的理论；（7）关于人民群众是历史创造者的原理；（8）剩余价值学说和资本主义社会基本矛盾与主要矛盾的理论；（9）社会主义历史必然性和工人阶级历史使命的学说；（10）科学社会主义本质特征和发展规律的学说；（11）社会主义革命（包括革命）和建设规律的理论；（12）关于无产阶级政党学说和共产党建设的理论；（13）人的全面发展和共产主义的原理；（14）马克思主义在意识形态领域指导地位的原理等。

顾钰民认为,马克思主义基本原理不能泛化。确定马克思主义基本原理的依据是马克思主义基础理论。所谓马克思主义基础理论,首先,必须具有鲜明的马克思主义性质;其次,它在马克思主义理论中居基础地位。由于具有基础性地位,基本原理可以在基础理论上进一步具体化和细化,在基础理论的基础上引申出多个基本原理。按照这个特征,有些不属于马克思主义基础理论的内容,尽管是马克思主义思想也不应归在马克思主义基本原理的内容中。

陈占安认为,马克思主义基本原理有如下具体内容:一是世界观和方法论角度的辩证唯物论和历史唯物论;二是马克思主义的政治立场,即政党的一切奋斗都要致力于人民利益;三是马克思主义的理论品质,即一切从实际出发,把马克思主义与中国实际和时代特征相结合,才能更好地丰富和发展马克思主义的理论判断。

3. 马克思主义基本原理教学重点

学术界对于马克思主义基本原理概论教学重点的认识存在一定的分歧。通常人们将马克思主义的理论贡献归结为两大发现,即历史唯物主义和剩余价值理论。因为剩余价值理论是在唯物主义历史观的基础上形成的,所以,两大发现的重点应是历史唯物主义。于是,有的任课老师认为重点应该是马克思主义的唯物史观,在讲授中应重点将历史唯物主义理论讲深、讲透。还有的任课老师认为共产主义理想社会的实现,是马克思主义理论体系的核心,也是整个马克思主义理论的落脚点,因此,本课程的教学重点是最后一章——关于共产主义理想社会的实现问题。还有的教育界专家提出教学重点应该是马克思主义的实践观,这是马克思主义理论区别于其他学派的根本特征,是马克思主义理论的基本点。任课教师可以根据自己对教材的理解以及对授课对象的特征的认识,详略得当地安排授课内容。

4. 马克思主义基本原理教学难点

在教学过程中,不同的教学工作者归结出的马克思主义基本原理难点也不同。归结起来,大致有以下几点:

(1)学生学习积极性的提高。王玲玲、汪荣有等指出,当前大多数高校"原理"教学存在的主要问题是:该课程在实际上常常被不少学校所轻视,处于边缘化的状态;学生的学习态度过于功利;教师教学方法呆板、僵化,教学内容脱离实际。导致这些问题的原因是多方面的。由于意识形态领域的斗争实际上直接影响到了包括"原理"在内的思想政治理论课的教学效果和影响力,所以不少人没有认识到意识形态之争对"原理"课程的强大影响力,不能正确认识"原理"课程的意识形态意义,是马克思主义基本原理课教学所有问题的根结所在,也是制约"原理"教学效果的瓶颈。我们必须从马克思主义整体性的角度去讲授这门课程,在教学中加大主流意识形态教育的力度,用马克思主义占领社会主义意识形态阵地。

对于"原理"教学效果,闵嘉国等通过对该院 460 名大学生的抽样调查后指出,虽然学生们认同该课程有必要作为大学生的必修课,有利于帮助大学生树立正确的世界观、人生观和价值观,但他们认为该课程内容单调、没有实际意义,缺乏足够的学习兴趣和动力。不少学生学习"原理"课的目的仅仅是为了通过考试。因此,要想提高"原理"课的教学效果,首先必须帮助大学生树立正确的学习态度,让他们真正意识到学习该课程的重要性和实用性。另外,教师的专业素质与人格魅力对于教学效果起着至关重要的作用。因此,加强师资队伍建设是提高教学质量的一个关键性因素。①

(2)马克思主义教学整体性的把握。"马克思主义基本原理概论"教学的一个重要使命,就是要使当代大学生从马克思主义哲学、马克思主义政治经济学和科学社会主义三个组成部分上,整体地去理解和把握马克思主义。但是,大多数老师认为,无论是教材本身,还是在教学过程中,就如何从整体上把握马克思主义都是教学难点之一。

首先,目前的教材存在着三个组成部分之间衔接不够严密的情况,教材的系统性还需进一步加强。这种情况在哲学基本原理和政治经济学之间表现得更为明显。例如,哲学中的"价值"指客体对主体的有用性,强调主体本位;政治经济学中的"价值"指凝结在商品中的无差别的一般人类劳动,因其有无和大小不以人的主观意志为转移,所以强调的是客体本位。因此,这两个"价值"概念之间就存在着一定程度的不一致。

其次,教材内容整体性和连贯性问题给教师的教学活动带来了一定的困难。在实际教学中,还存在授课教师依据自身的学科背景,将重点放在与自己的专业背景相关的内容上。例如,有的教师的学科背景是哲学,就会将

---

① 参见李德芳、张云阁:《马克思主义理论教育的新探索》,《马克思主义研究》2008 年第4 期。

教学的重点放在马克思主义哲学上,而有的教师学科背景是经济学,则将教学重点集中在政治经济学部分,这样不利于体现马克思主义的整体性、系统性。

(3)压缩的课时量与日渐丰富的教学内容之间的关系。课时的缩短与内容的丰富是教师在教学过程中普遍感到的难题。显而易见,"马克思主义基本原理概论"课的教材内容要在短短的50多学时讲得面面俱到,几乎是一件不可能完成的任务。2005年的方案对思想政治理论课的总课时量又进行了较大幅度的压缩,这在"马克思主义基本原理概论"课中体现得较为明显。由于课时量相对于教学内容而言显得不足,这就使教材中的很多重要内容在实际教学过程中无法充分展开进行讲授。有的教师甚至表示他们会挑选部分章节授课,其他采用学生自学的方式进行学习,这些在一定程度上都会影响教材的使用效果,不利于教师通过教学相长促进自身的科研工作。

此外,马克思主义理论对人类社会发展规律的揭示,对未来社会的科学预测,对人的全面发展的深切关照的特征,决定了授课必须坚持理论联系实际的原则。在授课过程中,教师除了要讲原理本身,还应涉及中国特色社会主义实践的众多案例。有教师认为,日渐丰富的教学内容有如散落一地发出耀眼光芒的明珠,要求在规定的有限时间内将其搜集起来,对任何人来说,都是一件非常困难的事情。

(4)学术前沿与既定结论之间的关系。"马克思主义基本原理概论"课程,其基本内容是既定结论,但这并不意味着在某些理论、观点上不存在学术上的争议。这就面临着学术前沿与既定结论之间的关系,存在着应不应该讲、怎样讲的问题。诸如近年来由"分析学派的马克思主义"、"解构主义的马克思主义"、"文化学派的马克思主义"、"女权主义的马克思主义"、"马克思主义解放神学"、"乌托邦的马克思主义"、"市场马克思主义"、"世界体系的资本主义"、"管理学派的马克思主义",等等,构成一幅当代国外马克思主义研究的总体图景。把这些研究引入教学之中,可以让学生从中了解和思考马克思主义与当代思潮对接的多种方式,以及马克思主义哲学当代发展的多种趋势。因此,教育工作者首先应该引导学生宏观把握当代国外马克思主义研究图景和总体趋向。

同时,教师要理性分析国内最近20多年来马克思主义哲学研究中的热点问题。尽管现在还不能提出一个替代原有教科书体系的新框架，但这并不意味着我们无可作为。事实上对原有教科书的每一个范畴、命题和原理，这些年国内学术界都进行过系统的反思和检视。诸如马克思主义哲学的出发点和核心范畴的探讨，抽象"物质观"的批判和对物质世界的"优先地位"的肯定，时空的多维存在与时空观念的新探索，辩证法的"主体向度"以及辩证法特征与体系再探讨，认识本质、思维建构、理性与非理性等问题的讨论，异化和人道主义问题论争与人学体系的建构，价值论被引入哲学领域以及马克思晚年思想成为研究热点，等等。如果把这些对问题的研究和探索介绍给学生，即便是在原有框架内讨论问题，也完全可以引发他们对马克思主义哲学的兴趣和理论探讨的热情。①

当然，学术前沿对高层次的研究生讲授是可以的，低于这个层次的学生或许难以接受。在各研讨会上，不少专家认为，在讲述有学术争议的理论或观点时，如何把握讲课过程中学术前沿与既定结论之间保持的张力问题已成为教学难点之一。不过，哲学并不是严格意义上的自然科学，未必非得经过系统而连续的知识传承和积累。把哲学教育作为一种素质培养，学术前沿的问题引发学生的思考，并引导他们形成正确的人生观和世界观才是最重要的。当然，这与教师对前沿问题的把握、消化和表述有关。事实证明，如果能准确把握要旨而又深入浅出，学生是可以接受的。

（5）理论与现实之间的关系。在讲授"马克思主义基本原理概论"中，如何解决理论与实际的相结合问题，怎样使马克思主义的基本理论和现实生活以及学生实际相结合，怎样用现实论证理论、用理论解释现实，是必须回答的问题，也是具有很大挑战性的问题。

在各类研讨会上，大多数教师认为，马克思主义基本原理源自革命导师对资本主义社会的批判分析，具有与时俱进理论品质的马克思主义基本原理的理论发展创新明显不足，起码在教材层面上仅仅将社会主义革命和实践的内容添加进来，其概括和总结都不明显、不突出，对当代中国社会经济问题的分析评判力度不够，对社会疑难问题或回避省略、或分析评判不够，说服解释力不强，理论"信心不足"，屡屡造成教学难题。这些对马克思主

① 参见聂锦芳：《马克思主义哲学教学：现状、教学与可能的出路》，《哲学研究》2003 年第8 期。

义基本原理成为当代中国人共同的精神家园、治国理政的基本依据都制造了障碍。

由于理论和现实存在脱节现象,教师在教授理论时感到底气不足。这种现实的距离感使得教师的真情实感无法投射其中,学生缺乏求知欲,课堂气氛沉闷,而对于学生的实际生活,作为专业课的教师跟学生接触的机会也不多,对其状况的了解也十分有限。因此,教育部多次提出为老师提供社会实践的机会,这是十分英明的举措,尽管这样的社会实践很有限,但至少可以弥补一下广大教师接触社会实际的不足。

(6)教材内容重复交叉的问题。目前,各高校马克思主义学科的教师普遍反映,四门政治理论课内容之间存在重复交叉的矛盾。施惠玲则认为,"原理"教材并没有把马克思主义理论中的主旨有效地凸显出来。学生在阅读教材时,感觉头绪太多,很难把握书中所阐发的基本原理和观点之间的有机联系。例如,"原理"中马克思主义与时俱进的品格、中国化、生产力理论与"概论"有重复或者交叉,"纲要"中的新民主主义理论、社会主义改造理论等与"概论"重复,"基础"中的法律法制部分的内容、民族精神和概论有重复,等等。这些重复和交叉给教学带来很大的负担。产生这一问题的主要原因是:教材没有鲜明地突出马克思主义基本原理中的主题或主线(人的发展和人的解放问题),没有把握住所要阐发的原理、观点之间内在的逻辑性。教材仍未摆脱过去教科书中马克思主义三大块的影响,或者说,教材是对"三大组成部分"的机械整合。然而,由于每一门课程都具有学科完整性,因此它们在某种角度上讲是不可避免的。加之目前师资队伍的现状,使得"原理"课程的实效性与其想达到的目标相去甚远。

一些学者认为,教师要学会理性认识它们的存在,在教学中科学处理这种重复交叉矛盾,并采取适当的措施予以化解。首先,各课程教师本身要强化对授课内容的理解,不同政治理论课教研组之间要统一认识,在授课过程中要注意适度转化,坚持四门课的有机统一性和相互联系性。其次,四门课程存在互补和相互支撑的关系。可以从不同的学科、不同的角度去强化这些知识点,有助于学生的整体把握和理解。

(二)马克思主义基本原理教学方法创新

实践证明,教学方法创新是提高教育教学效果的重要环节。大力倡导教学法的创新是"马克思主义基本原理概论"课教师的共识。多年来,"原理"课教师探讨运用启发式、参与式、研究式和案例式等创新教学，收到了很好的效果。

1. 质疑解惑——启发式教学法

教材和案例必须贴近大学生的生活，走进大学生的内心世界，才能真正使这门课成为大学生欢迎的课，成为大学生终身受益的课。但事实上，现在的教材还停留在知识理论教学的层面，不仅学生感到抽象枯燥，就连任课教师，在课时少、内容杂多的教材面前，恐怕也感到无法操作。在这种情况下，任课教师能否通过分析课程的特殊性和当代大学生的特点，采用新颖活泼的教学形式吸引学生、达到教学目的，高质量地组织新课程的教学提出了挑战。

传统教学中，偏重于传授和掌握知识的结果，不利于学生自己去探索、去体验。相对于传统的教学方法，以问题为中心的启发式教学法要求教师充分调动学生学习的主动性，引导学生自发地学习，通过学生的独立思考，融会贯通地掌握知识，提高分析问题和解决问题的能力。只有引导学生循着科学研究的方向去思维、去探索，才能使学生在掌握科学知识过程中同时掌握科学的世界观和方法论。因此，教师要善于联系教材与学生的实际，提出富有启发性的问题，以激发他们积极思考，开阔思路。

2. 现地教学——参与式教学法

马克思主义基本原理不能仅仅局限于书本，必须将书本和现实结合起来。换句话说，就是将理论和现实结合起来。专家指出，实践教学是思想政治理论课实现理论与实际相结合、深化对马克思主义理论的理解、强化学生能力培养的有效方式。经实证调查发现，各高校普遍采用的、行之有效的实践教学形式有 10 种，这些应分别纳入课堂实践教学、校园实践教学与校外实践教学范畴。[①] 河北科技大学等高校对思想政治理论课实践教学的运行机制、保障机制、评估机制等进行了有益的探索，这些对于马克思主义教学方法的创新也有着启示意义。

重视"马克思主义基本原理概论"课教学中"体验"的教学方法，就是强调"马克思主义基本原理概论"课教学由单纯的理论灌输与"牢记"，改变为

---

① 参见陈勇江：《思想政治理论课实践教学的基本形式及其新框架的构建》，《辽宁教育研究》2008 年第 11 期。

让大学生置身于动态的课堂(运用多媒体教学手段)和社会生活的"马克思主义基本原理概论"课理论教育"体验"之中,使大学生在切身的"体验"中感受到"马克思主义基本原理概论"课理论深邃的内涵和力量。

在"马克思主义基本原理概论"课教学中,在用足用好45分钟课堂授课时间的同时,可采取"走出去"的办法,让大学生了解社会实际,把课堂教学与社会实践结合起来。通过社会实践,大学生们一方面受到了革命传统的教育;另一方面也看到了中国改革开放给城乡带来的巨变,对所学的原理有了更为直观、感性的认识。为了更贴近学生思想实际,一方面教师在教学内容上要努力体现马克思主义在实践中的新进展、新成果;另一方面教师要深入大学生实际,从政治态度、理想信念、价值取向、道德品质和行为方式等方面深入分析当代大学生的思想状况和特点,准确把握大学生的思想脉搏,对大学生普遍关心的热点、难点问题,在课堂上给予针对性的解答。

有专家进一步指出,要真正使思想政治理论课实践教育更富有实效性,就必须把实践教育纳入教学环节,围绕教学目标,制定大纲,规定学时、学分,提供必要经费进行实践教学;要加强组织和管理,把教学实践与社会调查、志愿服务、公益活动、专业课实习等结合起来;探索多层次、多形式实践教育,实践教学活动形式多样化;要有可操作的实践教学的考核方式;建立和发展马克思主义基本原理教学实践基地,促进社会实践制度化。

3. 独立思考与分析——案例教学法

所谓案例教学法,就是在课堂上从一个或若干个具体事例出发,通过学生讨论和教师引导、分析等形式,来说明并帮助学生理解某一基本原理或思想观点的教学方法。案例教学法是20世纪20年代由美国哈佛商学院所倡导的一种独特的案例式的教学方法。通过这种教学方法可激发学生的学习兴趣,提高学生的学习效果。这种方法在其他课程的教学中已有较长时间、较广范围的运用,但在"马克思主义哲学原理"教学中却少有人问津。

长期以来我们在"马克思主义哲学原理"教学中往往采用这样一种方法:从基本概念出发,通过逻辑推论演绎出一整套哲学原理;然后围绕这些概念、原理引用一些具体事例加以解释和证明。实践表明,采用这种教学方法的实际效果并不理想。这种教学方法使教师把自己备课、教学的重点及主要精力放在了概念界定和理论的逻辑推演方面,追求理论体系的逻辑性,而较少去关注现实生活的变化,较少去过问教学对象所关心的实际问题。

这种远离现实生活、远离教学对象的理论教学很难引起学生的兴趣,他们大多认为该课程内容抽象、难懂、枯燥,理论与社会实际差异较大,对将来的就业也没什么用,因此很难赢得他们的思想共鸣,甚至反被误解为是一种说教而产生抵触情绪、逆反心理。针对这一现实,教师在讲授理论时应紧密结合当今社会发展的具体实例或学生们身边的生活琐事,采用典型案例教学法,以引起学生的学习兴趣,促进他们的学习。

案例教学法是以具体事例为出发点,因而对事例的搜集和选择成为教学准备过程的重要环节,事例选择得恰当与否将直接影响课堂教学的实际效果。恰当的、能吸引学生的案例从何而来? 社会现实生活无疑是最主要的来源。所以,采用案例教学法必然促使教师把目光从书本移向现实、转向学生的思想实际,把现实社会的生活百态、教学对象的所思所虑纳入自己的视野之中,充分认识到它们对课堂教学和理论研究的重要价值。可以说,案例教学法就像一座连接社会生活和哲学课堂的桥梁,它能使鲜活的社会生活、学生关心的热点问题迅即反映到哲学课堂上来,从而使教师的教学观念、教学风格等发生重大变化。① 这种以真实的事件为题材激励学生主动参与学习活动的启发式的教学方法,更容易达到加深学生对知识的理解并且提高学生分析问题和解决问题的能力的教学目的。

把案例教学方法运用于"原理"课教学,可以使学生已有的人生经验、课堂体验和未来生活理想直接融入"原理"课教学的全过程,拓展课程的实践性内涵。② 运用现代教学手段将案例教学引入"原理"课具有较强的可行性,在教学过程中要树立明确的目标,合理分配教学重点,处理好理论学习与能力培养的关系、传统讲授与案例分析的关系。在选取案例时要着眼于马克思主义学科的内在逻辑体系,在遵循整体性原则的同时,力求选取反映时代和实践发展要求的案例,做到难易相当,坚持适度原则。③ 大连理工大学等高校成立了思想政治理论课案例教学研究中心,清华大学等高校在

---

① 参见黄伟力:《应把案例教学引入"马克思主义哲学原理"课》,《思想理论教育导刊》2000年第10期。

② 参见陈嫒:《参与性教学方法在马克思主义基本原理课中的运用初探》,《南方论刊》2008年第10期。

③ 参见常艳:《"马克思主义基本原理概论"案例教学法探析》,《山西师范大学学报》2008年第5期。

"原理"课教学中运用了研究式教学法。

4.讨论与交流——激情教学法

课堂教学质量的提高受很多因素影响,其中课堂气氛对课堂教学质量的提高,也是一个重要因素。良好的课堂教学氛围,可以吸引学生的注意力,激发学生的求知欲望,促进学生思维的发展。

激情教学法,主要是运用演讲的一些方法和技巧,教师以饱满的激情授课,通过语速的控制,兴奋点的布置,使课堂气氛始终处于热烈状态。在这种教学法中,必须重视课堂气氛的培养、渲染和烘托尺度,力争形成活泼有序、浓淡相宜、松紧得当的课堂气氛。

5.加大文本的分量

王仲士认为,要真正掌握和教好"原理",无论是哲学专业还是公共基础理论课的哲学教师,以及一切马克思主义哲学工作者,都应认真学习和研究"原著"和"马哲史",这样才能有机完整地把握马克思主义哲学的世界观(包括自然观和历史观)和方法论、人生观和价值观,才能教好"原理"以及"原著"和"马哲史"课程,才能有助于提高我国公民的思想和文化素质。

马克思主义哲学的经典原著,是马克思主义世界观和方法论、人生观和价值观的最基础的原始存在和物化载体。我们必须从马克思恩格斯和他们学说的后继者、杰出代表的文本中,理解和吸纳马克思主义哲学。这也是最直接、最可靠的学习和研究途径。早在1890年,恩格斯针对有人将唯物史观歪曲为"经济因素是唯一决定性的因素"和"经济唯物主义"时,曾告诫当时学习研究马克思主义哲学的人:"我请您根据原著来研究这个理论,而不要根据第二手的材料来进行研究——这的确要容易得多。马克思所写的文章,几乎没有一篇不是由这个理论起了作用的。"①这里的"第二手材料"不仅指一般学者和反对者的描述和评论,也包括他们的学生和信奉者的描述和评论。恩格斯的这一告诫,对当前处于马克思主义理论教育一线的,特别是不扎实研究原著,甚至迷恋于从一些西方现代哲学家的描述和评论中理解和把握马克思主义哲学的一些年轻的教育工作者,仍是一剂良药和长鸣的警钟。

目前马克思主义哲学教学中,"史"、"论"、"著"三者之间关系失衡,原

---

① 《马克思恩格斯选集》第4卷,北京:人民出版社1995年版,第697页。

理的讲授过分突出,而哲学史和文本的分量非常不够。必须明白,对马克思主义哲学原理的概括和阐述是建立在对其重要著作和思想演进作精深研究的基础之上的。恩格斯指出"这的确要容易得多",即通过研究"原著"来学习理解马克思主义哲学,是最好、最容易的途径,是一条直径和正道,而不自觉地或者为了简便、或者有倾向地通过第二手、第三手的材料来研究,则是歪路和曲径,甚至会走入歧途。

离开文本学习马克思主义哲学,或者能讲授哲学原理却讲不了哲学史和哲学原著,这些都是不正常的现象。因此,目前马克思主义理论教育工作者需要在原理讲授中加大文本的分量,针对不同的教学对象,选取不同数量和篇幅的文本进行讲授,尽可能激发学生对马克思主义经典著作的学习兴趣,引导学生认真阅读马克思主义哲学的第一手文本、第一手材料,研究和理解马克思主义原理的精神实质。我国诸多"原理"教材,都属于"第二手材料",马克思的"原话"和"原著"才是马克思的思想、理论和成果的最真实的存在,是人们理解它的最基础的原始存在。由此也充分说明"原理"的教学和研究,必须同"原著"研究与学习有机的结合,教"原理",必须学习掌握好"原著"。

6. 教学过程的整体性思维

对于马克思主义,要确立从马克思主义三个组成部分的分门别类研究到这三个组成部分的贯通性研究意识,提炼出马克思主义三个组成部分的一以贯之的理论。这就是说,马克思主义基本原理作为一门学科,必须要进行理论定位和建设思路上的整体性研究。

一是思想把握上的整体性。它要求从整体上弄清楚马克思主义的历史发展、基本原理和精神实质,其中包括要从整体上弄清楚中国化马克思主义的历史发展和科学内涵,弄清楚国外马克思主义研究的历史走向和主要内容。

二是问题研究上的综合性。对马克思主义基本原理进行全面研究和把握,特别是在关注重大的社会实践问题时,不是从某些局部的和具体的方面去研究,而是打破马克思主义哲学、政治经济学、科学社会主义等学科之间的界限,从综合的角度同时也运用综合的手段去研究和把握。

三是理论教育上的公共性。各种专业性的理论学科无疑也有教育的功能,但是马克思主义理论学科的教育性则突出其公共性或者叫大众性。它需要面向所有专业的学生,是所有专业学生的必修课。马克思主义基本原理教育的目的在于关注综合性的社会问题和大学生中的热点难点问题,帮助所有专业的大学生提高综合运用马克思主义基本原理以及相关知识的能力。因此,马克思主义理论学科正是朝这样的方向而建设着,它以高校思想政治理论课教育教学为其展示学科建设成果的重要平台,并推动其学科建设的不断发展。

当然,在整体性教学研究过程中,也要注意把握各个学科点的方向设计。马克思主义理论学科及其所属二级学科的方向设计,既要区别于原来的马克思主义理论与思想政治教育学科,也要区别于马克思主义哲学、政治经济学、科学社会主义等相关学科,要严格按照国务院学位委员会下发的马克思主义理论学科的规范进行方向设计,防止两种倾向:一是不顾学科范围与学科特点,以教师个人原有的学科背景、研究兴趣为依据设计方向,研究方向混同于其他学科,甚至存在以马克思主义理论学科为名,以其他学科研究为实的现象,影响马克思主义理论学科的建设;二是为了吸引考生和所谓有利于学生分配,脱离本学科范围,盲目靠近某些"热门"学科或专业,使马克思主义理论研究与思想政治教育学科边缘化。①

7. 教学过程中坚持"发展"的理念

我们可以看到,马克思恩格斯自觉地意识到未来社会发展的复杂性、随机性和不确定性,对于社会主义社会,他们没有提出具体方案和详细情况,也拒绝对建设社会主义社会的具体方案进行详细论证,只是提供"预定看法",制定了基本规定。正如马克思所说:"在将来某个特定的时刻应该做些什么,应该马上做些什么,这当然完全取决于人们将不得不在其中活动的那个既定的历史环境。但是,现在提出这个问题是不着边际的,因而实际上是一个幻想的问题。"②建设中国特色社会主义的实践创造性地运用和发展马克思主义创始人关于社会主义社会的基本规定,使这些基本原理具有了新的形式、新的内涵。新的实践需要新的理论指导,正如十六大报告所说:世界在变化,我国改革开放和现代化建设在前进,人民群众的伟大实践在发

---

① 参见郑永廷等:《马克思主义理论学科建设的形式与对策》,《思想理论教育导刊》2006 年第 4 期。

② 《马克思恩格斯选集》第 4 卷,北京:人民出版社 1995 年版,第 643 页。

展，迫切要求我们党以马克思主义的理论勇气，总结实践的新经验，借鉴当代人类文明的有益成果，在理论上不断拓展新视野，作出新概括，从而用发展着的马克思主义指导新的实践。所以，我们必须发展马克思主义基本原理。

马克思主义是科学而不是启示录，它没有也不想"教条式地预料未来"，没有也不可能提供有关当代一切问题的现成答案。自诩为包含一切问题答案的学说只能是神学，而不是科学。从根本上说，"马克思的整个世界观不是教义，而是方法。它提供的不是现成的教条，而是进一步研究的出发点和供这种研究使用的方法"①。我们只能按照马克思主义的科学"本性"期待它做它所能做的事，而不能要求它做它不能做的事。因此，我们必须从新的实践出发去理解马克思主义基本原理。②

杨耕认为，我们在结合新的实践经验，丰富和发展马克思主义基本原理过程中需要注意以下几个方面：首先，对于已经成为"常识"的经典马克思主义学说，要结合新的实际，赋予马克思主义新的内容，以新的思想继承马克思主义基本原理。其次，有些观点本来就是马克思主义的基本原理，只是我们过去没有重视或"没有完全搞清楚"这些观点。对此，我们应结合新的实际问题深入开掘、深刻理解这些基本原理。再次，一些马克思主义创始人已敏锐地意识到并有所论述，但我们一直未深入探讨、详尽论证的问题，随着当代实践的发展，它们日益突出，成为具有挑战性并迫切需要解答的"热点"问题。我们应结合新的实践科学论证，使之成熟完善，上升为马克思主义的基本原理。最后，个别观点本来是马克思主义的基本原理，但随着历史条件的变化，这种观点可能不再具有基本原理的意义了；相反，有些观点马克思主义创始人并未涉及，而是后来的马克思主义者依据马克思主义方法论，结合新的实践而提出来，并成为当代社会主义实践的基本原则，因而理所当然地成为马克思主义基本原理，如胡锦涛同志提出的"科学发展观"，这实际上是用新的思想发展了马克思主义基本原理。如果说坚持马克思主义关键在于坚持马克思主义的基本原理，那么，发展马克思主义的关键就在于发展马克思主义的基本原理。

---

① 《马克思恩格斯选集》第 4 卷，北京：人民出版社 1995 年版，第 742—743 页。

② 参见杨耕：《以发展的观点理解和把握马克思主义基本原理》，《理论视野》2003 年第 1 期。

三、对马克思主义基本原理教学改革的思考

几年来,各高校的"马克思主义基本原理概论"课教学通过课程体系的进一步完善,教材的进一步规范,师资队伍建设的进一步加强,教学方法的进一步改进,学科建设的进一步推进,齐抓共管格局的进一步形成,初步扭转了一度出现的教师不会教、学生不愿学的局面,提高了教育教学效果,大学生对"原理"课等思想政治理论课程的认同度和满意度明显提高。2008年5月,教育部在全国200所高校10万名大学生中进行了测评,结果显示,85%的大学生对思想政治理论课教学"满意"或"基本满意",近91%的学生对教师感到"满意"或"基本满意"。①

然而,在这几年的教学研究中,我们对马克思主义基本原理的教学研究还存在很多不合理的倾向性。例如,研究马克思主义基本原理"怎样教"的比较多,研究马克思主义基本原理"怎样学"的过少;研究宏观教学指导理念的比较多,研究微观教学活动细节的比较少;等等。针对这些薄弱和不足,我们需要在"原理"课程的教学理念、理论体系、课程体系、教材体系、教学体系、师资队伍建设、教育规律、教学形式、教学方法、教学中的难点热点、典型案例、考试考核方式的改进等问题上多加思考和研究。

(一)确立马克思主义基本原理二级学科的建设理念

如前所述,马克思主义基本原理的研究方法需要我们理解马克思主义基本原理在马克思主义理论体系中的地位和关系。根据中共中央宣传部、教育部颁发的《关于进一步加强和改进高等学校思想政治理论课的意见》,要将马克思主义理论作为一级学科来建设,为加强思想政治理论课建设提供有力的学科支撑。这里讲的马克思主义理论一级学科建设是有着特定含义的,它指在已经建设了马克思主义哲学、政治经济学、科学社会主义等几个二级学科,而又不准备把这几个二级学科纳入新的一级学科的情况下,着重建设马克思主义基本原理、马克思主义发展史、马克思主义中国化研究、国外马克思主义研究、思想政治教育等二级学科。马克思主义基本原理学

① 参见《努力让大学生真心喜爱终生受益——近年来高校思想政治理论课工作取得新进展》,《中国教育报》2008年7月10日。

科是马克思主义理论一级学科中的一个二级学科，也是一个基础性的理论学科。马克思主义基本原理学科是一级学科建设的基础，对于其他几个二级学科有着一定的引导和指导作用。马克思主义基本原理的基础研究是学科建设的前提，因此，应着力于对马克思主义基本原理体系与学科体系的关系，马克思主义基本原理学科与马克思主义哲学、政治经济学、科学社会主义的关系，马克思主义基本原理与相关二级学科的关系（中国化马克思主义、马克思主义发展史），马克思主义基本原理学科与《马克思主义基本原理概论》课程的关系，马克思主义基本原理和马克思主义理论体系的关系等问题进行研究，由此推动马克思主义基本原理学科的建设。

　　"课程"注重于教材体系、教学内容、教学体系、教学管理等方面，而"学科"与"课程"相比，是完全不同层次的概念。有学者认为，课程建设的着力方向在于"教"，在于建构适合受教育者能够接受的教学体系，学科建设的着力方向在于"研"，即在于对研究对象的深入探究和把握。对此，张雷声明确指出，要树立"马克思主义基本原理"的"学科"意识。① 这样，对"课程"所进行的设计、规划、建设必然要延扩，进一步探讨它作为一门"学科"所具有的内涵、体系、内容及师资队伍、人才培养等问题。确立马克思主义基本原理学科意识，把马克思主义基本原理的教学研究真正放到学科地位上来，而不仅仅把它当做一门课程来对待。

　　学科建设是影响学科进一步发展的重要因素。随着马克思主义理论学科的设立，马克思主义基本原理二级学科建设就存在一个如何定位和建设的问题。首先，在理念的定位上，把高校马克思主义基本原理提高到学科的高度加强建设，为课程建设提供坚实的学科支撑并为教育教学服务。这些不仅是设立马克思主义理论学科的重要动因，更是马克思主义理论学科建立之后学科建设的重要任务。可以说，学科的定位与建设是马克思主义理论学科建设和思想政治理论课建设中需要不断探索和解决的两个重要问题。

　　在学科建设内容上，顾钰民认为，作为一个学科建设，应该拿出一些标志性的成果，每一个学科点应该做些具体的建设。学科建设既是一个宏观

――――――――

① 　参见张雷声：《试论确立马克思主义基本原理学科意识问题》，《理论前沿》2006 年第11 期。

问题,更是一个微观问题、具体问题。抽象地谈建设,只能是停留在设想的层次。学科建设不似课程建设,它还涉及学科建设队伍问题。在学科建设中,学科带头人是关键,以学科带头人为核心的学科队伍建设是一个长期的过程,如果一个学科点没有学科带头人,学科建设必定会处于停滞状态,或者走下坡路。因此,学科建设必须要把学科带头人的建设放在头等重要的位置,这是学科建设的一条基本思路。

(二)从质和量上加强师资配备力度

马克思主义基本原理课程是一门高校思想政治理论课,在思想政治理论课体系中起着理论基础的作用。作为课程体系的主干课程,担负着引导大学生形成正确的世界观、人生观、价值观,奠定坚实理论基础的重要任务。因此,要增强"原理课"的教学实效性就必须首先从质和量上加强"原理课"的师资匹配力度。

目前高校"原理课"师资情况是,理工科院校已普遍形成了一支专兼职相结合的"原理课"师资队伍,专职教师已从前几年的约占三分之一扩大到现在的与兼职教师各占半壁江山,这说明近年来"原理课"师资力量有了较大提高。一些综合性高校和文科高校即使有专业的师资,但也主要是一批阅历略浅、专业功底不厚、教学经验不足的新进教师做主讲教师,甚至有个别高校启用一批年轻的辅导员或者年近退休的行政人员作为主讲教师。这些人中,有相当一部分教师是理工科出身,自身理论功底不深厚,人文素养欠缺,与马列相关学科的知识知之甚少,导致讲课只照搬照读,缺少深度和浓郁的人文历史氛围,缺乏吸引力和感染力;一些教师不能紧跟时代步伐,体现与时俱进的理论品质,观点陈旧,落后于时代,授课内容和考试内容缺乏新意和变化。

"原理课"课堂教学是否受欢迎,能否取得实效,教师的素质和教学水平是关键因素。有学者指出,师资队伍素质的状况不仅直接决定着教学效果,而且从某种意义上说,甚至还决定着教学内容和教学方向。高校思想政治理论课要取得实效,不但要求教师具有广博的知识,而且更应具有深厚的理论功底和扎实的专业基础。[①] 还有学者认为,学科建设的效果、课程体系

---

① 参见杨瑞森:《关于加强高校思想政治理论课学科建设的几个问题》,《思想理论教育导刊》2006年第5期。

的设置、教材建设的质量，在一定程度上都要通过教师的教育教学来体现。首先，教师要努力提高自身的马克思主义理论水平，有扎实的理论功底，用马克思主义理论改造自己的主观世界和客观世界，使自己拥有坚定的信仰和良好的人格素养，成为一个真正的马克思主义者。其次，任课教师还必须努力提高教学水平，拥有精湛的教学艺术。此外，较强的科研能力也是其必备的基本素质之一。在教学过程中，有强烈的科研意识，争取以教学带动科研，以科研促进教学。①

　　任何学科的发展，需要人的推动，没有人气的学科，是很难有好的发展、快的发展的。马克思主义理论学科建设与发展的人才队伍问题的核心是队伍的形成水平问题，现在我们这个学科的老专家、学术带头人、学科带头人，原来基本上都是从事哲学、政治经济学和科学社会主义理论工作，非科班出身于马克思主义理论，因为我们原来没有马克思主义理论这个综合学科。如果只简单拼凑一个队伍，不培养、不引导，仍然是各搞各的，就很难形成真正的学科队伍。因此，为了建设一支高素质的能够胜任"原理课"教学的师资队伍，首先，就要严把教师队伍入口关，切实按照目前选拔专业课教师的标准来选拔教师。其次，各高校应开展有效的教学准备活动。如在每学期组织 2 至 3 次集体备课，组织教师针对新教材实施中的难点、热点问题开展深入研究。特别是组织所有思想政治教育相关课程的教师集体备课，为授课过程中学生能更好地把握马克思主义整体性做充分准备；为每位教师征订配套系列参考书，抓紧建设适应新课程需要的教学资料库和案例库等，组织教学观摩活动，并进行教学交流研讨，等等；加大投入力度，规定学校对教学的年度经费，支持教师开展教学研究活动，为教师提供到农村、企事业单位、重点高校等地进行调研和学习以及出国培训和考察的机会，使他们的思想水平、理论知识、业务能力不断提高。

（三）尊重和发挥学生的主体地位

　　"马克思主义基本原理概论"课的教学目标是不仅传授当代大学生马克思主义基本原理知识，更多的是要用马克思主义武装学生的头脑、铸造他们的灵魂，使其掌握科学的世界观和方法论，培养学生运用马克思主义理论观察和认识各种社会现象，养成独立分析问题、解决问题的能力，培养他们

---

① 参见张国启：《思想政治教育学科建设的理性思考》，《思想理论教育》2005 年第 7 期。

关心社会的品质和适应社会的能力,帮助他们学会把自身理想与现实需要结合起来,把自身命运与国家前途和民族未来结合起来。这就决定了本课程具有鲜明的意识形态指向性。

切实实现"原理课"教学的上述目标是一项创造性工作。在教学方法上,必须大胆地探索和实践,从教学理念、教学内容、教学方式上冲破传统教育教学的局限,才能使该课程教学落到实处,也才能使"原理课"真正成为大学生真心喜爱、终身受益的课程。

先进的理念是教育发展的灵魂和教学工作的先导,是推动教育改革必不可少的前提。然而,自开设"原理课"以来,"满堂灌"、"填鸭式"、"一言堂"等灌输式的传统教学模式并没有太大改变。虽然学术界在理论上提出了各种各样的改革方案,但在实际上并没有太大改观。究其原因,在于教师的教育观念还没有随着时代的发展而发生根本性的变化,这也是多年倡导教学改革而改革不见或少见成效的内在根源。这种不顾学生的思想基础和认识前提而硬性灌输的教学方式是对学生主体地位的一种漠视,或是对受教育者的一种不尊重,因而,自然导致学生产生逆反心理,影响教学实效性的发挥。在推进"原理"课教学改革的道路上,我们应树立"尊重的教育"的理念,坚持发挥学生的主体地位。

树立"尊重的教育"理念,就是坚持以学生为主体,从学生的实际需要出发,引导他们观察、思考和研究,使其能够在多元化意识形态并存的前提下,在指导思想上选择马克思主义。在尊重教育规律、尊重受教育者的理念下,实施引导式教育教学,必然要在教学内容、教学模式、教与学的双边关系等方面突破传统的、旧有的习惯,以"多种创造"实现"原理课"的教育目标。

(四)加大马克思主义基本原理的科研力度

有些学者指出,马克思主义理论学科发展,除了加强教学建设外,还要注重马克思主义理论的科研建设问题。任何理论学科缺少科学知识做支撑,其宣传的底气、力度和有效性就要大打折扣。马克思曾经说过,每个时代都有需要解决的问题,如果准确地、完整地把握它,就会把人类社会理论大大向前推进一步。马克思主义理论如何能够起到解决社会问题、时代问题、现实问题的作用,在具体的教学和学习过程中,是不可回避的教学难题。这不仅涉及马克思主义原理的科学性问题,而且直接关系到马克思主义的生命力和现代价值的作用。同时,如何引导更多的人来参与、理解马克思主义理论教学与研究,也是非常重要的问题。如何解决这些难题与问题,现在还没有现成的答案,但只要我们足够重视,是能够找到好的解决办法的。这些问题的根本也就是科研方法改进和提高的问题。

学术界普遍认为,在教学过程中,教师不仅要充当马克思主义宣传员、传播者的角色,而且要把自己锻炼成一个熟练的操作工。否则,自己的学术思想就会变得浅薄,思想的反思力和洞见力就会削弱,视野就会受限。因此,教师在将自己定位马克思主义宣传员角色的同时,还要争取获得某一领域的研究员、学者的身份,树立学科意识,寻求学术平台,积极开展科研活动,关注学术前沿,以科研带动教学,为教学工作不断提供支撑和活力,对问题的阐释既有理论的深度又能深入浅出。因此,这门课的定位和功能要求教育工作者既要以宣传态度对待教学,又要以学术精神开展科研。

(五)建立开放式教学体系

要想激发学生的学习兴趣,更好地达到教学目的,改革教学思路是关键。教学过程实际上是知识和经验互相转化的过程,虽然这两个方面是统一的,但对于不同专业背景的学生应有所侧重。"原理课"教师应根据理工科院校文理科学生的不同授课对象的特点,制订不同的授课计划,使用不同的教案,采用不同教学方式。文科学生以专题讲授为主,多采用问题教学法、研究式教学法,突出经验的知识化过程;理工科学生及音体美专业的学生以系统讲授为主,多采用案例教学法、情景教学法,突出知识的经验化过程。

此外,在完善课堂教学的同时,对于加强实践教学,调动学生参与的积极性和主动性同样能够起到事半功倍的效果。当代大学生主体意识强,有积极的参与意识。他们往往不满足于在课堂上被动地接受,而是愿意也能够围绕教学内容提出自己的一些问题和看法,并主动查阅资料、寻找论据以证实自己的观点,这是以多种多样的实践教学方法使学生的自主性成为教育对象的内在要求。教师可以通过建立可容纳启发式、讨论式、研究式、问答式、案例式等多种教学方式的开放式教学体系,把学生的积极性调动起来,从而实现教育教学的针对性和有效性。实践证明,这种实践形式大大激发了大学生参与教学活动的热情,给他们提供了展示自己才华的舞台。这样,在尊重学生学习的主体地位的过程中,使他们收获了成就感,高质量地达到教学效果。

（六）改革考核体制

"原理课"的根本教学目的不仅在于让学生掌握理论知识,更重要的是要学生学会用马克思主义的基本原理分析问题、解决问题,进而形成正确的世界观、人生观和价值观。考试不应该只是检验学生掌握多少理论知识,还应该考查学生运用理论知识解决实际问题的能力,以及学生接受理论后思想观念发生的变化。"原理课"考试评价体系应改变以往陈旧、单一的考试方式,即只注重卷面成绩而不管学生平时的实际操行,只以笔试为主而不管学生实际运用知识解决问题的能力,要向多元化、多视角、全方位综合考核评价体系转换。

为了比较全面客观地评价学生在学习和实践中的业绩,教育工作者应在考试实践中坚持把平时考核和期末考核、理论知识与实际能力考核结合起来。这样,在大约占总成绩30%的平时考核中,我们能够通过上课出勤、课堂提问、学生完成小论文情况、完成课外作业等对学生分析问题、解决问题能力进行考核,帮助学生形成正确的价值观念;而占总成绩的70%的期末考核,主要采取开卷和闭卷两种方式,依主观题和客观题相结合的方式对基础知识和理解应用能力进行考核。为了提高学生学习的主动性和积极性,"原理课"教师可注意将期末试卷题型与考研政治题型相结合,在平时课堂教学中教师也可有意识地结合历年考研政治真题讲解教材中的一些难点、重点问题,在开阔学生视野的同时也锻炼学生的解题能力。

四、马克思主义基本原理教学展望

随着全球化、信息网络的飞速发展,市场经济的加强,"原理课"在不断推进中取得一系列显著成就的同时,还存在一些值得重视的问题。"原理课"教学虽然取得了许多研究成果,但在实际教学中还没有得到充分的运用。对教学内容的研究与社会实际、学生个人实际尚有差距,还缺乏针对性。

针对研究中的不足和薄弱环节,要从马克思主义基本原理二级学科的层面上,深入研究和回答有某种对应性的"原理"课程的理论体系、课程体系、教材体系、教学体系、师资队伍建设、教育规律、教学形式,教学方法、教学中的重难点、典型案例,考试考核方式的改进等问题,用新的结论、新的观点、新的知识、新的材料、科学的思维方式丰富教材体系和教学内容。有学者指出,"原理课"教学首先要化解"原理课"教学内容的整体性与理论学习"少而精、要管用"之间的矛盾。其次,要化解"原理课"教学内容的整合性与教师知识结构专业化之间的矛盾。①

此外,要想化解"原理课"教学内容理论化与大学生接受意趣感性化之间的矛盾,还要注意对"马克思主义基本原理概论"课程进行教学方法创新和教学资源开发研究。对于高校马克思主义大众化的重要对象——处于"读图时代"和"e世代"的"90后新人类"青年大学生而言,既势在必行,又具有特殊的重要性。在信息化时代下,手机短信等网络信息文化由于对青少年尤其是青年大学生身心健康已经产生和正在产生越来越大、越来越持久的影响,因此信息化时代下教育教学方法的研究已经成为国内外研究者关注的焦点。他们从社会学、心理学、法学、传播学、图书馆学、语言学、修辞学、文化学、教育学等多个研究领域、各个不同视角,对包括手机短信、QQ表情、视频影片、幽默笑话、动画图片等网络信息文化进行了研究,论著也逐年增多。但对"马克思主义基本原理概论"课程多媒体教学资源,还很少作出尝试。教师在备课中,可以积极利用现代网络技术和多媒体教学技术,对手机短信等网络信息文化(QQ表情、视频影片、幽默笑话、动画图片等)加以收集、分析、归类、甄选和改造,在此基础上它们再协同运用来阐释马克思主义基本原理,如此将更能增强教育的主动性、针对性和实效性。

---

① 《努力让大学生真心喜爱终身受益——近年来高校思想政治理论课工作取得新进展》,《中国教育报》2008年7月10日。

第二编 热点问题追踪

马克思主义与"普世价值"问题研究

近年来,"普世价值"问题成为民间与国内学术界关注、争论的热点和焦点问题,一定程度上反映了国内思想文化和意识形态领域的最新动向。为此,我们在收集相关情况、资料基础上进行了一定的分析、思考,现将情况简述如下。

一、"普世价值"问题讨论的发端、拐点与基本线索

"普世价值"思潮在国内并非新问题。2005 年 10 月,境内外敌对势力和自由派知识分子就把民主、自由等作为"普世价值"的理论武器来攻击我国的民主政治建设,比如流亡美国的胡平在《简评中共民主白皮书》中提出:"民主就意味着政党轮替,意味着领导权的开放竞争。"①

党的十七大召开后,在国内某些报刊、网站的刻意推动下,"普世价值"思潮重新开始扩散、传播。此次讨论发端于 2007 年 10 月到 2008 年年初。2007 年 10 月 16 日,《南方都市报》发表题为"十七大报告接纳了很多普世价值"的文章,12 月 30 日、31 日该报又连载朱学勤的访谈,他提出西方民主是"任何民族最终的制度进化的归宿",还借用"普世价值"为"全盘西化论"翻案,并说中国目前的"特殊民主论(协商民主)"是在"抵制普世民主进入中国";对此,潘维在 2008 年 1 月 25 日《环球时报》上撰文,对相关言

---

① 参见《"普世价值"问题学术研讨会综述》,《思想理论教育导刊》2008 年第 10 期。

论进行了反驳。

　　讨论的第一次拐点出现在 2008 年 5 月。借着当时刚发生的"西藏打砸抢事件"、"奥运火炬传递受阻"特别是"5·12 汶川地震"，《南方周末》在 5 月 22 日刊出《[汶川九歌]汶川震痛，痛出一个新中国》，文章认为"汶川救灾"是"国家正以这样切实的行动，向自己的人民，向全世界兑现自己对于普世价值的承诺"；对此，曾经在 20 世纪 90 年代以揭露"气功骗术"著称的民间学者司马南，在 5 月 25 日撰写的《抗震救灾是为普世价值吗？》一文中对该报的"普世价值"观进行了言辞激烈的批评。随后，网络上一个名为王小东的作者在转载司马南的文章时，把前者的文章标题改为"冷看《南方周末》裸体冲锋"，这就使得原来的争论更加充满了火药味，使司马南的文章很快就成了网络上的"时文"焦点和热议的重要话题。此后，"普世价值"问题的民间讨论很快受到了国内学术界、国内外媒体的高度关注。

　　讨论的第二个拐点是国内外媒体、著名学者的极大关注和积极参与：2008 年 6 月 14 日、27 日司马南先后接受了国内《经济都市报》以及境外英国 BBC 电台和英国路透社的采访；国内学者甄言、冯虞章、周新城、侯惠勤、李延明等撰写了第一批文章参与讨论，国外学者郑永年、相蓝欣等也参与讨论；国内重要期刊《马克思主义研究》、《红旗文稿》、《人民论坛》也从 7 月份开始刊发相关的讨论文章；2008 年 7 月 10 日，中国社会科学院马克思主义研究院举办了"社会主义核心价值体系与'普世价值'研讨会"，并在《马克思主义研究》第 9 期上刊发了一组"'普世价值'辨析笔谈"；中国社会科学院政治学研究所《政治学研究》杂志与上海《思想理论教育导刊》杂志，在 9 月 19 日也举办"普世价值问题学术研讨会"；国内主流媒体《人民日报》、《光明日报》、《学习时报》、《北京日报》以及《环球时报》等报纸，也分别发表或转载了国内学者的不同观点；国内有些报纸、杂志在这次讨论中更是推波助澜、不遗余力。总之，这场围绕"普世价值"的讨论，逐渐从媒体炒作、民间争论，发展到国内媒体、刊物的学术交锋，并引起了中央有关领导的高度重视。

二、"普世价值"问题讨论的主要观点及其分歧

　　从"普世价值"问题讨论的总体情况看，焦点主要集中在以下四个

方面。

(一)有没有"普世价值"?

有些学者认为,普世价值的存在是"天经地义"、不证自明的公理和常识,没有任何时代、阶级、地域、民族以及文化等界限。李文采认为,普世价值是举世公认的、符合人类整本利益的道德规范。胡玻认为,普世价值根本上只是一种社会历史现象,是根源于人类现实生活所形成的一种普世性的价值共识。① 普世价值的客观存在是不可否认的,其存在具有共识性、全球性、自发性、时代性和原则性等主要特点。彭迪、钱行认为,平等、自由、民主、独立等这些价值观具有人类社会生存和发展的普世性,不因人们主观愿望或人为制定的这种或那种主义或制度而消失。②

另外一些学者认为,价值观是有阶级性、历史性的,因此,抽象的"普世价值"是不存在的。冯虞章指出,在历史和道德领域不存在"普世价值",侈谈"普世价值"是没有任何根据的。对在"普世价值"旗号下宣扬的价值观,应当进行历史的阶级的分析。虽然不能侈谈"普世价值",但应该在实践中通过扬弃吸收历史上和国外有进步作用的价值观、道德观的有益内容,努力在批判、继承中实现创新。③ 甄言认为,所谓普世价值,是具有永恒的、普世性的价值,是对所有人都普遍适用的价值。它有三层意义:第一,这种价值具有普遍适用性,即不仅适用于个别人、少数人甚至大多数人,而且适用于所有的人;第二,这种价值具有普遍的永恒性,不仅适用于一时一地,而且适用于所有时间、所有地点,不以任何条件为转移;第三,这种价值要以具有普遍必然性的命题来表述。可以说,这是关于普世价值的绝对和抽象意义上的定义。④ 按照这个定义,观念形态的东西很难存在真正意义上的普世性。那种所谓的"适用于所有人适用于所有时间、所有地点,不以任何条件为转移的、必然性的"普世价值,事实上是不存在的。一些国家自认为是人权、自由、民主等普世价值的发明者、垄断者和输出者。他们成为了普世价值的唯一认定者。这种西方文明中心论、西方价值绝对普世化的理论,一方面把

---

① 参见胡玻:《普世价值的客观存在及现实意义》,《重庆邮电大学学报》(社会科学版)2008年第2期。

② 参见彭迪、钱行:《普世价值:作为驻外记者的感想》,《炎黄春秋》2008年第8期。

③ 参见冯虞章:《怎样认识所谓"普世价值"》,《马克思主义研究》2008年第7期。

④ 参见甄言:《关于普世价值的几个认识问题》,《北京日报》2008年6月16日。

非西方的各种文明和各种价值当做其对立面；另一方面用经济制裁、外交封锁、政治颠覆、武力打击等手段来推进他们自认为是普世价值的东西。假如这种缺少对话的文化相对主义大行其道，必然导致极端民族主义的猖獗，这是对人类尊严、人类文明的严重亵渎。如果每个国家或民族都把自己的价值观念视为普世价值观念，而把其他文化当做普世价值的对立面或附属物，那么普世价值就变成了人们手中任意摆布的一张牌，成了一个标签，可以按照自己的标准来随便贴。

侯惠勤认为，马克思主义并不笼统地否定"普世价值"的存在，但指明它的基础在于人类共同利益，如果缺乏共同利益的支撑，"普世价值"只能作为一种美好的愿望或幻想而存在，不具有真正的现实意义。由于阶级社会的利益分化（从世界范围看，我们现在仍然没有超越这一历史阶段），人类性话语和普遍利益的现实表达只能通过处在上升时期的新阶级的阶级意识。而工人阶级由于根本区别于以往的任何阶级，因而开拓了一种通过工人阶级的阶级性表达人民性乃至人类性的现实可能。在今天，通过否定阶级性话语而抽象地谈论"普世价值"，本质上是西方话语霸权的表达，是其"西化"、"分化"我国图谋的具体方式，也是当代中国产生价值混乱的一个根源，其目的是割断当代中国的发展成就与社会主义的联系。例如，我们把夺取这次特大抗震救灾的伟大阶段性胜利首先归结于"制度优越"，因而要唱响"六好"（共产党好、社会主义好、改革开放好、人民军队好、人民群众好、伟大祖国好），可是就有那么一种力量，努力把抗震救灾的胜利抽象化为国际社会慈善行动的胜利、尊重生命和个人价值的人性胜利，摆脱了一切主义纠缠的"普世价值"的胜利等，就是避而不谈社会主义制度。[①] 李崇富认为，在当今作为整体的世界还是阶级社会的情况下，根本不存在所谓"普世"的、超阶级的价值体系和价值观，也不可能存在普世价值。[②]

还有学者提出，应该承认普世价值的存在，但一定要认清"普世价值"发生、发展的时代性、历史性和特定语境。相蓝欣指出，普世价值是基督教传统特有的表述方式，它以黑与白、光明与黑暗的截然对立来解释世界，这

---

① 参见侯惠勤：《我国意识形态建设的第二次战略性飞跃》，《马克思主义研究》2008 年第7 期。

② 参见李崇富：《关于"普世价值"的几点看法》，《马克思主义研究》2008 年第 9 期。

是这一观念出现的特定历史语境和内涵。① 张维为指出,确认"自由、民主、人权"成为普世价值的过程并非是西方的自觉自愿,而是世界上所有被西方奴役的民族经过长期英勇的抗争,并与西方有识之士共同努力,才逐渐把这些本属于世界少数人的特权变成了西方国家不得不接受的普世价值,其内涵也在不同文明的互动过程中被大大丰富了。② 郑永年提出,普世价值是存在的,它是针对人本身而言的一种价值判断,包括人的生活、人的权利等多方面内容。但客观地说,包括普世价值在内,任何一种价值都不是从人类社会一开始就有的,而是随着社会的不断发展逐渐形成的。③

(二)什么能成为"普世价值"?

对此问题,以朱学勤、党国英为代表的一些学者坚持认为,只有"民主、自由、人权、民主宪政"等内容能成为普世价值。与此相对的很多学者认为,中国传统以及当代中国社会发展的文明成果也可以成为普世价值的重要内容。

叶朗认为,普世价值并非就是西方价值。中国文化的很多方面,同样体现了普世价值。中国传统文化中有一种强烈的生态意识,有一种开放性和包容性,包含有强烈的和平意识,这些都是中国文化中体现普世价值的内容。但是,由于中西文化之间缺乏交流、沟通,往往会造成不同文明和文化之间的隔膜和误解,甚至造成矛盾和冲突。西方国家的公众,有很多人对中国文化缺乏了解,还有一些人由于种种原因,头脑中存在着对于中国文化的十分片面、歪曲的认识。因此,我们要借举办北京奥运会的机会,向国际社会展示活泼泼的中国文化,特别要注重展示中国文化中体现人类普世价值的内容,这将有助于国际社会对中国文化的了解、沟通和认同,有助于消除西方世界一些人对中国文化的隔膜、误解和曲解,从而大大有助于在国际范围内构建多元文明之间的和谐和共同繁荣的格局。④

闾丘露薇指出,普世价值可以来自西方,也可以来自中国。但现实中之所以人们觉得"普世价值"非常西方化,原因在于我们对西方文化孕育出的价值很熟悉,由于国力和影响力等原因,东方文化特别是中国文化孕育的价

---

① 参见相蓝欣:《请别妄谈"普世价值"》,《廉政瞭望》2008 年第 10 期。

② 参见张维为:《谁创造了人类普世价值》,《决策与信息》2008 年第 6 期。

③ 参见郑永年:《不要以"乌托邦"心态看待普世价值》,《国际先驱导报》2008 年 7 月 11 日。

④ 参见叶朗:《展示中国文化中的普世价值》,《人民论坛》2008 年第 15 期。

值还不能被西方所认识和了解。因此，中国应该而且可以向世界输出普世价值，2008 年上映的《功夫熊猫》就是中国展示中国形象、输出普世价值的很好例证。① 赵汀阳认为，中国传统文化中最有可能成为普世价值的中国精神就是与他人共享幸福的原则，主要表现为这样几个典型的观念：天下意识、仁义意识以及家意识，这些是一种"情义为本"价值观。② 阎学通指出，当代中国在国际关系理论方面缺乏能在世界上有普世性影响的理论，因此，应该加强这方面的理论建设，为国家发展战略奠定基础。③ 还有的学者把"科学发展"、"以人为本"等作为普世价值的重要内容。

（三）谁拥有"普世价值"的命名权？

相蓝欣提出当下普世价值的讨论存在误区，有非此即彼的西化倾向。这种普世价值存在与否是个西式语境主导的伪命题，因为它根本无法被证明。真正需要引起我们注意的是它作为一个重要的国际关系概念的历史渊源和实际作用。在中国，"普世价值"是近几年才出现的外来语，它的原词是 universal value。任何价值观都是历史的，同时也要有特定的文化环境，一种价值观可以放之四海而皆准必然基于宗教观念和救赎史观。事实上，国际社会在某些问题上达成共识的应当被称为"共享价值"（commonlyshared value），这是一个表示正在进行的动作过程的概念，而不是神学本体论意义的普世价值。普世价值是基督教传统特有的表述方式，它以黑与白、光明与黑暗的截然对立来解释世界。如果我们跟着这种非此即彼的思路走，不但违背了中华传统的中庸精神，而且会在国际上坠入难以自拔的话语陷阱。首先，打破西强我弱局面的突破口首在语境。有的学者认为，中国要融入世界，我们就应当接受某些政治含义不强的普世价值，同时也可以摒弃政治意识形态主导的普世价值。这种貌似两全的思路是幼稚的。承认任何一种普世价值的存在，就必然要接受西方人的论辩模式。这是一个用中华传统思路无法取胜的模式。其次，对外关系的政策运作和意识形态原则不能混为一谈。在特定历史条件下接受某些特定的、当下国际社会流行的共享价值，是每一个国家的民族利益使然。但这不能引导到原

---

① 参见闾丘露薇：《中国也能输出普世价值》，《世纪经济报道》2008 年 7 月 14 日。
② 参见古克元：《汶川救灾与"普世价值"》，《天涯》2008 年第 5 期。
③ 参见康培：《建立具有普世价值的理论》，《人民论坛》2008 年第 4 期。

则上的让步甚或投降。再次，我们不能对西方的普世价值采取不屑一顾的简单态度。中国在其世界地位上升的历史时刻，应当为当代国际社会的共享价值作出积极的贡献。中国应当根据自身的传统对现存的共享价值提出自己的明确看法，既要警惕普世价值的陷阱，又要站在世界大多数人民的立场上提出新的价值观，对西方主导的普世价值用自己的文化传统加以新的诠释和改造。总而言之，我们应当戒言"普世"，慎言"永恒"，多谈"共享"，多做贡献。①

　　张维为认为，确认"自由、民主、人权"成为普世价值的过程并非是西方的自觉自愿，而是世界上所有被西方奴役的民族经过长期英勇的抗争，并和西方有识之士共同努力，才逐渐把这些本属于世界少数人的特权变成了西方国家不得不接受的普世价值，其内涵也在不同文明的互动过程中被大大丰富了。促进普世价值的过程本应继续是一个不同文明、不同民族取长补短的互动过程。但是西方主要国家总想垄断这些价值的解释权，搞"话语霸权主义"，为自己的战略利益服务。西方谋求话语霸权面临着三个困境：一是国际政治中的困境，中国、俄罗斯等有影响力的国家都坚决拒绝西方的话语霸权，并积极发展自己的话语权。二是实际操作中的困境。三是在全球治理问题上束手无策。这一切困境的背后是全球化环境下西方政治话语的苍白。西方文明有其长处，值得我们学习，但也有其短处，特别是过多的自我中心，过多的对抗哲学，过多的好为人师，缺乏中国文化中的"整体观"、"辩证观"和"天下观"，怎么能指望这种狭隘的政治话语来解决今天这么复杂的世界性难题呢？倒是中国的崛起，特别是中国政治软实力的崛起，为解决世界性的问题带来了一些希望。中国独特的发展模式和消除贫困的经验广受好评；中国在对外关系中奉行的"平等互利"理念已被越来越多的国家接受；中国"和谐包容"、"和而不同"的思想为解决世界"文明冲突"的难题提供了宝贵思路。在这些问题上，不是中国接受西方话语的问题，而是西方如何克服自己话语僵化的问题，是西方最终可能要接近甚至接受我们话语的问题。②

　　普世价值是个不断演变和发展的过程，因为人类所面临的新问题层出

---

　　①　参见相蓝欣：《请别妄谈"普世价值"》，《廉政瞭望》2008 年第 10 期。
　　②　参见张维为：《谁创造了人类普世价值》，《决策与信息》2008 年第 6 期。

不穷,需要更加丰富的价值观来引导和处理,中国应该为丰富普世价值作出自己的贡献。普世价值的探索和发展未有穷期一旦超越西方话语,我们就海阔天空。我们珍视与西方的关系,也愿意学习其一切长处,但我们拒绝傲慢与偏见。我们对西方话语的态度既不是俯视,将其看得一无是处,也不是仰视,把它奉为金科玉律,而是平视,用中国人"实事求是"的核心价值观逐一加以审视,一部分要学习、一部分要借鉴,一部分要反思、一部分要扬弃。中国是世界上唯一维系了数千年而没有中断的伟大文明、是一个拥有 13 亿人口的超大型国家,其真正崛起必将是人类历史上最具震撼力的事件。在这个历史性的进程中,"失语"的不会是中国,而应该是"话语霸权主义"。

赵汀阳提出,有的媒体认为汶川救灾所以伟大是因为向世界承诺和表现了西方的"普世价值",这种歪曲事实的解释令人吃惊也令人失望。如果中国救灾所表现的无非是西方价值观,那么西方就不会对中国救灾所显示的力量感到出乎意料和吃惊了,很显然,假如中国和西方的所作所为大同小异,就根本不值得西方惊讶了。汶川救灾证明的不是西方的普世价值,而是证明了中国价值就是普世价值;不是中国向西方交出的答卷,而是中国人对中国精神的一种发展和再创造,救灾英雄们身上奔腾的是中国心,恐怕不是西方心。事实是检验价值的标准。当一种价值观落实为事实,如果这一事实显示了最大化的兼利和兼容,或者说,它使人们的共同利益最大化,同时对任何人的伤害最小化,这样的价值才有可能获得人们的普遍同意,才能够成为普世价值。汶川救灾的事实证明了,患难与共的大家庭精神这一中国价值就是一种普世价值。中国和西方在内的各种文化都对人类普世价值有所贡献,无论是中国价值还是西方价值,只要被事实证明为对人类普遍有益,被证明为能够有效解决人间困难,它就是普世价值。在普世价值的问题上,最常见的错误理解是把普世价值理解为一个单调或单面的价值观,就是指望某一种价值观就能够一揽子通吃所有问题,完全是不理解复杂人性的幻想。目前西方声称的普世价值体系就只是一个单调的价值体系,它仅仅体现了"权利为本"的西方现代价值,这个体系是非常片面的,没有全面应对复杂生活问题的能力,而且它过分突出了"个人",这会导致社会的现代病。①

---

① 参见古克元:《汶川救灾与"普世价值"》,《天涯》2008 年第 5 期。

（四）如何看待这场"普世价值"问题讨论？

对此，有的学者认为这是一场学术争论。李延明认为，这场争论并不是关于"普世价值"的争论，而是关于"普世价值观念"的争论。争论的焦点是：有没有普世价值观念？哪些价值观念是普世价值观念，由谁来决定普世价值观念的具体内容，前者的问题是有没有层次？后面是存在不存在"普世"这个层次。[①] 郑永年提出，这场讨论主要围绕"到底有没有普世价值、中国政府在地震中的表现是否是对普世价值的实践以及谁有权利解释和定义普世价值"等问题展开。[②]

有的学者提出应该从方法和态度上加以规范。俞可平认为，我们要坚持辩证法，反对极端主义思维。在这场争论中有两种极端观点是令人担忧的。要坚持实事求是，反对主观主义，不要动辄就给对方扣上"反对改革开放"、"为既得利益者辩护"、"是西方的走卒"、"缺乏良知"这类政治帽子，进行政治批判和人身攻击。我们需要通过正常的学术讨论、理论争论和思想交锋来凝聚实现中华民族伟大复兴的共识，而绝不能去破坏社会的政治认同和政治共识。[③]

还有学者认为，这场讨论是一场典型的思想文化和意识形态领域的争论与交锋。周新城认为，一些人使劲鼓吹的"普世价值"实质上就是西方的价值，鼓吹"普世价值"的目的是想改变我国社会发展的方向道路。他认为，鼓吹"普世价值"并不是什么学术问题，而是有着鲜明的政治目的。改革开放以来，一直有一股势力，想把我国引向资本主义道路。意识形态领域始终存在着尖锐的斗争，这种斗争的集中表现就是四项基本原则与资产阶级自由化的斗争。这种斗争将长期存在。鼓吹"普世价值"的人，把英美等发达资本主义国家的民主、自由、平等、人权等封为"普世价值"，然后用这个标准来衡量中国特色社会主义的实践，指责这个不行、那个不行，然后要求按照资本主义的标准改造中国，把中国特色社会主义改称资本主义。他们把西方发达资本主义国家的政党轮流执政制度当做普世的、唯一的民主制度，攻击中国共产党领导下的多党合作、共同协商的制度；他们竭力歪曲

---

① 参见李延明：《关于"普世价值"的争论》，《今日中国论坛》2008 年第 10 期。
② 参见郑永年：《不要以"乌托邦"心态看待普世价值》，《国际先驱导报》2008 年 9 月 11 日。
③ 参见俞可平：《"中国模式"与思想解放》，《北京日报》2008 年 11 月 19 日。

和攻击无产阶级专政，把它同民主对立起来；他们把资产阶级的民主、自由、平等、博爱宣布为人类共同的核心价值，要求放弃以马克思主义为指导的社会主义核心价值体系。矛头所向，十分清楚。①

　　侯惠勤指出，普世价值混淆了认识论价值和价值论价值、政治价值和人性价值、理想价值与空想价值的关系，混淆了马克思不同语境中的话语价值，因此，在实践上是西方国家执行单边主义和双重标准的话语武器。新形势下，我们要把人类话语与阶级性话语统一起来，特别要保持理论上的自觉，才能拥有思想上的领导权。② 李崇富认为，这场讨论不仅反映了我国当代思想文化的新动向，更反映了长期以来我国意识形态建设的"软肋"：这个软肋就是广泛存在非意识形态化的倾向。不少人从原来的"斗争论"走向了"阶级斗争熄灭论"，因此，阶级分析方法价值很大，否则，共产党人就是"自我解除思想理论武装，就难以澄清思想理论混乱"。③ 冯虞章认为，要鲜明地揭露包裹在"普世价值"外衣下错误思潮的实质，必须注意那种把"淡化意识形态"宣扬为普世价值的主张和倾向，认清它的严重危害，消除它的影响。④ 潘维认为，这场讨论说明，应当积极开放和勇于开展在意识形态领域与西方的竞争。如果没有竞争的自信，没有竞争的勇气，我们的文明是没有前途的。⑤

三、"普世价值"问题讨论的认识与反思

　　当前这场关于"普世价值"问题的争论，之所以在民间和国内学术界引发激烈交锋，究其实质主要是有些人打着学术讨论的幌子来表达其鲜明的政治立场和倾向，其中表现出来的倾向性问题主要有以下四点：

　　第一，崇拜、迷信西方资产阶级价值观念和基本制度，公然为"全盘西化"翻案。有的人把"民主、法治、自由、人权"等说成是"人类社会共同追求的普世价值"，把资本主义制度看做"任何民族最终的制度进化归宿"，称为

---

①　参见周新城：《"普世价值"的实质就是西方的价值》，《光明日报》2008 年 9 月 16 日。

②　参见侯惠勤：《"普世价值"的理论误区和实践陷阱》，《马克思主义研究》2008 年第 9 期。

③　参见李崇富：《关于"普世价值"的几点看法》，《马克思主义研究》2008 年第 9 期。

④　参见冯虞章：《怎样认识所谓"普世价值"》，《马克思主义研究》2008 年第 7 期。

⑤　参见潘维：《敢与西方展开政治观念竞争》，《环球时报》2008 年 1 月 25 日。

"世界文明的主流"。有的人把党的"科学发展"和"以人为本"说成是普世价值，认为"以人为本"作为核心的意识形态以及人类普世价值中最重要的内涵，已经"被中国共产党所接受"，他们还把伟大的抗震救灾说成是"中国政府兑现对世界的承诺"；有的人甚至重新提出"全盘西化论"，并把这种谬论看做是当代中国社会发展的未来方向。

第二，恶意攻击中国共产党及其历史。有的人公然提出，中国共产党应该"放弃列宁'无产阶级先锋队'的提法"，说这种理论已经"完全不能适用于在宪法和法律范围内活动的群众性的现代政党"了；有的人提出，1949年以前普世价值曾经是中国共产党的思想武器，中国共产党正是通过宣扬"普世价值"才把国民党赶下台的，而今天因为中国出现了"特权阶层"才不敢再提普世价值，因此，"中国共产党要获得新生，也必然要走国民党走过的宪政之路"；有的人歪曲中央领导人讲话的内涵，提出"胡锦涛和温家宝"也是多次支持"普世价值"的；有的人借刻意抬高"汶川救灾"来丑化、攻击1977年"唐山地震"时的党中央，把救灾说成是"泛政治化"和证明"社会主义优越性"的结果。有的人甚至把"文化大革命"与国内学者对"普世价值"的批评进行简单类比，说这种批评是在"错误的时间、错误的地点挑起了一场错误的批判"，说这种挑战普世价值的举动是"挑战人伦底线"，说成是"回归兽性"。

第三，攻击中国特色社会主义的基本制度、发展道路和改革开放30多年的伟大成就。有的人提出，当今中国的社会主义政治制度是"上层建筑已不适应经济基础"，是"集权制度"、"病态社会"。因此，当代中国应该走向"民主宪政"，不能再用中国特色社会主义这样的"中国特殊论"来抵制民主进入中国这样的大趋势，而所谓的中国特色社会主义"离开甚至背离了人类近代文明主流"，是行不通的。他们提出，人类文明的普世价值是永恒的，而民族特色是会变化的，普世价值不应成为迁就民族特色的祭品。有的人认为 中国的改革开放是向资本主义的"价值回归"，30多年发展的过程就是培养起了一个"特权阶层"和"集权政府"。他们认为，中国的发展还比不上现在的俄罗斯、印度等国，因为后者都接受了西方的民主制度。

第四，国内外少数媒体和个别学者确实有鲜明的政治目的和指向性。一方面，境外主流媒体超乎寻常地关注我国国内的思想文化动向。比如，在民间学者司马南 2008 年 5 月发表系列批评文章后,英国的 BBC 电台和路透社马上在 6、7 月份对司马南进行了采访,言谈中从我国的言论自由、新闻制度、民主制度、人权状况等方面对采访者进行"诱导",其政治目的非常明显。同时,国内少数媒体和个别人也是"挟风带雨",不遗余力地推动讨论。据不完全统计,仅《南方周末》从 2007 年 7 月到 2008 年 11 月登载相关问题的"新闻、述评、特刊、言论"等内容达 155 条(平均每期 2 条);《炎黄春秋》及其网站 2008 年以来刊发、转载了 143 篇关于民主、自由等普世价值问题讨论的文章或言论。这些情况说明国内思想文化和意识形态领域并不平静。

鉴于上述情况,我们感到主要应从以下三个方面加以关注:其一,应密切关注各类新型媒体的最新动态,及时掌握国内思想文化和意识形态领域的最新动向。这次"普世价值"讨论的焦点之一,就是司马南与《南方周末》之间的"个人博客"与网站的争论。与传统媒体形式相比,互联网成了一个便捷、高效的角逐空间,吸引了很多网民的"跟帖"、关注。因此,随着互联网特别是网上个人博客、网络报纸、网络期刊以及相关网站等新型媒体形式的大量出现,思想文化的最新动态往往最先出现或反映在这些新的文化阵地上。此类新的传播形式有很大的虚拟性、隐匿性和随意性,如果对此不加关注,很容易让一些反动、露骨的言论肆意传播、混淆视听,并影响一大批社会民众。因此,应时刻关注境内外媒体对国内问题关注的动向,及时发现问题的苗头,从而作出及时、有效的回应。其二,要以高度的责任心、事业感和政治敏锐性去分析、批判和回击错误思潮。潘维是国内最先在主流媒体上对"普世价值"进行回击的人;冯虞章提出要敢于同西方进行"意识形态竞争";特别是民间学者司马南,对"讨论"背后的真相、实质抓得准、反应快;侯惠勤、李崇富等学者及时撰文弘扬马克思主义的声音,揭露了少数人背后的险恶用心和政治指向性。这些理论工作对回击国内的"西方话语"起到了决定性作用。但还有不少学者,盲目参与这场"有名无实"的讨论,随声附和并赞成普世价值,有时还发表一些"另类"的言论,造成了一定的负面影响。其三,加强社会主义意识形态的建设和理论研究工作,努力用"中国的声音"抵制错误思潮的影响。正如胡锦涛同志指出的,我们在"淡化意识形态"的同时,还要看到意识形态领域的复杂性和严峻性,要增强使命感，认真研究马克思主义基本理论和中国的现实问题。我们反对抽象地谈论"普世价值"，但我们认可价值的"共同性、共享性"。因此，要对现时代的中国实践、中国道路、时代精神以及文化理论资源进行系统分析和研究，倡导符合中国实际、中国人需要的独立的文化价值观，努力在全球化进程中发出自己的理论文化声音，这是有效抵制错误思潮影响的重要途径。

国际金融危机与中国经济发展问题研究

由 2007 年美国次贷危机引发的全球金融风暴,其"损失之大,影响之深、范围之广"堪称史无前例。针对这场来势汹涌的金融震荡,国内马克思主义理论界不少学者就中国经济发展的相关问题展开了深入探讨,现将有关情况综述如下。

一、国际金融危机对中国经济影响的深度透析

(一)国际金融危机对中国经济有无影响及影响的领域与程度

一方面,在有无影响的问题上,国内学者有着一致的看法。他们针对国内外关于中国经济能够"独善其身"的论断进行了反驳,认为世界各国经济的相互联系和依赖性在马克思恩格斯所处的时代就已经开始,他们早就对此作出了分析。今天,世界各国的贸易、投资、金融、生产、服务等已经融为一体[①],一国经济的发展不仅取决于国内情况,还需要考虑整个国际大环境。如果一国发生经济危机,会涉及贸易密切的国家乃至整个世界。中国 60% 的高贸易依存度决定无法"独善其身"[②],不受影响是根

---

① 参见董洪日:《浅析美国金融危机及其对我国经济发展的影响》,《山东教育学院学报》2008 年第 6 期。

② 参见崔巍:《经济及金融危机成因、克服依据与中国发展途径——科学管控观与目前实践及理论再研究》,《广西青年干部学院学报》2009 年第 3 期。

本不可能的①。

　　另一方面,在危机对我国经济影响的领域和程度问题上,学术界则存在不同的看法。大部分学者认为,对金融领域的影响不大,"影响主要发生在实体经济层面"②,尤其是对出口影响较大。因为受危机影响,西方国家的购买力下降,超前消费已有所收敛。并且,由于人民币升值,以及世界各国为应对危机纷纷采取的贸易保护主义措施,极大影响了中国产品的国际竞争力和销售额。部分学者则认为,由于我国金融机构有政府作为强大的后盾,而人民群众对政府有信心;金融系统还不够发达,基本上没有投资银行、评级机构,以及金融衍生产品;银行不缺流动性;金融监管部门也比较谨慎③;再加上具有支撑经济持续发展充足的资本、劳动力和技术④,因而尽管我国经济受到冲击,但整体而言,影响的比重较小且在可控范围之内⑤,经济持续发展的基本面没有改变⑥。还有一部分学者认为,我国受到了严重的影响和损失,主要表现为外贸出口萎缩、大批出口型企业经营困难、倒闭,失业剧增,股市暴跌,尤其是其他金融资产损失更为严重。⑦ 而且,中国还面临更大的问题,"如果中国停止每星期购买数十亿美元的美国国债,美国就会有大麻烦;而不购买,向美国出口就会有大麻烦,不是因为贸易报复而是美国的购买力。目前双方的恶性平衡已经被打破,大麻烦很快将会在实体经济方面显现出极大副作用。同时,近两万亿美元的外汇储备不可能不被稀释"⑧。

　　(二)国际金融危机对中国经济影响的根源是外因还是内因

　　一部分学者持"外因说"。认为中国特色社会主义没有经济危机,只是

---

　　①　参见董洪日:《浅析美国金融危机及其对我国经济发展的影响》,《山东教育学院学报》2008 年第 6 期。

　　②　参见蔡昉:《科学发展是抵御金融危机的根本途径》,《红旗文稿》2009 年第 6 期。

　　③　参见成思危:《全球金融危机与中国的对策》,《马克思主义与现实》2009 年第 5 期。

　　④　参见彭光谦:《全球金融危机对国际格局的影响》,《现代国际关系》2009 年第 4 期。

　　⑤　参见董洪日:《浅析美国金融危机及其对我国经济发展的影响》,《山东教育学院学报》2008 年第 6 期。

　　⑥　参见彭光谦:《全球金融危机对国际格局的影响》,《现代国际关系》2009 年第 4 期。

　　⑦　参见丁冰:《当前国际金融危机的特点及对我国的影响》,《思想理论教育导刊》2009 年第 2 期。

　　⑧　崔巍:《经济及金融危机成因、克服依据与中国发展途径——科学管控观与目前实践及理论再研究》,《广西青年干部学院学报》2009 年第 3 期,第 4 页。

受西方国际金融和经济危机的影响,并已采取强有力的措施,在消除其不良影响。① 因为:第一,当前通货膨胀的主要根源是外部成本的输入。因为中国是美国不劳而获循环中的一个重要环节,承担了其经济发展以及金融危机的诸多成本:与世界市场高度关联、对外依存度过高,必然承担因世界大宗商品价格上涨传导过来的成本;出口的商品没有计入生态环境、土地价值、劳动保护和保障等成本;规模巨大的外汇承担了美国资产缩水或债务内爆的损失。② 第二,我国长期持续的巨额外贸顺差带来的过多外汇储备,实际上成了美国绑架我国的抵押品,使得我国的金融资产很难避免不遭受损失③,这是不争的事实。美国绑架中国经济,目的是让中国为其债务埋单。美国之所以能如此,是因为在保持以物质产权垄断为基础的掠夺方式的同时,还发展出以金融资产和世界货币垄断为基础的直接掠夺方式,即由资本输出发展为债务转嫁。从直接层面看,是由被美国垄断的国际货币制度和严重政治化的汇率制度造成的。美元印刷权成为决定世界财富多寡的货币尺度。汇率变动直接引起一国外汇储备价值的变化是显性的,而通货膨胀则是一种隐性的剥削方式。美国完全有机会和事实上正在通过通货膨胀和调整汇率来转嫁危机和掠夺财富。④ 第三,我国之所以受到严重的影响和损失,与新自由主义思潮的影响不无关系。在新自由主义思想干扰下,导致公有制经济主体地位被削弱,贫富收入差距愈益拉大,造成内需不足,过剩的产品只得从国外市场寻找出路,从而使经济严重受制于国际垄断资本和国际市场。⑤

　　另一部分学者持"内因说"。一方面,排除社会主义与资本主义对外交往的因素,社会主义国家经济的发展也遵循着经济发展的一般规律,存在发生经济危机的可能。如宏观调控问题,生产和消费之间的矛盾等。⑥ 另一

---

　　① 参见程恩富:《当前西方金融和经济危机与全球治理》,《管理学刊》2009 年第 1 期。

　　② 参见严海波:《美国金融危机转嫁的政治经济学分析》,《马克思主义与现实》2008 年第 4 期。

　　③ 参见丁冰:《当前国际金融危机的特点及对我国的影响》,《思想理论教育导刊》2009 年第 2 期。

　　④ 参见刘仁营:《继承与发展列宁的帝国主义理论——兼析金融危机根源探讨中的庸俗性观点》,《探索》2009 年第 3 期。

　　⑤ 参见丁冰:《当前国际金融危机的特点及对我国的影响》,《思想理论教育导刊》2009 年第 2 期。

　　⑥ 参见尹智博:《国际金融危机对世界社会主义的影响》,《红旗文稿》2009 年第 19 期。

方面,中国和美国有很大的不同。美国导致金融危机的那些最核心要素在中国几乎都不存在。中国面临的问题主要是有效需求不足,城乡、地区、贫富差距过大,以及基本公共服务体系不健全等问题,是社会建设落后于经济发展的问题。① 中国当前的经济困境主要是由生产过剩造成的,由此导致经济不得不长期靠出口拉动,这一趋势在中国加入世贸组织后又进一步加强。危机爆发后,中国的出口市场被大为压缩,实体经济必然陷入困境。② 即使没有金融危机的冲击,中国长期依赖的增长模式也难以为继。③

有的学者则持"内外因交织说"。认为除了金融危机的影响外,中国经济自身也存在着严重的结构性问题,其中最突出的就是因为贫富差距太大而导致的居民消费需求不足。内外两个因素的作用同时发作,问题会相当严重。④

(三)国际金融危机对中国经济危机对中国经济发展是"危"还是"机"

对此,国内马克思主义界有着一致的看法,即"危"、"机"并存,危机背后面临大的发展机遇期。

首先,从大国崛起的角度看,一些学者认为,考察这场空前的金融危机,有助于我们理解 G20 崛起的意义及中国的国际地位。此次危机对中国的影响,也许类似于第二次世界大战对美国的影响,正是中国向世界大国迈进的重要时点⑤,危机为中国成为一个世界大国提供了机遇。如此判断的基础在于:中国经历的 30 多年改革开放,为中国成为世界大国积累了经济、科技、文化、军事等"软硬实力"。⑥ 然而,也有学者提出了不同看法,认为中国尚不具备担当世界领导国家的能力和资格,美国的"一超"地位和领导作用还是我们不得不面对的。中国发展的任务还很重,远不是出头的时候。就中国目前的能力来说,稳定中国的经济就是对世界抗击金融危机的最大

---

① 参见鲍宗豪:《金融危机与可持续社会现代化》,《红旗文稿》2009 年第 14 期。
② 参见谢有武:《如何运用宏观价值调控理论应对国际金融危机——"解决金融危机新思路研讨会"综述》,《学术论坛》2009 年第 10 期。
③ 参见李波:《全球金融危机背景下中国经济发展方式的思考》,《华东政法大学学报》2009 年第 3 期。
④ 参见李炳炎、王小刚:《对当前国际金融危机成因的马克思经济学分析》,《高校理论战线》2009 年第 10 期。
⑤ 参见林宏宇:《国际金融危机、G20 的崛起与中国》,《现代国际关系》2009 年第 11 期。
⑥ 参见乔榛:《金融危机与中国崛起的历史机遇》,《求是学刊》2009 年第 1 期。

贡献。①

其次,从经济发展方式转变的角度看,金融危机为中国转变经济发展模式提供了强大的外部推动力(或者说压力)和战略机遇。② 压力来自于世界金融危机冲击所带来的国际市场需求萎缩,以及我国经济增长过程中形成的资源、能源和环境的多重约束。在正视压力的同时,也应充分看到金融危机背后隐藏着推进转型的动力,即技术改造的动力、产业重组和梯度转移的动力、改善人力资本的动力。我们不能错过世界金融危机提供的推进我国经济转型的机遇③,要用好金融危机对结构调整形成的"倒逼机制",把压力转化为动力,由被动转化为主动④,牢牢把握塑造科学发展模式,坚持自主创新、提升产业结构、建立现代产业体系,实现节能减排、促进可持续发展这一历史机遇,真正把经济社会发展转入科学发展轨道。⑤ 之所以危机是实现发展方式转变的大好时机,是因为:一方面企业竞争压力加大,创新成为生存的必需;另一方面生产要素价格相对低廉,有利于进行重组。⑥

再次,从实业发展的角度看,金融之"危"也孕育着实业发展之"机",具体表现为五个方面,即人才资源回归之"机"、资金回流之"机"、技术创新和产业升级之"机"、管理变革和利用资源之"机",以及思维变革和思维现代化之"机"。⑦

二、由国际金融危机引发的对经济发展非议的理论回应

对当前危机对中国影响的程度、原因和性质的分析,自然地提出了如何认识改革开放 30 多年的发展,涉及如何认识评价构成中国发展的道路

---

① 参见邵峰:《金融危机对国际关系的影响及中国的应对》,《世界经济与政治》2008 年第 12 期。

② 同上。

③ 参见姜作培:《国际金融危机背景下中国经济转型研究》,《毛泽东邓小平理论研究》2009 年第 8 期。

④ 参见马凯:《在应对国际金融危机中加快推进经济结构调整》,《国家行政学院学报》2009 年第 5 期。

⑤ 参见肖志恒:《科学发展观是应对金融危机的根本之策》,《江淮论坛》2009 年第 1 期。

⑥ 参见蔡昉:《科学发展是抵御金融危机的根本途径》,《红旗文稿》2009 年第 6 期。

⑦ 参见张蔚萍:《正确认识国际金融危机影响,满怀信心推进科学发展》,《学习论坛》2009 年第 8 期。

或模式的一些基本问题，这是一个重大的、根本的问题。① 尤其是对指导思想的认识更是首要的重大问题。针对当前国内存在的一些模糊认识和杂音，国内马克思主义界从三个"为什么必须坚持"的层面作出了强有力的回答。

（一）为什么必须坚持以马克思主义为指导而不是以新自由主义或凯恩斯主义为指导

第一，国际金融危机对世界经济造成巨大影响的事实，充分暴露了新自由主义的实质和危害，宣告了新自由主义及其经济政策的破产。② 新自由主义③产生于第二次世界大战后的西欧和北美，在 20 世纪 70 年代因凯恩斯主义应对"滞胀"问题"失灵"而崛起，由撒切尔夫人、里根至小布什上台积极倡导和推行，逐渐占据美英等国主流经济学地位。随着 1990 年"华盛顿共识"的形成与推行，新自由主义嬗变为国际垄断资本的经济范式和政治纲领，并泛滥于全世界。其政策主张的核心是自由化、市场化、私有化；否定公有制、社会主义、国家干预；在战略政策方面则极力鼓吹和推行超级大国主导的全球经济政治文化一体化——全球资本主义化。其实质是一种极端的市场原教旨主义，是代表西方大垄断资产阶级利益的一种意识形态，是发达国家向发展中国家推行新殖民主义的思想武器，完全适应了超级金融资本加强资本剥削和掠夺、操纵市场大肆投机的需要。正是新自由主义经济学在美国和世界范围的教条主义宣传，正是西方资本主义国家长期推行"新自由主义"政策主张，过度迷信市场、过度放松监管和过度开放金融领域，为危机埋下了隐患——加剧资本主义固有矛盾、世界财富两极分化和有

---

① 参见本刊评论员：《从制度层面把脉世界金融危机深化对中国发展模式的思考——当前干部群众关注的重大思想理论问题（二十三）》，《科学社会主义》2009 年第 3 期。

② 参见中国社会科学院"国际金融危机理论研究"课题组：《国际金融危机与马克思主义》，《求是》2009 年第 24 期；刘国光、杨承训：《关于新自由主义思潮与金融危机的对话》，《红旗文稿》2009 年第 4 期；孟献丽、陈跃、冯颜利：《理性分析，科学应对，坚定信念——"金融危机与世界社会主义发展前景"国际研讨会综述》，《马克思主义研究》2009 年第 12 期；李崇富、昝瑞礼：《专家学者研讨国际金融危机问题》，《高校理论战线》2009 年第 1 期。

③ 在西方理论界，"新古典自由主义"即 Neo—liberalism，也称"新保守主义"，指的是承袭"古典自由主义"和"新古典自由主义"经济思想，而与凯恩斯主义对立的思潮及其流派。其鼻祖一般被认为是哈耶克。而新自由主义即 New Liberalism，指的是与古典自由主义对立的思潮及其流派，如凯恩斯主义。鉴于国内学者通常也将 Neo—liberalism 翻译成"新自由主义"，因此，这里所采用的"新自由主义"一词，均指"新古典自由主义"。

效需求不足的发展,最终酿成了国际金融危机,这是引火自焚的客观逻辑。①

第二,历史教训表明新自由主义不是什么福音②,推行到哪个国家和地区,哪个国家或地区就会遭到巨大风险和灾难,甚至成为重灾区。其原因在于:一方面,其推行表面上是为了发展各国经济,实质是建立以国际垄断资本主义为主导的全球政治经济新秩序,为国际垄断资产阶级服务;另一方面,"新自由主义"的理论观点带有强烈的主观色彩和理想成分,而且在美国特殊历史时期产生过短期效益,使其带有很强的麻痹性,人们对其弊端和危害容易丧失警惕。③

第三,在理论上要把新自由主义经济学中对于市场机制运行一般规律的科学成分同作为资产阶级主流意识形态区别开来。对前者,可以批判地选择吸收;对后者,其系统主张与中国特色社会主义市场经济不相容,要坚决反对。④

第四,金融危机的爆发也与凯恩斯主义的消费决定生产理论和鼓励举债消费的思想政策有关⑤,进一步暴露了消费主义主导的资本主义的严重弊病和危害⑥,宣告了凯恩斯理论的破产。凯恩斯分析经济问题的基础是主观唯心主义,视野具有明显的封闭性,分析焦点是市场,重在反危机政策措施的研究,而其反危机政策的理论基础是扩大"有效需求"的心理,方法是借钱、印钱、花钱。在造成西方长期滞胀趋势后,最终引爆了全球经济及

---

① 参见刘国光、杨承训:《关于新自由主义思潮与金融危机的对话》,《红旗文稿》2009 年第 4 期;程恩富、王佳菲:《"猛虎"是怎样放出笼的——论金融自由化与美国金融危机》,《红旗文稿》2009 年第 1 期;刘仁营、裘白莲:《国际金融危机的理论和历史意义》,《红旗文稿》2009 年第 24 期;本刊记者:《新自由主义不是当前国际金融危机的主要原因吗——访首都经济贸易大学教授丁冰》,《马克思主义研究》2009 年第 4 期;耿步健:《"新古典自由主义"思潮与美国的金融危机》,《南京理工大学学报》(社会科学版)2009 年第 1 期。

② 参见刘国光、杨承训:《关于新自由主义思潮与金融危机的对话》,《红旗文稿》2009 年第 4 期。

③ 参见耿步健:《"新古典自由主义"思潮与美国的金融危机》,《南京理工大学学报》(社会科学版)2009 年第 1 期。

④ 参见刘国光、杨承训:《关于新自由主义思潮与金融危机的对话》,《红旗文稿》2009 年第 4 期。

⑤ 参见本刊记者:《新自由主义不是当前国际金融危机的主要原因吗——访首都经济贸易大学教授丁冰》,《马克思主义研究》2009 年第 4 期。

⑥ 参见孟献丽、陈跃、冯颜利:《理性分析,科学应对,坚定信念——"金融危机与世界社会主义发展前景"国际研讨会综述》,《马克思主义研究》2009 年第 12 期。

金融大危机。①

第五，国际金融危机的爆发，用铁的事实验证了马克思主义的真理性、科学性和强大的生命力②，对我们是一次生动的马克思主义教育。我们更加清醒地认识到，求助于新自由主义、采用西方所谓"主流经济学"或回归凯恩斯主义来反思和应对这场国际金融危机，从根本上说都是无济于事的。③ 我国改革开放的伟大历史进程和应对国际金融危机的生动实践充分证明，只有马克思主义这一科学真理，才是破解我国各种经济社会难题，正确观察、分析和应对国际金融危机的理论法宝。马克思主义中国化理论创新成果——中国特色社会主义理论体系特别是科学发展观，是我国经济社会发展的重要指导方针，是发展中国特色社会主义必须坚持和贯彻的重大战略思想。只有坚持以马克思主义为指导，继续深化改革开放，认真贯彻落实科学发展观，坚定不移地走中国特色社会主义道路，才能确保我国经济又好又快发展，才能确保我们的各项事业顺利前进，才能促进人的全面发展，才能最终实现中华民族的伟大复兴。④

（二）为什么必须坚持中国特色社会主义经济发展模式而不是新自由主义模式或民主社会主义模式

首先，国际金融危机的爆发有其错综复杂的原因，但从根本上来说，是违背发展规律的结果，充分暴露出一些国家经济发展模式的严重弊端⑤，宣

---

① 参见崔巍：《经济及金融危机成因、克服依据与中国发展途径——科学管控观与目前实践及理论再研究》，《广西青年干部学院学报》2009 年第 3 期。

② 参见中国社会科学院"国际金融危机理论研究"课题组：《国际金融危机与马克思主义》，《求是》2009 年第 24 期；周明生、孙耀武：《21 世纪初国际金融危机对马克思经济危机理论的考量、丰富和发展》，《马克思主义研究》2009 年第 11 期；丁冰：《当前国际金融危机的特点及对我国的影响》，《思想理论教育导刊》2009 年第 2 期；丁长青、袁杰：《当前国际金融危机的马克思主义解读》，《社会科学家》2009 年第 7 期；廖富洲：《国际金融危机彰显〈资本论〉的真理性和永久魅力》，《理论前沿》2009 年第 14 期。

③ 参见刘国光、杨承训：《关于新自由主义思潮与金融危机的对话》，《红旗文稿》2009 年第 4 期；李崇富、昝瑞礼：《专家学者研讨国际金融危机问题》，《高校理论战线》2009 年第 1 期。

④ 参见中国社会科学院"国际金融危机理论研究"课题组：《国际金融危机与马克思主义》，《求是》2009 年第 24 期；孟献丽、陈跃、冯颜利：《理性分析，科学应对，坚定信念——"金融危机与世界社会主义发展前景"国际研讨会综述》，《马克思主义研究》2009 年第 12 期；李崇富、昝瑞礼：《专家学者研讨国际金融危机问题》，《高校理论战线》2009 年第 1 期；丁长青、袁杰：《当前国际金融危机的马克思主义解读》，《社会科学家》2009 年第 7 期。

⑤ 参见中国社会科学院"国际金融危机理论研究"课题组：《国际金融危机与马克思主义》，《求是》2009 年第 24 期。

告了新自由主义将美国模式神化为人类"普世价值"的破产①。原来被封为世界样板的"美国模式",在联合国大会上第一次成为指指点点的批评对象。② 面对国际社会对美国模式的质疑,美国政界、学术界和媒体的反应几乎出奇的一致,认为美国确实应该加强金融监管,但是这并不妨碍美国继续奉行重视自由市场经济的发展模式。换句话说,美国主流观点认同有必要完善美国模式,但不认同否定美国模式。③ 所谓"莱茵模式"、"北欧模式",西方媒体常见的说法是,一种形式的资本主义倒塌了,无非是换一种资本主义的别样的形式。④ 实际上,美国推行新自由主义也采取"双重标准",东南亚金融危机时,泰国、韩国要求支持,美国说不能支持银行,必须破产。现在美国自己就不是这样,不但银行,而且一些实体企业,也要靠政府的力量救助,可见其实用主义的手法。⑤

其次,近年来国内一些人把中国经济发展的成就归功于遵循了"新自由主义模式"或"民主社会主义模式",认为应该继续遵循这些模式。⑥ 这种针对中国经济发展的"新自由主义"和"民主社会主义"模式论,没有抓住中国经济发展的主要特征,其关于中国经济发展以西方理论为指导的说法是不符合实际的,同时也会误导中国经济改革和发展的方向。其错误在于:(1)只看到改革过程中借鉴了西方经济学关于市场经济一般规律的理论论述并付诸实践,看不到现阶段经济发展中出现的一些问题,恰恰是受到以新自由主义经济学为代表的西方资产阶级主流经济学宣传和影响的结果;(2)只看到私有制经济的发展,看不到公有制经济的主体地位和国有经济的主导作用;(3)只看到允许一部分人先富起来,看不到中国按劳分配为主体,而且最终要消灭私有制及其剥削,消除两极分化,最终实现共同富裕;(4)只看到社会主义市场经济与资本主义市场经济的共性,看不到二者的本质差别;(5)只看到福利保障制度对于改善工人阶级生活状况的积极意

---

① 参见李崇富、昝瑞礼:《专家学者研讨国际金融危机问题》,《高校理论战线》2009年第1期。
② 参见卫建林:《没有不散的筵席——关于美国金融危机的杂感》,《红旗文稿》2009年第1期。
③ 参见周宇:《次贷危机之争:新自由主义的功与过》,《探索与争鸣》2009年第1期。
④ 参见卫建林:《没有不散的筵席——关于美国金融危机的杂感》,《红旗文稿》2009年第1期。
⑤ 参见刘国光、杨承训:《关于新自由主义思潮与金融危机的对话》,《红旗文稿》2009年第4期。
⑥ 参见程恩富、王中保:《如何看待中国经济发展模式》,《前线》2009年第10期。

义,看不到为资产阶级服务的目的和劳动阶级地位没有根本改变的现实。[1]与此相反,国外学者却提出了"北京共识",代表了试图寻找某种与"华盛顿共识"不同的中国经验、中国模式、中国道路的努力,认为中国的成功已经表明中国这种独特的经验、模式和道路的存在。[2]

再次,从客观、全面和实质的角度看,中国经济的发展既没有遵循"新自由主义模式",也没有遵循"民主社会主义模式",而是开创了独具中国特色的社会主义经济发展模式。它具有区别于其他模式的显著特征——经济发展的"四主型"制度:公有主体型的多种类产权制度、劳动主体型的多要素分配制度、国家主导型的多结构市场制度、自力主导型的多方位开放制度。这正是中国取得巨大成就的重要原因。这一显著特征来自于:中国经济发展过程始终坚持了马克思主义经济理论的指导和社会主义制度,通过改革生产关系中不适应社会生产力发展状况的一些环节和方面,借鉴国外合理的管理经验和先进技术,实行社会主义基本制度与市场经济相结合的社会主义市场经济体制,突破了西方资产阶级经济学认为只有资本主义私有制才能与市场经济相结合的理念,这是科学社会主义发展史上的伟大创举,是马克思主义政治经济学的重大理论创新。改革开放30多年经济的健康快速发展正是以公有制为主体的多种经济成分共同发展的结果,充分体现了公有制经济的宏观和微观高效益,归功于公有制经济的主体地位和国有经济的主导作用;反之,中国经济发展若是遵循新自由主义模式,同样逃脱不了拉美模式失败的命运。[3] 我国能把国际金融危机带来的冲击减到最小,正得益于近年来我们深入贯彻落实科学发展观,着力转变发展方式,提高发展质量和效益,自主创新能力有较大提高,城乡、区域发展协调性增强,能源资源节约和生态环境保护取得进展,人民生活水平不断提高,经济社会发展保持了又好又快的势头,为妥善应对国际金融危机冲击打下了坚实的基础。[4]

---

[1]　参见程恩富、王中保:《如何看待中国经济发展模式》,《前线》2009 年第 10 期。
[2]　参见刘国光、杨承训:《关于新自由主义思潮与金融危机的对话》,《红旗文稿》2009 年第 4 期。
[3]　参见程恩富、王中保:《如何看待中国经济发展模式》,《前线》2009 年第 10 期。
[4]　参见中国社会科学院"国际金融危机理论研究"课题组:《国际金融危机与马克思主义》,《求是》2009 年第 24 期。

（三）为什么必须坚持推进经济发展方式转变而不能停留在传统的经济发展路子上

当前，发达国家开创的现代文明和现代化的发展与深化，构成我国现代化建设的总体背景；经济危机、全球金融危机的接踵而至，构成我国经济社会发展"现实境遇"①，把中国经济长期以来积累和形成的一系列深层次问题以更加尖锐的形式呈现在我们面前，促使我们从国家经济安全和科学发展的高度审视这些问题。②

第一，没有真正树立科学发展理念是一个重要原因。一些地区、一些同志往往把增长简单地等同于发展，把发展是硬道理简单地理解为增长是硬道理，把以经济建设为中心简单地理解为以 GDP 为中心。③

第二，我国经济运行中一些不符合科学发展要求的矛盾和问题还没有得到根本解决。④ 主要是中国当前的经济增长方式、出口导向型发展战略以及互为因果的产业结构问题。这次金融危机对中国提出的挑战实际主要不在于金融层面上，而在于中国经济的增长模式和发展战略上⑤，暴露了传统经济发展方式的脆弱性，也标志着这种发展方式已经走到了尽头。在这种发展方式下，经济增长主要依靠物质和劳动力的投入，而不是生产率的提高；产业发展过度依赖第二产业特别是制造业的推动，而不是第二、三次产业协调发展；增长过度依赖出口和投资拉动，而国内消费需求的拉动相对不足；区域发展过分倚重沿海地区的率先发展，而不是东、中、西三类地区的均衡发展⑥；再有，从工业内部结构看，一些行业产能过剩，在外需收缩的冲击下，矛盾更加突出；从企业组织结构看，行业集中度不高，具有国际竞争力的大企业还不够多、不够强，中小企业抗风险能力弱，面临的困难更多；从城乡

---

① 参见陈文殿：《当前世界金融危机爆发的根源及我国的对策》，《学术交流》2009 年第 2 期。
② 参见但兴悟：《全球金融危机对中国和平发展的挑战》，《世界经济与政治》2008 年第 12 期。
③ 参见马凯：《在应对国际金融危机中加快推进经济结构调整》，《国家行政学院学报》2009 年第 5 期。
④ 参见中国社会科学院"国际金融危机理论研究"课题组：《国际金融危机与马克思主义》，《求是》2009 年第 24 期。
⑤ 参见但兴悟：《全球金融危机对中国和平发展的挑战》，《世界经济与政治》2008 年第 12 期。
⑥ 参见蔡昉：《科学发展是抵御金融危机的根本途径》，《红旗文稿》2009 年第 6 期。

结构看,城乡收入差距呈继续扩大趋势,势必影响到农村需求持续扩大和城乡协调发展。① 尤其外向型经济的高速发展造成中国经济的多种失衡,加剧了中国长期以来存在的粗放式经济增长模式和产业结构的失衡。② 另外,我国资源环境的约束、城市化进程中发展规划的缺失、社会公共空间的缺失,以及难以破解的城乡二元结构等问题,对 21 世纪中国可持续社会现代化构成了严峻的挑战。③

第三,要警惕主要是由于部门失衡而导致的潜在风险。在国际金融危机深化的背景下,中国通过国外市场来消化内部生产能力的空间开始回缩,而国内市场又难以快速形成对外部市场的有效接替④,这些矛盾和问题与国际上各种不确定因素相互联系、相互作用,使我国存在金融危机的可能性。我国现阶段也存在导致金融危机的直接原因,即虚拟经济与现实经济的矛盾,而当这一矛盾发展到一定程度时,金融危机的可能性就会转化为现实。⑤

第四,改革开放以来,我国长期采用的是西方国家早期的投资驱动型经济发展模式。虽然中国从 20 世纪 50 年代后期起,已经痛彻感受到了这种增长模式造成的灾难,但至今仍未能走出它的阴影。传统经济增长模式不断被复制乃是现行体制和政策的必然产物。⑥ 因而,即使是在最好的环境下,中国面临的巨大的结构性转变也需要相当时间。⑦ 国际金融危机使我们解决经济结构不合理问题的任务更加紧迫。从当前看,加快经济结构调整是夺取应对国际金融危机最终胜利的根本途径;从国际上看,加快经济结

---

① 参见马凯:《在应对国际金融危机中加快推进经济结构调整》,《国家行政学院学报》2009年第 5 期。

② 参见但兴悟:《全球金融危机对中国和平发展的挑战》,《世界经济与政治》2008 年第 12 期。

③ 参见鲍宗豪:《金融危机与可持续社会现代化》,《红旗文稿》2009 年第 14 期。

④ 参见高帆:《国际金融危机的多维反思与中国的政策选择》,《社会科学战线》2009 年第 7 期。

⑤ 参见张作云:《金融危机的根源、生成机制及其在我国发生的可能性》,《马克思主义研究》2008 年第 11 期;陈文殿:《当前世界金融危机爆发的根源及我国的对策》,《学术交流》2009 年第 2 期。

⑥ 参见李波:《全球金融危机背景下中国经济发展方式的思考》,《华东政法大学学报》2009 年第 3 期。

⑦ 参见李炳炎、王小刚:《对当前国际金融危机成因的马克思经济学分析》,《高校理论战线》2009 年第 10 期。

构调整是应对后危机时代激烈国际竞争的关键举措；从长远看，加快经济结构调整是推动经济发展方式转变的重要抓手；从根本上看，加快经济结构调整是以人为本，实现经济增长最终目的的内在要求。[①]

三、国际金融危机对中国经济发展的多重启示

国内马克思主义界关于"国际金融危机与我国经济发展"问题的研究，因探讨的侧重点不同决定了在不同层面提出了各自的启示，归结起来主要有以下三个层面。

（一）加强宣传教育，澄清模糊认识，把思想统一到坚持科学发展上来

首先，由美国次贷危机引发的世界金融危机，充分暴露了新自由主义的危害。我们应该利用这个反面教材，推进反对新自由主义的斗争[②]，用科学的态度分析与清算新自由主义的影响，排除西方"市场原教旨主义"的干扰，澄清"自由市场经济制度"之类观点的误导。立足于实践检验真理的标准，在深化改革开放的过程中坚持社会主义市场经济的正确方向，增强落实科学发展观的自觉性。[③] 特别是要防止"新自由主义"在中国的变种以及对制定政策的原则的影响。如果变相的新自由主义得不到纠正，就有可能演变成一场无颜色的革命。[④]

其次，要在讲台上、社会上，在理论研究和宣传工作中结合国际金融危机的实际，阐释、宣传社会主义市场经济[⑤]，宣传马克思主义、科学社会主义，用主旋律来教育人民，坚持四项基本原则和改革开放的中国特色社会主义，筑牢社会团结进步的思想基柱。要对各级党政领导，特别是高层干部进行马克思主义基本原理的教育，批判敌对思潮和反社会主义的杂音和噪音

---

① 参见马凯：《在应对国际金融危机中加快推进经济结构调整》，《国家行政学院学报》2009年第5期。

② 参见周新城：《世界金融危机与新自由主义》，《中共石家庄市委党校学报》2009年第12期。

③ 参见杨承训：《论当代资本主义矛盾的阶段性特征——国际金融危机的深层根源及其启示》，《毛泽东邓小平理论研究》2009年第1期；杨承训：《从西方金融危机深化认识两种市场经济性质的差异》，《黄河科技大学学报》2009年第1期。

④ 参见蔡珺：《我国应对金融危机路径初探》，《宁夏党校学报》2009年第4期。

⑤ 参见祝福恩：《国际金融危机对理论研究的十点启迪》，《理论探讨》2009年第4期。

（包括新自由主义、民主社会主义等），提高理论识别能力。[①]

再次，牢固树立有利于结构调整的科学发展理念[②]、突破"经济增长"逻辑矛盾的关键在于能否科学认知"增长"与"发展"的关系[③]。要克服单纯追求经济增长即经济总量、规模的扩张，忽视经济结构优化的片面性。[④] 人的发展才是经济发展和经济学研究的最高价值，必须建立和发展一种新的经济价值观[⑤]，确立以人为本的价值向度。[⑥]

（二）要以科学发展观为指导，加快转变经济发展方式，调整优化经济结构

首先，从发展方式转变的具体目标来看，要从外向型转为内向型，从依靠扩大生产能力的外延型增长转为依靠创新和技术进步的内涵型增长[⑦]，推进粗放型、高碳经济型、资源依赖型发展方式向集约型、低碳经济型、创新驱动型发展方式的转变[⑧]。

其次，要注意防止和克服保增长中出现的几种不良倾向：保增长与调结构变成两张皮的倾向；政府行政过多干预经济运行的倾向；横向攀比，各地竞相争速度、比政绩的倾向；重增长、轻改革的倾向。[⑨]

再次，加快推进结构调整，现阶段必须处理好经济增长与结构调整、局部与全局、市场与政府、近期与长远、国内与国际等关系。着眼经济长远发展需要，要着力抓好以下重点领域和关键环节。（1）调整需求结构，在保持

---

① 参见刘国光、杨承训：《关于新自由主义思潮与金融危机的对话》，《红旗文稿》2009 年第4 期。

② 参见马凯：《在应对国际金融危机中加快推进经济结构调整》，《国家行政学院学报》2009年第 5 期。

③ 参见马凯：《在应对国际金融危机中加快推进经济结构调整》，《国家行政学院学报》2009年第 5 期；鲍宗豪：《金融危机与可持续社会现代化》，《红旗文稿》2009 年第 14 期。

④ 参见马凯：《在应对国际金融危机中加快推进经济结构调整》，《国家行政学院学报》2009年第 5 期。

⑤ 参见唐凯麟、陈世民：《伦理的视阈：从金融危机看"经济人"的偏执及其危机》，《道德与文明》2009 年第 5 期。

⑥ 参见鲍宗豪：《金融危机与可持续社会现代化》，《红旗文稿》2009 年第 14 期。

⑦ 参见成思危：《全球金融危机与中国的对策》，《马克思主义与现实》2009 年第 5 期。

⑧ 参见庞元正：《深入贯彻落实科学发展观，夺取应对世界金融危机的新胜利》，《毛泽东邓小平理论研究》2009 年第 7 期。

⑨ 参见姜作培：《国际金融危机背景下中国经济转型研究》，《毛泽东邓小平理论研究》2009年第 8 期。

投资适度增长和稳定外需的同时,着力增强消费对经济增长的拉动作用。[①]增加消费应成为我国经济发展恒定的根本目的和主要动力。[②] 在投资和消费的比例上,要更加注重促进消费[③],投资项目的选择一定要从社会主体人的消费出发,服务于、落脚于人的消费,充分满足人民群众的多元利益需求,让人民充分享受到改革和发展的成果[④];要树立科学合理的消费模式[⑤],有必要适当地提倡和发展信用消费。但过度的负债和透支消费不但不可持续,还是引发危机的一个重要因素,是不足取的。[⑥] 当下的金融危机告诉我们,用"透支消费"并不能根治"有效需求不足"的问题。[⑦] (2)扩大消费需求的基础是改善广大人民的收入状况。[⑧] 因此,要高度重视我国的分配问题[⑨],重点是实现初次分配的公平合理[⑩]。在保持企业和政府收入继续增长的同时,着力提高劳动报酬在初次分配中的比重和缩小收入分配差距。[⑪] (3)要认真思考中国农业、工业和服务业之间的关系,不要盲目追求产业结构的升级换代。[⑫] 立足"三农"问题的解决,以农业现代化为契机,以非农性产业为引导,逐步弥合"二元性"结构之间的界限。[⑬] 在继续加强农业基础地位、推动工业由大变强的同时,着力提高服务业的比重。[⑭] 在未来很长一

① 参见马凯:《在应对国际金融危机中加快推进经济结构调整》,《国家行政学院学报》2009年第5期。

② 参见易培强:《关于经济发展模式两个问题的反思——国际金融危机的启示》,《湖南师范大学学报》(社会科学版)2009年第3期。

③ 参见朱炳元:《用马克思虚拟资本理论剖析资本主义金融危机》,《高校理论战线》2009年第8期。

④ 参见祝福恩、高原丽:《国际金融危机的历史唯物论解读》,《学术交流》2009年第10期。

⑤ 参见周泽红:《美国金融危机根源的马克思主义经济学透析》,《探索》2009年第4期。

⑥ 参见易培强:《关于经济发展模式两个问题的反思——国际金融危机的启示》,《湖南师范大学学报》(社会科学版)2009年第3期。

⑦ 参见周泽红:《美国金融危机根源的马克思主义经济学透析》,《探索》2009年第4期。

⑧ 参见易培强:《关于经济发展模式两个问题的反思——国际金融危机的启示》,《湖南师范大学学报》(社会科学版)2009年第3期。

⑨ 参见李慎明:《当今资本主义经济危机的成因及应对》,《红旗文稿》2009年第12期。

⑩ 参见严海波:《美国金融危机转嫁的政治经济学分析》,《马克思主义与现实》2008年第4期。

⑪ 参见马凯:《在应对国际金融危机中加快推进经济结构调整》,《国家行政学院学报》2009年第5期。

⑫ 参见乔新生:《美国金融危机的中国视角》,《中国特色社会主义研究》2008年第5期。

⑬ 参见陈文殿:《当前世界金融危机爆发的根源及我国的对策》,《学术交流》2009年第2期。

⑭ 参见马凯:《在应对国际金融危机中加快推进经济结构调整》,《国家行政学院学报》2009年第5期。

段时期,扩大就业都是我国经济发展面临的首要课题。劳动密集型产业在解决就业问题,特别是解决低素质劳动力就业方面的作用巨大,因此必须鼓励和支持其发展而不是限制其发展。以产业升级为名盲目追求产业结构高级化、高额投资、高产值的做法,有可能对我国劳动力就业产生严重的消极影响。① (4)调整产业内部结构,一手抓着力淘汰落后工业产能,一手抓大力培育新兴产业。② 解决我国国际分工中获益相对较少的问题,需要通过逐步提升自身价值链中的地位来解决,而不能通过拒绝参与国际分工的方式来解决。承认当前我国出口产品以低附加值的劳动密集型产业为主的合理性,并不意味着我们就要永远满足于现状,而是应该逐步提升自身的技术水平和创新能力,使生产活动向价值链中附加值较高的环节推进。③ 在国计民生中起支柱作用的主导产业要多样化,避免单一性。经济结构要灵活多样,关键在于主导产业要多样化。④ (5)调整城乡结构,在继续加强农村建设的同时,着力推进城镇化和城乡发展一体化。(6)调整区域经济结构,继续实施区域总体发展战略,着力构建优势互补、良性互动、协调发展新格局。(7)调整国土开发空间结构,精心编制实施主体功能区规划,着力推进主体功能区建设。(8)调整外贸结构,加快转变外贸增长方式,着力提高一般贸易、自主品牌和高附加值产品出口比重。⑤

最后,从体制机制层面讲。根本转变增长模式,必须铲除传统增长模式的体制基础,建立健全能够有效支撑现代经济增长方式的制度环境。⑥ (1)深化改革,形成有利于结构调整的体制机制。一要加快健全中央和地方财力与事权相匹配的体制,建立和完善有利于形成主体功能区的财政体制和政策体系,形成有利于结构调整、促进科学发展的财税体制和机制。二

---

① 参见王胜今、吴昊:《关于国际金融危机背景下中国改革和发展的几点思考》,《社会科学战线》2009 年第 6 期。
② 参见马凯:《在应对国际金融危机中加快推进经济结构调整》,《国家行政学院学报》2009 年第 5 期。
③ 参见王胜今、吴昊:《关于国际金融危机背景下中国改革和发展的几点思考》,《社会科学战线》2009 年第 6 期。
④ 参见陈文殿:《当前世界金融危机爆发的根源及我国的对策》,《学术交流》2009 年第 2 期。
⑤ 参见马凯:《在应对国际金融危机中加快推进经济结构调整》,《国家行政学院学报》2009 年第 5 期。
⑥ 参见李波:《全球金融危机背景下中国经济发展方式的思考》,《华东政法大学学报》2009 年第 3 期。

要推进资源性产品价格改革,发挥好价格杠杆促进结构调整的作用。三要完善社会保障体系,为加快推进结构调整"保驾护航"。四要健全宏观调控体系,科学制定规划和政策,主要运用经济手段和法律手段,并辅之以必要的行政手段,通过宏观调控为结构调整创造有利的经济环境。① 宏观调控政策制定要增加针对性、定向性,避免伤害到外贸相关度低的国内经济部门的生产发展,避免出现通货膨胀和经济低增长并存的局面。②（2）完善政策,形成有利于结构调整的正确导向。（3）鼓励创新,形成有利于结构调整的科技和人才支撑。③ 关键是建立科技创新机制和创新保障制度。④（4）改进考核,建立促进科学发展的党政领导班子和领导干部考核评价机制,强化有利于结构调整的组织保证。⑤

（三）毫不动摇地坚持对外开放的基本国策,高度重视我国的经济安全尤其是金融安全

国家安全,不仅仅是一国边界和国家主权是否受到侵害,经济安全也是一项重要内容。在经济实力竞争成为国际竞争主流和全球经济金融一体化背景下,经济安全和军事安全、领土安全具有同等重要的地位,而金融安全是经济安全的核心。⑥ 当前,金融既是财富分配的手段、经济强权的工具,也可能成为大规模杀伤力量,金融安全已经成为国家安全战略的一个重要组成部分。⑦ 金融安全最关键要素是经济与金融主权独立。⑧ 因此,必须从技术深度与战略高度全面重视和维护金融安全。⑨

---

① 参见马凯:《在应对国际金融危机中加快推进经济结构调整》,《国家行政学院学报》2009年第5期。

② 参见严海波:《美国金融危机转嫁的政治经济学分析》,《马克思主义与现实》2008年第4期。

③ 参见马凯:《在应对国际金融危机中加快推进经济结构调整》,《国家行政学院学报》2009年第5期。

④ 参见乔榛:《金融危机与中国崛起的历史机遇》,《求是学刊》2009年第1期。

⑤ 参见马凯:《在应对国际金融危机中加快推进经济结构调整》,《国家行政学院学报》2009年第5期。

⑥ 参见杨承训:《"中国模式"中金融制度的基本原则——深刻吸取国际金融危机的教训》,《毛泽东邓小平理论研究》2009年第12期。

⑦ 参见江涌:《金融安全是国家经济安全的核心——国际金融危机的教训与启示》,《求是》2009年第5期。

⑧ 同上。

⑨ 同上。

　　首先,金融危机虽然重创了美国与西方,但是远未到颠覆其霸权的程度。建立国际新秩序不可能撇开西方和现有秩序另搞一套,最可行的途径是对现有秩序进行渐进的改革,在新秩序建立过程中"绝不当头"。经历了30多年的对外开放,中国仍然需要继续向西方国家开放,同它们合作,进一步发展各种伙伴关系,特别是要继续发展中美建设性合作关系。① 因此,现阶段要更务实地看待对外经济关系②,在积极"求和平、谋发展、促合作"的同时,努力"防霸权、增权益、保安全",推动建立公正、合理、健康、稳定的国际经济新秩序③。应以更积极的态度开展与日、韩及其他东亚国家的区域金融合作,建立区域金融安全网络体系,并且积极开展与世界其他经济大国的协调与沟通,推动国际货币基金组织和国际清算银行主导的全球金融监管改革。④ 既要与不合理的国际货币金融体系,尤其是与美元保持适当的距离;又要积极、务实地推动改变收益和责任极不对称的国际货币体系,逐步改变中国受制于人的状态。⑤ 同时,与国家实力增强和对外开放度的扩大相对应,应沿着人民币地区化、国际化的路子提升中国金融的国际地位。⑥ 总之,必须大力加强国际间的密切合作和统一协调,充分发挥联合国、国际经济组织和区域经济合作组织的对话和谈判机制;必须大力推进国际金融体系改革,加大对发达国家储备货币发行的监督,促进多元化的国际货币体系的建设,加大在国际货币体系中的话语权⑦,为建立起符合经济全球化要求的国际金融监管体系作出与自身经济实力相符合的

---

① 参见刘建飞:《国际金融危机背景下的中国对外战略》,《探索与争鸣》2009年第3期。
② 参见严海波:《美国金融危机转嫁的政治经济学分析》,《马克思主义与现实》2008年第4期。
③ 参见江涌:《金融安全是国家经济安全的核心——国际金融危机的教训与启示》,《求是》2009年第5期。
④ 参见王胜今、吴昊:《关于国际金融危机背景下中国改革和发展的几点思考》,《社会科学战线》2009年第6期。
⑤ 参见严海波:《美国金融危机转嫁的政治经济学分析》,《马克思主义与现实》2008年第4期。
⑥ 参见杨承训:《"中国模式"中金融制度的基本原则——深刻吸取国际金融危机的教训》,《毛泽东邓小平理论研究》2009年第12期。
⑦ 参见陈家勤:《从国际金融危机中应汲取的经验教训》,《北京联合大学学报》(人文社会科学版)2009年第3期。

贡献①。

其次,我国人民币汇率制度的改革方向就近期目标而言,应实行以市场供求为基础的有管理的浮动汇率制度。就长期改革目标而言,应增加汇率的弹性和灵活性,扩大汇率的浮动幅度。现阶段要在市场供求的基础上,人民币宏观调控目标应转为盯住美元、日元、欧元等多种一揽子货币,因为这类货币贸易额很大,同时,要根据贸易额的变化实际,适时进行调整。②

再次,金融基本经济制度的整体创新,要把握好以下几个方面的协调统一。在金融制度上把握共性与个性的统一,参鉴西方,创造差异;在市场机理上把握金融的宏观功能与特殊产业的统一,合理定位,扬正抑负;在金融形态上要把握虚拟资本与实体资本的统一,紧联实体,防治泡沫;在金融运行上把握依需创新与链锁监管的统一,科学延伸,全程跟踪。③ 从国家发展层面看,我国在转变发展方式的过程中,要避免依附型发展。美国的做法从反面给了我们一个提醒。例如,对外资进入控制相当严格,尤其对我国金融进入该国控制得格外严格,不仅不允许我国投资入股其国内的银行,而且长期不允许我国的银行在美国建立分支机构。④ 因此,要避免整个银行业的私有化成分过度增加⑤;在发展金融服务业时,不能盲目地效仿西方国家的做法,无节制地开发金融衍生产品,而应该根据中国的实际情况,建立中国的金融风险转移机制⑥,谨慎地发展金融衍生品市场⑦。总之,要牢牢把握资本市场、外汇市场、金融市场的"自由化"程度和开放的力度。⑧

---

① 参见王胜今、吴昊:《关于国际金融危机背景下中国改革和发展的几点思考》,《社会科学战线》2009 年第 6 期。

② 参见陈家勤:《从国际金融危机中应汲取的经验教训》,《北京联合大学学报》(人文社会科学版)2009 年第 3 期。

③ 参见杨承训:《"中国模式"中金融制度的基本原则——深刻吸取国际金融危机的教训》,《毛泽东邓小平理论研究》2009 年第 12 期。

④ 参见鲍宗豪:《金融危机与可持续社会现代化》,《红旗文稿》2009 年第 14 期。

⑤ 参见王建红:《金融危机本质新解:资本过剩》,《中国特色社会主义研究》2009 年第 1 期。

⑥ 参见乔新生:《美国金融危机的中国视角》,《中国特色社会主义研究》2008 年第 5 期。

⑦ 参见严海波:《美国金融危机转嫁的政治经济学分析》,《马克思主义与现实》2008 年第 4 期。

⑧ 参见朱炳元:《用马克思虚拟资本理论剖析资本主义金融危机》,《高校理论战线》2009 年第 8 期。

（四）要进一步认清形势，在实践中不断探索与中国国情相适应的发展模式

正如有学者所说，要更加清醒地认识到西方现代化模式的局限性，坚信现代化模式的多样性，依据世界形势和历史大势探索适合中国国情的社会主义现代化建设道路。[①] 一些学者认为中国模式取得普遍意义和优势地位还有待时日，盲目乐观是不合时宜的。金融危机并没有从根本上动摇美国的经济霸主地位，以美国模式为核心的自由资本主义发展模式依然具有一定的影响力，中国在同资本主义的竞争中，还远未取得绝对优势。发达国家的社会发展模式，都发展到较高的水平，并且经历过长期的和各种环境的检验。而中国特色社会主义发展模式发展时间还不长，作为初级阶段的发展模式还不成熟，面临一系列问题亟待解决，还要经历一个相当长的历史过程。影响中国未来发展的因素还相当多，特别是随着经济体制改革的深入而带来的诸多社会问题还远未解决，经济增长模式没有实现根本性的转变，各种制度设计和安排还有待进一步建立、提高和完善，离实现科学发展还有很大距离。[②] 只有这些制度和体制比较成熟了，科学发展才有制度性保障，才能说形成了自己的模式，中国发展道路和理论才有世界普遍性意义和价值。[③] 还有学者指出了中国经济发展模式的性质和借鉴意义，认为经济发展的中国模式不仅是一种社会主义的发展模式，也是一种发展中国家的发展模式，还是一种转轨模式。因此，经济发展的中国模式可以为社会主义国家、发展中国家和转轨国家借鉴是理所当然的。作为一种成功的经济发展模式，中国模式也具有一定程度的普遍意义，同样可以为发达国家所借鉴。[④] 另外，有学者认为，综合各方面的情况来看，我国不适合采用美国模式，但我国应该尊重美国恪守自由市场经济理念的选择。因为这一模式为我国实现出口拉动型高速经济增长提供了有利条件。中国经济的持续发展需要一个自由开放的国际经济环境，而由新自由主义引领的全球化潮流可

[①] 参见陈文殿：《当前世界金融危机爆发的根源及我国的对策》，《学术交流》2009 年第 2 期。

[②] 参见曹亚雄、刘军：《金融危机与资本主义和社会主义前途及命运》，《武汉理工大学学报》（社会科学版）2009 年第 6 期；赵大朋、俞思念：《金融危机背景下中国特色社会主义发展模式与自由资本主义发展模式的比较》，《大连干部学刊》2009 年第 12 期。

[③] 参见曹亚雄、刘军：《金融危机与资本主义和社会主义前途及命运》，《武汉理工大学学报》（社会科学版）2009 年第 6 期。

[④] 参见程恩富、王中保：《如何看待中国经济发展模式》，《前线》2009 年第 10 期。

以满足这一需要。①

（五）要进一步加大理论研究力度，形成具有中国特色、中国风格、中国气派的马克思主义经济发展理论

有学者指出，要从基础理论和宏观、战略、前瞻、全局的高度加强对美国金融危机的研究，以进一步完善战略指导思想和指导方针。研究金融危机问题，不能就金融研究金融，也不能仅限于金融领域工作的同志研究此问题，各方持不同意见、不同学术观点的人士，特别是有马克思主义理论功底和从事宏观战略研究的同志，都应参与到对这一问题的研究中来。② 针对国际金融危机下当代中国经济理论研究与实践的现状，有学者不无忧虑地指出，目前我国以中外经济实践为思想源泉，以马克思经济学为基点，吸纳古今中外各种经济思想的合理成分而构建的科学经济理论至今尚未成型。此次危机使马克思经济著作在西方脱销的同时，在我国的一些经济领域却在复制凯恩斯经济学理论。当前的经济危机凸显出经济理论滞后，因而迫切需要重建经济理论。21 世纪初经济学革命的成果最有希望产生在 21 世纪 20 或 30 年代的中国，因为中国的历史和现实经济是环境、马克思理论是经济学创新发展的基础、西方经济学是注入的新鲜血液、中国社会经济转型是契机，这些理论创新的条件在中国之外的任何国家都不能完全具备。因此，中国经济学家必须承担起对中国乃至世界经济理论发展和经济实践运动的义不容辞的职责，以中外经济实践为思想源泉，以马克思经济学为基点，积极吸纳古今中外各种经济思想的合理成分，广泛借鉴相关社会科学和自然科学的可用方法，构造既超越马克思经济学，又超越西方经济学的新体系。这一成果不仅能够影响世界经济理论的发展，也能指导中国乃至世界经济实践。③ 还有学者提出了需要深入研究的涉及中国未来发展的诸多重大问题，比如，如何应对此次全球性的金融危机，维护中国的金融安全或经济安全？ 如何应对国内经济社会发展面临的挑战，实现经济社会又好又快地发展？ 如何消除贫富分化，逐步实现共同富裕？ 如何正确处理人口、资源、环境的关系，促进社会的可持续发展？ 如何推进中国特色社会主义民主

---

① 参见周宇：《次贷危机之争：新自由主义的功与过》，《探索与争鸣》2009 年第 1 期。

② 参见李慎明：《当今资本主义经济危机的成因及应对》，《红旗文稿》2009 年第 12 期。

③ 参见崔巍：《经济及金融危机成因、克服依据与中国发展途径——科学管控观与目前实践及理论再研究》，《合肥工业大学学报》（社会科学版）2009 年第 4 期。

政治建设? 如何推进文化体制改革,实现文化的大繁荣大发展? 如何在日益激烈的国际竞争中提高中国的综合国力? 如何坚持走和平发展道路,促进世界的和谐? 等等。同时,有必要对中国发展经验进行更深层次的总结,并对这些经验作理性分析,形成中国特色的发展理论。①

---

① 参见秦宣:《全球金融危机下的资本主义、社会主义和中国发展道路》,《理论前沿》2008 年第 22 期。

"中国模式"研究：概念、问题与前景

　　中国改革开放取得的巨大成就，不仅激发了国际社会的极大兴趣，而且吸引了众多理论工作者的注意力，尤其是在西方意识形态专家宣称"历史已经终结"与全球一体化的背景下，一个外在于西方世界的中国迅速矗立起来，这不能不引起世人的关注。的确，中国的变化之快，令人眩晕。[①] 要解释中国经济何以持续快速地增长了几十年，原本就足以令人困惑的了，然而现在人们面对的更大困惑是：为什么中国不仅保持了经济的快速增长，而且中国的政治稳定，民众生活质量大幅度提升，中国文化特质或中国元素不断地融入进国际社会且极大地平衡了全球力量？特别值得关注的是，近年来由美国次贷危机引发的席卷全球的世界金融危机致使世界大国身陷泥淖之中，但中国却沉着应对并率先实现经济总量回升向好，个中原因何在？哪一种理论范式能够对此进行有力的解释？近年来引起海内外热议的"中国模式"，就是试图解答上述问题的理论范式，它希望将影响到中国变化的各种因素整合到一个合理的理论框架当中并对其进行妥切的解释。当然，由于"中国模式"问题研究直接面对的是中国近几十年来发展经验的检讨，其间蕴涵的问题意识与方法尚存在着诸多需要进一步澄清之处。检视前一阶段的研究情况，既可以提升这一研究范式的理论品格，也有助于进一步拓展其研究空间。

---

　　① 参见约书亚·库珀·拉默：《"北京共识"：为世界经济发展提供新模式》，《证券日报》2004年6月6日。

一、"中国模式"研究的缘起

就"中国模式"问题研究的起因而言,提出问题的是国外学者,但将这一问题引向热议的则是国内学者。早在 1993 年,经济学家韦茨曼就提到过"中国模式"的概念:"按照无论是哪一个版本的主流产权理论,人们通常所说的'东欧模式',应该是基本上代表变革的正确方向。而所谓的'中国模式'则应该是导致灾难的处方。怪异的是,'中国模式'却获得巨大的成功,与东欧模式大致上的、迄今为止的和比较上的不成功形成强烈对照。"①冷战结束了,苏联解体了,东欧则在西方和平演变战略的影响下谋求所谓的"变革"。按照西方的设想,这一变革似乎代表着"正确的方向",但被事实证明正确的变革却是没有被西方势力改变颜色的"中国模式"。正是这一独立特性的"中国模式"引起了西方世界的极大兴趣:中国和俄罗斯的经验生动地证明,竞争而不是所有制,有着重要意义。中国扩大了竞争范围,并没有将国有企业私有化。当然,国有经济部门仍然存在着大量问题,这些问题可以在下一个阶段的改革中得到解决。相反,俄罗斯对它的经济进行了大规模的私有化,却没有花大力促进竞争。俄罗斯的产量低于近 10 年前的水平,而中国在过去近 20 年中设法保持了两位数的增长速度,二者的反差本来可以不这么大。然而,这一反差只能部分通过它们所追求的政策上的差异得到解释。……对于通常的理论来说,中国经济在过去 20 年所取得的成就也是一个谜。中国的决策者不仅远远避开了全面私有化的战略,而且也没有采纳"华盛顿共识"中的众多其他原理。中国最近所取得的是历史上最伟大的经济成功之一。② 在一些国外学者甚至政治家的关注和呼应下,有关"中国模式"问题的研究正式进入到中国理论界当中。

在国内学术界,有关改革开放成功经验的理性反思起步较早,但明确创设一个理论范式来概括这一历史进程的研究成果并不多见,从中最多能够见到有关"中国模式"问题研究的粗浅问题意识。就这方面较为系统的研究来看,林毅夫在 1994 年出版的《中国的奇迹:发展战略与经济改革》一

---

① 转引自卢荻:《浅说"中国模式"》,《读书》2000 年第 6 期。
② 参见斯蒂格利茨:《后华盛顿共识(下)》,《国外社会科学文摘》1999 年第 2 期。

书，可以算作是从经济学视域探讨中国发展和社会转型的尝试之作，这一研究有感于中国奇迹般的崛起，提醒人们注意及时总结梳理经验。这之后，有感于中国发展的复杂性，林毅夫又撰写大量的文章，提醒人们注意中国经验的独特性，其中就有这样一段话：“中国是不太容易解读的，国外的怀疑，实际上是用国外现有的理论模式来套中国造成的。中国是一个转型经济，国外很多现有的经济模型是不适用的。”①这种“不能用现有理论模式看中国经济”的观念为后面的“中国模式”问题研究开辟出了一个新的论域。这之后，从经济学视域检视中国发展经验的思考似乎成为一种思维定势，以至于在很长一段时间内综合性的研究鲜有亮色。“中国模式”问题研究真正进入国内学术视野源自于一个国外学者：约书亚·库珀·拉默（Joshua Cooper Ramo），他既是美国《时代》杂志前任编辑和美国高盛公司高级顾问，又是中国清华大学兼职教授且长期居住在中国，这种融合了西方知识背景与中国现实经验的特殊身份使得他能够综合地分析“中国的奇迹”。2004年5月，拉默在英国伦敦外交政策中心发表了题为《“北京共识”：为世界经济发展提供新模式》的文章，对中国的经济改革成就及其经验作了全面理性的思考与分析，认为中国发展模式的基础不是基于新自由主义的“华盛顿共识”（Washington Consensus），而是“北京共识”（Beijing Consensus）。他指出，“北京共识”具有如下特点：艰苦努力、主动创新和大胆实验（如设立经济特区），坚决捍卫国家主权和利益（如处理台湾问题），循序渐进（如“摸着石头过河”）、积聚能量和具有不对称力量的工具（如积累4000亿美元外汇储备）等，它不仅关注经济发展而且注重社会变化，还涉及政治、生活质量和全球力量平衡等诸多方面，体现了一种寻求公正与高质量增长的发展思路，因其与世界其他地区的发展模式不同，这种发展模式与“华盛顿共识”的陈旧思路有着本质的区别，也正是通过这种发展模式，人们看到了中国崛起的力量源泉。② 拉默的文章发表后，引起了各国学者的热烈讨论，国内理论界也随之迅速作出了反应，在改革开放30周年和新中国成立60周年之际关注这一问题的热情达到高潮，“中国模式”研究也似乎有渐成“显学”

---

① 林毅夫：《解读中国经济，没有任何现成模式》，《经济日报》2003年12月5日。

② 参见约书亚·库珀·拉默：《“北京共识”：为世界经济发展提供新模式》，《证券日报》2004年6月6日。

之势。

"中国模式"问题之所以受到外界的普遍关注,原因固然复杂,但可将之归于四个方面:其一,20 世纪晚期拉美经济危机、东亚金融危机和俄罗斯"休克疗法"的失败,都与新自由主义经济政策直接相关,而新自由主义正是"华盛顿共识"的基础,它们表明了建立在"华盛顿共识"上的"拉美模式"、"东亚模式"的局限;其二,与此形成鲜明对照,中国奉行自己独特的现代化战略和改革开放政策,创造了经济高速增长的奇迹,必然会有人从理论上进行概括和总结;其三,在全球化背景下实现现代化,对于广大发展中国家来说是一个新课题,它们都在努力探索新的发展模式,而所谓的"东亚模式"、"拉美模式"的失败,使得人们加倍关注中国的成功经验,希望从中找到适合自己的东西;其四,在经济全球化背景下,中国作为大国,其强大和崛起势必会对全球政治经济格局其至对世界历史发展进程产生深刻影响,因而也必然会引起西方发达国家的深切关注。①

但就国内学术界营造的"中国模式"研究热潮来看,除了上述几个方面的原因之外,有关民族主义情绪的宣泄、应对全球化冲击以及基于对中国现实发展道路严肃认真的理性反思等方面的原因,也应该予以充分的关注。首先,全民自觉应对重大自然灾难和成功举办国际性大型活动,展示着中国巨大的凝聚力和自信心,极大地激发了中华民族复兴的深层愿景,同时其间所展示的危机处理能力也不得不让国外重新审视中国的发展战略和发展模式。② 其次,东欧剧变和苏联解体尤其是世界范围内掀起全球化浪潮以来,中国一直承受着西方一些敌对势力制造的"中国威胁论"与"中国崩溃论"的双重压力,但中国政府抛开外界的质疑,始终坚定改革开放的步伐,直面恶劣的国际环境,以顽强的意志和高明的智慧领导人民成功应对了亚洲金融危机和最近这次国际金融危机的冲击,为此赢得的世界性赞誉,这也是进一步培育国家意识和民族认同感的成功之举。再次,在历史哲学的意义上,检视、反思和探索中国自身的发展道路,一直是具有强烈现实关怀的学术之良心所在,在这个意义上,"中国模式"问题既是对过去的总结和对现实的

① 参见俞可平:《关于"中国模式"的思考》,《探索与争鸣》2005 年第 19 期。

② 参见庄俊举、张西立:《近期有关"中国模式"研究观点综述》,《红旗文稿》2009 年第 2 期。

定义,也是对未来的一个指南。①

二、"中国模式"概念之辨

作为一种对于特定社会现实的理论概括,"中国模式"的所要指称的意涵似乎非常明朗,它无非是指中国国家建设所采用的社会治理模式或者社会发展战略选择。但是,一个被创造出来的语词,一旦被赋予了意识形态的内涵,就会诱使学者们从不同的角度进行解释,这一概念就会因此承载过多的人为信息而被拖进争论不休的境地。这几年来,有关"中国模式"研究的一个关键性问题就是"什么是中国模式",其中这一问题又衍生出诸如"如何界定中国模式"和"中国模式有哪些特点"等这样的次生问题。

(一)什么是中国模式

关于什么是"中国模式",中外学者所采用的方法论各有不同:国外学者多从比照的意义上进行把握,国内学者则更加力求精确化的理解。

就国外的研究来看,"中国模式"就是作为众多他者的对立面出现的。比如,冷战结束后,有鉴于最大社会主义国家苏联的解体,唯一的社会主义大国中国就取而代之成为西方知识界关注的重心:中国如何应对来自西方世界的压力特别是中国在解决自身历史遗留下来的问题过程中如何自我发展起来,着实令人感兴趣。因此,这个时候,用"中国模式"的成功来比照"东欧模式"的脆弱,就是最为恰切的解释了。但是,随着西方在广大第三世界地区推行新自由主义政策的失败,尤其是俄罗斯"休克疗法"宣告失败和出现"拉美陷阱"之后,"中国模式"的意义进一步被凸显出来。在这之后,西方学者的视野被迫拉长,因为再在较小的范围内采用比较的研究方法来检视充满活力的中国发展,已经难以描绘从重重包裹中突围出来的"中国奇迹"了,只有将之放置全球化的背景之中进行透视,方能把握中国的发展战略进路。于是,作为英美"盎格鲁—撒克逊模式"、德法"莱茵模式"、日本模式与瑞典"民主社会主义模式"的外来者,"中国模式"再次得到重新的审视。在经过三重进路的检讨之后,西方对"中国模式"的认识算是有了一个较为明确的答案,这个答案由拉默来宣布。拉默认为,所谓的"中国模

---

① 参见潘维、玛雅:《共和国—甲子探讨中国模式》,《开放时代》2009 年第 5 期。

式"不是历史上任何一种既成的社会治理模式,也不是建立在"华盛顿共识"基础上的发展方式,它可以用"北京共识"加以概括:一是坚决进行革新和试验(如中国经济特区);二是积极维护国家边境和利益(如台湾问题);三是不断精心积累具有不对称力量的工具(如巨额外汇储备)。① 在此基础上,张维为将"中国模式"界定为"重大的经济改革和较小规模的政治改革的有机结合,是以一种循序渐进、摸索和积累的方式,从易到难进行改革,并吸取中外一切优秀的思想和经验的改革和发展模式"②。

与国外学者的理解不同,国内学术界对于"中国模式"的提法显得颇为谨慎,其解释也要具体得多。针对国外频繁提及的"中国模式"概念,一些学者仍然流露出过顾虑:中国经济在 20 世纪八九十年代呈现出快速及持续增长,显得不同寻常。那么,这个被称为"中国奇迹"的发展经验,究竟是怎样形成的? 是否存在一个可支撑中国经济持续发展的"中国经济变革模式"?③ 诸如这种多少显得有些犹疑的态度,使得国内学术界从一开始试图对中国改革开放经验的理论思考显得有些过于审慎。比如一种观点就这样认为,"中国模式"的历史准备可以追溯到武装割据、以农村包围城市时期以及其之后的新中国建设实践,直至改革初期的自我改进式转型,三者相继标志着中国寻求自身独特现代化的道路;这一粗线条的历史轨迹依序为以社会革命和民族解放对抗殖民化,以群众路线式动员参与对抗苏式国家官僚统治、以社会主义市场经济对抗资本主义的全球整合。④ 其中一种观点这样解释"中国模式":它并不是这种或那种模式的对立面,而是中国在谋求自我发展过程中所自发形成的发展战略,是为实现社会主义现代化强国这个目标而走出来的道路和途径。⑤ 进一步地,为了说明其独特性,一些学者从外而内对"中国模式"作出了解释:所谓的"中国模式"不是"国家资本主义",也不等同于"市场社会主义模式"和"民主社会主义模式",它是社会主义本质的中国实现形式;中国从来没有把资本主义作为发展目标,而是主

---

　　① 参见约书亚·库珀·拉默:《"北京共识":为世界经济发展提供新模式》,《证券日报》2004年 6 月 6 日。

　　② 张维为:《中国将以自己的方式变革》,《参考消息》2004 年 5 月 31 日。

　　③ 参见卢荻:《浅说"中国模式"》,《读书》2000 年第 6 期。

　　④ 参见林春:《承前启后的中国模式》,《读书》2006 年第 4 期。

　　⑤ 参见支振锋、臧劢:《"中国模式"与"三国学派"——"人民共和国 60 年与中国模式"学术研讨会综述》,《开放时代》2009 年第 4 期。

张利用外国的和本国的资本,学习资本主义的先进技术、管理经验,在"主体是社会主义"的基础上,强调"共同富裕",强调社会发展的成果为人民共享,强调不能走"两极分化"的邪路。① 可见,"中国模式"实质上就是中国作为一个发展中国家在全球化背景下实现社会现代化的一种战略选择,它是中国在改革开放过程中逐渐发展起来的一整套应对全球化挑战的发展战略和治理模式。②

（二）"中国模式"的本质内涵

就已有的研究成果来看,对于"中国模式"本质的揭示既可以偏重于内容的发掘,也可以借助于形式上的界定。有学者采取后一种做法,从"应然"的维度描绘出了中国现实发展道路应当追求的理想状态:"中国模式"所遵循的中国道路应始终坚持以马克思主义为指导,不断推进马克思主义中国化的进程,大胆进行理论创新,用发展着的马克思主义指导中国的实践;应毫不动摇地推进以社会主义市场经济和社会主义民主政治为基本内涵的经济和政治体制改革,以形成实现和平发展的制度保证;应大胆借鉴吸收人类文明成果而又坚持传承中华文明,代表中国先进文化的前进方向,弘扬民族精神,以形成实现和平发展的精神支柱;要坚持科学发展观,周到细致地统筹兼顾各种利益关系,以形成实现和平发展的社会环境。③

相对来说,从内容上阐明"中国模式"的内涵吸引了更多学者的注意力,因为能够被冠之以一种"模式"的东西,其关键性的因素不是形式上"要怎么做"的问题,而是在内容上"做什么"的问题:虽然"要怎么做"具有先在性,但"做什么"却更为根本。这样,从实践合理性的角度反观中国现实社会的历史进程,就成为该项研究的焦点。为此,作为一种发展战略,"中国模式"的内涵能够被归结为五个方面:其一,正确改革、发展和稳定三者的关系;其二,集中精力满足人民最迫切的需求,首先是消除贫困;其三,不断地试验、总结和汲取自己和别人的经验教训,不断进行大胆而又谨慎的制度创新;其四,推行渐进改革,拒绝"休克疗法";其五,确立了先易后难的优先顺序,先农村改革,后城市改革,先沿海后内地,先经济改革为主,后政治改

---

① 参见刘志明:《"中国模式"不是国家资本主义》,《红旗文稿》2009 年第 15 期。

② 参见俞可平:《关于"中国模式"的思考》,《探索与争鸣》2005 年第 19 期。

③ 参见《海外学者论"中国模式"》,《人民论坛》2008 年第 24 期。

革。① 为了便于理解,也有人将"中国模式"简约成三个独特的子模式:社会模式、政治模式和经济模式,并把这三个子模式分别称为社稷体制、民本政治和国民经济,这三位一体共同构成了"中国模式"。② 全面地把握这一模式的内涵固然不错,但深入其中的某一个方面进行解读也不失为一种研究方法。在这种方法论的指导下,"中国模式"有一个明确的政治诉求,或者说"中国模式"的政治主题是民族复兴,维护和促进中国发展进步的制度体系是其追求的最高目标,具体地说就是要维护共产党的领导、人民当家做主和依法治国的有机统一,促进人民代表大会制度、共产党领导的多党合作与政治协商制度、民族区域自治制度和改革开放以来形成的基层群众自治制度。③

(三)"中国模式"的特点

所谓"中国模式"的特点,是指其不同于其他社会发展模式的独特之处,尤其是指在面对同一国际背景、遭遇类似发展难题以及追求相似价值目标的情况下,相比于其他的发展战略中国经验有何特别的地方。从这个意义上,可以区分出两种不同的研究方式:一种是从战略选择上对"中国模式"进行标识,中心问题在于说明这一模式所体现出来的政治智慧及其政策定向;另一种是从社会治理方式上对"中国模式"进行界定,重心在于指明这一模式如何依据自身的逻辑解决发展过程中遭遇到的难题。

前一种方式可以通过俞可平的研究集中体现出来。作为对拉默提出"北京共识"和"中国模式"观点的理性回应,俞可平基于对现实的思考,将中国的发展战略特点概括如下:正确处理改革与开放的关系;根据自己的国情主动积极地参与全球化进程,同时始终保持自己的特色和自主性;正确处理改革、发展与稳定的关系;坚持市场导向的经济改革,同时辅之以强有力的政府调控;推行增量的经济与政治改革,以渐进改革为主要发展策略,同时进行必要的突破性改革。④ 显然,这种概括重在从战略选择方面梳理所谓的"中国经验",虽然其间也涉及这一模式必须处理好的难题,但如若不在方向上对其作出一个明确的定位,所谓的"中国模式"就仍然无法真正得

---

① 参见张维为:《中国将以自己的方式变革》,《参考消息》2004 年 5 月 31 日。
② 参见潘维、玛雅:《共和国一甲子探讨中国模式》,《开放时代》2009 年第 5 期。
③ 参见房宁:《民族复兴:中国模式的政治主题》,《中国社会科学报》2009 年 9 月 24 日。
④ 参见俞可平:《"中国模式":经验与鉴戒》,《文汇报》2005 年 9 月 4 日。

到说明。

后一种研究方式散见于各类文章之中,但亦可以大体上作出归结。其一,在经济问题上实行渐进式改革,从农村经济到城市经济,从推动非公有经济的增长到改革公有制经济,从产业改革到全面实行市场经济体制,从追求经济增长到转变经济发展方式,无一不是一步一个脚印,在确保不激化社会矛盾的前提下提高人民生活质量,谋求国家的科学发展。其二,在政治问题上采取审慎态度,但在现实政治中依然积极推动民主化进程:中国的改革并非是单一的没有政治改革的经济改革,因而绝不能认为中国所坚持的社会主义就是一种"经济社会主义"。① 其三,在文化问题上持守传统,在意识形态上坚持马克思主义的主导地位与在社会生活层面上弘扬中华民族的文化精神并行不悖,对传统伦理精神的恪守也在相当程度上强化整个社会的凝聚力,这是中国经验中独一无二的元素,也是真正的"中国元素"。其四,在国际关系问题谋求和平崛起,这是适应中国发展战略开辟外部环境的需要,也是展示中国形象和消除"中国威胁论"与"中国崩溃论"的现实选择。② 可以看出,这种研究方式多是从横向对"中国模式"作横切面的处理,而后分述之,其优点是点面结合,抓住了分析"中国模式"特点的宽度,但缺乏历史感的弊端也相当明显。

三、"中国模式"话语权之争

关于"中国模式"的研究注定要陷入争议之中,其中固然有意识形态上的分歧而导致中外学者之间理解上的差异,但更多的争论还是发生在基于知识学背景中的学术取向上,而且这种争议有逐渐走向争夺"话语权"的趋势。③ 纵观中外学者与我国学者内部的争论,这场有关中国经验的理论研究已经衍生出至少三种学术态度:肯定和否定存在着一个所谓"中国模式"分别代表两种对立的态度,持谨慎态度者占据了第三方。

持否定态度的主要理由可以归结为以下几个方面:其一,目前对"中国

---

① 参见照王智军:《"中国模式"及其世界命运》,《社会主义研究》2005 年第 3 期。
② 参见俞可平:《全球化时代的"社会主义"》,北京:中央编译出版社 1998 年版,第 86—105 页。
③ 参见徐崇温:《关于如何理解中国模式的若干问题》,《马克思主义研究》2010 年第 2 期。

模式"特征的概括与中国现实发展不相符合,其特别强调的两个因素"较强的政府干预"和"较高的国有经济比重"更是严重背离了现实状况,因此到目前为止还不能认为已经存在一个经济发展的"中国模式"。① 其二,出自西方的中国模式概念是对中国的"捧杀",其背后的原因十分复杂:既有真诚地研究中国发展的模式并希望从中汲取适合本国发展的经验者,同时也不排除有一些人因为长期对中国抱有敌意或偏见,其提出"中国模式"的用意乃在于诬称中国政治施行"独裁"或"威权"统治而不讲民主、自由、人权等,企图歪曲和诋毁中国的形象。② 由于中国的成功如同当年苏联社会主义建设获得了巨大成功因而具有很大的世界政治和国际政治意义一样,对中国模式学术研究的态度也就染上了强烈的政治情感色彩。③ 其三,"中国模式"的提法是基于价值观差异上的对中国经验的误读甚至弯曲,所谓的"中国模式"的内涵被界定为"政治上的保守、专制与经济自由"。由于有着不同的社会历史和文化背景,一些西方政要学者对中国的成就有一种近乎本能的排斥:他们不愿肯定"中国特色社会主义",故意淡化我们改革开放和现代化建设事业的"社会主义"性质,从而提出"中国模式"这一概念来概括总结我们取得的成绩和进步。④ 其四,"中国模式"的提法相当危险,有转移改革方向之嫌:本来我们的改革改的旧体制,在旧体制还没有完全变革、新体制还没有完善定性的情况下,说我们已经形成了"中国模式",以后就有可能把改革的对象由旧体制变为这个"模式",即把这个"模式"视为改革的对象。⑤

与上述观点针锋相对的是这样一种态度:肯定存在着一种"中国模式"且这种模式还继续发挥作用。这种肯定态度可以通过徐崇温这位"中国模式"的热捧者的最新思考体现出来,其观点如下:其一,"中国模式"并非像有人所认为的那样,是由别有用心的外国人为遏制中国进一步发展提出来的,事实上早在 20 世纪 80 年代邓小平同志就一再地提到"中国模式",强

① 参见陈宪:《市场自由、政府干预和"中国模式"》,《文汇报》2009 年 9 月 19 日。
② 参见马振岗:《西方渲染"中国模式'之背后》,《人民论坛》2008 年第 24 期。
③ 参见潘维:《中国模式不是为了顶礼膜拜》,《国际先驱导报》2010 年 1 月 22 日。
④ 参见秦益成:《中国特色社会主义与"中国模式"》,《理论研究动态》2010 年第 4 期。
⑤ 参见李君如:《慎提"中国模式",避免转移改革方向》,《中国社会科学内部文稿》2010 年第 4 期。

调各国都要独立思考,以寻找适合自己实际情况的发展模式,此种意义上的"中国模式"无非就是中国共产党领导中国人民独立思考,反复探索所找到的适合中国具体情况的发展道路和发展模式,无非就是为实现中国革命、建设、改革的战略目标所作抉择、所走道路、所用方法。其二,历史地看,提出"中国模式"的着眼点是反对苏联大国沙文主义给苏联模式自封样板和示范,主张各国要独立自主地寻找适合本国情况的发展道路和发展模式,在此意义上的"中国模式"着眼于社会主义发展道路、实现现代化道路的多样性,丝毫没有自封样板和示范的意思。其三,把马克思主义中国化和"中国模式"冠之以民族主义思想作祟,混淆了民族主义同无产阶级尊重民族特征和民族差别的一贯要求之间的原则界限。恰恰相反,"中国模式"所体现的也不是民族主义,而是无产阶级尊重民族特征、民族差别的一贯要求。其四,"中国模式"本质上不能等同于所谓的"北京共识":虽然这种发展方式可供别国借鉴参考,但不能照抄照搬,更不能强加于人,同时,"中国模式"还要与时俱进地不断完善,但这并不妨碍它作为中国模式的客观存在。其五,认为谈论尚未定型的"中国模式"的观点是毫无根据的,因为衡量一种模式是否已经取得成功的标准并不是它还要不要发展变化,而是它是否已经推进了自己的战略目标的实现,应该说在这方面中国所取得的成功是有目共睹的。当然"中国模式"也要不断地与时俱进,但这并不证明谈论这种模式还为时过早。① 展望未来,"中国模式"具有无限的生机:中国模式将在与第三世界和全球性的劳工组织、社会运动联合起来改变当今秩序的游戏规则中成长成熟,成为社会主义在气势汹汹的资本主义全球化中重振旗鼓的先声。②

　　持审慎态度的一方则在一定程度上体现出一种学术研究应有的清醒和理智,其用意是提请国人不要跟着别人跑,而是要潜心研究真正的属于中国的问题,切实对谁负责,对未来负责:一者,毕竟"中国模式"尚未定型,仍将处于较长时期的探索之中,切不可盲目乐观;再者,在"中国模式"被世人热议之时,我们应当更加自警自检,如实估量自己,慎行审思,绝不可自我膨

---

① 参见徐崇温:《关于如何理解中国模式的若干问题》,《马克思主义研究》2010 年第 2 期。
② 参见林春:《承前启后的中国模式》,《读书》2006 年第 4 期。

胀,自夸"盛世"。① 具体来说,一方面,要理性地对待"中国模式"与"北京共识",清醒地认识到中国 30 多年发展成功的经验是经济改革"理性激进"和政治改革"理性滞后"的智慧组合,中国的发展遵循了"一刚多柔"、"刚柔相济"和经济改革与政治改革非对称性组合的改革之道。这种改革之道给予我们以信心,也要求我们保持头脑清醒:中国要坚定不移地走自己独特的发展道路,即中国特色的社会主义道路,一切从中国的国情出发,切切实实地"做中国'猫',抓中国'鼠'";中国既要坦坦荡荡地接受"北京共识",又不为其昏昏然,不沾沾自喜;要清晰地认识我们自己的发展阶段,以及面临的困难和问题,认真把握好自己的发展和崛起;在世界经济、社会和政治活动中,中国要积极而理智地扮演大国角色,但必须量力而行。② 另一方面,要认识到目前中国改革开放的成功经验还不具备作为一种模式所需要的类概念的两个必要特征及其独特的类概念特征,还不能构成一种模式:关于中国特色发展经验和道路,简称"中国经验"或"中国道路"比"中国模式"更加科学和合理,并且还具有上升为"中国模式"的余地和空间。③ 同时,我们还必须看到"中国模式"是一种以保持和实现经济增长速度为主要特征的发展模式,是一种有缺陷的发展模式,因而在对"中国模式"的理解和把握中,必须要有一种宏大的世界眼光,实现由传统的高代价发展向科学的低代价发展的战略性转变,通过能解决自身及当今人类所面临的重大发展问题的低代价发展模式来实现崛起,对人类作出应有的贡献,并赢得别人对我们的称颂和尊敬。④

四、"中国模式"研究的提升空间

六年前,拉默将中国的成功经验概括为"北京共识",并以"中国模式"来指称中国独特的发展道路,由此引起普遍的热议。现在看来,拉默所创立的"北京共识"未必能够成为人们的共识,其有关中国经验的总结亦不一定准确,但"中国模式"概念毕竟存续下来并将继续影响学术界对于中国问题

① 参见吴江:《"中国模式"面临生死考验》,《领导文萃》2009 年第 5 期。
② 参见邹东涛:《中国改革开放 30 年:路线图与大智慧》,《江西社会科学》2008 年第 10 期。
③ 参见施雪华:《提"中国模式"为时尚早》,《学习时报》2009 年 12 月 7 日。
④ 参见邱耕田:《中国模式与低代价发展道路》,《中共中央党校学报》2008 年第 3 期。

的讨论。拉默在新近出版的《不可思议的时代》中说道："中国遇到的挑战，从规模来看，从复杂的程度来看，都是人类历史上从未经历过的。改革的本性是会产生从未见过的新问题。这就需要一种新的创新，一种超越'中国特色'的创新。所谓的'后中国特色'，是指中国将不再将国外的东西拿来，然后增加一些'中国特色'。"①按照拉默的看法，既然建立在"北京共识"基础上的"中国模式"是对于"华盛顿共识"的创新，由此确立起了"中国特色"，那么从"中国模式"出发再确立起属于中国人自己的"后中国特色"就是一种新的创新。这意味着有关"中国模式"的研究具有相当大的提升空间。

　　在拓展有关"中国模式"研究的问题域的同时，有必要顾及到这一概念提出的背景及其固有的问题意识。也就是说，对社会发展道路的选择或者社会发展模式的检视不能缺少文化的视角：能够称得上是一种发展战略的模式，其中必定蕴涵有明确的价值取向和文化定位。目前，有关"中国模式"的研究过于集中在讨论诸如概念特点、内涵构成或者忙于争夺话语权上，至于价值取向或者文化定位这一问题的内核反而鲜有人触及。实际上，支撑拉默创立"北京共识"的根本在于这一概念内蕴着鲜明的价值关涉：实现公平发展，强调以人为本，强调发展是为了帮助普通人而不是维护特权阶层利益，中国政府已经把眼光超越了诸如人均 GDP 的衡量尺度，更多地集中于人民的生活质量，而"华盛顿共识"的目的则是帮助银行家、金融家，等等。一句话，中国的发展具有一种令中国人民骄傲的内在力量。② 显然，这种"内在力量"就是文化精神的力量，没有特殊的价值指涉，就不会有"北京共识"：所谓的"共识"乃是社会共同体基于一定的文化传统所形成的统一价值态度和社会心理，而所谓的"北京共识"即是中国政府与其人民一道在谋求发展过程中自发形成的价值诉求和文化自觉。这就是为什么拉默一定要将"中国模式"定义在"北京共识"基础上的原因。在这个意义上，"北京共识"对"华盛顿共识"的超越，就是意味着"西方价值"的崩塌和"中国价值"的崛起。对此，英国经济学家阿纳托勒卡莱茨基看得非常清楚："我们

---

① 转引自李希光、顾小琛：《重庆梦与中国模式》，《中国社会科学内部文稿》2010 年第 4 期。
② 参见约书亚·库珀·拉默：《"北京共识"：为世界经济发展提供新模式》，《证券日报》2004年 6 月 6 日。

西方人有两个选择,或者我们认输地说,中国在人类五千年的有文字记载的历史中,是一个比美国或者西欧更成功和有生命力的文化,承认中国今天已经自然地获得了全球领袖地位,或者我们干脆承认中国模式与西方模式之间的竞争,开始严肃地思考如何改革西方资本主义,以求更好的获胜机会。"①国内也有学者看到"中国模式"蕴涵的价值指涉,但其仅仅强调"中国向度"和"世界向度"的结合,主张发挥"中国模式"在积极参与全球发展与交流中与世界的互补作用②,并没有将这种潜在意识上升为明确的研究取向。这是下一步探索中有望得到拓展的研究空间。

许多论者单从想象当中构建属于自己的所谓"中国图式",没有将"中国模式"这一理念蕴涵的历史情景、现实指向与未来走势三个方面的问题区分开来,往往走不出以未来时态述说历史情景、以现实时态勘定过去经验与未来走势的怪圈。此种研究态度典型地体现在,概括"中国模式"特征的时候将其所固有的整体性强行拆散并使之碎片化,以图"具体"地把握。比如,有人就将"中国模式"分解为实行市场经济转轨、改善政府宏观调控,不断扩大对外开放、融入世界经济体系,实行渐进式改革、维护社会稳定,实行农村工业化、推动城乡协调发展,降低发展成本、坚持可持续发展,效率与公平并重、坚持共同富裕路线。③ 又比如,有人将中国模式的特征归结为三个方面:在一个人口众多的发展中国家解决了13亿人的吃饭问题;连续30多年来保持了经济的高速增长;倡导和平崛起与和谐世界理念;勇于并主动承担相应的国际责任。④ 一般地说,这种分析问题的方法并无不妥,但对于像"中国模式"这样需要建构的"理想类型",如何通过语言的离析,既阐明其核心价值取向,又不无歧义地表达出其实质性内容,就成为研究者的首要任务。而要达到这一学术研究的底线,就必须从根本上阐明问题所涉及的共时性与历时性、空间与时间以及横向与纵向等之间的界限,如此,问题意识方能显明,思考方向方能确立。幸运的是,此种研究范式已经引起了一些学者关注。比如,林毅夫就试图从历史与未来的对接处寻找"经济发展与中国文化复兴"的内在关联,并相信只要中国的经济基础提高了,作为上层建

---

① Anatole Kalesky,"We need a new capitalism to take on China",*The Times*,February 4,2010.
② 参见衣俊卿:《"中国模式"的理论诉求》,《中国社会科学报》2009年7月21日。
③ 参见宋林飞:《中国模式的成功、特征与未来》,《社会科学战线》2006年第2期。
④ 参见胡长生:《中国模式、中国经验及其启示》,《中国延安干部学院学报》2009年第4期。

筑的儒家文化也有能力吸收外来的文明的精华，并同时能够根据时代的需要不断地创新。① 再比如，徐崇温在题为《关于如何理解中国模式的若干问题》的文章中，从历史哲学的维度阐明了"中国模式"产生的必然性和合理性，同时也指明了这一发展方式的实践合理性。② 这样，如果学者们都能够认真梳理"中国模式"的历史源流，确立其理论基础，并考察其价值取向，那么，关于这一问题的研究必定将产生出更多更好的成果。

另外，纵观时下的有关"中国模式"问题研究，有必要克服浮躁情绪，尤其要消除政治套话、二元对立的方法自我确立起来的意识形态幻象，使"中国问题的讨论越来越正常化和理性化"。③ 当前，特别要注意这样一种论调，它认为热议中的"中国模式"概念，与邓小平同志讲的"中国的模式"反映的客观对象不同，是一些国外学者、政要站在非马克思主义的立场，对作为"进行时"的中国特色社会主义现代化建设和改革开放的探究和概括：它虽然包括对中国成就的肯定，但没有科学地反映中国特色社会主义的本质内涵，没有反映马克思主义的普遍真理与中国实际相结合。④ 无须多言，这种谨慎固然有其合理因素，但走过了头，因为从形式上"中国模式"概念是否合理并不取决于中国社会发展的成熟程度，从性质上"中国模式"不应被过度意识形态化，从现实性上需要对"中国模式"概念进行创造性地理解和运用。⑤

---

① 参见林毅夫：《经济发展与中国文化的复兴》，《中国财经报》2004 年 10 月 16 日。
② 参见徐崇温：《关于如何理解中国模式的若干问题》，《马克思主义研究》2010 年第 2 期。
③ 参见李希光、顾小琛：《重庆梦与中国模式》，《中国社会科学内部文稿》2010 年第 4 期。
④ 参见秦益成：《中国特色社会主义与"中国模式"》，《理论研究动态》2010 年第 4 期。
⑤ 参见卢衍昌：《中国模式：概念、历史及理念》，《甘肃理论学刊》2005 年第 4 期。

马克思主义收入分配理论的新进展

马克思恩格斯对于收入分配问题的研究多见于《1857—1858 年经济学手稿》、《资本论》、《哥达纲领批判》等文献中。在这些文献中，马克思恩格斯深刻分析了资本主义收入分配格局的形成、收入分配的基本原则、收入分配格局与社会资本再生产的关系以及收入分配问题的解决等问题。从整体来看，马克思恩格斯分析上述问题的基本着眼点是社会生产力的发展，其终极价值目标是要解决社会生产力不断发展的过程中的劳动异化问题，实现人的全面发展。马克思恩格斯为研究收入分配问题确立的历史唯物主义方法和原则，即使在今天，仍有其重要意义。近年来，不断有学者围绕现实中存在的严重收入分配问题的解决，在坚持基本原则和方法的基础上，从理论视野、理论方法和内容本身等方面对经典作家的研究进行了拓展。以此为基础，本文从收入分配格局的成因及其测度、收入分配的经济社会效应、收入分配公平的基本内涵、收入分配差距的调整以及国际间收入分配等问题，对现时收入分配问题研究应把握的主要方面进行总体性的研究。

一、关于收入分配格局及其成因

（一）收入分配格局的成因

在马克思恩格斯关于资本主义收入分配格局成因的分析中，当时发达的资本主义经济，特别英国是其研究的主要对象，大土地私有制、生产资料的私有制和雇佣劳动制度是资本主义收入分配格局形成的本质性原因，劳动力市场、资本市场和商品市场上的平等和自由竞争是资本主义收入分配格局形成的关键性因素。而在今天的研究中,特别是以解决现实问题为落脚点的研究中,就不得不突破马克思原有的在纯粹资本主义经济、单一私有制和相对成熟市场经济体制条件下研究收入分配问题的框架,突破过去僵化的单纯从生产关系角度而不是从生产力与生产关系相统一的角度进行分析的框架。这样的突破应在以下五个方面有所体现。需要说明的是,对于任何一项研究来说,要求同时兼顾这五个方面是不恰当的,在总体把握的前提下,对于具体的时间和地域范围而言,抓根本性和决定性的要素才是最主要的。

1. 从对已完成工业化对象的分析转向对部分完成工业化对象的分析

工业化的完成对于一国而言,具有经济总量的意义,同时也具有结构性的意义。工业化阶段的完成标志着一国产业结构、就业结构的基本稳定,标志着城乡二元分割局面的消失。马克思对收入分配问题的研究,也正是以一个相对稳定的已基本完成工业化的英国作为分析的主要对象,这样一个分析对象的确立具有典型性,也有利于把握复杂经济现象背后的本质性因素,确立分析所使用的基本范畴、概念和原理。但现实中我们看到的恰恰是在那些工业化尚未完成的发展中国家当中,收入分配方面存在的问题更加严重,需要在更为复杂的生产力—生产关系结构体系中去分析收入分配问题。

从收入分配的角度看,一个仅部分完成工业化的国家和已完成工业化的国家相比,主要在以下两个方面存在差异:首先,不同生产方式的并存使得不同阶层获取收入的途径和方式更加多样;其次,发达的商品生产与小商品生产,特别是落后的以自给自足为主要特征的农业生产相交织时,对于在整个社会范围内产品生产价格的形成具有明显的阻碍作用,劳动力和部分生产要素价格以及部分商品价格在较长时间、较大范围内其内在价值不能够得到正确反映。这些都不利于推动社会生产力水平的持续提高和收入分配结构的合理化。有学者对拉美地区发展中国家历史和现实的研究证明了这一点。陈平在《制度、政策与收入分配——拉美收入分配问题的历史演变及其对中国的启示》中指出,历史上形成的大地产制是导致拉美地区严重收入分配不公问题产生的最根本的原因。而20世纪90年代拉美地区推行的新自由主义政策,推动了生产要素私有化进一步的发展,开始了拉美历史上第二次对生产要素的大规模重新分配,生产要素进一步集中,拉美国家收入分配不公的问题继续恶化。拉美特色的工业化和城市化导致的生产要素在不同产业和地区间的分布不均,也是导致如今拉美收入分配不公问题的重要原因。① 拉美地区沿海城市的工业化程度非常高,与国内其他地区的落后形成鲜明对比,在生产要素私有化和集中程度不断提高的基础上,导致了拉美地区严重收入分配问题。

　从中国的实际看,地区间、产业间和城乡间工业化程度的差异同样在收入分配问题的形成上发挥着重要作用。罗长远等在《经济发展中的劳动收入占比:基于中国产业数据的实证研究》中,从三大产业结构变动的角度对收入分配格局中劳动收入占比持续下降的原因进行了分析,认为产业结构变化和不同产业劳动收入占比的波动,均加剧了劳动收入占比的波动。② 农业部门在三大产业结构中地位的下降和第三产业的逐步发展造成劳动者收入占比下降的具体机制,尚未得到清晰的论证。许经勇的《解开我国城乡居民收入差距扩大之谜》主要关注的是城乡收入差距问题,强调了劳动力市场和土地市场的不完善对城乡收入差距扩大带来的影响。说明了城乡二元结构下农村生产要素特别是劳动力要素和土地要素以不等价交换为特征向城市大规模流动,农民不能同步分享工业化、城镇化所带来的巨大财富增长成果,是导致城乡收入差距扩大的主要原因。③ 朱玲的《全球金融危机下的收入分配政策选择》采用泰尔指数分解的方法,分别从城乡和地区两个维度,对全国范围内的居民收入差距加以分解。计算结果表明,2002 年至 2006 年间,城乡之间的收入差距对全国居民收入不均等的影响,高于地区之间收入差距的影响。地区之间的收入差距,更多地表现为中西部地区与东部地区的差距;城乡之间的收入差距,更多地表现为中西部地区的城乡差距。作者的分析表明,在结构性因素中,城乡二元结构的存在是最重要的解释收入分配问题的因素。④ 但城乡二元结构的存在为什么是最重要的解

---

① 参见陈平:《制度、政策与收入分配——拉美收入分配问题的历史演变及其对中国的启示》,《拉丁美洲研究》2008 年第 2 期。

② 参见罗长远、张军:《经济发展中的劳动收入占比:基于中国产业数据的实证研究》,《中国社会科学》2009 年第 4 期。

③ 参见许经勇:《解开我国城乡居民收入差距扩大之谜》,《学习论坛》2009 年第 12 期。

④ 参见朱玲、金成武:《全球金融危机下的收入分配政策选择》,《理论前沿》2009 年第 15 期。

释因素,还需要作深入的理论分析。

2. 从单一所有制条件下的分析转向多种所有制并存条件下的分析

马克思恩格斯详细分析了资本主义单一私有制条件下的收入分配问题,劳动者、资本家和土地所有者三大阶级的收入来源简单,收入分配格局清楚。在既有制度下,不存在诱致收入分配格局发生剧烈变化的因素。但从发展中国家的实际看,普遍存在生产资料所有制形式的多样化问题,使所有制结构本身随着生产力的发展尚有发生演进的可能,进而存在使收入分配的格局发生重要变化的可能。从静态的角度看,在多种所有制并存的条件下,不同所有制在社会整体收入分配格局中所发挥的作用也应成为必须研究的问题。

对处于社会主义初级阶段的中国而言,导致整个社会收入分配两极分化的制度前提——大土地私有制和完全的生产资料私有制不复存在,单一的公有制随着 30 多年改革的不断深化也已发生重大变化,多种所有制并存的格局形成并不断发展,私有生产要素获取收入的合法性也逐步得到确认。谢海军在《改革开放的阶段性特征与收入分配制度的变革》中将这一过程划分为三个阶段。第一阶段是从改革开放初期到确立社会主义市场经济的分配制度,再到完善分配制度的体系。其中,1993 年明确了以按劳分配为主体、效率优先、兼顾公平的收入分配制度,鼓励一部分地区和一部分人先富起来,走共同富裕的道路。第二个阶段是党的十五大提出把按劳分配和按生产要素分配结合起来,坚持效率优先,兼顾公平,各种生产要素按贡献参与分配。第三个阶段是党的十七大在完善分配制度的指导思想上,提出科学发展观,在效率与公平的问题上,寻求效率与公平的结合点,提出初次分配和再分配都要处理好效率和公正的关系,再分配更加注重公平。在完善分配制度的目标中,提出构建社会主义和谐社会。作者认为,收入分配制度变革是改革开放后我国居民收入分配格局发生变化的主要因素,而分配制度变革的原因在于我国经济社会发展面临不同阶段性特征的挑战。[①] 收入分配制度的改革实际就是从政治上肯定了除劳动力之外其他各类生产要素参与收入分配的合理性,这对于收入分配格局的变化具有重大和持久的

---

① 参见谢海军:《改革开放的阶段性特征与收入分配制度的变革》,《科学社会主义》2009 年第 5 期。

影响。生产要素特别是生产资料的私有权获得认可,获取收入的合法性得到承认,使得国民收入总量增加的同时,收入分配的差距被拉大。

除了所有制结构的变动会对收入分配格局发生重要影响外,不同的所有制结构还会导致同样的经济政策对收入分配格局发挥不同的作用。有学者结合 2008 年爆发的世界金融危机对此进行了分析。杨宜勇等在《2009 年中国收入分配状况及其未来发展趋势》中分析了中国应对国际金融危机的政策对本国收入分配状况的影响,认为国际金融危机和经济刺激计划对不同社会成员的影响程度不同,对不同社会成员收入的影响程度也不同。国际金融危机的爆发通过促进国际和国内经济结构调整的方式,在一定程度上减缓了中国收入差距加速扩大的趋势,但我国的收入差距仍然会继续扩大。①

3. 从对成熟市场经济的分析转向对处于完善阶段市场经济的分析

马克思认为,生产资料的所有制是决定收入分配的根本原因,而自由竞争的市场经济则是具体决定要素相对收入比例的关键。自由竞争的市场机制是要素或产品价值形成和价格变动的关键,而要素收入特别是其相对份额要受到产品价值的局限,同时也要受到要素本身价值的局限。市场经济的完善程度对于不同的生产要素所有者在整体收入分配格局中的地位有着重要影响。当然这并不是说,市场经济越完善,收入分配格局就越合理。建立在生产资料私有制基础上的市场经济自发分配的结果必然导致收入分配的两极分化,这一问题经典作家在当时的条件下已经给予较为充分的证明。

近年来有学者沿着这一思路对市场经济能够自发地实现公平分配的观点提出了质疑。于喜繁在《收入分配差距过大不能用"机会公平论"加以粉饰——对"机会公平论"的三点质疑》中指出,捍卫收入分配差距的论者通常用"机会公平论"来回击对这种分配差距合理性的质疑。但是,稀缺资源的初始分配不均等抽掉了机会公平的逻辑前提,自由竞争过程也不能保证竞争机会公平,而且,行为人的自然禀赋和风险偏好差异必将引致垄断破坏公平竞争。当前我国社会阶层之间的收入分配差别,主要不是由贡献大小和能力差异形成的,收入分配差别过大的现实不能用"机会公平论"来加以

---

① 参见杨宜勇、池振合:《2009 年中国收入分配状况及其未来发展趋势》,《经济研究参考》2010 年第 6 期。

粉饰。①

　　以私有制为基础的市场经济体制即使再完善也无法避免造成收入分配两极分化的局面,多种所有制并存条件下的不完善的市场机制对收入分配格局的影响就更复杂一些。张少杰等的《不完全要素市场对收入分配的影响研究》一文认为,目前中国居民收入的绝大部分都来源于要素性收入,要素市场的不完善对收入分配差距过大的形成起着相当重要的作用。该文进而对劳动力市场、资本市场、土地市场和资源市场的不完善对收入分配的影响进行了分析,认为中国目前劳动力市场在城乡之间、地区之间和行业之间处于分割状态,造成劳动力市场分割的是劳动力市场以外(如政治力量)的强势和弱势在经济方面的体现。在证券市场上,不同投资者之间的地位是不平等的,这种不平等主要表现为投资者拥有信息的差异上。在证券市场以外的资本交易中,市场的不完全性主要体现在公有产权向私有产权转化的交易过程上。在土地市场上,地方政府作为买方或卖方都存在着行政垄断问题。在自然资源市场中,地方政府是自然资源的唯一卖方,由于存在委托—代理甚至内部人控制问题,使得全体居民的部分财产(自然资源的交易价格与实际价格之差)被转移给自然资源的买方和参与合谋的政府官员。同时,也将居民未来的部分财产(目前价格与未来价格之差)转移给自然资源的买方。② 这四类市场中哪一类市场的不完善对于收入分配发生全局性的影响、影响程度如何,哪一类市场只是发挥局部性的作用还需进一步地详细说明。

　　4. 从政治上层建筑角度分析

　　在收入分配格局的形成上除了经济因素在发挥作用外,政治上层建筑也在发挥着重要作用。吴群芳等的《转型期我国居民收入分配不公的根源及其治理——以利益输入为视角》一文认为,中国转型期收入分配的结果是不完善的市场经济和政府干预不当共同作用的产物,不公平收入差距的扩大是由于政府收入分配政策的缺位造成的,但实质上,其背后更深层次的原因在于利益输入失衡。收入分配领域的利益输入失衡主要表现为:利益

---

　　① 参见于喜繁:《收入分配差距过大不能用"机会公平论"加以粉饰——对"机会公平论"的三点质疑》,《甘肃社会科学》2008 年第 3 期。
　　② 参见张少杰、董碧松、郭雅娴:《不完全要素市场对收入分配的影响研究》,《北京工商大学学报》(社会科学版)2007 年第 3 期。

输入主体能力的差异性、利益输入机会的不均等性、利益输入组织发育的不平衡性、利益输入效果的非均衡性。利益输入失衡导致分配不公的作用机制是强势一方积极主动表达自己的利益并将其成功输入到政治系统成为有效的利益输入，而弱势一方仅能被动等待权力精英注意到自己的利益诉求。① 收入分配政策的调整如果属于对分配结果进行的二次调整，其所能发挥的作用十分有限，应主要加强的是初次分配过程中政府对弱势群体利益诉求的支持和帮助力度。关于这一点白重恩等在《谁在挤占居民的收入——中国国民收入分配格局分析》中的分析可以作为旁证。该文认为，在初次分配中，劳动者报酬和财产收入占比下降是住户部门收入占比大幅度下降的主要原因，再分配阶段不是居民收入占比下降的主要原因，在初次分配和再分配环节中，住户部门的占比都有所下降，企业部门收入在很长一段时间都高于政府收入，我国国民收入分配格局中更突出的问题很可能是企业部门收入占比过高。②

5. 从外部冲击角度的分析

除了一国自身的因素会对收入分配格局发挥作用之外，来自外部各种的冲击亦会发挥其作用。其中，世界性的金融经济危机的冲击和影响最大。陈志刚的《危机、金融转移与收入分配——拉美的经验及中国的启示》一文则强调了非实体性要素——政府财政支出——形成的巨大金融资源转移对于拉美国家收入分配的影响，认为一国政府面临金融危机及其严重的经济后果采取的紧急金融援助，需要使用大量的财政支出，其在社会各阶层和群体的分配是不均等的，由此产生的金融转移对一国的收入分配必然造成影响。在拉美金融危机及其治理过程中，存在从非金融系统参与者到金融系统参与者的金融转移，以及金融转移在参与者之间的不均等分配。金融转移的财政支出主要通过增加税收、通货膨胀和削减其他方面的政府支出来实现。在拉美国家危机治理过程中，金融转移的财政支出主要由穷人埋单，而金融转移却主要由大储户外国储户、大型企业及银行股东得到。因此，在拉美金融危机及其治理过程中，金融转移及其分配恶化了收入分配状况，加

---

① 参见吴群芳、孙广厦：《转型期我国居民收入分配不公的根源及其治理——以利益输入为视角》，《中国地质大学学报》（社会科学版）2008 年第 2 期。

② 参见白重恩、钱震杰：《谁在挤占居民的收入——中国国民收入分配格局分析》，《中国社会科学》2009 年第 5 期。

重了贫困程度;而且,面临这一不利冲击,贫困家庭作出一系列的行为反应削弱了自身的脱贫能力,加大了一国改善收入分配不平等状况的难度。[①]上述的研究结论与杨宜勇等《2009年中国收入分配状况及其未来发展趋势》一文的研究结论之间并不存在矛盾。其中的原因是多方面的:中国的基本经济制度与拉美存在根本差异;中国在2009年遇到的主要问题是金融危机对于实体经济的冲击,在金融领域并未发生危机,因此不存在金融资源在不同储户之间转移的问题;还有,在中国应对危机的过程中,获得资金支持的主要是大型国有企业,而非私有企业,从而也避免了通过金融资源转移加大收入分配差距的问题。

　　除以上五个方面外,还有学者从综合的角度分析了收入分配格局的形成问题。如李炯等的《中国个人收入差距合理性区间研究》一文在这方面作了一些探索,认为中国目前个人收入差距悬殊的原因有以下四个方面:一是城乡二元结构存在刚性,政府的政策落实与实效产生需假以时日,近期内不可能从根本上解决问题,农民增收难度很大,城乡居民收入差距扩大趋势难以扭转;二是强资本弱劳动的结构刚性,劳动力总供给大于总需求是劳动力市场的基本常态;三是既得利益集团利益刚性;四是劳动者素质差异刚性。[②] 从收入分配格局成因研究的整体来看,目前的研究缺乏一个系统性的框架,可用来分析不同生产方式、不同所有制并存条件下一国收入分配格局的形成问题,对于主导收入分配格局的因素不同的学者站在不同的角度分歧较大,需要在下一步的研究中加以明确。

(二)关于收入分配格局的测度

　　收入分配理论研究最基本的前提是对整体的收入分配格局要有准确和清晰的把握。而对收入分配格局进行测度的前提是获得真实完整的居民收入数据,并以此为基础展开对收入分配格局的测度和分析。整体来看,关于收入分配的测度存在两个方面的问题:一是收入数据,特别是高收入阶层收入数据的获得相对困难;二是在马克思主义经济学的经典文献中,对于收入分配问题更主要的是定性分析,对于如何测度收入分配格局缺乏相应的具

---

　　① 参见陈志刚:《危机、金融转移与收入分配——拉美的经验及中国的启示》,《广州大学学报》(社会科学版)2007年第1期。
　　② 参见李炯、张鹰:《中国个人收入差距合理性区间研究》,《中共浙江省委党校学报》2007年第4期。

体操作原则和方法。关于第一点,需要在统计手段、统计指标设置等实务方面加以改进,对于第二点则需要理论界进一步加以探讨。

1. 应确立以马克思经济学为基础的测度原则和方法

关于收入分配格局的测度所应遵循的原则,目前已有的研究十分薄弱,特别是以马克思主义的定性分析为基础提出的测度原则尚未看到。当然,一些基于数据处理基本方法提出的收入分配测度原则还是有的。例如,李炯、张鹰在《中国个人收入差距合理性区间研究》中就收入数据处理的原则和方法提出应注意的三方面问题。首先,要甄别"名义收入差距"与"实际收入差距"。"名义收入差距"与"实际收入差距"的差别在于是否进行"购买力"扣除,"购买力"扣除的方法是在计算收入差距值时考虑价格水平问题。其次,应通过一定的数学方法,如渐次迭代法判断收入差距的未来走势是收敛性的抑或是离散性的。再次,要区分合理收入差距和不合理收入差距。收入差距的存在能够扩大生产性努力与经济增长激励,属于合理收入差距;反之,属于不合理收入差距。① "名义收入差距"与"实际收入差距"的区分对于收入分配真实情况的把握是十分必要的,关于收入分配未来的变化趋势通过数学方法进行预测也是必要的,但收入差距的合理与否则是一种价值判断,单纯对数据的分析不能够得出恰当的结论,特别是在定性研究尚未给出一个明确的判断合理收入分配差距的判断标准时更是这样。

在对收入分配进行具体测度的问题上,不少学者将国外学者分析收入分配状况的各类指数引入了对中国收入分配差距的研究。如赵桂芝等在《我国城镇居民收入分配差距测度分析》中采用基尼系数、收入均等指数、库兹涅茨比率三类指数对我国个人收入分配差距的具体状况进行了测度。三类指数均表明城镇居民收入差距在拉大。在不同阶层的收入分配差距问题上,利用阿鲁瓦利亚指数对40%低收入阶层在总收入中的占比进行了分析,利用收入不良指数等对最高收入的20%人口与最低收入的20%人口的收入差距进行了分析,对二者的分析都表明了不同阶层收入呈现差距拉大的趋势。② 运用以上这些指数对收入差距进行研究有其合理性,需要注意

---

① 参见李炯、张鹰:《中国个人收入差距合理性区间研究》,《中共浙江省委党校学报》2007 年第 4 期。

② 参见赵桂芝、马树才:《我国城镇居民收入分配差距测度分析》,《沈阳师范大学学报》(社会科学版)2007 年第 5 期。

的是,这些指数本身是有局限的。以基尼系数为例,基尼系数可以反映出一国收入分配差距的总体情况,但基尼系数的大小作为说明收入分配格局是否合理性的指标时就会出现问题,基尼系数以完全的平均分配作为衡量收入分配合理性的基本依据是不恰当的。完全的平均分配不可能出现,更不意味着合理,这样的问题对于其他指数而言同样存在。

除了以家庭收入数据为基础进行的测度外,一国的资金流量表也是研究收入分配格局的重要数据来源。白重恩等在《谁在挤占居民的收入——中国国民收入分配格局分析》中,就以资金流量表为基础对收入分配的部门结构进行测度。首先利用省际收入法 GDP 数据和财政收入统计数据对资金流量表中的数据进行调整,接着利用调整后的数据对 20 世纪 90 年代中期以来国民收入在企业、政府和住户部门间的分配格局的变化及其原因进行了定量分析。[①] 该文对资金流量表的数据处理方法应当是恰当的和值得借鉴的。

2. 应关注同一群体在收入分配格局中地位的变动

在对收入分配格局进行测度时,以往主要关注的是群体间的收入分配差距状况,而对同一群体在收入分配格局中的地位变化较少予以关注。近年来,在国外关于收入分配格局的研究中,出现的"收入流动理论"对这一问题进行了研究。国内也有学者对"收入流动理论"提出了自己的看法。权衡在《"收入分配—收入流动"现代框架:理论分析及其政策含义》中提出,就收入分配问题而言,仅仅研究收入差距大小还不够,还需要进一步研究在既定的收入差距格局下,一个社会不同阶层居民的收入流动性大小如何,特别是需要观察这一代人面临的收入不平等是否影响以及在多大程度上影响下一代人的收入不平等。该文指出,收入流动性的基本要义在于反映了一个社会中每个公民面临的发展机会是否平等。"经济增长—收入差距—收入流动"分析框架的实质在于强调经济发展和收入分配过程中的机会均等,特别是强调公民教育机会和基本医疗的健康机会公平。影响收入流动性的因素和机制非常复杂。首先,一个非常重要的变量就是经济增长因素。快速的经济增长是减少贫困、改善收入分配关系的重要基础。宏观

---

① 参见白重恩、钱震杰:《谁在挤占居民的收入——中国国民收入分配格局分析》,《中国社会科学》2009 年第 5 期。

经济政策也是影响收入流动性的非常重要的变量之一,特别是体现政府分配思想和分配理念的财政税收政策和转移支付政策等更是直接影响收入流动性的重要政策。收入流动性从根本上说,取决于市场竞争机制的完善程度如何。从影响收入流动性的个人因素来看,个人的年龄、受教育程度等因素也会影响收入流动性的大小。完善的市场经济制度是维持收入分配机会平等的制度前提和条件。①

从上文对于"收入流动理论"的解析来看,现有的"收入流动理论"是以市场竞争的完善程度作为收入分配不平等问题产生和解决的出发点的,这一点与马克思主义根本不同。且是,这一理论并非毫无价值,实际上它为后续的研究收入分配不平等问题提供了一个非常重要的视角,即收入不平等的代际转移视角。持续关注和测度收入不平等的代际转移问题,对于收入分配格局的研究有着重要的意义。对于一个合理平等的收入分配制度而言,不仅应保证当代人收入差距的合理平等,同时也要为那些在现有收入分配格局中可能出现的处于不平等地位的群体提供改变自身收入地位的条件和机会。

二、关于收入分配效应

马克思对于资本主义条件下收入分配效应的研究,主要集中于收入分配不公与周期性经济危机的关系方面。其中需要加以注意的,一是收入分配差距不是导致经济危机发生的唯一原因,马克思对此坚决予以抨击;二是收入分配差距的拉大可以与劳动生产率的提高并行不悖,全社会劳动生产率的提高甚至是导致收入分配差距进一步拉大的直接原因;三是在劳动生产率与收入分配格局的变化关系中,劳动生产率的提高始终是前提、是原因,收入分配的变化是结果。

从现有的研究看,不同学者对马克思关于效率与公平的论述尚存在不同的解读。裴小革的《运用〈资本论〉研究当代经济现实的几个理论问题》一文对《资本论》中市场经济效率与公平的对立统一关系分析进行了梳理,

① 参见权衡:《"收入分配—收入流动"现代框架:理论分析及其政策含义》,《学术月刊》2008年第2期。

认为在《资本论》当中,市场经济的效率与公平的关系产生的历史起点是资本主义生产关系下,工人得劳动力价值,资本得利润。在《资本论》当中,机器大工业时期的劳动生产率有两种形式:一是机器大工业本身产生的劳动生产率;二是由收入分配的不平等不公平即由生产关系本身的不合理会推动劳动生产率提高。当不平等、不公平所产生的生产率增加到一定程度甚至大于社会生产过程发展所造成的生产率时,社会就会发生变革。这时这种效率就不是促进社会和谐和进步的动力,而是造成社会不和谐和倒退的原因。在公平与效率的关系上,该文认为《资本论》表达了这样的观点:一方面资本的平等与公平在机器大工业中变成了不平等、不公平;另一方面机器大工业促进新的平等和公平的建立。机器大工业促进资本的股份制这种社会资本的出现,这种社会资本的所有权扬弃了私人资本的所有权;机器大工业还促进工人合作工厂的出现,这种劳动者的资本所有权扬弃了资本家的社会资本的所有权。① 作者的观点可以概括为,在资本主义条件下,不公平可以带来效率的提高,不公平也会损害效率,效率可以带来不公平,效率也可以带来公平。姚挺在《〈资本论〉的"效率与公平"观》中,也对马克思在《资本论》中体现出来的效率与公平关系的思想进行了梳理。与裴小革的分析不同,姚挺认为,《资本论》当中关于劳动生产率的增长有两种表现形式:一是劳动的量比它所推动的生产资料的量相对减少;二是较小量的劳动获得生产较大量使用价值的能力。效率与公平的关系本质上就是生产力与生产关系的关系,从而效率与公平的关系是对立统一的关系。对立意味着效率与公平是不同的,效率是生产力的体现,公平是生产关系的反映;统一表明一定的效率决定与之相适应的公平,而公平也会反作用于效率,没有效率就没有公平,没有公平也就没有效率,二者相互依赖,互为条件,缺一不可。② 不难看出,姚挺与裴小革尽管解析的对象都是《资本论》关于效率与公平关系的论述,但在结论上还是有差异的。最主要的差异是,裴小革认为不公平本身也会产生效率,但姚挺则认为没有公平也就没有效率。

　　在公平与效率的关系问题上,还需要注意的一点是,不能抽象地离开具

---

① 参见裴小革:《运用〈资本论〉研究当代经济现实的几个理论问题》,《上海行政学院学报》2007 年第 6 期。

② 参见姚挺:《〈资本论〉的"效率与公平"观》,《中共福建省委党校学报》2007 年第 9 期。

体的历史条件,说只要收入分配差距拉大就一定会导致劳动生产率的提高。基于我国过去一段时间平均主义盛行导致的经济发展动力不足,现实中存在着将拉大收入分配差距与促进经济发展简单等同的错误认识,孙长虹在《我国收入差距的合理性限度》中对收入分配拉大与经济增长关系进行了深入辨析:首先,收入差距如若不是由生产力决定的,而是人为拉大的话,那么是否与生产力相适立就是个值得怀疑的命题。其次,收入分配方式并不是一种生产关系的全部。在生产关系系统中,所有制形式是最重要的、最基本的,它决定着生产关系的其他两个方面的内容,分配方式只是生产关系系统中的一个要素。生产关系系统对生产力系统具有反作用,但是显然不能据此简单推出生产关系系统中的单个要素对生产力的反作用,即使存在着这样的对应关系,其性质和作用也不能简单等同于系统与系统的对应关系。再次,如果实行多种分配方式,那么出现收入差距,这个假言推理本身没有问题,问题在于是否必然会出现拉大的收入差距。①

除了关于效率与公平关系的讨论之外,有学者还循着马克思对于收入分配效应研究的思路,结合当今发达资本主义市场经济的实际分析了收入分配差距过大对经济危机的发生和经济全球化的作用。曾康霖的《美国收入分配的贫富差距与金融经济危机》一文,侧重分析了美国收入分配贫富差距不断拉大的国内效应,认为20世纪70年代以来美国收入分配两极分化加剧的原因,是自里根政府以来推行的新自由主义政策路线。美国收入分配贫富差距不断拉大给经济、金融领域带来的影响是:"精英集团"控制经济;储蓄与投资失衡;过多流动性进入资本市场;无助于扩大内需;政府干预被削弱;排挤公众发扬民主精神。"精英集团"的行为为金融危机奠定了思想基础,作了组织准备和打造了实现的途径。② 以上对于收入差距经济效应的分析与马克思恩格斯的分析区别主要在于,更加强调了金融市场的不稳定和垄断在收入分配差距与金融危机发生中的中介作用。但对于经济结构效应未涉及,对收入分配差距的拉大如何作用于消费需求的分析也过于笼统。胡莹的《美国的收入分配与经济全球化》分析了美国的收入分配

---

① 参见孙长虹:《我国收入差距的合理性限度》,《实事求是》2008年第3期。
② 参见曾康霖:《美国收入分配的贫富差距与金融经济危机》,《马克思主义与现实》2009年第5期。

对于全球经济的影响。该文以美国第二次世界大战后的经济发展为背景,主要讨论了收入分配与经济全球化的关系。提出第二次世界大战后美国的收入分配逐渐呈现出如下特征:中产阶级减少,大量财富流入社会最富有者手中。作者引用克里斯多夫·布朗对美国1967—1986年收入不平等对有效需求影响的研究,说明美国收入分配不平等的程度加深,严重制约了消费需求的进一步提高。认为过剩危机出现有两个直接原因:第一,收入差距的扩大降低了中产阶级和低收入阶层的购买力,造成了有效需求的减少;第二,由资本有机构成提高造成的利润率下降趋势,使得资本在实业经济领域缺少有利可图的投资机会。金融债务、政府支出和技术发明是美国应对这一矛盾的三种策略。美国希望借助全球市场的力量将过剩危机转移到国外。市场的扩大是美国从经济全球化中获得的最直接的好处。在经济全球化对美国收入分配的反作用上,美国劳动者工资的影响具有双重作用,但它对于美国公司获利的影响则主要是积极的。[①]

　　也有学者结合中国的实际,对收入分配差距对宏观经济的影响进行了分析。武小欣的《我国宏观收入分配结构变化对宏观经济均衡的影响分析》,通过我国历年收入法 GDP 和资金流量表分析了宏观收入分配结构中劳动者报酬不断下降的变化趋势。认为劳动者报酬的不断下降,以及政府部门和居民消费率的下降是最终消费下降的根源,与最终消费率下降对应的是高储蓄率和高投资率。当银行存款是储蓄的主要形态之一时,国民储蓄率的上升就会形成更多的银行存款,从而加剧流动性过剩。[②]

三、关于收入分配公平

　　收入分配的格局实质就是直接或间接参与社会化生产过程的各个阶层利益分配的格局,收入分配格局对不同群体的经济利益构成不同的影响,因而不同群体对共同的收入分配方式的公平性必然产生不同的认识,马克思恩格斯从历史唯物主义的角度对收入公平问题进行过一些分析,但后人对

---

　　①　参见胡莹:《美国的收入分配与经济全球化》,《科学社会主义》2009 年第 6 期。
　　②　参见武小欣:《我国宏观收入分配结构变化对宏观经济均衡的影响分析》,《中国社会科学院研究生院学报》2007 年第 5 期。

他们的分析的理解存在差异。

（一）马克思恩格斯公平分配观的基本特征和内涵

按照历史唯物主义的基本原理,不存在任何抽象的、可以适用于任何社会的公平分配标准,收入分配公平的内涵和具体标准总是具体的、历史的。王志远等在《马克思恩格斯公平效率观探析》中从公平的内涵与特征、公平分配原则下的分配不平等方面,对马克思恩格斯在《政治经济学批判》、《哥达纲领批判》、《反杜林论》、《论住宅问题》等著作中有关公平的论述进行了梳理。该文认为,在公平的内涵与特征上,马克思恩格斯存在以下思想:公平是经济关系的外在表现,公平应当是在经济和社会领域中具体的、现实的平等。恩格斯认为公平具有历史性特征,不同的历史时期和社会发展阶段对公平有着不同的理解和认识,不存在"永恒的公平"。关于公平分配原则下的分配不平等,马克思在《哥达纲领批判》表达出了这样的思想:社会总产品在个别生产者之间进行分配前要作出"各项扣除",而这些扣除是不能依据公平的原则进行的;并且,由于不同劳动者的劳动能力上所存在的差别,也会造成劳动收入的分配结果不平等。此外,马克思还论述了国民教育的公平分配原则。恩格斯在《反杜林论》中指出,简单劳动和复杂劳动的差别会造成收入分配结果的不平等。①

郑纳的《马克思主义分配观在中国的实践与创新》,则具体讨论了公平分配的暂时性、主体性的特征。该文认为,马克思恩格斯的公平分配观包含两个方面。首先,公平分配是一个受现实生产力条件约束的历史性、暂时性范畴。公平分配的暂时性的第一个层面主要表现在社会存在方面,它强调社会占主导地位的分配方式是否公平,主要是看它与该历史阶段生产力水平决定的生产方式及生产关系是否相适应。第二个层面主要表现在社会意识方面。一个社会中占有生产资料的统治阶级的社会意识决定了该社会分配制度的公平性质,而他们的社会意识则来自于生产资料本身的分配和物质生存条件等社会存在。作为历史性范畴的公平分配主要强调的是,在各个不同的社会形态中公平分配理念不是完全割裂开的,它们之间存在历史承接性。其次,未来社会公平分配观的规定性取决于生产资料公有制。马克思恩格斯提出生产关系决定着分配关系,而分配关系和分配方式只表现

---

① 参见王志远、曹立:《马克思恩格斯公平效率观探析》,《兰州学刊》2008 年第 2 期。

在生产要素的背面。该文还对毛泽东同志、邓小平同志对马克思主义分配观的继承和发展进行了梳理。指出毛泽东同志对公平分配观的创新在于：新中国成立后，提出在社会生产力极端落后和财富极其匮乏的中国，只有首先解决"均"的问题，才能解决"富"的问题，才能最终落实马克思的公平分配的理想。邓小平同志在公平分配观上的主要创新在于：指明了社会主义收入分配的根本目标是共同富裕，并且全面阐述了贫富差距与共同富裕的辩证关系。[①]

马克思收入分配公平性思想的另一个重要特征是整体性分析，即始终在生产力与生产关系的整体框架内来把握收入分配问题。李杰的《解析马克思的公平分配观及促进和谐社会建设的当代价值》，对这一特征进行了分析。认为马克思的公平分配观不仅包括对收入分配环节公平性的分析，更重要的是探究生产资料占有的公平、生产条件分配的公平及其对收入分配公平的影响。无论分配关系如何变化，它们都是由生产关系尤其是生产资料所有制决定的，生产关系的正义是分配正义的基本前提。同时该文也指出，马克思认为公平分配是一个历史范畴，公平分配标准具有明显的阶级性。[②]

陈毅君等的《分配正义：中国的理论与实践》则强调了马克思公平分配观的人性基础。认为在马克思主义正义观看来，分配的最主要、最核心问题是全社会范围内对利益的分配，既要体现个人的主体性，激发个人创造历史的主动性，有力推动历史行进，又要努力寻找个人之间、个人与社会之间的利益平衡，并将这种平衡所带来的社会发展与社会的稳定秩序视为分配正义的基本条件。分配正义蕴涵着分配尺度的经济合理性、分配程序的社会正当性、分配结果的合目的性相统一的哲学诉求。相比较于历史上其他正义观，建立在唯物主义基础之上的马克思主义正义观以人和人性为基础，以人的全面发展和人性完善的目标来统领其正义体系，以人对人自身的理想追求以及人的发展为根据，把对利益的追求与正义的追求协调起来，使每个人获得了生活的机会与生活的意义，并由此妥善解决了个人正义和社会正

---

① 参见郑纳：《马克思主义分配观在中国的实践与创新》，《攀登》2008 年第 4 期。

② 参见李杰：《解析马克思的公平分配观及促进和谐社会建设的当代价值》，《马克思主义研究》2007 年第 9 期。

义关系的矛盾,为分配正义找到切实的理论支持。①

对马克思公平分配观的研究并不局限于对其特征的一般性研究,还应对马克思公平分配观的内涵进行解析。高卫国在《马克思主义分配公平理论及其当代价值探析》中指出,马克思主义分配公平理论有两个层次的含义:一是指生产资料占有意义上的公平;二是指等量劳动获得等量收入意义上的公平。作者提出,这两个层次的分配公平理论也是对立统一的两个方面。生产资料占有上的公平不同于等量劳动获得等量收入上的公平,因而二者是对立的;但如果没有生产资料占有上的公平,就不可能有等量劳动获得等量收入上的公平,因而二者又是统一的。公平首先是生产资料占有上的公平。公平对现实的经济关系具有维护或破坏的作用。公平是对现存分配关系的保守方面或革命方面的神圣化。永恒的公平是不存在的。随着经济关系的变化以及由此而导致的社会集团的变化,公平的内容也必然要发生相应的变化。② 曾国安等在《国民收入再分配公平与初次分配公平差异的比较》中则具体讨论了国民收入再分配公平与国民收入初次分配公平的差异。认为国民收入再分配公平实际上是无差别的人(即将所有的人都视为平等的权利主体)的分配的公平,而初次分配公平实际上是有差别的人的分配的公平。再分配公平的实现依靠的不是市场机制,而是政治机制,是依靠政治制度和公众的选择来实现。初次分配公平的实现既依靠市场机制,也依靠政府干预,初次分配公平的实现最主要依靠的是市场机制。国民收入再分配的结果平等,是指经过再分配以后国民收入分配的最终的、整体的结果平等。对于初次分配而言,只要分配权利、分配条件、分配机会、分配规则和分配过程是公平的,无论分配结果存在着多大的差异,都符合分配公平的原则。国民收入再分配和初次分配的公平性的判断都可以从形式、成文法规和制度执行等方面进行判断,但具体的内容和方法存在着差异。国民收入再分配公平与国民收入初次分配公平所存在的差异表明,尽管在国民收入再分配和初次分配中,政府始终必须秉持促进公平的基本原则,但是一方面政策的具体内容、目标和重点等应该有相应的差别;另一方面始终要

---

① 参见陈毅君、曾恩全:《分配正义:中国的理论与实践》,《经济与社会发展》2008 年第 9 期。
② 参见高卫国:《马克思主义分配公平理论及其当代价值探析》,《淮阴师范学院学报》(哲学社会科学版)2007 年第 5 期。

明确两者并不能相互替代,应从提升国民收入分配总体的公平性出发寻求如何才能使两者达到相互促进的状态,只有这样,才能实现分配公平与效率提升的协调共进。①

还有学者基于马克思的《资本论》,对公平和平等的概念进行了区分。姚挺的《〈资本论〉的"效率与公平"观》认为,公平首先是一个经济学的概念,是指收入分配的合理性。平等概念首先也是一个经济学概念,然后才是法律概念;平等是指关系双方各有自己的意志,当一方符合另一方的意志时就是平等。公平与平等的关系是平等是公平的基础,公平是平等的表现。②

整体来看,不同学者对马克思恩格斯公平分配观的特征的认识基本一致,但也仍存在一定分歧,主要表现在对于公平与效率的具体内涵的理解上,以及对于公平本身属于经济范畴还是经济关系的外在表现上等方面。

(二)收入分配公平的标准

马克思公平分配观的历史性、暂时性等特征应在公平分配的标准上得到体现,因而超脱于任何历史环境的平均分配标准显然不符合马克思的基本思想。郑志国的《论分配公平的衡量基准》就指出,马克思主义从来没有把公平定义为平均分配,也没有把平均分配当做分配公平的衡量基准。按照马克思主义经典作家的设想,社会主义社会实行按劳分配,以承认人们的劳动贡献大小差异为前提;将来在共产主义社会实行按需分配,也承认人们需要的差异,并不是绝对平均。因此,把平均分配作为衡量分配公平的基准不符合马克思主义原理。③ 平均分配不是马克思所认为的公平分配的标准,那么马克思的公平分配标准是什么,该文未加说明。陈毅君等在《分配正义:中国的理论与实践》中试图回答这一问题。马克思主义认为,人们对于社会分配方式的评价不是任意的,而是受到社会存在的深刻影响。生产力标准和历史进步标准是决定分配正义与否的最终根据和最高标准。只要分配能够促进人类社会的发展与进步,符合人之为人的理性要求,符合千百年来人格平等的至善要求,能给予每个社会成员以人道主义的安排,实现人的良好发展,体现一种全社会范围内的统一安排,并不接受强者愈强、弱者

①　参见曾国安、胡伟业、胡晶晶:《国民收入再分配公平与初次分配公平差异的比较》,《福建论坛》(人文社会科学版)2008 年第 12 期。

②　参见姚挺:《〈资本论〉的"效率与公平"观》,《中共福建省委党校学报》2007 年第 9 期。

③　参见郑志国:《论分配公平的衡量基准》,《岭南学刊》2007 年第 6 期。

愈弱的社会自然竞争结果,而是将对弱者的生存和发展提供条件视为义务和美德,这样的分配就是正义的。① 但应该说,无论是生产力标准和历史进步标准也好,与平均的标准一样也都显得过于抽象和一般化。

裴小革的《运用〈资本论〉研究当代经济现实的几个理论问题》,则试着按照马克思的原意来说明资本主义条件下的公平分配的标准。该文认为,按照《资本论》的分析,在市场经济中,劳动力的卖者和买者首先是平等的关系,因为他们彼此只是作为商品所有者发生关系。在市场经济这种平等关系的基础上,劳动力商品所有者获得劳动力价值,而劳动力商品的购买者获得剩余价值。这就是市场经济的收入分配,它反映了市场经济的平等关系。劳动者是财富生产和收入分配的主体,财富生产是收入分配的基础,劳动者是财富的生产者,也应该是财富的享有者,劳动贡献是否得到有效奖励应是收入分配是否合理的重要依据。② 从实际操作的角度看,对劳动贡献究竟提供多少奖励算是有效奖励,还是要结合不同的生产资料所有制和生产方式来加以说明,但该文对此未加涉及。

(三)马克思恩格斯公平分配观的形成

在探讨马克思关于收入分配公平的认识问题时,特别是在引用马克思的相关论述时应注意,马克思关于公平分配的认识也有一个逐步形成和完善的过程。高卫国的《马克思主义分配公平理论及其当代价值探析》对马克思恩格斯分配公平理论的产生过程进行了梳理。该文认为,马克思恩格斯公平分配观形成发展经历了三个阶段。第一阶段是从 19 世纪 40 年代至50 年代后期。马克思恩格斯在《德意志意识形态》中明确主张按需分配,反对按劳分配;在《共产主义原理》中不赞成按劳分配,而主张按共同协议来分配产品。第二个阶段是从 19 世纪 50 年代后期到 70 年代。1857 年,马克思在《〈政治经济学批判〉导言》中科学地说明了生产和分配的关系,明确提出研究分配方式的逻辑思路,分析了公平分配的物质内容。第三个阶段是 1875 年《哥达纲领批判》的发表,标志着马克思主义分配公平理论的最终形成。③ 郑

---

① 参见陈毅君、曾恩全:《分配正义:中国的理论与实践》,《经济与社会发展》2008 年第 9 期。

② 参见裴小革:《运用〈资本论〉研究当代经济现实的几个理论问题》,《上海行政学院学报》2007 年第 6 期。

③ 参见高卫国:《马克思主义分配公平理论及其当代价值探析》,《淮阴师范学院学报》(哲学社会科学版)2007 年第 5 期。

纳在《马克思主义分配观在中国的实践与创新》中同样也认为,1875 年《哥达纲领批判》一书的完成标志着马克思主义科学公平分配理论的最终形成。[①] 这也意味着,在归纳马克思恩格斯公平分配观时更多地应关注于其后期的作品,特别是《哥达纲领批判》。

四、关于收入分配差距的调整

(一)收入分配调整应坚持的一般原则

面对资本主义社会存在的明显的收入分配问题,马克思与其他经济学派最大的差异就在于,不是就收入分配来解决收入分配问题,而认为只有变革资本主义生产方式才可能从根本上解决资本主义社会的收入分配问题。王广的《对分配正义的批判与反思——基于〈哥达纲领批判〉的视角》,从马克思《哥达纲领批判》的角度解读了马克思的这一思想。他认为,在马克思所批判的哥达纲领中,关于分配问题存在着比较明显的分配决定正义、通过改变分配方式实现社会正义的理路。对于哥达纲领表露出来的分配—正义理路,马克思给予了坚决的批判,指出在所谓分配问题上大做文章并把重点放在它上面是根本错误的。就分配问题解决分配问题实质是庸俗社会主义对资产阶级经济学家的仿效,把社会主义描写为主要是围绕着分配兜圈子。马克思解决分配不公的思路,绝不是仅仅在分配本身的范围内兜圈子,而是研究经济运行的整体过程,尤其是研究生产方式,因为只有变革生产才能变革分配。马克思从来不去寻求什么"符合正义的财富分配"方式,而是要彻底地改造社会的生产方式。[②]

单一所有制、单一生产方式条件下收入分配问题的最终解决思路,在马克思那里是完全清楚的。但在多种生产方式并存条件下的收入分配调整中,究竟应从哪里入手来解决收入分配问题的系统化研究目前还很缺乏。可以明确的是,依靠完善市场机制是无法自发地实现收入的合理分配的。于喜繁在《收入分配差距过大不能用"机会公平论"加以粉饰——对"机会

---

① 参见郑纳:《马克思主义分配观在中国的实践与创新》,《攀登》2008 年第 4 期。

② 参见王广:《对分配正义的批判与反思——基于〈哥达纲领批判〉的视角》,《哲学研究》2009 年第 10 期。

公平论"的三点质疑》中认为,改善收入分配,既要促进和努力维护自由竞争,又要通过完善社会再分配措施,抑制起点不公正和机会(过程)不公正的消极影响,使全体社会成员共享经济社会发展的文明成果。作者强调,私人产权的控制权必须由所有者独立行使,这是个人自主权独立存在的价值基础;但是,对收入权政府应加以建构,以保证在分配结果合理差异的基础上使起点公正和竞争机会公正最大化。①

在收入分配的调整中,还应服务于人的自身全面发展,同时不应以牺牲生产力的发展为代价。陈毅君等在《分配正义:中国的理论与实践》中就指出,马克思主义公平分配观将生产力标准和历史进步标准看做决定分配正义与否的最终根据和最高标准。为此,中国的分配正义应始终围绕以下这些目标和原则进行:第一,正义的分配必须对物质财富在不同的利益主体之间,按照可以量化的标准进行公平的划分。这是正义分配的核心内容。第二,正义的分配应建立在公平竞争的前提下,即分配的结果应该是在起点公平、机会均等的条件下竞争的结果,只有在公平的竞争条件下,分配的结果才与个人的努力程度正相关。第三,正义的分配应区分个人责任与社会责任,兼顾人道主义。第四,正义的分配应有利于促进社会的和谐发展。第五,正义的分配应有利于经济效率的提高。②

整体来看,依据马克思恩格斯关于收入分配问题的论述,收入分配的调整应遵循以下原则:首先,不能超越现阶段生产力水平的要求,盲目地去消灭或建立某一种生产方式。其次,针对不同生产方式下收入分配存在的不同问题应采取不同的对策。再次,不同的生产方式以市场为纽带连接在一起,市场环境的建设应继续完善。

(二)收入分配调整的具体政策

收入分配的调整从具体政策目标看,主要是要采取切实措施解决低收入群体在收入分配格局中的地位问题。

变革生产方式是改善收入分配格局的重要举措,要想从根本上解决农村居民收入水平提高问题,特别是广大中西部地区农民的收入提高问题,改

---

① 参见于喜繁:《收入分配差距过大不能用"机会公平论"加以粉饰——对"机会公平论"的三点质疑》,《甘肃社会科学》2008 年第 3 期。

② 参见陈毅君、曾恩全:《分配正义:中国的理论与实践》,《经济与社会发展》2008 年第 9 期。

变自给自足、手工劳动为主的农业生产方式势在必行。许经勇在《解开我国城乡居民收入差距扩大之谜》中提出了几项具体措施,如进一步解决劳动力市场分割状况、农村集体土地合理流转、农村金融体制创新等人为它们是解决收入差距的主要途径。[①] 需要注意的是,农业生产方式的变革不是可以完全独立完成的过程,而与一个地方的工业化的发展水平密切相关,工业化一定程度的发展是农业生产方式变革的必要条件。

　　除变革生产方式这一根本性要素外,在现有框架内改善低收入群体获取收入的能力、提高其收入水平成为需要重点关注的目标。有学者专门研究了政府在这其中所能发挥的作用。白重恩等的《谁在挤占居民的收入——中国国民收入分配格局分析》,从财政收入和支出政策两个方面提出了解决问题的手段。认为初次分配中,劳动者报酬和财产收入占比下降是住户部门收入占比大幅度下降的主要原因。因而,以国民收入的再分配为主要对象的政府财政政策是解决收入分配问题的主要手段,如降低生产税率,调整社保缴款的比重和方式,政府至少应以更大的幅度提高对低收入家庭、残障人士、孤寡老人等社会弱势群体的福利支出等。[②] 郭鸿懋的《中国城乡发展动力结构调整的思考——收入分配视角的分析》同样重视政府财政政策的作用,有所区别的是该文不仅强调应调整政府与居民之间的收入分配关系,还指出应调整中央政府与地方政府间的收入分配关系,认为应加速中央政府对地方政府的财政转移支付的增长。[③] 谢海军在《改革开放的阶段性特征与收入分配制度的变革》中则主张政府的作用还应扩大至初次分配领域,逐步提高居民收入在国民收入分配中的比重,提高劳动报酬在初次分配中的比重;建立企业职工工资正常增长机制和支付保障机制;创造条件让更多群体拥有财产性收入。主张政府应采取综合性的措施遏制高收入群体,扩大中等收入群体,减少社会底层群体。[④]

　　在改善低收入和中等收入群体在收入分配格局中的地位方面,财产性

　　① 参见许经勇:《解开我国城乡居民收入差距扩大之谜》,《学习论坛》2009 年第 12 期。

　　② 参见白重恩、钱震杰:《谁在挤占居民的收入——中国国民收入分配格局分析》,《中国社会科学》2009 年第 5 期。

　　③ 参见郭鸿懋:《中国城乡发展动力结构调整的思考——收入分配视角的分析》,《南开大学学报》(哲学社会科学版)2008 年第 2 期。

　　④ 参见谢海军:《改革开放的阶段性特征与收入分配制度的变革》,《科学社会主义》2009 年第 5 期。

收入越来越受到重视。靳共元等在《财产性收入属性研究——基于"社会主义资本"理论的解释》中对我国财产性收入的统计范围提出了修正的建议,认为"财产性收入"应将居民利用自有财产从事生产经营活动所获得的那一部分经营收入包括进来。财产性收入包括财产自营收入和财产他用收入。私人资本是社会主义资本的重要组成之一。社会主义私人资本收入的特殊属性在于,劳动收入和资本收入不是对立和分割的,劳动收入可以转化为资本收入;私人资本收入是"社会主义资本"范畴下合法的资本要素所有权收入。[1] 付敏杰的《建国以来我国居民财产性收入的演进分析》也对财产性收入的内涵提出了自己的看法。认为财产是指累积的没有被消费的可支配收入部分。财产性收入一般是指家庭拥有的动产和不动产所获得的收入。改革开放后,城市居民的主要财产形式为房产、储蓄和股票等有价证券,农村居民的财产主要是储蓄和国债。根据国家统计局统计年鉴的相关数据,作者指出,改革开放后居民的财产性收入增长较迅速,我国居民财产性收入占总收入的比重平均为2%左右。作者运用相关性分析指出,农村居民的财产性收入份额与GDP增长之间有较大的关联,而城市居民财产性收入份额的变化则有相对独立的运动规律。居民财产性收入演进的基本规律是:收入来源渠道多样化,财产性收入不断增加,总体水平较低,波动明显。增加居民财产性收入的措施包括保持经济平稳较快发展、保持资本市场的稳定,努力使资本市场平民化等。[2] 曾为群的《分配、金融制度与居民财产性收入增长》认为,增加居民的财产性收入只有两条途径:一是扩大居民的财产基数;二提高财产的增值率。可以通过分配制度扩大普通居民的财产基数,通过金融制度优化配置资源,提高财产的使用效率,继而提高财产增值率。[3]

对于通过初次分配体制的完善和再分配体制的变革可以实现收入分配格局的变化,理论界的看法是基本一致的,差别仅在于对具体政策不同作用的强调、政策实施次序的先后等。但是,对于通过经济增长能否实现收入分配格局的合理性则存在明显分歧:一种理论认为,随着经济增长会自动减缓

① 参见靳共元等:《财产性收入属性研究——基于"社会主义资本"理论的解释》,《华南理工大学学报》(社会科学版)2009年第5期。
② 参见付敏杰:《建国以来我国居民财产性收入的演进分析》,《中国物价》2009年第12期。
③ 参见曾为群:《分配、金融制度与居民财产性收入增长》,《湖南社会科学》2008年第2期。

贫困;另一种理论认为,经济增长是市场竞争的结果,富有群体拥有的人力资本、物质资本等要素优势使其在经济增长中获得更多收益,导致贫富差距拉大,贫者愈贫,贫困程度无法缓解。得出后一种结论的前提是完全的生产资料私有制和自由竞争资本主义市场经济,所以涉及中国收入分配问题的解决时要结合中国的具体实际来讨论。

　　还有学者专门讨论了在应对经济金融危机的特定情况下,应对危机的措施如何避免进一步恶化收入分配格局的问题。陈志刚在《危机、金融转移与收入分配——拉美的经验及中国的启示》中指出,在拉美金融危机及其治理过程中,金融转移及其分配恶化了收入分配状况,加重了贫困程度;而且,面临这一不利冲击,贫困家庭作出一系列的行为反应削弱了自身的脱贫能力,加大了一国改善收入分配不平等状况的难度。为避免这种状况,在危机及其治理期间,政府应该严格控制通货膨胀,并选择其他渠道为金融援助筹措资金。例如,提高所得税、财产税的税率,并加强征管力度,还可以向储蓄存款开征一定比例的税收。在金融转移的去向上,政府可以考虑只对大额和外国储户的账户进行冻结和重组,并赋予小额储户提款的权利。与此同时,对关系贷款的购买采取相对谨慎的态度,并严格控制规模;对于利用紧急金融援助来"圈钱"的银行股东,进行严厉的经济和行政处罚。[①] 朱玲等在《全球金融危机下的收入分配政策选择》中指出,在 2008 年爆发的经济金融危机中,中国的制造业以及与之紧密相关的产业首当其冲受到打击。尽管企业主和城镇户籍就业者也面临着收入下降的威胁,然而他们的社会保障程度以及出售资产和启用储蓄应急的能力,明显高于农村的农业劳动者和外出务工人员。因此,即使在城乡居民收入都下降的情况下,农村户籍人口的收入下降程度也会比城镇严重。在全球金融危机和经济下滑的情况下,强化社会紧急救助,为农村进城劳动者提供社会保障,促进低收入群体就业和创业,对于减少收入不均等程度和增强社会稳定至关重要。[②]

(三)收入分配调整的政治体制角度

　　收入分配格局的调整,不仅需要经济体制的改革和完善,也需要政治体

---

① 参见陈志刚:《危机、金融转移与收入分配——拉美的经验及中国的启示》,《广州大学学报》(社会科学版)2007 年第 1 期。

② 参见朱玲、金成武:《全球金融危机下的收入分配政策选择》,《理论前沿》2009 年第 15 期。

制改革的跟进。低收入群体往往在政治上也是弱势群体,如何保证弱势群体利益诉求在国家的各类政策中得以体现是改善其经济地位的重要一环。吴群芳等的《转型期我国居民收入分配不公的根源及其治理——以利益输入为视角》从政治体制的角度说明了解决收入分配不公的方法。该文认为,中国转型期收入分配差距过大背后更深层次的原因在于利益输入失衡。对利益输入失衡的解决必须在政府政策的制定过程中,就建立起各个不同的利益群体间的利益平衡机制,为此应规范强势群体的非制度化的利益输入行为,提高低收入群体的利益输入能力,健全利益输入的反馈回应体系。①

五、关于国际分工与国际贸易对一国收入分配的影响

对收入分配问题的研究并不局限于一国范围之内,因为一国在国际分工中的地位和对外贸易状况与一国的收入分配之间存在明显的相互作用。在《资本论》当中,马克思曾就对外贸易对于一国收入分配的影响做过简要的分析。朱钟棣的《斯密、李嘉图和马克思在贸易与收入分配问题上的论述》对此进行了梳理,认为在这一问题上马克思主要存在以下三个方面的观点:(1)在马克思的心目中,对外贸易是一种对抗资本主义社会利润率下降的因素,它在一定时期、一定场合会起到提高该社会利润率的作用。(2)剩余价值率提高和利润率降低可能同时发生,工资与利润并不一定发生反方向变动。(3)进口原料价格的变化可以使工资不变,但利润率却发生变化。② 从朱钟棣的归纳看,马克思对于国际贸易影响一国收入分配的途径和机制还缺乏系统化、完整化的说明。

赵川川的《全球化与国际分配正义》对国际分配正义问题进行了探讨。该文指出,国际分配正义涉及国家之间或者超越国界的分配正义,以及由此产生的不同主体间的权利义务问题。马克思主义存在以下观点:在资本主义世界经济体制中,由于阶级利益最终会主导社会关系,因此无论在国内社

---

① 参见吴群芳、孙广厦:《转型期我国居民收入分配不公的根源及其治理——以利益输入为视角》,《中国地质大学学报》(社会科学版)2008 年第 2 期。

② 参见朱钟棣:《斯密、李嘉图和马克思在贸易与收入分配问题上的论述》,《当代国外马克思主义评论》2008 年第 8 期。

会还是在国际社会,权力始终掌握在资产阶级手中。国际经济的不公正性,是由旧的世界经济秩序造成的,像国际货币基金组织这样的国际经济体制会导致剥削的永久化。因此,只有从根本上推翻旧的国际经济秩序,才能真正实现国际分配正义。而各种自由主义式的渐进、温和的方案均不够彻底和充分,甚至是某种欺骗。只有在国内、国际层面通过社会革命实现权力转移,改变社会关系,使之变得平等时,再分配方面才能取得进步,也才能服务于其道德目的。①

王中华等的《国际垂直专业化与工资收入差距:一个文献综述》从理论分析框架和实证分析方法两个角度,对有关国际垂直专业化的工资收入差距效应的文献进行了梳理和评述。该文认为,关于国际垂直专业化对工资收入差距影响的研究源于20世纪70—90年代美国等发达国家熟练劳动力与非熟练劳动力之间的工资收入差距明显扩大,非熟练劳动力的实际工资与相对工资均有所下降。现有文献的主要结论包括:国际垂直专业化对于参与各国工资收入差距会产生显著影响;国际垂直专业化对非熟练劳动力收入的影响依赖于一国的要素禀赋、产出模式与具体的垂直分工之间复杂的相互影响。从实证分析来看,大多数学者的分析都表明国际垂直专业化对熟练劳动力与非熟练劳动力工资差距具有显著影响。另外,除了国际垂直专业化对一国工资差距产生影响外,技能偏向型技术变化对工资差距的影响也是类似的。作者认为有三个方面的问题需要进一步研究:一是运用不完全竞争市场的贸易模型来研究国际垂直专业化对工薪差距的影响。二是受外部因素影响后,非熟练劳动力相对于熟练劳动力的失业率的变化。三是发展中国家参与国际垂直专业化的收入分配效应。②

---

① 参见赵川川:《全球化与国际分配正义》,《徐州师范大学学报》(哲学社会科学版)2009年第4期。

② 参见王中华、代中强:《国际垂直专业化与工资收入差距:一个文献综述》,《世界经济与政治论坛》2008年第3期。

公平与效率关系问题研究

公平与效率的统一是人类的一贯追求,也是马克思主义基本理论关注的重要问题之一。[①] 我党在社会主义实践中尤其关注公平与效率的关系,并努力实现二者的有机统一。胡锦涛同志在党的十七大报告中指出:"把提高效率同促进社会公平结合起来","初次分配和再分配都要处理好效率和公平的关系"。强调把效率与公平结合起来,使每个公民既有平等参与机会,共享改革开放成果,又能充分发挥自身潜力,促进经济发展,保持社会稳定。

一、日益受到关注的公平与效率关系问题

在公平观念上,马克思恩格斯主要从两个方向进行了分析。从纵向上看,公平具有历史性。恩格斯指出:"平等的观念,无论以资产阶级的形式出现,还是以无产阶级的形式出现,本身都是一种历史的产物,这一观念的形成,需要一定的历史条件,而这种历史条件本身又以长期的以往的历史为前提。这样的平等观念说它是什么都行,就不能说是永恒的真理。"[②]从横向上看,公平是主体之间利益的相似性、等量性的倾向。当然,马克思主义的公平观不是平均主义的公平观。平均主义是平均分享一切社会利益的思

---

① 参见王志远、曹立:《马克思、恩格斯公平效率观探析》,《兰州学刊》2008 年第 2 期。

② 《马克思恩格斯选集》第 3 卷,北京:人民出版社 1995 年版,第 448 页。

想,是企图用小型的、分散的个体经济的标准来改造世界,幻想把整个社会经济都改造为整齐划一的、平均的手工业和小农经济,进而要求消灭一切差别,在各方面实现绝对平均。在现实社会生活中,平均主义否认劳动者在劳动复杂程度、劳动熟练程度、劳动强度、劳动技能、劳动态度、劳动成果等方面的差别,否认资本、技术、管理等生产要素在形成价值中发挥的作用以及由此所产生的利益分配的差别。相反,马克思主义的公平观强调人各有异,每个人对社会发展所做的贡献也不尽相同,在保证收入差距不过分悬殊的情况下,在不至于损害社会不利者尊严的情况下,可以也应当允许社会成员之间的收入有差距。

在效率观念上,马克思恩格斯也主要探讨了两个方面:一方面是劳动生产效率,这种劳动效率的提高表现为劳动时间的节约;另一方面是资源配置效率,即指资本、土地、劳动等生产要素在生产过程中的合理配置。① 就劳动生产效率而言,马克思认为效率的提高主要体现在劳动时间的节约上,而这种劳动时间的节约本身就是生产力的发展,"真正的经济——节约——是劳动时间的节约(生产费用的最低限度——和降到最低限度)。而这种节约就等于发展生产力。可见,决不是禁欲,而是发展生产力,发展生产的能力,因而既是发展消费的能力,又是发展消费的资料。消费的能力是消费的条件,因而是消费的首要手段,而这种能力是一种个人才能的发展,生产力的发展。"②可见,马克思这里所论述的效率的含义主要是指劳动效率,即由于劳动生产率的提高所引起的生产力发展以及劳动者自身劳动能力的提高。就资源配置效率而言,马克思认为,不同的生产方式下有不同的资源配置方式。马克思充分肯定了资本主义生产方式下的资本、土地、劳动等要素的配置效率,"资产阶级在它的不到一百年的阶级统治中所创造的生产力,比过去一切世代创造的全部生产力还要多,还要大"③。同时,马克思认为生产要素所有权是内生于生产过程中的,并且决定了生产的结构和产品的分配方式,即生产要素的所有权决定了分配方式。他在《〈政治经济学批判〉导言》中指出:"利息和利润作为分配形式,是以资本作为生产要素为前

① 参见王志远、曹立:《马克思、恩格斯公平效率观探析》,《兰州学刊》2008 年第 2 期。
② 《马克思恩格斯全集》第 31 卷,北京:人民出版社 1998 年版,第 107 页。
③ 《马克思恩格斯选集》第 1 卷,北京:人民出版社 1995 年版,第 277 页。

提的。它们是以资本作为生产要素为前提的分配方式。它们又是资本的再生产方式……分配关系和分配方式只是表现为生产要素的背面。个人以雇佣劳动的形式参与生产，就以工资形式参与产品、生产成果的分配。分配的结构完全决定于生产的结构。分配本身是生产的产物，不仅就对象说是如此，而且就形式说也是如此。"[1]因此，按照马克思关于资源配置效率的观点，产品按照生产要素的贡献进行分配是资本、土地、劳动等生产要素的所有权在经济上的体现。这种分配方式有利于生产力的快速发展。结合马克思恩格斯关于效率的观点可以看出，效率是社会、集体或个人在特定时间内以最低的成本、最短的时间对成果最大限量、最快速度的生产。

公平与效率既冲突又统一，努力消除二者的矛盾，实现效率与公平的有机统一，是实现人的全面发展、保持社会稳定、促进经济发展的客观需要。在我国全面建设小康社会和中国特色社会主义的新的历史阶段，把握效率与公平的统一至关重要。[2] 通过效率与公平相统一所形成的价值观念、思想境界、义务和责任感，引导人们的行动和整个社会实践活动，调节人与人之间以及个人与社会之间的利益关系，化解人民内部的各种矛盾，使每个公民既有平等参与的机会，又能充分发挥自身的潜力，从而调动人们的劳动积极性和聪明才智，以主人翁的姿态投身到各项事业之中，提高经济效率，加快生产力发展，创造更高的劳动生产率和更好的物质精神生活条件，促进社会主义物质文明和精神文明建设，保障和发展安定团结的政治局面，推动社会的全面发展进步。

有学者把公平归结为两个方面：规则的公平和结果的公平。[3] 就规则公平而言，规则是指人们参加社会活动（游戏）的规则，规则公平是指参加经济社会活动的人在权利方面是否平等。规则公平主要体现在：第一，人与人之间是平等的、自主的。每一个人不受其他人的强制和奴役，自主决定独立生产劳动或与别人结合生产劳动和休息。第二，机会平等。每一个人都有选择其他人从事的生产项目的权利，任何人没有垄断独占一项生产项目的权利，人们之间自主平等竞争。第三，人与人在交往过程中，在交换商品、

---

① 《马克思恩格斯全集》第30卷，北京：人民出版社1995年版，第36页。

② 参见周庆国：《公平与效率关系研究综述》，《齐齐哈尔大学学报》（哲学社会科学版）2009年第5期。

③ 参见王卫：《论效率与公平关系》，《求索》2006年第6期。

劳务时是平等的。规则公平是体现公平的重要和主要方面,因而实行规则公平的社会一般生产效率较高。就结果公平而言,它是指"全体人民学有所教、劳有所得、病有所医、老有所养、住有所居"。大量社会问题的产生如贫穷、犯罪、社会动乱等,往往是由于结果不公平引发的。有学者认为,结果的不平等是调动刺激生产者积极性的最好办法,只有这样才能促使社会有效率地生产,才能促进人们生活水平的整体提高。市场经济模式是保证自由平等的最好的经济模式,政府干预经济,就会破坏规则公平,压抑生产者积极性,而对收入再分配将牺牲效率,最终得到的是效率下降和不公。大多数学者不同意上述观点,认为结果公平意味着人们的收入结果可以有差距,但不能悬殊太大,一定要有一个"度",否则没有公平可言;人类的能动性之一就体现在结果公平之中,结果不公平是动物界的现象,而非人类社会的常态。

如果说公平是最好的社会冲动力,那么,效率则是最强的社会冲动力。这在资本主义社会表现得特别明显。资本主义的诞生极大地促进了生产效率的提高,使"资产阶级在它的不到一百年的阶级统治中所创造的生产力,比过去一切世代创造的全部生产力还要多,还要大"①。资本主义市场经济在利润最大化的强力推动下,通过不断提高劳动生产率,客观上促使经济极大的发展。但是,资本主义的基本价值观念和价值导向是个人主义。正像资本主义社会的一些思想家所说的,个人主义把个人的利益看做是唯一重要的,社会和他人只是达到个人目的的手段。在经济领域,个人主义思想要求充分发挥"个体"的作用,重视"效率"对个人的人格、价值和荣誉的意义。应当看到,这一价值趋向对于推动资本主义的经济发展起到了一定的促进作用。但是,个人主义的致命弱点在于它把他人乃至整个社会单纯地看成实现一己之利的手段,最终脱不出极端个人主义或利己主义的窠臼,从而损害社会公平,影响效率的进一步发挥。② 本质上,资本主义社会追求效率是在人为地制造不公平。孟德维尔就曾指出:"在财产有充分保障的地方,没有货币还比较容易生活,没有穷人就不行,因为谁去劳动呢? ……应当使工

---

① 《马克思恩格斯选集》第 1 卷,北京:人民出版社 1995 年版,第 277 页。

② 参见罗国杰:《关于公平与效率的道德思考——学习〈公民道德建设实施纲要〉体会》,《求是》2002 年第 1 期。

人免于挨饿,但不应当使他们拥有任何可供储蓄的东西。……对一切富裕民族有利的是:绝大部分穷人永远不要无事可做,但要经常花光他们所收入的一切……靠每天劳动为生的人,只有贫困才能激励他们去工作,缓和这种贫困是明智的,但加以治疗则未免愚蠢。能使工人勤勉的唯一手段是适度的工资。工资过低会使工人依各自的气质或者垂头丧气,或者悲观绝望,工资过高则会使他们傲慢不逊,好逸恶劳。……在不允许奴隶存在的自由民族中,最可靠的财富就是众多的勤劳贫民。没有他们,就不能有任何享乐,任何一个国家的产品都不可能被用来谋利。……要使社会幸福,使人民自己满足于可怜的处境,就必须恒大多数人既无知又贫困。"[1] 这是为什么发达国家鼓励工人分期付款、借贷消费的一个原因,它也是资本主义社会高效率而又不平等的一个重要原因。[2] 当然,在资本主义市场经济高度发达的国家,一些有识之士也看到了过分强调效率实际上并不容易达到自己的目的,因此主张公平与效率的统一,甚至主张公平优先、兼顾效率,并提出种种方案,企图缓和社会矛盾。例如,美国著名伦理学家罗尔斯在《正义论》中,对正义的认识就刻意强调社会公平,认为在整个社会的分配中,应当向那些收入最少、处于最底层的社会最不利者倾斜,要照顾"最少受惠者的最大利益",以便使社会的分配更有利于"公平"。由于这些方案都是在维护资本主义基本制度的前提下设计出来的,尽管这些方案不乏对广大劳动人民的同情,但是不可能从根本上实现"效率与公平兼顾"的社会目标。

公平与效率的关系问题,是社会的基本问题。处理好公平与效率的关系,意味着一个社会既要强调效率,又要注重公平,实现公平与效率的统一,否则可能引发严重的社会后果。

首先,引发社会动荡。公平效率分离,一定情况下,可能引发社会动乱。[3] 当一个国家经济发展到较为发达的阶段后,政府需要投入更多的精力关注公平问题,将经济发展成果惠及国民。如果听任社会不公正现象发展恶化,很可能破坏社会合作和社会稳定的基础,并妨碍国民经济的进一步发展。比如,欧美资本主义国家在经历了垄断资本主义发展后,贫富裂痕越

---

① 《马克思恩格斯全集》第 44 卷,北京:人民出版社 2001 年版,第 710 页。

② 参见余斌、樊志:《从〈资本论〉看公平与效率的辩证关系》,《晋阳学刊》2006 年第 6 期。

③ 参见周余云、王立勇:《一些外国政党在执政能力建设方面的经验教训》,《当代世界》2005年第 1 期。

来越大,工人群众经常发动大罢工甚至武装革命。欧美国家不得不对自由市场经济制度作出重大调整,加强政府对经济的干预,不断推进资本社会化,并开始推行福利国家制度,从而改善了贫富悬殊状况,在一定程度上缓和了劳资矛盾,改善了欧美资本主义的处境。又比如,拉美国家在第二次世界大战后曾创造了经济发展的奇迹,但在步入新的经济发展阶段后,却在统筹经济社会发展的机制方面严重滞后,贫富差距不断拉大,号称"全球之最"。拉美的富人并没有像传统发展理论所说的那样,把他们的大部分收入用于投资,从而推动经济增长;相反,他们把财富花在奢侈品及其他消费上,对本国经济增长和就业没有多大推动作用。与此同时,普通民众往往收入较低,国内市场狭小,内需不振,难以拉动产业扩张。尤其是拉美许多人口处于贫困线以下,部分甚至处于绝对贫困状态,极大地影响了他们的健康和教育,公民整体素质难以提高。拉美国家由于未能适应国情变化制定新政策,从而导致了民主政治文化无法扎根,造成政治衰败和社会动荡,严重制约了经济的进一步发展。

　　中国社会的历史也表明,不公平可能引发周期性动乱。中国清朝政府统治的近270年(从1646年算起,1646—1911年)经历4次经济不公平——经济恶化时期(约60年一个周期)。这4次中,只有第一次通过调整经济制度,使社会避免了战乱。后三次分别发生了大规模的战乱。1794年至1804年间,石柳邓起义——白莲教起义;1851年至1868年间,太平天国革命——捻军起义;1911年,清政府垮台,由此在中国形成军阀混战。当然,政府可以通过改革,消除不公平引起的社会混乱和战乱。比如,清王朝的第一次经济不公平——经济恶化状况是在雍正皇帝主持下,通过调整经济制度解决了。在调整之前,社会实行的是人丁税赋,无论收入多少都缴纳同样的税。富人只缴占收入微小的税,穷人却缴占了收入很大部分的税。这样,社会财富不断集中在官僚地主阶级手中,广大穷人缴不起税。这就造成清政府收入锐减,使得政府无力履行救灾、整修水利和维护社会安全等职责。为改变这种状况,雍正皇帝在1724年开始实行新的经济政策和制度。他对不公平的经济制度进行改变。一是实行"摊丁入亩",就是改变平均税赋为按照拥有生产资源——土地——多少来缴税。二是实行"官绅一体当差",就是过去只有穷人负担的劳役,改变为每个人都要负担。由于新的经济政策不利于(表面不利于、实质有利于)官僚资产阶级,遭到官僚资产阶级反对抵制。为推行其经济政策,打击抵制其政策的官僚、惩治腐败,雍正对抵制改革、弄虚作假严加惩处。雍正皇帝实行的新的经济政策和制度,保证了政府履行自己的职责——救灾、平叛和整修水利,改变了社会政治经济形势进一步恶化的趋势。这次经济制度调整,使经济得以正常运行,社会获得安全,避免了这一时期的社会动荡。① 由此可见,公平效率的统一对社会稳定发展的重要价值。

其次,导致亡党亡国。公平效率的分离不仅可能引发社会动荡,而且可能导致亡党亡国。当代各国的发展实践也证明,经济效率并不是万应灵丹,经济效率并不能自然带来社会公正。如果经济发展的同时没有兼顾甚至削弱了公平,也会引发严重的政治问题。② 以印度为例,印度人民党1999年上台执政后,积极推动经济体制改革,大力发展高新技术产业,使印度成为仅次于美国的软件出口大国。在信息产业的拉动下,印度国民经济摆脱了长期维持在3.5%以下的"印度速度",实现了7%左右的增长率,2003年GDP增长达到8.2%。但是在经济发展过程中,真正受益的只是占人口少数的中产阶级,80%生活在"牛车经济"中的群体并未得到实惠,许多人沦为"发展的牺牲品"。印度农村发展更是受到严重忽视,政府对农村的公共投资逐年下降,城乡分化日趋严重,农民因绝望而自杀的现象屡见不鲜。人民党也在2004年"意外"地输掉了大选。因此,在全球市场竞争日趋激烈的形势下,如何在提升本国国际竞争力的同时兼顾好社会公平问题,是各国政府必须考虑的重大误题。

改革开放30多年来,我国高度重视各种利益关系,根据改革进程和经济社会发展的不同阶段不断完善分配制度,坚持和积极探索公平与效率的统一。改革开放初期,针对当时盛行的平均主义对效率造成的巨大的抑制,邓小平同志提出了"让一部分人先富起来"的著名论断,从强调绝对公平转向强调效率优先,从而极大地调动了人们的生产积极性和主动性。从公平时序角度来看,这一时期公平与效率关系的嬗变即是从追求绝对结果公平向追求纵向相对结果公平转变。强调效率优先,其实质是保证过程公平与

---

① 参见谭扬芳:《公平效率有机统一观的历史反思和哲学创新》,《三峡大学学报》(人文社会科学版)2008年第1期。

② 参见周余云、王立勇:《一些外国政党在执政能力建设方面的经验教训》,《当代世界》2005年第1期。

纵向相对结果公平的统一,即在统一的新政策下,给予每个人发挥自身能力的机会与权利,并保障其付出得到相应的收获。过程公平保证每个人各尽其能,从而保证效率;相对结果公平保证劳有所得,从而促进人们的生产积极性、主动性和创造性,进一步提高效率。从起点公平来看,此阶段并不注重对起点公平的调节,因为当时既没有精力也没有实力来解决起点不公平的现象,从而反而使得起点不公平程度有所加强,最明显的表现便是城乡二元社会的形成,加剧了起点不公平。此阶段在对待公平的总思路上寄希望于先富者带动后富者以及在"蛋糕"做大之后,再进行适当调节来缓和收入差距的扩大。

21世纪初至今,我们党和国家确立了公平与效率的同等关系。在比较成功地打破平均主义的桎梏后,我国经济效率有了极大的提高,在人类历史上创造了使一个大国经济在如此短的时间内以如此高的速度增长的奇迹。然而此时收入差距也迅速扩大,并有对经济社会稳定发展造成破坏的可能。针对这种情况,我国及时出台了公平与效率的新组合,即"效率优先、兼顾公平"这个基本原则,并不断地完善其内涵。党的十六大又进一步对如何达到"效率优先、兼顾公平"作了进一步的规定:"坚持效率优先、兼顾公平"的分配原则,但"初次分配注重效率,发挥市场的作用";"再分配注重公平,加强政府对收入分配的调节职能"。这不仅明确了实现效率与保障公平的主体与途径,使得公平效率理论更加完善,也使它在实践上有了可操作性。此阶段的效率与公平的组合,比较完全地体现了过程公平与相对结果公平的有机统一。"效率优先"是过程公平与纵向结果公平的统一,也就是要"放手让一切劳动、知识、技术、管理和资本的活力竞相迸发",并保证劳有所得、付出有回报,能者多劳多得,发挥市场的作用。把效率放在第一位,有助于增强人们的生产积极性和主动性,有助于先把"蛋糕"做大,为下一步的分配调整打下基础。"兼顾公平"相当于横向相对结果公平,即保障个体间收入差距保持在合理范围内,既能促进效率,也能保证社会稳定,这主要由政府通过再分配来实现,通过不断完善社会保障体系来保证横向结果公平。党的十七大更加注重公平,提出"初次分配和再分配都要处理好效率和公平的关系,再分配更加注重公平"的政策主张,是基于中国经济社会发展现实提出的新的公平效率关系理论。温家宝同志在第十一届全国人大三次会议上作的政府工作报告中指出:合理的收入分配制度是社会公平正义的重要体现。我们不仅要通过发展经济,把社会财富这个"蛋糕"做大,也要通过合理的收入分配制度把"蛋糕"分好。要坚持和完善按劳分配为主体、多种分配方式并存的分配制度,兼顾效率与公平,走共同富裕的道路。由此可见,我们党和国家不仅把公平效率放在了同等的地位,而且更加强调了公平。

二、公平与效率关系的复杂性

公平效率的统一既然如此重要,那么,为什么现实社会生活中难以做到二者的统一呢?这是因为公平与效率关系的复杂性。中外许多学者都对这一复杂性作出了探讨。

(一)公平与效率关系的理论分歧

公平与效率这对人类生活中的基本矛盾始终是许多理论论争的主题,甚至被称作学说理论史上的"哥德巴赫猜想"。社会经济资源的配置效率是人类经济活动追求的目标,而主体在社会中的起点、机会、过程和结果的公平,也是人类追求的目标,这两大目标之间的内在关联和制度安排,成为各派学说解答不尽的两难选择。

一是"相互矛盾"说。有的学者认为,公平的实质在于使人与人之间的差别尽可能地缩小,但是没有差别的状态常常会抑制人们创造财富的积极性,导致社会生产力停滞,人民物质生活长期得不到改善,最终造成整个社会无效率;而效率的实质则在于促进社会生产力的发展,在市场经济条件下收入分配的基本依据是按生产要素的贡献大小来评价,市场作用越大,收入差距相应拉得越大,经济效率就越高,这就使公平与效率成为一种难以调和的矛盾关系:要实现公平,就要牺牲效率;要提高效率,就要牺牲公平,"鱼与熊掌不可兼得"。①

二是"暂时统一"说。有些学者认为,公平效率的统一具有暂时性。世上有公平高效的经济制度,而且有许多种,但却不存在哪一种是永恒和绝对的公平高效的制度,也就是说公平高效只是相对的、暂时的(几年至几十年),没有哪种经济制度能保持长久的公平高效性。一种公平高效的经济

---

① 参见田野:《简析公平与效率的对立统一》,《法制与社会》2009 年第 27 期。

制度、生产关系,在这个时候、这个社会是公平高效的,过几年、几十年它就会演变出不公平和低效率。人们要使社会长久公平高效,保持经济正常运行,就要经常调整社会政策。

三是"相互促进"说。有些学者认为,公平效率是相互促进的,有公平才会有效率,有效率才会有公平,二者缺一不可。这种观点强调,社会不公平影响劳动者的劳动主动性、积极性与创造性。社会不公平不利于提高国民素质,使效率增进后继乏力。社会不公平降低民众投资预期,导致消费需求不足,产生经济过剩,影响经济增长。因此,二者是相互促进的,不是矛盾的。公平是持续效率最基本的前提与基础,效率是维护公平发展的动力。这种观点进一步认为,公平与效率这两个社会道德目标同等重要,没有先后次序,必须兼顾,即如何以最小的不平等获取最大的效率,或以最小的效率损失获得最大的公平。学者们指出,公平与效率之间虽然有矛盾,但二者相互妥协是可能的,社会只能在公平与效率、结果均等与机会均等之间达成妥协。总之,单纯的公平不一定带来效率,单纯的效率也不一定带来公平,二者必须相互促进,共同提高。①

还有学者认为,公平与效率之间并非像人们所想象的如同一架天平的两端,呈此消彼长关系,两者更不存在呈反比的函数关系。公平与效率只是社会生产关系运动中表现出的两个方面,它们从内容到形式深深地反映了社会生产关系的内涵,"公平与效率此消彼长"的命题不仅在理论上是错误的,而且在实践上也是有害的,它为资本主义生产关系以及某些错误的政策提供了方便的辩护理由。②

(二)公平与效率关系的实践困难

公平、不公平表现在生产资料的占有上,表现在劳动成果的分配上,也表现在生产过程中人与人的关系上;效率表现在人们的生产积极性上,表现在社会物质财富的数量上,也表现在以较小的成本获取更大的收益上。因而,公平与效率的内涵及其关系是非常丰富的。

有的学者为了便于分析,为了客观的可检验性,将"公平"定义为人们

① 参见李政、孙浩进:《公平与效率的关系新论——从和谐社会视角的审视》,《江汉论坛》2008 年第 8 期。
② 参见张俊山:《对"公平与效率"命题的马克思主义分析》,《福建论坛》(人文社会科学版)2006 年第 8 期。

所获得的收入之比与各自付出的劳动之比一致,认为传统的对公平的定义都存在不确定性,让人有不同的判断。比如就起点公平来说,人与人本来就是存在差异的,因而针对两个不同的个体,我们不可能提出让大家都同意的公平的起点。而收入却是客观可以比较的,劳动的努力程度至少从劳动时间上也是可以客观计量的。因而,这种公平的定义相对要合理一些。而且,无论是起点平等还是规则平等,都只具有形式平等的意义。当参与竞争的失败者表现为一个社会的大多数时,起点的公平就会变得十分可疑,规则的公平就会受到挑战。事实上,作为公平指标系统的重要组成部分,结果的公平都是不应摒弃的。而对于效率,它表示的无非就是人类征服自然的能力,所以既要涉及人的方面,也要涉及物的方面。前者表现为人类在生产中所拥有的能力以及表现多少能力的意愿。比如一个科学家,虽然他拥有一流的能力,但如果他不让它表现出来,那么他在生产中的实际效率还是为 0;而后者则表现在可供人类进行加工生产的生产资料的数量与性能上,由于这与人无关,因而它们尽管会对生产效率产生影响,但与这里要探讨的公平与效率这一主题无关,因而不加考虑。在效率方面,这里只考虑人的能力及其生产意愿。①

三、实现公平与效率统一的实践选择

在建设中国特色社会主义的过程中,我们党和国家既大力发展生产力,注重经济效率,又从最大多数人的根本利益出发,为了最终实现共同富裕的目标,坚决而有效地维护社会公平。从整个社会的发展来看,我们既不能因强调"社会公平"而妨害效率,也不能因重视"经济效率"而损害社会公平。邓小平同志说,贫穷不是社会主义,两极分化也不是社会主义。因此,只有切实做到注重效率与维护公平相协调,中国特色社会主义的各项宏伟建设目标才能真正得以实现。②

①　参见王敏、刘嗣明:《效率与公平关系新论——基于利益集团的视角》,《中共云南省委党校学报》2007 年第 6 期。

②　参见谭扬芳:《公平效率有机统一观的历史反思和哲学创新》,《三峡大学学报》(人文社会科学版)2008 年第 1 期。

(一)"先富原则"下的效率优先的举措

党的十一届三中全会以后的十年,我国立足于社会主义初级阶段的基本国情,以稳定和完善家庭联产承包责任制为主要任务的农村改革进一步深入,以城市为重点的经济体制改革由试点发展到全面铺开,"经济特区—沿海开放城市—沿海经济开发区—内地"的全面对外开放格局逐渐形成。其中,分配政策蕴涵着以效率为主要特征的扩大企业收入分配自主权、在收入分配中引入市场机制的新思想,这些思想为后来生产要素按贡献分配提供了理论准备。

改革开放初期提出的"先富原则"即"效率优先"的原则,是一条从当时中国国情和实际出发,符合社会主义初级阶段经济发展规律的科学而合理的价值原则。所谓效率优先的原则,就是指分配制度、分配政策要以促进生产力发展和社会经济效率的提高为首要目标。发展社会主义市场经济、深化经济体制改革,我国政府必须把效率作为优先考虑的价值目标。之所以如此,其原因有三:其一,坚持效率优先的原则是社会主义的本质要求,是社会主义制度优越性、增强社会主义制度吸引力的根本体现。社会主义对于资本主义的优越性以及社会主义之所以最终能够战胜资本主义的价值合理性根据,归根到底要体现在社会主义生产力比资本主义发展得更好一些、更快一些、更高一些,并且要体现在社会生产力不断发展和人民的物质文化生活水平持续改善和提高上面。其二,坚持效率优先的原则是实现社会公平的前提和基础。只有效率优先,经济持续稳定增长,低消耗、高产出,使社会财富不断增长和丰富,才能实现真正意义上的高水平的公平。其三,坚持效率优先的原则是社会主义市场经济发展的必然要求。市场经济的基本规则是价值规律,它要求平等竞争、等价交换。只有在竞争中优胜劣汰,社会资源才能朝效率高的方向流动和配置,从而实现资源最优配置的目的。与此相适应,它必须要求通过分配制度、分配政策来贯彻和实现效率最大化的原则。"先富原则"关于效率关系的提法是直接针对平均主义弊端的。

(二)效率提高前提下体现社会公平的举措

党的十三大报告提出,我们的分配政策既要有利于善于经营的企业和诚实劳动的个人先富起来,合理拉开收入差距,又要防止贫富悬殊,坚持共同富裕的方向,在促进效率提高的前提下体现社会公平。这一分配政策将"先富"与"共富"统一起来,允许和鼓励一部分人通过诚实劳动先富起来,同时在效率提高中又要"体现社会公平",防止贫富分化。1992 年以后,中央逐步形成了基于社会主义市场经济的收入分配理论,十四大确立了社会主义市场经济的改革目标,正式提出"以按劳分配为主体,其他分配方式为补充",在分配制度上"兼顾效率与公平",这一提法与十三大报告的提法意思相近,也与平均主义不相容。"优先"与"兼顾"的提法是在 1993 年十四届三中全会提出的:"坚持以按劳分配为主体,多种分配方式并存的制度"和"体现效率优先、兼顾公平的原则",1997 年十五大和 2002 年十六大都延续了坚持效率优先、兼顾公平的提法。显然,实现效率优先,是从市场配置资源的角度讲的。

"效率优先、兼顾公平"的组合是不完善的,具体表现在:第一,主体不明确。在居民或家庭、企业和政府三个市场活动主体中,究竟谁负责追求效率,谁负责兼顾公平,没有明确的界定。在主体不清晰的情况下,就会出现责任不明确,因而"效率优先、兼顾公平"的组合在执行过程中就会出现偏差。第二,缺乏立体组合。在国民收入分配的全过程中,实际上存在着初次分配和再分配两个环节。在两个环节中,是否都要遵循"效率优先、兼顾公平"的组合,还是有所侧重,在这个组合中是不明确的,因而可以说这个组合是一个平面的组合。它的直接后果是忽视了两个分配环节的特殊性质,从而不利于"效率优先、兼顾公平"的实现。针对"效率优先、兼顾公平"组合在理论和实践上存在的不足,党的十六大报告明确指出,"坚持效率优先、兼顾公平"的分配原则,但"初次分配注重效率,发挥市场的作用";"再分配注重公平,加强政府对收入分配的调节职能",从而对公平与效率的关系作出了新的阐述,使公平与效率关系的理论得到了深化和发展,形成了新的公平与效率组合。①

党的十六大提出的公平与效率关系的组合,并没有否定"效率优先、兼顾公平"的分配原则。"效率优先、兼顾公平"是我国实现经济快速发展的基本战略,绝不能因为短时期内出现收入差距的扩大,甚至是严重的扩大就从根本上动摇这一战略。这是因为,第一,我国是一个发展中的大国,靠发展求生存的压力异常巨大,特别是在经济全球化和信息化兴起的双重背景下,除了快速发展别无选择。经济全球化使资源配置超越国界在全球范围

---

① 参见黄泰岩:《构建公平与效率关系的新结构》,《求是》2003 年第 11 期。

内展开,这就使我国企业必须直接面对强大的跨国公司的竞争。同样,知识经济的兴起,使我国在尚未完成工业化的情况下,就必须面对信息化的挑战,同时推进工业化和信息化。第二,我国是一个向市场经济转轨的大国,转轨中不可避免出现的一系列矛盾只有在发展中才能得到解决。例如,国有企业的改革、政府职能的转换等,都会在一定程度上排出劳动力,而在当时就业存在巨大压力的情况下,这些改革的顺利推进从根本上说就有赖于经济的增长而带来的就业岗位的增加。第三,我国是一个经济发展严重不平衡的大国,各地区之间的发展差距,特别是城乡明显的二元经济结构,也只有在发展中才能得到解决。例如,消除城乡二元经济结构,就是要实现农民市民化、农村城市化、农业工业化,而这"三化"的核心是农民市民化。近两亿农村劳动力转到非农产业,这就需要经济增长创造出大量的就业机会。第四,我国是一个经济步入起飞阶段的大国,根据"倒 U 理论"所揭示的经济增长与收入分配的相互关系,即在经济增长的早期阶段个人收入差距会趋向扩大,特别是在从前工业文明向工业文明转变的时候,这种扩大的趋势会更为迅速,随后出现一个稳定时期,在后一个阶段个人收入差距趋向缩小。这就是说,要从根本上解决收入差距问题,就需要快速的经济增长并实现工业化。以上分析表明,我国压倒一切的任务是发展,收入分配制度必须放到经济增长的框架中加以设定。因而,效率优先就具有不可替代的地位。①

党的十六大提出的公平与效率关系的组合,是市场调节与政府干预组合关系在分配领域的具体体现。市场调节与政府干预的组合构成了市场经济的运行机制,这就决定了:第一,收入分配既然是市场经济的重要组成部分,那么,收入分配的调节也就必然表现为市场调节与政府干预的组合。因此,初次分配要发挥市场的调节作用,再分配要加强政府的调节作用,这样就使分配领域的调节机制与市场经济的运行机制一致起来,从而与市场经济新体制完全吻合起来。第二,在市场经济的运行机制中,市场调节对资源配置发挥着基础性的调节作用,因而在公平与效率关系的新组合中,市场发挥主要作用的初次分配是基础性分配,政府发挥主要作用的再分配是对初次分配关系的调整。也就是说,市场调节在分配领域中也同样发挥着基础

---

① 参见王志远、曹立:《马克思、恩格斯公平效率观探析》,《兰州学刊》2008 年第 2 期。

性的调节作用。

党的十六大提出的公平与效率关系的组合,也体现了分配领域市场经济运行机制的特殊组合关系。这具体表现在:第一,无论是初次分配还是再分配,都存在着市场调节与政府干预的组合关系,如政府通过预算收入的形式参与国民收入的初次分配,只是在这里政府遵循的不只是公平原则,而首先是效率原则。同样,在再分配领域中,市场竞争的充分展开、市场信息的充分披露、生产要素的充分流动,也是增强市场调节的有效性,有助于消除垄断对收入不合理的再分配。当然,在这里市场调节遵循的也是公平的原则,不过这里的公平是机会的公平,而不是分配结果的公平。第二,由于分配领域分为初次分配和再分配两个层次,因而市场调节与政府干预又存在着立体的组合关系,即在纵向上的组合:市场主要在初次分配中发挥作用,政府主要在再分配中发挥作用。因此,在公平与效率关系的新组合中,市场调节与政府干预表现出纵横交错的组合关系,显示了分配领域中调节机制的复杂性。①

(三)更加注重社会公平的举措

党的十六届四中全会强调要"切实采取有力措施解决地区之间和部分社会成员收入差距过大的问题,逐步实现全体人员的共同富裕"。当前,我国的社会不公平问题越来越突出,城乡之间、区域之间、行业之间、部门及阶层之间都存在着较大的收入差距。一是贫富差距在继续扩大;二是贫富差距的扩大出现失控趋势,在整个国民收入分配中,劳动报酬分配的比重过小,税收无法实现对收入差距扩大趋势的有效调控;三是贫富悬殊开始固化为社会结构,资源和财富正在向经济精英、政治精英和知识精英这些群体集中。党的十七大报告指出,要健全劳动、资本、技术、管理等生产要素按贡献参与分配的制度,初次分配和再分配都要处理好效率和公平的关系,再分配更加注重公平。要逐步提高居民收入在国民收入分配中的比重,提高劳动报酬在初次分配中的比重,强调要创造条件让更多群众拥有财产性收入。党的十七大报告关于收入分配的论述,适应了目前我国经济发展状况,对于贯彻落实以人为本的科学发展观、构建和谐社会、缩小收入分配差距具有十

---

① 参见黄泰岩:《构建公平与效率关系的新结构》,《求是》2003 年第 11 期。

分重要的理论与现实意义。①

　　在社会主义市场经济条件下，由于个人天赋不同、劳动能力不同以及企业、个人在竞争中的机会事实上的不平等，人们之间收入上会出现差别，这是正常的。但是，如果收入分配差距过大、贫富悬殊甚至出现两极分化，则必须采取措施加以调节以保证公平。这不仅因为社会主义经济活动追求的根本价值目标是实现共同富裕，不允许出现资本主义社会那样严重的两极分化，而且还因为，收入分配的过于不平等会从以下两个方面影响效率的提高：一方面，收入分配差距过大，两极分化，会导致占比重相当大的低收入者消费需求量小，有效购买力低，实际需求与有效需求不足，导致资源的巨大浪费，从而使生产力遭到严重破坏，遏制了效率的持续提高。另一方面，实现高效率的一个重要的条件是建立合理的激励机制。这种激励机制的核心内容，就是保证每个人都可以通过自己的努力工作取得合理的收入，因而始终具有极大的劳动热情。如果低收入者通过自己的主观努力和勤奋劳动不能改善自己的处境，激励机制就会失灵。因此，在社会主义条件下，在坚持"效率"的同时，还必须关注"公平"，并且要"更加注重公平"。公平的一个基本思想是，收入分配上"合理拉开差距"，在"鼓励一部分地区一部分人通过诚实劳动和合法经营先富起来"的同时，"提倡先富带动和帮助后富，逐步实现共同富裕"，"避免由于少数人收入畸高形成两极分化"。所谓"更加注重公平"，现在的理解就应该是"初次分配和再分配都要处理好效率和公平的关系，再分配更加注重公平"。

---

① 　参见丁兆庆：《改革开放以来收入分配中效率与公平关系的回顾与思考》，《甘肃理论学刊》2008 年第 6 期。

第三编　国内学术动态评介

学术研讨会述评

在 2006—2009 年四年中,学术界围绕马克思主义的基本理论、马克思主义中国化、马克思主义理论学科体系建设和马克思主义的时代价值等主题召开了层次较高、数量较多的学术论坛,如第四、五、六届"全国马克思主义论坛",第一、二、三届"全国马克思主义院长论坛",第七、八、九届"马克思哲学论坛",第二、三、四届"全国马克思主义青年论坛",2006 至 2009"马克思主义中国化论坛","全国高校马克思主义理论学科研究会第三至六次学科论坛","中国马克思主义论坛 2009"等。除了全国性的学术论坛外,各种区域性的马克思主义论坛也进行得如火如荼,如北京地区的第一至十三届"马克思学论坛",第二、三、四届"湖北马克思主义论坛","上海市马克思主义研究论坛"等,这些论坛为进一步深化和发展马克思主义基本理论以及中国特色社会主义理论都作出了积极贡献。相关会议主题可以分类概括为以下几种:马克思主义基础理论的研究和创新、马克思主义中国化研究特别是中国特色社会主义理论体系建设、马克思主义理论学科体系建设、马克思主义与当前社会热点问题等。

一、马克思主义基础理论的研究和创新

由中国社会科学杂志社和其他的大学共同主办的"马克思哲学论坛",第七届论坛在 2007 年 10 月于苏州大学举行,主题为"马克思主义哲学研究范式:创新与转换",就马克思主义哲学研究范式的转换与创新问题进行了

热烈的讨论。① 第八届论坛于 2008 年 10 月在武汉大学召开,主题为"马克思主义哲学中国化与当代中国哲学建设"。学者们分别围绕马克思主义哲学中国化的内涵、实质、历史进程、重要代表人物的理论贡献、基本经验、内在规律及其对当代中国哲学建设的重要意义等问题展开了讨论。② 第九届论坛于 2009 年 7 月在黑龙江大学召开,以"文化哲学的基本定位与走向"、"马克思主义哲学与文化哲学"、"文化的元问题与时代性问题"等议题进行了研讨。③

由"青年哲学论坛"、《哲学研究》编辑部、《哲学动态》编辑部主办的"马克思主义哲学创新论坛",2007 年 11 月,第四届论坛的主题是"中国与西方的马克思主义哲学:对话与创新",围绕西方马克思主义哲学研究的现状、中国马克思主义哲学的创新以及中国与西方的马克思主义哲学之间的对话等问题展开。④ 2008 年 3 月,第五届论坛主题是"30 年马克思主义哲学研究的回顾与反思",学者分析了 30 年马克思主义哲学研究的历史与现状,概括总结了 30 年马克思主义哲学研究的热点问题并对马克思主义哲学的发展进行了展望。⑤ 2009 年 10 月,第六届论坛围绕唯物史观这一主题展开,讨论了唯物史观与马克思主义哲学的变革、"我所理解的唯物史观"、唯物史观与中国、唯物史观的现代反思等议题,促使学术界对唯物史观的研究更加深入。⑥

旨在倡导"建立在扎实文献学基础上的马克思文本解读研究"的"马克思学论坛",是北京地区致力于马克思文本解读研究的中青年学者于 2007 年上半年共同发起成立的。从 2007 年 1 月 12 日的预备会至 2009 年 10 月

---

① 参见《当代马克思主义哲学研究范式的转换与创新——第七届"马克思哲学论坛"综述》,《哲学研究》2008 年第 1 期。

② 参见黎庶乐:《马克思主义哲学中国化与当代中国哲学建设——第八届马克思哲学论坛综述》,《光明日报》2008 年 11 月 4 日。

③ 参见刘振怡:《马克思主义文化哲学研究的新进展——第九届"马克思哲学论坛"综述》,《光明日报》2009 年 9 月 1 日。

④ 参见李白鹤:《"第四届马克思主义哲学创新论坛"综述》,《马克思主义研究》2008 年第 3 期。

⑤ 参见李晓明:《立足现实:马克思主义哲学创新的新历程——第五届马克思主义哲学创新论坛综述》,《安徽师范大学学报》(人文社会科学版)2008 年第 5 期。

⑥ 参见李春火:《唯物史观的当代审视——"全国第六届马克思主义哲学创新论坛"述评》,《哲学研究》2010 年第 1 期。

召开的第十三届论坛,该论坛先后由知名学者作了多场学术报告或召开学术研讨会,如魏小萍的"国外马克思研究新进展"报告、韩立新的"《巴黎手稿》的文献学与卡尔·马克思问题"报告、聂锦芳的"《德意志意识形态》对《唯一者及其所有物》的解读——《圣麦克斯》章研究"报告、杨学功的"《黑格尔法哲学批判》的文本解读及其当代效应"报告,"纪念《共产党宣言》发表160周年学术研讨会","《资本论》哲学意蕴新解读"论坛①,梁树发主讲并提出马克思主义哲学形成的标志应该是《德意志意识形态》而不是《哲学的贫困》、王峰明的"形式规定、经济范畴、物像化论:马克思资本论手稿关键概念解读之一"、张秀琴的"马克思意识形态论发展的三个阶段"的专题报告②、李惠斌的"对马克思关于'私有制'、'公有制'以及'个人所有制'问题的重新解读"等专题报告,王东的"《资本论》与当代国际金融危机"③、鲁克俭的"《关于费尔巴哈提纲》的文献学分析与文献解读"、段忠桥的"马克思的三大社会形态理论"等报告。每次主题报告后都有相关学者对主讲人报告进行点评。④

二、马克思主义中国化与中国特色
社会主义理论体系建设的研究

中共中央编译局马克思主义经典著作基本观点研究课题组于2004年创办了"全国马克思主义论坛"。2008年1月,第四届论坛主题为"马克思主义基本理论与中国特色社会主义"。专家学者就科学社会主义与中国特色社会主义、中国特色社会主义理论体系、毛泽东思想与中国特色社会主义、邓小平理论与中国特色社会主义、"三个代表"重要思想与中国特色社会主义、科学发展观与中国特色社会主义、世界历史进程中的中国特色社会

---

① 参见郭丽兰:《〈资本论〉哲学意蕴新解读——第六届"马克思学论坛"综述》,《哲学研究》2008年第6期。
② 参见孔伟:《马克思意识形态论研究的对象与方法——"第九届马克思学论坛"会议摘要》,《教学与研究》2009年第8期。
③ 参见吴敏燕:《第11届"马克思学论坛"综述》,《哲学动态》2009年第7期。
④ 参见李旸:《马克思的三大社会形态理论——第十三届"马克思学论坛"综述》,《中国人民大学学报》2010年第1期。

主义、社会主义理论创新等相关议题进行了深入研讨和交流。① 2008 年 11月，第五届论坛主题为"改革开放与马克思主义中国化"。研讨议题包括"改革开放与马克思主义中国化"、"改革开放与马克思主义时代化"、"马克思主义与中国特色社会主义理论体系"、"马克思主义与科学发展观"、"'四个分清'与坚持和发展马克思主义"等。② 2009 年 11 月，第六届论坛的主题是"马克思主义在中国 60 年（1949—2009）"，议题包括马克思主义经典著作编译 60 年、马克思主义经典著作研究 60 年、当代马克思主义理论发展60 年、马克思主义学科建设 60 年、国外马克思主义研究 60 年等。③ 论坛研讨了马克思主义的基本理论及其本质特征，认真梳理和总结了新中国成立60 年来马克思主义中国化的伟大成就与发展历程，探讨了马克思主义中国化的最新理论成果在指导中国特色社会主义现代化建设中的重大意义，同时强调要大力推进马克思主义中国化、时代化、大众化。④

由中国社会科学院马克思主义研究学部、中国社会科学院马克思主义研究院主办的"全国马克思主义院长论坛"首届于 2007 年 11 月召开，论坛主题为"马克思主义与中国社会科学创新"，探讨了马克思主义理论研究与创新、马克思主义学科发展与建设以及如何以马克思主义引领中国社会科学创新等问题。⑤ 2008 年 12 月，第二届论坛围绕马克思主义与改革开放、中国特色社会主义理论体系、马克思主义学科建设等问题进行了交流和研讨，同时从不同层面对如何发展马克思主义及马克思主义的当代价值提出了诸多创见。⑥ 2009 年 9 月，第三届论坛主题为"新中国 60 年与马克思主义"，专家学者从多学科、多视角深入探讨了在实践运用中坚持和发展马克思主义，不断推进马克思主义中国化，不断坚持和发展中国特色社会主义理论体系的丰硕成果。同时，就马克思主义理论研究与创新、马克思主义学科

---

① 参见马原：《深入研究马克思主义中国化最新成果——第四届"全国马克思主义论坛"述要》，《人民日报》2008 年 1 月 24 日。

② 参见黄娟：《第五届全国马克思主义论坛综述》，《南京政治学院学报》2009 年第 1 期。

③ 参见《第六届全国马克思主义论坛举行》，《光明日报》2009 年 11 月 17 日。

④ 参见江洋：《"第六届全国马克思主义论坛"强调——大力推进马克思主义中国化、时代化、大众化》，《人民日报》2009 年 11 月 6 日。

⑤ 参见何贻纶、刘彩红、李奎民：《马克思主义与中国社会科学创新——首届"全国马克思主义院长论坛"综述》，《马克思主义研究》2008 年第 1 期。

⑥ 参见钟君：《第二届全国马克思主义院长论坛在南宁召开》，《光明日报》2008 年 12 月30 日。

发展与建设等问题进行了广泛深入的交流和研讨。

"马克思主义中国化论坛"是北京市中国特色社会主义理论体系研究中心的一个品牌论坛。它与武汉大学联合举办的"2007·马克思主义中国化论坛",主题围绕马克思主义中国化的历史进程和基本经验而展开。学者强调中国化马克思主义的发展呈现出历史阶段性,必须依据时代变化提出不同的时代课题和历史任务,同时从实践发展和理论发展相结合的视角对马克思主义中国化展开研究。① 2008 年 6 月的"马克思主义中国化论坛·2008"围绕马克思主义中国化最新成果——中国特色社会主义理论体系——进行了专题研讨。与会者就党的十七大报告对马克思主义中国化的新概括新贡献、中国特色社会三义的理论基石、中国特色社会主义理论体系的人民性等方面作了交流讨论。② "马克思主义中国化论坛·2009"的主题围绕新中国成立 60 年与马克思主义中国化展开。学者强调马克思主义中国化是一个动态的过程,新中国 60 年的伟大历程正是中国共产党人不断把马克思主义同当代中国实际和时代特征相结合、不断"中国化"的过程。③

中国社会科学院马克思主义研究院主办的"全国马克思主义青年论坛"第二届于 2007 年 6 月在四川成都召开,与会者围绕"马克思主义与社会主义和谐社会"这一主题进行了探讨。学者认为,构建社会主义和谐社会的重大战略思想,是我们党在正确认识和准确把握新世纪新阶段我国经济社会发展阶段性特征的基础上,运用马克思主义基本理论认识和解决新问题而提出来的。2008 年 9 月,中国社会科学院马克思主义研究院与江西师范大学联合主办的"第三届全国马克思主义青年论坛"以"改革开放与中国特色社会主义"为主题。回顾并总结了改革开放的历史进程和主要经验,提高了对中国特色社会主义道路的思想认识,研究了中国特色社会主义理论体系的基本问题,探讨了发展中国特色社会主义的根本途径。④ 2009

---

① 参见卢颖华:《把握实践发展和理论发展相结合的新视角——"2007·马克思主义中国化论坛"述要》,《人民日报》2007 年 6 月 20 日。

② 参见卢颖华、许星:《不断深化马克思主义中国化最新成果研究——"马克思主义中国化论坛·2008"述要》,《人民日报》2008 年 7 月 7 日。

③ 参见王意:《"马克思主义中国化论坛·2009"提出马克思主义中国化是一个动态的过程》,《人民日报》2009 年 8 月 7 日。

④ 参见王员、汪荣有、肖华平:《第三届全国马克思主义青年论坛综述》,《思想理论教育导刊》2009 年第 1 期。

年 11 月,与上海师范大学共同主办的"第四届全国马克思主义青年论坛"围绕"马克思主义与新中国 60 年"这一主题,就马克思主义中国化的发展历程、当前马克思主义研究中的前沿课题以及青年学者的当代使命等问题进行了研讨。①

由中国马克思主义研究基金会举办的首届"中国马克思主义论坛2009",围绕新中国 60 年来马克思主义中国化的历史经验、马克思主义中国化与改革开放、进一步推进和深化马克思主义中国化研究等专题发表演讲,同时围绕推进马克思主义中国化、时代化、大众化问题进行了深入探讨。②2008 年 4 月,由扬州大学与《毛泽东邓小平理论研究》杂志社联合主办的"2008 马克思主义中国化论坛——纪念中共十一届三中全会召开 30 周年理论研讨会",围绕马克思主义中国化学科建设和马克思主义中国化相关理论问题两大议题展开。③

在地域性论坛中,第三届"湖北马克思主义论坛"围绕"科学发展观与人的发展、建设生态文明与武汉'两型社会'建设、不断推进当代中国马克思主义大众化"等议题展开了研讨交流。第四届"湖北马克思主义论坛"围绕"科学发展观与中华人民共和国成立 60 周年"主题,研讨的问题包括实践科学发展观活动、马克思主义生态文明观的理论与实践,以及世界经济一体化进程中社会主义和谐社会的构建等。④

三、马克思主义理论学科体系建设的新探索

2007 年 9 月,高等教育出版社《思想理论教育导刊》主办的"全国高校马克思主义理论学科建设论坛"第三次研讨会强调指出,马克思主义整体性是指从整体上把握马克思主义理论及其科学体系,是加强马克思主义理论研究及马克思主义理论学科建设的生命线。马克思主义整体性要求把高

---

① 参见周中之:《肩负起发展马克思主义的历史重任——"第四届全国马克思主义青年论坛"述要》,《人民日报》2009 年 11 月 19 日。

② 参见《"中国马克思主义论坛 2009"在京举行》,《学习时报》2009 年 12 月 14 日。

③ 参见《2008 马克思主义中国化论坛——纪念中共十一届三中全会召开 30 周年理论研讨会》纪要》,《毛泽东邓小平理论研究》2008 年第 5 期。

④ 参见卢文忠:《坚持科学发展观　促进"两型"社会建设——第四届湖北马克思主义论坛综述》,《学校党建与思想教育》2009 年第 7 期。

校思想政治理论课建设放在马克思主义理论学科建设的整体框架中。①
2008 年 6 月,"全国高校马克思主义理论学科研究会成立大会暨第五次学
术研讨会"围绕"强化马克思三义学科意识和推进学科建设"、"改革开放和
当代中国马克思主义大众化研究"、"马克思主义理论学科建设与思想政治
理论课建设良性互动"、"加强马克思主义理论学科建设当前要解决的主要
问题"和"高校马克思主义理论教育与学科建设的经验"等议题展开讨论。②
2009 年 6 月,第六次学科论坛以"马克思主义中国化"二级学科建设为主
题。专家学者就马克思主义理论学科建设,尤其是马克思主义中国化学科
建设中的重大问题,如马克思主义大众化问题、马克思主义中国化的文化形
态建构问题、马克思主义理论学科的研究队伍与教育教学队伍建设的交叉
和融合问题、思想政治理论课与马克思主义理论学科的互动关系问题等展
开了讨论和交流。③

　　与此同时,其他多种形式的马克思主义理论学科建设研讨会也相继在
高校召开。如 2007 年 8 月,由中国社会科学院马克思主义研究院和燕山大
学共同主办的首届"全国马克思主义理论学科建设与发展论坛",学者围绕
新世纪中国马克思主义理论学科建设的态势,如何搞好我国现阶段马克思
主义理论学科建设,我国各马克思主义理论二级学科学位点现状与发展分
析等主题展开了讨论。④ 2007 年 11 月,《思想理论教育导刊》主办的"全国
马克思主义理论学科博士生导师论坛"探讨了中国特色社会主义与马克思
主义理论学科建设这一重大误题。⑤ 2009 年 5 月,"全国马克思主义理论学
科建设学术研讨会"就如何推动马克思主义理论的学科建设提出建议措

---

①　参见谭顺、余政:《加强马克思三义理论学科建设——"全国高校马克思主义理论学科建设
论坛"要》,《光明日报》2007 年 10 月 23 日。
②　参见吴海江、康晓强:《全国高校马克思主义理论学科研究会成立大会暨第五次学术研讨
会述要》,《思想理论教育导刊》2008 年第 7 期。
③　参见《全国高校马克思主义理论学科研究会(第六次)学科论坛在辽宁大学成功举行》,
《学校党建与思想教育》2009 年第 7 期(中)。
④　参见刘邦凡、朱广荣:《加强马克思主义理论学科建设　促进马克思主义理论学科发
展——首届"全国马克思主义理论学科建设与发展论坛"综述》,《马克思主义研究》2008 年第 2 期。
⑤　参见李永胜:《中国特色社会主义与马克思主义理论学科建设——"全国马克思主义理论
学科博士生导师论坛"综述》,《马克思主义与现实》2008 年第 3 期。

施、开展讨论交流,同时就马克思主义理论研究和思想政治教育等议题进行了研讨。① 2009 年 6 月,"马克思主义中国化和马克思主义理论学科建设研讨会"围绕新中国成立 60 年来马克思主义理论创新的主要经验和成就、马克思主义中国化研究、马克思主义大众化研究、马克思主义整体性研究、马克思主义理论学科体系建设等议题进行了深入交流和研讨。②

　　除讨论马克思主义理论学科体系的整体建设外,也有研讨会着重讨论了具体的学科建设,如继 2007 年在广州首次召开"全国党校系统'马克思主义中国化研究'学科建设工作会"之后,2008 年 12 月,由中央党校和中共党史教研部联合主办的"'马克思主义中国化研究'学科建设研讨会"围绕该学科体系的构建要求、研究对象、研究内容和研究方法等问题进行了专业学术研讨。③

四、马克思主义视野中的当前社会热点问题

　　运用马克思主义的原理与观点来分析和解决当前的社会热点、难点问题一直是学术界关注的焦点。面对近两年的国际金融危机,2009 年 6 月,北京市科学社会主义学会主办的"国际金融危机与当代资本主义研讨会",其主旨为本着理论联系实际的原则研究科学社会主义,通过认识当代资本主义的特点、危机,可以更好地建设有中国特色的社会主义。④ 2008 年 11 月,中共上海市委党校、上海行政学院举办了"《共产党宣言》及马克思主义的当代意义"国际学术研讨会。与会者在如何应对世界范围出现的金融危机背景下,围绕《共产党宣言》的基本思想与中国特色社会主义、全球化视野中的《共产党宣言》研究、关于"两个不可避免"思想的再认识、"人的全面

---

　　① 参见金瑶梅:《"全国马克思主义理论学科建设学术研讨会"综述》,《教学与研究》2009 年第 7 期。

　　② 参见《促进马克思主义研究和学科建设上新台阶——教育部社科委马克思主义理论学部会议暨马克思主义中国化和马克思主义理论学科建设研讨会简述》,《中国高等教育》2009 年第 13、14 期。

　　③ 参见程连升、邢江平:《"马克思主义中国化研究"学科建设研讨会综述》,《理论视野》2009 年第 6 期。

　　④ 参见马冰莹:《国际金融危机与当代资本主义研讨会在京召开》,《人民论坛》2009 年第 14 期。

自由发展"与"自由人的联合体"等主题展开了研讨。①

就马克思主义与社会发展、生态文明等现实问题,学术界进行了讨论。2008 年 12 月,由广东省学位委员会主办的"马克思主义理论创新与当代社会发展"博士生论坛围绕"马克思主义理论创新与当代社会发展"的主题,将马克思主义理论创新同中国的实际结合起来,讨论了马克思主义理论创新与政治文明、社会建设的理论和实践等问题。② 2008 年 5 月,世界政治经济学学会第三届国际会议的主题为"马克思主义与可持续发展",着重探讨了各国和全球人口、资源、环境的问题、根源与对策,人口、资源和环境的基本经济理论的发展与创新,现代马克思主义经济学的可持续发展观,生态马克思主义理论评述,以及其他相关经济社会问题。③

同时,学术界就马克思主义与时代精神、中国传统文化的关系等议题组织了研讨。2009 年 4 月在苏州大学召开"马克思主义基本原理与当代价值"学术研讨会,围绕"什么是马克思主义、怎样正确对待马克思主义"等专题进行了交流。④ 由中国马克思恩格斯思想研究会和河海大学共同主办的第三届"马克思主义与当代中国论坛",2009 年 11 月在河海大学顺利召开,论坛主题为"新中国意识形态建设 60 年"。由中共中央党校哲学教研部与中国孔子基金会共同主办的"2008 马克思主义与儒学高层论坛",论坛主题为"马克思主义与儒学",就马克思主义中国化与儒学、儒学现代化与马克思主义、中国特色社会主义与儒学等进行了讨论。⑤

分析整理近年来学术界关于马克思主义研讨会的开展情况,可以总结出其一般的特点:一是研讨会的层次高、数量多、涉及面广。各研讨会主办单位虽然不同,但参加研讨会的学术界知名学者比较多,参加研讨会的专家多来自不同地区或单位,具有广泛的代表性,便于马克思学研究者之间的学

---

① 参见中共上海市委党校当代社会主义研究所:《焕发马克思主义强大的生命力、创造力和感召力——"《共产党宣言》及马克思主义的当代意义"国际学术研讨会综述》,《上海党史与党建》2009 年 1 月号。

② 参见曾祥耿、刘卓红:《"马克思主义理论创新与当代社会发展"博士生学术论坛综述》,《思想理论教育导刊》2009 年第 12 期。

③ 参见王中保:《马克思主义与可持续发展——世界政治经济学学会第三届论坛综述》,《社会科学报》2008 年 6 月 12 日。

④ 参见陈玉君:《"马克思主义基本原理与当代价值学术研讨会"综述》,《马克思主义研究》2009 年第 7 期。

⑤ 王杰、顾建军:《2008 马克思主义与儒学高层论坛综述》,《孔子研究》2009 年第 1 期。

术交流与对话。同时,研讨会的层次多样,既有知名专家学者、马克思主义院长论坛,又有青年学者论坛,既有地域性范围、全国性的研讨会,又有国际论坛,影响范围较广。二是各论坛主题突出,特色鲜明,不断加深对马克思主义中国化研究特别是中国特色社会主义理论体系建设等问题的研究已成为学术界共识。每个论坛都有自身特色的系列研究主题,如"马克思主义中国化论坛"着重研究马克思主义在中国化得历程和成果,"马克思学论坛"致力于马克思文本解读研究,而"全国高校马克思主义理论学科研究会学科论坛"重点关注马克思主义理论学科建设的问题。各论坛的主题不同,但都从不同方面推动着马克思主义在中国研究和宣传的不断深入。三是研讨会形成机制,成果丰硕。各论坛的开展逐渐形成了相应的举办机制,如"全国马克思主义院长论坛"、"马克思哲学论坛"、"全国马克思主义青年论坛"等都是每年举办一次。各论坛通过多种形式整理汇总研讨成果,不断扩大在学术界、社会乃至国际上的影响力,已经成为马克思主义理论工作者交流的平台、展现马克思主义中国化最新研究成果的窗口和宣传普及马克思主义的阵地。

著 作 述 评

围绕马克思主义经典作家的原著文本、马克思主义基本理论研究、马克思主义中国化以及中国特色社会主义理论的著作成果和大众图书在近四年不断涌现。在文本编译和研究方面如中央编译局编译的《马克思恩格斯文集》十卷本和《列宁专题文集》五卷本,张一兵的《回到列宁——关于"哲学笔记"的一种后文本学解读》等;在马克思主义基本原理研究和历程梳理总结方面,主要有《当代学者视野中的马克思主义哲学》丛书、《马克思主义发展史》、《资本主义理解史》和《马克思哲学的历史原像》等;在马克思主义"三化"方面,如优秀通俗读物《画说资本论》、《通俗〈资本论〉》等;以及体现当前学术界马克思主义理论创新和发展最新成果的《当代视野中的马克思主义哲学》等。

一、对马克思主义原著文本的编译与研究

对原著文本的编译和研究一直是学术界关注的重点,近四年在这方面的成果主要体现为中央编译局编译的《马克思恩格斯文集》十卷本、《列宁专题文集》五卷本和《回到列宁——关于"哲学笔记"的一种后文本学解读》等。

《马克思恩格斯文集》十卷本精选了马克思和恩格斯在各个时期写的有代表性的重要著作。内容涵盖了马克思主义哲学、政治经济学和科学社会主义,以及马克思和恩格斯在政治、法学、史学、教育、科学技术、文学艺

术、军事、民族、宗教等方面的重要论述,体现了马克思主义理论体系形成和发展的历史进程,为进一步深入学习和研究马克思主义理论提供了译文更准确、资料更翔实的基础文本。同时,在编排方式上进行了创新,在资料和译文审核上更严谨,注释部分重新编写了全部著作的题注,增加了对各篇著作主要理论观点的介绍。①

《列宁专题文集》分五个专题,采用文献选编与重要论述摘编相结合的形式编为五卷:《论马克思主义》、《论辩证唯物主义和历史唯物主义》、《论资本主义》、《论社会主义》、《论无产阶级政党》。该文集精选了列宁各个时期的重要著作、文章、报告、笔记和书信,在未选收的著作中摘选与专题有关的重要论述,编成《重要论述摘编》,作为专题所收文献的补充。文集既注重反映列宁毕生坚持和发展马克思主义的主要理论成果以及对无产阶级革命和社会主义建设实践经验的科学总结,又着眼于适应干部群众学习和研究中国特色社会主义理论体系的实际需要。②

由张一兵撰写的《回到列宁——关于"哲学笔记"的一种后文本学解读》是一部重要的马克思主义哲学经典文本研究专著,也是一部专题性研究列宁哲学思想的论著。在本书中,作者提出了一种关于阅读批注、笔记性亚(似)文本研究的新的解读方式,即思想构境的理论。面对核心解读文本——列宁"哲学笔记"中最重要的"伯尔尼笔记",作者彻底摆脱了传统原著研究中那种用教科书体系肢解式地反注经典文献的方式,力求从列宁学习和研究黑格尔哲学的真实思路入手,依据文本重新建构列宁在自己的"思想实验室"中不断变动的逻辑情境进程,特别是列宁在研究黑格尔哲学的读书过程中发生的多次重大思想转变。

二、马克思主义基本理论研究和发展历程梳理

在对马克思基本理论和发展历程的梳理总结方面,主要体现为北京师范大学出版社出版的《当代学者视野中的马克思主义哲学》丛书、中国人民大学出版社出版的《马克思主义发展史》、江苏人民出版社出版的《资本主

---

① 参见中央编译局:《〈马克思恩格斯文集〉编辑说明》,《人民日报》2010 年 1 月 7 日。
② 参见中央编译局:《〈列宁专题文集〉编辑说明》,《人民日报》2010 年 1 月 8 日。

义理解史》和人民出版社出版的《马克思哲学的历史原像》、《马克思恩格斯列宁论意识形态》等。

《当代学者视野中的马克思主义哲学》丛书由袁贵仁、杨耕担任主编，丛书属资料性图书，在文献的选编和整理方面做了极其重要的基础性工作，目的在于提供不同的理论参考，从而积极地推进当代中国的马克思主义哲学研究。丛书力求根据马克思主义哲学研究的当代性、广泛性和学术性，按照当代西方、当代东欧和苏联、当代俄罗斯和当代中国四个角度，汇集了当代学者对马克思主义哲学的种种解说和阐释，使马克思主义哲学研究的当代境遇凸显出来，使马克思主义哲学与时代课题的联系多方面地显示出来。该丛书中所选材料的立场、观点和方法并不一致，它们之间的差别有时非常大甚至可能是对立的，但也正因为如此，其研究材料的作用和意义就会是多重的，其中所包含的一致、差别和对立能够为马克思主义哲学中国化提供不同的参考维度，提供较大的思考空间。①

2009 年 4 月出版的《马克思主义发展史》由顾海良任主编。该书研究了自 1848 年《共产党宣言》发表以来，马克思主义产生、发展的过程及其规律，从历史、理论和现实结合的高度，以恢弘的理论视野、深刻的理论论证、清晰的发展脉络、翔实的文献资料，阐释了马克思主义的科学内涵、理论体系和精神实质及其内在统一性，凸显了马克思主义基本原理和科学精神的历史发展及当代意义。该书注重全面理解马克思主义的时代特征、历史发展和理论体系的基本内涵，紧密结合当代世界发展的实际、当代中国发展的实际、中国化马克思主义发展的实际，探索马克思主义发展的科学规律及当代趋势。

南京大学马克思主义研究团队完成的《资本主义理解史》是对过去一个半世纪以来马克思主义内部理解资本主义的全程、全景式梳理。该书共分 6 卷，各卷紧紧围绕资本主义理解和批判这一主题，以历史和逻辑的顺序展开，深入探究了从马克思恩格斯开始，经过第二国际、苏联，一直到西方马克思主义和当今国外马克思主义"左派"学者关于资本主义理解和认识的发生、发展的思想史，是对资本主义理解史宏观全景式的专题性研究。该书

---

① 《依托体制改革　铸造学术精品——北京师范大学出版社哲学图书的成功探索》，《中国社会科学报》2009 年 7 月 1 日。

的主题是马克思主义对资本主义的理解。六卷本的该书继承了马克思批判资本主义时所体现出的跨学科综合性研究，既有经济哲学视域，又有文化维度的剖析，更综合了社会学、政治学、文化人类学以及地理学与空间理论等学科视域进行交叉式研究。该书始终贯穿历史唯物主义的方法论这一研究原则，在重新审视各种代表性的资本主义理论时，并不简单停留在显性结论的判断上，而是从理论内容、方法论范式与深层历史观三方面总览，形成多维立体的解读构架，使这段专题性的思想史第一次以整体的面貌呈现。①

同样，由张一兵主编的《马克思哲学的历史原像》是一部有关马克思和马克思主义哲学思想史的论著，作者采用其一贯的文本解读方法，阅读马克思的经典，引人思考。全书共十五章，分为四编，主要介绍了马克思早期哲学思想的形成与发展，人学现象学的历史建构及其危机，走向总体性历史科学新视野的哲学思想革命以及新唯物主义哲学在经济学中的演绎与发展。

2009 年 3 月出版的《马克思恩格斯列宁论意识形态》由中国社会科学院马克思主义研究院编。意识形态建设是当代中国必须认真面对的一个极其重大问题，通过对马克思主义经典作家马克思、恩格斯、列宁的意识形态理论研究，有助于找到当代中国遭遇的全部意识形态挑战的理论源头，从而正确应对挑战，坚定不移地高举中国特色社会主义伟大旗帜，走中国特色的社会主义道路。

三、马克思主义中国化及其最新成果的总结和阐述

随着学术界对马克思主义中国化的研究逐渐深入，一大批相应的著作成果出现，其中有代表性的有北京师范大学出版社出版的《马克思主义哲学中国化：历史与反思》、中国人民大学出版社出版的《中国特色社会主义理论体系研究》等。

2007 年 10 月出版的《马克思主义哲学中国化：历史与反思》一书是由陶德麟主持完成的，属原创性的学术著作。该书分"导言"、"总论"、"思想历程"、"反思与探索"、"简短的结语"五个部分。在具体的理论阐述上以马克思主义中国化的历史事实为依据，以马克思主义中国化的实践过程为进

---

① 参见王玉珏：《深化对资本主义的当代解读》，《光明日报》2010 年 4 月 10 日。

路,详细考察了马克思主义哲学中国化在不同历史时期的发展,并针对当前马克思主义哲学中国化研究中存在的薄弱环节及对某些问题的曲解和误解,分别从历史和理论两个层面作了开拓性的研究和必要的澄清。该书认为,中国革命建设的过程就是马克思主义中国化的过程,马克思主义哲学中国化是整个马克思主义中国化的世界观和方法论基础。①

中国特色社会主义理论是当代马克思主义的理论创新,是马克思主义中国化的创新理论。近四年来,《中国特色社会主义理论体系研究》由不同作者编著、出版,形成了同名称的系列著作。

国内第一本研究中国特色社会主义理论体系的学术专著,是由上海人民出版社 2008 年出版的袁秉达的《中国特色社会主义理论体系探源》。该书阐明了中国特色社会主义理论体系产生的时代特征和实践依据、理论前提和思想渊源、发展历程和传承关系;同时,论证建构中国特色社会主义理论体系的研究对象与基本范畴、哲学基础与理论精髓、基本理论与框架结构、科学内涵与精神实质、历史地位与指导意义。② 罗文东、吴波、代金平等撰著的《中国特色社会主义理论体系新论》由人民出版社 2008 年出版,系统研究和阐述了中国特色社会主义理论体系的时代背景、实践基础、思想渊源、科学内涵、精神实质、指导意义等一系列重大问题。③

由中国人民大学出版社出版的《中国特色社会主义理论体系研究》由顾海良任主编。该书从历史、理论与现实的结合上,以改革开放新时期为社会背景、以中国特色社会主义道路的历史进程为实践基础,对中国特色社会主义理论体系的形成和发展、框架结构和基本特征作了阐释,对理论体系涵盖的思想路线、发展阶段和发展道路、发展战略、发展动力、发展布局、党的建设等内容作了展开论述,对理论体系在马克思主义发展历史和科学社会主义当代发展中的地位作了探析。

由中国社会科学院中国特色社会主义理论体系研究中心组织编写的《中国特色社会主义理论体系研究:以"研究中心"名义在中央报刊发表理论文章汇编(2003—2008)》由社会科学文献出版社 2009 年 12 月出版,该

---

① 参见饶涛:《〈马克思主义哲学中国化:历史与反思〉出版》,《大学出版》2007 年第 4 期。

② 参见余传诗:《首部研究中国特色社会主义理论体系的专著在沪问世》,《中华读书报》2008 年 7 月 2 日。

③ 参见王煜:《〈中国特色社会主义理论体系新论〉简评》,《人民日报》2008 年 12 月 10 日。

书辑录了 2003—2008 年间,中国社会科学院研究基地以"研究中心"名义在中央报刊发表的所有理论文章。光明日报出版社出版的《中国特色社会主义理论体系研究》由内蒙古师范大学李贵忠、董军明、包银山、白文丽合著完成,主要以中国特色社会主义理论体系研究需要深化的一些基本问题和重大问题为具体研究对象。张存礼的专著《中国特色社会主义理论体系研究》由华艺出版社 2008 年 12 月出版,该书分析了中国特色社会主义理论体系形成和发展的时代背景和实践基础,研究了这个理论体系的逻辑结构,并且分析和回答了一系列深层次的重大思想和理论问题。①

四、马克思主义理论大众化的通俗读物

在加强马克思主义理论研究的同时,学术界不断探索向广大党员干部和群众着力宣传马克思主义的途径与方法,一批内容通俗易懂、具有较强说服力和感染力的大众图书不断涌现。其中,山东人民出版社出版的《马克思主义发展史话》、上海科学技术文献出版社出版的《通俗〈资本论〉》和二十一世纪出版社出版的《画说〈资本论〉》较有代表性。

《马克思主义发展史话》由奚广庆等编著。全书简明概括地介绍了 160 多年来马克思主义理论在世界范围内产生、发展、传播和胜利的历史,全面系统地阐明了马克思主义中国化的各个重要阶段,着力推进马克思主义的中国化、时代化和大众化。该书从形式和内容都力图展现通俗化、大众化的新面貌:尽量减少学理色彩,篇章题目简洁明快,文字表达通俗易读,版面设计图文并茂。阅读本书,有助于读者把握马克思主义的历史命运和发展规律,深刻理解"什么是马克思主义,怎样对待马克思主义"这个根本问题,坚定理想信念,提高理论水平,引导新一代年轻的马克思主义者成长起来,促使广大干部和群众自觉地学习和把握马克思主义,在新的历史时代,抓住发展机遇,回答新的课题,创造新的理论,把建设中国特色社会主义的伟大事业推向前进,并使马克思主义理论本身得到新的、巨大的发展。②

---

① 参见尹玉吉:《〈中国特色社会主义理论体系研究〉评介》,《山东理工大学学报》(社会科学版)2009 年第 3 期。

② 参见吴娜:《让理论著作真正走向大众——第二届优秀通俗理论读物综述》,《光明日报》2010 年 2 月 21 日。

《通俗〈资本论〉》由洪远朋撰写。该书以通俗易懂的语言深入浅出地阐述了马克思劳动价值理论的核心思想,既区别于原著及一般的政治经济学读物,又保持了原著的体系和方法,同时更提炼出了原著的思想精华和理论精髓,堪称一部出色的《资本论》普及读物。该书强调商品价值的本质规定性是商品生产者之间劳动的平等交换关系,是决定价格的基础;价值的实体只能由具有基础性和同质性的人类抽象劳动构成。这些基本理论和观点对正确认识和不断深化中国社会主义市场经济仍然具有十分重大的意义,同时在分析我国社会主义初级阶段的基本国情基础上,丰富和发展了马克思的劳动价值理论。

《画说〈资本论〉》由顾海良担任总撰稿。该书包含了资本的生产过程、资本的流通过程、资本主义生产的总过程和《资本论》创作之路四卷内容,采用图文并茂的方式,把经典与流行元素结合在一起,将《资本论》的精髓完整呈现出来。该书以生动活泼的绘画形式完整准确地反映了《资本论》的基本理论和核心思想,使读者能够在欣赏精美的画作过程当中,接受马克思的高深理论。该书特别注重与我国建立和完善社会主义市场经济体制的实际相结合,对《资本论》中具有现实指导意义的一些重要理论都作了说明,深入浅出地回答了重大理论和现实问题,对当代中国马克思主义大众化具有积极的推动作用。

近四年马克思主义理论研究领域重要著作选题的特点有:一是基础理论深入研究与面向大众的普及宣传并重。既有《资本主义理解史》、《当代学者视野中的马克思主义哲学》丛书等对马克思主义基本理论和经典作家基本观点的整理和积累,同时也重视对马克思主义及马克思主义中国化创新理论的推广和普及,如《马克思主义发展史话》、《通俗〈资本论〉》等优秀通俗读物。二是将马克思主义经典文本的研究与马克思主义中国化的创新理论研究相结合。既重视对文本的编译,如《马克思恩格斯全集》、《列宁全集》,也突出联系中国社会主义建设实际,加深对中国特色社会主义理论的研究,如《马克思主义哲学中国化:历史与反思》、孙承叔的《真正的马克思——三大手稿的当代意义》和侯惠勤、陈德成编著的《马克思主义中国化理论创新 30 年:1978—2008》等。三是原创性学术著作与资料性图书、翻译引进性图书并重。学术界既在马克思主义理论研究上进行了原创性的研究,同时又拓宽视野,重视对当前学术界的前沿热点进行梳理和总结,加强对国外马克思主义研究成果尤其是西方学者对中国化马克思主义研究成果的吸收和借鉴。如由中国人民大学出版社出版发行"马克思主义研究译丛",选译近年来在西方影响较大的政治学、经济学和哲学著作,旨在引进当代西方马克思主义研究的最新成果,为国内马克思主义研究者提供可资借鉴的新视角、新观点和新方法。类似梳理引进的著作的还有,如复旦大学当代国外马克思主义研究中心编著、人民出版社 2009 年 12 月出版的《当代国外马克思主义评论》。

第四编　研究资料索引

研 究 书 目

一、马克思主义经典作家研究

1. 刘新刚:《马克思现代社会发展理论的价值维度》,北京:中央编译出版社 2010 年版。

2. 杨学功:《超越哲学同质性神话——马克思哲学革命的当代解读》,北京:北京大学出版社 2010 年版。

3. 姜涌:《哲学的世界化》济南:山东大学出版社 2010 年版。

4. 陈先达:《走向万史的深处》,北京:中国人民大学出版社 2010 年版。

5. 陈林:《恩格斯传》,北京:人民日报出版社 2010 年版。

6. 中共中央马克思恩格斯列宁斯大林著作编译局编:《马克思恩格斯文集》第 1—10 卷,北京:人民出版社 2009 年版。

7. 中共中央马克思恩格斯列宁斯大林著作编译局编:《列宁专题文集》第 1—5 卷,北京:人民出版社 2009 年版。

8. 李金辉:《理解马克思》,哈尔滨:黑龙江大学出版社 2009 年版。

9. 关锋:《实践的理性和理性的实践》,北京:人民出版社 2009 年版。

10. 季正矩:《列宁传》,北京:人民日报出版社 2009 年版。

11. 张曙光:《人的世界与世界的人》,北京:北京师范大学出版社 2009 年版。

12. 邓道喜:《马克思的人化自然观及其当代意义》,武汉:武汉理工大学出版社 2009 年版。

13. 臧峰宇:《马克思政治哲学引论》,北京:中央编译出版社 2009 年版。

14. 刘金萍:《主体形而上学批判与马克思哲学主体性思想》,北京:中国社会科学出版社 2009 年版。

15. 姚颖:《马克思人学思想的现代解读》,北京:中央编译出版社 2009 年版。

16. 林进平:《马克思的"正义"解读》,北京:社会科学文献出版社 2009 年版。

17. 李百玲:《晚年马克思恩格斯交往观研究》,北京:中央编译出版社 2009 年版。

18. 刘兴章:《感性存在与感性解放》,长沙:湖南师范大学出版社 2009 年版。

19. 张一兵主编:《马克思哲学的历史原像》,北京:人民出版社 2009 年版。

20. 王伯鲁:《马克思技术思想纲要》,北京:科学出版社 2009 年版。

21. 何中华:《重读马克思》,济南:山东人民出版社 2009 年版。

22. 刘森林:《实践的逻辑》,北京:社会科学文献出版社 2009 年版。

23. 张一兵:《回到列宁》,南京:江苏人民出版社 2008 年版。

24. 秦莹等编著:《黑格尔与列宁的逻辑思想》,昆明:云南大学出版社 2007 年版。

二、马克思主义经典著作研究

1. 魏小萍:《探求马克思》,北京:人民出版社 2010 年版。

2. 罗晓颖:《马克思与伊壁鸠鲁》,上海:华东师范大学出版社 2010 年版。

3. 朱哲、杨金洲:《回到文本》,武汉:武汉理工大学出版社 2009 年版。

4. 聂耀东:《马克思主义哲学名著导读》,北京:中国人民大学出版社 2009 年版。

5. 赵存生主编:《〈共产党宣言〉与中国特色社会主义》,北京:北京大学出版社 2009 年版。

6. 吴兴人:《话说资本论》,上海:上海人民出版社 2009 年版。

7. 郭镇方:《〈资本论〉第一卷导读》,武汉:华中师范大学出版社 2009 年版。

8. 洪银兴主编:《〈资本论〉与马克思主义经济学中国化》,北京:经济科学出版社 2009 年版。

9. 刘澄:《〈家庭、私有制和国家的起源〉导读》,天津:天津人民出版社 2009 年版。

10. 白暴力、白瑞雪:《〈资本论〉读书笔记》,北京:经济科学出版社 2009 年版。

三、马克思主义理论整体性问题研究

1. 柯锦华、任平主编:《马克思主义哲学研究范式:创新与转换》,北京:社会科学文献出版社 2010 年版。

2. 李杰:《历史进程与历史理性唯物史观史学方法论》,北京:人民出版社 2010 年版。

3. 程玉海、林建华编著:《世界社会主义共产主义运动新论》,北京:人民出版社 2010 年版。

4. 王秀阁、杨仁忠主编:《马克思主义理论学科前沿问题研究》,北京:人民出版社 2010 年版。

5. 李德顺等:《马克思主义哲学范畴研究》,北京:中国社会科学出版社 2010 年版。

6. 安启念:《新编马克思主义哲学发展史》,北京:中国人民大学出版社 2010 年版。

7. 彭赟:《哲学,放下你那沉重的包袱》,北京:人民出版社 2010 年版。

8. 张祖英主编:《马克思主义理论研究:青年学者文集 2009 年卷》,北京:中国社会科学出版社 2010 年版。

9. 孙正聿等:《当代中国马克思主义哲学专题研究》,长春:吉林人民出版社 2010 年版。

10. 王孝哲:《马克思主义人学概论》,合肥:安徽大学出版社 2009 年版。

11. 张奎良：《唯物主义：社会主义的思想来源与实践指引》，北京：人民出版社 2009 年版。

12. 刘建新：《马克思现代性批判视阈中的人的全面发展》，北京：人民出版社 2009 年版。

13. 陈先达等：《马克思主义基础理论若干重大问题研究》，北京：经济科学出版社 2009 年版。

14. 宁克强、魏茹芳：《人类文明的呼唤》，石家庄：河北人民出版社 2009 年版。

四、当代视野中的历史唯物主义研究

1. 任平、陈忠主编：《当代视野中的马克思主义哲学》，北京：人民出版社 2010 年版。

2. 庄锡福、刘新宜主编：《对社会主义理论和实践的反思与探索》，北京：人民出版社 2010 年版。

3. 谭虎娃：《马克思设想的社会主义经济特征与当代改革》，北京：人民出版社 2009 年版。

4. 段忠桥：《重释历史唯物主义》，南京：江苏人民出版社 2009 年版。

5. 庄友刚：《跨越风险社会——风险社会的历史唯物主义研究》，北京：人民出版社 2008 年版。

6. 李崇富、尹世洪主编：《历史唯物主义与马克思主义中国化》，北京：中国社会科学出版社 2008 年版。

7. 赵庆元：《在思辨终止的地方》，石家庄：河北人民出版社 2009 年版。

8. 张文喜：《历史唯物主义的政治哲学向度》，南京：江苏人民出版社 2008 年版。

9. 罗秋立：《历史唯物主义与社会人类学批判》，北京：人民出版社 2008 年版。

五、当代资本主义研究

1. 靳共元：《资本新论》，北京：中国财政经济出版社 2009 年版。

2. 李振:《货币文明及其批判》,北京:人民出版社 2009 年版。

3. 刘明远:《马克思主义经济危机和周期理论的结构与变迁》,北京:中国人民大学出版社 2009 年版。

4. 刘明远:《马克思主义经济危机理论与当代现实》,北京:经济科学出版社 2009 年版。

5. 刘刚:《后福特制:当代资本主义经济新的发展阶段》,北京:中国财政经济出版社 2010 年版。

6. 张彤玉等:《当代资本主义所有制结构研究》,北京:经济科学出版社 2009 年版。

7. 胡连生、杨玲:《当代资本主义双重发展趋向研究》,北京:人民出版社 2008 年版。

8. 陈学明:《驶向冰山的泰坦尼克号》,北京:人民出版社 2008 年版。

9. 司正家:《当代资本主义经济研究》,北京:中国经济出版社 2007 年版。

10. 刘英骥编著:《政治经济学与当代资本主义经济研究》,北京:经济日报出版社 2007 年版。

六、社会分配与劳动价值论研究

1. 侯雨夫:《马克思的劳动价值论研究》,北京:社会科学文献出版社 2010 年版。

2. 余源培:《马克思主义经济哲学及其当代意义》,上海:复旦大学出版社 2010 年版。

3. 白若冰:《生产价值论》,北京:商务印书馆 2010 年版。

4. 世界政治经济学学会编:《世界马克思主义经济学思想论集》,北京:中国财政经济出版社 2010 年版。

5. 吴易风等主编:《马克思主义经济学与西方经济学比较研究》,北京:中国人民大学出版社 2009 年版。

6. 刘冠军:《现代科技劳动价值论研究》,北京:中国社会科学出版社 2009 年版。

7. 刘冠军、任洲鸿:《现代科技劳动价值论与社会主义市场经济条件下的劳动力资本化研究》,北京:中国经济出版社 2010 年版。

8. 王峰明:《马克思劳动价值论与当代社会发展》,北京:社会科学文献出版社 2008 年版。

9. 罗雄飞:《转型问题与马克思劳动价值论拓展》,北京:中国经济出版社 2008 年版。

10. 贾华强:《边际可持续劳动价值论》,北京:人民出版社 2008 年版。

11. 陈宝琪:《劳动价值论反正》,北京:经济科学出版社 2007 年版。

12. 朱炳元、朱晓:《马克思劳动价值论及其现代形态》,北京:中央编译出版社 2007 年版。

13. 邰丽华:《劳动价值论的历史与现实研究》,北京:经济科学出版社 2007 年版。

14. 靳毅民:《劳动价值论的新认识》,北京:经济科学出版社 2007 年版。

七、公平与效率问题研究

1. 袁春晖:《和谐与分配》,南京:东南大学出版社 2009 年版。

2. 张伯里主编:《新的发展阶段中效率与公平问题研究》,北京:中共中央党校出版社 2008 年版。

3. 卫兴华等主编:《公平与效率的新选择》,北京:经济科学出版社 2008 年版。

4. 王金桂:《构建和谐社会中的效率与公平》,长沙:湖南人民出版社 2007 年版。

5. 李训:《激励机制与效率》,北京:经济管理出版社 2007 年版。

6. 陈燕:《公平与效率》,北京:中国社会科学出版社 2007 年版。

八、意识形态问题研究

1. 赵德江:《当代中国意识形态转型研究》,北京:经济科学出版社 2009 年版。

2. 俞吾金:《意识形态论》(修订版),北京:人民出版社 2009 年版。

3. 徐海波:《意识形态与大众文化》,北京:人民出版社 2009 年版。

4. 张骥:《中国文化安全与意识形态战略》,北京:人民出版社 2010 年版。

5. 杨河:《社会主义和谐社会与意识形态》,北京:北京大学出版社 2009 年版。

6. 赵继伟:《马克思主义意识形态接受论》,武汉:武汉大学出版社 2009 年版。

7. 郑永廷等:《宗教影响与社会主义意识形态主导研究》,广州:中山大学出版社 2009 年版。

8. 郭明飞:《网络发展与我国意识形态安全》,北京:中国社会科学出版社 2009 年版。

9. 田改伟:《挑战与应对——邓小平意识形态安全思想研究》,北京:中国社会科学出版社 2008 年版。

10. 陈晓明:《意识形态建设理论的新发展》,北京:社会科学文献出版社 2008 年版。

11. 刘明君等:《多元文化冲突与主流意识形态建构》,北京:中国社会科学出版社 2008 年版。

九、民主社会主义研究

1. 张传鹤:《全球视野下的民主社会主义研究》,北京:中共中央党校出版社 2009 年版。

2. 周新城:《民主社会主义思潮评析》,北京:社会科学文献出版社 2008 年版。

3. 殷叙彝:《民主社会主义论》,北京:中央编译出版社 2007 年版。

十、中国特色社会主义理论体系研究

1. 顾海良主编:《中国特色社会主义理论体系研究》,北京:中国人民大学出版社 2009 年版。

2. 余信红等:《中国特色社会主义理论体系渊源研究》,济南:暨南大学出版社 2010 年版。

3. 于洪生等编:《改革开放实践与中国特色社会主义理论体系》,北京:人民出版社 2010 年版。

4. 中国社会科学院中国特色社会主义理论体系研究中心编:《中国特色社会主义理论体系研究》,北京:社会科学文献出版社 2009 年版。

5. 王明初主编:《中国特色社会主义理论体系概论》,北京:高等教育出版社 2009 年版。

6. 商志晓主编:《中国特色社会主义理论体系若干问题研究》,济南:山东人民出版社 2009 年版。

7. 毕京京等主编:《中国特色社会主义理论体系概论》,北京:中国人民解放军出版社 2009 年版。

8. 罗文东主编:《中国特色社会主义理论体系新论》,北京:人民出版社 2008 年版。

9. 顾海良主编:《中国特色社会主义理论体系研究》,武汉:武汉大学出版社 2008 年版。

10. 余信红、张春华:《中国特色社会主义理论体系论纲》,暨南大学出版社 2008 年版。

11. 高宝柱:《中国特色社会主义理论体系探要》,贵阳:贵州人民出版社 2008 年版。

12. 秦刚主编:《中国特色社会主义理论体系》,北京:中共中央党校出版社 2008 年版。

13. 袁秉达:《中国特色社会主义理论体系探源》,上海:上海人民出版社 2008 年版。

14. 王伟光主编:《中国特色社会主义旗帜道路和理论体系》,北京:中国社会科学出版社 2008 年版。

15. 唐家柱:《现代化进程中的中国特色社会主义理论体系研究》,北京:人民出版社 2008 年版。

十一、马克思主义中国化、时代化、大众化研究

1. 万斌主编:《马克思主义与当代》,杭州:浙江大学出版社 2010 年版。

2. 谭群玉编:《马克思主义:中国与西方的视角》,北京:社会科学文献出版社 2010 年版。

3. 王浦劬等主编:《马克恩主义中国化 60 年》,北京:知识产权出版社 2010 年版。

4. 刘德军等主编:《马克思主义中国化理论与实践》,济南:山东大学出版社 2010 年版。

5. 张国宏:《马克思主义中国化十论》,杭州:浙江大学出版社 2010 年版。

6. 宋士昌等主编:《马克思主义中国化通论》,济南:山东人民出版社 2010 年版。

7. 岳川夫等主编:《马克思主义与中国》,上海:上海人民出版社 2009 年版。

8. 师吉金:《马克思主义中国化科学体系研究》,北京:中共中央党校出版社 2009 年版。

9. 上海市社会科学界联合会编:《马克思主义中国探索与当代价值》,上海:上海人民出版社 2009 年版。

10. 李安增主编:《马克思主义中国化研究》,北京:中央编译出版社 2009 年版。

11. 冯刚主编:《高校马克思主义大众化研究报告》,北京:光明日报出版社 2009 年版。

12. 陈俊宏主编:《马克思主义中国化最新成果研究》,北京:人民日报出版社 2009 年版。

13. 庄福龄等主编:《马克思主义中国化研究》,北京:人民出版社 2009 年版。

14. 吕贵等主编:《新中国发展与马克思主义中国化》,上海:上海人民出版社 2009 年版。

15. 俞可平等主编:《改革开放与马克思主义中国化》,重庆:重庆出版社 2009 年版。

16. 王浩斌:《马克思主义中国化动力机制研究》,北京:中国社会科学出版社 2009 年版。

17. 侯树栋等主编:《马克思主义中国化的基本经验》,北京:人民出版社 2009 年版。

18. 邓剑秋:《马克思主义中国化思想》,北京:人民出版社 2009 年版。

19. 王继停:《马克思主义中国化:早期进程与启示》,上海:上海社会科学院出版社 2009 年版。

20. 复旦大学马克思主义研究院、中国社会科学杂志社马克思主义理论编辑室编:《当代中国马克思主义研究报告(2007—2008)》,北京:人民出版社 2009 年版。

21. 刘森:《马克思主义哲学中国化刍议》,北京:中共中央党校出版社 2008 年版。

十二、马克思主义基本原理教学研究

1. 倪志安等:《马克思主义基本原理教学新体系》,北京:人民出版社 2009 年版。

2. 杨惠民等主编:《"马克思主义基本原理概论"课案例式专题教学教师用书》,北京:中国人民大学出版社 2008 年版。

3. 洪晓楠等主编:《马克思主义基本原理概论课教学案例解析》(修订版),北京:高等教育出版社 2008 年版。

4. 张应杭:《马克思主义基本原理概论教学要点探析》,北京:浙江大学出版社 2008 年版。

研 究 论 文

一、马克思主义经典作家研究

1. 贺祥林:《以实践思维方式重释列宁的物质定义及其意义》,《哲学研究》2007 年第 9 期。

2. 汤姆·洛克莫尔、魏小萍、鲁克俭、杨学功、张秀琴:《再论马克思与德国古典哲学的关系》,《哲学动态》2009 年第 11 期。

3. 俞吾金:《再论异化理论在马克思哲学中的地位和作用》,《哲学研究》2009 年第 12 期。

4. 姚顺良:《准确评价恩格斯在马克思主义形成过程中的作用》,《江海学刊》2007 年第 4 期。

5. [美]那坦·罗森伯格:《作为技术研究者的马克思》,《教学与研究》2009 年第 12 期。

6. 胡大平:《"一个其意义不亚于唯物主义基本观点的成果"》,《天津社会科学》2009 年第 4 期。

7. 张一兵:《"哲学笔记":列宁哲学思想的非同质性》,《哲学动态》2007 年第 10 期。

8. 魏小萍:《从双重关系的角度重新理解马克思的社会形式论》,《现代哲学》2009 年第 6 期。

9. 张一兵:《从他性镜像阅读到自主性理论空间的转换》,《哲学研究》

2007 年第 10 期。

　　10. 宋朝龙：《列宁对马克思跨越"卡夫丁峡谷"思想的扬弃》，《马克思主义研究》2007 年第 3 期。

　　11. 黄力之：《列宁论民族文化问题的悖论辨析》，《马克思主义研究》2009 年第 9 期。

　　12. 黄宏：《马克思恩格斯的自然生态观与构建社会主义和谐社会》，《马克思主义与现实》2007 年第 3 期。

　　13. 孙劲松：《马克思恩格斯的社会主义思想与基督教的文化关系》，《科学社会主义》2009 年第 6 期。

　　14. 邹诗鹏：《马克思对现代性社会的发现、批判与重构》，《中国社会科学》2009 年第 4 期。

　　15. 侯才：《马克思的人类终极关怀》，《科学社会主义》2009 年第 6 期。

　　16. 郭忠华：《马克思的历史观与"创造历史"》，《马克思主义研究》2009 年第 12 期。

　　17. 王荫庭：《普列汉诺夫对历史唯物主义理论的创新性贡献》，《南京政治学院学报》2008 年第 2 期。

　　18. 吴晓明：《马克思的存在论革命与超感性世界神话学的破产》，《江苏社会科学》2009 年第 6 期。

　　19. 崔予姝：《马克思"市民社会"的概念辨正及启示》，《社会科学战线》2009 年第 12 期。

　　20. 倪志安：《论马克思新哲学的实践逻辑》，《哲学研究》2009 年第 12 期。

　　21. 邓喜道、文九：《论马克思人化自然观的当代价值》，《学术研究》2009 年第 11 期。

　　22. 童星：《论马克思的社会发展理论》，《江苏大学学报》（社会科学版）2009 年第 6 期。

　　23. 薛德震：《论马克思的"物我一体"哲学》，《马克思主义与现实》2009 年第 6 期。

　　24. 王金福：《"两个马克思"的问题：事实考察与价值选择》，《南京政治学院学报》2008 年第 5 期。

　　25. 何萍：《论列宁对马克思恩格斯有关俄国问题的解答》，《马克思主义与现实》2007 年第 4 期。

26. 梅良勇、杨晶:《论恩格斯对马克思主义哲学诠释的客体向度》,《南京政治学院学报》2009 年第 4 期。

27. 孙承叔:《历史环境与东方社会的历史命运》,《马克思主义与现实》2007 年第 4 期。

28. 吕春颖:《工业时代的产物抑或文化认同的结果》,《现代哲学》2009 年第 6 期。

29. 梅荣政、李静:《革命权是唯一的真正"历史权利"》,《政治学研究》2007 年第 1 期。

30. 彭富明:《恩格斯晚年合法性斗争思想探析》,《求实》2009 年第 8 期。

31. 张飞:《恩格斯晚年的合法斗争思想》,《马克思主义研究》2007 年第 7 期。

32. 张文喜:《恩格斯的公式具有怎样的哲学视域》,《学术月刊》2009 年第 8 期。

33. 朱学恩:《恩格斯"末世"论探析》,《自然辩证法研究》2009 年第 12 期。

34. 钟益文:《恩格斯:毕生信念坚如磐石》,《马克思主义与现实》2007 年第 4 期。

35. 徐崇温:《正确理解马克思恩格斯晚年的著作》,《高校理论战线》2007 年第 7 期。

36. 陈军:《形而上学与现代社会:青年马克思论现代社会的本质》,《马克思主义与现实》2009 年第 6 期。

37. 王国坛、邵芳强:《西方传统感性思想与马克思的变革方式》,《马克思主义与现实》2009 年第 6 期。

38. 王文扬:《天国·乌托邦·超人》,《现代哲学》2009 年第 6 期。

39. 张一兵:《思想构境中的似文本:列宁哲学思想的一种新的认识》,《河北学刊》2007 年第 3 期。

40. 丁雪枫:《论马克思恩格斯政治哲学思想的人本之维》,《南京政治学院学报》2008 年第 3 期。

41. 何中华:《如何看待马克思和恩格斯的思想差别》,《现代哲学》2007

年第 3 期。

42. 孙来斌:《如何对待马克思恩格斯的"跨越论"》,《当代世界与社会主义》2007 年第 6 期。

43. 龙霞:《普遍性的寻求》,《学海》2009 年第 6 期。

44. 任平:《马克思之后的哲学革命:当代路向及其意义》,《学术月刊》2009 年第 10 期。

45. 王峰明:《马克思经济学假设的哲学方法论辨析》,《中国社会科学》2009 年第 4 期。

46. 徐辉:《马克思哲学诗性特质解读》,《南京政治学院学报》2008 年第 2 期。

47. 刘仁胜:《马克思和恩格斯与生态学》,《马克思主义与现实》2007 年第 3 期。

48. 周世兴、杨楹:《马克思恩格斯思想关系研究中的若干谬见》,《现代哲学》2007 年第 6 期。

49. 李爱华、秦正:《为马克思恩格斯关于无产阶级政党应对国际局势的思想及其现实意义》,《马克思主义研究》2009 年第 7 期。

50. 谭德礼:《马克思恩格斯关于社会公正思想的探讨》,《马克思主义与现实》2007 年第 2 期。

51. 王玉平:《马克思恩格斯关于人的全面发展理论及其当代意义》,《科学社会主义》2009 年第 6 期。

52. 仲彬:《马克思的个性观探微》,《南京政治学院学报》2007 年第 5 期。

53. 文海鸿:《马克思视野中的自由时间与空闲时间》,《南京政治学院学报》2007 年第 6 期。

54. 秦龙:《马克思"货币共同体"思想的文本解读》,《南京政治学院学报》2007 年第 5 期。

55. 征汉文:《哲学"物质"的内涵源于具体科学知识的抽象》,《南京政治学院学报》2007 年第 4 期。

二、马克思主义经典著作研究

1. 聂锦芳:《〈德意志意识形态〉对"真正的社会主义"思潮的批判》,《马克思主义研究》2007 年第 3 期。

2. 孟亚明:《〈德意志意识形态〉:迈向经验的历史理论》,《南京社会科学》2009 年第 12 期。

3. 魏小萍:《〈德意志意识形态〉未定稿部分的内容及其相互关联》,《马克思主义研究》2007 年第 5 期。

4. 韩立新:《〈德意志意识形态〉研究的四个问题》,《学术月刊》2007 年第 3 期。

5. 汪信砚、李志:《"现实的个人":唯物史观的入口处》,《哲学动态》2007 年第 9 期。

6. 侯小丰:《"异化理论"中的自由观透视》,《学术研究》2009 年第 11 期。

7. 张一兵:《"哲学笔记":列宁哲学思想的非同质性》,《哲学动态》2007 年第 10 期。

8. 白暴力、傅辉煌:《〈资本论〉方法论的若干思考(上)》,《高校理论战线》2009 年第 9 期。

9. 白暴力、傅辉煌:《〈资本论〉方法论的若干思考(下)》,《高校理论战线》2009 年第 10 期。

10. 杜人淮,孙峰:《〈资本论〉与中国特色社会主义经济理论的"源流"关系》,《南京政治学院学报》2009 年第 1 期。

11. 张秀琴:《〈资本论〉中的意识形态思想文本研究》,《南京政治学院学报》2009 年第 3 期。

12. 梅良勇、杨晶:《论恩格斯对马克思主义哲学诠释的客体向度》,《南京政治学院学报》2009 年第 4 期。

13. 周碧晴、夏靖:《历史辩证法的历史洞察力和时代价值》,《南京政治学院学报》2008 年第 6 期。

14. 林锋:《〈1844 年经济学哲学手稿〉历史观出发点新探》,《社会科学研究》2007 年第 1 期。

15. 梅荣政：《自由资本主义向垄断资本主义过渡的历史趋势的科学分析》，《马克思主义研究》2007年第4期。

16. 张一兵：《文献学视域中的列宁"哲学笔记"》，《南京社会科学》2007年第4期。

17. 姚顺良：《论马克思在〈德意志意识形态〉写作中的主导作用》，《马克思主义研究》2007年第5期。

18. 周嘉昕：《列宁的"哲学笔记"是一部独立的哲学著作吗?》，《河北学刊》2007年第3期。

19. 李泽泉：《列宁〈哲学笔记〉对黑格尔真理观的发展》，《浙江社会科学》2007年第5期。

20. 郗戈：《经济学与哲学双重语境中的劳动概念》，《学术研究》2007年第2期。

21. 迟维东：《〈资本论〉第一章的逻辑演绎方法探析》，《马克思主义与现实》2007年第6期。

三、马克思主义理论整体性问题研究

1. 王南湜：《从实践意图看马克思主义理论的整体性》，《南开大学学报》（哲学社会科学版）2008年第4期。

2. 苗启明、许鲁洲：《从对马克思主义哲学的据点式发展跃向整体式发展》，《云南社会科学》2009年第6期。

3. 吴苑华：《如何"整体地"理解"马克思主义"?》，《理论探讨》2009年第6期。

4. 梁树发：《马克思主义整体性与基本原理体系的建构》，《教学与研究》2007年第11期。

四、当代视野中的历史唯物主义研究

1. 孙正聿：《历史的唯物主义与马克思主义的新世界观》，《哲学研究》2007年第3期。

2. 李荣海：《历史唯物主义的解释原则及其世界观意义》，《哲学研究》

2007 年第 8 期。

　　3. 孙正聿：《历史唯物主义的真实意义》，《哲学研究》2007 年第 9 期。

　　4. 张传开、余在海：《人道主义·形而上学·社会存在》，《哲学动态》2007 年第 3 期。

　　5. 陶军：《科学发展观与唯物辩证法的当代形态》，《南京政治学院学报》2007 年第 6 期。

　　6. 陶富源：《世界观·人类史观与历史唯物主义》，《马克思主义研究》2009 年第 6 期。

　　7. 贺祥林：《以实践思维方式重释列宁的物质定义及其意义》，《哲学研究》2007 年第 9 期。

　　8. 李国祥：《作为历史唯物主义基本范畴的改革内涵研究》，《学术论坛》2009 年第 9 期。

　　9. 赵学清：《论马克思主义政治经济学的现代化问题》，《南京政治学院学报》2009 年第 3 期。

　　10. 张盾：《"历史的终结"与历史唯物主义的命运》，《中国社会科学》2009 年第 1 期。

　　11. 李景源：《关于唯物史观与价值观关系的思考》，《中国人民大学学报》2009 年第 6 期。

　　12. 张一兵：《劳动塑形、关系构式、生产创序与结构筑模》，《哲学研究》2009 年第 11 期。

　　13. 孔明安：《本质主义批判与历史唯物主义的新反思》，《马克思主义与现实》2009 年第 5 期。

　　14. 罗骞：《现代主体性的历史唯物主义批判》，《马克思主义研究》2009 年第 5 期。

　　15. 孟庆仁：《所谓的马克思主义"跨越发展理论"辨析》，《南京政治学院学报》2007 年第 5 期。

　　16. 黄晓云：《评生态社会主义对历史唯物主义的解读》，《湖北大学学报》（哲学社会科学版）2007 年第 4 期。

　　17. 刘苍劲：《论社会主义核心价值体系与唯物史观》，《马克思主义与现实》2007 年第 3 期。

　　18. 郁建兴：《论全球化时代的马克思主义国家理论》，《中国社会科学》

2007 年第 2 期。

五、当代资本主义研究

1. 邵腾:《回归马克思的资本批判理论 深化认识当代资本主义的发展》,《南京社会科学》2007 年第 2 期。

2. 汝信:《深刻认识当代资本主义的本质》,《世界历史》2009 年第 3 期。

3. 陈学明、朱南松:《为什么有些人总看不到当今资本主义的矛盾与危机》,《社会科学战线》2007 年第 6 期。

4. 辛向阳:《当代资本主义腐朽性的典型表现》,《红旗文稿》2009 年第 16 期。

5. 向德忠:《从〈共产党宣言〉看资本主义全球化的本质》,《南京政治学院学报》2009 年第 6 期。

6. 樊秋莹:《邓小平对当代资本主义的认识》,《马克思主义与现实》2007 年第 4 期。

7. 李敬东:《资本逻辑的没落》,《南京政治学院学报》2009 年第 3 期。

六、社会分配与劳动价值论研究

1. 姚开建、王强:《国内外学者关于劳动价值论争论的方法论解析》,《经济纵横》2009 年第 12 期。

2. 胡刘:《劳动价值论:经济学语境中的现代性话语》,《北京行政学院学报》2007 年第 6 期。

3. 仇睿、亚非:《劳动价值论争论的辨析》,《江汉论坛》2007 年第 3 期。

4. 杨慧玲:《劳动价值实体是市场经济社会分配的必然客体》,《马克思主义研究》2007 年第 1 期。

5. 周嘉昕:《历史唯物主义视域中的生产和生产方式概念》,《教学与研究》2009 年第 11 期。

6. 杨桂森:《以劳动为主轴的价值论革命》,《学术研究》2009 年第 10 期。

7. 鲁品越:《资本逻辑与金融风暴》,《马克思主义研究》2009 年第 10 期。

8. 蒋南平:《"劳动价值论"的最新研究进展》,《江汉论坛》2007 年第 2 期。

9. 李庚全:《辩证地认识劳动价值论的基点》,《长白学刊》2007 年第 2 期。

七、公平与效率问题研究

1. 梁波:《中国经济发展模式的基本特征》,《科学社会主义》2009 年第 4 期。

2. 吴育林、刘海春:《社会主义市场经济范式下的公平效率观的当代价值》,《华南师范大学学报》(社会科学版)2007 年第 2 期。

3. 黄明成:《关于公平与效率相互关系的几点思考》,《中央社会主义学院学报》2007 年第 5 期。

4. 李丹阳:《公平与效率的互补关系探析》,《学术研究》2007 年第 1 期。

5. 项飞:《构建兼顾发展与公平的劳动力市场》,《南京政治学院学报》2008 年第 5 期。

八、意识形态问题研究

1. 钟君、郑承军:《社会主义意识形态"污名化"现象剖析》,《郑州大学学报》(哲学社会科学版)2009 年第 3 期。

2. 陆岩:《论主流意识形态的内涵及核心价值》,《学习与探索》2009 年第 6 期。

3. 胡大平:《马克思主义白意识形态范畴》,《教学与研究》2009 年第 11 期。

4. 陈新汉:《社会主义核心价值体系》,《哲学研究》2007 年第 11 期。

5. 洪光东:《市场经济条件下社会主义意识形态建设思路》,《理论探讨》2007 年第 1 期。

6. 杜仕菊:《在多元文化碰撞中把握社会主义意识形态》,《理论探索》2007 年第 2 期。

7. 徐海波:《中国特色社会主义意识形态在"大众文化"中的转化研究》,《社会主义研究》2007 年第 1 期。

8. 李英田:《利益变迁:意识形态创新的逻辑起点》,《理论探讨》2007 年第 1 期。

9. 武东生:《马克思意识形态观的思想理路》,《天津社会科学》2009 年第 6 期。

10. 徐锋、余一凡、安祥仁:《浅谈恩格斯的意识形态思想》,《思想理论教育导刊》2009 年第 9 期。

11. 潘西华:《"文化领导权"与马克思主义现时代的生命力》,《南京政治学院学报》2008 年第 1 期。

九、民主社会主义研究

1. 秦德占:《民主社会主义的伦理世界观及其局限性》,《北京行政学院学报》2009 年第 6 期。

2. 蒋锐:《二战后欧洲民主社会主义与其他左翼关系探析》,《当代世界与社会主义》2009 年第 6 期。

3. 张全景:《恩格斯晚年放弃了无产阶级革命学说吗?》,《求是》2007 年第 11 期。

4. 程恩富、王中保:《如何看待中国经济发展模式》,《前线》2009 年第 10 期。

5. 奚兆永:《评在马克思重建个人所有制理论与中国改革问题上的错误观点》,《马克思主义研究》2007 年第 9 期。

6. 李光远:《重温马克思"重建劳动者个人所有"的思想》,《求是》2007 年第 16 期。

7. 曹长盛:《论民主社会主义的思想理论渊源》,《中国特色社会主义研究》2007 年第 3 期。

8. 钟哲明:《马克思恩格斯对民主社会主义及其变种的评析》,《政治学研究》2007 年第 4 期。

十、中国特色社会主义理论体系研究

1. 吴建伟：《两个三十年与中国特色社会主义理论体系》，《学术论坛》2009 年第 11 期。

2. 陆剑杰：《"中国特色社会主义理论体系"》，《南京社会科学》2007 年第 12 期。

3. 徐崇温：《不断深化对中国特色社会主义理论体系的研究和探索》，《理论前沿》2007 年第 23 期。

4. 冯志明、魏建斌、赵建辉、孟辉：《关于中国特色社会主义理论体系整体性研究的思考》，《河北师范大学学报》（哲学社会科学版）2009 年第 6 期。

5. 刘从德、杨光：《关于中国特色社会主义理论体系研究的几个焦点问题》，《学术论坛》2009 年第 12 期。

6. 王若素：《对中国特色社会主义理论体系中三大理论成果关系的思考》，《社会主义研究》2009 年第 4 期。

7. 周淑芳、梅荣政：《党的十七大以来中国特色社会主义理论体系研究综述》，《思想理论教育导刊》2009 年第 12 期。

8. 林源、秦非：《中国特色社会主义理论体系是马克思主义中国化的最新成果》，《扬州大学学报》（人文社会科学版）2007 年第 6 期。

9. 荣开明：《中国特色社会主义理论体系几个问题的再思考》，《学术论坛》2009 年第 11 期。

10. 刘灵光：《中国特色社会主义理论体系发展范畴浅析》，《学术论坛》2009 年第 9 期。

11. 曹蓉玫：《中国特色社会主义理论体系对马克思主义观的科学解答》，《求实》2009 年第 12 期。

12. 严书翰：《中国特色社会主义理论体系的学科建设》，《中共中央党校学报》2009 年第 12 期。

13. 蒋菊琴、董显堂：《中国特色社会主义理论体系的人民主体思想研究》，《当代世界与社会主义》2009 年第 5 期。

14. 徐文杰：《中国特色社会主义理论体系的历史演进及概念辨析》，

《中国特色社会主义研究》2007 年第 6 期。

15. 杨红建:《中国特色社会主义理论体系的发展过程及其启示》,《中共福建省委党校学报》2009 年第 12 期。

16. 秦刚:《中国特色社会主义的理论体系》,《科学社会主义》2007 年第 5 期。

17. 刘建武:《新中国 60 年与中国特色社会主义理论体系的探索历程》,《湘潭大学学报》(哲学社会科学版)2009 年第 6 期。

18. 北京市中国特色社会主义理论体系研究中心:《毛泽东思想与中国特色社会主义理论体系》,《求是》2009 年第 22 期。

19. 石仲泉:《马克思主义中国化与中国特色社会主义理论体系的最新概括》,《中国特色社会主义研究》2007 年第 6 期。

20. 徐军:《马克思主义整体性视野中的中国特色社会主义理论体系》,《扬州大学学报》(人文社会科学版)2009 年第 4 期。

21. 王振海、王存福:《论中国特色社会主义理论体系的学理规范》,《东岳论丛》2009 年第 11 期。

22. 田瑞兰:《论中国特色社会主义理论体系的理论价值和实践意义》,《学术论坛》2009 年第 12 期。

23. 王增智:《论中国特色社会主义理论体系的当代意蕴》,《湖北社会科学》2009 年第 10 期。

24. 范印华:《论中国特色社会主义理论体系》,《求是》2007 年第 24 期。

25. 阮晓莺:《论邓小平理论与中国特色社会主义理论体系的关系》,《马克思主义与现实》2009 年第 6 期。

26. 沈宝祥:《略谈中国特色社会主义理论体系》,《中国特色社会主义研究》2007 年第 6 期。

27. 秦宣:《解读"中国特色社会主义理论体系"》,《理论前沿》2007 年第 22 期。

28. 邬贵光:《简论中国特色社会主义理论体系的历史定位》,《求实》2009 年第 2 期。

29. 严书翰:《坚持用中国特色社会主义理论体系武装全党》,《科学社会主义》2009 年第 6 期。

30. 阎志民:《坚持和发展中国特色社会主义理论体系》,《科学社会主义》2007 年第 6 期。

31. 雒树刚:《坚持不懈地用中国特色社会主义理论体系武装全党》,《求是》2009 年第 24 期。

十一、马克思主义中国化、时代化、大众化研究

1. 顾钰民:《三次历史性转变与马克思主义中国化的历史进程》,《毛泽东邓小平理论研究》2009 年第 12 期。

2. 徐奉臻:《三十年来中国化马克思主义诸理论之内在逻辑关系》,《马克思主义与现实》2009 年第 5 期。

3. 戴跃侬:《人的全面发展理论与马克思主义中国化》,《马克思主义与现实》2007 年第 5 期。

4. 雍涛:《〈实践论〉、〈矛盾论〉与马克思主义哲学中国化》,《哲学研究》2007 年第 7 期。

5. 徐敦楷、张瑞堂:《中国化马克思主义文化理论体系的构建及意义》,《马克思主义与现实》2007 年第 1 期。

6. 徐崇温:《从世界的视野看马克思主义中国化的基本理念》,《学术探索》2009 年第 6 期。

7. 何怀远:《关于推进当代中国马克思主义大众化的几个问题》,《南京政治学院学报》2008 年第 3 期。

8. 王联斌:《论推动当代中国马克思主义大众化》,《南京政治学院学报》2008 年第 1 期。

9. 李益波:《全球化视野下的马克思主义民族化》,《南京政治学院学报》2009 年第 3 期。

10. 李安增、赵付科:《中国共产党的纪念活动与马克思主义中国化》,《马克思主义研究》2009 年第 11 期。

11. 顾海良:《马克思主义中国化史论要》,《马克思主义研究》2009 年第 11 期。

12. 皮家胜:《马克思主义中国化的历史与逻辑前提》,《马克思主义研究》2009 年第 11 期。

13. 唐志龙:《马克思主义大众化的四重维度》,《南京政治学院学报》

2009 年第 3 期。

14. 郝清杰:《马克思主义的返本与开新》,《南京政治学院学报》2007 年第 4 期。

15. 张远新:《延安时期中国共产党领导集体与马克思主义中国化》,《马克思主义研究》2009 年第 11 期。

16. 王作安:《对推动马克思主义中国化最新成果大众化的思考》,《探索》2009 年第 6 期。

17. 姜喜咏:《马克思主义哲学中国化、世界化及现代化的"内在性"关系》,《武汉理工大学学报》(社会科学版)2009 年第 6 期。

18. 罗本琦、方国根:《和谐文化精神与马克思主义中国化》,《学术探索》2009 年第 6 期。

19. 周清卿:《马克思主义生活化、大众化与中国化探析》,《东南大学学报》(哲学社会科学版)2009 年第 2 期。

20. 杨楹、卢坤:《大众化:马克思主义中国化的主体维度》,《马克思主义研究》2009 年第 12 期。

21. 牛先锋:《马克思主义时代化进程中的中国化、大众化研究》,《科学社会主义》2009 年第 6 期。

22. 秦刚:《马克思主义中国化最新成果的主要内容》,《科学社会主义》2007 年第 1 期。

23. 秦宣:《马克思主义中国化最新成果形成的历史背景》,《科学社会主义》2007 年第 1 期。

24. 徐奉臻:《从批判视阈审视马克思主义中国化的理论实质》,《马克思主义与现实》2007 年第 1 期。

25. 王先俊:《关于马克思主义中国化几个基本概念的解读》,《马克思主义与现实》2007 年第 2 期。

26. 周志山:《从伽达默尔的"理解观"看马克思主义中国化》,《马克思主义与现实》2007 年第 3 期。

27. 郑祥福:《应当辩证地理解"马克思主义中国化"》,《马克思主义与现实》2007 年第 3 期。

28. 王玉平:《马克思主义哲学中国化的基本特征》,《马克思主义研究》2007 年第 6 期。

29. 刘淑梅:《试论马克思主义中国化三大理论成果的根本共同点》,《马克思主义与现实》2007 年第 5 期。

30. 王向清:《学术层面马克思主义哲学中国化的逻辑发展》,《马克思主义与现实》2007 年第 6 期。

31. 陈海飞:《马克思主义中国化研究的解释学审视》,《马克思主义与现实》2007 年第 6 期。

32. 陈跃:《马克思主义中国化在新世纪的创新》,《马克思主义与现实》2007 年第 6 期。

33. 李国兴、邓坤金:《关于马克思主义中国化研究的一些思考》,《马克思主义研究》2007 年第 12 期。

34. 汪青松:《马克思主义中国化两次历史性飞跃的哲学思考》,《马克思主义研究》2009 年第 5 期。

35. 齐卫平:《马克思主义"中国化"与"大众化"之关系论析》,《马克思主义研究》2009 年第 6 期。

36. 满运来:《马克思主义中国化:中国特性、中国作风、中国气派》,《北京社会科学》2009 年第 5 期。

37. 杨谦、牛得青:《马克思主义中国化最新范畴体系研究》,《南开大学学报》(哲学社会科学版)2009 年第 5 期。

38. 李景鹏:《马克思主义中国化必须遵循的基本原理》,《马克思主义与现实》2009 年第 5 期。

39. 周治滨:《论马克思主义中国化的历史逻辑统一律》,《社会科学研究》2009 年第 5 期。

40. 辛向阳:《重大突发事件与改革开放新时期马克思主义中国化理论创新》,《马克思主义研究》2009 年第 7 期。

41. 马启民:《关于马克思主义中国化若干经验教训的思考》,《马克思主义研究》2009 年第 7 期。

42. 江流:《马克思主义中国化的理论品格和实现途径》,《马克思主义研究》2009 年第 8 期。

43. 汪信砚:《马克思主义哲学中国化与当代中国哲学建设》,《马克思主义研究》2009 年第 8 期。

44. 张世飞:《论马克思主义中国化的历史起点与形成标准》,《马克思主义研究》2009 年第 8 期。

45. 陶德麟:《对马克思主义中国化研究中两个问题的理解》,《中国社会科学》2009 年第 1 期。

46. 庄福龄:《六十年间马克思主义中国化两大理论体系的形成》,《马克思主义与现实》2009 年第 6 期。

47. 胡治洪:《马克思主义中国化的历史实践及其应然取向》,《马克思主义与现实》2009 年第 6 期。

48. 庞元正:《论社会主义现代化与马克思主义中国化》,《中国特色社会主义研究》2009 年第 6 期。

49. 田培炎:《关于推进马克思主义中国化时代化大众化的思考》,《中共中央党校学报》2009 年第 6 期。

50. 庞元正、吕文林:《马克思主义哲学中国化时代化视域中的唯物辩证法研究》,《中共中央党校学报》2009 年第 6 期。

51. 焦国栋:《毛泽东与马克思主义中国化》,《中共中央党校学报》2009 年第 6 期。

52. 陈学明:《对马克思主义中国化六十年历程中若干问题的认识》,《毛泽东邓小平理论研究》2009 年第 12 期。

53. 秋石:《大力推进马克思主义中国化、时代化、大众化》,《求是》2009 年第 23 期。

十二、马克思主义基本原理教学研究

1. 吴苑华:《如何"整体地"理解"马克思主义"?》,《理论探讨》2009 年第 6 期。

2. 周光迅、贺武华:《高校课程综合化改革的历史必然性及其特点》,《浙江社会科学》2009 年第 9 期。

3. 郭星云:《"马克思主义基本原理概论"课教学方法改革探索》,《学校党建与思想教育》2009 年第 22 期。

4. 林建成、杨蔚、翟媛丽:《"马克思主义基本原理概论"课五个难点问题初探》,《思想理论教育导刊》2009 年第 8 期。

5. 石云霞:《怎样讲授"马克思主义科学性与革命性的统一"》,《思想理论教育导刊》2009 年第 8 期。

6. 梁树发:《马克思主义整体性与基本原理体系的建构》,《教学与研究》2007 年第 11 期。

7. 张雷声:《论马克思主义基本原理及其科学体系》,《教学与研究》2007 年第 8 期。

8. 葛莉珍:《"马克思主义基本原理概论"教学中的困难及对策分析》,《中国成人教育》2009 年第 22 期。

9. 周泽红、黄伟力:《"马克思主义基本原理概论"课教学导向性与科学性的关系探析》,《思想教育研究》2009 年第 11 期。

后 记

马克思主义基本原理学科,是我国哲学社会科学的基础性学科。学科设置以来,学术理论研究不断深入,学科建设日趋繁荣。采取编写阶段性研究报告的形式,系统总结马克思主义基本原理研究成果,全面分析马克思主义基本原理研究现状,科学揭示马克思主义基本原理研究趋势,对于开拓马克思主义基本原理研究视野、深化马克思主义基本原理研究、促进马克思主义基本原理学科发展,都具有建设性意义。

本书是南京政治学院"马克思主义基本原理"国家重点学科的系列研究成果之一,也是马克思主义基本原理系列研究报告之一。全书以"整体性"地理解马克思主义理论为主旨,通盘梳理学科研究领域的大量信息和丰富资料,力争全面而深入地反映2006—2009年间国内学术理论界在马克思主义基本原理研究方面所取得的成果。本书的研究报告由总报告和分报告组成。本书的总报告——"马克思主义基本原理研究总报告",既是国内学术界学术理论研究现状的动态反映,又是马克思主义基本原理学科建设和基础理论研究的理论总结;"马克思主义经典作家研究"等10个分报告,是以专题研究的方式从不同领域、不同视野、不同层面对2006—2009年间国内学术界研究成果的分析和介绍。本书的第二、三编是对近年来马克思主义基本原理研究的热点问题和动态信息进行的追踪和评价。全书是在学术理论界的研究成果基础上编写而成,直接摘录和借鉴了国内部分学者的研究成果,在此表示诚挚的感谢。

本书是编写组历时10个月集体研究、精诚合作的成果。由南京政治学院"马克思主义基本原理"学科建设负责人李昆明教授主持研究编写思路、确定编写框架,南京政治学院从事马克思主义理论教学和研究的专家学者分别撰写初稿,具体分工是:李昆明(前言、马克思主义基本原理研究总报告),徐军(马克思主义基本原理研究总报告、马克思主义经典作家研究、马克思主义经典著作研究),许恒兵(马克思主义理论整体性问题研究、当代视野中的历史唯物主义研究),孙峰(马克思主义视域中的当代资本主义研究),黄娟、吴兆章(意识形态问题研究),谈际尊(民主社会主义研究),习裕军(中国特色社会主义理论体系研究),王远龙(马克思主义中国化、时代化、大众化研究),苏玉(马克思主义基本原理教学研究);徐军(马克思主义与"普世价值"问题研究)、孙峰(国际金融危机与中国经济发展问题研究)、谈际尊("中国模式"研究:概念、问题与前景)、赵英杰(马克思主义收入分配理论的新进展)、丁雪枫(公平与效率关系问题研究);高宁(第三编);朱青青(第四编)。全书由徐军、许恒兵、朱青青负责编辑校对工作,徐军、许恒兵协助主编对部分内容作了改写,最后由李昆明教授审改定稿。

　　本书的编写得到了人民出版社的大力支持,钟金铃编辑为本书的出版付出了辛勤劳作,在此深表谢意!虽然编写组真诚努力,书中的错误与疏漏在所难免,恳请学术界同仁批判指正。

编写组

2010 年 9 月

责任编辑:钟金铃

封面设计:吴燕妮

版式设计:陈　岩

图书在版编目(CIP)数据

马克思主义基本原理研究报告(2006—2009)/李昆明　主编.
-北京:人民出版社,2011.1
ISBN 978-7-01-009671-1

Ⅰ.①马…　Ⅱ.①李…　Ⅲ.①马克思主义-理论研究-研究报告-
2006—2009　Ⅳ.①A81

中国版本图书馆 CIP 数据核字(2011)第 022446 号

马克思主义基本原理研究报告(2006—2009)
MAKESIZHUYI JIBEN YUANLI YANJIU BAOGAO (2006—2009)

李昆明　主编

人民出版社 出版发行
(100706　北京朝阳门内大街 166 号)

北京凌奇印刷有限责任公司印刷　新华书店经销

2011 年 1 月第 1 版　2011 年 1 月北京第 1 次印刷
开本:710 毫米×1000 毫米 1/16　印张:33.75
字数:525 千字　印数:0,001-4,000 册

ISBN 978-7-01-009671-1　定价:65.00 元

邮购地址 100706　北京朝阳门内大街 166 号
人民东方图书销售中心　电话 (010)65250042　65289539